Markus Witte
Die biblische Urgeschichte

Beihefte zur Zeitschrift für die
alttestamentliche Wissenschaft

Herausgegeben von
Otto Kaiser

Band 265

Walter de Gruyter · Berlin · New York
1998

Markus Witte

Die biblische Urgeschichte

Redaktions- und theologiegeschichtliche Beobachtungen
zu Genesis 1,1–11,26

Walter de Gruyter · Berlin · New York
1998

∞ Gedruckt auf säurefreiem Papier,
das die US-ANSI-Norm über Haltbarkeit erfüllt.

Die Deutsche Bibliothek — CIP-Einheitsaufnahme

[**Zeitschrift für die alttestamentliche Wissenschaft / Beihefte**]
Beihefte zur Zeitschrift für die alttestamentliche Wissenschaft. –
Berlin ; New York : de Gruyter
   Früher Schriftenreihe
   Reihe Beihefte zu: Zeitschrift für die alttestamentliche Wissenschaft
   Bd. 265. Witte, Markus: Die biblische Urgeschichte. – 1998
Witte, Markus:
Die biblische Urgeschichte : redaktions- und theologiegeschichtliche
Beobachtungen zu Genesis 1,1–11,26 / Markus Witte. – Berlin ;
New York : de Gruyter, 1998
   (Beihefte zur Zeitschrift für die alttestamentliche Wissenschaft ;
   Bd. 265)
   Zugl.: Marburg, Univ., Habil.-Schr., 1996/97
   ISBN 3-11-016209-1

ISSN 0934-2575

© Copyright 1998 by Walter de Gruyter GmbH & Co., D-10785 Berlin

Dieses Werk einschließlich aller seiner Teile ist urheberrechtlich geschützt. Jede Verwertung
außerhalb der engen Grenzen des Urheberrechtsgesetzes ist ohne Zustimmung des Verlages
unzulässig und strafbar. Das gilt insbesondere für Vervielfältigungen, Übersetzungen, Mikroverfilmungen und die Einspeicherung und Verarbeitung in elektronischen Systemen.

Printed in Germany
Druck: Werner Hildebrand, Berlin
Buchbinderische Verarbeitung: Lüderitz & Bauer-GmbH, Berlin

Vorwort

"Es läßt sich mit ziemlicher Gewißheit behaupten, daß über keine andern Kapitel der heiligen Schrift und über keinen andern, im Umfange so geringen Abschnitt irgend eines Buches in der Welt so Vieles, so Vielerlei und von so Vielen geschrieben sei, als über die ersten Kapitel des ersten Buches Mosis."[1]

Überschaut man 177 Jahre nach diesem von Friedrich Pustkuchen getroffenen Urteil die gegenwärtigen bibliographischen Apparate, so zeigt sich, daß gerade hinsichtlich der Veröffentlichungen zur biblischen Urgeschichte Kohelets Klageruf (c.12,7) uneingeschränkte Gültigkeit beanspruchen darf. Wenn hier dennoch eine weitere Schrift zu Gen 1-11 geboten wird, dann geschieht das in der Hoffnung, mittels der Exegese des Abschnitts des Alten Testaments, bei dem die neuzeitliche Pentateuchkritik ihren Ausgang nahm, einen weiterführenden Beitrag zur gegenwärtigen Pentateuchforschung zu liefern.

Dabei ergibt ein Blick auf die in diesem Jahrhundert entdeckten Texte der altorientalischen Archive einerseits und des jüdischen Schrifttums der hellenistischen Zeit, nicht zuletzt der Funde aus Qumran, andererseits, daß eine vollständige Ausleuchtung der literarischen, religionsgeschichtlichen und theologischen Tiefen der biblischen Urgeschichte monographisch, wie sie einst von Heinrich Ewald (1848-1858)[2] und von Karl Budde (1883)[3] in Angriff genommen worden war, nicht mehr möglich ist. Ebenso zwingt die gegenwärtige Vielfalt methodischer Ansätze in der alttestamentlichen Exegese zu einer Beschränkung des Themas.[4] Die nachfolgende Untersuchung konzentriert sich daher auf ein ausgewähltes Problem, vor das die biblische Urgeschichte die historisch-kritische Auslegung stellt: auf die literatur- und theologiegeschichtliche Einordnung *der* Größe, die für die kanonisch gewordene Endgestalt von Gen 1-11 verantwortlich ist.

Die Arbeit beginnt mit einer forschungsgeschichtlichen Übersicht zum Umgang mit dem Phänomen der Endredaktion der alttestamentlichen Schriften in der kritischen Bibelwissenschaft am Beispiel von Gen 1-11. Im Mittelpunkt stehen dann erstens die redaktionskritische Ermittlung dieser als Endredaktor

---

[1] F. Pustkuchen, Die Urgeschichte der Menschheit, I (1821), XI.
[2] Vgl. H. Ewald, Erklärung der Biblischen urgeschichte, in: JBW I-IX (1848/9-1857/58).
[3] Vgl. K. Budde, Die Biblische Urgeschichte (1883).
[4] Vgl. hinsichtlich Gen 1-11 exemplarisch für einen der klassischen *Literarkritik* verpflichteten Ansatz C. Levin, Jahwist (1993), für ein konsequent *redaktionsgeschichtliches Modell* J. Vermeylen, Commencement (1990), für einen *linguistisch bestimmten Zugang* E. J. van Wolde, Semiotic Analysis (1989), für ein *strukturalistisches Modell* G. A. Rendsburg, Redaction (1986), für eine *traditionsgeschichtlich* bestimmte Arbeit H. N. Wallace, Eden Narrative (1985), und für eine *sozialgeschichtlich ausgerichtete Perspektive* L. Schottroff, Schöpfungsgeschichte (1988).

von Gen 1-11 anzusprechenden Figur, zweitens die Beschreibung ihrer zentralen Theologumena und drittens ihre Einordnung in die Literatur- und Theologiegeschichte des Alten Testaments.

Die vorliegende Studie wurde im Sommersemester 1997 von dem Fachbereich Evangelische Theologie der Philipps-Universität Marburg als Habilitationsschrift angenommen. Für die Veröffentlichung wurde sie punktuell überarbeitet und gekürzt. Nach Abschluß des Manuskripts im Dezember 1996 erschienene Literatur konnte leider nicht mehr berücksichtigt werden.

Meinen verehrten theologischen Lehrern, den Herren Prof. Dr. Dr. h.c. mult. Otto Kaiser (Marburg) und Prof. Dr. Hans-Christoph Schmitt (Erlangen), danke ich herzlich für die Erstellung der Gutachten und für weitergehende Anregungen, die ich gerne in die Druckfassung übernommen habe. Wertvolle semitistische Hinweise verdanke ich darüber hinaus Herrn Prof. Dr. Walter W. Müller (Marburg).

Ermöglicht wurde diese Arbeit durch ein Stipendium der *Deutschen Forschungsgemeinschaft*. Ihr sowie meinem Lehrpfarrer, Herrn Eberhard Arnold (Wetzlar-Naunheim), der meine wissenschaftliche Arbeit verständnisvoll begleitete und mir während des Vikariats den nötigen Freiraum zur Vollendung der Untersuchung gewährte, gilt ebenfalls mein herzlicher Dank. In meinen Dank schließe ich auch die Herren Prof. Dr. Hans Biesenbach, Dr. Gert Hartmann und Dr. Hans Erich Thomé vom Theologischen Seminar Herborn ein, die mir auf ihre je eigene Art wichtige Impulse zur Reflexion der Vernetzung von theologischer Wissenschaft und kirchlicher Praxis gaben. Die Last des Korrekturlesens trugen mit mir meine Frau, mein Vater und Herr Kai Süchting. Für die aufgebrachte Mühe und Geduld sowie für ihre vielfältigen Ermutigungen bin ich ihnen sehr dankbar. Herrn Prof. Dr. Dr. h.c. mult. Otto Kaiser danke ich schließlich für die Aufnahme meiner Arbeit in die Reihe der *Beihefte zur Zeitschrift für die alttestamentliche Wissenschaft*.

Gewidmet ist diese Studie unserer kleinen Tochter Zora, die mich mit ihren strahlenden Augen gerade in der harten Zeit der Fertigstellung und der Drucklegung des Manuskripts immer wieder aufmunterte und die mich mit ihrem freudigen Lachen den schwierigen Text von Psalm 8,3a* neu zu verstehen lehrte:

מִפִּי עוֹלְלִים וְיֹנְקִים יִסַּדְתָּ עֹז

"Aus dem Munde der kleinen Kinder und der Säuglinge hast du eine Macht zugerichtet."

Aßlar und Marburg, im April 1998   Markus Witte

Inhaltsverzeichnis

Vorwort V

Abkürzungsverzeichnis und Zitationsverfahren XI

1. Einleitung 1
1.1. Auf der Suche nach der Endredaktion 1
1.2. "Priesterliche" Redaktion 17
1.2.1. Die These einer "priesterlichen" Redaktion im Rahmen eines Urkundenmodells oder: "P ~ R" 17
1.2.2. Die These einer "priesterlichen "Redaktion" im Rahmen eines Ergänzungsmodells oder: "P = R" 21
1.3. "Nichtpriesterliche" Redaktion 27
1.4. "Neutrale" Redaktion 33
1.4.1. Redaktion als Quellenharmonie 33
1.4.2. Redaktion als Quellenpolyphonie 37
1.5. Zusammenfassung und Programm der Studie 45

2. Redaktionsgeschichtliche Analyse der Urgeschichte ... 53
2.1. Endredaktionelle Brücken in Gen 1,1-11,26 53
2.1.1. Gen 2,4 und der "Doppelname" Jahwe Elohim 53
2.1.1.1. Literarische Analyse von 2,4 53
2.1.1.2. Der "Doppelname" Jahwe Elohim 57
2.1.2. Sets Geburt und Enoschs Jahwedienst (4,25-26) 61
2.1.3. Die "Kurzerzählung" von den Elohim-Söhnen (6,1-4) 65
2.1.4. Endredaktionelle Spuren in der Fluterzählung 74
2.1.5. Zusammenfassung 77
2.2. Endredaktionelle Erweiterungen in Gen 1,1-11,26 ... 79
2.2.1. Gen 6,3 und der Lebensbaum in c.2-3 79
2.2.2. Gen 3,22 und die Babel-Bau-Erzählung (11,1-9) 87
2.2.2.1. Literarische Analyse von 11,1-9 87
2.2.2.2. Der kompositionelle Ort von 11,1-9 97
2.2.3. Ausblick auf die Völkertafel 100
2.2.3.1. Die Einleitung der Völkertafel - Literarische Analyse von 9,19 ... 100
2.2.3.2. Noahs Weinberg - Literarische Analyse von 9,20-27 102
2.2.3.3. Sem und Peleg - Literarische Analyse von 10,21 und 10,25 ... 105
2.2.3.4. Weitere literarkritische Probleme in c.10 107

2.2.3.5.	Zusammenfassung der Literargeschichte von Gen 10	113
	Exkurs: Der Flutbezug der Völkertafel	114
2.2.4.	Zwischenergebnis der redaktionsgeschichtlichen Analyse	116
2.3.	Die vorendredaktionelle "priesterliche" Schicht in Gen 1,1-11,26	119
2.3.1.	Der "priesterliche" Schöpfungsbericht (1,1-2,3*)	119
2.3.2.	Die "priesterliche" Adamtoledot (5,1-32*)	123
2.3.3.	Die "priesterliche" Fluterzählung (6,9-9,29*)	130
2.3.4.	Zusammenfassung und redaktionsgeschichtliche Problemanzeige	146
2.4.	Die vorendredaktionelle "jahwistische" Schicht in Gen 1,1-11,26	151
2.4.1.	Die vorendredaktionelle literarische Schichtung von 2,4b-4,24	151
2.4.2.	Die "jahwistische" Paradieserzählung (2,4b-3,23*)	158
2.4.3.	Die "jahwistische" Brudermorderzählung (4,1-24*)	166
2.4.4.	Die "jahwistische" Fluterzählung (6,5-8,22*)	171
2.4.5.	Zusammenfassung und redaktionsgeschichtliche Problemanzeige	184
2.4.6.	Die Selbständigkeit der "jahwistischen" Urgeschichte	192
2.5.	Abschließende Analyse der endredaktionellen Zusätze	207
2.5.1.	Das himmlische Heer (2,1)	207
2.5.2.	Die Noahnotiz (5,29)	207
	Exkurs: Zur Etymologie des Namens Noah	208
2.5.3.	Die Einheitlichkeit der endredaktionellen Texte	217
2.5.4.	Die kompositionelle Strukturierung der Urgeschichte	218
3.	**Beobachtungen zur Theologie des Endredaktors**	**231**
3.1.	Aspekte des Gottesbildes	231
3.1.1.	Der "Doppelname" Jahwe Elohim	232
3.1.2.	Gott und die Engel	238
	Exkurs: Das Verhältnis von Gen 2-3 zu Ez 28,1-19	241
3.2.	Aspekte des Menschenbildes	245
3.2.1.	Der Tod des Menschen	245
3.2.2.	Die Sünde des Menschen	248
3.2.2.1.	Die Modifikation der "jahwistischen" Hamartiologie	248
3.2.2.2.	Die Sünde als Streben nach Autonomie und als Hybris	253
3.2.2.3.	Die Sünde als Verhängnis	255
3.2.3.	Die Scheidung der Menschheit in Frevler und Gerechte	257
3.2.4.	Der heimatlose Mensch	261
3.3.	Aspekte des Heilsverständnisses	263
3.3.1.	Der Tempel als Stätte des Heils	263
3.3.2.	Die Anrufung Jahwes als Weg zum Heil	276
	Exkurs: Zur Wirkungsgeschichte von Gen 4,25-26	279
3.3.3.	Die Stellvertretung durch den Gerechten als Mittel zum Heil	283

4.	Literatur- und theologiegeschichtliche Einordnung des Endredaktors	287
4.1.	Literaturgeschichtliche Einordnung der alttestamentlichen Parallelen zu den Theologumena des Endredaktors	287
4.1.1.	Ort und Zeit der Paralleltexte zum Gottesbild	287
	Exkurs: Die Gottesbezeichnung Jahwe Elohim und ihr griechisches Pendant	288
4.1.2.	Ort und Zeit der Paralleltexte zur Angelologie	291
	Exkurs: Gen 6,4 und die Nephilim in Ez 32,27	297
4.1.3.	Ort und Zeit der Paralleltexte zum Menschenbild	298
4.1.4.	Ort und Zeit der Paralleltexte zum Heilsverständnis	303
4.2.	Zeitgeschichtliche Anspielungen des Endredaktors	315
4.2.1.	Der zeitgeschichtliche Hintergrund von Gen 9,25-27	315
4.2.2.	Der zeitgeschichtliche Hintergrund von Gen 11,1-9	320
4.2.3.	Versuch einer zeitgeschichtlichen Einordnung der endredaktionellen Zusätze in Gen 10	323
4.3.	Zusammenfassung und Ausblick	325

Anhang: Die literarische Schichtung in Gen 1,1-11,26 ... 333

Literaturverzeichnis 335

Register 373

1. Stellenregister 373
2. Register der zitierten Autoren 385

Abkürzungsverzeichnis und Zitationsverfahren

Alle zitierten Werke sind im Literaturverzeichnis aufgeführt. In den Anmerkungen werden Kurztitel verwendet. Bei Kommentaren zur Genesis ist lediglich der Nachname des Verfassers angegeben. Dabei wird stets nach der Auflage letzter Hand zitiert; Abweichungen sind durch eine hochgestellte Ziffer gekennzeichnet (Bsp.: Dillmann = A. Dillmann, Die Genesis, sechste Auflage, KEH 11, Leipzig 1892; Dillmann^5 = A. Dillmann, Die Genesis, fünfte Auflage, KEH 11, Leipzig 1886). Bei Monographien, Aufsätzen etc. wird zusätzlich zum Verfassernamen ein eindeutiges Schlagwort aus dem Titel, der Reihe oder der Zeitschrift, in der die Arbeit erschienen ist, genannt.

Hebräische und aramäische Zitate werden in der Quadratschrift und bei philologischen Fragen mit masoretischer Punktation wiedergegeben. Die Transkription bzw. Transliteration arabischer, syrischer und ugaritischer Zitate folgt der Tabelle im HALAT, S.XX-XXI. Belegstellen aus dem Sirachbuch beziehen sich auf die griechische Version. Wird auf eine hebräische Passage des Sirachbuchs Bezug genommen, ist dies durch ein [H] angegeben.

Die Abkürzungen folgen der zweiten, überarbeiteten und erweiterten Auflage des von S. M. Schwertner zusammengestellten Abkürzungsverzeichnisses der Theologischen Realenzyklopädie, Berlin u. New York 1994. Darüber hinaus werden folgende Kürzel verwendet (zu den vollständigen Titelangaben vgl. das Literaturverzeichnis):

α'	Aquila.
θ'	Theodotion.
σ'	Symmachos.
ägypt.	ägyptisch.
akkad.	akkadisch.
AncB.D	The Anchor Bible Dictionary, I-VI (1992), hg. v. D. N. Freedman u.a.
aram.	aramäisch.
B-L	Bauer, H.; Leander, P.: Grammatik (1922).
c	corrector.
CBETh	Contributions to Biblical Exegesis and Theology
DDD	Dictionary of Deities and Demons (1995), hg. v. K. van der Toorn u.a.
G	Griechische Übersetzung des AT (Septuaginta).
G^A	Griech. Übersetzung nach dem Codex Alexandrinus.
G^B	Griech. Übersetzung nach dem Codex Vaticanus.
G^R	Griech. Übersetzung nach dem Codex Veronensis.

G^S	Griech. Übersetzung nach dem Codex Sinaiticus.
Ges^{17}	Gesenius, W.: Handwörterbuch (^{17}1915).
Ges^{18}	Gesenius, W.: Handwörterbuch (^{18}1987ff.).
G-K	Gesenius, W.; Kautzsch, E.: Grammatik (^{28}1909).
kanaan.	kanaanäisch.
Ms^K	Manuskript (hebr.) bei Kennicott, B.: Vetus Testamentum.
Ms^R	Manuskript (hebr.) bei Rossi, J. B. de: Variae Lectiones.
r	rescriptor.
R^{Pt}	Redaktor (= Endredaktor) des Pentateuchs.
R^{UG}	Redaktor (= Endredaktor) der Urgeschichte (Gen 1-11).
SamPt	Samaritanischer Pentateuch.
semit.	semitisch.
sumer.	sumerisch.
Sy	Syrische Übersetzung des AT (Peshitta).
Tg^F	Fragmenten-Targum (= Targum Jeruschalmi II).
Tg^J	Targum Jeruschalmi I (= Targum Pseudo-Jonathan).
Tg^N	Targum Neofiti 1.
Tg^O	Targum Onkelos.
ug.	ugaritisch.
Vg	Vulgata.
v.l.	varia lectio.

1. Einleitung

"Wie stellt man sich die Arbeitsweise dieses R[edaktors] vor? - Nahm er, wie ein Maler die Farben von der Palette, so die Sätze und Satzteile aus den vor ihm liegenden Quellenschriften und fügte jene aneinander? - Die beiden zitierten Stellen [Gen 19,29; 30,22] führen uns vor die Alternative: dieser R[edaktor] ist entweder ein mäßig begabter Mensch gewesen, oder leitete ihn etwa Mitgefühl mit den Literarkritikern, denen er gutherzig Wegweiser aufzurichten suchte?"[1]

1.1. Auf der Suche nach der Endredaktion

Zu den wichtigsten Fragen der gegenwärtigen Pentateuchkritik gehört die Bestimmung des Wesens, der Herkunft und des Profils der Endredaktion der einzelnen Bücher wie des Gesamtwerkes.[2] Dabei handelt es sich um eine genuin historisch-kritische Frage. Solange der Pentateuch als das literarisch einheitliche Werk *eines* Verfassers angesehen wird, der unterschiedliche Traditionen verarbeitet hat, stellt sich das Problem eines Redaktors nicht. In dieser Hinsicht stehen die einer ganzheitlichen Sicht verpflichteten Ansätze von Gary A. Rendsburg (1986), Thomas L. Thompson (1987), Gordon J. Wenham (1987) und Roger N. Whybray (1987), den gesamten Pentateuch oder zumindest die Genesis auf die Arbeit einer Hand zurückzuführen,[3] konzeptionell nicht nur unmittelbar neben den älteren Arbeiten von Benno Jacob (1934) und Umberto Cassuto (1944ff.),[4] sondern auch in einer Linie mit der vorkritischen For-

---

1 Löhr, Hexateuchproblem (1924), 10.
2 Vgl. die Forschungsberichte von de Pury u. Römer (1989) in: de Pury, Pentateuque, 64f.69-73; L. Schmidt, Entstehung (1995), 27; Otto, Kritik (1995), 191.
3 Rendsburg, Redaction, 106, und Wenham, I, XLII, sprechen nur im Blick auf die Genesis von *einem* "compiler or collator" bzw. *einem* "most significant editor". Whybray, Pentateuch, 221-242, vertritt die einheitliche Verfasserschaft des ganzen Pentateuchs: Ein einzelner, mit Herodot vergleichbarer jüdischer Historiker des 6. Jh. v. Chr. habe unter Verarbeitung zahlreicher verschiedener Quellen den Pentateuch als Prolog zum DtrG. komponiert. Thompson, Origin, 51.64.191-198, verlegt die Erstredaktion, die zugleich die Endredaktion darstelle, der in Gen 1 - Ex 23 verarbeiteten Traditionen aufgrund linguistischer und religionsgeschichtlicher Erwägungen in das ausgehende 7., beginnende 6. Jh. v. Chr. Zu einem holistisch orientierten Ansatz siehe auch den Genesiskommentar von Hamilton (1990) und die an der *thematischen* (nicht strukturellen oder literarischen) Einheit der Endgestalt interessierten Arbeiten von P. D. Miller, Genesis 1-11 (1978), und Clines, Theme (1978).
4 Vgl. Jacob, Tora; Cassuto, Genesis (zitiert nach der engl. Ausgabe [1961.1964]).

schung[5] und den Vertretern einer reinen Fragmentenhypothese von Johann Severin Vater (1802ff.)[6] bis hin zu Max Löhr (1924).[7]

Sobald hingegen der Pentateuch entweder auf eine zweite Hand zurückgeführt wird, die ein in sich geschlossenes literarisches Werk bewußt überarbeitet und ergänzt hat, oder auf eine dritte Hand, die mindestens zwei ehemals selbständige Erzählfäden verbunden hat, entsteht die Aufgabe, diese zweite bzw. dritte Hand literarisch, kompositionell und theologisch zu würdigen. In der Forschungsgeschichte erhob sich dieses Problem für die gesamte Genesis spätestens mit Jean Astrucs *Conjectures sur les mémoires originaux dont il paroit que Moyse s'est servi pour composer le livre de la Genèse* (1753). Indem J. Astruc erstmals im Bereich von Gen 1-50 mindestens vier ursprünglich selbständige Erzählfäden aussonderte und ihre sekundäre synoptische Zusammenstellung durch Mose sowie ihre tertiäre Verschmelzung zu einem Erzählverlauf durch spätere Abschreiber wahrscheinlich zu machen versuchte, wurde aus dem Verfasser der Genesis ein *Redaktor*. Die ausschließliche Arbeit dieses gemäß unserer Terminologie als *Endredaktor* anzusprechenden Mose bestand nach J. Astruc darin, die überkommenen Urkunden in der Form einer Tetrapla

---

[5] Charakteristisch sind hier die Bemerkungen einerseits von Masius (1574), andererseits die Ausführungen von Clericus (1693). So deutete Masius in seinem Kommentar zum Josuabuch am Rande an, daß der Pentateuch nicht von Mose geschrieben sei ("Mosis libri, ut nunc habetur, non sunt a Mose scripti", a.a.O., 301), sondern vermutlich von Esra *auf der Basis alter Annalen* komponiert sei: "mihi certe est opinio, ut putem, Ezdram [...] non solum hunc Iosuae, verum etiam Iudicem, Regum, alios, quos in sacris, ut vocant, Bibliis legimus libros, ex diversis annalibus apud Ecclesiam Dei conservatis compilasse, in eumq. ordinem, qui iam olim habetur, redegisse atque disposuisse" (a.a.O., 2). Clericus führte in seiner *Dissertatio de scriptore Pentateuchi* die entscheidende Redaktion alter Annalen und die auf diesen basierende Komposition des Pentateuchs auf Mose zurück; in: ders., Genesis ([2]1710), XXIX-XXXVIII.

[6] Vater, Pentateuch, III, 505ff.673ff., wies die Zusammenstellung des Pentateuchs, zumindest aber der Genesis, aus zahlreichen, ehemals selbständigen Fragmenten *einem* spätvorexilischen Sammler zu. In der Urgeschichte unterschied Vater beispielsweise acht eigenständige Fragmente (1,1-2,3; 2,4-3,24; 4,1-26; 5,1-32; 6,1-4; 6,5-9,29; 10,1-32; 11,1-9). Trotz der Annahme *eines* Editors vermochte Vater keinen einheitlichen Plan der Sammlung zu erkennen (a.a.O., 508).

[7] Löhr, Hexateuchproblem, 29-32, sah in Esra (und seinen Gehilfen) die entscheidende Größe, die unter Rückgriff auf unterschiedliche schriftliche Traditionen (Sagenzyklen, Genealogien, gelehrte Abhandlungen [darunter die Vorlage von Gen 1; 6-9], Opferbestimmungen etc.), die Genesis nach einer bestimmten Struktur und zu einem besonderen Zweck verfaßt habe. Zum forschungsgeschichtlichen Hintergrund der letztlich auf die Legende der *Synagoga magna* zurückgehenden Esrahypothese vgl. Masius, Josua (1574), 2, und Hasse, Aussichten (1785), 47: "Am Ende des babylonischen Exils also verband sich Esra, der deshalb immer סופר heißt, mit einigen geschickten Männern seiner Zeit, die die ächthebräische Sprache verstanden und im gelehrten Babylon noch mehr gebildet hatten, um eine zusammenhängende Geschichte ihres Volkes bis auf die jetzige Zeit, der Theokratie und dem Nationalgeist gemäß, zu entwerfen, alles, was sie aufbringen konnten, dazu zu nutzen und zugleich die übrigen Reste der Nationalschriften ihrer Vorfahren zu sammeln."

1.1. Auf der Suche nach der Endredaktion

anzuordnen.[8] Schon bei J. Astruc fällt das Stichwort der Evangelienharmonie ("l'harmonie des Evangelistes"),[9] das seitdem in der Beschreibung der Technik des Endredaktors vor allem im Rahmen der Urkundenhypothese immer wieder auftaucht.[10] Lücken in der Erzählfolge der einzelnen Urkunden führte J. Astruc auf die fragmentarische Darstellung der jeweiligen Urkunden selbst und auf die bewußte Auslassung von Wiederholungen durch den seine Vorlagen redigierenden Mose zurück. Die Bestimmung des theologischen Profils (1.) des durch Mose geschaffenen Werkes, (2.) des durch die Kolumnenverschmelzung entstandenen Mischtextes und (3.) der nachexilischen "revision generale",[11] die das kompilierte Opus erfahren habe, lag nicht im Fragehorizont J. Astrucs. Nachdem die von J. Astruc erzielten Ergebnisse durch die Untersuchungen Johann Gottfried Eichhorns (1779ff.) bestätigt,[12] auf ein solideres wissenschaftliches Fundament gestellt und einem größeren Forschungsumfeld vermittelt worden waren, setzte auf breiter Basis die Hypothesenbildung zur Entstehung des Pentateuchs ein.[13] Dabei verschob sich das Forschungsinteresse auf die Erhebung der Vorgeschichte des Pentateuchs, auf die Quellen. Die für die Endgestalt des Textes verantwortliche Größe erschien nun unter der Bezeichnung "Sammler", "Kompilator" oder "Ergänzer". Solange in dieser Größe Mose selbst gesehen wurde, konnte sie zumindest am Rande noch eine positive Würdigung erfahren. Dies gilt besonders für J. G. Eichhorn, der so-

---

[8] Vgl. Astruc, Conjectures, 433ff. Während Astruc für die ganze Genesis mit bis zu zwölf Urkunden rechnete, die Mose von seinen Vorfahren oder von den Nachbarn Israels empfangen habe (a.a.O., 314ff.), sonderte er im Bereich der Urgeschichte nur drei Memoiren aus (a.a.O., 25-68; 309): eine Quelle A, die sich durch die Gottesbezeichnung אלהים auszeichne (1,1-2,3; 5,1-29a[29b].30-32; 6,9-22; 7,6-10.19.22.24[sic]; 8,1-19; 9,1-10.12.16-17.28-29[sic]; 11,10-26); eine Quelle B, die den Gottesnamen יהוה gebrauche (2,4-4,26; 6,1-8; 7,1-5.11-18.20.24[sic]; 8,20-22; 9,11.13-14.18-27.28-29[sic]; 10,1-32; 11,1-9; 11,27-32) und eine Quelle C, die wechselnd אלהים und יהוה verwende (7,20.23.24[sic]).

[9] Astruc, Conjectures, 525 (Registerangabe).

[10] Vgl. Hupfeld, Quellen, 195; Moore, Diatessaron, 201ff.; König, Pentateuchkritik, 102; Eißfeldt, Hexateuchsynopse, 86; Zimmerli, I, 27f.; mit ausführlichem Vergleichsmaterial Donner, Redaktor, 259ff. Zur Fragwürdigkeit einer solchen Parallelisierung siehe Mead, Diatessaron, 44-54; H.-C. Schmitt, Josephsgeschichte, 182 Anm.31; Whybray, Pentateuch, 121.

[11] Astruc, Conjectures, 433ff.

[12] Vgl. Eichhorn, Urgeschichte, 129-256; ders.; Fluth, 185-216; ders., Einleitung[1], II (1781). Zumindest 1775/79 kannte Eichhorn die Astrucsche These (vgl. Urgeschichte, 173f.). Siemens, in: ZAW 28, 221-223, vermutete, Eichhorn habe über seinen Lehrer Joh. Dav. Michaelis von Astrucs "Conjectures" erfahren.

[13] Für die Geschichte der Pentateuchkritik im 18./19. Jh. vgl. vor allem die Darstellungen bei Merx, Nachwort zur zweiten Auflage des Genesiskommentares von Tuch (1871), LXXVIII-CXXII; Wellhausen, in der vierten Auflage der Einleitung von Bleek (1878), 152-178, und Holzinger, Hexateuch (1893), 25-70; für das 20. Jh. vgl. neben den Einleitungen von Eißfeldt ([3]1964), 220-241; Childs (1979), 109-135, und Kaiser ([5]1984), 45-57, die Übersichten bei de Pury u. Römer, in: de Pury, Pentateuque (1989), 9-80, und bei Houtman, Pentateuch (1994), 184-278.

wohl in seinen frühen Arbeiten als auch in den späteren Werken zur Genesis Mose als treuen Sammler und Redaktor, ja als Verfasser des Pentateuchs lobte.[14] Den Redaktor zeichne eine "heilige Ehrfurcht" gegenüber seinen Quellen aus, die er, "ohne erst an ihrem Ausdruck zu feilen, zu ändern oder zu künsteln", zusammenstellte.[15]

Verbunden mit der Herausarbeitung der ursprünglichen Quellen, der Verlegung der Endredaktion in die nachmosaische Zeit und dem Interesse an den "reinen", "ursprünglichen" Texten, vollzog sich seit dem Ende des 18. Jh. eine Abwertung der für die Endgestalt verantwortlichen Figur. Die Arbeit des Endredaktors erschien jetzt als eine Verfälschung des ursprünglich klaren Erzählgangs der Quellen. Eine kompositionelle Absicht oder eine theologische Intention wurde nunmehr dem Endredaktor abgesprochen. Die Geringschätzung des Endredaktors zieht sich durch alle um 1800 vertretenen kritischen Modelle zur Entstehung der Tora. Für die *Urkundenhypothese* mag hier exemplarisch das Urteil von Karl David Ilgen (1798) stehen. Der Endredaktor der siebzehn ursprünglich selbständigen und auf drei unterschiedliche Verfasser zurückgehenden Urkunden in der Genesis habe weder unabhängig geschrieben noch aus älteren Werken exzerpiert und dabei selbständig kommentiert, sondern lediglich "mehrere ältere Stücke *zerrissen* und neben einander gestellt, und mit Beybehaltung ihrer eigenen Worte in Eins vereinigt".[16] Im Rahmen der *Fragmentenhypothese* äußerte sich Wilhelm Martin Leberecht de Wette (1807)[17] noch negativer über den Endredaktor: "Die Relationen des

---

14 In der Frage der mosaischen Verfasserschaft des Pentateuchs äußerte sich Eichhorn jedoch in allen seinen Arbeiten diffus. So galt für Eichhorn beispielsweise Mose trotz der Zugrundelegung "uralter Denkmäler" als der "Verfasser des ersten Kapitels" der Genesis (Urgeschichte [1779], 173f.177). Andererseits führte Eichhorn die Zusammenarbeitung der "Elohim-Urkunde" und der "Jehova-Urkunde" in Gen 6-9 auf Mose *oder einen Kompilator vor ihm* zurück (Fluth [1779], 186). Dieses Schwanken zieht sich dann auch durch die Einleitung[4], III (1823), vgl. die unterschiedlichen Äußerungen auf S.151.157.173. Schließlich heißt es bei Eichhorn selbst: "Ueberhaupt aber kann uns der Name des Zusammenordners gleichgültig sein" (Einleitung[4], III, 94). Zum Problem, in welcher Figur Eichhorn nun den Endredaktor der Genesis sah, der nicht mit dem Endredaktor des Pentateuchs identisch zu sein braucht (vgl. Eichhorn, Einleitung[4], III, 339), siehe auch Houtman, Pentateuch, 75.
15 Eichhorn, Einleitung[4], III, (1823), 99; vgl. auch Sixt, De origine (1782), 15: *Mose* benutzte die hinter Gen 1 stehende alte Urkunde zur Unterweisung seines Volkes über den Monotheismus, den Schöpfergott und den Sabbat.
16 Ilgen, Urkunden, 361 (Kursivsatz von mir).
17 Vgl. de Wette, Beiträge, II. Die Position de Wettes läßt sich nur schwer in eines der gängigen Pentateuchmodelle einordnen. So finden sich bei de Wette sowohl Ansätze zur Fragmentenhypothese als auch zur Urkundenhypothese und zur Ergänzungshypothese. Grob gesagt, tendiert de Wette in seinen frühen Arbeiten stärker zu einer Fragmentenhypothese mit Elementen des Urkundenmodells. In späteren Werken (vgl. das Lehrbuch seit der fünften Auflage [1840]) neigt er zu einer Ergänzungshypothese, die ebenfalls Anleihen bei der Urkundenhypothese macht. Eine differenzierte Darstellung von de Wettes Position in der Pentateuchkritk bietet Smend, de Wette, 50ff.113f.

1.1. Auf der Suche nach der Endredaktion

Pentateuchs sind ursprünglich einzelne, von einander unabhängige Aufsätze, die der Sammler in eine *falsche fremdartige* Verbindung gesetzt hat. Um sie recht zu verstehen und zu würdigen, müssen wir sie also von dieser Verbindung befreien, und ihnen ihre Unabhängigkeit wiedergeben. Dann werden sie vielleicht ganz anders erscheinen, als in dieser *entstellenden* Aneinanderreihung und Ineinanderschiebung."[18] Aber auch der Wegbereiter der *Ergänzungshypothese* Karl Gottfried Kelle (1812) konnte zunächst in der Arbeit des Endredaktors nur eine Verfälschung des ursprünglichen Textes sehen.[19] So sei die Urschrift der Genesis "1) nach spätern, meistentheils blos mündlichen Traditionen überarbeitet und 2) auch nachher noch durch mancherlei Einschaltungen *erweitert und entstellt* worden".[20] Der religiöse Wert der Genesis dürfe nicht an den Zusätzen gemessen werden, da "der Ueberarbeiter unserer Erzählung von seinem Jehovah menschlicher und kleinlicher gedacht zu haben [scheint], als ihr Verf. von seinem Elohim".[21]

Ein Umschwung in der Betrachtung des Endredaktors auf der Seite der kritischen Pentateuchforschung vollzog sich in der Auseinandersetzung mit den Werken, die in Reaktion auf die Fragmenten- und die Urkundenhypothese auch in der Endgestalt der Genesis eine durchdachte kompositionelle Struktur nachzuweisen versuchten. So bemühte sich in Auseinandersetzung mit Hein-

---

[18] De Wette, Beiträge, II, 26 (Kursivsatz von mir).
[19] Nach marginalen Andeutungen von de Wette, Beiträge, II (1807), 28f., kann Kelle mit seiner "Vorurtheilsfreie(n) Würdigung der mosaischen Schriften" (1812) als Vorläufer der Ergänzungshypothese gelten. So bot Kelle hier (XL, 146) eine Interpolationshypothese, derzufolge die möglicherweise von Joseph verfaßte "Elohim-Urschrift" durch Mose ergänzt worden sei. Zu den Interpolationen in die Urschrift gehöre im Bereich der Urgeschichte Gen 2,4b-3,24; 4,1-24; 4,25-26; 5,1-32; 6,1-8; 7,6; 9,20-27; 9,28-29; 11,1-9; 11,10-26, d.h. die Urschrift umfaßte hier nur Gen 1,1-2,3; 6,9-9,19*; 10,1-32; 11,27ff. Freilich modifizierte Kelle seine These später (1817) dahingehend, daß er im Bereich der Genesis mit einer auf Joseph zurückgehenden Grundschrift rechnete, die Mose punktuell redigiert habe und die unter David aus religionspolitischen Erwägungen mit nachmosaischen Urkunden, die aus der Zeit Samuels stammten, verschmolzen und dabei erweitert worden sei (Die heiligen Schriften, II/1, LII-LXVIII). Aus dieser Klassifikation Kelles von vier Textgruppen ergibt sich für Gen 1-11 folgendes Bild:
a) fünf vormosaische Urkunden: (I) 1,1-31; (II) 5,1-32; (III) 6,9-22; 7,11*.13-15.16*. 18.23; 8,1-2.3*.15-19; 9,1-5.7-17; (IV) 10,1-32; (V) 11,10.12.14.16.18.20.22.24.26-31;
b) mosaische "Einschaltungen": 1,5b.8b.13.19.23.31b; 2,1-3;
c) sechs nachmosaische "Beylagen": (I) 2,4-9.15-23.25; 3,1-20a.21-24; (II/1) 4,1-26; (II/2) 6,1-4; (III/1) 6,5-8; 7,1-10.11*.12.16*.17.19-22.24; 8,3*.4-14.20-22; 9,18-19; (III/2) 9,20-29; (IV) 11,1-9;
d) schriftgelehrte Zusätze unterschiedlicher Herkunft: 1,14*.16*; 2,10-14.24; 3,20b; 5,4-5.7-8.10-11.13-14.16-17.19-20.22-23.26-27.29-32; 9,6; 10,8-12; 11,11.13.15.17.19. 21.23.25.32.
[20] Kelle, Würdigung, XXXIX, ähnlich a.a.O., IX, 161 (Hervorhebung von mir).
[21] Kelle, Würdigung, 65. Die menschliche Redeweise des "Jehovah-Ergänzers", den Kelle mit Mose idenfizierte, sei aus seinem "leidenschaftlichen Charakter" und aus seiner "religiösen Anstalt" zu erklären (66).

rich Ewalds Einheitsmodell zur Genesis (1823)[22] Carl Peter Wilhelm Gramberg (1828) noch im Rahmen der Urkundenhypothese um eine Würdigung des Endredaktors. Dabei beschrieb C. P. W. Gramberg einerseits erstmals ausführlich das Verfahren, das der "Kompilator" bei der Zusammenarbeitung des "Elohista" mit dem "Iehovista" angewandt habe,[23] andererseits bezeichnete er ihn wie die Verfasser der Quellen als "autor" und wies ihm eigene Texte zu.[24] Die Ansätze C. P. W. Grambergs fortführend, versuchte Johann Jakob Stähelin (1830) den von ihm ebenfalls als Verfasser bezeichneten Redaktor der "Elohimquelle" und der "Jehovaquelle" noch genauer darzustellen: Der Verfasser der Genesis habe zwei schriftliche Quellen vor sich gehabt, aus denen er ein neues Ganzes gebildet habe, wobei er z.t. einige kurze Sätze der einen Quelle in die andere geschoben habe, z.T. "mehr wie ein Abschreiber, als wie ein selbständiger Schriftsteller die vorliegenden Materialien" bearbeitet habe.[25] Allerdings beschränkte sich J. J. Stähelin auf eine Nachzeichnung des kompositionellen Verfahrens des Endredaktors, ohne eine literarhistorische Einordnung und theologische Würdigung zu bieten.[26] Ähnlich betonte jetzt auch H. Ewald (1831) in Modifikation zu seiner früheren Einheitsthese von 1823: Eine "bloße Zusammenstellung zweier oder mehrerer Urkunden, ohne allen weiteren Zweck und Sinn" und "ohne alles weitere Eingreifen eines Histori-

---

[22] Ewald versuchte in seinem Jugendwerk, Die Komposition der Genesis, das Hauptkriterium der Quellenscheidung, den Wechsel der Gottesbezeichnungen, zu entkräften, indem er sich einerseits um den Nachweis der inhaltlichen Bedingtheit der Verwendung von יהוה und אלהים bemühte (a.a.O., 38-44), andererseits um die Darstellung der inhaltlichen und kompositionellen Einheit der Genesis (a.a.O., 191ff.265ff.). Ewald distanzierte sich später freilich von dieser Position (in: ThStKr IV [1831], 596) und vertrat zunächst eine modifizierte Zweiquellentheorie (in: ThStKr IV, 602ff.), sodann eine differenzierte Kristallisationshypothese (vgl. ders., Biblische urgeschichte; Geschichte des Volkes Israel; Theologie, s.u.).

[23] Vgl. Gramberg, adumbratio, 7.14f.28: So habe der Kompilator seine Quellen z.T. blockweise aneinandergereiht, z.T. zu einer Erzählung verschmolzen, z.T. glossiert, harmonisiert und selbständig modifiziert und ergänzt (a.a.O., 7).

[24] Während der Kompilator am Anfang der Genesis seine Quellen weitgehend unbearbeitet gelassen habe, trete er im hinteren Teil häufiger selbständig als Autor auf (vor allem in c.22; 24; 37). Aber auch im Bereich von Gen 1-11 sei der Kompilator nachweisbar: a) in den Überleitungs-/Verbindungsformeln wie אחרי הדברים, ויהי, אלה תולדות האלה (vgl. 2,4; 9,18; 10,1.6.20.31.32; 11,27); b) in dem Wechsel der Gottesbezeichnung von יהוה zu אלהים (vgl. 7,9); c) in Glossen und kleineren Reden (vgl. 7,21; 9,11); d) in selbständigen Kompositionen auf Basis verschiedener Vorlagen (vgl. c.10).

[25] Stähelin, Genesis, 32: auf die "Elohimquelle" entfalle im Bereich der Urgeschichte Gen 1,1-2,4a; 5,1-28.30-32; 6,9-22; 7,9.11-22.24; 8,1-5.13-19; 9,1-7.28-29; 10,1-7.13-32; 11,10-32, auf die "Jehovaquelle" Gen 2,4b-4,26; 5,29; 6,1-8; 7,1-8.10.23; 8,6-12(?).20-22; 9,18-27; 10,8-12; 11,1-9 (a.a.O., 17ff.).

[26] Vgl. Stähelin, Genesis, 105ff.: der Redaktor habe seine Quellen wohl bald nach deren Entstehung, d.h. für die Elohimquelle die Zeit Sauls, für die Jehovaquelle die Zeit Davids, kombiniert, wobei sich Parallelen zu seinem Verfahren vor allem in der arabischen und orientalischen Historiographie zeigen ließen.

1.1. Auf der Suche nach der Endredaktion

kers" sei "kaum denkbar" und "im Orient ohne Beispiel".[27] Wahrscheinlicher sei, daß ein späterer Hebräer die ältere Elohimquelle und die jüngere Jehovaquelle "zu einem Ganzen vereinigte, nicht aber ohne allen Zweck und Plan, bloß zusammenstellend die verschiedenen oder doppelten Erzählungen, sondern so, daß er die ältere Schrift zum Grunde legte, und diese mit den Erzählungen der spätern vermehrte und ergänzte, überall aber selbständig und nicht ohne geschickte Verbindung und Auswahl."[28]

Vor allem im Rahmen der Ergänzungshypothese, die im Laufe der dreißiger Jahre des 19. Jh. die ältere Urkunden- und die Fragmentenhypothese ablöste, wurde nun der Profilierung des "Ergänzer-Redaktors" ein besonderes Interesse gewidmet.[29] So bemerkte Friedrich Tuch (1838) treffend, die Durchführung der Urkundenhypothese werde falsch, "wenn diese einseitig nur die Trennung des Verschiedenen verfolgend die Einheit des Ganzen aus dem Auge verliert oder gar läugnet".[30] F. Tuch identifizierte im Gefolge von Peter von Bohlen (1835)[31] und Friedrich Bleek (1836)[32] den "Jehovisten" (den heutigen Jahwisten) mit dem Endredaktor der Genesis. F. Tuch kam dadurch im Rahmen der kritischen Forschung erstmals zu einer grundlegenden theologischen Charakteristik des Endredaktors.[33] So sei die Grundanschauung des "jehovisti-

---

[27] Ewald, in: ThStKr IV, 597; ähnlich in: Jb. für wissenschaftliche Kritik (1831), 365.
[28] Ewald, in: ThStKr IV, 604f.
[29] Neben der Interpolationshypothese von Kelle (s.o.S.5) gehört das Modell F. Bleeks von 1822 in die Vorgeschichte der Ergänzungshypothese: Ein erster Verfasser des Pentateuchs habe unter Zugrundelegung älterer Quellenstücke in der Zeit zwischen Saul und Salomo die heilige Geschichte von der Schöpfung bis zur Landnahme (Gen-Ex; Lev*, Num*; Dtn 33-34*; Jos*) komponiert. Ein zweiter Verfasser habe dann unter Josia das vorhandene Werk ergänzt und Dtn 1-32 eingefügt: Abfassung des Dtn und letzte Redaktion des Pentateuch fielen so zusammen (Aphoristische Beiträge, 58f.).
[30] Tuch, XXV (zitiert nach der 2. Auflage von 1871). Gerade in der Auffassung, der Redaktor sei ein reiner Kompilator, der "nur äusserlich die vorliegenden Quellen zusammenleitete und mechanisch mit einander verband", sah Tuch ein schweres Mißverständnis der bisherigen Hypothesen (a.a.O., LVII).
[31] Von Bohlen, CXC, setzte erstmals den "Jehovisten" mit dem Bearbeiter der allein als schriftliche Quelle angesehenen Elohimurkunde gleich und verlegte die Abfassung der Genesis in die Zeit des Exils. Auf eine genaue literarkritische Trennung der Elohimurkunde und der "jehovistischen" Ergänzungen sowie eine theologische Würdigung des Ergänzers verzichtete von Bohlen im Gegensatz zu Tuch.
[32] Bleek, De libri Geneseos origine, 6f., schloß sich der These von Bohlens an, J sei der Ergänzerredaktor der Elohimgrundschrift, trat aber energisch gegen von Bohlens exilische Datierung ein und verlegte selbst die Elohimschrift in die Zeit Sauls und den "jehovistischen" Ergänzer in die Epoche Davids (a.a.O., 19f.27); ders., Einleitung ([4]1878), 55ff.76: Der "jehovistische" Ergänzer der "elohistischen" Grundschrift sei der Verfasser der Genesis, die "jehovistischen" Ergänzungen wiesen keinen fortlaufenden Faden auf, sondern seien "nur in Beziehung auf die elohistischen geschrieben".
[33] Vgl. Tuch, LVII. Bei Bleek, Einleitung 85, hatte es noch geheißen: "Immer aber ist die schriftstellerische Selbständigkeit des Verfassers der Genesis auch in den spätern Theilen nicht so gross, dass er das Fremde und das Eigene zu einem organischen, im

schen" Ergänzers[34] von einem stark *prophetischen* Element geprägt (vgl. Gen 4,15; 5,29; 9,25-27).[35] Der "Jehovist" gehe von einer Uroffenbarung aus und lokalisiere den Jahwekult bereits in der Urzeit (vgl. 4,26; 8,20-22). Daneben zeige der Ergänzer eine Vorliebe für mythologische Stoffe (vgl. 3,22.24; 6,1-4). Als Zeitalter dieses "Ergänzer-Redaktors" bestimmte F. Tuch die Epoche Salomos.[36] Eine ähnliche Gleichsetzung des "Jehovisten" mit dem Bearbeiter der Grundschrift und somit eine Beschreibung der Endredaktion "im Geist der Prophetie" findet sich dann bei J. J. Stähelin (1843),[37] Franz Delitzsch (1852)[38] und August Knobel (1860).[39] Ebenfalls zu einer "prophetischen"

Inhalte wie in der Form durchaus zusammenstimmenden Ganzen verarbeitet hätte, wie die elohistische Schrift selbst scheint gewesen zu sein." (ähnlich a.a.O., 142).

[34] Im Bereich der Urgeschichte wies Tuch dem "Ergänzer-Jehovisten" folgende Texte zu: 2,4-4,26; 5,29; 6,1-8; 7,1-10.16; 8,20-22; 9,18-27; 10,1-32; 11,1-9.

[35] Zu den Vorläufern einer "nachpriesterlichen" und "prophetisch" orientierten Redaktion der Urgeschichte wie des gesamten Pentateuchs zählen die *"Fragmente über die allmählige Bildung der den Israeliten heiligen Schriften"* von J. C. K. Nachtigal *alias* Otmar (1794f.), insofern hier der *Prophet* Jeremia "in seinen spätern Jahren" als der "letzte Sammler und Ordner dieser merkwürdigen Bücher, die man nachmals in ihrem ganzen jetzigen Umfang, Moses, als Verfasser, aus Mißdeutung, zuschrieb", angesehen wird (vgl. Otmar, Fragmente, in: MRP IV, 29f.). Bereits vor (!) Jeremias Redaktionstätigkeit hätten um die Zeit der babylonischen Gefangenschaft eine Prophetenschule oder eine "Versammlung denkender Männer" "aus vielen älteren Sammlungen *die fünf Bücher* zusammengesetzt, welche [...] später die Ueberschrift *Thora Mosche* erhielten." Eine Überarbeitung aller Teilsammlungen des AT und die Anfertigung einer Hauptsammlung heiliger Schriften hätten dann Esra und Nehemia veranstaltet (in: MRP IV, 34). Im Rahmen einer Folgeuntersuchung (in: MRP V, 291-336) bemühte sich Otmar um den Nachweis, daß Gen 1-11 aus zahlreichen älteren Büchern zusammengesetzt und dabei sukzessiv vergrößert und erweitert worden sei. Dabei versuchte Otmar neben der Erhebung der mündlichen Vorgeschichte und der ätiologischen Ausrichtung der Erzählungen in Gen 1-11 in einer geradezu modern anmutenden Weise, die prozeßhafte literarische Entstehung drucktechnisch durch die Verwendung unterschiedlicher Typen zu verdeutlichen. Zur Bedeutung Otmars als einem Vorläufer der überlieferungs- und redaktionsgeschichtlichen Forschung vgl. auch Houtman, Pentateuch, 76.184.

[36] Vgl. Tuch, LXXIIIf.

[37] Vgl. Stähelin, Pentateuch, 60ff.; zur Abkehr Stähelins von der Urkundenhypothese s.o.S.6f. Literarkritische Modifikationen betreffen im Bereich der Urgeschichte c.7 (Elohimquelle: 7,11-22.24; "jehovistischer" Ergänzer: 7,1-10.16b.23) und c.10 (Elohimquelle: 10,1-7.20.22-23.30-32; "jehovistischer" Ergänzer: 10,8-19.21.24-29); a.a.O., 41-56. Dabei glaubte Stähelin, Pentateuch, 122, in dem "jehovistischen" Ergänzer den *Propheten* Samuel oder einen seiner Schüler bzw. Zeitgenossen zu erkennen.

[38] Vgl. Fz. Delitzsch[1], 28ff. Obgleich Delitzsch wie Bleek (1822 [s.o.S.7 Anm.29]) auch die Einfügung des Dtn auf den Ergänzer zurückführte (a.a.O., 30), betonte er dessen "prophetischen" Charakter, ohne dies freilich im einzelnen zu begründen: "Beide, der *priesterliche Elohist* [im Bereich der Urgeschichte entfallen auf ihn 1,1-2,3; 5,1-28.30-32; 6,9-22; 7,9-16a.23-24; 8,1-19; 9,1-17; 11,10-32] und der *prophetische Jehovist* [im Bereich der Urgeschichte greifbar in: 2,4-4,26; 5,29; 6,1-8; 7,1-8.16b; 8,20-22; 9,18-27; 10,1-32; 11,1-9], sind jeder in seiner Weise Echo und Nachbild des grossen Gesetzgebers, ihres Lehrers und Vorbilds [sc. Moses]" (a.a.O., 28).

1.1. Auf der Suche nach der Endredaktion

Charakteristik der Endredaktion gelangte H. Ewald mittels der jetzt von ihm vertretenen Kristallisationshypothese (1848ff.).[40] Er erkannte in dem "fünften Erzähler" der Urgeschichte den eigentlichen Kompilator und Redaktor, von dem die "erste große Sammlung und Verarbeitung aller bisherigen Quellen" stammte.[41] Dieser "fünfte Erzähler" habe die ihm vorliegenden Traditionen bearbeitet und auch eigene Texte eingetragen.[42] Aufgrund der Bevorzugung des Jahwenamens,[43] der kompositionellen Anordnung der Quellen und der eigenständig formulierten Texte sei dieser Redaktor als ausgesprochen "prophetisch" zu bezeichnen. Die Vorordnung der aus dem "vierten Erzähler",

---

[39] Vgl. Knobel, VII; ders., Numeri, 496ff.: Auf die priesterliche "Elohim-Grundschrift" führte Knobel im Bereich der Urgeschichte 1,1-2,4a; 5,1-28.30-32; 6,9-22; 7,4.6-7.8b-16a.17-24; 8,1-19; 9,1-17.28-29; 10,1-7.13-24.25*.26*32; 11,10-32 zurück. Während der "Jehowist" ab der Vätergeschichte die Grundschrift aus zwei Quellen, einem "Rechtsbuch" (ab Gen 20,1-17 greifbar) und einem "Kriegsbuch" (ab Gen 14 nachweisbar) ergänzte, habe er "seine urgeschichtlichen Erzählungen [d.h. Gen 2,4b-4,26; 5,29*; 6,1-8; 7,1-3.5.8a.16b; 8,20-22; 9,18-27; 10,8-12.25; 11,1-9] nicht aus schriftlichen Quellen, sondern aus dem Schatze von Kenntnissen, Ansichten und Sagen, wie er sich seit der Zeit des Elohisten im Volke gebildet hatte und traditionell vorhanden war", geschöpft (Numeri, 573).

[40] Vgl. Ewald, urgeschichte (1848ff.); ders., Geschichte, I (^{3}1864), 96ff. Zur Bezeichnung von Ewalds jüngstem Pentateuchmodell, das eine Urkunden-, Ergänzungs- und Fragmentenhypothese kombiniert, als "Kristallisationshypothese" vgl. Delitzsch[1], 29.

[41] Vgl. Ewald, Geschichte, I, 156. Sowohl in den JBW I-IX (1848-1858) als auch in der dritten Auflage der "Geschichte" (1864) ist der Endredaktor der Urgeschichte der "*fünfte* Erzähler"; in der ersten Auflage der "Geschichte" (1843) bezeichnete Ewald dieselbe Größe als "*vierten* Erzähler". Beide Größen sind deutlich vom Deuteronomiker zu unterscheiden, der nach Ewald der Endredaktor des Pentateuchs ist, ohne daß dieser noch selbst in Gen 1-11 eingegriffen habe. Die Identität des "vierten Erzählers" der ersten Auflage mit dem "fünften" Erzähler in der dritten Auflage ist in den Darstellungen der Position Ewalds zu beachten (Schrader, Lehrbuch [1869], z.B. zitiert Ewald nach der ersten Auflage). Ewald bietet weder in den Aufsätzen zur Urgeschichte in den JBW noch in seiner "Geschichte des Volkes Israel" eine genaue Übersicht seiner literarkritischen Ergebnisse. Die folgenden Zuweisungen an die einzelnen Erzähler sind aus den verstreuten Angaben Ewalds in den genannten Werken zusammengesucht (vgl. dazu auch den Versuch einer Synopse der Ewaldschen Ergebnisse bei Schrader, Lehrbuch, 315f.). Im Bereich von Gen 1-11 habe der "fünfte Erzähler" drei ehemals selbständige Quellen vereinigt. Aus dem "Buch der Ursprünge" stamme 1,1-2,3; 6,9-22; 7,9.11-16a.17-22.24; 8,1-5.13-19; 9,1-17.28-29; 10,1-7.13-20. 22-32; 11,10-26; aus dem Werk des "dritten Erzählers" komme 4,26; 8,6-12; 10,25, und aus der Schrift des "vierten Erzählers" sei 2,5-3,24; 6,1-8; 7,1-8.10.16b.23; 8,20-22; 9,8.10-12; 11,1-9 übernommen. Dabei glaubte Ewald hinter 1,1-2,3 eine ältere "Acht-Werke-Schöpfungserzählung" zu erkennen, die erst bei ihrer Aufnahme in das "Buch der Ursprünge" um das "Sechs-Tage-Schema" und den "Sabbat" erweitert worden sei (in: JBW, I, 76-95). Ebenso sei hinter der Flutsage des "Buchs der Ursprünge" eine noch ältere Fassung zu erkennen, aus der der Begriff מבול, die Vorstellung der Urtiefen und Himmelsfenster (7,11; 8,2) und die Rechnung nach dem Sonnenjahr stamme (in: JBW VII, 1-10).

[42] Im Bereich der Urgeschichte stammen vom "fünften Erzähler" ganz oder in Überarbeitung der Vorlagen 3,20; 4,1b-8.19-25; 5,29b; 6,8; 7,1-10*; 9,18-27; 10,21.

[43] Vgl. die Ergänzung des Tetragramms in 2,4 und 2,5-3,24 (in: JBW II, 164).

(dem "prophetischen" Autor) genommenen Flutpassagen (6,1-8 bzw. 8,20-22) vor die entsprechenden Abschnitte aus dem "Buch der Ursprünge" (6,9ff. bzw. 9,1ff.) stelle eine programmatische Textanordnung zugunsten der "prophetischen" Tradition dar.[44] Ebenso zeige sich die "prophetische" Orientierung des Redaktors an der Kombination der Darstellung des Geschlechts der Gerechten in c.5, die aus dem "Buch der Ursprünge" stamme, mit der Beschreibung der Ahnentafel der Bösen in c.4, die der Endredaktor auf der Grundlage des "vierten Erzählers" selbst geschaffen habe: So werde durch die Lokalisierung des Gegensatzes von Heil und Verderben, Gut und Böse bereits in der Urzeit genau die "prophetische" Linie des vierten Erzählers aus c.3 weitergeführt.[45] An ausgewählten Stellen der Genesis habe dieser Redaktor jeweils "ein ergreifendes prophetisches Bild" eingefügt.[46] Nicht zuletzt aufgrund der als Anspielungen auf die Assyrer verstandenen Texte in 9,27; 10,8-12 gehöre er in die zweite Hälfte des 8. Jh. v. Chr.[47]

Mit der Ablösung der Ergänzungshypothese durch die Urkundenhypothese seit der Mitte des 19. Jh. verband sich zunächst noch keine Ausblendung der Frage nach dem Endredaktor. Dies können exemplarisch die Arbeiten zur Genesis von Hermann Hupfeld (1853), Eduard Böhmer (1862) und Eberhard Schrader (1863) zeigen. Allerdings beschränkte sich H. Hupfeld weitgehend auf eine Beschreibung des technischen Verfahrens des Endredaktors.[48] Der Endredaktor der Urgeschichte[49] habe zwar in der Fluterzählung pietätvoll einen Bericht aus zwei verschiedenen Quellen "Glied für Glied, wie musivisch, ineinandergefügt",[50] er unterscheide sich aber von einem "mechanischen Compilator".[51] Der Endredaktor habe seine Quellen zu einem Ganzen verarbeitet, selbständige Eingriffe in den Text zur Wahrung der Einheit vollzogen, gelegentlich umgestellt, ausgelassen, glossiert und textlich geändert. Insgesamt diene die Verschiedenheit der Quellen dem Redaktor dazu, "durch geschickte Gruppierung eine reichere und feiner abgestufte Entwickelung der Hauptmomente hervorzubringen als sie in den einzelnen Quellen" selbst vorhanden sei.[52] In der Anordnung der Quellen zeige sich ein "Fortschritt von

---

44 Vgl. Ewald, Geschichte, I, 165.
45 Vgl. Ewald, in: JBW VI, 4, ders., Geschichte, I, 158.
46 So in Gen 12,1-3; 15; 22,1-19; 26,1-5; 28,10-22; Ex 3f. (Ewald, Geschichte, I, 164).
47 Vgl. Ewald, Geschichte, I, 162.
48 Dabei knüpfte Hupfeld an die älteren Versuche von Stähelin, Genesis, 32, und Ewald, in: ThStKr IV, 597ff., an; s.o.S.6f.
49 Hupfeld, Quellen, 199, für den P noch die älteste und Dtn die jüngste Quelle des Pentateuchs bildete, unterschied den Redaktor der Genesis (R^{PJE}) vom Pentateuchredaktor ($R^{Pt} = R^{PJE}$ + Dtn). Allerdings war R^{Pt} für Hupfeld in der Genesis nicht greifbar, so daß sein R^{PJE} mit dem Endredaktor der Urgeschichte zusammenfällt. Vgl. zu diesem Pentateuchmodell u.a. auch Nöldeke, Untersuchungen, 2f., Dillmanns Arbeiten zum Pentateuch sowie die Vertreter einer Tetrateuchhypothese.
50 Hupfeld, Quellen, 196.
51 Hupfeld, Quellen, 198.
52 Hupfeld, Quellen, 200.

1.1. Auf der Suche nach der Endredaktion

außen nach innen", womit der Redaktor vor allem der Tendenz der "Jhvh Urkunde" folge.[53] Ein selbständiges theologisches Profil wird hier dem Endredaktor nicht zugestanden, so daß von einer *neutralen Redaktion* gesprochen werden kann, die ihren Schwerpunkt in der Bewahrung der Quellen besitzt.

Gegenüber H. Hupfeld bemühten sich E. Böhmer und E. Schrader um eine weitergehende literarkritische Erhebung und theologiegeschichtliche Einordnung.[54] Dabei fiel allerdings E. Böhmers Urteil über den Endredaktor, "der die ihm vorliegenden Schriften zum Theil gar nicht verstand, zum Theil sichs nicht zu ängstlich angelegen sein läßt, alle Ungleichheiten der Berichte zu verwischen",[55] vernichtend aus. In kompositioneller Hinsicht sei die Endredaktion ein "äußerliches Ineinanderzerren widerborstiger Strebungen, ein Friederufen, wo kein Friede ist".[56] Angesichts dieser Geringschätzung der literarischen Fähigkeiten des Endredaktors überrascht nicht E. Böhmers Verdikt über das Gesamtwerk: Die Endgestalt, die aus der Zeit Josias (etwa 620 v. Chr.)[57] stamme und in patriotischer Weise versuche, Nord- und Südreichtraditionen zu vereinen, zeige alles andere als einen Geist des Prophetismus.[58]

Zu einem moderateren Urteil über den Endredaktor kam E. Schrader in seinen Studien zur Urgeschichte (1863). Hinsichtlich des kompositionellen und theologischen Niveaus blieb aber auch bei E. Schrader der Endredaktor

---

53 Hupfeld, Quellen, 200. Zu den "jhvhistischen Bestandtheilen" der Urgeschichte zählte Hupfeld (a.a.O., 101-167) Gen 2,4-4,26; 5,29; 6,1-4 (Fragment); 6,5-8; 7,1-5.(7.8.).10.12.17.23; 8,(1b).2b.3a.4aα.b.6-12.20-22; 9,18-27; 10,1-32; 11,1-9 (erst vom Redaktor hinter c. 10 gestellt, [a.a.O., 137]).

54 Böhmer, Thora, 123-302. Obgleich auch für Böhmer wie für Hupfeld die Elohimschrift die älteste Quelle darstellte (a.a.O., 24), ist der Endredaktor der Genesis gegenüber Hupfelds Annahme zugleich der Pentateuchredaktor (a.a.O., 301f.). Dabei wies Böhmer, Thora, 123-302, dem endredigierenden "Kompilator" umfangreiche Ergänzungen zu, so im Bereich der Urgeschichte: Gen 2,9b(nur עץ החיים); 3,20.22-24; 4,1-24.25-26; 5,28b*(nur כן).29; 6,1-4*; 9,18b.20-27; 10,5aβ.8b.20a*(nur למשנתם).21bβ.31a* (nur למשנתם); 11,1-9. Diese Zusätze sind für Böhmer aber alles andere als Ausdruck eines theologischen Profils. Die Ergänzung von 4,25-26, wodurch die Setiten als die heilige Linie den Kainiten als den Heiden gegenübergestellt werden, sei ein Beispiel "ganz unhistorische(r) Phantasie" (139), der Einsatz von 6,1-4 ein Zeichen für das Mißverständnis der Quellen, die "überhaupt nur kritiklos compiliert" seien (143). Schließlich zeuge die "Erklärung der Sprachenvielfalt" durch den Redaktor in 11,1-9 "ebensowenig von gesundem Blick als sein Gottesbegriff, wie derselbe aus dem Anhängsel an die Paradiesgeschichte [sc. 3,20.22-24] hervorgeht, und seine Mittheilung über die Abkunft der Halbgötter" (159).

55 Böhmer, Thora, 128.

56 Böhmer, Thora, 300f.

57 Vgl. Böhmer, Thora, 323.

58 Vgl. Böhmer, Thora, 301. Die Beschreibung gipfelte in krassem Antijudaismus: "Das Judenthum, welches den Heiland verwarf, der unmittelbar vom Vater kam, es ist dasselbe, welches schon in der Pentateuchredaktion gezeigt hatte, wie gar keinen Sinn es behalten für quellfrisches Leben, für organische Entwicklung aus göttlicher Tiefe heraus. Diese Thora ist von Hause aus kein Werk nach dem Herzen Gottes." (301).

hinter seinen Quellen zurück, denen er als ein "Compilator [...] ganz äusserlich gegenüberstand".[59] Eine genauere theologiegeschichtliche Einordnung bot E. Schrader hier noch nicht, obgleich er im Gegensatz zu H. Hupfeld dem Endredaktor einen erheblichen textlichen Eigenanteil zuwies.[60] Inhaltlich stellte E. Schrader lediglich fest, daß der Endredaktor "offenbar einer ganz anderen geistigen Sphäre entstamme als der des prophetischen Erzählers".[61] Diese Einschätzung änderte sich, als Schrader im Rahmen der Neubearbeitung des Lehrbuchs von W. M. L. de Wette (1869) zu einer kombinierten Urkunden- und Ergänzungshypothese kam. Aus dem "prophetischen Erzähler" wurde nun der Redaktor, der den "annalistischen Erzähler" [d.h. P] und den "theokratischen Erzähler" - eine für E. Schrader neue Quelle - verbunden habe.[62] Damit ergab sich als Profil des Endredaktors der Urgeschichte eine dezidiert *prophetische Tendenz*.[63] Gegenüber der früheren Bestimmung der Redaktion als Kompilation erkannte E. Schrader in der Tätigkeit des Endredaktors nun eine freie, selbständige Bearbeitung und Anreicherung der beiden älteren Quellen zu einem Ganzen, die eine Analogie in der Entstehung der Bücher Dtn - II Reg und der Chronik finde.[64] Theologiegeschichtlich stehe der "prophetische" Endredaktor dem "theokratischen" Erzähler und dem Propheten Hosea nahe, vermutlich habe er zur Zeit Jerobeams II. im Nordreich gewirkt.[65] Am Bei-

---

59 Schrader, Urgeschichte, 103.
60 Vgl. Schrader, Urgeschichte, 115-169.173-195. Vom Endredaktor stammen demnach 4,25-26; 6,1-4; 7,3*(nur זכר ונקבה).8-9.22*(nur נשמת־רוח חיים באפיו); 9,18b-27; 10,8-12.18b.21.25; 11,1-9; die Umstellung von der ursprünglichen Überschrift des ersten Schöpfungsberichtes 2,4a (a.a.O., 11-12), sowie die Bildung des Kunstnamens יהוה אלהים in 2,4-3,24, wodurch der Einsatz der Jahweurkunde gekennzeichnet werde (a.a.O., 56f.). Der Endredaktor falle sowohl sprachlich als auch inhaltlich aus seinem Kontext heraus. Bei den Zusätzen, die eine genaue Bekanntschaft mit Mesopotamien und Assyrien zeigten (10,8-12; 11,1-9), handele es sich um freie Einschaltungen, die nur teilweise auf älteren Vorlagen beruhten (6,3; 9,25-27) und um ausgleichende Einschübe als Beispiele der "ältesten Spuren biblischer Harmonistik" (4,25-26; 7,7-9*.22*), (a.a.O., 138-141.166-169).
61 Schrader, Urgeschichte, 167.
62 Schrader, Lehrbuch, 315: "was ich in den Studien z. Krit. 166f. [sc. 1863] dem 'Redaktor' glaubte zuweisen zu sollen, hat sich bei weiterer Betrachtung als von derselben Hand, wie die jahwistischen Abschnitte, herrührend ergeben". Dabei ist dieser "jahwistische" Redaktor (R^{PE}) noch nicht der Endredaktor des Pentateuchs, den Schrader mit dem "Deuteronomikers" gleichsetzte (vgl. Lehrbuch, 313).
63 Auf diesen "jahwistischen", prophetisch orientierten Endredaktor führte Schrader, Lehrbuch, 313ff., im Bereich von Gen 1-11 dann die Abschnitte 2,4b-3,24; 4,1-26; 5,29; 6,1*.4.5-8; 7,1-5.10.12.16b.17.23; 8,2b.3a.6-12.13b.20-22; 9,18-27; 10,8-12.18b. 21-25; 11,1-9 zurück. Dem "theokratischen Erzähler" (dem Elohisten der Forschung des 20. Jh.) wies er die Texte 4,23-24(?); 6,1*.2.3; 10,1-7.13-18a.19.20.22-24.26-32 zu.
64 Schrader, Lehrbuch, 312f. Bei der Bearbeitung des "annalistischen" und des "theokratischen" Erzählers griff der "prophetische" ("jahwistische") Endredaktor auch auf eigene Traditionen und schriftliche Quellen zurück, so im Bereich der Urgeschichte wohl bei 4,1-24 und 6,1*.2-3 (a.a.O., 321).
65 Schrader, Lehrbuch, 321f.

1.1. Auf der Suche nach der Endredaktion

spiel des Positionswechsels E. Schraders zeigt sich erneut, wie es durch Einbeziehung der Ergänzungshypothese in die Pentateuchkritik zu einer positiveren Würdigung der redaktionellen Endgestalt kommen konnte, als dies bei der Anwendung der reinen Urkundenhypothese der Fall war.[66]

Ein drittes Modell, das Profil der Endredaktion zu beschreiben, entstand in dem Moment, da die "grundschriftlichen" ("priesterlichen") Texte literargeschichtlich nicht mehr als die ältesten, sondern als die jüngsten Bestandteile des Pentateuchs erkannt wurden. Hatte bereits F. Tuch die Tendenz seines Redaktors aus der Perspektive, daß der prophetische "Jehowist" literargeschichtlich jünger sei als die "Grundschrift", als "prophetisch" bestimmt, so führte nun die Umkehrung der literargeschichtlichen Verhältnisse zu der Kennzeichnung der Endredaktion als "priesterlich" gefärbt. Den Ausgangspunkt für die Charakteristik einer "priesterlichen" Endredaktion bilden Beobachtungen von Karl Heinrich Graf (1869): Die sogenannte Grundschrift des Pentateuchs sei "nicht die Grundlage der Erzählung desselben", sondern bestehe "aus später zu dem 'jahwistischen' Werke hinzugekommenen Zusätzen".[67] Entscheidend für diese Beurteilung sei einerseits die Erkenntnis der Lückenhaftigkeit von P in den erzählenden Abschnitten des Pentateuchs, andererseits die Zusammengehörigkeit der "priesterlichen" "Erzählungen" mit den nachweislich jungen Gesetzestexten. Mit der Ergänzung der "grundschriftlichen" Teile sei zugleich die Redaktion des Pentateuch abgeschlossen, die möglicherweise auf Esra selbst zurückgehe.[68]

Die Einschätzung, die Endredaktion sei "priesterlich" orientiert, ist ebensowenig wie ihre "prophetische" Kennzeichnung an ein bestimmtes literarkritisches Modell gebunden. So begegnet eine "priesterliche" Charakterisitik der Endredaktion im Anschluß an K. H. Graf nun nicht nur im Rahmen einer Ergänzungshypothese, sondern vor allem im Horizont der Neueren Urkundenhypothese. Exemplarisch für dieses Modell ist die Beschreibung der Endredaktion durch Abraham Kuenen (1870/1885).[69] Die Zusammenstellung der "jehowistischen" und der "priesterlichen" Teile sei "im Geist und Interesse von

---

[66] S.o.S.6.
[67] Graf, Grundschrift, 474.
[68] Graf, Grundschrift, 476.
[69] Wir stellen die Position Kuenens nach der zweiten Auflage seiner "Historisch-critisch onderzoek" (1885, zitiert nach der deutschen Ausgabe von 1887) dar, weil Kuenen hier die ausführlichste Darlegung seines Pentateuchmodells bietet und weil sich hier die für unsere Frage relevante Beschreibung der Endredaktion findet. Die prinzipielle Einschätzung, die "Grundschrift" (P) sei die jüngste Urkunde im Pentateuch, begegnet bereits seit 1870 in Veröffentlichungen Kuenens (vgl. Houtman, Pentateuch, 101ff.). Die von Kuenen gebotenen literarkritischen Ergebnisse der Urgeschichte werden mit wenigen Modifikationen bis heute von allen Vertretern einer Urkundenhypothese geteilt: a) auf P entfallen: 1,1-2,4a; 5,1-28.30-32; 6,9-22; 7,6*.7*.8*.9*.11*.13*.14*.15*.16a*.18-21*.22*; 8,1*.2a*.3-5*.13-19*; 9,1-17.28-29; 10,1-7.20.22-23.31-32; 11,10-27.31-32 (vgl. Einleitung I/1, 63f.); b) aus JE stammen: 2,4b-4,26; 5,29; 6,1-8; 7,1-5.16b.17; 8,6-12; 9,18b.20-27; 10*; 11,1-9 (vgl. Einleitung, I/1, 136ff.).

P bewerkstelligt".[70] Wo die Endredaktion um der Einheit der Darstellung willen eingreifen mußte, geschah dies im Sinn von P. Allerdings zeige die von "Conservativismus" geprägte Nebeneinanderstellung von Gen 1 und Gen 2-3, daß die Endredaktion nicht mit P identisch sei.[71] Der Befund in der Fluterzählung, besonders im Bereich von 7,6-24, verdeutliche, daß die Endredaktion ihre Vorlagen bei der Vereinigung "gleichförmig" gemacht habe.[72] Im einzelnen lasse sich das Verfahren des Redaktors genau nachzeichnen.[73] Die Umstellung von 2,4a, der ursprünglichen P-Überschrift zu 1,1-2,3, diene der Unterscheidung der beiden Schöpfungsberichte. Mittels des redaktionellen Doppelnamens Jahwe Elohim identifiziere der Endredaktor den Gott des ersten Schöpfungsberichts (Elohim) mit dem des zweiten (Jahwe). Der Abschnitt 4,1-26 sei vom Endredaktor unverändert übernommen worden, während aus der "jehowistischen" Set-Genealogie nur die Benennung Noahs erhalten und in die "priesterliche" Adamtoledot eingefügt worden sei (5,29). Die beiden Fluterzählungen seien "so gut es ging zu einem Ganzen" verarbeitet worden, wobei der Redaktor sowohl P an JE als auch JE an P angepaßt habe.[74] Gen 9,18-26(sic) bilde eine redaktionelle Einlage aus JE in den P-Bestand 9,17.28-29. C.10 sei vom Redaktor aus P und JE zusammengesetzt, während die "jehowistische" Erzählung in 11,1-9 der priesterschriftlichen Genealogie Sems in 11,10-26 vorgeordnet sei. Zusammenfassend läßt sich sagen: Der Endredaktor habe seine Quellen z.T. blockweise hintereinandergestellt, z.T. abschnitt- oder versweise kompiliert, möglicherweise auch JE zugunsten von P gekürzt[75] und teilweise die Vorlagen sprachlich und stilistisch adaptiert; ein wesentlicher Eigenanteil des Endredaktors sei nicht nachweisbar.

Mit den drei vorgestellten Kennzeichnungen der Endredaktion (1.) als "priesterlich" ausgerichtet bei K. H. Graf (1869) und A. Kuenen (1870/1885), (2.) als "prophetisch" geprägt bei E. Schrader (1869), und (3.) als "neutral verbindend" bei H. Hupfeld (1853) und E. Böhmer (1862) liegen die charakteristischen Kategorien vor, nach denen sich die gegenwärtig vertretenen Versuche zur Bestimmung der Endredaktion der Urgeschichte einordnen lassen. Der anschließende Forschungsbericht (1.2.) wird daher jeweils getrennt die drei Beschreibungen der Endredaktion darstellen. Dabei wird zusätzlich eine Klassifikation nach dem jeweils vertretenen literarkritischen Modell geboten. Forschungsgeschichtlich zeigt sich nämlich, daß die neuere Urkundenhypothese

---

[70] Kuenen, Einleitung, I/1, 304.
[71] Kuenen, Einleitung, I/1, 306.
[72] Kuenen, Einleitung, I/1, 64.
[73] Kuenen, Einleitung, I/1, 309f.
[74] Kuenen, Einleitung, I/1, 310. Eine Anpassung von JE an P stellten in 6,7 der Terminus ברא und die Reihe השמים ... מאדם bzw. in 7,3 die Wendung זכר ונקבה dar; eine Angleichung von P an JE bilde die Unterscheidung der Tiere in "rein und unrein" in 7,8. In 7,23 schließlich seien beide Quellen vereint.
[75] Daß der Redaktor wesentliche Stücke aus JE(D) gestrichen habe, erschien Kuenen, Einleitung, I/1, 309, fraglich.

1.1. Auf der Suche nach der Endredaktion

zwar das Vorhandensein einer dritten die "grundschriftliche" und die "jahwistische" Quelle verbindenden Hand eher erklären kann als die reine Ergänzungshypothese, daß sie im Laufe ihrer Entfaltung allerdings nur noch bedingt dem Endredaktor und der Endgestalt gerecht wurde. Zwar formulierte noch Adalbert Merx (1871) als eine der wichtigsten Aufgaben der Forschung die Klärung der Art und Zeit der Endredaktion(en).[76] Ebenso wurde bei Quellenkritikern wie Abraham Kuenen, Julius Wellhausen, Heinrich Holzinger und Rudolf Smend sen. die Frage nach dem Endredaktor noch gestellt, doch trat ihre Beantwortung immer weiter in den Hintergrund des Interesses.[77] Damit zeigt sich eine konzeptionelle Schwäche einer reinen Urkundenhypothese, welche die Frage der Endredaktion eigens thematisieren muß, während eine Ergänzungshypothese über die Herausarbeitung des letzten Berabeiters zwangsläufig zur Bestimmung der Endredaktion gelangt.[78] Allerdings führte erst die Verbindung der neueren Urkundenhypothese mit der vor allem an der Erhebung der vorliterarischen Überlieferungsgestalt interessierten *form- und überlieferungsgeschichtlichen Fragestellung* zu Anfang dieses Jahrhunderts zu einem fast vollständigen Übergehen des Endredaktors. Repräsentativ für diese Entwicklung ist im Bereich der Genesis der Kommentar von Hermann Gunkel (1901): Erstmals wurde hier eine *vollständig* nach Quellen getrennte Auslegung geboten.[79] Dem Endredaktor sind nur noch wenige Zeilen in der Einleitung gewidmet.[80] Die Festschreibung der Urkundenhypothese und das Interesse an überlieferungs- und traditionsgeschichtlichen Fragen[81] verlagerten die Perspektive der kritischen Pentateuchforschung in der Hälfte des 20. Jh. weiter in die Richtung der Vorgeschichte des Textes.[82] Die historisch-kritischer Exegese verpflichteten Arbeiten konzentrierten sich nun vor allem auf eine Erhebung der Theologie der einzelnen Schichten. An die Stelle der Theologie

---

[76] Vgl. Merx, in: Tuch, XCVf.
[77] Vgl. die knappen Bemerkungen bei Wellhausen, Composition (³1899), 207; ders., Prolegomena (⁶1905), 383ff.; Kuenen, Einleitung I/1 (1887), 304ff.; Holzinger, Hexateuch (1893), 494ff.; Smend sen., Hexateuch (1912), 8ff.344.
[78] Zu Recht betonte zuletzt L. Schmidt, Entstehung, 27, daß gerade in der neueren Urkundenhypothese die Analyse der Redaktionen "ein dringendes Desiderat" darstelle.
[79] Gunkel, Genesis (1901; ³1910), vgl. die Übersicht auf S.CI. Ansätze zu einer blockweisen Auslegung finden sich bei Holzinger, Genesis (1898). Im Gefolge Gunkels boten eine nach Quellen gesonderte Kommentierung der Urgeschichte Procksch (1913; ³1924) und von Rad (1949; ⁹1972). Selbst bei Westermann, I (1974), werden noch Teile der Genealogien und der Fluterzählung nach ihrer quellenhaften Herkunft getrennt erklärt. Zu einer nach Quellen geschiedenen Übersetzung vgl. Böhmer, Thora (1862), Eißfeldt, Hexateuchsynopse (1922) und Campbell u. O'Brien, Sources (1993).
[80] Gunkel, XCIX.
[81] Vgl. dazu exemplarisch Gunkel, Schöpfung (1896), 142f.
[82] Eine Ausnahme im Bereich der historisch-kritischen Exegese bildet hier der an Gen 6,1-4 exemplifizierte Versuch von Rothstein, Bedeutung (1920), 150ff., den Endredaktor als eine literarisch bewußt komponierende und "die jüdische Gemeinde seiner Zeit" gezielt mahnende Größe zu würdigen (a.a.O., 156). Freilich wurde Rothstein seinerzeit ein methodisch falsches Vorgehens vorgeworfen (vgl. König, 336).

der Urgeschichte trat eine Theologie der jahwistischen bzw. der "priesterlichen" Urgeschichte[83]. So mußte Hans Wilhelm Hertzberg (1952) angesichts der zeitgenössischen Pentateuchkritik feststellen, daß über die Quellen der Genesis zwar viel geschrieben worden sei, aber noch immer das Buch über den Endredaktor fehle.[84] Der Forschungsbericht über die Genesis von Claus Westermann (1972) spiegelt ein weitgehendes Desinteresse an der Endredaktion wider; die Frage nach dem Endredaktor wird nicht thematisiert.[85] Nachdem seit den siebziger Jahren dieses Jahrhunderts die Pentateuchforschung aufgrund der Spätdatierung des Jahwisten,[86] der (erneuten) Bestreitung einer "priesterlichen" Quellenschrift wie einzelner Urkunden überhaupt[87] und der Wiederbelebung der vorwellhausenschen Ergänzungshypothese[88] in eine radikale Krise geraten ist,[89] wird die Endredaktion im Rahmen der historisch-kritischen Forschung wieder verstärkt berücksichtigt. Zutreffend bemerkte Werner H. Schmidt (1979): "Die Erfassung der Redaktion ist zwar kein neues, aber in seiner Bedeutung neu erkanntes, in der gegenwärtigen Diskussionslage wichtiges und umstrittenes Problem". [90]

---

[83] Vgl. Wolff, Kerygma (1964), 345ff.; Steck, Urgeschichte (1971), 525ff., bzw. Zenger, Gottes Bogen (1983, ²1987).

[84] Hertzberg, Exegese, 111. Vgl. auch Weimar, Pentateuch (1977), 109f., der darauf hinwies, daß "die Redaktionen in der bisherigen Forschung meist stiefmütterlich behandelt wurden und deren literarisches wie theologisches Profil kaum der ihnen gemäße Beachtung fand." Ähnlich bemängelte Donner, Redaktor (1980), 265, zu Recht, daß in den meisten alttestamentlichen Kommentaren und Einleitungen nur erörtert werde "wie die Redaktoren verfuhren - und das gewöhnlich zu summarisch -, nicht jedoch, warum sie so verfuhren, wie sie verfuhren." Vgl. dazu die Ausführungen von Smend, Entstehung (1978, ⁴1989), 38; Schmid, Pentateuque (1989), 361ff.; Wallace, Toledot (1990), 17f., und Houtman, Pentateuch, 406f.422. Von dem Interesse an der Endredaktion ist die Forderung zu unterscheiden, "bei jeder literarkritischen Analyse der Pentateuchtexte von der Endgestalt des textkritisch erschlossenen ('kanonischen') Urtextes auszugehen" (so Koch, P [1987], 449, ähnlich Anderson, Analysis [1978], 38, und Seebass, Pentateuchkritik [1992], 177-186). Dies zeigt der Genesiskommentar von Seebass (1996), I, 10f., der sich im Gefolge holistischer Ansätze zwar ausführlich der theologischen Würdigung der Endgestalt widmet, die Endredaktion, die für die Endgestalt verantwortlich ist, aber weder literatur- noch theologiegeschichtlich einordnet.

[85] Vgl. Westermann, EdF 7. Die fünfte, unveränderte (!) Auflage dieser Forschungsübersicht von 1993 suggeriert, die Forschung an der Urgeschichte habe zwanzig Jahre stillgestanden. Dabei fanden gerade in diesem Zeitraum die Umbrüche in der Pentateuchkritik statt, die die gegenwärtige Diskussion bestimmen.

[86] Vgl. Winnett, Foundations (1965); Van Seters, Abraham (1975); Schmid, Jahwist (1976); Vorländer, Geschichtswerk (1978).

[87] Die Priesterschrift sitzt keineswegs "noch fest im Sattel", wie zuletzt Berges, Babel (1995), 37, konstatierte. Vgl. die unterschiedlichen Entwürfe zur Bestimmung von P als Bearbeitungsschicht bei Cross, Priestly Work, 293ff.; Rendtorff, Pentateuch, 141f.; Blum, Studien, 219ff.; Vermeylen, Pentateuque, 93ff.; Van Seters, Prologue, 4, oder den Vorschlag Houtmans, Pentateuch, 431 Anm.20, die Größe P ganz aufzugeben.

[88] Vgl. H.-C. Schmitt, Redaktion (1982), 171; Ska, diluvio (1994), 37ff.

[89] Vgl. dazu Zenger, Pentateuchkrise, 353ff.; H.-C. Schmitt, Hintergründe, 161ff.

[90] W. H. Schmidt, Einführung¹, 53; ders., Einführung⁵ (1995), 57.

1.2. "Priesterliche" Redaktion

1.2.1. Die These einer "priesterlichen" Redaktion im Rahmen eines Urkundenmodells oder: "P ~ R"

Das Attribut "priesterlich" zur Beschreibung der Endredaktion im Geist der P-Texte ist hier gewählt, da unter diesem Begriff sowohl Vorschläge zur Bestimmung des Profils der Endredaktion zusammengefaßt werden, die P als Quelle beurteilen, als auch Modelle, die P als Redaktions-/Kompositionsschicht ansehen.

Epochemachend für die "priesterliche" Bestimmung des Profils der Urgeschichte wie des Hexateuchs überhaupt wurde neben den Arbeiten von Abraham Kuenen[1] die These Julius Wellhausens (1878): "Der letzte Redaktor des Hexateuchs (R), der JE+Dt mit dem P.C. zusammengearbeitet hat, fusst auf dem Priestercodex, geht von seinen Vorstellungen aus und gebraucht seine Ausdrucksweise."[2] Die Tatsache, daß im Pentateuch der Priesterkodex den Ton angebe, verleihe der Endgestalt eine "priesterliche" Tendenz.[3] Das Verfahren des Endredaktors sei durch Einfügen von Zusätzen, Umstellungen und Kürzungen charakterisiert - zumeist zu Lasten des "jehowistischen" Werkes, das P angepaßt werde. Dieses Redaktorverständnis ergibt sich exemplarisch aus J. Wellhausens Analyse der Fluterzählung. Der Endredaktor habe den "jehowistischen" Flutbericht in die "priesterliche" Grundlage eingebaut, wobei er 7,6.7*.8-9.10b.12a.23* selbständig ergänzt, 7,16b von seiner ursprünglichen Position bei JE "etwa hinter 7,7" umgestellt und den Bericht von JE gekürzt habe.[4] Gerade der redaktionelle Abschnitt 7,6-9*, wodurch der Widerspruch zwischen "jehowistischer" und "priesterlicher" Fluterzählung beseitigt werden solle, zeige, daß der Redaktor Sprache und Vorstellungen mit P teile.[5] Daß speziell die Urgeschichte durch die redaktionelle Verschmelzung von JE und P

---

[1] Vgl. S.14f.
[2] Wellhausen, in: Bleek, Einleitung (⁴1878), 178. Der "priesterliche" Charakter der Endredaktion ergab sich für Wellhausen vor allem aus der Anlehnung des Endredaktors an P, wie es sich beispielhaft in Lev 17-26 zeige (vgl. Prolegomena, 383ff.). Vgl. weiterhin Wellhausen, Composition (1876ff.), zitiert nach der dritten Auflage (1899); ders., Prolegomena (⁶1905); ders., Israelitische und jüdische Geschichte (⁷1914).
[3] Vgl. Wellhausen, Israelitische und jüdische Geschichte, 186f.
[4] Vgl. Wellhausen, Composition, 2ff.
[5] Vgl. Wellhausen, Composition, 2ff.: a) Umfang der mehrschichtigen JE-Urgeschichte: 2,4b-4,26; 5,29; 6,1-8; 7,1-5.7*.16b.10a.12b.17.23*; 8,6-12.20-22; 9,18-27; 10,8-19.21.25-30; 11,1-9.29*. b) Umfang der P-Urgeschichte: 1,1-2,4a; 5,1-28.30-32; 6,9-22; 7,11.13.14-16.18-21.24; 8,1-2a.3-5.13-19; 9,1-17.28-29; 10,1-7.20.22-23.31-32; 11,10-28.30-32. c) Auf die Endredaktion gehen zurück: 7,6-9*.10b.12a.23*; 10,14*(?).16-18*(?).24.

auch an Komplexität gewonnen habe, läßt sich aus J. Wellhausens Beschreibung der nachexilischen jüdischen Frömmigkeit ablesen: "Diese Stimmung [sc. von Ps 8], "der Gegensatz von Genesis 1 zu Genesis 2.3, ist charakteristisch für die Zeit, wenngleich gelegentlich daran erinnert wird, daß die Erkenntnis doch ihre engen Grenzen hat."[6] Im Anschluß an A. Kuenen und J. Wellhausen bestimmte dann Karl Budde (1883ff.)[7] das technische Verfahren des Endredaktors und dessen Ausrichtung an P. Der Endredaktor rede die Sprache von P, denke wie P und biege JED in Richtung P um.[8] Dabei kam K. Budde zu einer expliziten Würdigung des Endredaktors der Urgeschichte. So trete an Gen 10 "schärfer als anderwärts die schriftstellerische Größe ans Licht, ohne die ein solcher Befund gar nicht erklärt werden kann, nämlich der Schriftgelehrte, der die Quellen miteinander verbunden, die Auswahl getroffen, die Ordnung der Stücke bestimmt, sie ineinandergefügt und, wo es nötig schien, durch eigenen Eingriff miteinander ausgeglichen hat. So wird der letzte Verfasser zum *Redaktor.*"[9] Die bei A. Kuenen, J. Wellhausen und K. Budde zu beobachtende Konzentration auf die Skizzierung der redaktionellen Technik und auf eine nur allgemeine theologiegeschichtliche Etikettierung der Endredaktion unter Verzicht auf eine genaue Erhebung der Kompositionsstruktur und der Theologie der Endgestalt zieht sich durch alle auf der Basis einer Urkundenhypothese arbeitenden Bestimmungen einer "priesterlich" gefärbten Endredaktion.[10]

Exemplarisch zeigt sich dies an den Werken von Emil Kautzsch u. Albert Socin (1888ff.),[11] Heinrich Holzinger (1893ff.),[12] Hermann Gunkel (1901),[13] Johannes Meinhold (1904),[14] Rudolf Smend sen. (1912),[15] Carl Steuernagel

---

6 Wellhausen, Geschichte, 210.
7 Die literarkritischen Ergebnisse Buddes sind *im Blick auf den Makrotext* von P und JE weitgehend identisch mit den Umfangsbestimmungen von Kuenen und Wellhausen. Der Eigenanteil des Endredaktors wird auf Harmonisierungen in 6,7*; 7,1.3a.8-9.17a. 23*; auf Umstellungen von "7,10" (ursprünglich vor 7,6) und "8,6a" (ursprünglich vor 8,2b) und die Bildung von 10,24 beschränkt (vgl. Budde, Urgeschichte, 500f). Hingegen versuchte Budde über die Andeutungen einer inneren Schichtung der "jahwistischen" Urgeschichte bei Kuenen, Einleitung, I/1, 222f., und Wellhausen, Composition, 8, hinaus, eine genaue literarkritische Schichtung in eine ältere und eine jüngere "jahwistische" Urgeschichte (J1 bzw. J2), die erst durch einen "innerjahwistischen" Redaktor (J3) verbunden worden seien.
8 Vgl. Budde, Litteratur, 202.
9 Budde, Litteratur, 55 (Kursivsatz im Original).
10 Die Prädikate, mit denen der "priesterliche" Endredaktor belegt wird ("pietätvoll", "gewissenhaft", "konservativ", "harmonistisch" etc.), wiederholen sich seitdem ebenso wie die nur wenig modifizierten Textzuweisungen an den Endredaktor, dessen Hand zumeist in 6,7*; 7,1-10*; 7,22-23* und 10.24 gesehen wird.
11 Vgl. Kautzsch u. Socin, Genesis, hier aufgeführt nach der zweiten Auflage (1891), XII.
12 Vgl. Holzinger, Hexateuch, 494ff.; ders., Genesis, XXIII-XXIV; ders., in: HSATK I, 7f.
13 Vgl. Gunkel, Genesis, hier zitiert nach der dritten Auflage (1910, = [4]1917), XCIX-C.
14 Vgl. Meinhold, Urgeschichte, 19.
15 Vgl. Smend sen., Hexateuch, 8-16

1.2. "Priesterliche" Redaktion

(1912),[16] Otto Eißfeldt (1934ff.),[17] Leonhard Rost (1957),[18] Ephraim Avigdor Speiser (1964),[19] Stanislas Dockx (1981),[20] (Klaus Koch [1987]),[21] (Christoph Uehlinger [1990])[22] und Thomas Pola (1995).[23]

Eine Sonderform dieses Modells stellt die redaktionsgeschichtlich erweiterte Urkundenhypothese von Peter Weimar (1977) dar. Neben der Erhebung umfassender Bearbeitungen der Urgeschichte durch den "jehowistischen" Redaktor[24] und einzelner deuteronomistischer Glossen[25] versuchte P. Weimar einen erheblichen Eigenanteil des Endredaktors, der zugleich der Pentateuch-

---

[16] Vgl. Steuernagel, Lehrbuch, 264ff. Die Nähe zwischen der Endredaktion und den "priesterlichen" Texten zeige sich auch daran, daß man zwischen ihr und "innerpriesterlichen" Zusätzen (P^S) häufig nicht mehr unterscheiden könne (a.a.O., 271).

[17] Eißfeldt, Einleitung (1934), ³1964, 249.318f., setzte Redaktion nur noch allgemein mit mechanischer Kompilation gleich. Dennoch kann Eißfeldt der Gruppe von Forschern zugeordnet werden, die im Rahmen der Urkundenhypothese eine "priesterlich" orientierte Endredaktion annehmen, da er als Maßstab der Redaktionen jeweils die zum älteren Bestand hinzutretende jüngere Quelle annahm - und das bedeutete im Blick auf die Endredaktion P, nach deren Maßgabe die Endredaktion den älteren Bestand neutralisieren bzw. zur "Wirkungslosigkeit" verdammen wollte (Einleitung, ³1964, 320). Die Beschreibung der Endredaktion, die Eißfeldt in seiner Hexateuchsynopse (1922), 86, bot, kann der Kategorie "neutrale" Redaktion zugeordnet werden; s.u.S.34ff.

[18] Vgl. Rost, Urgeschichte, 43: So stamme der Redaktor der Urgeschichte "ohne Zweifel aus der Schule der Priesterschrift", an deren ungebrochenem Vollkommenheitsideal er allerdings durch den Einbau der "jahwistischen" Erzählungen "leise Kritik" übe.

[19] Vgl. Speiser, XXXXVI.

[20] Dockx, Paradis, 130ff., hebt sich von den hier aufgeführten Vertretern ab, insofern er dem Redaktor, der P und J in Gen 1-11 kombinierte, fast 50% des Textes der Urgeschichte (u.a. eine umfassende Bearbeitung von c.1 und die Einfügung von 9,1-19.28-29; c.10) zuwies. Als wesentliches Kriterium zur Erhebung der Endredaktion zog Dockx Stileigenheiten (Wiederholungen, Verdopplungen, Definitionen, Amplifikationen, Klassifikationen und Redundanzen) heran. Eine weitergehende literatur- und theologiegeschichtliche Einordnung des Redaktors bot Dockx nicht.

[21] Vgl. Koch, P, 466 (allerdings mit Vorbehalt; s.u.S.36).

[22] Vgl. Uehlinger, Weltreich, 328f. Ausweislich seiner Beschreibung des endredaktionellen Kontextes von Gen 11,1-9 tendiert Uehlinger, der in der Beurteilung von P als Redaktionsschicht oder Quelle schwankt (vgl. a.a.O. 328f. gegenüber 578), dann anscheinend stärker zu einer "neutralen" Sicht (a.a.O., 575-577), s.u.S.36.

[23] Vgl. Pola, Priesterschrift, 31.44ff.

[24] JE: 2,6.7*(עפר).8a*(מקדם) בערן).9aβ.b.10-11.13-15.17a*(טוב ורע).17b.19b*(ohne נפש חיה).24.25*(האדם ואשתו); 3,3aβ*(ולא תגעו בו).5b.6aα*.8.13*-15.16aα*.19b. 20.22.24; 4,1bβ.5b.9aβ.b.10.11a*(ועתה).12a.13-16.17a.18.26b; 6,5b.6.7aα*(ohne אשר בראתי).7b.8; 7,1b.2.3b.4aα*(עד).4aβ.b.7a*(ויבא נח אל־התבה).7b.10b.12b.16b.22* .6.8-12.13b(הלך ושוב); 8,3a(מאדם ... השמים).23aα*(ohne מכל אשר בחרבה) 20b*(ohne העוף ומכל).21aα*(הניחח) ... וירד).21aβ; 9,18.19.23a*.bα.26-27; 10,15.18b.19*.21.25.30; 11,2.4a*(שמים ובראשו).5*(ומגדל ואת־המגדל)6aβ.b.8a.9b (a.a.O.,130f. 137.145.149.152).

[25] Dtr: 4,6.7a.8a; 10,16-18 (a.a.O., 137.149).

redaktor ist, herauszuarbeiten.[26] Der "im priesterschriftlichen Stil schreibende" Endredaktor habe das "nichtpriesterliche" Material in das literarische Grundmuster von P eingearbeitet. Dabei spreche aus den endredaktionellen Zusätzen "eine geradezu eschatologisch-universalistische Hoffnung".[27] Bei der Erhebung des theologischen Profils der Endredaktion konzentrierte sich P. Weimar nur auf punktuelle Beobachtungen zu den endredaktionellen Zusätzen und verzichtete weitgehend auf eine Bestimmung des strukturellen Gefälles der vom Endredaktor geschaffenen Komposition und dessen literatur- und theologiegeschichtlichem Ort.[28] Eine ebenfalls auf der Basis einer redaktionsgeschichtlich erweiterten Urkundenhypothese erzielte "priesterliche" Bestimmung der Endredaktion vertrat zuletzt Otto Kaiser (1993): Der Redaktor habe "das theokratische Geschichtsverständnis von P geteilt und mit ihm divergierende JE-Erzählungen gleichsam als die dem Menschen erkennbare Seite des göttlichen Handelns in den Schatten der priesterlichen Theonomie gerichtet".[29] Die prinzipielle Bevorzugung von P hindere den Redaktor nicht daran, neben der Erweiterung[30] und Verschmelzung[31] der Quellen "behutsam verbindend und ausgestaltend in die übernommenen Texte" einzugreifen.[32] Nicht zuletzt durch die endredaktionelle Bearbeitung erzähle die Urgeschichte so ambivalent vom Menschen, der "zur unmittelbaren Gottesgemeinschaft und zu seinem Stellvertreter auf Erden geschaffen [...] in selbstverschuldeter Gottesferne und trotzdem von der Nachsicht und Güte Gottes" lebe.[33]

---

[26] R^Pt: 2,4b*(שמים).11bβ.12.19a*(השמים כל־עוף ואת).19b*(חיה נפש).20*(לכל־
 16*(ר־ועצבונך).b*(חייך כל־ימי).3,14a*(הבהמה ולעוף השמים ו־ הבהמה מכל־);
 17bβ.19aα; 4,4a*(ומחלבהן).7b.17b.19-25.26a; 5,29; 6,7aα*(בראתי אשר).7aβ; 7,3a.
 8-9.22a*(רוח).23aα*(השמים ... מאדם).23aβ; 8,7.
 7*(אתו בניו־ ונשי ואשתו ובניו).22; 9,18b; 10,9.10aβ.11bβ.12a.14*(פלשתים ... אשר).19b*
 20b*(הטהר העוף ומכל).24.26-29 (a.a.O., 131.137f.145.150).
 (וצבים ואדמה)

[27] Weimar, Pentateuch, 172. Trotz dieser eschatologischen Tendenz des Endredaktors, die Weimar, vor allem aus den endredaktionellen Zusätzen in 3,16-19*; 5,29; 16,10; 22,15-18 erhob, dürfte die Einordnung dieses Entwurfs unter die Gruppe "Redaktion im priesterlichen Geist" gerechtfertigt sein, da sich R^Pt auch nach Weimar vor allem an P anlehnt (a.a.O., 171f.; vgl. auch die Zuweisung der von Weimar als "priesterlich" interpretierten Sentenz in 8,22 an den Endredaktor [a.a.O., 145]).

[28] Der Verzicht auf eine klare Erhebung der vom Endredaktor geschaffenen neuen kompositionellen Struktur der Urgeschichte überrascht angesichts von Weimars zutreffender Feststellung, daß die Annahme unbegründet sei, "die pentateuchische Schlußredaktion sei eine bloße Kompilation der verschiedenen Geschichtswerke ohne eigenes literarisches und theologisches Profil" (a.a.O., 138 Anm. 101).

[29] Kaiser, Theologie, I, 158; ähnlich a.a.O., 180.

[30] So ergänze die aus dem mehrschichtigen J stammende Erzählung 2,4-3,24 P, da diese offen lasse, warum der urzeitliche Friede zerbrach (vgl. Kaiser, Theologie, I, 165).

[31] Vgl. die "geschickt aus J und P" kompilierte Fluterzählung (Kaiser, Theologie, I, 167).

[32] Kaiser, Theologie, I, 162; ähnlich ders., Literaturgeschichte, 313.

[33] Kaiser, Theologie, I, 167f. Das Menschenbild des Redaktors zeige sich auch an seinem Einsatz von Gen 8,21aβ.b.

1.2.2. Die These einer "priesterlichen" Redaktion im Rahmen eines Ergänzungsmodells oder: "P = R"

An die Beobachtungen K. H. Grafs[34] schloß sich zunächst explizit Siegmund Maybaum (1880ff.) an: "Alles, was in der Genesis und in den erzählenden Theilen der mittleren Bücher nach Sprache und Charakter eine Verwandtschaft mit dem Priestercodex verräth, ist, wie auch *Graf* behauptet, lediglich dem *letzten Redactor* zuzuschreiben, der neben seiner redactionellen eine sehr bedeutende überarbeitende Thätigkeit entfaltet hat."[35] Dabei habe der Endredaktor (Esra) den Priesterkodex in EJD eingebaut und EJD im Geist des Priesterkodexes redigiert.[36]

Die These, daß die "priesterlichen" Texte nie Teile einer besonderen Quellenschrift gewesen, sondern Zusätze eines "Ergänzer-Redaktors" seien, baute dann in bewußter Gegnerschaft zur Urkundenhypothese August Klostermann (1893) weiter aus: "die Schrift Q [ist] von vorneherein um die zu Grunde gelegten altheiligen Stücke wie ein Rahmen herumgeschrieben".[37] Dieser "priesterliche" Redaktor habe sein Traditionsgut mit "bewundernswerter Kombinationskunst in das Fachwerk eines mit pietätsvoller Harmonistik dafür eingerichteten genealogisch-chronologischen und itinerarisch-kalendarischen Gerüstes" eingeordnet.[38] Die Chronologie der Urgeschichte füge sich nahtlos in das chronologische System des Pentateuchs ein.[39] Über allgemeine Beschreibungen des Charakters dieses Redaktors ging A. Klostermann nicht hinaus. Woher die Vorlagen des "priesterlichen" Redaktors, speziell die in der Urgeschichte verarbeiteten Traditionen, stammen, bleibt offen. Nur im Blick auf die Fluterzählung heißt es, daß hier "ein ängstliches Mosaik aus zwei Übersetzungen eines und desselben Urtextes, oder auseinandergegangenen Fortgestaltungen desselben Berichtes" vorliege.[40]

---

[34] Vgl. S.13.
[35] Maybaum, Entwickelung, 109.
[36] Vgl. Maybaum, Entwickelung, 113-120. Der Priestercodex (P.C.) bilde eine Zusammenstellung priesterlicher Torot im Stil des theokratischen Entwurfs von Ezechiel; P.C. habe lediglich Ritualgesetze, aber *keine* Geschichtsdarstellung enthalten. Eine "priesterliche Grundschrift" im Sinne Nöldekes oder Wellhausens habe es nie gegeben (a.a.O., 107ff.); vgl. ders., Pentateuchkritik, bes. 193.202. Zu einer herben Kritik an den Ausführungen Maybaums siehe Budde, Urgeschichte, 276ff.
[37] Klostermann, Pentateuch (1893), 59.
[38] Vgl. Klostermann, Pentateuch (1893), 185f.: Den Endredaktor kennzeichnen die Stichworte Genealogie, Chronologie, Geographie, Gelehrsamkeit, Harmonistik, Paränese.
[39] Vgl. Klostermann, Pentateuch (1907), 41: Diese Chronologie führe auf die Tempelweihe Salomos und gebe somit die Epoche des Verfassers an, der "nicht weit hinter der Zeit gestanden [habe], welche das von ihm gebrauchte System erzeugte".
[40] Klostermann, Pentateuch (1893), 37.

Beobachtungen von Bernardus Dirks Eerdmans (1908)[41] und Max Löhr (1924)[42] aufgreifend, entfaltete Paul Volz (1933) am Beispiel der Flutgeschichte die Theorie einer "priesterlichen" Bearbeitung.[43] So habe "P" Gen 6-9 an drei Punkten in Hinsicht auf eine liturgische Verwendung im Rahmen des Neujahrsfestes entscheidend modifiziert: (1.) durch die Stilisierung als kosmisches Ereignis, in dessen Verlauf das Chaos aufbreche und schließlich überwunden werde; (2.) durch die Einarbeitung einer exakten Chronologie, die möglicherweise mit der Festliturgie in Zusammenhang stehe; (3.) durch die bewußte Beschränkung der in die Arche kommenden Tiere auf je zwei. Ebenso seien Gen 1; 5 und 9,1-12 "*keine Erzählungen*, sondern geistliche, theologisch-priesterliche Abhandlungen".[44] Als Argument für die Annahme, P sei eine Überarbeitungsschicht, führte P. Volz schließlich neben der schon von K. H. Graf und S. Maybaum geltend gemachten Lücken im Erzählverlauf die bestehenden inhaltlichen Widersprüche in Gen 6-9 an: Diese seien nur erklärbar durch die Annahme eines Überarbeiters, der den schon feststehenden Wortlaut seiner Vorlage nicht mehr völlig habe ändern können; ein zwei Quellen kompilierender Redaktor, wie ihn die Urkundenhypothese aber annehme, hätte eine glatte, harmonische Erzählung hergestellt.

Flächendeckend für den gesamten Bereich der Urgeschichte bemühte sich Carmino de Catanzaro (1957) um den Nachweis einer "priesterlichen" Endredaktion. Ausgehend von der Interpretation der "priesterlichen" Teile in Gen 6-9 als Ergänzungen zur "jahwistischen" Fluterzählung, kam de Catanzaro zu dem Ergebnis: "P must be viewed as the reviser who expanded and reinterpreted J".[45] Mit Gen 1,1-2,3 korrigiere der "priesterliche" Ergänzer die

---

[41] Eerdmans, Studien, I, löste in entschiedener Absage an die neuere Urkundenhypothese die klassischen Bezeichnungen P, J und JE zugunsten theologisch vergleichbarer Sagen(sammlungen) auf. Dabei unterschied er den Sammlungsprozeß nur grob nach religionsphänomenologischen Kriterien (Sagen polytheistischer und monotheistischer Tendenz), ohne eine genaue literargeschichtliche Einordnung zu wagen. Forschungsgeschichtlich läßt sich das Modell von Eerdmans am ehesten einer Ergänzungshypothese, die mit den Elementen der Fragmentenhypothese kombiniert ist, zuordnen. Im Blick auf die Urgeschichte zeigt sich der von Eerdmans angenommene "priesterliche" Endredaktor der mehrfach einer Revision unterzogenen Sagensammlung der Genesis in der Aufnahme und Bearbeitung von 1,1-2,3 und 9,1-7.

[42] Vgl. Löhr, Hexateuchproblem, 29.

[43] Vgl. Volz, Priesterkodex, 140-142. Dabei führte Volz den Grundbestand der Fluterzählung auf J zurück, während er der "priesterlichen" Bearbeitung nur "das Nötigste" des "nichtjahwistischen" Materials zuwies (a.a.O., 141): Gen 6,7aβ.9aα.11f.17-20.(21?).22; 7,6.8f.11.13-16a.21f.23aβ.24; 8,1.2a.3*-5*(nur die Chronologie).13a-17-19.

[44] Volz, Priesterkodex, 136: Da schließlich auch Gen 17 ein junger Midrasch sei und Gen 23 von J stamme, könne P unmöglich als ein selbständiger Erzähler angesehen werden, sondern nur als "*ein geistlicher Bearbeiter und Prediger*" (a.a.O., 139).

[45] De Catanzaro, Analysis, Abstract, 2; 241ff. In literarkritischer Hinsicht unterscheiden sich die Textzuweisungen de Catanzaros von denen der neueren Urkundenhypothese nur im Blick auf Gen 10, dessen "jahwistische" Grundlage um V.1.5.(7?).20.21bβ.31f. "priesterlich" ergänzt sei (a.a.O., 182-203.241). Die an der Universität von Toronto an-

1.2. "Priesterliche" Redaktion

theologisch und kosmologisch defizitäre Schöpfungserzählung von J.[46] Die Fluterzählung werde durch die haggadischen Expansionen in 6,9-22 und 9,1-17 ebenfalls theologisiert sowie durch den Einbau einer exakten Chronologie strukturiert.[47] Bei seinen Ergänzungen in c.5 und c.11 habe P auf ein Toledotbuch zurückgegriffen.[48] Als Begründung seiner These einer "priesterlichen" Revision und Erweiterung von J führte C. de Catanzaro lediglich an, daß die "priesterlichen" Texte keine zur (literarisch einheitlichen) "jahwistischen" Urgeschichte parallele Erzählung ergäben und daß durch die Annahme, P sei "the final redactor of JE", die Hypothese eines R^{Pt} obsolet werde: P sei R^{Pt}.[49]

Das Modell einer "priesterlichen" Redaktion, die die "jahwistische" Urgeschichte erweitert und bearbeitet habe,[50] begegnet weiterhin bei Theodorus Christian Vriezen (1956ff.),[51] Frederick Victor Winnett (1965ff.),[52] Frank Moore Cross (1973),[53] John Van Seters (1975ff.),[54] Sven Tengström (1976ff.),[55] Patrick D. Miller (1978)[56] und Bernhard W. Anderson (1978).[57]

Am eindrücklichsten versuchten zuletzt Rolf Rendtorff (1987), Erhard Blum (1990) und Jacques Vermeylen (1990) nachzuweisen, daß P eine Bearbeitungsschicht von JE darstelle, die Urgeschichte "priesterlich" redigiert und ihr theologisches Gesamtprofil als "priesterlich" orientiert anzusprechen sei.[58] Die Argumentation R. Rendtorffs beruht im einzelnen auf drei Beobachtungen: (1.) stammten die Toledotformeln von P und seien nur als Über-

---

genommene Dissertation von de Catanzaro wurde zwar nicht gedruckt, fand aber Eingang in die forschungsgeschichtlich bedeutsamen Thesen von Winnett und Van Seters.
46 Vgl. de Catanzaro, Analysis, 75-99.243.
47 Vgl. de Catanzaro, Analysis, 25-74.244.
48 Vgl. de Catanzaro, Analysis, 169-181.220-229.
49 Vgl. de Catanzaro, Analysis, 245.
50 Zur Diskussion von P als Bearbeitungsschicht vgl. Pola, Priesterschrift, 29-31.
51 Vgl. Vriezen, Theologie, 48ff.; ders., Literatuur, 150f.: Auf die "priesterliche" Endredaktion geht die durchlaufende Chronologie, das historisch-wissenschaftliche Element, das systematisch-theologische Geschichtsbild und das Epochedenken zurück. Wie aus Gen 6,9; 7,1b ersichtlich, betone der "priesterliche" Endredaktor die Bedeutung der Religion und der Ethik; Gen 1 zeige, daß Schöpfung als Weltordnung zu verstehen sei (vgl. Theologie, 50).
52 Vgl. Winnett, Foundations, 18; ders., Genealogies, 172.
53 Vgl. Cross, Priestly Work, 293ff.
54 Vgl. Van Seters, Abraham, 310.313; ders., Prologue, 5.328 u.ö.
55 Vgl. Tengström, Hexateucherzählung, 16.25; ders., Toledotformel, 16.59 (Annahme einer "priesterlichen" Erweiterungsschicht, die zwar nicht identisch sei mit der Endredaktion des Pentateuchs, wohl aber mit der von Gen 1-11, vgl. Toledotformel, 23f.).
56 Vgl. Miller, Genesis 1-11, 38.46. Allerdings konzentriert sich Miller im wesentlichen auf die Erhebung der motivischen Einheit der Urgeschichte (s.o.S.1 Anm.3).
57 Vgl. Anderson, Analysis, 30f.38f.
58 Vgl. Rendtorff, L'histoire, 83ff.; siehe bereits Rendtorffs Bemerkungen von 1961, Genesis, 8,21, 196f., die allerdings noch auf einer Urkundenhypothese basierten. Die Endredaktion sei durch P (Gen 1; 9) bestimmt, und die "jahwistische" Geschichte von Sünde und Fluch (Gen 2-8*) werde durch die Einordnung in P fast zu einem "Zwischenspiel"; vgl. auch ders., Hermeneutische Probleme (1963), 205.

schriften sinnvoll. Gen 2,4a setze 2,4bff. voraus, wobei der "priesterliche" Redaktor 2,4bff. als Vertiefung des ersten Schöpfungsberichtes (1,1-2,3) verstehe. Ähnlich fungiere 6,9 als Überschrift für die gesamte Noahgeschichte. Ebenso gingen die chronologischen Angaben in c.1-11 auf P zurück und verliehen der Urgeschichte ein Gerüst.[59] (2.) sei c.1 vom "priesterlichen" Redaktor bewußt an den Anfang gestellt worden, wobei 1,1 als Überschrift und Einleitung für alles folgende diene. 1,31 korrespondiere mit 6,12 und 9,2, wobei diese "priesterlichen" theologischen Urteile nur auf dem Hintergrund der "jehowistischen" Texte in c.2-4 verständlich seien. Der "priesterliche" Kommentar in 9,5-6 blicke auf die Brudermorderzählung in 4,1ff. zurück. Die Interpretation von P als dem Endredaktor der Urgeschichte mache die Suche nach einer eigenen "priesterlichen" Sündenfallerzählung überflüssig.[60] (3.) korrespondiere die "priesterliche" Verheißung eines "Bundes" (ברית) in 9,1-17 nicht nur mit den genuin "priesterlichen" Passagen in 6,18 und 8,1, sondern auch mit dem aus der "jehowistischen" Vorlage stammenden Gotteswort in 8,21f. Für den "priesterlichen" Redaktor gelte der "Bund" auch angesichts der Bosheit des Menschen.[61] Hinsichtlich der Gesamtkomposition der Urgeschichte folgerte R. Rendtorff, daß die "priesterlichen" Texte die wesentlichen Strukturelemente lieferten. Als theologische Quersumme finde sich die "priesterliche" Vorstellung, daß der Mensch trotz seiner Sünde aufgrund des "Bundes" Jahwes leben dürfe.[62]

Einen Ausbau der These R. Rendtorffs unternahm E. Blum.[63] Dabei diente die Urgeschichte E. Blum als ein "Fallbeispiel" für die pentateuchübergreifende Bestimmung von "P" als einer Kompositionsschicht (KP).[64] Über die Skizze R. Rendtorffs hinausgehend, versucht E. Blum zu zeigen, daß die "priesterlichen" Texte isoliert von den "nichtpriesterlichen" Texten keinen schlüssigen literarischen Zusammenhang bieten. So bleibe die Feststellung von einer Korruption der Schöpfung (6,11-13) ohne erzählerische Ausgestaltung.[65] Die Ausscheidung der "nichtpriesterlichen" Texte hinterlasse in P "künstliche Dubletten"[66]. In der Urgeschichte hätten die "priesterlichen" Tra-

---

[59] Vgl. Rendtorff, L'histoire, 89.
[60] Vgl. Rendtorff, L'histoire, 91.
[61] Vgl. Rendtorff, L'histoire, 91.
[62] Vgl. Rendtorff, L'histoire, 92f.
[63] Vgl. Blum, Studien, 278-285.
[64] Mit dem Begriff der "Kompositionsschicht" versucht Blum aus der Alternative zwischen der Bestimmung von P als Quelle oder Redaktion herauszuführen und dem von ihm beobachteten Befund gerecht zu werden, daß P durch den Einbau eigener Texte und die Bearbeitung seiner Vorlage eine eigene Komposition geschaffen habe. Es fragt sich aber, ob dieses Phänomen nicht ebensogut mit dem traditionellen Begriff der Redaktion beschrieben werden kann, wenn in der Tätigkeit eines Redaktors nicht nur die Ergänzung eigener Texte und die Verschmelzung vorgegebener Quellen, sondern auch eine bewußte strukturelle und theologische Gestaltung gesehen wird.
[65] Vgl. Blum, Studien, 280ff.
[66] Blum, Studien, 280f., nennt hier die Abfolgen Gen 2,3(4a)/5,1f.; 5,32b/6,10; 7,6/7,11.

1.2. "Priesterliche" Redaktion

denten unterschiedliche "nichtpriesterliche" Texte in ihre Gesamtdarstellung integriert. Bezüglich der redaktionellen Technik zeichne sich KP durch Kontinuität und durch Diskontinuität gegenüber ihren Vorlagen aus.[67] Unter den von KP verarbeiteten Quellen der Urgeschichte nennt E. Blum aber lediglich ein ehemals selbständiges Toledotbuch,[68] eine "außerpriesterliche" Fluterzählung und eine eigene "priesterliche" Flutüberlieferung. Die Herkunft dieser Quellen gibt E. Blum ebensowenig an wie die der weiteren "nichtpriesterlichen" Stoffe in Gen 1-11. Den besonderen theologischen Charakter dieser "priesterlich" komponierten Urgeschichte erhebt E. Blum vor allem aus der Voranstellung von Gen 1,1-2,3 und der Bekräftigung der Gottesebenbildlichkeit in 9,6: Thema der Urgeschichte (wie der gesamten KP) sei die Nähe Gottes zu seiner Schöpfung.[69] Um das "Verlangen des Schöpfers nach Gemeinschaft" darzustellen, habe KP ihre Texte in "diskontinuierlicher Korrektur" auf die überkommenen Traditionen hin eingefügt: Gen 1,26-31 sei auf c.2-4 hin angelegt; 5,22.24 und 6,9 seien bewußte Assoziationen zu 3,8; 6,12 sei auf der Basis von c.4 formuliert.[70] Als religionsgeschichtlichen Hintergrund, der zur Bildung von KP geführt hätte, vermutete E. Blum eine innerjüdische Konsensbildung, die im Rahmen der persischen Reichsautorisation stattgefunden habe.[71]

Ein dritter zur Zeit diskutierter Entwurf, die Endredaktion der Urgeschichte "priesterlich" zu bestimmen, stammt von J. Vermeylen (1990),[72] der mittels einer konsequenten Fortschreibungshypothese die Quellen der "priesterlichen" Redaktoren literarkritisch exakt zu bestimmen versucht.[73] So gehe die Urgeschichte auf ein "récit archaique" aus der Zeit Davids zurück, das zunächst "jahwistisch", sodann dreifach deuteronomistisch überarbeitet worden sei.[74] Dieses Werk sei durch "priesterliche" Kreise zweifach endredi-

---

[67] Vgl. Blum, Studien, 285.
[68] Vgl. Blum, Studien, 281; ders., Komposition, 451ff. Zur These eines Toledotbuches vgl. Eerdmans, Studien, I, 83ff.; Procksch, 433; von Rad, 55; Noth, Pentateuch, 254; de Catanzaro, Analysis, 178-180.239; Cross, Priestly Work, 301.321; Oeming, Israel, 51ff.
[69] Vgl. Blum, Studien, 287-293.
[70] Vgl. Blum, Studien, 287ff.
[71] Vgl. Blum, Studien, 333ff. So sei "der Pentateuch bzw. sein Hauptbestand, wie er durch die priesterliche Komposition repräsentiert wird, von der persischen Verwaltung als für das Etnos der Juden gültiges Reichsrecht autorisiert" worden (Blum, a.a.O., 356). Zum Hintergrund dieser Hypothese, die den Pentateuch dann in Analogie zur "Trilingue von Letoon", der "Demotischen Chronik" des Pap. 215 der Pariser Nationalbibliothek und zu Andeutungen in den Elephantine-Papyri (vgl. Cowley, APFC, Nr.21) interpretiert, siehe Frei, Zentralgewalt, 12ff., sowie im Anschluß daran auch Crüsemann, Pentateuch, 250ff.; ders., Tora, 381ff., und Blenkinsopp, Pentateuch, 239ff. Eine Kritik dieser zeitgeschichtlichen Erklärung bietet H.-C. Schmitt, Identität, 263ff.
[72] Vgl. Vermeylen, Pentateuque; ders.; Commencement.
[73] Die Modelle von R. Rendtorff und E. Blum könnte eher man als eine redaktionsgeschichtlich bestimmte Fragmentenhypothese bezeichnen.
[74] Vgl. Vermeylen, Commencement, 193-206.227-240: a) Umfang des "récit archaique": 2,4b-5*.7-8*.18-23*; 6,1-3*.7*.8; 7,1-5.10.12a.17.22-23; 8,2b.3.6.8-12.20-21*; 9,20-

giert worden. Auf eine erste "priesterliche" Redaktion (P1) entfalle der Vorbau des ersten Schöpfungsberichtes zusammen mit einer Überleitung zur älteren Paradieserzählung, der Einbau der Adamtoledot, die Erweiterung der Fluterzählung und die Einlage einer Völkertafel.[75] P1 habe in formaler Hinsicht durch die Einfügung der Toledot-Überschriften der Urgeschichte eine klare Struktur gegeben.[76] Inhaltlich seien die "priesterlichen" Theologumena prägend geworden. Mit dem ersten Schöpfungsbericht betone P1 die kosmische Ordnung Gottes, mit dem "Noahbund" werde die geschichtliche Kontinuität garantiert. Die Botschaft der "priesterlich" redigierten Urgeschichte laute: Gott ist der souveräne Herr des Kosmos.[77] An den Menschheitserzählungen in Gen 4,1-26; 11,1-9 sei diese "priesterliche" Theologie weniger interessiert. Im Mittelpunkt der "priesterlichen" Endgestalt der Urgeschichte stehe nicht die Frage nach der Gerechtigkeit Gottes, sondern der Nachweis der göttlichen Allmacht und des menschlichen Angewiesenseins auf die Gnade.[78] Eine zweite "priesterliche" Redaktion (P2), die zugleich mit der Endredaktion des Pentateuchs identisch sei, habe die Gesamtstruktur der Urgeschichte beibehalten und unterstreiche die Theologie der Schöpfungsordnungen.[79] P2 habe aber punktuell ihre kultischen,[80] juridischen,[81] religionssoziologischen[82] und vergeltungstheologischen[83] Vorstellungen eingefügt.

25*. b) Ergänzungen durch die "jahwistische" Redaktion: 2,9b*.16-17.25; 3,1-13.22-24; 4,1-5*.8-10.12b.16a; 11,1-9*. c) Ergänzungen durch die dtr. Redaktionen (Pentateuque, 84ff., Commencement, 199): "Dtr575": 2,24; 3,14.16-18a.20-21; 4,1b.6-7.11-12a.13-15.16b; 6,5-6; 7,1b(?); 8,21aβ; 9,25; 10,8-12*.15-19*.21.25-30; 11,4b.8a.9b. "Dtr560": 7,1b(?).4a*.12b. "Dtr525": 4,17-24.25-26; 5,28b-29.

[75] Im einzelnen bestimme Vermeylen, Commencement, 203f., die redaktionellen Anteile von P1 wie folgt (unsichere Zuweisungen in Klammern): Gen 1,1-2,3; (2,4a P2?); (3,18b-19 P2?); 5,1a.3*.5-1.22b.23.24b.25-27.30-32; 6,9a.10.12a.13*.14-22; 7,3.6-9.10b-11.13-16a.17a.18-22.23*.24; 8,1-2a.3b-5.7.9*.11b.13a.14-19.22; 9,1-3.7-19.27.28-29; 10,1-7.13-14.18b(?).20.22-24.31-32; 11,10-26.

[76] Vgl. Vermeylen, Pentateuque, 99f.

[77] Vermeylen, Pentateuque, 101f.; ders.; Commencement, 205: Geschichte sei eingebettet in den kosmischen Rhythmus der von Gott festgesetzten Zeiten.

[78] Vgl. Vermeylen, Commencement, 205ff.

[79] Vgl. Vermeylen, Pentateuque, 103. Eine Verstärkung der "priesterlichen" Ordnungs- und Garantietheologie durch P2 zeige sich, so Vermeylen, Commencement, 203f., vor allem in der Präzisierung der Flutchronologie (7,11.24; 8,1b.3*.4*.5*.7.13*.14*) und in der Betonung der universalen Gültigkeit des "Bundes" (9,10.12aβ.b.15aβ.b.16-17).

[80] Als Beispiel führt Vermeylen, Pentateuque, 96, die auf P2 zurückgehende Identifikation von Eden mit dem Tempel durch die Einfügung von Gen 2,6.10-15 an.

[81] Zu diesen Additamenta gehöre im Bereich der Urgeschichte Gen 9,4-6 (Commencement, 203f.; Pentateuque, 104).

[82] So präfiguriere P2 durch das Motiv der Feindschaft zwischen den Nachkommen der Schlange und den Nachkommen Evas in Gen 3,15 die Konflikte zwischen Frevlern und Frommen in der um den Zweiten Tempel versammelten Gemeinde (Pentateuque, 96). Ähnlich sei die Einlage von Gen 5,1b.2.3*.22a.24a; 6,9b.11.12b.13* zu verstehen (Commencement, 203f.; Pentateuque, 104).

[83] Diesem Interesse dienten die Zusätze in 5,22a.24a.; 6,9b; 9,5-6 (Commencement, 205).

1.3. "Nichtpriesterliche" Redaktion

Unter dieser Überschrift werden Entwürfe zusammengefaßt, die von einer eigenständigen, theologisch profilierten dezidiert "nichtpriesterlichen" Endredaktion der Urgeschichte ausgehen. Die einzelnen Charakterisierungen der Endredaktion differieren zwischen den Bestimmungen als "prophetisch", "(spät)deuteronomistisch" oder "weisheitlich". Sämtliche hier vorgestellten Modelle treffen sich darin, daß sie den Endredaktor als eine literarisch produktive "nachpriesterliche" Größe ansehen. Auf eine Formel gebracht lautet dieses Modell: "R ≠ P".

Forschungsgeschichtliche Anknüpfungspunkte dieser Position sind die Arbeiten von F. Tuch (1838), J. J. Stähelin (1843) und A. Knobel (1860),[1] gelegentlich die um Elemente der Ergänzungshypothese erweiterte Urkundenhypothese E. Schraders (1869) mit einem "prophetisch" ausgerichten Endredaktor.[2] Mit der Durchsetzung der Überzeugung, P sei die jüngste Quelle des Pentateuchs, und dem von H. Hupfeld geführten Nachweis, daß die "jahwistischen" Bestandteile (zumal in der Urgeschichte) von den "priesterlichen" Texten unabhängig und in sich geschlossen sind, entzogen die Vertreter der neueren Urkundenhypothese der Gleichsetzung des Endredaktors mit dem Jahwisten die Basis.[3] Bis auf wenige Ausnahmen[4] versiegten bis zur gegenwärtigen "Wiederentdeckung" der vorwellhausenschen Modelle die Versuche, die Redaktion der Urgeschichte in "prophetisch" orientierten Kreisen zu sehen.[5]

---

[1] Vgl. S.8f.
[2] Vgl. S.12.
[3] Vgl. dazu Merx, in: Tuch, XCIV-XCVIII. Bereits bei der Beurteilung der Ergänzungshypothese zu Beginn des 19. Jh. kam Merx zu der Überzeugung, "dass man aber den ergänzenden Schriftsteller oder Redactor zugleich zum Jahwisten macht, der nur in der Urkundenhypothese eine Stelle hat, ist, nachdem man die Grundlagen derselben aufgegeben, eine kritische Naivität, es ist dies die Eierschale, welche dem eben ausgekrochenen Hühnchen der Hypothese noch von seinem Ursprunge auf dem Rücken liegt." (a.a.O., LXVII).
[4] Vgl. Rudolf Kittel, Geschichte, I (1888ff.), hier zitiert nach der sechsten Auflage von 1923, 243-249. Der Endredaktor weise zwar zu P die meiste innere Verwandtschaft auf, andererseits sollen aber "die in J und E, den zwei profetisch gearteten Erzählungsschriften, schon hervortretenden sittlich-religiösen und theokratisch-nationalen Gesichtspunkte den das ganze Buch beherrschenden Grundton bilden" (Geschichte, I, 243. 247). Durch die endredaktionelle Arbeit sei "ein ausgeführteres, an konkreten Einzelzügen und besonders an Hervorhebung des moralischen und religiösen Gehaltes der Erzählung reicheres Bild als dasjenige jeder einzelnen unter unseren Quellenschriften" entstanden (Geschichte, I, 248).
[5] Vgl. H.-C. Schmitt, Redaktion (1982), 170f., der sich bei seiner Erhebung der "Redaktion im Geist der Prophetie" explizit auf Schraders Position von 1869 bezog,

Die Forschungsübersicht konzentriert sich daher auf gegenwärtig vertretene Entwürfe einer dezidiert "nichtpriesterlichen" Endredaktion der Urgeschichte. Diese argumentieren bezeichnenderweise alle auf der Basis einer *redaktionsgeschichtlich erweiterten Ergänzungshypothese* und rechnen gegenüber den Vertretern der alten Ergänzungshypothese nun auch mit einem Einfluß der Deuteronomistik auf die Endredaktion von Gen 1-11.[6] Die These einer "nichtpriesterlichen", theologisch profilierten Redaktion findet sich in der gegenwärtigen Forschung allerdings erst in Ansatzpunkten und ist noch nicht zu einem Gesamtmodell für Gen 1-11 ausgebaut worden.[7]

So verstehen sich die von Joseph Blenkinsopp (1992) vorgetragenen Überlegungen, die von der klassischen Urkundenhypothese auf J zurückgeführten Abschnitte der Urgeschichte als reine "nachpriesterliche" Ergänzungen zur P-Grundlage zu erklären,[8] ausdrücklich als "some provisional conclusions".[9] Die "jahwistischen" Texte in 2,4b-4,26; 5,29; 6,1-8; 7,1-5.16; 8,6-12; 8,20-22; 9,20-29; 10,(5a).8-12*.24-29 und 11,1-9 bildeten keine in sich geschlossene zweite Urgeschichte neben P.[10] Es handele sich vielmehr um midraschartige Reflexionen, die aus weisheitlicher Perspektive und anhand der geschichtlichen Erfahrungen Israels die optimistische Sicht der "priesterlichen" Urgeschichte korrigierten. Wesentliche Kriterien für eine literatur- und theologiegeschichtliche Einordnung dieses nachexilischen Redaktors seien (1.) die weisheitlichen Motive in Gen 2,4b-3,24 und die sich in der Paradieserzählung niederschlagende Abhängigkeit von deuteronomistischer Terminologie,[11] (2.) die Berührung von Gen 6,5-8 mit Jer 17,9-10; Hi 14,1-6; I Chr 28,9; 29,18,[12] (3.) die Rezeption einzelner Motive aus dem Gilgamesch-Epos in 3,22.24; 8,6-12,[13] (4.) die möglicherweise hinter 10,24-29 erkennbare Ausbreitung der

---

sowie die gegenwärtige Wiederbelebung der Ergänzungshypothese Tuchscher Prägung bei Blenkinsopp, Pentateuch, 54ff.; Ska, diluvio, 37ff; Otto, Paradieserzählung, 167ff.

[6] Vgl. dazu S.43 Anm.287.

[7] Für Bereiche außerhalb von Gen 1-11 kann exemplarisch auf die richtungsweisenden Arbeiten von H.-C. Schmitt verwiesen werden, der vor allem in den Büchern Ex und Num "nachpriesterliche" prophetisch und spätdeuteronomistisch beeinflußte Redaktionen nachwies (vgl. für den Komplex Ex 1-14 H.-C. Schmitt, Meerwunder [1979], 152-154; ders., Redaktion [1982], 182.188; ders., Tradition [1989], 214f.; für den Abschnitt Num 11-16 H.-C.Schmitt, Identität [1993], 267ff.; und zur These einer "nachpriesterlichen" spätdeuteronomistischen Redaktion von Gen - II Reg H.-C. Schmitt, Geschichtswerk [1995], 266ff.). Eine dtr. bestimmte Endredaktion (im Sinne einer Erstredaktion) deutet jetzt auch wieder Houtman, Pentateuch, 429f. auf der Basis einer kombinierten Fragmenten-, Ergänzungs- und Kristallisationshypothese an (a.a.O., 422), ohne dies allerdings an Einzeltexten zu entfalten.

[8] Vgl. Blenkinsopp, Pentateuch, 71.73.78.93.

[9] Blenkinsopp, Pentateuch, 93.

[10] Vgl. Blenkinsopp, Pentateuch, 93.

[11] Vgl. Blenkinsopp, Pentateuch, 65-67.

[12] Vgl. Blenkinsopp, Pentateuch, 76.

[13] Vgl. Blenkinsopp, Pentateuch, 65f.83.

1.3. "Nichtpriesterliche" Redaktion

arabischen Kedarstämme im 6./5. Jh. v. Chr.,[14] sowie (5.) die den Untergang Babylons 539 v. Chr. karikierende Babelerzählung.[15]

Über eine allgemein gehaltene Verortung dieses "nachpriesterlichen" weisheitlichen Redaktors der aus der Exilszeit stammenden P-Grundschicht gehen die Ausführungen J. Blenkinsopps nicht hinaus. Mit welcher im Pentateuch greifbaren Größe der spätnachexilische Redaktor der Urgeschichte zu identifizieren ist, wird nicht deutlich. J. Blenkinsopp denkt wohl an den R^{Pt}.[16]

Im Anschluß an J. Blenkinsopp entfaltete zuletzt Eckart Otto (1996) die These einer "nachpriesterlichen" weisheitlichen Redaktion am Beispiel der Paradieserzählung. Dabei versuchte E. Otto in literatur- und theologiegeschichtlicher Hinsicht eine über J. Blenkinsopps Ansatz hinausgehende Profilierung des Redaktors, den er explizit mit dem R^{Pt} gleichsetzte. Ausweislich der terminologischen, motivischen, stilistischen und thematischen Überschneidungen mit der nachexilischen Weisheitsliteratur und der späten Deuteronomistik handele es sich in Gen 2,4-3,24 um eine "weisheitlich gesättigte" Lehrerzählung, die die Bundestheologie des Dtn und der deuteronomistischen Literatur des AT voraussetze und auf den "priesterlichen" Schöpfungsbericht in 1,1-2,3 hin komponiert sei.[17] Literargeschichtlicher Ausgangspunkt der Beobachtungen E. Ottos ist die Überzeugung, Gen 2,4-3,24 sei *literarisch einheitlich*.[18] Der nachdeuteronomistische Charakter der Erzählung ergebe sich vor allem aus der Gestaltung von 2,8.15-17; 3,1ff.,[19] der "nachpriesterliche" aus den begrifflichen Überschneidungen mit 1,1-2,3.[20] Der literarisch einheitliche Vers 2,4 blicke mittels der Erwähnung des "Himmels" auf den kosmologischen Schöpfungsbericht in 1,1-2,3 zurück, die Toledotformel hingegen weise den Vers als Überschrift zum Folgenden auf.[21] Der Satzbau von 2,4-7 entspreche der syntaktischen Konstruktion von 1,1-3; die zweifach

---

14 Vgl. Blenkinsopp, Pentateuch, 90.
15 Vgl. Blenkinsopp, Pentateuch, 91.
16 Vgl. Blenkinsopp, Pentateuch, 238f.
17 Vgl. Otto, Paradieserzählung, 172.
18 Vgl. Otto, Paradieserzählung, 173.
19 Vgl. Otto, Paradieserzählung, 178ff., der dabei an Überlegungen von Lohfink, Sündenfall, 91f., anknüpft: So entspreche die Erschaffung des Menschen außerhalb des Gartens (2,8) der Erwählung Israels außerhalb des Kulturlandes; die Versetzung des Menschen in den Garten (2,15) korrespondiere mit der Hineinführung Israels nach Kanaan (vgl. die Termini לקח und נוח in Dtn 4,20; 12,9-11); die Verbindung der Gebotsthematik (2,16f.) mit dem Ruhemotiv (2,15) finde ihr Pendant in der dtr. "Ruhe-Theologie" (Dtn 4,25-27; 30,15-18); die Formulierung des Gebots (2,16f.) setze die dtr. Theologisierung des Rechts voraus (vgl. die Termini צוה, שמע in Dtn 30,2; Jos 22,2; Jer 35,8); die Verführung des Menschen durch die Frau entspreche dem dtr. Bundes- und Konnubiumsverbot (Dtn 7,2-4); die Flüche als Folge der Gebotsübertretung und der Verlust des Lebens (Gen 3,14-24) hätten ihr literarisches Vorbild in den dtr. Fluchreihen (Dtn 28). Konsequent wird die Paradieserzählung damit zu einem Paradigma für die Geschichte Israels (vgl. dazu bereits die Ansätze bei Lohfink, Sündenfall, 98).
20 Vgl. Otto, Paradieserzählung, 183-189.
21 Vgl. Otto, Paradieserzählung, 187f., im Anschluß an Stordalen, Genesis 2,4, 174ff.

gebrauchte Wendung נפש חיה (2,7.19) stamme aus 1,20.21.24.30 und stelle in Korrektur zum ersten Schöpfungsbericht Mensch und Tier dichter zusammen; 2,7b sei eine Imitation der hinter 1,26f. zu erwartenden Ausführungsformel (1,3.7.9.11.15.24.30); 2,19 biete in Anwendung des Herrschaftsgebotes analog zu den göttlichen Benennungsakten in 1,5.8.10 nun durch den Menschen vollzogene Namensgebungen; das Motiv der Baumfrüchte (פרי־העץ, 3,3) knüpfe an das "priesterliche" Speisegebot 1,29 (פרי־עץ) an. Der in 1,29 erkennbare paradiesische Tierfrieden werde in 2,18ff. entfaltet.[22] Gen 2,4-3,24 setze somit durchgehend den "priesterlichen" Schöpfungsbericht voraus und sei auf diesen hin verfaßt.[23]

Im Blick auf die weiteren "jahwistischen" Abschnitte der Urgeschichte deutete E. Otto in Übernahme der Beobachtungen von J. Blenkinsopp (1992)[24] und Jean Louis Ska (1994)[25] an, daß auch diese Passagen auf den "nachpriesterlichen" Redaktor zurückgingen, der bewußt spätweisheitliche, deuteronomistische und "priesterliche" Theologie verbinde. So habe dieser Redaktor 2,4-5,2 in P eingefügt, um einerseits 1,1-2,3, andererseits 6,11-13 erzählerisch zu vertiefen.[26] Ohne nähere Begründung bestimmte E. Otto die

---

[22] Vgl. Otto, Paradieserzählung, 185.189f. In redaktionsgeschichtlich genau entgegengesetzter Richtung interpretierte Blum, Studien, 291, den Befund, daß 2,18ff. eine erzählerische Entfaltung von 1,29f. darstellt: So zeige 1,29f., daß Gen 1,1-2,3 von K[P] auf die "vorpriesterliche" Paradieserzählung hin komponiert sei.

[23] Vgl. Otto, Paradieserzählung, 188.

[24] Vgl. Blenkinsopp, Pentateuch, 73ff.

[25] Ska, diluvio, 37ff., versuchte sämtliche von der klassischen Quellenkritik auf J zurückgeführten Abschnitte in Gen 6,5-8,22 als "nachpriesterliche" Ergänzungen wahrscheinlich zu machen, da die "jahwistischen" Passagen in 6,5-8; 7,1-5; 8,20-22 einerseits die "priesterliche" Fluterzählung voraussetzten, andererseits keine in sich geschlossene Parallelerzählung ergäben. Um dieses Modell aufrecht zu erhalten, weist Ska auch Texte dem "priesterlichen" Verfasser zu, die von der klassischen Urkundenhypothese auf J oder den Redaktor zurückgeführt werden. So entfielen (1.) auf die "priesterliche" Grundschicht 6,9-22; 7,6-9.11.13-16a.17*.18-21.24; 8,1-2a.3-5.13-19, (2.) auf den "jahwistischen" Redaktor 6,5-8; 7,1-5.10.12.16b.22*.23; 8,2b.6-12.20-22 und (3.) auf einen Glossator, der möglicherweise mit dem "jahwistischen" Redaktor identisch sei 6,17* (מים); 7,6* (מים); 7,17* (ארבעים יום); 7,22* (נשמת־רוח חיים) (a.a.O., 51). Zentrales Anliegen des ausweislich seines Sprachgebrauchs nachexilischen Redaktors sei (1.) eine Auseinandersetzung mit den mesopotamischen Fluterzählungen (vgl. Gen 7,16b; 8,6-12; a.a.O., 58f.), (2.) eine Universalisierung des Jahwekultes durch die Einrichtung des richtigen Opfers seitens des gerechten Noah und die Interpretation des Opfers als Sühne für die Bosheit des Menschen und als Vorgabe für die Einrichtung eines "Bundes" durch Jahwe (8,20-22), (3.) die Charakterisierung der Fluterzählung und der Rettung Noahs als Paradigma für Israel (vgl. 7,1; Ez 14,14; Jes 54,9; Jer 31,35-37; a.a.O., 60f.).

[26] Vgl. Otto, Paradieserzählung, 190f. Die Zuweisung von 5,1f. differiert bei Otto. So wird der Abschnitt einmal auf P zurückgeführt (a.a.O., 186 Anm.100), einmal auf den R[Pt] (a.a.O., 191). Die literarische Herkunft von 6,1-4 thematisiert Otto nicht.

"jahwistischen" Abschnitte der Fluterzählung als "nachpriesterlich"[27] und den "jahwistischen" Flutepilog (8,21) als Theologumenon des Endredaktors.[28]

---

[27] Vgl. Otto, Paradieserzählung, 189, unter Berufung auf Blenkinsopp, Pentateuch, 83ff., und Ska, diluvio, 37ff., der aber den "jahwistischen" Redaktor von Gen 6-9 ausdrücklich von der in c.2-4 erkennbaren "jahwistischen" Hand unterscheidet (a.a.O. 53. 62). Zur These, zumindest das "Reuemotiv" in 6,6f. stamme von einem "nachpriesterlichen" spätdeuteronomistischen Redaktor vgl. zuletzt H.-C. Schmitt, Geschichtswerk, 273f.

[28] Otto, Paradieserzählung, 191; siehe dazu differenzierter Kaiser, Theologie, I, 167, der Gen 6,5b; 8,21aβ.b auf den Redaktor (R^{Pt}) zurückführte, der mit diesem Urteil "seiner Einsicht Ausdruck [gebe], daß auch die größte Katastrophe die Menschen nicht grundlegend zu bessern vermag". Zur Einordnung von Kaisers grundsätzlichem Redaktorverständnis in die Gruppe "'priesterliche' Redaktion" vgl. S.20.

1.4. "Neutrale" Redaktion

Im Gegensatz zu den oben dargestellten Beschreibungen wird hier der Endredaktion keine einseitig "priesterliche", "prophetische", "deuteronomistische" oder "weisheitliche" Tendenz unterstellt. Vielmehr wird die Arbeit der Endredaktion in einer prinzipiellen Gleichbehandlung ihrer Quellen gesehen. Die Endredaktion läßt sich nach diesem Verständnis nicht inhaltlich, sondern nur formal skizzieren. Bezeichnenderweise begegnet die "neutrale" Charakteristik der Endredaktion ausschließlich im Rahmen einer Urkundenhypothese bzw. einer redaktionsgeschichtlich erweiterten Urkundenhypothese. In der literarkritischen Abgrenzung der Quellen J/JE und P sowie der endredaktionellen Zusätze unterscheiden sich die hier zusammengestellten Entwürfe kaum. So entfallen auf P: 1,1-2,4a; 5,1-28.30-32; 6,9-22; 7,6.11.13-16a.17a*.18-21.24; 8,1-2a.3b.4-5.13a.14-19; 9,1-17.28-29; 10*; 11,10-26. Aus J stammen 2,4b-4,26; 5,29; 6,1-8; 7,1-5.12.16b.17b.22-23*; 8,2b.3a.6-12.13b.20-22; 9,20-27; 10*; 11,1-9. Ein textlicher Eigenanteil des Redaktors ist (mit Ausnahmen in 6,7*; 7,7-9.23*) fast nicht nachweisbar.

Die hier dargestellten Modelle lassen sich aber nach der bei der Endredaktion festgestellten Motivation und deren Verhältnis zu ihren Quellen sowie der Beurteilung der endredaktionellen Komposition unterscheiden. Einerseits wird die Verflechtung von J/JE und P lediglich als eine die Vorlagen treu bewahrende *Quellenharmonie* angesehen: Der Redaktion sei es lediglich um die Konservierung der von ihr als theologisch einstimmig angesehenen Quellen gegangen. Andererseits wird die von der Endredaktion geschaffene Quellenkompilation als eine bewußte Zusammenstellung einander entgegengesetzter Erzählwerke erkannt, wobei die theologische Mehrstimmigkeit der Quellen zum Klingen gebracht werden solle: Die von der Redaktion geschaffene Endgestalt wird so als eine neue *Quellenpolyphonie* gewürdigt, die mehr als die Summe ihrer Teile darstellt.

1.4.1. Redaktion als Quellenharmonie

Nachdem bereits die ältere Urkundenhypothese die Endredaktion mittels des Terminus der Evangelienharmonie zu beschreiben versucht hatte,[1] kam George F. Moore (1891) über einen direkten Vergleich mit Tatians Diatessaron zu dem Ergebnis, daß der Kompilator der Pentateuchquellen, der nicht als Redaktor, sondern als Autor (!) bezeichnet werden sollte, seine nächste Parallele in dem altkirchlichen Evangelienharmonisten finde.[2] Der Redaktor/Autor habe

---

[1] Vgl. S.3 Anm.10.
[2] Vgl. Moore, Tatian's Diatessaron, 244.

seine drei oder vier Quellen so zurechtgeschnitten, daß eine fortlaufende Geschichte der Ursprünge Israels und seiner Geschichte, "a composite Tora" entstanden sei.[3] Der Eigenanteil des Redaktors/Autors beschränke sich auf die Anpassung der Quellenstücke zu einem einheitlichen Erzählverlauf.[4]

Der Vergleich G. F. Moores stieß auf heftige Kritik, weil angeblich "no example of such a 'crazy patchwork' can be found in all literature as the one alleged to have been discovered in the Pentateuch".[5] Dennoch sprach dann auch Eduard König (1914), nun unter Hinweis auf antike und altorientalische Analogien zu einer Kompilation von Quellenschriften, davon, daß der Pentateuch einer "fertiggestellten Evangelienharmonie" gleiche: "Im A.T. ist das schon einstmals geleistet worden, was in Bezug auf das N.T. seit Tatians Diatessaron so oft erstrebt worden ist."[6] Ähnlich äußerten sich Franz Delitzsch (1887),[7] John Skinner (1910)[8] und Otto Procksch (1913).[9]

Richtungsweisend für die weitere Entfaltung dieses Redaktorverständnisses waren Ausführungen von Otto Eißfeldt (1922):

> "Mit der Frage der Abhängigkeit der jüngeren Quellen von der oder von den älteren hängt die Frage nach der Art ihrer Zusammenarbeitung oder Redaktion zusammen. Hier ist unsere Analyse geeignet, eine recht tiefgehende Umwandlung der herrschenden Anschauungen anzubahnen, indem sie die Redaktoren, die vielfach als den zu kombinierenden Quellen ziemlich selbständig gegenüberstehende *Autoren* vorgestellt werden, durchaus als *Kompilatoren* erscheinen läßt, die bei der Vereinigung der ihnen vorliegenden Werke diese allein haben reden lassen wollen und selbst ganz hinter diese zurückgetreten sind."[10]

---

[3] Vgl. Moore, Tatian's Diatessaron, 244.

[4] Vgl. Moore, Tatian's Diatessaron, 244: "What he adds *de suo* consists chiefly of those modifications of phrase or of fact which were necessary to fit and cement his fragments together, or of matter substantially from one of his source, which for some reason was impracticable in its original shape".

[5] Vgl. Mead, Tatian's Diatessaron, 44. Der Vorwurf Meads richtete sich natürlich nicht nur gegen Moores Vergleich des Pentateuchs mit dem Diatessaron, sondern gegen die Quellenhypothese insgesamt.

[6] Vgl. König, Pentateuchkritik, 102. Die "Persönlichkeit", der "die Zusammenarbeitung der Hauptströme alter Überlieferungen zu unserem Pentateuch am wahrscheinlichsten zuzuschreiben" sei, stelle gemäß der rabbinischen und altkirchlichen Tradition Esra dar (a.a.O., 99, vgl. ders., Genesis, 79f.; Religion, 460).

[7] Vgl. Fz. Delitzsch, 33.141.164. Zu Delitzschs früherer Position s.o.S.8f.

[8] Dabei sah Skinner in dem "religious feeling of post-Exilic Judaism" den entscheidenden Impuls für den Endredaktor zur "combination of elements so discordant as the legendary narratives of JE and the systematiced history of the PC" (Genesis, [^{1}1910] ^{2}1930, LXIV).

[9] Vgl. Procksch, Genesis (1913), zitiert nach der dritten Auflage (1924), 8f.

[10] Eißfeldt, Hexateuchsynopse, 86 (Kursivsatz von mir). In seiner Einleitung (1934; ^{3}1964) tendierte Eißfeldt dann zu einer "priesterlich" orientierten Endredaktion, wenn es heißt, daß die älteren Texte des Pentateuchs jeweils "ganz selbstverständlich im Lichte der neuen verstanden werden" (296; s.o.S.19).

1.4. "Neutrale" Redaktion

Der Unterschied zwischen einer "neutral-einstimmigen" und einer "neutral-mehrstimmigen" Interpretation ergibt sich besonders deutlich bei Martin Noth (1948).[11] Ausdrücklich stellte M. Noth im Anschluß an die Erhebung der Überlieferungsgeschichte des Pentateuchs die Frage, ob durch die Addition der Quellen nicht "doch schließlich das Ganze mehr geworden ist als nur die Summe seiner Teile".[12] M. Noth verneinte diese Frage. Die Quellenkompilation sei eine rein literarische Arbeit gewesen mit dem Ziel einer möglichst vollständigen Aufarbeitung des vorliegenden Überlieferungsstoffes, die theologisch nichts Neues bringe. Als einzige Ausnahme einer "Synthese auf einer höheren Ebene" glaubte M. Noth das "Nebeneinander der Schöpfungsgeschichten" ansprechen zu können, wodurch der Mensch in seiner ganzen Doppeldeutigkeit gezeigt werde.[13] In die Reihe des von O. Eißfeldt und M. Noth entwickelten Redaktorbildes lassen sich nahtlos die Positionen von Walter Zimmerli (1947),[14] Gustav Hölscher (1952),[15] Josef de Fraine (1963),[16] Sigmund Mowinckel (1964)[17] und Hermann Vorländer (1978)[18] einordnen.

Im Rahmen der gegenwärtigen Forschung sind für eine Bestimmung der Endredaktion als Quellenharmonie die Ausführungen von Herbert Donner (1980) charakteristisch, der sich ausdrücklich an die oben zitierten Bemerkungen O. Eißfeldts anschloß.[19] Der Endredaktion gehe es nicht darum, die Mehrstimmigkeit ihrer Vorlagen zur Sprache zu bringen.[20] Der Endredaktor sei vielmehr von der sachlichen Einstimmigkeit seiner Quellen überzeugt. Allein der Sichtbarmachung dieser Einstimmigkeit diene - wie den Herstellern der Evangelienharmonien (!)[21] - seine Kompilation. Der Endredaktor sei kein "Erfinder großer theologischer Entwürfe", sondern ein "vorkritischer Schriftexeget".[22] Was sich von diesem Endredaktor darstellen lasse, sei keine eigene Theologie, wohl aber das Motiv seiner kompilatorischen Technik. So werde eine möglichst vollständige Bewahrung des Erzählmaterials und des Erzählwortlauts der einzelnen Quellen angestrebt. Dem ersten Ziel diene eine

---

11 Vgl. Noth, Pentateuch, 11ff.267-271; ders., Studien, 180-216.
12 Noth, Pentateuch, 270.
13 Vgl. Noth, Pentateuch, 271.
14 Vgl. Zimmerli, 1. Mose 1-11 (1947); zitiert nach der dritten Auflage (1967), 27f.
15 Vgl. Hölscher, Geschichtsschreibung, 9. Dabei zeigen Bemerkungen von Hölscher, daß mit einem ausschließlich als Quellenverschmelzung verstandenen Redaktionsverständnis auch eine qualitative Abwertung der Endredaktion und der von ihr geschaffenen Endgestalt verbunden sein kann: Der Redaktor arbeite, "wie es für *eine Zeit des literarischen Niedergangs* kennzeichnend" sei, rein kompilatorisch ohne stilistische Rücksichten (a.a.O., 9; Kursivsatz von mir.).
16 Vgl. de Fraine, Genesis, 25.
17 Vgl. Mowinckel, Quellenfrage, 14.
18 Vgl. Vorländer, Entstehungszeit, 372f.
19 Vgl. Donner, Redaktor, 259-285.
20 Vgl. Donner, Redaktor, 267.
21 Donner, Redaktor, 272 u.ö.
22 Donner, Redaktor, 282.

"additive Ergänzung".[23] Dieses Verfahren komme vor allem bei Widersprüchen der Quellen zur Anwendung, so im Bereich der Fluterzählung:[24] (1.) bei der Kombination der aus dem "priesterlichen" Flutbericht entnommenen Rabenszene (Gen 8,7) mit der aus der "jahwistischen" Erzählung stammenden Taubenszene (8,8-12), (2.) bei der Betrachtung der "reinen Tiere" (7,2 [J]) als Sonderfall "aller Tiere" (6,19 [P]) und (3.) bei dem Einbau der "jahwistischen" Flutchronologie in die "priesterliche" durch die Umstellung von 8,6a (J).[25] Dem zweiten Ziel diene eine "kumulative Ergänzung", wie sie sich in der Aneinanderreihung sachlich identischer und terminologisch wenig modifizierter Abschnitte beispielhaft in 7,17b.18.21.22; 8,3a.5a zeige.

Die von H. Donner vorgetrage Redaktorsicht wird in der gegenwärtigen Forschung von Rudolf Smend (1978),[26] Jeffrey H. Tigay (1985),[27] Klaus Koch (1987),[28] (Christoph Uehlinger [1990]),[29] Werner H. Schmidt (1991)[30] und Horst Seebass (1996)[31] geteilt.

---

[23] Donner, Redaktor, 283.
[24] Donner, Redaktor, 273, folgte bei seiner Analyse weitgehend der klassischen Quellenscheidung von Gen 6-8. Der Endredaktor habe der P-Grundlage partiell J eingepaßt und mittels eigener Zusätze ausgeglichen, so in 6,7a*.17a(מים); 7,3a.6(מים).8.9.14b. 17a([?ולילה] ארבעים יום [וארבעים).22*(רוח).23*(הארץ) ... מאדם), dies entspräche einem redaktionellen Eigenanteil von 68 hebr. Wörtern (8,7%) gegenüber 495 hebr. Wörtern aus P und 224 hebr. Wörtern aus J.
[25] Vgl. Donner, Redaktor, 275ff.
[26] Smend, Entstehung (1978), hier zitiert nach der vierten Auflage (1989), 45.
[27] Vgl. Tigay, Conflation, in: ders., Empirical Models, 53-95: Prinzipiell gleiche die Praxis der Redaktoren dem Verfahren der Schreiber, alternative Lesarten zu bewahren. Dabei betonte Tigay aber gleichzeitig, daß den Redaktor bei der Herstellung einer fortlaufenden Erzählung neben literarischen und redaktionstechnischen Motiven auch theologische Erwägungen leiteten (54f.). Welche das waren, sagt Tigay nicht.
[28] Vgl. Koch, P, 461f., doch s.o.S.19.
[29] Vgl. Uehlinger, Weltreich, 578; doch s.o.S.19.
[30] Vgl. W. H. Schmidt, Quellenscheidung, 31.45, der die Redaktionen insgesamt für nicht direkt zugänglich hält und einen redaktionsgeschichtlichen Ansatz zugunsten eines rein literarkritischen Zugangs ablehnt.
[31] Seebass, Genesis, I, bemüht sich zwar um eine konsequent bei der Endgestalt einsetzende Exegese und eine theologische Würdigung der Endgestalt: So folgt die Frage nach der Literar- und Überlieferungsgeschichte jeweils erst im Anschluß an die fortlaufende Auslegung der einzelnen Kapitel, wobei freilich die literarkritischen Entscheidungen bereits vorausgesetzt sind. Die Redaktorfrage wird nicht thematisiert. Die Intention, die hinter den redaktionellen Zusätzen in Gen 1-11 steht, wird ebensowenig näher bestimmt wie der literatur- und theologiegeschichtliche Ort des Endredaktors. Da Seebass aber ausweislich der dem Endredaktor zugewiesenen Verse 2,4a; 5,1b-2.(32?); 6,7a*; 7,6-9b.23* mit einer Größe rechnet, die P und J *bewußt* verbunden hat, dürfte die hier gebotene forschungsgeschichtliche Einordnung gerechtfertigt sein. Allerdings steht Seebass (trotz seines Anschlusses an die klassische Quellenkritik in der Modifikation durch Noth) bereits an der Grenze zu den Vertretern, die sich ausschließlich auf die Erhebung der Endgestalt konzentrieren (vgl. Seebass, I, 33), vgl. dazu S.1.

1.4. "Neutrale" Redaktion

Die Bestreitung eines eigenen kompositionellen oder theologischen Profils der Endredaktion vertritt derzeit am entschiedensten Christoph Levin (1993).[32] Ähnlich wie H. Donner bestimmte C. Levin die Voraussetzung und die Zielrichtung der Endredaktion. Diese beruhe einerseits auf der Gleichförmigkeit und der Gleichwertigkeit von J und P, und ziele andererseits auf eine möglichst vollständige Bewahrung der Quellen, ohne daß sich eine besondere tendenzielle Nähe zu einer bestimmten Vorlage zeige. Die von C. Levin über H. Donner hinaus dem Endredaktor zugewiesenen Textteile werden lediglich als "verbindende Einsprengsel" bezeichnet.[33] Das Bestehen eines inneren Zusammenhangs der redaktionellen Zusätze wird zumeist negiert. Wie sich das Phänomen umfangreicher nachendredaktioneller Ergänzungen mit der "Kanonizität"[34] verträgt, die die Quellen bereits für den Endredaktor gehabt haben sollen, ist ein offenes Problem von C. Levins Fortschreibungsmodell, das die Einzeltexte bisweilen atomisiert.[35]

1.4.2. Redaktion als Quellenpolyphonie

Die Ansätze zu einer Charakteristik der Endredaktion als einer die Vielstimmigkeit der Tradition wahrenden Zusammenstellung von tendenziell deutlich unterschiedenen Quellen gehen letztlich auf das von H. Hupfeld (1853)[36] entworfene Redaktorverständnis zurück und begegnen bei August Dillmann (1875),[37] D. B. Macdonald (1920),[38] Robert H. Pfeiffer (1930ff.),[39] Gerhard

---

[32] Vgl. Levin, Jahwist, 440.
[33] Als solche endredaktionellen Zusätze bestimmte Levin in der Urgeschichte Gen 2,4b.7b.19b (a.a.O., 89), 5,1b-2.32 (a.a.O., 100), 7,10b.17a (a.a.O., 112-114), 10,1.32 (a.a.O., 124).
[34] Levin, Jahwist, 439.
[35] In Gen 1-11 glaubte Levin solche "nachendredaktionellen", von unterschiedlichen Händen stammenden Zusätze (R^S) in folgenden Abschnitten zu entdecken:
a) in c.2-3 (a.a.O., 89-92): (1.) 3,18b; (2.) 2,7*(עפר); 3,19b; (3.) 3,1-5.6aα(ab וכי).13b-14.16(bis אמר); (4.) 3,15; (5.) 2,9bα; 3,22.24(ab את); (6.) 2,6.10-14;
b) in c.4 (a.a.O., 100-102): (1.) 4,6-7.13-15; (2.) 4,23-24; (3.) 4,4*(nur ומחלבהן);
c) in c.6-9 (a.a.O. 114-117.120): (1.) 6,5b.9*(nur צדיק); 7,1b; 8,21aβ; (2.) 6,4a(bis ההם); (3.) (ab וגם); (4.) 6,3aα.b; (5.) 6,3aβ; (6.) 7,22(nur רוח); (7.) 7,14bβ; (8.) 9,23b.
d) Im Bereich von c.10 schwankt Levin in der Differenzierung zwischen "sekundärjahwistischen" Zusätzen (J^S) und nachendredaktionellen Ergänzungen (R^S) (a.a.O., 124-126): (1.) 10,4b; (2.) 10,11a.bα.12b; (3.) 10,11bα-12a; (4.) 10,13.14*(ohne Relativsatz); 10,14*(nur Relativsatz); (6.) 10,16-18a; (7.) 10,19; (8.) 10,26-30.
Zu einer Kritik an Levins extremer Literarkritik siehe L. Schmidt, Entstehung, 17.
[36] Vgl. S.10f.
[37] Vgl. Dillmann, Genesis (1875); zitiert nach der sechsten (und letzten) Auflage (1892), XV-XIX.
[38] Vgl. Macdonald, Pre-Abrahamic Stories, 115ff., mit dem (allerdings sehr allgemein gehaltenen) Versuch, die von einem "philosophisch" orientierten Endredaktor geschaffene Endgestalt der Urgeschichte als einen "part of wisdom literature" zu interpretieren.

von Rad (1938ff.),[40] Hans Wilhelm Hertzberg (1952)[41] und Georg Fohrer (1965ff.).[42]

Einen entscheidenden Impuls erhielt diese Forschungsrichtung durch den Genesiskommentar von Claus Westermann (1974). Die Endredaktion habe eine dritte Überlieferungsgestalt der Urgeschichte geschaffen, in der das erzählende Element der "jahwistischen" Quelle mit dem aufzählenden Element der "priesterlichen" Quelle in "ausgewogenem Gleichgewicht stehe".[43] Mittels der Gegenüberstellung des "priesterlichen" und des "jahwistischen" Schöpfungsberichts habe der Endredaktor einerseits ein neues Gleichgewicht von Welt- und Menschenschöpfung geschaffen.[44] Andererseits werde durch die Kombination von J und P der Zusammenhang von Gottesebenbildlichkeit und Verantwortlichkeit betont.[45] Im Bereich der Fluterzählung habe die aus P entnommene Szene des Verlassens der Arche (Gen 8,15-19) endredaktionell ein verstärktes Pendant erhalten, indem der Einzug in die Arche (7,7-16) aus einer Kombination "jahwistischer", "priesterlicher" und endredaktioneller Teile bestehe.[46] Schließlich erwecke die Völkertafel in c.10 erst durch den Endredaktor, der in das "priesterliche" System von Namensaufzählungen an zwei Stellen "jahwistische" Notizen eingefügt habe, den "Eindruck von Völkergeschich-

---

[39] Vgl. Pfeiffer, Source, 66-73; ders., Introduction, 159-167.287-289. Pfeiffer nimmt unter den hier aufgeführten Exegeten eine Sonderstellung ein. So hielt er die "priesterlichen" Bestandteile der Urgeschichte (Gen 1,1-2,3; 5,1ff.; 6-9*; 10*) für einen auf JED hin komponierten und durch R^{Pt} eingelegten Vorspann. Die "jahwistische" Urgeschichte, die aus einer Seir-Quelle (S) stamme, sei erst durch einen mit antiquarischem Interesse ausgestatteten frommen Juden (R^S) in JEDP eingearbeitet worden. Dabei habe R^S seine Quelle gekürzt und bearbeitet, um sie an die "priesterliche" Urgeschichte anzupassen. R^S habe seine Vorlage sprachlich an P angeglichen (vgl. 6,7*; 7,3*.7*.9*.23*; 9,18b.22*) und selbständig ergänzt (3,20; 4,25-26; 5,29; 6,4*; 9,18f.; 10,9.14b.16-18a.24; 11,9). Die Theologie dieses R^S bestimmte Pfeiffer nicht.

[40] Vgl. von Rad, Hexateuch, 85: "Der Hexateuch in seiner jetzigen Gestalt ist entstanden durch die Hand von Redaktoren, die das Glaubenszeugnis jeder Quellenschrift in seiner Eigenart gehört und für verbindlich gehalten haben" (wörtlich aufgenommen im Genesiskommentar [[9]1972], 13). Ausdrücklich betonte von Rad, daß "durch die Zusammenlegung der Quellenschriften zwischen den einzelnen Texten Beziehungsverhältnisse und theologische Wechselwirkungen entstanden [seien], die einer Erörterung bedürfen" (16.24f.). In seiner Theologie, I, ([1960] [9]1987, 133), spricht von Rad dann dezidiert von einem "Gesetz theologischer Dialektik", die sich im Bereich der Urgeschichte vor allem in der Gegenüberstellung der beiden Schöpfungsberichte (161f.) und der einander polaren Auffassungen von der Völkerentstehung in Gen 10 und 11,1-9 zeige (176).

[41] Vgl. Hertzberg, Exegese, 111ff.

[42] Vgl. Fohrer, Einleitung (1965), hier zitiert nach der elften Auflage (1969), 207ff.: Der Endredaktor habe die Darstellung durch die Addition, Kompilation, Ergänzung, Verschmelzung und partielle Umstellung der Quellen die Darstellung komplizierter gestaltet, aber den Gesamteindruck vertieft.

[43] Westermann, I, 4.

[44] Vgl. Westermann, I, 798.

[45] Vgl. Westermann, I, 804.

[46] Vgl. Westermann, I, 580.

1.4. "Neutrale" Redaktion

te".⁴⁷ Über eine Beschreibung der durch die endredaktionelle Kombination verschiedener Traditionen geschaffenen Mehrstimmigkeit der Endgestalt gehen die Ausführungen C. Westermanns allerdings nicht hinaus. Dies gilt auch für die vergleichbaren Positionen von Brevard S. Childs (1979),⁴⁸ Robert Oberforcher (1981)⁴⁹ und George W. Coats (1983).⁵⁰

In enger Anlehnung an C. Westermann bestimmte E.-J. Waschke (1984) dann im Zusammenhang der Untersuchung des Menschenbildes die vermittelnde und polyvalente Tendenz des Endredaktors der Urgeschichte.⁵¹ Der Endredaktor habe durch die Verflechtung verschiedener Quellen ursprünglich getrennte Überlieferungen in ein Gespräch gebracht und somit einen "neuen Dialog hergestellt".⁵² Die Konzeption des Endredaktors zeige sich jeweils an den Kollisionspunkten der "jahwistischen" und der "priesterlichen" Überlieferung, d.h. bei den Darstellungen der Schöpfung, der Flut und der Völkerwelt.⁵³ Im einzelnen relativiere der Endredaktor durch seine Kombinationsarbeit einerseits die einseitigen anthropologischen Aussagen von P, andererseits gebe er der Anthropologie von J eine theologische Neuakzentuierung. Durch die Zusammenstellung mit P werde die Darstellung von J unterstrichen.⁵⁴ Die redaktionelle Verbindung der "priesterlichen" Definitionen mit den "jahwistischen" Ätiologien habe zu der eigenständigen Komposition des Redaktors geführt, die nun von dem Schema "Bestimmung" (aus "priesterlicher" Tradition) und "Ausführung" (aus "jahwistischer" Tradition) geprägt sei. Dabei biete das Menschenbild der Endgestalt der Urgeschichte eine Vielschichtigkeit und Dif-

---

47 Westermann, I, 668.
48 Vgl. Childs, Introduction, 136-160: Die Zusammenstellung von Gen 1-2 reflektiere einen komplexen Kompositionsprozeß ("interaction", a.a.O., 149). Daß sich durch die Kombination von J und P und die dadurch erzielte redaktionelle Struktur der Endgestalt auch die Bedeutung und Funktion der einzelnen Erzählungen modifiziert hat, deutete Childs nur punktuell an.
49 Vgl. Oberforcher, Flutprologe, 656-660: Dem Endredaktor sei ein "gewisses literaturbildende[s] Niveau" nicht abzusprechen (656); er bewahre einerseits die Grundtendenzen von J und P, andererseits korrigiere und relativiere er deren präzise Perspektivierung und Höhepunktbildung. Durch die Kombination der Flutprologe habe der Endredaktor "ein neues, plastisches Bild einer hochkomplexen Bewegung von einem idealen Schöpfungsbeginn hin zur Destruktion in der Flutkatastrophe" geschaffen (657).
50 Vgl. Coats, 38. Die Arbeit von Coats gilt zwar der Erhebung der Formkritik der Quellen und der formalen Struktur der Endgestalt. Am Rande wird aber auch die Endredaktion als eine literarische Tätigkeit bezeichnet, in deren Mittelpunkt die Kombination der Quellen und die Bewahrung der unterschiedlichen Traditionen stand.
51 Waschke, Menschenbild, 13-14, legte seiner Studie die literarkritische Analyse von Gen 1-11, wie sie sich im Genesiskommentar von Westermann findet, zugrunde. Einen textlichen Eigenanteil des Endredaktors erkannte Waschke nur in ausgleichenden Zusätzen in der Fluterzählung, in 2,4b und in der Bildung des Doppelnamens יהוה אלהים (Gen 2,4b-3,24) durch die Ergänzung von אלהים zu יהוה (a.a.O., 153f.).
52 Waschke, Menschenbild, 147.
53 Vgl. Waschke, Menschenbild, 156.
54 Vgl. Waschke, Menschenbild, 155-157.

ferenziertheit, wie es P und J isoliert nicht hatten.[55] Ähnlich wie E.-J. Waschke betonte Howard N. Wallace (1990), daß der Endredaktor durch die Verbindung der J-Texte mit den P-Elementen sowie die Einfügung eigenständiger Übergänge in 5,1-3aß.b; 6,7a* ein "interplay of the material with the P material" erzielt habe.[56] Dabei bezeichnete H. N. Wallace den Endredaktor im Anschluß an die Auflösung des Siglums R bei Franz Rosenzweig als " 'our master' in a creative way".[57]

Während E.-J. Waschke lediglich andeutete, daß im Rahmen der vom Endredaktor geschaffenen Polyphonie des Menschenbildes sich die Waage zugunsten des J neige,[58] formulierte Josef Scharbert (1983), daß der Endredaktor "der Theologie des Jahwisten das Übergewicht gelassen" habe.[59] Andererseits bestimmte J. Scharbert die Arbeit des Endredaktors vor allem als ein Zusammenstellen der verschiedenen Geschichtskonzepte und Glaubensaussagen von J und P, um seinem Leser die Möglichkeit zu geben, "sich selbst und sein Verhältnis zu Jahwe je nach geschichtlicher Situation im Licht jener alten Traditionen verstehen zu lernen".[60] Aufgrund dieser Charakteristik und aufgrund der Tatsache, daß J. Scharbert auch aus den dem Endredaktor zugewiesenen Texten[61] kein einseitig "priesterliches" oder "prophetisches" Profil der Endgestalt erhebt, erfolgt hier die Einordnung seiner Position wie die von E.-J. Waschke und H. N. Wallace in ein "neutral-mehrstimmiges" Modell.

In Fortführung des Ansatzes von E.-J.Waschke versuchte zuletzt Peter J. Harland in einer Studie zur Anthropologie der Fluterzählung (1996)[62] ausführlich eine diachrone und eine synchrone Analyse zu verbinden.[63] Der Redaktor von P und J habe zwar P textlich bevorzugt,[64] weise aber keine einseitig "priesterliche" Tendenz auf.[65] Die endredaktionelle Quellenkombination stelle mehr als die Summe der Einzelquellen dar. Zwar sei der Endtext weniger stringent als die Quellen, insbesondere als P, doch biete er inhaltlich mehr

---

[55] Vgl. Waschke, Menschenbild, 163-164.
[56] Wallace, Toledot, 33.
[57] Wallace, Toledot, 33. Zu einer expliziten Auseinandersetzung mit Rosenzweigs Interpretation der Größe R als Rabbenu siehe auch von Rad, 25.
[58] Vgl. Waschke, Menschenbild, 154.
[59] Scharbert, 32.
[60] Scharbert, 20.
[61] Vom Endredaktor stammen nach Scharbert (1.) 4,25f. als Klammer zwischen der "jahwistischen" Kainitengenealogie und der "priesterlichen" Setitentafel (a.a.O., 32.74ff.), (2.) die Perikope von den "Engelehen" (6,1-4), eine vom Endredaktor erheblich überarbeitete Sondertradition, die die Notwendigkeit des Flutgerichts unterstreiche (a.a.O., 32.78ff.), und (3.) kleinere Zusätze in 6,7*; 7,17a*.23*; 8,7 (a.a.O., 82ff.).
[62] Harland, Human Life, erwähnt die Arbeit von E.-J.Waschke, Menschenbild, allerdings an keiner Stelle. Zu Harlands Studie vgl. meine Rezension in der ThLZ 123, 40f.
[63] Vgl. Harland, Human Life, 14.
[64] Literarkritisch schloß sich Harland der klassischen Quellenkritik an, d.h. auf P entfalle 6,9-22; 7,6.11.13-16a.17a.18-21.24; 8,1-2a.3b-5.13a.14-19; 9,1-17.28-29. Der Rest stamme von J (a.a.O., 6).
[65] Vgl. Harland, Human Life, 11.

1.4. "Neutrale" Redaktion

Aspekte und sei theologisch facettenreicher. Die Schwerpunkte von J und P interpretierten sich auf der Ebene des Redaktors gegenseitig. Die Verbindung von J und P intensiviere die ursprünglich getrennten Darstellungen. So entwickle nun Gen 6,11 die Sündenfallerzählung weiter; umgekehrt exemplifizierten Gen 3,1ff. und Gen 4,1ff. einen Bruch der Setzung von 1,26ff.; der Begriff חמס (Gen 6,11) werde durch die Brudermorderzählung erklärt. Der Redaktor biete so neue Aspekte der Begründung für die Flut.[66] Durch die Zusammenstellung von J und P würden die Gerechtigkeit und der Gehorsam Noahs betont.[67] Das "jahwistische" Theologumenon von der "Reue Gottes" (Gen 6,6) werde auf dem Hintergrund der "priesterlichen" Vorstellung von der Gottesebenbildlichkeit verstärkt.[68] Deutlicher als in den Einzelquellen zeige sich in der Endredaktion das Verhältnis von "creation - uncreation - re-creation".[69] Gen 8,20-22 fungiere als Vorwort für 9,1ff.: die Einseitigkeit der göttlichen Zusage (ברית) werde so unterstrichen.[70] Im Blick auf die *Imago Dei* folge aus der Synchronie, daß die Gottesebenbildlichkeit *funktional* aufzufassen sei: menschliches Leben erhalte seinen Wert nicht aus sich heraus, sondern aus seiner Bezogenheit auf Gott, den Schöpfer, und aus seiner Aufgabe, Gott in der Welt zu repräsentieren.[71] Hinsichtlich einer literatur- und theologiegeschichtlichen Einordnung des Redaktors beschränkte sich P. J. Harland auf die Feststellung, daß das in c.6-9 vorliegende Paradigma von "Sünde - Gericht - Barmherzigkeit" gut in die Exilszeit passe.[72]

In das Modell einer "mehrstimmigen Redaktion" läßt sich auch der jüngste *genuin redaktionsgeschichtlich* angelegte Genesiskommentar von Lothar Ruppert (1992) einordnen.[73] Dabei weist L. Ruppert im Gegensatz zu C. Westermann, E.-J. Waschke, H. N. Wallace und P. J. Harland dem Endredaktor zahlreiche einzelne Verse in Gen 1-11 zu, aus denen sich der zwischen P und J/JE vermittelnde Charakter des Endredaktors genauer bestimmen lasse. Die von L. Ruppert als endredaktionell eingestuften Texte können vor allem in drei Kategorien klassifiziert werden:[74] (1.) in Ausgleichsverse, die P und J/JE

---

[66] Vgl. Harland, Human Life, 40ff.
[67] Vgl. Harland, Human Life, 65ff.
[68] Vgl. Harland, Human Life, 84ff.
[69] Vgl. Harland, Human Life, 106ff.
[70] Vgl. Harland, Human Life, 141ff.
[71] Vgl. Harland, Human Life, 205ff.
[72] Vgl. Harland, Human Life, 12f.
[73] Die Besonderheit dieses Kommentars besteht in seinem konsequent redaktionsgeschichtlichen Ansatz, der literarkritisch einerseits die "vorjahwistischen" Quellen zu bestimmen versucht, andererseits sich um den Nachweis einer umfassenden Überarbeitung der "jahwistischen" Urgeschichte durch JE bemüht; vgl. dazu bereits Weimar, Pentateuch, 112ff., s.o.S.19f.
[74] Vgl. dazu jeweils Ruppert, I, z.St. Allerdings lasse sich nicht immer sicher unterscheiden, ob es sich um einen endredaktionellen Zusatz oder um eine nachendredaktionelle Glosse handelt.

miteinander harmonisieren,[75] (2.) in mythisierende Notizen,[76] und (3.) in ethnologische Ergänzungen.[77] Inhaltlich habe die Urgeschichte durch die Unterordnung der J/JE-Erzählungen unter die Toledot von P "noch mehr den Charakter von 'Geschichte' " erhalten.[78] Das "die Grundlage der Urgeschichte bildende Kerygma der Priesterschrift" wolle der Endredaktor "im Lichte der jahwistisch-jehowistischen Botschaft gedeutet sehen".[79] Das anthropozentrische Interesse von J/JE sei zwar in die Theozentrik von P eingebaut. Durch die Kombinationsarbeit des Endredaktors erscheine aber das Phänomen der Sünde in weiteren Facetten und werde die Angewiesenheit des Menschen auf den Segen unterstrichen.[80]

Offen bleibt bei allen hier genannten Exegeten die zentrale Frage, in welchen theologischen Kreisen die Endredaktion zu suchen und vor welchem literatur- und zeitgeschichtlichen Hintergrund diese zu verstehen ist. Hier gingen zuletzt Erich Zenger (1982ff.)[81] und Frank Crüsemann (1989)[82] einen Schritt weiter, indem sie die Kombination der "priesterlichen" und der "nichtpriesterlichen" Tradition als einen bewußten Kompromiß zweier rivalisierender theologischer Richtungen interpretierten.[83] Wie E. Blum sah F. Crüsemann in der Praxis der persischen Reichsautorisation lokaler Rechtscorpora den entscheidenden Impuls der Endredaktion des Pentateuchs und damit auch

---

[75] Vgl. Anpassungen von J an P: 2,4b.19aα*(nur ואת כל־עוף השמים).19b*(nur נפש חיה).20aα*(nur כל־ und ולעוף השמים); 3,18b; 4,4a* (nur ומחלבהן); 6,7a*(nur אשר בראתי und die Reihe השמים ... מאדם); 7,2b*(nur איש ואשתו).3a.10b.22a*(nur רוח).23a* (nur die Reihe מן־הארץ ... מאדם); 9,18b.11.22aα*(nur חם אבי). Anpassungen von P an J: 5,3b.28b; 7,8-9.17aα*(nur ארבעים יום). Die Ergänzung von אלהים zu יהוה in Gen 2,4-3,24 diene der Identifikation des Gottes des ersten Schöpfungsberichtes mit dem des zweiten (Ruppert, I, 113).

[76] Vgl. 2,1; 6,3.

[77] Vgl. 10,4b.13-14.16-18a.26-29. Weitere redaktionelle Verse, Versteile bzw. Glossen, die keiner der drei oben genannten Klassen angehören, bilden nach Ruppert, a.a.O., z.St.: 1,16bβ; 2,5aβ; 4,4aα; 6,4aα*(nur ונם אחרי כן); 7,14bβ; 8,7; 9,26aα(nur יהוה אלהי); 11,5a(nur וירד יהוה לראת).b.

[78] Ruppert, I, 530.

[79] Ruppert, I, 534.

[80] Vgl. Ruppert, I, 535

[81] Vgl. Zenger, Pentateuchkrise, 362; ders., Sortie, 330; ders., Einleitung, 34.106f.

[82] Vgl. Crüsemann, Pentateuch, 255ff.; ders., Tora, 381ff.

[83] Als ältesten ausgeführten Versuch in der neuzeitlichen historisch-kritischen Forschung, die Endredaktion als das Ergebnis eines *religionspolitischen Kompromisses* zu bestimmen, könnte man die Andeutungen zur Genesis von Kelle, Schriften II/1 (1817), LII-LXVIII, verstehen. So spiegele die Genesis den Versuch Davids wider, die Konkurrenz zwischen den Priesterschaften Eleasars und Ithamars auszugleichen, indem er durch schriftgelehrte Kreise die genuin mosaische, stärker "priesterlich" gefärbte Tradition der Eleasariden mit der nachmosaischen, eher "prophetisch" orientierten Tradition der Ithamariden verschmelzen ließ. Die Arbeit der schriftgelehrten Kompilatoren beschränke sich dabei auf redaktionstechnische Kürzungen und knappe sachliche Ergänzungen. Zu Kelle vgl. S.5.

1.4. "Neutrale" Redaktion

der Urgeschichte.[84] Die Mehrstimmigkeit der Endredaktion geht nach einer Hypothese von F. Crüsemann dann auf ein aus Est 8,8 ablesbares von den Persern angewandtes Verfahren zurück, bei der Einführung neuer Gesetze die älteren nicht zu beseitigen, sondern widersprechende Rechtstexte zu addieren.[85] Aus dem Zusammenhang mit der persischen Reichsautorisation ergebe sich auch das unprophetische und uneschatologische Profil der Endgestalt des Pentateuchs: Dieser habe, um von den Persern als gültiges Recht anerkannt zu werden, nichts enthalten dürfen, "was als eine Gefährdung der persischen Macht verstanden werden könnte".[86]

---

[84] Vgl. Crüsemann, Tora, 393, siehe dazu auch S.25 Anm.71. Die zeitgeschichtliche Argumentation Crüsemanns basiert insgesamt auf Texten außerhalb der Urgeschichte. Die Frage der Endredaktion der Urgeschichte berührt Crüsemann sowohl im Rahmen der hier gebotenen Analyse der "priesterlichen" Abschnitte (a.a.O., 323ff.) als auch in seinem Aufsatz zur "jahwistischen" Urgeschichte (1981) nur am Rande.
[85] Hinter dieser von Crüsemann, Tora, 261, als Hypothese angeführten Erklärung steht allerdings auch die fragwürdige Interpretation des Pentateuchs als Tora, als Rechtsbuch.
[86] Crüsemann, Tora, 403.

1.5. Zusammenfassung und Programm der Studie

Der Forschungsbericht läßt sich im wesentlichen in drei Punkten zusammenfassen:

1.) begegnen im Kontext aller gegenwärtig vertretenen, historisch-kritisch argumentierenden Pentateuchmodelle Ansätze zu einer literatur- und theologiegeschichtlichen Einordnung und Würdigung der Endredaktion. Seit knapp zwanzig Jahren wird wieder verstärkt darüber nachgedacht, wie der Begriff der Endredaktion zu definieren sei und wie diese selbst methodisch ermittelt werden könne.[1] Daneben finden sich Versuche, das alttestamentliche Redaktorverständnis über den Vergleich mit der Entstehungsgeschichte altorientalischer und zwischentestamentlicher Werke neu zu bestimmen.[2] Völlig offen sind die Fragen (a) nach dem literarkritisch zu ermittelnden Umfang der Endredaktion, (b) ihrer kompositionellen Struktur, (c) ihrem theologischen Profil und Charakter sowie (d) ihren theologie- und zeitgeschichtlichen Hintergründen. Besonders in den beiden letzten Punkten gehen die Positionen auseinander.

2.) hängt die Charakterisierung des Profils der Endredaktion von der jeweiligen literarkritischen und literargeschichtlichen Beurteilung der erkannten Schichten ab, insofern die Endredaktion jeweils im Licht der literargeschichtlich jüngsten Schicht gesehen wird. Dies zeigt sich deutlich bei den Anhängern einer Ergänzungs- bzw. Redaktionshypothese, gilt aber ebenso für die Vertreter der neueren Urkundenhypothese. So wurde in der bisherigen Forschung stets entsprechend der literargeschichtlichen Verhältnisbestimmung zwischen "jahwistischer" und "priesterlicher" Schicht die Endredaktion entweder "jahwistisch" oder "priesterlich" bestimmt. Wie bereits die besondere Berücksichtigung des Redaktors in den dreißiger Jahren des 19. Jh. auch eine Reaktion auf den Nachweis war, die literarische Einheit der Genesis zu zeigen,[3] so steht die gegenwärtige Erkenntnis, die Endredaktion kompositionell und theologisch zu würdigen, im Zusammenhang mit dem

---

[1] Vgl. dazu bes. die Ausführungen von Oberforcher, Flutprologe, 81-85; de Pury, Pentateuque, 89ff.; H. H. Schmid, Pentateuque, 382ff.; Smend, Entstehung, 39f.

[2] Vgl. die Forderung von Koch, P, 448.467, und die Aufsätze von Tigay, in: ders., Empirical Models, 21-52.53-95, der vor allem am Beispiel des Gilgamesch-Epos und des SamPt (1.) die Berechtigung der Anwendung einer Quellen- bzw. Redaktionshypothese nachzeichnen konnte, da für die beiden genannten Werke die Quellen, die in die Endkomposition eingeflossen sind, jeweils für sich (und im Fall des Gilgamesch-Epos in unterschiedlichen Rezensionen und Redaktionen) vorliegen, (2.) das Wesen von Redaktion und die Arbeit der Redaktoren differenziert bestimmen konnte.

[3] Vgl. S.6.

Einfluß der Ganzheitsmodelle auf die kritische Pentateuchforschung.[4] Wie im ersten Drittel des 19. Jh. eine entsprechende Berücksichtigung der Endredaktion vor allem im Rahmen der Ergänzungshypothese stattgefunden hatte, so erfolgt eine Bestimmung der Komposition und Theologie des Endredaktors gegenwärtig besonders im Horizont der phänomenologisch mit der Ergänzungshypothese verwandten redaktionsgeschichtlichen Zugänge.[5]

3.) wird die Erkenntnis von zwei literarischen Hauptschichten in der Urgeschichte, einer "priesterlichen" und einer "jahwistischen" Schicht, weiterhin als gültig angesehen. Unabhängig von der Näherbestimmung des literarischen Charakters dieser Schichten als einer Quelle, einer Redaktion oder Komposition werden makrotextlich auf die "priesterliche" Schicht die Textblöcke 1,1-2,4a; 5,1-32*; 6-9*; 10*; 11,10-26 und auf die "jahwistische" die Abschnitte 2,4b-4,26; 6-9*; 10*; 11,1-9 zurückgeführt. Die Erhebung der Komposition und Theologie der Hand, die beide Hauptschichten verbunden hat, hängt aber entscheidend von der Bestimmung des literarischen Eigenanteils dieser Hand und von der Klärung ihres redaktionsgeschichtlichen Verhältnisses zu der "priesterlichen" bzw. der "jahwistischen" Schicht ab.[6]

Im folgenden soll nun gefragt werden, welche Texte in der Urgeschichte der redaktionellen Verbindung der "priesterlichen" und der "jahwistischen" Schicht dienen und welche Texte nur auf der Ebene einer redaktionellen Verbindung dieser Schichten verständlich sind. Ziel unserer Untersuchung ist die redaktionskritische Herausarbeitung und theologiegeschichtliche Einordnung *der* Hand, die als letzte kompositionell und theologisch prägend auf die Urgeschichte gewirkt hat. Diese Größe wird im folgenden als der Endredaktor der Urgeschichte verstanden und der Kürze halber als der Redaktor bezeichnet. Mit unserer Zielvorgabe soll letztlich einer von F. Crüsemann (1981) im Blick auf die Urgeschichte erhobenen Forderung nachgekommen werden:

---

[4] Vgl. dazu exemplarisch die Übersicht bei Anderson, Analysis, 25-28, und die kritischen Anfragen zum Umgang mit dem Problem der Redaktion im Rahmen der Urkundenhypothese von Whybray, Pentateuch, 120-126. Die von Whybray vorgeschlagene Lösung, die Größe R^{Pt} aufzugeben, da sich für sie kein religions- und zeitgeschichtlicher Kontext angeben lasse (a.a.O., 126), und die *Endredaktion* als die *Erstedition* "composed by a single historian" anzusehen (a.a.O., 233; ähnlich Thompson, Origin, 50f.193; Houtman, Pentateuch, 432), wird dem komplexen Textbefund kaum gerecht.
[5] Vgl. S.21ff.28ff.
[6] Der Begriff "jahwistisch" zur Bezeichnung der "nichtpriester(schrift)lichen" Texte in Gen 1-11 wird im folgenden aus Konventionsgründen beibehalten. Dabei wird das Etikett "jahwistisch" hier dem Terminus "jehowistisch" vorgezogen, da dieser *a priori* eindeutig zuweisbare Redaktionsschichten im "nichtpriesterlichen" Bestand von Gen 1-11 suggeriert und neben der in der gegenwärtigen Forschung umstrittenen Größe J noch eine zweite bzw. dritte Figur (E bzw. R^{JE}) beinhaltet, deren textlicher Umfang und literargeschichtliche Einordnung derzeit vollkommen kontrovers diskutiert werden. Ein Urteil über die Zugehörigkeit der "nichtpriesterlichen" Texte zu einem "nichtpriesterlichen" Geschichtswerk bzw. einer Größe J/JE kann erst im Anschluß an die literar- und redaktionsgeschichtliche Analyse gefällt werden.

1.5. Programm der Studie

"Die uns vorliegende Endredaktion ist ja theologisch und historisch ernst zu nehmen. Das ist allerdings eine bisher noch kaum angegangene Aufgabe der atl. Wissenschaft. Sie hängt hier besonders an dem Problem von Zeit und Absicht der Verbindung mit den P-Elementen in Gen 1-12".[7]

Dabei soll schon hier ausdrücklich darauf hingewiesen werden, daß die Endredaktion der Urgeschichte entgegen der in der neueren Forschung fast ausschließlich anzutreffenden Bestimmungen nicht identisch zu sein braucht mit der Endredaktion der Genesis, des Tetra- oder des Pentateuchs, so daß der Endredaktor der Urgeschichte hier (zunächst) unabhängig von einer Größe R^{JEP}/R^{JEPD} beschrieben werden kann.[8]

Auf die Vielschichtigkeit und Problematik des Begriffs der Endredaktion hat für den Komplex von Gen 1-11 zuletzt R. Oberforcher (1981) ausführlich hingewiesen. Seiner Definition der Endredaktion als der "letzte[n] Etappe einer progressiven Kontextbildung" können wir uns im folgenden anschließen.[9] Da sich die Intention der Endredaktion auch aus dem Umgang mit ihren Vorlagen beschreiben läßt, wird punktuell die Frage nach dem vorendredaktionellen *literarischen* Wachstum von Gen 1-11 berührt. Gegenüber R. Oberforchers Ansatz liegt im Mittelpunkt unseres Interesses aber primär nicht die Frage, wie sich die literarischen Vorlagen durch die systematische Nachbearbeitung verändert haben und wie diese sich auf der Ebene der Endredaktion durchsetzen.[10] Wir konzentrieren uns vielmehr auf die Charakterisierung der Theologie der Endredaktion und auf die Erhebung des literatur- und theologiegeschichtlichen Hintergrunds möglicher endredaktioneller Texte.

Arbeitshypothesen unserer Fragestellung sind die Annahmen, daß:

1.) textkritisch ein Urtext als Ausgangspunkt für die Bestimmung der Endgestalt rekonstruierbar ist,[11]

2.) in Gen 1-11 unterschiedliche literarische Schichten vorliegen, die sich literarkritisch bestimmen und redaktionsgeschichtlich einordnen lassen,

---

[7] Crüsemann, Urgeschichte, 14 Anm. 15.
[8] Zum Versuch, das Problem der Endredaktion des Pentateuchs in Verbindung mit der Endredaktion des DtrG. zu sehen, also eine den Enneateuch umfassende und von dtr. Theologie beeinflußte Redaktionsschicht zu bestimmen, siehe zuletzt wieder Houtman, Pentateuch, 429f., und H.-C. Schmitt, Geschichtswerk, 262ff. Unabhängig von einer JEDP- oder einer JEPD-Hypothese (zur Problematik siehe Kaiser, Grundriß, I, 54f.; Zenger, Einleitung, 68f.74f.), wurde in der Forschung des 20. Jh. der Deuteronomistik kein *Eigenanteil an der Endredaktion von Gen 1-11*(+12-50) zugemessen. Ebenso beschränkte die ältere Forschung die Eingriffe der dtr. Endredaktion des Pentateuchs/Enneateuchs (vgl. exemplarisch die Arbeiten von Hupfeld, Ewald, Knobel, Schrader, Dillmann, Graf Baudissin) auf Texte außerhalb der Genesis (vgl. dazu auch Houtman, Pentateuch, 429 Anm. 18).
[9] Oberforcher, Flutprologe, 85. Zu Oberforchers eigener theologischer Profilierung der Endredaktion s.o.S.39.
[10] Vgl. Oberforcher, Flutprologe, 84f.
[11] Vgl. zu diesem Problem auch Blum, Endgestalt, 46.57.

3.) ein grundsätzlich literar- und redaktionskritischer Ansatz mit geistes-, sozial- und theologiegeschichtlichen Beobachtungen zu verbinden ist und sich aus diesen Beobachtungen eine theologische Einordnung und annäherungsweise Datierung literarischer Schichten erheben läßt. Da eine redaktionsgeschichtliche Hypothese nicht nur an der Erhebung der literarischen Vorgeschichte eines Textes interessiert ist, sondern ebenso an der Interpretation der einzelnen redaktionellen Phasen, die ein Text auf dem Weg zur Endgestalt durchlaufen hat, ist sie am ehesten in der Lage, auch die Komposition des Endredaktors als ein eigenes literarisches und theologisches Werk zu betrachten, ohne die literargeschichtlichen Vorgänge auszublenden.[12]

Trotz bestehender Querbezüge zur Vätergeschichte kann die Urgeschichte auch und, wie sich zeigen wird, gerade in der Endgestalt des Pentateuchs als eine eigenständige literarische Komposition betrachtet werden.[13] Da auf endredaktioneller Ebene die Wendung ת[ו]לד[ו]ת אלה[ו] (vgl. 2,4; [5,1]; 6,9; 10,1; 11,10.27; 25,12.19; 36,1; 37,2) als Gliederungselement dient,[14] die Themenverknüpfung "Schöpfung" und "Abraham" aber spätestens in ihrer Rezeption in Neh 9,6-7 als eigenständige Größen angesehen werden,[15] bietet sich als Bestimmung der oberen Textgrenze der Urgeschichte der Einschnitt zwischen 11,26 und V.27 an. Für diese Abgrenzung kann auch auf die Parallelität der Geburtsnotizen in 11,26 und 5,32 verwiesen werden, die am Abschluß einer linearen Genealogie jeweils segmentär in der Nennung von *drei* Söhnen gipfeln.[16] Allerdings fällt der Block von 10,1-11,26 durch die dreifache Nennung der Formel אחר המבול (10,1.32; 11,10) als die selbständige Darstellung einer "Zwischenzeit" aus der eigentlichen Urgeschichte heraus.

---

12 Vgl. dazu die Abschlußbemerkungen von Tigay, in: ders., Empirical Models, 239-241.
13 Gegen Clines, Theme, 77 ("In the final form of Genesis there is at no point a break between primeval and patriarchal history"); Houtman, Pentateuch, 424 Anm.10, und Berges, Babel, 40ff. Vgl. dazu auch Zenger, Urgeschichte, 44; Blenkinsopp, Pentateuch, 54ff.
14 Vgl. dazu mit unterschiedlichen literargeschichtlichen Aspekten Tengström, Toledotformel, 18ff.; Thompson, Origin, 61-80.167-172; Koch, P, 452; Blenkinsopp, Pentateuch, 58f.; Houtman, Pentateuch, 424.
15 So wird im "Bußgebet Nehemias" (Neh 9) in jeweils klar voneinander abgesetzten Strophen (V.6-7) zunächst die Schöpfung angesprochen, sodann die Erwählung Abrahams und seine Herausführung aus Ur Kasdim (vgl. Gen 11,27-32):
"Du allein Jahwe bist es, der du den Himmel gemacht hast, die höchsten Himmel und ihre Heere, die Erde und alles, was auf ihr ist, die Meere, und alles, was in ihnen ist, und du hast alles zum Leben erweckt und die Heere der Himmel fallen vor dir nieder.
Du bist es Jahwe Gott, der du erwählt hast Abram und ihn hinausgeführt aus Ur Kasdim, und hast ihm den Namen Abraham gegeben ..."
Vgl. dazu auch Pola, Priesterschrift, 201f.
16 So auch Fz. Delitzsch, 10; (Kuenen, Einleitung I/1, 7); Procksch, 495; Westermann, I, 751; II, 152; Anderson, Analysis, 23; Rendsburg, Redaction, 3.8; Wenham, I, XXII; Ruppert, I, 38; Vermeylen, Commencement, 188; vgl. auch Seebass, I, 48ff. (1,1-11,9 mit 11,10-26 als "Zwischentext").

1.5. Programm der Studie

Die Flutperikope (6,1-9,29) steht insgesamt wesentlich stärker mit der Schöpfungsperikope (1,1-5,32) in Beziehung als mit den Folgeabschnitten (10,1-11,26).[17] In Analogie zu einzelnen altorientalischen Werken, in denen die "Urgeschichte" die Epochen Schöpfung und Flut umfaßt,[18] soll daher im folgenden unter der eigentlichen Urgeschichte der Abschnitt 1,1-9,29 angesehen werden. Der kompositionelle Zielpunkt der Endgestalt der Urgeschichte findet sich in der Darstellung des nachsintflutlichen Lebens Noahs (9,1-29).[19]

Neben der hier vertretenen Abgrenzung der eigentlichen Urgeschichte auf 1,1-9,29 und der "Zwischenzeit" auf 10,1-11,26 wird in der Forschung immer wieder eine Maximalabgrenzung auf die Abschnitte von der Schöpfung bis zum Auftreten Abrahams vorgeschlagen. Dabei wird der Einschnitt dann entweder hinter 11,32,[20] hinter 12,3/4/5[21] oder sogar erst hinter 12,9[22] gesucht. Für eine solche Ausweitung der Urgeschichte wird auf das inhaltliche Gefälle der Urgeschichte verwiesen, das über den Fluch zum Segen und von der Menschheitsgeschichte zur Volksgeschichte verlaufe. Gegen eine solche Abgrenzung der "Urgeschichte" spricht aber, daß auf endredaktioneller Ebene (1.) bereits mit (5,1-3 und) 9,1.26 Segensworte dem dreifachen Fluch in 3,14-17; 4,11; (5,29) gegenüberstehen; (2.) schon in 9,25-27 ein Ausblick auf die Volksgeschichte vorliegt;[23] (3.) bereits in 4,20-22; 9,20-27 (und in 10,8-12; 11,1-9) die urgeschichtliche Darstellung punktuell in die geschichtliche wechselt; (4.) sich in der Endgestalt der "Zwischenzeit" bereits mit der Genealogie Sems in 11,10-26 ein positives Gegengewicht zu 11,1-9 findet, insofern die Geschlechtertafel Sems auch nach der Zerstreuung der Völker die Wirksamkeit des göttlichen Prokreationssegens illustriert; (5.) weder zwischen 11,32/12,1 noch zwischen 12,4/5 noch zwischen 12,9/10 ein deutlicher Einschnitt vorliegt.[24] Eine Abgrenzung auf 1,1-11,32 wird zwar dem narrativen

---

[17] Vgl. dazu auch Clark, Flood, 209f.; Zenger, Urgeschichte, 45, allerdings nur im Blick auf die "jahwistische" Urgeschichte.

[18] Vgl. die "Eridu-Genesis" (Sumerische Fluterzählung) und das Atramchasis-Epos sowie die Darstellung eines die Zeitalter "Schöpfung - Flut - Neuschöpfung" umfassenden altorientalischen und antiken Strukturschemas bei Blenkinsopp, Pentateuch, 55f.

[19] Vgl. bereits Vater, Pentateuch, I, 1-171; Tuch, 152.

[20] Vgl. Wellhausen, Composition, 1; (Kuenen, Einleitung I/1, 7); Knobel, 132; Dillmann, VIII-IX; Gunkel, 158; König, 448; Eißfeldt, Hexateuchsynopse, 6f.; Noth, Pentateuch, 12; Scharbert, 5; (Coats, 14ff.); Childs, Introduction, 154f.; Kaiser, Grundriß, I, 47.

[21] Vgl. Budde, Urgeschichte, 409.502 (→ 12,5); Frey, Anfänge, 149 (→ 12,4); von Rad, 118 (→ 12,3).

[22] Vgl. von Rad, 123f.

[23] Daher bestimmten Duhm, Israels Propheten, 20, und Crüsemann, Urgeschichte, 25f., ders., Tora, 152, Gen 9,25-27* zumindest als Abschluß der "jahwistischen" Urgeschichte, während Koch, Hebräer, 73, im Anschluß an Rendtorff, Hermeneutische Probleme, 200f., hier den Beginn der "jahwistischen" Heilsgeschichte sah.

[24] Zwar bilden 12,5 und 12,10 erzählerisch einen Neubeginn (ויקח bzw. ויהי), doch ist die Verbindung zwischen den Versen über die jeweils handelnden Personen (Abram und Lot bzw. Abram) zu eng, als daß ein kompositioneller Einschnitt vorliegt.

Wechsel von der prosaischen Notiz über den Tod Terachs (11,32) und der Gottesrede an Abram (12,1) gerecht, doch stellt 12,1a keinen so stark hervorgehobenen Neubeginn dar, daß 11,32 als Abschluß der Urgeschichte zu betrachten wäre. Zumindest in der Endgestalt ist der Abschnitt 12,1-3 literarisch von der Einführung Abrams in 11,27-32 abhängig. Zudem zeigen die inneren Gliederungselemente der Urgeschichte in Gestalt der Toledotformeln (2,4; 5,1; 6,9; 10,1; 11,10; 11,27), daß ein neuer Abschnitt nie mit einer Gottesrede beginnt. So sind die großen, an einen Menschen gerichteten Reden Gottes der Urgeschichte alle in einen narrativen Rahmen eingespannt (vgl. I: 2,16-18 zwischen 2,15 und 2,19; II: 3,9b-19 zwischen 3,9a und 3,20; III: 4,6-7 zwischen 4,5 und 4,8a; IV 4,9-15a zwischen 4,8b und 4,15b; V: 6,13-21 zwischen 6,12 und 6,22; VI: 7,1-4 zwischen 6,22 und 7,5; VII: 8,15-17 zwischen 8,13b(-14) und 8,18; VIII: 9,1b-17 zwischen 9,1a und 9,18).[25] Die zwischen 11,1-9 und 1,1-9,29 einerseits und 12,1-4(9) andererseits bestehenden thematischen Bezüge zeigen, daß die Stadt- und Turmbauerzählung in der Endgestalt der Genesis die Urgeschichte und die Vätergeschichte verbindet und bereits in die Darstellung der "Zwischenzeit" gehört.[26] Umgekehrt sprechen diese Bezüge gerade nicht dafür, 12,1-3 als strukturelles Pendant zu den Gnadennotizen in 3,21; 4,15; 6,8 oder als integralen Bestandteil der Urgeschichtskomposition zu betrachten.[27] Daß die Urgeschichte schließlich in 11,9 selbst ihr kompositionelles Ende findet,[28] könnte zwar mit dem Neubeginn in 11,10 begründet werden. Allerdings zeigt auch hier die Rahmung mit der Formel אחר המבול (10,32; 11,10), daß 11,1-9 in die Darstellung der nachsintflutlichen Zwischenzeit gehört, die von der eigentlichen Urgeschichte zur Volksgeschichte (11,27ff.) hinführt.

---

[25] Dabei verwenden die Rahmenelemente gelegentlich sich wiederholende Schlüsselbegriffe (vgl. für 3,9a/20a אדם und קרא; für 6,22/7,5 die Wortfolge ויעש נח ככל אשר צוה־; für 9,1a/18a נח und בנים).

[26] Vgl. die Motive:
a) "Suche der Menschheit nach Land" (11,2) // "Gabe von Land an Abram" (12,1);
b) "Vergeblicher Versuch der Menschheit, sich einen Namen zu machen" (11,4) // "Gabe eines großen Namen an Abram" (12,2);
c) "Zerstreuung der Menschheit über die gesamte Erde (11,8a)" // "Berufung Abrams aus der Fremde" (12,1);
d) "Sprachlosigkeit der Menschheit" (11,8b) // "Anrede Abrams durch Gott und Anrufung Gottes durch Abram" (12,1.8)".
Zur Korrespondenz von 11,1-9 und 12,1ff. in der Endgestalt siehe ausführlich S.227ff.

[27] So allerdings (zumindest für die "jahwistische Urgeschichte") Fichtner, Ätiologie, 389; Wolff, Kerygma, 360f.; W. Schottroff, Fluchspruch, 39f.204; Steck, Urgeschichte, 534f.; Levin, Jahwist, 134ff.

[28] Vgl. Pustkuchen, Urgeschichte, 1ff.; ders., Untersuchung, bes. 115ff.; von Bohlen, 148ff.; Ewald, in: JBW IX, 1ff.; Holzinger, 1; de Catanzaro, Genesis, 220; Golka, Ätiologien, 97; Oden, Aspirations, 211; Thompson, Origin, 78.171f.; Uehlinger, Weltreich, 325; Berges, Babel, 41; vgl. auch Seebass, I, 50.

1.5. Programm der Studie

Unsere Analyse wird sich also auf 1,1-9,29 konzentrieren und unter dem Begriff "Urgeschichte" die Blöcke "Schöpfung" (1,1-4,26), "Adamtoledot" (5,1-6,8) und "Flut" (6,9-9,29) verstehen. Insofern zwischen der eigentlichen Urgeschichte und der Darstellung der "Zwischenzeit" als einer Überleitung zur Vätergeschichte kompositionelle Beziehungen bestehen,[29] werden die Abschnitte "Völkertafel" (10,1-11,9) und "Semtoledot" (11,10-26) in die Untersuchung miteinbezogen. Dabei wird der Begriff "Urgeschichte" allein als kompositioneller Gattungsbegriff im Gegenüber zur "Väter-", "Auszugs-", "Sinai-", "Wüsten-" und "Landnahmegeschichte" gebraucht. Der Terminus "Urgeschichte" erscheint hier als ein literarischer Sammelbegriff für die in Gen 1,1-9,29 (+10,1-11,26) vorliegenden Texte. Hinsichtlich ihrer Perspektive läßt sich die Urgeschichte mit der anschließenden "Zwischenzeit" in die zwei Blökke "Menschheitsgeschichte" ("von Adam zu Noah") und "Völkergeschichte" ("von Noah zu Abram") aufteilen. Einem solchen Verständnis von Urgeschichte steht nicht entgegen, daß sich auch außerhalb der kompositionellen Einheit Gen 1,1-9,29 "Urgeschichten" finden (vgl. Gen 19). Die Konzentration des Begriffs "Urgeschichte" auf den literarischen Aspekt dient auch der Vermeidung der Alternative "Urgeschichte - Heilsgeschichte". Wie sich in der sogenannten heilsgeschichtlichen Darstellung des AT Urgeschichtliches findet, so begegnet Heilsgeschichtliches in der urgeschichtlichen Darstellung. Der Begriff "Urgeschehen" hingegen wird hier als formaler Gattungsbegriff für die in der Urzeit verankerten paradigmatischen Erzählungen im Gegenüber zu den genealogisch-ethnologisch orientierten Aufzählungen verwendet.[30]

Die literar- und redaktionskritische Untersuchung setzt mit der Herausarbeitung der Texte ein, die eindeutig als redaktionelle Brücken zwischen der "priesterlichen" und der "jahwistischen" Schicht erkennbar sind (2.1.). Ausgehend von diesen Texten wird nach weiteren, die "priesterliche" und die "jahwistische" Schicht jeweils durchbrechenden Abschnitten gesucht, die in unmittelbarer formaler, terminologischer und inhaltlicher Verbindung zu den redaktionellen Brücken stehen (2.2.). Sodann werden die dem Redaktor vorgegebenen zwei Hauptschichten hinsichtlich ihres letzten vorendredaktionellen Kompositionszusammenhangs untersucht. Dabei wird nach jüngsten, aus diesen Schichten herausfallenden und mit der Endredaktion in Verbindung stehenden Zusätzen gefragt (2.3.-2.4.). Dieser Arbeitsschritt wird auch eine Antwort auf die Frage nach dem literarischen Charakter der zwei Hauptschichten, zumal ihrer Quellenhaftigkeit, geben. Auf die Frage nach dem

---

[29] Dazu gehören vornehmlich die Verbindung zwischen der Noahgenealogie (5,32) und der Völkertafel als einer Genealogie der Noahsöhne (10,1ff.), die Parallelität zwischen den Gottesreden Jahwes anläßlich des Turmbaus (11,6) und der Ausweisung der Menschen aus dem Garten Eden (3,22) sowie die strukturelle Parallelität zwischen Gen 6,1-4 und 11,1-9.

[30] Vgl. auch die Überlegungen von Hendel, Demigods, 14 Anm.8, der vorschlägt, den Terminus "Urgeschichte" ("Primeval History") durch den Begriff "Urzeitzyklus" ("Primeval Cycle") zu ersetzen.

vorendredaktionellen literarischen Wachstum dieser Schichten wird am Rande eingegangen. Schließlich wird die Einheitlichkeit der als redaktionell erkannten Texte geprüft und am Beispiel der redaktionellen Verbindungstexte das kompositionelle Gefälle der Urgeschichte skizziert (2.5.).

Auf der Basis der dem Redaktor zugewiesenen Texte wird dessen Theologie skizziert (3.). Mittels einer literatur- und theologiegeschichtlichen Analyse der vom Redaktor in Gen 1-11 eingelegten Zusätze erfolgt abschließend der Versuch einer zeitlichen Einordnung (4.). Da sich bereits bei der Forschungsübersicht zeigte, daß die bisherigen Charakterisierungen der Redaktion als "priesterlich" oder "nichtpriesterlich" zu einseitige Alternativen darstellen, steht im Mittelpunkt unseres dritten und vierten Kapitels die Bestimmung des Verhältnisses der redaktionellen Texte zu den Hauptströmen nachexilischer Theologie priesterlicher, deuteronomistischer, weisheitlicher und prophetisch-eschatologischer Tradition.

2. Redaktionsgeschichtliche Analyse der Urgeschichte

"Neuland aber muß betreten werden, wenn es um die Frage nach der Verbindung der Priesterschrift mit dem jahwistischen Werk in der Pentateuchredaktion geht".[1]

2.1. Endredaktionelle Brücken in Gen 1,1-11,26

Jeweils an den Nahtstellen zwischen den beiden literarischen Hauptschichten der Urgeschichte finden sich Texte, deren Zuweisung zu einer dieser beiden Strata umstritten ist.

Dies gilt besonders für 2,4, womit vom "priesterlichen" Schöpfungsbericht zur "jahwistischen" Paradieserzählung übergeleitet wird, für 4,25-26, womit eine Brücke von der "jahwistischen" Kainitentafel zur "priesterlichen" Adamtoledot geschlagen wird, und für 6,1-4, womit von der "priesterlichen" Stammtafel Adams zum "jahwistischen" Flutprolog hingeführt wird. Nachdem bereits E.-J. Waschke darauf hingewiesen hat, daß sich die Konzeption des Endredaktors vor allem an den Übergängen von der "priesterlichen" zu der "jahwistischen" Schicht ablesen lasse,[2] erhebt sich die Frage, ob die genannten Texte möglicherweise in einem unmittelbaren Zusammenhang mit *der* Redaktion stehen, die die "priesterliche" mit der "jahwistischen" Schicht verbunden hat. Sollte sich die Hypothese bestätigen, daß es sich bei diesen drei Texten um solche redaktionellen Zusätze handelt, die auf dieselbe Hand zurückgehen, dann dürften sich aus ihnen Kriterien ergeben, die es erlauben, weitere redaktionelle Abschnitte in der Urgeschichte zu bestimmen und so den Redaktor von Gen 1-11 zunächst literarisch und kompositionell genauer zu profilieren.

2.1.1. Gen 2,4 und der "Doppelname" Jahwe Elohim

2.1.1.1. Literarische Analyse von 2,4

Der Vers zählt nicht nur zu den zentralen Ausgangspunkten der klassischen Quellenkritik, insofern seit Werner Carl Ludewig Ziegler (1794) die beiden

---

[1] Otto, Pentateuchkomposition, 191.
[2] Vgl. Waschke, Menschenbild, 157; ähnlich bereits Dockx, Paradis, 11.

Versteile auf unterschiedliche Hände verteilt wurden,[3] sondern bildet auch den Ansatzpunkt gegenwärtig vertretener redaktionsgeschichtlicher Ansätze, sei es, daß V.4a als Indiz für die Interpretation von P als einer Redaktionsschicht angesehen wird,[4] sei es, daß V.4 insgesamt als Beispiel für eine "nachpriesterliche" "jahwistische" Bearbeitungsschicht beurteilt wird.[5]

Den entscheidenden Ausgangspunkt für eine redaktionsgeschichtliche Einordnung von 2,4 bietet die Beobachtung, daß es sich bei diesem Vers nicht um eine ursprüngliche literarische Einheit, sondern um ein redaktionell entstandenes Produkt handelt. So legen die syntaktische Selbständigkeit und innere Geschlossenheit von V.4a, der Wechsel von der passivischen Konstruktion (בהבראם)[6] zur aktivischen (עשות יהוה אלהים), die unterschiedliche Bildung des Temporalsatzes mit ‏ב‎‏־‎ gegenüber ביום und der Wechsel von der determinierten Folge השמים והארץ zu der undeterminierten Reihe ארץ ושמים nahe, V.a und V.b auf zwei verschiedene Verfasser zurückzuführen.[7] Daß V.a und V.b eine literarische Einheit bildeten, da sich die Wortfolge תולד[ו]ת ... ביום auch in Gen 5,1 und Num 3,1 findet,[8] läßt sich mit den angegebenen Stellen nicht beweisen.[9] So unterscheidet sich Gen 2,4 von Gen 5,1 und Num 3,1 vor allem durch den zusätzlichen Infinitiv בהבראם, der sich zwischen den von תולדות abhängigen Genitiv und die Zeitangabe ביום schiebt und der zu עשות ביום eine literarische Dublette bildet. Ebensowenig beweist der chiastische Aufbau des Verses[10] die ursprüngliche literarische Einheit.[11] Ein kunstvoller Wechsel einzelner Versteile kann auch redaktionell entstanden sein. Da die beiden Vershälften stilistisch nicht vollständig harmo-

---

3   Vgl. Ziegler, Schöpfung, 13.50; im Anschluß daran Otmar, Neue Versuche (1796), 294.303, und Ilgen, Urkunden (1798), 4.15.351ff.426; siehe dazu auch den forschungsgeschichtlichen Abriß bei Stordalen, Genesis 2,4, 163ff.
4   Vgl. Rendtorff, L'histoire, 89; Blum, Studien, 302; s.o.S.24ff.
5   So zuletzt wieder in Erneuerung der alten Ergänzungshypothese (vgl. Tuch, 49) Otto, Paradieserzählung, 187; s.o.S.29f.
6   Gegen BHK[3] und BHS kann MT beibehalten werden und braucht angesichts des von einigen Mss gebotenen ה-*minusculum* (vgl. dazu König, 194 Anm.1) nicht in die aktivische Wendung בבראם אלהים geändert zu werden (Gen 5,2; Ez 28,13.15).
7   Vgl. dazu ausführlich die syntaktische Analyse von Floß, Textanalyse, 79ff. Der reine terminologische Wechsel von ברא zu עשה ist allerdings noch kein Hinweis auf eine literarkritische Schichtung (vgl. dazu den Wechsel von ברא und עשה in 1,1/7; 1,16/21; 1,25/27; 2,3).
8   Gen 5,1: זה ספר תולדת אדם ביום ברא אלהים אדם בדמות אלהים עשה אתו
    Num 3,1: ואלה תולדת אהרן ומשה ביום דבר יהוה את־משה בהר סיני
9   Gegen Stordalen, Genesis 2,4, 169ff., der die stilistischen und syntaktischen Unterschiede zwischen Gen 2,4; 5,1 und Num 3,1 nivelliert.
10 Die Wortfolgen בהבראם ביום und ארץ אלהים bieten jeweils eine Alliteration, die "Schöpfungsgrößen" (ה)ארץ/(ה)שמים) und die "Schöpfungsverben" עשה/ברא stehen jeweils im Chiasmus, beide Versteile verfügen über dieselbe Anzahl von Konsonanten.
11 Gegen Wenham, I, 46; Stordalen, Genesis 2,4, 174f.

2.1. Endredaktionelle Brücken in Gen 1,1-11,26

nieren, ist es unwahrscheinlich, daß nur ein Halbvers quellenhaft, der andere hingegen redaktionell ist. Bei einer redaktionellen Ergänzung *eines* primären Versteils[12] dürfte zumindest ein Gleichgewicht hinsichtlich der Determination der Schöpfungsgrößen [ה]שמים ו[ה]ארץ erwartet werden. Am wahrscheinlichsten bleibt daher die Annahme der klassischen Quellenkritik, daß V.a und V.b aus zwei unterschiedlichen Schichten stammen und erst durch eine dritte Hand redaktionell zusammengestellt wurden. Fraglich sind dann nur noch die ursprüngliche Gestalt, Position und Funktion der Versteile.

Aufgrund der Verwendung von ברא kann V.4a auf die Schicht zurückgeführt werden, auf die der erste Schöpfungsbericht und die Adamtoledot in 5,1ff. zurückgehen (vgl. 1,1.21.27; 2,3; 5,1-2). Da sich die Formel [ו]אלה ת[ו]לד[ו]ת stets nur als Überschrift findet (vgl. [5,1]; 6,9; 10,1; 11,10.27; 25,12.19; 36,1.9; 37,2; Num 3,1; Ruth 4,18; I Chr 1,29) und der erste Schöpfungsbericht ein mit 1,1 korrespondierendes Summarium bereits in 2,3 besitzt, ist es unwahrscheinlich, daß V.4a eine ursprüngliche "Unterschrift" zu 1,1-2,3 bildet.[13] Die Wendung אלה תולדות השמים והארץ בהבראם dürfte vielmehr ursprünglich vor 1,1 gestanden haben und ähnlich wie 5,1a eine vom folgenden abgesetzte "Überschrift" gebildet haben. Diese wurde erst redaktionell an ihren jetzigen Ort versetzt, um einerseits zum zweiten Schöpfungsbericht überzuleiten, andererseits den ersten Schöpfungsbericht programmatisch mit den Worten בראשית ברא אלהים beginnen zu lassen.[14]

Ebenso kann V.4b ausweislich der altorientalischen Parallelen zur Eröffnung eines Schöpfungstextes mit einem der Wendung ביום entsprechenden Begriff (vgl. sumer. u_4, akkad. *ūmu* "Tag") als eine eigenständige Einleitung angesehen werden,[15] die syntaktisch nicht von V.a abhängig ist.[16] Dabei ist es,

---

[12] So im Blick auf V.a (R): Steuernagel, Lehrbuch, 271; König, 194; Heinisch, 103; Vermeylen, Création, 90; Seebass, I, 90; im Blick auf V.b (R): W. H. Schmidt, Schöpfungsgeschichte, 196 Anm.1; Dockx, Paradis, 131; Levin, Jahwist, 89.

[13] Gegen Zenger, Gottes Bogen, 143f.; Weimar, Struktur, 89; Ruppert, I, 102; Pola, Priesterschrift, 82 Anm.134; s.u.S.114f.

[14] So mit Ilgen, Urkunden, 4; Schrader, Urgeschichte, 40ff.; Knobel, Numeri, 512; Dillmann, 39; Gunkel, 101; Budde, Paradiesesgeschichte, 5; Kaiser, Ebenbild, 99; Blenkinsopp, Pentateuch, 71.

[15] Vgl. exemplarisch (1.) den Anfang des Enuma Elisch I,1ff. (in: TUAT II, 569) (2.) den Beginn der bei Pettinato, Menschenbild, 69ff., aufgeführten Schöpfungstexte "Enki und Ninmaḫ" (69, Z.6ff.); "KAR 4" (74, Z.1ff.; in: TUAT II, 606ff.); "Mutterschaf und Ašnan" (86, Z.1f.); "Lugal-e VIII" (91, Z.5), (3.) die Eröffnung des sumer. Epos "Gilgamesch, Enkidu und die Unterwelt" (bei Beyerlin, RTAT, 100f.), (4.) die Einleitung der babylon. "Beschwörung 'Zahnwurm' " (bei Beyerlin, RTAT, 103f.), (5.) die babylon. Kosmologie des *kalu*-Priesters (in: TUAT II, 604f.) Siehe dazu auch H.-P. Müller, Mythische Elemente, 11; Steck, Paradieserzählung, 28 Anm.33; Kutsch, Paradieserzählung, 285; Dohmen, Schöpfung, 41ff.; Wallace, Eden, 66ff.; Seebass, I, 100.

[16] So mit Floß, Textanalyse, 108ff., gegen Tengström, Toledotformel, 54f.; Stordalen, Genesis 2,4, 176; Otto, Paradieserzählung, 187. Auch das Fehlen der Artikel kann die

entgegen der zumeist vertretenen Auflösung von V.4b als einem temporalen Vordersatz zu dem nach der Parenthese in V.5-6 erst in V.7 folgenden Hauptsatz, möglich, die Wortfolge ביום עשות יהוה אלהים ארץ ושמים als Aposiopese bzw. als temporalen Nebensatz, dessen Hauptsatz ("da geschah folgendes") unterdrückt ist, zu verstehen.[17] Die Erwähnung des zweiten Objekts שמים ist weder ein redaktioneller Ausgleich mit dem ersten Schöpfungsbericht[18] noch ein Hinweis auf eine literarische Abhängigkeit von 1,1-2,3.[19] Der Begriff שמים ist vielmehr ein fester Bestandteil des schöpfungstheologischen Wortpaares ארץ ושמים,[20] das hier formelhaft als "Überschrift" für die Paradieserzählung, nicht als direkte Einleitung eines Berichts über die Erschaffung von Erde und Himmel fungiert.

Im Gegensatz zu V.4a wurde V.4b zwar nicht redaktionell umgestellt, wohl aber in seiner kompositionellen Funktion modifiziert. So bilden im jetzigen Kontext V.4a und V.4b eine doppelte Überleitung, die von dem kosmologisch geprägten Schöpfungsbericht in 1,1-2,3 zu der anthropologisch orientierten Schöpfungs- und Sündenfallerzählung in 2,5-3,24 hinführt. Durch 2,4 wird die "jahwistische" Paradieserzählung in den "priesterlichen" Schöpfungsbericht eingebettet, indem ביום עשות nun keine selbständige "Überschrift" mehr darstellt, sondern auf eine Konkretion der "Schöpfungsgeschichte des Himmels und der Erde" hinweist. Andererseits unterstreicht der Redaktor durch die Umstellung von V.4a das Gewicht der in 2,3 dargestellten "Schöpfungsruhe", indem er auf den "Ruhetag Gottes" nicht sofort den Exkurs über den "Schöpfungstag" in V.4b folgen läßt, sondern die Toledotformel als eine Atempause einfügt. Schließlich vermeidet der Redaktor durch die Umstellung die stilistisch unschöne direkte Folge von לעשות [ביום] בעשות (2,3b.4b).

These unterstützen, daß 2,4b eine ursprünglich selbständige Überschrift war (Hinweis von Kai Süchting [Bayreuth]; vgl. G-K §126i).
[17] Vgl. G-K §167a und dazu Dohmen, Schöpfung, 37ff. (ähnlich auch Frey, 32; Zimmerli, I, 111; Floß, Textanalyse, 110); siehe dazu bereits Nöldeke, Untersuchungen, 8; Wellhausen, Prolegomena, 298; Kautzsch u. Socin, Genesis, 3, die allerdings eine redaktionelle Textkürzung vor V.4b annehmen.
[18] So aber Weimar, Pentateuch 114; Zenger, Urgeschichte, 48 Anm.48, und Vermeylen, Création, 91 (vgl. bereits die Paraphrase bei Wellhausen, Prolegomena, 298). Wenn שמים tatsächlich erst von R[Pt] ergänzt worden wäre, um V.4b an V.4a anzupassen, hätte auch eine Ergänzung der Artikel in V.b nahegelegen, um eine vollständige Kongruenz der Versteile zu erreichen. Streng genommen, erzählt 2,5ff. auch nicht von der Erschaffung, sondern von der Bepflanzung, Bewässerung und Bearbeitung der Erde.
[19] So zuletzt wieder Levin, Jahwist, 89; Otto, Paradieserzählung, 187f.
[20] Vgl. Ps 148,13 sowie Jes 40,22; 45,12; 48,13; Jer 10,11f.; 51,15; Ps 8,2; 85,12; 102,26; Hi 9,6.8; 28,24; Prov 3,19; 8,26f.

2.1.1.2. Der "Doppelname" Jahwe Elohim

Grammatikalisch handelt es sich bei der im Pentateuch nur in Gen 2,4-3,24 und Ex 9,30 vorkommenden Gottesbezeichnung יהוה אלהים um eine Appositionsverbindung, die am besten mit "Jahwe Elohim" oder "Jahwe, der (wahre) Gott" übersetzt wird.[21] Gegen die Auflösung als Konstruktusverbindung[22] sprechen neben der Wiedergabe in den Versiones[23] die Beobachtungen, daß יהוה ein Eigenname ist, ein solcher aber nie als ein *nomen regens* fungieren kann, und daß אלהים hier nicht pluralisch, sondern wie in Gen 1,1-2,3 als determinierter Eigenname gebraucht ist.[24]

Literarkritisch liegt bei der Doppelbezeichnung יהוה אלהים eine redaktionelle Bildung vor, um den "priesterlichen" Schöpfungsbericht, der die Gottesbezeichnung אלהים gebrauchte, mit der "jahwistischen" Paradieserzählung, die in den narrativen Teilen ausschließlich den Gottesnamen יהוה verwendet, zu verbinden.[25] Dabei hat diese *eine* redaktionelle Hand, die konsequent in 2,4b-3,24 אלהים zu יהוה ergänzte, Rücksicht darauf genommen, daß ihre Vorlage im Gespräch zwischen der Schlange und der Frau bewußt den Eigennamen Gottes vermied und nur die Gottesbezeichnung אלהים gebrauchte.[26] Die Beschränkung dieses redaktionellen Verfahrens auf Gen 2,4b-3,24 spricht nicht gegen eine solche Erklärung: Sie zeigt vielmehr, daß der Redaktor durch den Zusatz von אלהים zu יהוה nicht nur formal den Schöpfergott aus 1,1-

---

[21] So mit Gesenius, Thesaurus, 96a und 580a ("Jova Deus"); HALAT II, 378b; Ges¹⁷, 291a; König, 195ff.; W. H. Schmidt, אלהים, 164.

[22] So G. L. Bauer, Mythologie, I, 91 (zitiert bei Gesenius, Thesaurus, 580a); A. Jirku ([zitiert bei König, 196f.] aus einem ursprünglichen יהוה אלהי אלהים sei die Kurzform יהוה אלהים "Jahwe der himmlischen Wesen" entstanden); Murtonen, Divine Names, 67-74 (ursprünglich habe der Name אלהים יהוה אל ["El, der Herr der Götter"] gelautet), und zuletzt Richter, Urgeschichte, 41 Anm.9.

[23] G: κύριος ὁ θεός; VL und Vg: *dominus deus*; Sy: mry' 'lh'; Tg⁰ יוי אלהים.

[24] Vgl. G-K §125c, sowie ausführlich Floß, Textanalyse, 94; anders z.B. Brockelmann, Syntax, §71b (im Blick auf יהוה צבאות "Jahwe der Heerscharen").

[25] So mit Ewald, in: ThStKr IV, 605; ders., Geschichte, 167; Schrader, Urgeschichte, 56f.; Böhmer, Thora, 124f.; König, 195; Stärk, Literarkritik, 45f.; Heinisch, 112; Steck, Paradieserzählung 28f.; Westermann, I, 270; Kutsch, Paradieserzählung, 277; Tengström, Toledotformel, 54 (ab Gen 2,5ff.); Dockx, Paradis, 142ff.; Ruppert, I, 113; Blenkinsopp, Pentateuch, 71; Stordalen, Genesis 2,4, 176.

[26] Eine Parallele zur Beschränkung dieser Verwendung des Jahwenamens auf erzählende Abschnitte bietet die ursprüngliche Hiobdichtung (c.3,1-42,6*), die lediglich in den Redeüberschriften das Tetragramm verwendet, während sie in den Reden die Gottesbezeichnungen אלהים, אלוה, אל oder שׁדי gebraucht. In Hi 12,9 handelt es sich um eine spätere Ergänzung; vgl. dazu Witte, Leiden, 151ff. Die Parallele zur Verwendung der Gottesnamen in der Hiobdichtung spricht dann auch gegen die Hypothese von Steck, Paradieserzählung, 29, der Redaktor habe in 3,1-5 das ursprüngliche יהוה im Blick auf 4,25-26 durch אלהים ersetzt.

58   2. Redaktionsgeschichtliche Analyse

2,3 mit dem Gott aus 2,4b-3,24 identifiziert,[27] sondern auch inhaltlich der
Schöpfungs- und Paradieserzählung ein besonderes theologisches Gewicht
verleiht. Der Gott der Paradieserzählung wird durch diese Doppelbezeichnung
ausdrücklich hervorgehoben; die Situation des Menschen im Paradies wird als
eine ganz besondere verdeutlicht. Der Nachweis, daß die Wendung יהוה
אלהים mindestens in II Sam 7,22(*v.l.*).25; I Chr 17,16f.; 28,20; 29,1; II Chr
1,9; 6,41f. und 26,18 eine ursprüngliche Gottesbezeichnung darstellt, spricht
ebenfalls nicht gegen die Annahme, daß der "Doppelname" in Gen 2,4b-3,24
redaktionell gebildet ist. So findet sich nämlich in Jon 4,6, dem einzigen Beleg
neben Gen 2-3 für eine Verwendung von יהוה אלהים in einem erzählenden
Abschnitt,[28] eine direkte Analogie, insofern hier zu einem quellenhaft vorgegebenen אלהים redaktionell das Tetragramm ergänzt ist. Dadurch wird ein
Ausgleich zwischen den Abschnitten in Jon 4, die (ה)אלהים verwenden (V.7-
9), und denen, die יהוה (V.1-4.10) gebrauchen, geschaffen und die Identität
des Schöpfergottes יהוה gesichert.[29] Die redaktionelle Erklärung der Entstehung des "Doppelnamens" in Gen 2,4-3,24 und die Deutung dieser Bezeichnung als einer programmatischen Betonung der Souveränität und Majestät
Gottes im Gegenüber zur Niedrigkeit des Menschen, wie sie sich vor allem
aus dem Gebrauch von יהוה אלהים in der Chronik ergibt, schließen sich
nicht aus. Vielmehr läßt sich aus dem Rückgriff des Redaktors von Gen 2,4
auf eine zu einer bestimmten Zeit offenbar gebräuchliche Gottesbezeichnung
dessen möglicher religions- und theologiegeschichtlicher Standort bestimmen.[30]

Gegen die von der Forschung gelegentlich vorgetragene *quellenkritische
Lösung*, יהוה אלהים sei durch eine vorendredaktionelle Kompilation einer

---

[27] In G läßt sich eine solche Adaption dann über c.2-3 hinaus in der gesamten Urgeschichte zeigen (vgl. κύριος ὁ θεός in Gen 2,4 [G^A]; 2,8.15f.18.22; 3,1.8f.13f.21;
4,6.13.15.26; 6,3.5.8.12.21; 7,5.16; 8,15.21; 9,12; 10,9; 11,9b); s.u.S.288ff.

[28] Alle weiteren Belege für יהוה אלהים begegnen in einem doxologischen und konfessorischen Kontext in wörtlicher Rede bzw. im Munde eines Beters (vgl. II Sam
7,22[*v.l.*].25; I Chr. 17,16f.; 28,20; 29,1; II Chr 1,9; 6,41f.; 26,18 bzw. Ps 59,6;
80,5.20; 84,9.12), siehe dazu ausführlich S.232ff.

[29] So mit L. Schmidt, De Deo, 107. Diese Annahme ist plausibler als die intentional verwandte These von Rudolph, Jona, 367, ein Glossator habe in Jon 4,7-10 יהוה durch
אלהים ersetzt und in 4,6 אלהים ergänzt, um die Identität des Gottes aus c.1 mit dem
aus c.2 zu sichern. G hat diese Harmonisierung zwischen den אלהים-Abschnitten und
den יהוה-Passagen noch weiter ausgeführt, indem er im gesamten Abschnitt Jon 4,7-10
ein dem יהוה אלהים entsprechendes κύριος ὁ θεός bietet. Daß יהוה אלהים in Jon
4,6 eine überleitende Funktion von den אלהים-Abschnitten zu der יהוה-Schlußpassage
hat, betonten zu Recht Kautzsch u. Bertholet, in: HSATK II, 52, und Wolff, Jona, 143,
wenngleich sie die Bildung des Doppelnamens auf den Verfasser des als literarisch einheitlich angesehenen Jonabuchs zurückführten.

[30] S.u.S.287ff.

2.1. Endredaktionelle Brücken in Gen 1,1-11,26

"Jahwequelle" und einer "Elohimquelle" entstanden, sei es durch J selbst,[31] sei es durch JE,[32] spricht, daß sich aus 2,4b-3,24* keine zwei ursprünglich selbständigen Sündenfallerzählungen oder -rezensionen erheben lassen. Die vorliegenden Spannungen sind vielmehr redaktionskritisch durch die Annahme redaktioneller Bearbeitungen zu erklären.[33] Ebenso ist die *textgeschichtliche* Annahme, erst spätere Schreiber hätten aus liturgischen Gründen אלהים als Leseanweisung für das in spätalttestamentlicher Zeit nicht mehr auszusprechende Tetragramm ergänzt,[34] unwahrscheinlich: (1.) findet sich ein solches Verfahren jenseits von Gen 3,24 in MT nicht mehr, obgleich auch dort dann eine Ersatzlesung für יהוה nahegelegen hätte. (2.) ist unerklärlich, warum der korrigierte Name יהוה neben der Korrektur אלהים beibehalten wurde. (3.) ist ein solches liturgisches Verfahren selbst für die zwischentestamentliche Zeit noch nicht nachweisbar.[35]

Die zahlreichen Querverweise von c.2-3* zu den "jahwistischen" Texten in 4,1-26; 6,5-8; 8,20-21, an denen jeweils nur יהוה verwendet wird, sprechen dann auch gegen die Annahme, die Doppelbezeichnung sei ursprünglich und stamme von einem unbekannten Verfasser, dessen Hand sich nur in der

---

[31] Vgl. Budde, Urgeschichte, 233f.; ders., Paradiesesgeschichte, 82f.; Gunkel, 5; Procksch, 18f.29f. (nur in 2,15.18.21.22; 3,10[*v.l.*].13.14.21.22.23]; Skinner, 53f., Scharbert, Paradieserzählung, 45.

[32] Vgl. Mowinckel, Sources, 51; Hölscher, Geschichtsschreibung, 30; Fuß, Paradieserzählung, 97. Ebenfalls auf JE führte Weimar, Pentateuch, 114, die Doppelbezeichnung zurück, wobei er allerdings anders als Mowinckel, Hölscher und Fuß nicht mit einem quellenhaften "elohistischen" Anteil in Gen 2-3 rechnete, sondern אלהים als redaktionelle Ergänzung seitens JE zu der allein quellenhaften יהוה-Erzählung ansah.

[33] S.u.S.151.158ff.

[34] So Klostermann, Pentateuch (1893), 36f.; Fd. Delitzsch, Schreibfehler, nr.58c. Umgekehrt nahm G. Hoberg (zitiert bei Dahse, Materialien, 22) an, ursprünglich habe in Gen 2,4-3,24 nur אלהים gestanden und יהוה sei liturgisch ergänzt worden. Eine zweimalige liturgisch bedingte Redaktion postulierte dann Dahse, Materialien, 13ff., wobei er den Wechsel der Gottesnamen als ein Kriterium der Quellenscheidung (und damit verbunden die gesamte Quellenhypothese) zu widerlegen versuchte. Nachdem in den althebräischen Texten יהוה und אלהים variabel gebraucht worden seien, habe zunächst eine "elohistische" Redaktion (d.h. die systematische Ersetzung des Tetragramms durch אלהים) stattgefunden, sodann eine "jahwistische" (d.h. der Austausch von אלהים durch יהוה). Die ursprüngliche Lesart der Gottesnamen biete nicht MT, sondern G bzw. dessen Vorlage (a.a.O., 51f.); in Gen 2,4-3,24 sei אלהים ursprünglich (a.a.O., 98). Zu einer liturgiegeschichtlichen Erklärung in neuerer Zeit vgl. Vriezen, Theologie, 168, und ausführlicher Renckens, Urgeschichte, 115-117.

[35] Die seit dem 2. Jh. v. Chr. in den Qumrantexten belegte Praxis, das Tetragramm nicht mehr zu verwenden, belegt nur, daß entweder anstelle des Jahwenamens andere Gottesbezeichnungen (אל, אלוה, אלהים, עליון oder אדני) gebraucht werden, oder daß eine andere Lesart *über*, nie neben der jeweiligen Gottesbezeichnung steht; vgl. dazu Stegemann, Gottesbezeichnungen, 200ff.

"jahwistischen" Schöpfungs- und Paradieserzählung zeige.³⁶ Daß der "jahwistische" Verfasser³⁷ von 2,4b-3,24 bewußt יהוה אלהים im Prolog seiner "monolatrischen Programmschrift" gebildet habe, wie dies zuletzt C. Dohmen vertrat,³⁸ ist angesichts der von ihm selbst aufgewiesenen literarischen Uneinheitlichkeit von c.2-3 kaum überzeugend, da sich dann sämtliche "nachjahwistischen" Redaktoren dieser Gottesbezeichnung bedient hätten.³⁹ Der Nachweis, daß יהוה אלהים eine von J geprägte Wendung sei, die nacheinander JE und R^{Pt} verwendet hätten, gelingt C. Dohmen nicht.⁴⁰

Zusammenfassend läßt sich sagen, daß in Gen 2,4 eine redaktionelle Hand sichtbar wird, die mittels der Umstellung von V.4a und dem Zusatz von אלהים in 2,4b.7-9.15f.18f.21f.; 3,8f.13.21.22f. eine vorgegebene "priesterli-

---

36 Vgl. dazu einerseits die von der älteren Forschung versuchte Rückführung von Gen 2,4-3,24 auf eine von J zu unterscheidende Sonderquelle bei Eichhorn, Einleitung, III, 40.107.134; Reuss, Geschichte, 273; andererseits die Rückführung auf den *einen* Verfasser der Genesis bei Jacob, 76ff.; Cassuto, I, 86ff.
37 So Tuch, 51; Knobel, 23f.; Delitzsch, 73f.; Haag, Anfang, 11ff.; L'Hour, Yahwe, 552ff.; Wenham, I, 57; Dohmen, Schöpfung, 228ff.; Hamilton, 153; Fritz, Jahwe, 115; Seebass, I, 104. Mit einer Verankerung der Doppelbezeichnung bereits in der von J verarbeiteten Vorlage rechnete Vermeylen, Commencement, 57 (zu Gen 2,5.22). Levin, Jahwist, 82f., modifizierte die Rückführung des Doppelnamens auf J dahingehend, daß er annahm, J habe zu dem אלהים seiner Vorlage יהוה ergänzt und dann aus Einheitsgründen in den selbstgebildeten Stücken יהוה אלהים geschrieben.
38 Vgl. Dohmen, Schöpfung, 233, im Anschluß an Hossfeld, Pentateuch, 18.
39 Diese Überlegung spricht auch gegen die von Levin, Jahwist, 82f. vorgetragene literarkritische Verteilung von יהוה אלהים auf drei Hände, von J (im Grundbestand von Gen 2-3*), von R^{Pt} (in 2,4b) und von R^S (in 3,14.22).
40 Nachdem bereits Ilgen, Urkunden, 464f., sechs mehr oder weniger plausible Erklärungsmodelle zur literargeschichtlichen Entstehung von יהוה אלהים in Gen 2,4-3,24 zusammenstellen konnte, hat sich deren Zahl bis zur Gegenwart weiter vermehrt. Die einzelnen Versuche brauchen hier aber nicht mehr im einzelnen diskutiert zu werden, sondern sollen lediglich mitgeteilt werden:
a) Ilgen selbst tendierte zu einer Rezensionshypothese, derzufolge eine Ausgabe von Gen 2,4-3,24 die Gottesbezeichnung יהוה verwendet habe, die andere אלהים (a.a.O., 466), vgl. auch H. A. Redpath [1904] (zitiert bei Dahse, Materialien, 28).
b) Eine Modifikation der quellenkritischen Erklärung bot Eißfeldt, Hexateuchsynopse, 254*, wonach die Doppelbezeichnung auf den Redaktor zurückgehe, der die Schöpfungserzählung von L mit der Gottesbezeichnung יהוה mit der Schöpfungserzählung von J, der bis 4,26 lediglich von אלהים sprach, kompiliert habe.
c) Eine weitere Spielart der "Redaktionshypothese" lieferte Procksch, 18f., für die Verse 2,4.5.8.19; 3,1.8.9: R^{Pt} habe יהוה ergänzt.
d) Nach TurSinai, JHWH, 94-99; Speiser, 15ff., handelt es sich bei אלהים um eine mesopotamischer Sitte entsprechende Ergänzung eines Determinativums zu einem Eigennamen analog der akkad. Gottesbezeichnungen *ilu šamas*. Aufgrund der mechanischen Abschreibepraxis der hebr. Tradenten sei aus der ursprünglich keilschriftlich (in linksläufiger Buchstabenfolge) abgefaßten Paradieserzählung die Reihenfolge von Determinativum und Gottesnamen umgekehrt worden (TurSinai).

che" und "jahwistische" Schöpfungserzählung verbunden hat. Kompositionell dient 2,4a in der Verknüpfung mit 2,4b als Überleitung von dem kosmologisch orientierten "priesterlichen" Schöpfungsbericht zur anthropologisch und hamartiologisch ausgerichteten "jahwistischen" Paradieserzählung. An der Art und Weise, wie dieser Redaktor in 2,4 gearbeitet hat, lassen sich erste Beobachtungen für die Beurteilung einer redaktionellen Konzeption gewinnen:

1.) stellt der Redaktor seine Vorlagen nicht kommentarlos nebeneinander, sondern bemüht sich um einen literarisch und inhaltlich glatten Übergang.

2.) schafft er durch seine Eingriffe eine auch stilistisch durchdachte, neue theologische Akzente setzende Komposition. So erscheint die "jahwistische" Schöpfungserzählung jetzt auch mittels des Gottesnamens Jahwe Elohim als ein Exkurs zur "Entstehungsgeschichte von Himmel und Erde".

2.1.2. Sets Geburt und Enoschs Jahwedienst (4,25-26)

Gen 4,25-26 fällt in mehrfacher Hinsicht aus seinem unmittelbaren Kontext heraus. Von den Geburtsnotizen der Söhne des אדם in 4,1-2 unterscheidet sich V.25 (1.) durch den Gebrauch von אדם als Eigenname,[41] (2.) durch den Verzicht auf die Nennung des Namens der Frau Adams,[42] (3.) durch die Auslassung der Wendung ותהר,[43] (4.) durch die Einleitung der Benennung des Neugeborenen mittels der Formel ותקרא את־שמו gegenüber einfachem ותאמר (4,1b)[44] und (5.) durch eine zweifach begründete Erklärung des Namens des Kindes. Eine zentrale theologische Differenz zwischen den Geburtsnotizen in 4,1.25 besteht in der Charakteristik der Eva, die die Geburt des Mannes (איש) Kain selbstbewußt als einen eigenständigen Schöpfungsakt unter der Mithilfe Jahwes bezeichnet (קניתי את־יהוה), während sie die Geburt des Sohnes (בן) Set demütig als Geschenk Gottes (שת־לי אלהים) ansieht.

Über das Adverb עוד, die Bezeichnung Sets als זרע אחר sowie den Rückgriff auf die Brudermorderzählung in 4,25bβγ erscheint V.25 als ein Nachtrag zu 4,1-16, dessen organische Position eher vor als nach der Kainitentafel liegt. Im Blick auf die Adamtoledot in 5,1ff. hingegen wirkt 4,25-26 als eine partielle, wenn auch durch zusätzliche Notizen angereicherte Vor-

---

[41] MT wird durch die Versiones gestützt, so daß gegen BHS *textkritisch* kein Anlaß vorliegt, האדם zu lesen (vgl. Lescow, Geburtsberichte, 485).

[42] Ms^{K75}, G und Sy bieten zusätzlich in Anpassung an 4,1 den Namen חוה.

[43] Ms^{K18} (ותהר), G (συλλαβοῦσα) und Sy (*wbtnt*) gleichen sekundär an 4,1 an. Zu den Änderungen, die G gegenüber MT vornimmt, vgl. auch Rösel, Übersetzung, 118f.

[44] Gegenüber der kausativen Bedeutung von כי in der als Erzählerkommentar formulierten Benennungsnotiz in 3,20b, besitzt כי in der wörtlichen Rede der Frau in 4,25b eine asservative Färbung.

wegnahme von 5,3 bzw. 5,6. In der gegenwärtigen Forschung finden sich zur Erklärung dieser Besonderheiten im wesentlichen drei Vorschläge:

1.) 4,25-26 stamme von derselben Hand wie 4,1-16.17-24, gehe aber auf eine andere Tradition zurück.[45] Hiergegen sprechen die begrifflichen und stilistischen Unterschiede gegenüber 4,1f., die hinter 4,17-24 als schlecht plazierter Nachtrag zu 4,16 erscheinende Position und der nach dem mit 4,24 erreichten Abschluß der Brudermorderzählung (vgl. 4,15 *par.* 4,24) unmotiviert wirkende Neubeginn.

2.) 4,25-26 sei eine (mehrschichtige) "jahwistische", aber vorendredaktionelle Ergänzung, die im Zusammenhang mit der sekundären Erzählung in 4,1-16 bzw. deren späterer Erweiterung stehe.[46] Auch diesem Vorschlag steht die Position von 4,25-26 nach 4,17-24 entgegen.[47]

3.) 4,25-26 gingen auf eine Hand zurück, die 4,1-24* mit 5,1-32* verband, wobei sowohl eine lediglich redaktionell bedingte Umstellung einer ursprünglich vor 4,1 stehenden Passage angenommen wird[48] als auch eine reine redaktionelle Bildung.[49] Für die Annahme, 4,25-26 sei ein endredaktioneller Zusatz, spricht vor allem die Position der Verse zwischen 4,24 und 5,1. Wie bereits P. Buttmann (1811) festgestellt hat, handelt es sich bei der Kainitentafel in 4,17a.18 im Kern um dieselbe Genealogie wie bei der Adamtoledot in 5,1ff.[50]

---

[45] Vgl. Fz. Delitzsch, 132; Dillmann, 90; von Rad, 82f.; Westermann, I, 442.458ff.; J. M. Miller, Descendents, 164ff.; von Löwenclau, Erweiterung, 178ff.; Ebach, Weltentstehung, 324f.; Waschke, Menschenbild, 111-113; Van Seters, Prologue, 142f. (Eigenbildung von J); Levin, Jahwist, 93ff. (Eigenbildung von J unter Rückgriff auf den quellenhaften V.25); Wenham, I, 97; Ruppert, I, 232ff.; Willi, Schlußsequenzen, 432f.; Seebass, I, 175.

[46] Vgl. Wellhausen, Composition, 14; Budde, Urgeschichte, 153-182.183-209 (4,25a.bα.26 als Teil der Setitentafel von J2, die durch J3 bei der Einfügung von 4,1-16* um V.25bβ erweitert und bei der Endredaktion gekürzt wurde); Gunkel, 54f. (Je); Holzinger, 58 (J2); Eißfeldt, Hexateuchsynopse, 6*; Procksch, 56ff.; Hölscher, Geschichtsschreibung, 274; Weimar, Pentateuch, 136 (nur V.26b [JE]); Vermeylen, Caïn, 183ff. (dtr.); Lescow, Geburtsberichte, 485f. ("vorjahwistisch": V.25aα[lies: האדם].β.γ*[nur ותקרא].b*[ohne אחר]; Jetztgestalt von V.25 durch J). Auf der Basis einer Quellenscheidung führten Mowinckel, Sources, 15ff.66ff., und Hölscher, Geschichtsschreibung, 274, Gen 4,25-26* als Parallele zu 4,17-24 [J] auf E zurück.

[47] Zur Frage der vorendredaktionellen literarischen Herkunft und Schichtung von Gen 4,1-24 s.u. S.151ff.

[48] Vgl. König, 305f.; Wallace, Toledot, 22 (ohne Angabe der ursprünglichen Position).

[49] Vgl. bereits die Überlegungen bei Vater, Pentateuch, I, 39, sodann ausdrücklich Böhmer, Thora, 139; Schrader, Urgeschichte, 132; Nöldeke, Untersuchungen, 10 Anm.2; (Pfeiffer, Introduction, 289: endredaktionell bearbeitet); Noth, Pentateuch, 12 Anm.26; Steck, Urgeschichte, 531 Anm.21; Kessler, Querverweise, 50; Weimar, Pentateuch, 136 (V.25-26a); Coats, 68f.; Scharbert, 74; Dockx, Paradis, 12f.; vgl. auch Thompson, Origin, 73.

[50] Vgl. Buttmann, Mythologus, I, 171. Zum Versuch Gen 4,17-22.25-26 und Gen 5,1ff. als gemeinsame Derivate einer Grundgenealogie, die der Hammurabi-Genealogie bzw. der assyrischen Königsliste vergleichbar sei, zu betrachten, vgl. J. M. Miller, Descendents, 172.

2.1. Endredaktionelle Brücken in Gen 1,1-11,26

So entsprechen einander 4,17a/5,9 (קין/קינן), 4,18/5,18 (חנוך), 4,18/5,15 (ירד/עירד), 4,18/5,13 (מהללאל/מחייאל), 4,18/5,21 (מתושלח/מתושאל) und 4,18/5,25 (למך). Diese Parallelität sowie die Verbindung von (ה)אדם und קין in 4,1 sprechen dafür, in 4,17-24 einen dem Redaktor vorgegeben Textzusammenhang zu sehen. 4,25-26 sind nicht der Rest einer "jahwistischen Setitentafel",[51] sondern eine Bildung des Redaktors, der dabei auf die Namen aus Gen 5,3-6 zurückgriff.

Durch die Einfügung von 4,25-26 hat der Redaktor 4,1 und die "jahwistische" Kainitentafel mit der "priesterlichen" Adamtoledot genealogisch harmonisiert. Set erscheint wie in 5,3 als Sohn Adams, Enosch wie in 5,6 als Sohn Sets. Mit der Wiederaufnahme der Figur Adams in 4,25 hat der Redaktor zugleich den Einbau der "priesterlichen" Adamtoledot in 5,1ff. vorbereitet. Dabei hat der Redaktor nicht nur eine einfache Brücke von der "jahwistischen" zur "priesterlichen" Schicht gebildet, sondern auch einen in sich abgerundeten, stilistisch hervorgehobenen und theologisch akzentuierten Kleintext.[52] Die Benennung Sets durch Adams Frau korrespondiert mit der Benennung Kains durch Eva in 4,1 und bildet ein Pendant zur Namensverleihung Sets durch Adam in 5,3.[53] Inhaltlich stellt der Redaktor mit dem etwas schwerfällig wirkenden Versteil 4,25bβγ nicht nur den literarischen Bezug zwischen seinem Einsatz und 4,1-16(17-24) her, sondern betont nochmals die ungeheuerliche Tat Kains an Abel und die Fürsorge Gottes für Adam und seine Frau, der den Ureltern einen Ersatzsohn schenkt. Mit der Bezeichnung Sets als זרע אחר תחת הבל hat der Redaktor einen bewußten Gegensatz zwischen den Kainiten und den Setiten geschaffen, den weder die "jahwistische" Kainitentafel noch die "priesterliche" Adam-Set-Genealogie kannten. In der Wendung "einen *anderen* Samen" läßt sich geradezu eine Schlüsselidee des Redaktors erkennen.[54] Dabei hat der Redaktor in 4,17-18 dann andere Urväter gesehen als in 5,10ff., die nun dezidiert als Repräsentanten einer Heilslinie erscheinen.

Daß es sich bei der redaktionellen Gegenüberstellung der Söhne Adams um eine Differenzierung in *böse* Kainiten und *gerechte* Setiten handelt, unterstreicht der Redaktor einerseits durch die erneute Kennzeichnung Kains als

---

[51] So seit Hupfeld, Quellen, 129.163; Budde, Urgeschichte,153ff., die Mehrzahl der Ausleger und zuletzt wieder Richter, Urgeschichte, 50.56f.; Seebass, I, 172ff.

[52] Auf stilistischer Ebene ist bereits die Einleitung des Verses durch die Paronomasie auf ד und die Alliteration auf א besonders betont (vgl. וידע אדם עוד bzw. את־אשתו). Das etymologisierende Wortspiel zwischen שת und שית ist ebenfalls durch eine Alliteration unterstrichen (vgl. שמו שת [כי] שת). Das doppelte כי in 4,25b kann als eine Imitation von 4,23f. angesehen werden. Zur Etymologie des Namens שת "(von Gott) gesetzt" vgl. Hess, Personal Names, 65f.

[53] Ms^{K176} und SamPt passen an das grammatische Subjekt von 4,25aα an und lesen ויקרא.

[54] So mit Hess, Personal Names, 131f.

Mörder (4,25bγ vgl. 4,8), andererseits durch die Charakterisierung Enoschs und seiner Zeitgenossen als Jahweverehrer (4,26b). Zwar weist V.26 eine komplexe Textgeschichte auf. Es besteht aber kein Anlaß, die Wendung אָז הוּחַל לִקְרֹא בְּשֵׁם יהוה zu ändern, da MT (1.) die *lectio difficilior* darstellt, (2.) die passivische Konstruktion (הוּחַל) sich als Imitation von V.24a (יֻקַּם) und als theologisch bewußte Bildung verstehen läßt[55] und (3.) die Abweichungen der Versiones als inhaltlich und stilistisch bewußte Änderungen wahrscheinlich zu machen sind.[56]

Die Wendung קרא בשם יהוה wird im AT durchgehend in einem positiven Sinn für die Anrufung Jahwes im Gebet und dann im weiteren Sinn für eine kultische Verehrung Jahwes gebraucht.[57] Gegenüber der targumischen Tradition, die in der Zeit Enoschs den Beginn des Götzendienstes sieht,[58] stellt MT (worin ihm G, Vg und Sy folgen) somit Enosch und seine Zeitgenossen als ein Gegenbild zu Kain und seinen Nachfahren dar.[59] Daß der Redaktor die Anrufung des Jahwenamens nicht schon mit Set, sondern erst mit dessen Sohn Enosch beginnen läßt, könnte auf einen bewußten Neueinsatz mit den Nachkommen Sets zurückgehen. Während אדם, der Mensch, einst das Gebot Jahwes übertrat (vgl. 2,16f.; 3,1ff.), wendet sich אנוש, der Mensch, Jahwe im Gebet zu. Während Kain, der Sohn des Menschen, die Entfernung zwischen

---

[55] Vgl. dazu Horst, Notiz, 74.

[56] So weist G mit οὗτος ἤλπισεν nicht auf ein ursprüngliches זֶה הֵחֵל (√ יחל [*Hif.*]) zurück, sondern ist ein bewußter Versuch, Gen 4,26 mit Ex 3,14f. und Ex 6,3 zu harmonisieren (vgl. Sandmel, Genesis 4,26b, 19ff.; Rösel, Übersetzung, 119; Fraade, Enosh, 7ff.). Vg mit *iste coepit* setzt ebenfalls nicht ein ursprüngliches זֶה הֵחֵל voraus, sondern personalisiert den Beginn der Anrufung des Jahwenamens wie Jub 4,12 auf die Figur des Enosch.

[57] Vgl. Gen 12,8; 13,4; 21,33; 26,25; Ex 33,19; 34,5; I Reg 18,24; II Reg 5,11; Joel 3,5; Zeph 3,9; Sach 13,9; Ps 116,4.13.17; vgl. dazu Hölscher, Religion, 75f. ("Das Gebet"[!]); Friedrich, κηρύσσω, 699; Bietenhard, ὄνομα, 259. Die Parallelen zur Formel קרא בשם יהוה zeigen, daß der Ausdruck primär das Gebet, dann die Jahweverehrung überhaupt meint. Der Aspekt der Verkündigung, wie ihn die Übersetzung Martin Luthers mit "predigen" (vgl. auch die Genesisvorlesung, in: WA 42, 241,8f.) und die Auslegung Fz. Delitzschs, 134, mit Blick auf Ps 105,1, in den Vordergrund stellen, schwingt in Gen 4,26 höchstens am Rande mit.

[58] Die Wiedergabe von Gen 4,26b in Tg^O (בכין ביומוהי חלו בני אנשא מלצלאה בשמא דייי) und in Tg^N (בכדין שרו בני אנשא למהוי עבדין להון טעון ומכנין יתהון בשם ממרה דייי) hängt zunächst nicht mit einer Lesart הֵחֵל / חִלֵּל (√ חלל I [*Hif.* / *Pi.*] "entweihen") zusammen, sondern mit der Interpretation der Zeit vor Abraham als einer Zeit des Niedergangs (vgl. BerR 23,6f.; Sandmel, Genesis, 4,26b, 19-29; Fraade, Enosh, 229ff.; von Mutius, Genesis 4,26, 46-48). S.u.S.279f.

[59] Zur Frage, ob 4,26b in einem rein urgeschichtlichen Sinn als Notiz über den allgemeinen Beginn der Gottesverehrung und des Kultus zu verstehen ist, oder ob die Formel קרא בשם יהוה in einem spezifischen Sinn die (legitime) Jahweverehrung meine, und der damit verbundenen Verhältnisbestimmung von Gen 4,26 zu Gen 4,3-5 sowie zu Ex 3,14f. und Ex 6,3 s.u.S.277ff.

Gott und Mensch noch vertieft (3,24; 4,16), versucht Enosch, der neue Mensch, die Gottesferne durch Anrufen des Jahwenamens zu überbrücken.[60] Schließlich sichert die Verfolgung der Nachkommen Adams bis in die Enkelgeneration, redaktionstechnisch gesehen, nachdrücklich die Identität der in 4,25f. und in 5,3ff. genannten Figuren.

Somit kann festgehalten werden, daß 4,25-26 eine redaktionell gestaltete Überleitung von der "jahwistischen" Brudermorderzählung und der bereits vorendredaktionell damit verbundenen Kainitentafel zur "priesterlichen" Adamgenealogie bildet. Wie bei 2,4 zeigt sich, daß die vorgegebene "priesterliche" und "jahwistische" Überlieferung nicht unverbunden nebeneinandergestellt, sondern aufeinander abgestimmt und eigenständig theologisch akzentuiert ist. Als terminologische Besonderheiten dieses Abschnitts, die bei der weiteren Analyse zu beachten sind, finden sich die Verwendung von ילד im *Pual*,[61] der Gebrauch des Jahwenamens (neben der Gottesbezeichnung אלהים) und die Verwendung der Wurzel חלל (*Hif.*) zur Bezeichnung eines erstmaligen Ereignisses.

2.1.3. Die "Kurzerzählung" von den Elohim-Söhnen (6,1-4)

Makrotextlich handelt es sich um einen in sich geschlossenen Abschnitt, der gegenüber der vorangehenden "priesterlichen" Adamgenealogie (5,1-32*) durch die Einleitungsformel ויהי כי (6,1a)[62] und gegenüber dem folgenden "jahwistischen" Flutprolog (6,5-8*) durch die Ätiologie der נפלים (Nephilim, "Riesen")[63] und der גברים (Gibborim, "Helden")[64] (6,4) abgegrenzt wird. Der Abschnitt weist zahlreiche literarische Unebenheiten auf.[65] Dennoch gelingt eine literarkritische Aufteilung in verschiedene Schichten nicht.[66]

---

[60] Vgl. dazu auch Spina, Cain's Rejection, 329.
[61] Vgl. Gen 6,1; 10,21.25; 35,26; 36,5; 41,50; 46,22.27; 50,23.
[62] Vgl. dazu auch Page, Myth, 112.
[63] Die Etymologie von נפלים ist nach wie vor ungeklärt. Ein Zusammenhang mit der Wurzel נפל ist nicht ausgeschlossen, fraglich ist aber, wie נפלים aufzulösen ist:
 a) als passivisches Partizip "die (heldenhaft) Gefallenen" (vgl. Ez 32,27 und dazu Kraeling, Significance, 205; Gese, Lebensbaum, 84; Hess, Nephilim, 1072);
 b) als aktivisches Partizip "die Fallenden", d.h. die feindlich über den Menschen herfallenden (vgl. dazu die Wiedergaben von σ' und α'; Black, Enoch, 154ff.);
 c) als Eigenname (vgl. Westermann, I, 510f.; Black, Enoch, 15).
 d) Im Anschluß an den mittelhebräischen Gebrauch von נפיל "Riese" geben wir unter Vorbehalt נפלים mit "Riesen" wieder. Zur Problematik siehe Perlitt, Riesen, 236ff.
[64] Die Übersetzung von גבור mit "Heros" sollte aufgrund der damit verbundenen religionsgeschichtlichen Implikationen vermieden werden (vgl. Perlitt, Riesen, 206f.239).
[65] Am auffälligsten ist die Position der Jahwerede in V.3, die den Zusammenhang zwischen der "Brautwahl" der בני האלהים und der Geburt der גברים (6,2.4) zu zerreißen scheint. Weiterhin fällt der Wechsel zwischen der plur. Konstruktion von אדם in V.1b

Den Ausgangspunkt für den Nachweis der literarischen Einheit von 6,1-4 können die Verse bzw. die Versteile bilden, in denen von den בנות האדם die Rede ist. So gehören die Notizen über ihre Geburt (V.1b), ihre Besitznahme durch die בני האלהים (V.2) und ihren Verkehr mit diesen (V.4*) eng zusammen. V.1b bedarf aber der Einleitung durch V.1a. Die Zusammengehörigkeit von V.1a mit V.1b wird auch durch den Gebrauch des Leitwortes האדם, hier in der Wendung בנות האדם, in V.2.4 bestätigt. Damit ist es möglich, V.1 als Exposition der in V.1-4* vorliegenden "Erzählung" zu verstehen: Die Menschheit beginnt, sich auf dem Erdboden auszubreiten. Verbunden mit dieser Ausbreitung ist ein besonderes Ereignis, bei dem die Menschentöchter eine entscheidende Rolle spielen. V.2, syntaktisch der Hauptsatz zu dem temporal aufzulösenden Vordersatz in V.1, führt in die eigentliche Handlung ein. Diese besteht aus dem Zweischritt, daß die Elohim-Söhne die Menschentöchter sehen und sich aus ihnen Frauen auswählen. V.3 berichtet von einer unmittelbaren Reaktion Jahwes auf dieses Geschehen.

Der Vers enthält zahlreiche sprachliche Probleme: ידון, von G mit καταμείνῃ übersetzt,[67] von σ' mit κρινεῖ wiedergegeben, könnte von einer im Hebräischen sonst nicht belegten Wurzel דנן/דון "herrschen/walten" abgeleitet werden.[68] Wahrscheinlicher ist aller-

---

(vgl. להם) und der sing. in V.3 (vgl. הוא) auf. Schließlich erscheint V.4 als eine lose Zusammenstellung ursprünglich getrennter ätiologischer Notizen: Die im Nominalsatz konstruierte Notiz הנפלים היו בארץ בימים ההם sieht zunächst aus wie eine lose angefügte Zeitangabe. וגם אחרי־כן ist eine schwerfällige Partikelkombination, wodurch V.4aα2 V.4aα1 untergeordnet ist. Die Identifikation der גברים mit den אנשי השם sieht aus wie eine sekundäre Ergänzung. Schließlich überrascht der scheinbar unterschiedliche Gebrauch von ע[ו]לם in V.3 im Sinn von "für immer" gegenüber V.4 im Sinn von "seit altersher".

66 So mit D. L. Petersen, Yahweh, 48, und Page, Myth, 110ff.; gegen die jüngsten Vorschläge, die vier Verse auf drei bis fünf literarische Schichten zu verteilen, bei Vermeylen, Commencement, 129ff.; Levin, Jahwist, 103ff.; Oeming, Sünde, 45. Hingegen versuchten Zenger, Urgeschichte, 53 Anm.53, und Hossfeld, Pentateuch, 21, Gen 6,1a.5 als ursprüngliche Einleitung der "jahwistischen" Urgeschichte wahrscheinlich zu machen. Dagegen spricht, daß (1.) 6,1a sich nicht an 4,16 anschließen läßt (so bei Zengers Annahme, 4,17ff. seien "nachjahwistisch"), (2.) האדם in c.2-4* paradigmatisch individuell, in 6,1a hingegen kollektiv gebraucht wird, (3.) חלל (*Hif.*) in der Urgeschichte nach der (in diesem Fall zutreffenden) Analyse Zengers nur "nachjahwistisch" erscheint (4,26; 9,20; 10,8; 11,6).
67 Vermutlich geht dies auf ein ידור (√ דור "wohnen", vgl. Ps 84,11; Sir 33,11[H]; 50,26[H]; Wagner, Aramaismen, 43f.) zurück, wie es sich in der entsprechenden Passage des Genesis-Peshers 4Q252 tatsächlich findet und bereits von Ilgen, Urkunden 29, und von Fd. Delitzsch, Schreibfehler, nr.111, MT vorgezogen wird; vgl. auch Sy *l' t'mr* (√ *'mr* II "wohnen") und Tg⁰ לא יתקיים sowie Vg und VL, die mit *permanere, manere, habitare* übersetzen.
68 Vgl. akkad. *danānu* II, ug. *dn(n)* III "gewaltig sein", hebr. אדון "Herr" und den hebr. Ortsnamen דנה ("Festung", Jos 15,49); G-K §72r; B-L §56h"; Joüon, Grammaire,

2.1. Endredaktionelle Brücken in Gen 1,1-11,26

dings eine Rückführung auf דין (vgl. σ'), das gelegentlich im Sinn von "herrschen" gebraucht (vgl. Ps 110,6) und im Aramäischen als ידון vokalisiert werden kann (vgl. 11QTgJob XXVIII,8).[69]

רוח ist aufgrund der Parallele zu 6,17; 7,15.22; Num 16,22; 27,16; Hi 12,10; 27,3; 33,4; 34,14f.; Ps 104,29f. und Ez 37,8.10 als "Lebensgeist" zu interpretieren.[70] Ohne die Gabe der רוח bleibt der בשר leblos, allein Jahwes Geist verleiht dem unbelebten Körper Lebenskraft. Während in Gen 6,3 und den genannten Parallelen רוח stets mit der Präposition ב konstruiert ist, wird die als Heldencharisma verliehene רוח auf (על) den jeweiligen Empfänger gelegt.[71]

בְּשַׁגַּם ist mit den Versiones als Kombination aus der Präposition ב, dem Relativpronomen שׁ und der Partikel גם aufzulösen.[72] Analoge Bildungen finden sich in Koh 1,17; 2,15 und 8,14. Eine Ableitung von שׁגה/שׁגג ("Irren")[73] würde eine Umpunktation in בְּשַׁגַּם nach sich ziehen[74] und einen syntaktischen Widerspruch von V.aβ1 zu V.aβ2 und V.b ergeben, in denen אדם jeweils im Singular konstruiert ist (vgl. הוא בשר bzw. ימיו). Bei einem Bezug von בְּשַׁגַּם (cj.) auf die בני האלהים, durch deren Vergehen die Einschränkung des menschlichen Lebens erfolgte, müßten (1.) das Wort gegen die masoretische Versteilung noch zu V.aα gezogen, (2.) V.aβ als Glosse betrachtet und (3.) das vermeintliche Suffix über die unmittelbaren Subjekte von V.3 (יהוה bzw. רוח) hinweg dem in V.2 genannten Subjekt unterstellt werden.[75]

---

§80k; Gese, Lebensbaum, 84; Bartelmus, Heroentum, 19; Hendel, Demigods, 15; Oeming, Sünde, 39; Seebass, I, 188; Page, Myth, 113. Zum Versuch, ידון mit der arab. Wurzel *dwn*, *dāna* ("niedrig sein, minderwertig sein") in Verbindung zu bringen, siehe bereits Vater, Pentateuch, I, 59; Tuch, 122f.; Dillmann, 121; sowie König, 336; Scharbert, 81; ders., Redaktionsgeschichte, 68 (mit Hinweis auf akkad. *dunnû* [*du-un-na-a-ti*] "minderwertiges Zeug").

[69] So mit Knobel, 82; Budde, Urgeschichte, 11; Fz. Delitzsch, 149; vgl. auch die Rezeption von Gen 6,3 in TestAbr A 13 (vgl. dazu Janssen, in: JSHRZ III, 234 Anm.202).

[70] Die wenigen Belege für eine mask. Konstruktion von רוח stammen alle erst aus exilisch-nachexilischer Zeit (Ex 10,13.19; Num 11,31; Jes 57,16; Jer 4,12; Ez 27,26; Ps 51,12; 78,39, Hi 4,15; 8,2; 20,3; 41,8; Koh 1,6; 3,19). Unter diesen finden sich die nächsten motivischen Parallelen zu Gen 6,3 in Ps 78,39; Koh 3,19; Jes 57,16.

[71] Vgl. Jdc 11,29; 14,6.19; 15,14. Daneben finden sich präpositionslose Verbindungen wie רוח לבשה את־ (vgl. Jdc 6,34; I Chr 12,19; II Chr 24,20) u.ä. Zur Annahme, Gen 6,3 beziehe sich nicht auf den Lebensgeist, sondern auf ein besonderes Charisma des Menschen, siehe zuletzt Seebass, I, 193.

[72] So mit G-K §67p; B-L §32b; Brockelmann, Syntax, §150a; Knobel, 82; Delitzsch, 151; Gunkel, 56; König, 338; von Rad, 84; Kraeling, Significance, 199f.; Zimmerli, I, 263; Westermann, I, 493; Bartelmus, Heroentum, 19f.; Scharbert, 81; Wenham, I, 136; Ruppert, I, 265; Seebass, I, 188.

[73] Vgl. Lev 5,18; Num 15,28; Ps 119,67; Hi 12,16 bzw. Lev 4,13; Num 15,22; Ez 34,6; Hi 6,24; 19,4; Prov 5,23.

[74] Vgl. Mss (bei BHK³); Budde, Urgeschichte, 14ff.; Gruppe, Sintflut, 145; Holzinger, 65; Oeming, Sünde, 39.

[75] Kaum überzeugend ist der Vorschlag von Vermeylen, Commencement, 134, in בשׁגם eine Kombination aus der Präposition ב mit einer aus dem Akkadischen bekannten, im Hebräischen aber nicht nachgewiesenen Wurzel *šagāmu* II "brüllen" zu sehen und Gen 6,1-3a somit als direkte Parallele zum Bericht über die vorflutliche Ruhestörung der Götter durch die sich verbreitende Menschheit im Atramchasis-Epos, I,354ff.; II,i,3ff.

הוא בשר wird häufig als eine Randglosse angesehen, da diese Worte den Zusammenhang von V.aα und V.b störten und diese Folge von Personalpronomen und substantivischem Prädikat sich nur in sehr jungen Texten finde (vgl. 1QH 15,21), während für das klassische Hebräisch die Sequenz בשר הוא üblich sei.[76] Dabei wird dann vorausgesetzt, daß V.3aα.b selbst alt sei. Die betonte Wortstellung הוא בשר ergibt sich aber aus dem Anschluß an בשגם: *Auch* der Mensch, der aus der Beziehung der בנות האדם und der בני האלהים hervorgeht, ist בשר.[77]

Mit V.3 wird auf V.4 vorausgeblickt. Die in V.4 explizit erwähnte Nachkommenschaft der בנות האדם und der בני האלהים steht von vornherein unter dem Verdikt der Hinfälligkeit und Kurzlebigkeit. Die Parallelen zu V.3 in Hi 12,10; 34,14f. und Ez 37,5ff. legen es nahe, den Gegensatz von göttlicher רוח und menschlichem בשר auch hier für ursprünglich zu halten. Gegen die Annahme, V.3aβ sei eine Glosse, spricht die Funktion des Versteils als Begründung des Jahwewortes in V.3. Eliminiert man V.3aβ, so bleibt lediglich ein vom Kontext isolierter Spruch über die Lebenszeit des Menschen übrig. Durch V.3aβ erhält das Jahwewort aber nicht nur eine immanente Begründung, sondern durch diese Wendung wird der gesamte Vers in die Folge V.1-2.4 eingebunden. Die Angabe והיו ימיו מאה ועשרים שנה steht im Parallelismus zu V.3aα und bezieht sich zunächst auf die Lebenszeit des aus der Verbindung der Töchter des Menschen mit den Elohim-Söhnen hervorgehenden "neuen" Menschen.[78] Die generelle Formulierung (vgl. בשר, רוח, האדם) zeigt aber, daß der Verfasser die Lebenszeit aller Menschen im Blick hat. Nachdem Jahwe *allgemein* festgestellt hat, daß seine רוח nicht ewig (לעלם) in dem Menschen bleiben solle, wird nun *konkret* die maximale Höchstgrenze seines Lebens auf 120 Jahre festgesetzt.[79] V.3 kann somit als ein literarisch

---

zu verstehen. Allerdings findet sich in den entsprechenden Belegen des Atramchasis-Epos gerade nicht der Begriff *šagāmu*, sondern das Wortpaar *rigmu* "Lärm" (√ *ragāmu* "rufen", aber auch "gerichtlich klagen") und *ḫubūru* "Lärm" (√ *ḫabāru* lärmen", im Š-Stamm aber auch "Unruhe stiften"); vgl. dazu ausführlich Clark, Flood, 185f., und Oden, Aspirations, 204-209.

[76] Vgl. Oeming, Sünde, 44.
[77] Insofern hat G mit ἐν τοῖς ἀνθρώποις τούτοις den hebr. Text vollkommen zutreffend übersetzt. Vgl. auch Gruppe, Sintflut, 150; König, 338; Procksch, 59ff. (der nach G כאלה ergänzt); Kraeling, Significance, 199f.; Gese, Lebensbaum, 85; Bartelmus, Heroentum, 193 (allerdings unter der Beurteilung von V.3 als literarisch sekundärem Zusatz); Oberforcher, Flutprologe, 322. Umgekehrt ergibt sich in Ps 78,39 die Wortfolge בשר המה daraus, daß die Betonung auf dem Begriff בשר liegt, mit dem hier einmalig im AT der Terminus רוח im synonymen Parallelismus steht.
[78] Vgl. dazu auch Harland, Human Life, 25.
[79] Das Verständnis von V.3b als einer dem Menschen gewährten Bußzeit ist weder sprachlich noch inhaltlich angemessen. In einem solchen Fall erwartete man in V.3bβ ein עוד o.ä. und eine exakte Zielbestimmung לשוב o.ä., wie sie in Tg[O] in ארכא יהיב להון מאה ועסרין שנין אם יתובון vorliegt. Zudem fände sich wohl bei einem solchen

2.1. Endredaktionelle Brücken in Gen 1,1-11,26

einheitlicher begründeter Strafspruch Jahwes bezeichnet werden, der inhaltlich eine Begrenzung des Lebens der Menschen bietet.

Kontextuell ist V.3 weder ein dislozierter Vers, der ursprünglich an einer anderen Stelle der Urgeschichte stand[80] noch ein literarisch sekundärer Zusatz, der den Zusammenhang von V.2+4 zerreißt,[81] sondern ein integraler Strafspruch, der die Spitze der "Kurzerzählung" in V.1-4* darstellt.[82] Für diese Deutung spricht zunächst, daß die Zeitangabe in V.4 וגם אחרי־כן אשר ("und auch später noch, als"), die im Sinn einer Fortsetzung der Vermischung der בני האלהים mit den בנות האדם nach aufzulösen ist,[83] eine Intervention voraussetzt. Ohne die Sentenz in V.3 würde der Abschnitt lediglich eine neutrale Ätiologie der in V.4 genannten Größen bieten. Eine solche Ätiologie ist aber in der Urgeschichte ohne Analogie. Die ätiologischen Motive der Paradieserzählung (2,7.23f.; 3,14f.16.17-19),[84] der Kainitentafel (4,17-22), der Notizen über Nimrod (10,8-12) und der Namenserklärung Babels (11,9) sind jeweils theologisch gerahmt.[85] Für den ursprünglichen literarischen Zusammenhang von V.3 mit V.1-2.4 sprechen weitere Beobachtungen: V.3 enthält

---

Verständnis ein Rückverweis in 6,5ff. auf 6,3. Der Tg⁰-Interpretation von Gen 6,3b als Bußfrist (vgl. dazu einerseits Grossfeld, Targum Onqelos, 52f., andererseits Rottzoll, Kommentar, 138) folgen auch in neuerer Zeit noch wenige Ausleger (vgl. Klostermann, Pentateuch [1907], 35; Ehrlich, Randglossen, I, 30; Rothstein, Bedeutung, 155; König, 339.

[80] Vgl. die methodisch nicht gerechtfertigte Verlegung des Verses in den Zusammenhang von 3,22.23 bei Budde, Urgeschichte, 44ff.59ff.241; ders., Paradiesesgeschichte, 75ff., und die Umstellung von V.3 hinter V.4 bei Kraeling, Significance, 197.

[81] Vgl. Weimar, Pentateuch, 35f.; Bartelmus, Heroentum, 25ff.; Dockx, Paradis, 134; Vermeylen, Commencement, 133; Levin, Jahwist, 116; Van Seters, Prologue, 153ff. (vgl. aber ders., Primeval Histories, 8), und zuletzt Ruppert, I, 278, unter Zuweisung an R^Pt, der dabei ungeschickt die Angaben über das hohe Alter der Patriarchen in Gen 9,28f.; 11,10ff. übersehen habe.

[82] So mit Gese, Lebensbaum, 85.

[83] So mit Fz. Delitzsch, 152; Oeming, Sünde, 41. Bei einer solchen grammatischen Auflösung von וגם אחרי־כן אשר ist die Beurteilung als Glosse (so [mit unterschiedlichen Begründungen] Budde, Urgeschichte, 34; Gruppe, Sintflut, 145; Holzinger, 66; König, 341; Hölscher, Geschichtsschreibung, 275; Scharbert, Redaktionsgeschichte, 75; Schlißke, Gottessöhne, 23; Bartelmus, Heroentum, 20; Ebach, Weltentstehung, 292; Levin, Jahwist, 115; Page, Myth, 113) hinfällig. Zum literargeschichtlichen Verhältnis von Gen 6,4 und Num 13,33 vgl. S.244.297.

[84] Mit Steck, Paradieserzählung, 69ff.; ders., Urgeschichte, 542ff., kann Gen 2,4b-3,24 insgesamt als eine große Ätiologie des Menschseins bezeichnet werden, insofern die Erklärung und Beschreibung menschlicher Existenz in seiner wesentlichen Grundstruktur und seiner Stellung vor Gott im Mittelpunkt steht. Vgl. dazu S.158ff.

[85] Vgl. die Rahmung (1.) von 2,7.23f.; 3,14f.16.17ff. durch die Einbindung in eine theologische Lehrerzählung vom Wesen des Menschen und seiner Position vor Gott; (2.) von 4,17-24 durch die Verbindung mit der Brudermorderzählung (V.1-16); (3.) von 10,8 durch die Wendung לפני יהוה; (4.) von 11,9 durch die Strafnotizen בלל יהוה הפיצם יהוה [...].

das Leitwort des ganzen Abschnitts אדם. V.2α (בני האלהים) (ויראו) korrespondiert mit V.3aα (ויאמר יהוה). Insgesamt bietet V.3 inhaltlich eine räumlich-perspektivische Klimax zu V.1-2: Die Ebene des Geschehens wird von der Erde über den Bereich der Elohim-Söhne hin zur himmlischen Welt Jahwes verlagert. V.3 bildet inhaltlich ein Gegenstück zu V.2, insofern der Beurteilung der Menschentöchter durch die Elohim-Söhne als "gut/schön" die Charakterisierung der als אדם bezeichneten Nephilim und Gibborim durch Jahwe als "hinfällig" und auf die Gabe der göttlichen Lebenskraft angewiesen gegenübersteht.

Auch für V.4 ergibt sich die Frage nach der literarischen Integrität. Einen festen Zusammenhang bildet zunächst die Notiz über den Verkehr der Elohim-Söhne mit den Menschentöchtern. Dieser Versteil korrespondiert mit V.2b und V.1b. Aufgrund der Entsprechung וְיָלְדוּ לָהֶם könnte in V.4aβ der Abschluß der "Kurzerzählung" gesehen werden.[86] In Analogie zu V.1b (vgl. בנות) kann zumindest die Identifikation dieser Nachkommen mit den גברים noch zum ursprünglichen Schluß gezählt werden. Bei der Gleichsetzung der גברים mit den אנשי השם handelt es sich nur scheinbar um einen späteren Zusatz. Da sich das Urteil הוא בשר proleptisch auf die Nachkommen der Elohim-Söhne und der Menschentöchter bezieht, sind die גברים von vornherein als hinfällig bestimmt. Somit erstreckt sich das Urteil הוא בשר auch auf den Ausdruck אנשי השם. Die "nach Ruhm strebenden Männer"[87] sind nichts anderes als gebrechliche Wesen. Die vor Urzeiten (מעלם) lebenden "Helden" existieren nicht mehr, da Jahwe ihnen nur begrenzte Lebenszeit (לא לעלם) zugestand. יָבֹאוּ kann syntaktisch nicht als Satzeinleitung fungieren, sondern ist in einem temporalen Sinn von der Konjunktion אשר abhängig. וְגַם אַחֲרֵי־כֵן läßt sich auf die Intervention Jahwes beziehen: *Auch nach* der Festsetzung der Lebenszeit des Menschen und der Geburt der Nephilim vermischen sich die Elohim-Söhne mit den Menschentöchtern, so daß diese die "Helden" gebären. Die schwerfällig wirkende Verbindung von Adverbien und Konjunktionen in V.4 kann daher auf dieselbe Hand zurückgeführt werden, die auch die merkwürdige Partikelkombination בשגם geschaffen hat. Bei der Notiz הנפלים ... הדם handelt es sich also nicht um eine spätere Ergänzung, die sekundär das in V.1-2 erwähnte Geschehen datiert, sondern parallel zu V.4aβ um eine erste Geburtsnotiz im Anschluß an die Zeugungsnotiz (V.2)

---

[86] Ein Subjektswechsel, wie er in Gen 6,4 vorliegt, indem von den בני האלהים zu den implizit als Subjekt von וְיָלְדוּ gedachten בנות האדם übergeleitet wird, ist nicht ungewöhnlich und braucht nicht mit SamPt, dem Van Seters, Prologue, 151, folgt, in וְיוֹלִידוּ geändert zu werden, zumal die anderen Versiones MT unterstützen.

[87] Zu der negativen Konnotation des Ausdrucks אנשי השם vgl. 11,4. Siehe dazu auch Kraeling, Significance, 197, sowie unsere Ausführungen auf S.244.296f.

2.1. Endredaktionelle Brücken in Gen 1,1-11,26

und den proleptischen Strafspruch (V.3). Die Nephilim sind die ersten Nachkommen, die *damals* (בימים ההם)[88] aus der Verbindung der Elohim-Söhne mit den Menschentöchtern hervorgingen.[89] Die "Helden" *der Vorzeit* (אשר מעלם)[90] alias אנשי השם wurden geboren, *als* (אשר)[91] sich die Elohim-Söhne *auch noch nach* (וגם אחרי־כן) dem Strafspruch Jahwes (V.3) mit den Menschentöchtern vermischten.[92] Trotz seiner literarkritischen Nähte kann V.4 somit als eine Einheit verstanden werden. V.4 ist nicht das Produkt einer dreifachen Glossierung,[93] sondern eine bewußte Zusammenstellung theologisch präjudizierter ätiologischer Notizen.

6,1-4 vereinigt in sich wesentliche Elemente der beiden literarischen Hauptschichten der Urgeschichte, ohne einer von ihnen zugewiesen werden zu können. Mit dem unmittelbar vorangehenden "priesterlichen" Geschlechtsregister Adams teilen die V.1-4 die Motive der Geburt der Töchter (V.1b), des direkten Zugriffs der himmlischen Welt auf ausgewählte Menschen (לקח vgl. 5,24; 6,2) und der Lebenstage des Menschen (ימיו vgl. V.3b).[94] Auf dem Hintergrund, daß 6,3 bereits c.5 voraussetzt, ergibt sich der besondere Strafcharakter des Verses. Dem hohen Lebensalter der unter dem Segen stehenden Urväter aus der erwählten Linie Sets (vgl. 4,25) steht die sich auf

---

[88] Zum Gebrauch der Wendung בימים ההם im Kontext einer antiquarischen Entstehungs-/Anfangsnotiz vgl. II Reg 10,32; 15,37.
[89] D.h היו ist hier im Sinn von "sie entstanden" gebraucht; ähnlich Knobel, 83f.; Böhmer, Thora, 83; Fz. Delitzsch, 152; Black, Enoch, 154; Hess, Nephilim, 1072; Coxon, Nephilim, 1164. Die zuletzt von Schließke, Göttersöhne, 22, und Waschke, Menschenbild, 116, postulierte Umprägung des (angeblich von J aufgenommenen) Mythos, insofern nach V.4a die נפלים *jetzt* als zeitgleich mit den בני האלהים lebende Wesen gedacht würden, ist nicht erkennbar. Zur Bezeugung der Existenz von Nephilim in späterer Zeit in Num 13,33 (vgl. auch Dtn 2,20; 3,13) s.u.S.244.297.
[90] Zur Wendung מע[ו]לם im Rahmen einer historischen Notiz vgl. Jos 24,2; I Sam 27,8.
[91] Zum Gebrauch von אשר als Einleitung eines Temporalsatzes vgl. G-K §164d; B-L §81b.
[92] G; σ'; VL; Sy und Tg^O verwischen den Unterschied zwischen der ersten und der zweiten Generation der Nachkommen der בני האלהים und der בנות האדם, indem sie נפלים und גברים mit demselben Begriff wiedergeben (γίγαντες; βίαιοι; *gigantes*; *gnbr'* [Plur.]; גיבריא). α' und Vg übersetzen MT differenzierter (ἐπιπίπτοντες - δυνατοί; *gigantes - potentes*). Äth/grHen 7,1f. erzählt von einer Generation der Nachkommen, das entsprechende griech. Henoch-Fragment bei Synkellos (in: Denis, Concordance, 819) nennt drei Gruppen von Sprößlingen (γίγαντες - Ναφηλείμ - Ελιούδ (vgl. dazu Beer, in: APAT II, 240; Black, Enoch, 14.154). Zur notwendigen Differenzierung zwischen den נפלים und den גברים als zwei verschiedenen Gruppen von Nachkommen siehe 4QGiants^c 2 (= 4Q531 frgm. 1,2 [in: Maier, Texte, II, 702]). Zu den religionsgeschichtlichen Implikationen der Übersetzung von G mit dem in der hellenistischen Mythologie beheimateten Begriff γίγας siehe die Ausführungen bei Rösel, Übersetzung, 154ff.
[93] So aber zuletzt Perlitt, 241-243.
[94] Vgl. dazu auch Blenkinsopp, Pentateuch, 74.

"nur" 120 Jahre betragende Höchstgrenze der Nachkommen der Elohim-Söhne gegenüber.[95] Das Motiv der Vermehrung des Menschen verbindet 6,1a über die Wurzel רבב mit dem "priesterlichen" Mehrungssegen in 1,28 (√ רבה). Andererseits berührt sich 6,1-4 mit der "jahwistischen" Schicht der Urgeschichte über die Termini חלל ([Hif.], vgl. 9,20; 10,8; 11,6) und על־פני־האדמה (vgl. 6,7), den Gebrauch des Jahwenamens (vgl. 2,4bff.) und die ätiologischen Notizen (vgl. 4,17ff.; 10,8ff.; 11,9). Mit beiden Schichten teilt der Abschnitt die Wendung ראה כי טוב (vgl. 1,4; 3,6) und die Vorstellung von dem den Menschen belebenden göttlichen Hauch, den die "priesterliche" Schicht als רוח bezeichnet (vgl. 6,18), die "jahwistische" als נשמה (vgl. 2,7). Wenn 6,1a eine Darstellung der Vermehrung der Menschheit voraussetzt, wie sie in 5,1-32* mittels der genealogischen Formeln ויולד בניו ובנות aufgelistet wird, dann ist ein direkter Anschluß an die Kainitentafel (4,17-24) nicht möglich. Andererseits wird רבב im Pentateuch ebenso wie die Wendung על־פני־האדמה nie in "priesterlichen" Texten gebraucht, so daß eine Rückführung von 6,1a auf die Hand, die 1,28 und 5,1ff. gebildet hat, unwahrscheinlich ist. Ebenso hängt V.1b motivisch von 5,1ff. ab, während ילד im Pual nur in "jahwistischen" Texten belegt ist. Schließlich wird האדם hier wie in den "priesterlichen" Stellen 1,27 und 5,2 als kollektive Gattungsbezeichnung verwendet.

Somit kann 6,1 als ein Vers bezeichnet werden, der sprachlich und motivisch weder auf die "priesterliche" noch auf die "jahwistische" Schicht der Urgeschichte zurückgeht, der aufgrund der inhaltlichen Voraussetzung von 5,1-32* aber als "nachpriesterlich" anzusprechen ist. Ist 6,1 als "nachpriesterlich" erkannt, so kann der gesamte Abschnitt V.1-4 als "nachpriesterlich" bezeichnet werden, da es sich bei ihm gemäß der vorausgehenden Analyse um eine literarische Einheit handelt.

Daß 6,1-4 auch aus inhaltlichen Gründen nicht auf eine der beiden literarischen Hauptschichten der Urgeschichte zurückgeführt werden kann, beweist vor allem der Begriff בני האלהים, der sich im Pentateuch nur hier findet. Für die literarische Analyse genügt der Hinweis, daß es sich bei den Elohim-Söhnen um Größen handelt, die den Menschentöchtern entgegengesetzt sind und die einem anderen Bereich als der dem Menschen (האדם) zugewiesenen Erde angehören (אדמה). Aus dem Strafspruch *Jahwes* in V.3, der indirekt auch die Elohim-Söhne trifft, ergibt sich, daß sie Jahwe untergeordnet sind. Vorläufig

---

[95] Ähnlich Scharbert, Redaktionsgeschichte, 70. Daß 6,3 keinen direkten Einfluß auf die "priesterliche" Chronologie in 11,10ff. ausgeübt hat, spricht nicht gegen die "nachpriesterliche" Ansetzung des Verses, da sich 6,3 allgemein auf den Menschen bezieht, während in 11,10ff. einzelnen ausgewählten Vätern der Vorgeschichte Israels ein besonders hohes Lebensalter zugewiesen wird. Zum Verhältnis von Gen 6,3 zu Dtn 31,2 und 34,7 s.u.S.247f.

können diese als *himmlische Wesen* bestimmt werden[96], nicht als Menschen, seien es Mächtige[97], Setiten[98] oder Kainiten.[99] Eine Erklärung über die Herkunft dieser Wesen wird weder in den "priesterlichen" noch in den "jahwistischen" Abschnitten der Urgeschichte gegeben. Die Elohim-Söhne tauchen plötzlich auf und verschwinden ebenso schnell wieder - über ihr Schicksal während und nach der Flut wird nichts gesagt.

Daran läßt sich eine literargeschichtliche und eine kompositionelle Beobachtung ablesen. *Literarhistorisch* sind die Notizen über die Elohim-Söhne nicht fest verankert, sondern gehen auf eine spätere Einfügung in den Kontext zurück. Daß die Hand, die 6,1-4 eingelegt hat, die Elohim-Söhne nicht stärker kontextuell integriert hat, zeigt, daß sie ihnen lediglich einen *funktionalen* Wert beimißt. Die "Kurzerzählung" über die Elohim-Söhne hat kompositionell die Aufgabe, von der "priesterlichen" Adamtoledot zum "jahwistischen" Flutprolog überzuleiten. Mit der Wendung ויהי כי החל האדם schlägt der Abschnitt eine Brücke von der genealogischen Perspektive (5,1-32*) zur universalen Sicht (6,5-8*). Die Notiz über die Vermehrung (רבב) der Menschheit bereitet das Urteil Jahwes über die wachsende (רבה) Bosheit des Menschen vor (6,5aβ1). Die Erwähnung der Entstehung der נפלים בארץ führt hin auf die Aussage האדם בארץ (6,5aβ2).[100] Die Einbeziehung der Elohim-Söhne in die vorsintflutliche Geschichte der Menschheit leitet wie das Urteil über den aus der Verbindung der Menschentöchter mit den Elohim-Söhnen hervorgehenden "Übermenschen" als בשר auf das universale "priesterliche" Verdikt:

---

[96] So mit Sy *(bny 'lwhym)*; G und θ' (jeweils υἱοὶ τοῦ θεοῦ); α' (υἱοὶ τῶν θεῶν); Vg *(filii dei)*; G^Ar (ἄγγελοι τοῦ θεοῦ); VL *(angeli dei)* und der Mehrheit der neueren Exegeten. Zur speziellen Frage, inwieweit unter diesen himmlischen Wesen bereits "Engel" gemeint sind (vgl. G^Ar; VL), s.u.S.243f.

[97] So im Gefolge von Tg^O und Tg^J (בני רברביא) "Söhne der Mächtigen"), σ' υἱοὶ τῶν δυναστευόντων und Tg^N (בני דייניא) "Söhne der Richter") und Teilen der Rabbinen (siehe dazu Grossfeld, Targum, 52 Anm.1), in neuerer Zeit Dexinger, Göttersöhne, 129f. Zu einer originellen anthropologischen Deutung siehe auch Kant, Menschheitsgeschichte (1786), 98ff., der in den בני האלהים Hirten, die allein Gott als ihren Herrn anerkannten, und in den בנות האדם, die Töchter der Städter/Ackerbauern, die eine menschliche Obrigkeit hatten, sah. Den Skopus von 6,1-4 bestimmte Kant darin, daß die Vermischung von Hirten und Städtern den Despotismus begründet und den kulturellen Fortschritt gehemmt habe.

[98] So wohl erstmals bei Julius Africanus und den Pseudoklementinischen Homilien (zitiert bei Kurtz, Söhne Gottes 8ff., und bei Dexinger, Nachgeschichte, 174). Rothstein, Bedeutung, 150ff.; Scharbert, Redaktionsgeschichte, 73ff. und Ruppert, I, 279, beschränkten die "Setitendeutung" auf die Ebene des Endredaktors, während sie für den vorendredaktionellen Erzählzusammenhang eine mythologische bzw. angelologische Interpretation der בני האלהים vertraten.

[99] Vgl. Ilgen (zitiert bei Tuch, 122); zuletzt wieder Eslinger, Identification, 71.

[100] בארץ steht hier eindeutig für "auf der Erde", nicht für "im Lande" (Num 13,32f.).

כִּי־הִשְׁחִית כָּל־בָּשָׂר אֶת־דַּרְכּוֹ עַל־הָאָרֶץ [...] קֵץ כָּל־בָּשָׂר בָּא לְפָנַי (6,12b -13aα*) hin.[101]

Die Entsprechungen zwischen dem redaktionellen Text 6,1-4 und den vorgegebenen Abschnitten 5,1-32* bzw. 6,5-8* zeigen, wie der Verfasser von 6,1-4 seine Vorlagen zu verbinden versucht. Durch einen Text, der einerseits eine Mischung der diesen Vorlagen eigentümlichen Begriffe und Motive aufweist, andererseits eigenständige theologische Kernsätze (vgl. V.3) und mythologische Vorstellungen (vgl. die בְּנֵי הָאֱלֹהִים) enthält. Der Nachweis der literarischen Einheitlichkeit und der makrokompositionellen Fügung sowie des stilistischen Mosaikcharakters legen die Hypothese nahe, in 6,1-4 ein Exzerpt aus einer umfangreicheren Vorlage zu sehen.[102]

2.1.4. Endredaktionelle Spuren in der Fluterzählung

Die Erkenntnis der literarischen Schichtung der Fluterzählung gehört zu den grundlegenden Ergebnissen der historisch-kritischen Exegese. Wenn hier Gen 6-9 dennoch einer erneuten literar- und redaktionskritischen Analyse unterzogen und dabei zwangsläufig von der bisherigen Forschung Gesagtes wiederholt wird, dann geschieht dies einerseits, um die nötige literarische Ausgangsbasis für die kompositionelle und theologische Einordnung des Redaktors sichtbar zu machen, andererseits, um in die Auseinandersetzung mit gegenwärtigen Forschungstendenzen zu treten, die in Repristinierung älterer Modelle erneut die These einer "priesterlichen" oder einer "jahwistischen" Redaktionsschicht vertreten.[103]

Die Fluterzählung verfügt über zwei unterschiedlich formulierte und strukturierte Einleitungen, die jeweils eigene theologische Akzente setzen (6,5- 8.9ff.). Während der erste Prolog in Gestalt einer Selbstreflexion Jahwes (6,6f.) den Vernichtungsbeschluß mit der wachsenden Bosheit des Menschen (הָאָדָם) auf der Erde (בָּאָרֶץ) begründet, liegt für den zweiten Prolog in Gestalt einer direkten Rede an Noah (6,13) die Ursache für das Strafgericht Gottes (אֱלֹהִים) in einer völligen Korruption (שׁחת [Hif.]) der gesamten Erde (הָאָרֶץ).[104] Während der erste Prolog von Jahwe in starken Anthropomor-

---

[101] Zur Beziehung, die zwischen 6,1-4* und 6,13 besteht, vgl. auch Van Seters, Prologue, 170 (allerdings unter der nicht sachgemäßen Zuweisung von 6,1-2.4* *und* 6,13 an J) und Page, Myth, 111f..
[102] Vgl. dazu ausführlich S.293ff.
[103] Vgl. dazu einerseits Rendtorff, L'histoire, 89ff.; Blum, Studien, 278ff.; Vermeylen, Commencement, 148ff.; Van Seters, Prologue, 160ff.; s.o.S.23ff., andererseits Blenkinsopp, Pentateuch, 74ff.; Ska, diluvio, 37ff.; Otto, Paradieserzählung, 173ff.; s.o.S.28ff. Die Unhaltbarkeit eines Ganzheitsmodells (vgl. exemplarisch Wenham, I, 155ff.) erweist sich bei diesem Gang von selbst (siehe dazu Emerton, Examination, 401ff.)
[104] In V.13b kann MT gegen BHS unverändert beibehalten werden: Gott will "alles Fleisch" *mitsamt* der Erde vernichten (אֵת ist hier wie in V.9b Präposition, vgl. dazu

2.1. Endredaktionelle Brücken in Gen 1,1-11,26   75

phismen spricht (6,6: נחם, עצב, לב; 6,8: עין), läßt der zweite Prolog Gott in souveräner Distanz erscheinen. Während nach der ersten Einleitung Noah aus reiner Gnade aus dem Vernichtungsbeschluß Jahwes herausgenommen wird (6,8: מצא חן), bietet die zweite Einleitung eine die Rettung Noahs begründende Charakteristik als eines "Gerecht-Frommen" (6,9: איש צדיק תמים). Beide Prologe nehmen in ihren Zentralaussagen keinen direkten, literarisch nachweisbaren Bezug aufeinander. Sie stammen daher kaum von einem Verfasser. Da die Rede Jahwes zu sich selbst (6,6f.) kompositionell nur vor der Rede Jahwes an Noah (6,13) stehen kann, beweist ihre gegenwärtige kontextuelle Position nicht ihre sekundäre, auf den Zusammenhang von V.9ff. entworfene Entstehung. Ebensowenig läßt sich an der Stellung von 6,9ff. ablesen, daß der dafür verantwortliche Verfasser seinen Prolog als eine Ergänzung zu 6,5-8 geschrieben habe.

In 6,7a* unterstreicht die sachlich mit der Ankündigung אמחה את־האדם nicht vollständig harmonierende Reihe השמים ... מאדם in Anpassung an die "priesterliche" Terminologie sekundär die Universalität der angekündigten Katastrophe.[105] V.7b stellt eine redaktionelle Wiederaufnahme des "Reuemotivs" aus 6,6 dar und modifiziert dieses. In Angleichung an 6,11-13 reut Jahwe nicht nur die Erschaffung des Menschen (vgl. 6,5-6), sondern der gesamten Welt (עשׂיתם).

Ob die Wendung אשר בראתי in 6,7 ebenfalls eine redaktionelle Angleichung darstellt, ist unsicher. Zwar erscheint ברא nur in der "priesterlichen" Schicht in 1,1-2,3*; 5,1f. als *terminus technicus*, während die "jahwistische" Schicht Gottes Schöpfertätigkeit mit den Begriffen עשה (2,4b.18; 3,1.21), יצר (2,7.19) und בנה (2,22) bzw. in der Fluterzählung substantivisch mit יקום (7,4.23) beschreibt. Doch könnte die strukturelle Parallele in 7,4b nahelegen, auch in 6,7aα im Anschluß an die Vernichtungsaussage mittels eines Relativsatzes auf die Schöpfung zurückzublicken. Die Annahme, dieser Relativsatz könne wegen des Gebrauch des nur in (nach)exilischen Texten belegten Begriffs ברא keinesfalls ursprünglich sein,[106] hängt von der literaturgeschichtlichen Einordnung von 6,7aα ab. Aus *stilistischer* und *literarkritischer* Perspektive liegt kein Anlaß vor, אשר בראתי auf den Redaktor zurückzuführen. Zumindest 6,7aα könnte daher auch vorendredaktionell sein.[107]

---

bereits Fz. Delitzsch, 169; König, 349, und zuletzt Wenham, I, 152; Seebass, I, 204). Zu Van Seters, Prologue, 163, Einschätzung, 6,13 sei "jahwistisch", s.u.S.132 Anm.52.

[105] Zu der Vernichtungsreihe in 6,7aβγ siehe die "priesterlichen" Abschnitte Gen 1,24ff.; 6,20; 7,14.21; 8,17.19; 9,2; vgl. Budde, Urgeschichte, 250; Fz. Delitzsch, 154; Gunkel, 61; Procksch, 65; Westermann, I, 547; Weimar, Pentateuch, 139; Fritz, Fluterzählung, 601; Dockx, Paradis, 30; Wallace, Toledot, 29.33; Ruppert, I, 302; Seebass, I, 209.

[106] Vgl. Budde, Urgeschichte, 251; Gunkel, 61; Westermann, I, 547; Weimar, Pentateuch, 139; Vermeylen, Commencement, 140; Ruppert, I, 319.

[107] Vgl. Procksch, 65; Kessler, Querverweise, 52f.; Seebass, I, 209; Levin, Jahwist, 105 (der allerdings V.7 insgesamt J zuweist). Gegen Ska, diluvio, 54f.; Otto, Paradieserzählung, 184 Anm.93, beweist die Verwendung des Terminus ברא nicht, daß 6,7 *insgesamt* auf den "priesterlichen" Erzählzusammenhang hin verfaßt ist, sondern deutet le-

Bereits diese eine redaktionelle Adaption in 6,7aβ.γ.b zeigt, daß beide Flutprologe ursprünglich literarisch selbständig waren und erst redaktionell miteinander verbunden wurden. So wurde weder 6,5-8* ursprünglich auf 6,9-22* hin entworfen[108] noch wurde 6,9-22* im Blick auf 6,5-8* gestaltet.[109] Beide Abschnitte sind in sich verständlich und ausweislich ihrer zweifachen Einführung Noahs (6,8 // 6,9f.) und ihrer Dopplungen (vgl. V.5a // 12a; V.7a // V.17) jeweils in sich geschlossene Größen. Die Hand, die beide Flutprologe verbunden hat, zeigt sich an weiteren literarkritisch sekundären Abschnitten in 6,5-8,22.

7,1b unterbricht stilistisch den unmittelbaren Zusammenhang von V.1a.2.[110] Der Halbvers bietet inhaltlich eine Begründung der Rettung Noahs, die zwischen der Vorstellung der Bewahrung aufgrund der Gnade Jahwes (6,8) und aufgrund der eigenen Gerechtigkeit und Frömmigkeit (6,9) vermittelt.[111] Noah verdankt seine Rettung allein Jahwe, der aber eine relative Gerechtigkeit anerkennt (צדיק לפני בדור הזה). Die hinter 6,5 erkennbare generelle negative Sicht vom Menschen wird durch den redaktionellen Versteil in 7,1b punktuell aufgehellt. Die Gerechtigkeit Noahs wird mittels einer Gottesrede betont, durch den Zusatz von 7,1b aber gegenüber der horizontalen Perspektive in 6,9b (את־האלהים) in ihrer vertikalen Ausrichtung (לפני) relativiert.[112]

7,3a erweist sich durch das vorangestellte גם als Zusatz. Dieser ergänzt analog zur Tierreihe in 6,7aβ.γ die Vögel. Mit der Siebenzahl lehnt er sich an die "jahwistische" Schicht in V.2 an, während er mit der Wendung זכר ונקבה der "priesterlichen" Sprache (vgl. 1,27; 5,2; [6,19; 7,9.16]) folgt.[113] Mit 7,3b folgt eine weitere Begründung, die sich durch die Wendung על־פני

---

diglich darauf hin, daß der "jahwistische" Flutprolog in (nach)exilischer Zeit verfaßt wurde; vgl. dazu S.202.

[108] So aber zuletzt wieder Blenkinsopp, Pentateuch, 74f.; Ska, diluvio, 56f.; Otto, Paradieserzählung, 189.
[109] So aber Rendtorff, L'histoire, 89; Blum, Studien, 283.
[110] Zwischen V.1aβ und V.2aα besteht ein Chiasmus von בא x תקח und אתה x ... התבה מכל ... הטהורה.
[111] Zur Ursprünglichkeit von 6,9aβ und damit auch des für P singulären Wortgebrauchs von צדיק siehe S.130 Anm.42.
[112] Zur Annahme, 7,1b sei sekundär, vgl. mit jeweils unterschiedlichen literargeschichtlichen Zuweisungen Weimar, Pentateuch, 140ff. (JE); Dockx, Paradis, 135 (endredaktionell); Vermeylen, Commencement, 146f. (dtr.); Levin, Jahwist, 114f. (R^S). Gen 7,1b ist also tatsächlich "un eco" auf 6,9 (Ska, diluvio, 54), das allerdings nicht auf dieselbe Hand wie 7,1a und 6,8 zurückgeht, sondern 6,8 und 6,9 miteinander ausgleicht. Die Verhältnisbestimmung von 6,8 zu 7,1 bei Clark, Righteousness, 261ff, im Sinne eine funktionalen Erwählung Noahs als צדיק, setzt für beide Verse dieselbe Verfasserschaft (J) voraus.
[113] So mit Budde, Urgeschichte, 257; Westermann, I, 576; Weimar, Pentateuch, 140; Fritz, Fluterzählung, 601; Dockx, Paradis, 28f.; Ruppert, I, 292; Seebass, I, 213.

כל־הארץ[114] und ihre Funktion, den Einschub von V.3a abzuschließen, ebenfalls als redaktionell herausstellt.

Die syntaktisch über das Prädikat בא (7,9aα) zusammenhängende literarische Einheit 7,8-9 ist gleichfalls ein redaktionelles Mischprodukt aus "priesterlicher" und "jahwistischer" Sprache. So orientiert sich V.8a an "jahwistischer" Terminologie (vgl. 7,2-3), während sich V.8b.9a an "priesterliche" Begrifflichkeit anschließt (vgl. 6,20). Mit V.9b erfolgt ein redaktioneller Abschluß des Einschubs, der sich an den Schlußformeln in 6,22 und 7,5 ausrichtet.[115]

Parallel zur redaktionellen Einfügung in 6,7aβ.γ.b ist der Einsatz in 7,23aα*.β gestaltet (מאדם ... הארץ). Wie in 6,7aβ.γ.b beschließt der Redaktor seine Einlage mit der Wiederaufnahme eines zentralen Begriffs der "jahwistischen" Schicht (מחה), den er mit einer Wendung aus der "priesterlichen" Schicht kombiniert (מן־הארץ gegenüber על־פני־האדמה).[116]

Weitere Verse, die die beiden Grundschichten in 6,5-8,22 verbinden, und die bereits jetzt als redaktionelle Bildung zu bezeichnen sind, finden sich nicht, sind aber möglicherweise im Rahmen der Analyse der vorendredaktionellen Schichten (2.2. bzw. 2.3.) nachweisbar.

2.1.5. Zusammenfassung

An vier Stellen der Urgeschichte konnte bisher nachgewiesen werden, daß redaktionelle Brücken vorliegen, welche die beiden literarischen Hauptschichten in Gen 1-11 voraussetzen und zu verbinden suchen. Ein Vergleich dieser Brücken zeigt, daß sie von derselben "nachpriesterlichen" Hand stammen.

1.) Gen 2,4; 4,25-26 und 6,1-4 sowie die Ergänzungen im Bereich der Fluterzählung (6,7aβ.γ.b; 7,1b.3.8-9.23aα*.β) haben dieselbe *redaktionelle Intention*. Diese Texte dienen jeweils am Wendepunkt einer Epochendarstellung einem glatteren Übergang zwischen der "priesterlichen" und der "jahwistischen" Schicht und prägen das kompositionelle Profil der Urgeschichte.

---

[114] Vgl. 11,4.9 sowie den Gebrauch des *Infinitivs constructus*.

[115] Gemäß dem bisher für den Redaktor beobachteten Sprachgebrauch ist in 7,9b möglicherweise mit einigen hebr. Handschriften, SamPt und Vg die Lesart יהוה dem von MT gebotenen אלהים vorzuziehen. Zur Beurteilung von 7,8-9 als redaktionell vgl. Schrader, Urgeschichte, 138; Nöldeke, Untersuchungen, 12; Budde, Urgeschichte, 260; Westermann, I, 580; Weimar, Pentateuch, 141; Fritz, Fluterzählung, 601; Ruppert, I, 292; Pola, Priesterschrift, 130 Anm.376.; Seebass, I, 215.230. Hingegen versuchte zuletzt Ska, diluvio, 40-43, Gen 7,7-9 geschlossen auf die "priesterliche" Schicht zurückzuführen.

[116] Vgl. dazu Budde, Urgeschichte, 265; Westermann, I, 591; Weimar, Pentateuch, 142; Fritz, Fluterzählung, 601; Ruppert, I, 292; Seebass, I, 230.

2.) Gen 2,4; 4,25-26; 6,1-4; 6,7aβ.γ.b; 7,1b.3.8-9.23aα*.β weisen dieselbe *terminologische Mischtechnik* auf. Diese Abschnitte kombinieren jeweils getrennt vorliegende Begriffe und Motive der "priesterlichen" und der "jahwistischen" Schicht zu einer syntaktischen Einheit.[117]

3.) Gen 2,4; 4,25-26; 6,1-4 und 6,7aβ.γ.b; 7,1b.3.8-9.23aα*.β nehmen *Spezialbegriffe und -motive* einer der beiden Hauptschichten auf, womit an das Vorangegangene angeknüpft und das Folgende vorbereitet wird.[118]

4.) Gen 2,4; 4,25-26 und 6,1-4 verfügen über *eigentümliche Begriffe*, Motive, Satzkonstruktionen und theologische Vorstellungen.[119]

Im folgenden soll ausgehend von den Besonderheiten der drei Abschnitte 2,4; 4,25-26 und 6,1-4 gefragt werden, ob sich weitere Texte finden, die dieser "nachpriesterlichen" Redaktionsschicht zugewiesen werden können.

---

[117] Vgl. (a) für 2,4 die Bildung von יהוה אלהים; (b) für 4,26 die Kombination von אנוש und יהוה; (c) für 6,1 die Verbindung von בנות und על־פני־האדמה.

[118] Vgl. (a) für 2,4 den Rückblick auf 1,1ff. mittels der Umstellung von V.4a und der Ergänzung von אלהים zu יהוה; (b) für 4,25-26 den Rückblick auf 4,8 über den Terminus הרג und den Vorblick auf 5,1ff. durch die Entlehnung der Namen שת und אנוש; (c) für 6,1-4 den Rückblick auf 5,1ff. mittels der Termini בנות, ילד und לקח und den Vorblick auf 6,5-8* mittels der Begriffe האדם, יהוה und בארץ; (d) für 7,1b den Ausgleich zwischen 6,8 (מצא חן בעיני יהוה) und 6,9 (צדיק תמים היה בדרתיו) mittels der Wendung צדיק לפני בדור הזה.

[119] (a) Begriffe: החל (vgl. 4,26; 6,1); יהוה neben אלהים (2,4; 4,25-26; 6,3); ילד Pual (4,26; 6,1); (b) Motive: ätiologischer/antiquarischer (4,26; 6,4) und mythologischer Art (6,2.4); (c) Konstruktionen: Satzkumulationen (2,4; 4,25; 6,4; 6,7; 7,8-9.23a) und Partikelkombinationen (6,3.4); (d) Spezifische Vorstellungen: Beginn der Jahweanrufung in der Urzeit; Gegensatz von רוח und בשר; strafbedingte Sterblichkeit des Menschen.

2.2. Endredaktionelle Erweiterungen in Gen 1,1-11,26

2.2.1. Gen 6,3 und der Lebensbaum in c.2-3

Gen 6,3 bietet eine Verbindung der Motive "Sterblichkeit des Menschen", "Ewigkeit" und "ewiges Lebens", wie sie sich so in der Urgeschichte nur noch in der "jahwistischen" Paradieserzählung in 3,22 findet.

Nach der "priesterlichen" Vorstellung gehört die Sterblichkeit des Menschen zu seiner Geschöpflichkeit. Ohne diesen Zusammenhang ausdrücklich zu betonen, zeigen die Todesnotizen (vgl. 5,5.8.11.14.17.20.27; 9,29),[1] daß für die "priesterliche" Schicht der Mensch vom Beginn der Schöpfung an sterblich gedacht ist. Selbst die hohe Lebenserwartung der Urväter hat nur eine Hinausschiebung, keine Aufhebung der Todesgrenze im Blick. Die Notiz von der Entrückung Henochs (5,22-24) schildert lediglich eine einmalige Herausnahme eines besonderen Menschen aus dem allgemeinen Todesgeschick durch Gott.

Ebenso geht die "jahwistische" Schöpfungserzählung davon aus, daß der Mensch aufgrund seiner Kreatürlichkeit von Anbeginn sterblich ist. Durch die als Apposition zu אדם aufzulösende Wendung עפר מן האדמה in 2,7a wird deutlich, daß der Mensch aufgrund seiner Geschöpflichkeit vergänglich ist.[2] Wie für die "priesterliche" Schicht, so ist auch für die "jahwistische" Schicht in Gen 2-3* das menschliche Leben von der Gabe des göttlichen Lebensgeistes abhängig (vgl. 2,7b bzw. 6,17). Diese Abhängigkeit wird durch den Spruch Jahwes über den Menschen (3,19),[3] der inhaltlich mit 2,7a korrespondiert, und durch die Wendung האדמה אשר לקח משם in 3,23, die ebenfalls auf 2,7a zurückschaut, bestätigt. Ebenso setzt die Ankündigung, daß der Mensch *an dem Tage*, da er vom Erkenntnisbaum ißt, *sterben müsse*, voraus, daß der Mensch sterblich ist (2,16f.). Wie die formgeschichtlichen Parallelen zu 2,16f. zeigen, handelt es sich bei der Ankündigung מות ימות nicht um eine Ansage "du wirst sterblich werden",[4] sondern um eine Androhung der Todesstrafe.[5]

Eine mit 6,3 vergleichbare Vorstellung, daß der Mensch sich selbst doch die Möglichkeit eines ewigen Lebens verschaffen könnte, findet sich dann in

---

[1] Vgl. die von G und SamPt in 11,11.13.15.17.19.21.23.25 gebotenen Todesnotizen.
[2] Zu dieser grammatischen Auflösung der Wortfolge in 2,7 vgl. Gerleman, *Adam*, 321.
[3] Lies in 3,17 וְלְאָדָם (vgl. BHK³; BHS, und die Mehrzahl der Ausleger).
[4] Vgl. Ehrlich, Randglossen I, 10; H.-P. Müller, Sterblichkeit, 69.
[5] Vgl. Gen 20,7; Num 26,65; I Sam 14,44; 22,16; II Sam 12,14; I Reg 2,37.42; Jer 26,8; Ez 3,18; 33,8. Siehe dazu Westermann, I, 306; W. H. Schmidt, Schöpfungsgeschichte, 208; Boecker, Recht, 171; Steck, Paradieserzählung, 62; Otto, Paradieserzählung, 181 Anm.79. Daß *diese* Strafe gemäß den Worten der Schlange (3,4) nicht eintritt, liegt in der Dialektik der Paradieserzählung begründet; vgl. S.158ff.

dem mosaikartigen Abschluß der Paradieserzählung (3,22-24). Dieser hebt sich durch zahlreiche inhaltliche und literarkritische Besonderheiten vom "jahwistischen" Hauptbestand in c.2-3 ab. In 3,22a wird dem Menschen zugestanden, daß er durch den Genuß der verbotenen Frucht tatsächlich gottähnlich geworden ist, wie es die Schlange angekündigt hatte (vgl. 3,5). Gemäß 3,7 hingegen erkennt der Mensch, nachdem er vom Erkenntnisbaum gegessen hat, lediglich seine Nacktheit. Er ist keineswegs עָרוּם ("klug"), sondern sieht sich עָרוֹם/עָרוּם ("nackt"). Die Schilderung des hilflosen und sich ängstlich vor Jahwe versteckenden Menschen (3,8ff.) paßt nicht zur Feststellung, der Mensch sei כֵּאלֹהִים (3,5.22).[6] Die Fluchsprüche und Strafworte in 3,16-19 zeigen, daß der Mensch nach dem "jahwistischen" Grundbestand von c.2-3 nicht gottähnlich geworden ist. Den schärfsten Gegensatz zwischen der Darstellung des Menschen nach dem Fall, wie ihn jeweils c.2-3* und 3,22 sehen, verdeutlicht das Gegenüber von 3,21 und 3,22. Einerseits fertigt Gott selbst dem Menschen als Ersatz für die notdürftige Bekleidung mit Feigenblättern (3,7) Fellkleider an (3,21), andererseits wird dem Menschen ein דַּעַת טוֹב וָרָע bescheinigt (3,22).

Bei dem Ausdruck יָדַע טוֹב וָרָע geht es weder um eine geschlechtliche Erkenntnis,[7] noch um ein moralisches Bewußtsein[8] oder eine den Menschen vom Tier unterscheidende spezifische Fähigkeit,[9] sondern um das umfassende Wissen.[10] Für diese universale Deutung dessen, "was dem Leben dient und was ihm schadet",[11] sprechen (1.) die Verwendung des Ausdrucks יָדַע טוֹב וָרָע in Dtn 1,39; II Sam 19,36; Jes 7,16;[12] (2.) die Apposition כֵּאלֹהִים, die andeutet, daß dieses Wissen Gott und Mensch unterscheidet (vgl. Hi 40,9) und (3.) der Parallelismus von יָדַע und שָׂכַל (3,5f. vgl. Jer 3,15; 9,23; Dan

---

6   Wenn 3,22 ironisch zu verstehen wäre, erübrigte sich eine Vertreibung des Menschen vom "Lebensbaum".
7   So zuletzt wieder Rottzoll, "ihr werdet sein...", 385ff. (mit einer Übersicht zu ausgewählten Vertretern dieser Deutung, der Beschränkung dieser Interpretation auf die "vorjahwistische" Tradition und einem Hinweis auf die späte Wirkungsgeschichte von Gen 2-3 in der "Elefantenperikope" des Physiologus).
8   Vgl. Budde, Urgeschichte, 69f.; Fz. Delitzsch, 91; (König, 203f.). Dagegen spricht, daß ein Verbot, sittliches Bewußtsein zu haben, im AT vollkommen singulär wäre und mit dem sämtliche atl. Schriften verbindenden Gottesbild unvereinbar ist.
9   Vgl. Wellhausen, Prolegomena, 301; Beer, Geschichte, 24; Tigay, Paradise, 79; Oden, Aspirations, 213. Dagegen spricht, daß der Mensch bereits vor dem Empfang des Gebots eine Sonderstellung vor den Tieren hat (2,5.8) und in der Benennung der Tiere seine Überlegenheit über die geschöpfliche Welt zeigt (2,19ff.).
10 So mit Böhmer, Thora, 79-81; von Rad, 65; Scharbert, 50; Wallace, Eden, 128f.
11 Zu diesem funktionalen Aspekt des Ausdrucks דַּעַת טוֹב וָרָע siehe Zimmerli, I, 133f.; Westermann, I, 329; Ruppert, I, 148.
12 Vgl. weiterhin I Reg 3,9 (לְהָבִין בֵּין־טוֹב לְרָע) sowie 4Q303,1,7 (bei Maier, Texte, II, 273); 4Q305,II,2; 4Q416,1,15; 4Q417,2,I,8 (alle zitiert in DJD XIII, 423). Zum Wortpaar טוֹב וָרָע siehe noch Gen 24,50; 31,24.29; Num 24,13; II Sam 13,22; 14,17.

2.2. Endredaktionelle Erweiterungen

1,17; 9,25), der belegt, daß in 3,5 eine intellektuelle Fähigkeit des Menschen gemeint ist.[13] Beide Vorstellungen (3,21 einerseits, 3,22 andererseits) passen nicht zusammen und können nicht von einer Hand stammen.

In 3,22b erscheint der עץ החיים, der, abgesehen von seiner Erwähnung in 2,9b und 3,24 *keine* Rolle in der Paradieserzählung spielt. Literarkritisch zeigt sich, daß der "Baum des Lebens" in 2,9 keineswegs fest verankert ist. Nach 3,3 weiß die Frau lediglich darum, daß Jahwe den Genuß vom Baum in der Mitte des Gartens (עץ אשר בתוך הגן) verboten hat. Nach 3,5 ermöglicht der Baum in der Mitte des Gartens das "Wissen um Gut und Böse". D.h. bei dem עץ אשר בתוך הגן handelt es sich zumindest in 3,1ff. und damit zusammenhängend in 2,16f. um den "Erkenntnisbaum". Da nach 3,1ff. erst die Schlange das scheinbare Geheimnis dieses Baumes lüftet und die Frau in 3,3 nur vom Baum in der Mitte des Gartens spricht, dürfte in 2,17aα ursprünglich nur vom עץ אשר בתוך הגן die Rede gewesen sein. 2,9b ist dann insgesamt eine Ergänzung.[14] Nach der ursprünglichen Paradieserzählung handelte es sich somit beim Verbot, vom Baum in der Mitte des Gartens zu essen, um eine reine Gehorsamsprobe. Diese wurde sekundär in ein Verbot des "Wissens um Gut und Böse" verändert.[15] Aus dem "Baum in der Mitte des Gartens" als Mittel, den Gehorsam des Menschen gegenüber Jahwes Gebot zu prüfen, wurde so eine umfassendes Wissen verleihende Pflanze. Erkennt man im "Baum des Lebens" einen späteren Zusatz, so ergibt sich nicht nur für 2,8-9a ein glatter Zusammenhang, sondern für die gesamte Paradieserzählung. Eine Differenzierung der Bäume in einen Erkenntnis- und in einen Lebensbaum wurde erst nach der Ergänzung des Lebensbaumes nötig. Verbunden mit dem Lebensbaum ist die Vorstellung, daß der Mensch durch den Genuß von diesem ewig leben könne (חי לעלם). Zumindest theoretisch steht bzw. stand dem Menschen, so nach dem Verfasser von 3,22b, die Möglichkeit offen, die geschöpfliche Todesgrenze zu überwinden. Eine solche Vorstellung liegt dem Autor bzw. den Autoren von 2,7 und 3,19 fern. Sie trifft sich aber modifiziert mit 6,3.

Während in 6,3 die Frage, warum der Mensch nicht ewig lebt, mit dem Hinweis auf einen strafweisen Entzug der göttlichen רוח beantwortet wird, erklärt 3,22 dasselbe Phänomen mittels des strafweisen Ausschlusses des

---

[13] Zu weiteren Vorschlägen, die Wendung דעת טוב ורע zu deuten, siehe die Übersichten bei Wenham, I, 63f., und bei Tigay, Paradise, 78f., sowie H.-P. Müller, Erkenntnis, 68ff., der die verschiedenen Deutungen zu verbinden versucht.

[14] So mit Gese, Lebensbaum, 78f.; Levin, Jahwist, 92; ähnlich bereits Böhmer, Thora, 27.126; Budde, Urgeschichte, 58f., die 2,9b* allerdings in der Form ובתוך הגן עץ הדעת טוב ורע beibehielten.

[15] Die in hasmonäischer Zeit entstandene Paraphrase von Gen 1-9 in 4Q422 (in: DJD XIII, 417ff.) spricht, soweit erkennbar, dann schon vom "Erkenntnisbaum" (vgl. I,10: [עץ הד]עת טוב ורע). Ebenso setzt die aus herodianischer Zeit stammende Handschrift 4QGen[b] frgm. 1,ii,4 (in: DJD XII, 36) MT voraus.

Menschen vom עץ החיים. Aus zwei unterschiedlichen, aber derselben Fragestellung verpflichteten Perspektiven wird über den bereits im Ansatz gescheiterten Versuch des Menschen reflektiert, durch eine Berührung der göttlichen Welt, zu der einerseits der Baum des Lebens, andererseits die Elohim-Söhne gehören, ewiges Leben zu erreichen.

Die Parallelität zwischen dem literarisch einheitlichen V.22[16] und 6,1-4 zeigt sich an weiteren Punkten. So bezeichnet 3,22 (in Anlehnung an 3,6) wie 6,2 die Überschreitung der Grenze zwischen der irdischen und der himmlischen Welt mit dem Terminus לקח. Die hinter dem Ausdruck כאחד ממנו (3,22) stehende Vorstellung des himmlischen Hofstaates[17] liegt auch der Rede von den בני האלהים zugrunde (6,2.4).[18] Diese Parallelen erlauben es, die Lebensbaumnotizen in 2,9b und 3,22 und die dadurch bedingte Änderung von 2,17aα auf *die* Hand zurückzuführen, die 6,1-4 geschaffen hat.[19]

Mit der Herauslösung der Lebensbaumnotizen aus c.2-3 und ihrer Zuweisung an den Redaktor, der die "jahwistische" Schicht der Urgeschichte mit der "priesterlichen" verbunden hat, lösen sich weitere literarkritische Probleme der Paradieserzählung.

In 3,23 wird die Vertreibung des Menschen aus dem גן־עדן berichtet. Damit hat die Paradieserzählung einen Abschluß erreicht, der über die Motive der Bearbeitung (עבד) des Erdbodens (אדמה) und der Schöpfung des Menschen aus dem Erdboden (אדמה) mit der Einleitung in 2,5.7a

---

[16] Die literarische Integrität von 3,22 ergibt sich (1.) aus dem syntaktischen Angewiesensein von V.b auf V.a, (2.) aus der inhaltlichen Komplementarität von V.a und V.b und (3.) aus dem Verhältnis beider Versteile zum "jahwistischen" Grundbestand von c.2-3*, zu dem 3,22 insgesamt in Spannung steht.

[17] Zum Bezug des Ausdrucks כאחד ממנו, der von den alten Übersetzungen wortgetreu übersetzt wird, auf eine Ansprache Jahwes an den himmlischen Hofstaat vgl. Gen 1,26; 11,6; Jes 6,8 sowie die Wiedergabe von Gen 3,22 in Tg^J למלאכייא די משמשין קומוי) sowie die Auslegungen von König, 433; Jacob, 300; Zimmerli, I, 186; P. D. Miller, Genesis, 9ff., D. L. Petersen, Yahweh, 56f.; Wenham, I, 87; Levin, Jahwist, 92; Seebass, I, 131.

[18] Demgegenüber weist das Partizip Plural ידעי in 3,5 nicht auf ein "polytheistisches" Verständnis von כאלהים hin (vgl. G; Vg), sondern ist syntaktisch von הייתם abhängig: "Ihr werdet sein wie Gott, indem ihr um Gut und Böse wißt" (vgl. König, 239; Ruppert, I, 147; Seebass, I, 99.121; Rottzoll, "... ihr werdet sein", 385). Für eine solche Interpretation spricht vor allem die sing. Konstruktion von אלהים mit ידע in V.5a. Die Differenz in der Verfasserschaft des "jahwistischen" Grundbestands von 2,4b-3,24* und 3,22 zeigt sich auch daran, daß die Selbstreflexion Jahwes in 2,18 in der 1. Pers. Sing, formuliert ist (אעשה), während 3,22 die 1. Pers. Plur. gebraucht.

[19] Vgl. Böhmer, Thora, 124ff.141ff.; Gese, Lebensbaum, 85; zur Annahme, 3,22 sei gegenüber dem literarischen Hauptbestand von Gen 2,4b-3,24* sekundär, wenn auch nicht endredaktionell, siehe Wellhausen, Composition, 305; Budde, Urgeschichte, 46ff.; Weimar, Pentateuch, 129 (JE); Hossfeld, Pentateuch, 34 (JE); Dohmen, Schöpfung, 249ff. (JE); Uehlinger, Weltreich, 324f.; Levin, Jahwist, 92 (R^S).

2.2. Endredaktionelle Erweiterungen

korrespondiert. Daß 3,23 mit V.22 aufgrund des Suffixes הו־, das sich auf den אדם zurückbeziehe, eine syntaktische und daher literarische Einheit bilde,[20] ist angesichts der inhaltlichen Differenzen zwischen 3,22 und V.23 unwahrscheinlich. Die zweifache Verwendung des Wortes שלח (V.22b und V.23a) in unterschiedlicher Bedeutung geht kaum auf denselben Verfasser zurück. Ein Bezug von הו־ auf אדם in V.21 ist nicht ausgeschlossen.[21]

3,24b hängt über das Motiv der Bewachung des Zugangs zum Lebensbaum unmittelbar mit den sekundären Notizen in 2,9b und 3,22 zusammen und dürfte daher ebenfalls ein späterer Zusatz sein.[22] Die Rückführung von 3,24b auf dieselbe Hand wie 6,1-4 bestätigt sich durch die Erwähnung der mythischen Figuren der כרבים und des להט החרב המתהפכת, die in der Urgeschichte ihre nächste Parallele in den בני האלהים haben. Ebenso kann 3,24a auf den Redaktor zurückgeführt werden, da die Notiz ויגרש את־האדם eine Variante zu וישלחהו (V.23a) darstellt[23] und V.23 ausweislich seiner motivischen Rückbezüge auf 2,5 (לעבד את־האדמה), 2,7 (לקח משם // וייצר), 2,8 (מן־עדן // שם וישם) und seines stilistischen Charakters mit einem zusammenfassenden Relativsatz (vgl. 2,8; 2,22) bereits als Abschlußvers gestaltet ist. So verschärft und konkretisiert 3,24 redaktionell den Bericht über die strafweise Entlassung des Menschen aus dem Garten.[24]

Über die Zuweisung von 3,24 an den Redaktor läßt sich auch die Herkunft des literarkritisch aus dem Kontext herausfallenden Abschnitts in 2,10-15 klären. Die "kleine Geographie" in 2,10-14 unterbricht den Erzählduktus von 2,8-9a.16-17 und bemüht sich um eine bestimmte Lokalisierung des Geschehens, das nach der ursprünglichen Angabe in 2,8 in mythischer Ferne (מקדם) im

---

[20] Vgl. Kutsch, Paradieserzählung, 277ff.; Willi, Schlußsequenzen, 431.
[21] So mit Gese, Lebensbaum, 79; Scharbert, Paradieserzählung, 45 Anm.8. In 3,21 ist das Pluralsuffix in וילבשם durch die vorangehende Differenzierung לאדם ולאשתו bedingt. Die Verwendung des Singularsuffixes הו־ in V.23 gründet in der Vorstellung, daß allein der אדם zur Bearbeitung der אדמה bestimmt ist (vgl. 2,5; 3,17-19).
[22] Das Nebeneinander der כרבים und des להט החרב המתהפכת erklärt sich motivgeschichtlich und ist kein Hinweis auf eine literarische Schichtung, vgl. S.238ff.
[23] Auch in Ex 6,1 deutet die Kombination von גרש und שלח auf eine literarische Schichtung hin, lediglich in Ex 11,1 könnten die Begriffe von einer Hand stammen.
[24] Eine Änderung in וַיְשַׁכֵּן (Meinhold, Paradies, 127 Anm.4; Eißfeldt, Hexateuchsynopse, 255*; Levin, Jahwist, 89) ist nicht geboten. G mit κατῴκισεν αὐτόν versteht gegenüber MT den אדם als Objekt und bietet als zusätzliches Prädikat zu den כרבים καὶ ἔταξεν, was einem וישם entspräche. Wahrscheinlich modifiziert G bewußt, um die Selbständigkeit der Keruben und des Schwertes einzuschränken; so mit Rösel, Übersetzung, 99.

"Wonneland" (עֵדֶן)²⁵ spielt. Sie erweist sich durch die Wiederaufnahme des Gedankens einer Versetzung des Menschen in den Garten (2,15) als Einschub.²⁶ Dabei modifiziert diese Wiederaufnahme die ursprüngliche Darstellung der Existenzform des Menschen im Garten. Nach 2,8 wird der Mensch ohne bestimmten Auftrag in den Garten gesetzt, nach 2,15 erhält er die Aufgabe, den Garten zu bearbeiten und zu hüten.²⁷ Eine solche Bewachungsfunktion (שׁמר) fällt aber nach dem sekundären Vers 3,24 später den Keruben zu.

Daß hingegen auch noch 2,6 als Vorbereitung des Einschubs sekundär sei,²⁸ ist angesichts der syntaktischen und inhaltlichen Einbindung des Verses in den Zusammenhang von 2,5.7a unwahrscheinlich. V.6 fügt sich formgeschichtlich gut an V.5 an und benennt inhaltlich die Voraussetzung zur Erschaffung des Menschen aus der durchfeuchteten Erde.²⁹ Allerdings dürfte V.6 inhaltlich einen Anknüpfungspunkt für die redaktionelle Einlage von V.10-14.15 darstellen. So wird die Vorstellung des Aufsteigens der unterirdischen "kosmischen Flut" (אֵד)³⁰ und der Bewässerung der Erde (V.6) um die

---

[25] Zur philologischen Problematik des von Fd. Delitzsch, Paradies, 80, unterbreiteten Vorschlags, עֵדֶן von dem sumer.-akkad. Wort *edinu* ("Steppe") abzuleiten, siehe zuletzt HALAT, 749; Tsumura, Earth, 123ff.161; Vermeylen, Création, 96; Seebass, I, 108.

[26] Die sekundäre Entstehung von 2,(9b).10-14.(15) ist in der Forschung schon lange erkannt (vgl. Otmar, Versuche [1796], 306; Kelle, Schriften, II/1 [1817], 45; Budde, Urgeschichte, 82f.; Reuss, Geschichte, 274; Gunkel, 8f.; Pfeiffer, Source, 68; Mowinckel, Sources, 66ff. (E2); Hölscher, Erdkarten, 34; Dus, Paradiesgeschichte, 97ff., Kaiser, Meer, 107; Ohler, Mythologische Elemente, 151; Gese, Lebensbaum, 77; Kutsch, Paradieserzählung, 275f., Dohmen, Schöpfung, 249ff. [JE]; Berge, Zeit, 120; Ruppert, I, 132ff. [JE]; Blenkinsopp, Pentateuch, 63; Pola, Priesterschrift, 288 Anm.248 [JE]; Seebass, I, 133f.). Daß diese Ergänzung im Zusammenhang mit der Endredaktion der Urgeschichte steht, findet sich nach Anregungen von Ewald, Theologie, III, 72 Anm.1; Dillmann, XVII und 57; Holzinger, 41 (R/R^S/Glosse), erst in Ansätzen und in unterschiedlicher Modifikation bei Weimar, Pentateuch, 112ff. (JE: 2,10.11a.bα.13-15; R^Pt: 2,11bβ.12); Dockx, Paradis, 132; Wyatt, Fall Story, 12.20f. (R); Görg, bdlḥ, 15 (R^Pt); Vermeylen, Commencement, 65f.101f.(P2 = R^Pt); ders., Création, 92.96f.; Levin, Jahwist, 92 (R^S).

[27] Zur Besonderheit der Suffixe in לְעָבְדָהּ וּלְשָׁמְרָהּ, wodurch das mask. Substantiv גן einmalig im AT als Femininum behandelt wird (vgl. G-K §122l), s.u.S.271 Anm.49.

[28] So Kutsch, Paradieserzählung, 276; Vermeylen, Création, 92; Levin, Jahwist, 92.

[29] Zu den altorientalischen Parallelen zu Gen 2,4b.5-6.7a vgl. S.55 und S.201 Anm.229.

[30] Zur Ableitung des hebr. Wortes אֵד sumer.-akkad. *edû* (II "Flut"), *id* ("Fluß[gott]", "kosmischer Fluß") oder sumer. *e₄-dé* ("Hochwasser") und zu der damit verbundenen Vorstellung eines aus der Erde hervorquellenden Süßwasserstromes (vgl. G [πηγή]) siehe ausführlich Tsumura, Earth, 93-116.159ff.; Wallace, Eden, 73f.; Rüterswörden, dominium, 13.21.; Harland, Human Life, 96. Dagegen führte Görg, Überlieferung, 24; ders., *ʾēd*, 9f., (in Anschluß an Yahuda, Sprache, 149f.), das hebr. אֵד und das ägypt. *jȝd.t* "Tau, Nebel, Dunst", auf ein gemeinsames kanaan. Substrat *ʾid "Tau" zurück und verwies für diese Deutung auf Ex 16,14; Hi 36,27; 38,28-30; Prov 3,20; Sir 43,22 [G, H]. Nach W. W. Müller (brieflich) überzeugt diese Deutung Görgs aber nicht, da ägypt. ȝ nicht semitischem ʾ entspreche, sondern semitischem r, und ägypt. d nicht mit semiti-

2.2. Endredaktionelle Erweiterungen

Betonung des Wasserreichtums des Gartens durch das Motiv eines immerwährenden Stroms (V.10: נהר יצא) ergänzt bzw. konkretisiert.

Ebenso ist eine weitergehende literarkritische Scheidung, derzufolge V.12 ergänzt sei,[31] unnötig; sie übersieht vielmehr, daß die Flüsse חדקל, גיחון und פרת dem alttestamentlichen Leser vertraute Größen sind, während der פישון erklärungsbedürftig ist.[32] So ist die Notiz über den ersten Strom notwendig erweitert, während im vierten Fall eine auf die Namen verdichtete Erwähnung genügt.

Ausgehend von der inhaltlichen und stilistischen Parallele zwischen dem redaktionellen Abschnitt 6,1-4 und der literarkritisch aus Gen 2-3 herausfallenden Sentenz 3,22 können also sämtliche Notizen, die sich auf den Lebensbaum beziehen (2,9b; 3,22.24), auf *die* Hand zurückgeführt werden, die mittels 2,4; 4,25-26 und 6,1-4 die "priesterliche" mit der "jahwistischen" Hauptschicht der Urgeschichte verbunden hat.[33] Aufgrund der Parallele zwischen den historisierenden und mythologisierenden Notizen in 6,2.4 und der sich literarkritisch und kompositionell als Einschub erweisenden Lokalisierung des Gottesgartens in 2,10-15 dürften auch diese Verse auf den "nachpriesterlichen" Redaktor zurückgehen.

Für die nähere Bestimmung des Redaktors ergibt sich durch die Zuweisung von 2,9b.10-15.17aα* und 3,22.24 die Erkenntnis, daß er die ihm vorgegebenen Texte nicht unbearbeitet gelassen und lediglich mittels eigenständiger Überleitungen verknüpft hat, sondern daß er in seine Vorlagen literarisch produktiv eingegriffen und diese kompositionell und inhaltlich bereichert hat. In redaktionstechnischer Hinsicht weisen die Erweiterungen in 2,9b.10-15.17aα* und 3,22.24 dasselbe Verfahren auf wie die Brückentexte in 2,4; 4,25-26 und 6,1-4. Der Redaktor nimmt zentrale Begriffe aus seinen Vorlagen auf und kombiniert diese im Fall der Paradieserzählung nun nicht mit "priesterlichen", sondern mit eigenen Begriffen, die allerdings auf die "priesterlichen" Vorstellungen Rücksicht nehmen. So bildet die Notiz der Beauftragung des Menschen, den Garten zu bearbeiten und zu hüten (2,15), einen Ausgleich zwischen dem "priesterlichen" Herrschaftsauftrag (1,28f.) und dem "jahwistischen" Arbeitsverständnis, demzufolge dem Menschen die Bear-

---

schem *d* korrespondiere, sondern mit semitischem *ṭ* ; zu einer Kritik an Görgs Vorschlag siehe auch Tsumura, Earth, 94 Anm.5. Zur Auflösung von אד mit Tau vgl. Tg^O; Fz. Delitzsch, 77; Dillmann, 52; König, 198ff.; Procksch, 20; Budde, Paradiesesgeschichte, 10, sowie vgl. die Schöpfungsreihe "Erde, Himmel, Gewölk" in Prov 8,26-28). Unabhängig von der Wiedergabe von אד mit "Tau" oder "Strom", ist die mythische Diktion des Bildes deutlich, insofern אד artikellos gebraucht wird (vgl. dazu auch Loretz, Ugarit, 162f.; Zwickel, Tempelquelle, 152ff.).

[31] Vgl. Weimar, Pentateuch, 112ff. (JE: 2,10.11a.bα.13-15; R^{Pt}: 2,11bβ.12); Levin, Jahwist, 92.
[32] Vgl. S.264f.
[33] Vgl. dazu bereits Böhmer, Thora, 124-126.

beitung des Ackerbodens erst nach der Verbannung aus dem Gottesgarten befohlen wird (3,17-19.23).[34] Die Sentenz in 3,22 spiegelt ebenfalls eine Verbindung der "priesterlichen" und der "jahwistischen" Schöpfungserzählung wider. Mit der "priesterlichen" Erzählung teilt 3,22 die Rede Gottes in der 1. Pers. Plur. und die Vorstellung der Gottähnlichkeit des Menschen (vgl. 1,26ff.), mit der "jahwistischen" hat 3,22 das Motiv von der Erkenntnis (vgl. 3,5) gemeinsam.[35] Die eigene Vorstellung des Redaktors findet sich im Motiv des Lebensbaums. Im Rückblick auf die "priesterliche" und die "jahwistische" Schöpfungserzählung läßt sich 3,22 als eine negative Kehrseite der Gottesebenbildlichkeit (1,26f.) lesen. Nach dem Grundbestand der Paradieserzählung scheitert der Mensch an der Gehorsamsprobe, vor die ihn Jahwe mittels des Verbots, vom "Baum inmitten des Gartens" zu essen, stellt. Durch die Schlange verführt, strebt der Mensch nach Gottähnlichkeit, Allwissenheit und Autonomie, erreicht dabei aber lediglich die Erkenntnis der eigenen Hinfälligkeit und die Erfahrung von Furcht, Schuld und Scham. Hingegen konzediert der Redaktor dem Menschen hinsichtlich des Wissens um Gut und Böse "wie Gott zu sein" (vgl. 1,26; 3,22), wenn auch nicht aufgrund einer Schöpfungsgabe, sondern eines widergöttlichen Raubs.

Die redaktionelle Verbindung der "jahwistischen" Schöpfungserzählung mit der "priesterlichen" zeigt sich dann auch an punktuellen Eingriffen in c.2-3, die ebenfalls auf diesen Redaktor zurückgehen könnten. So bildet die syntaktisch auffallende Wendung נפש חיה in 2,7b und 2,19b eine in Anlehnung an 1,20f.24.30 gestaltete Ergänzung, wodurch der Mensch *und* die Tiere ausdrücklich als "lebendige Wesen" bezeichnet werden.[36] Möglicherweise orientiert sich der Redaktor bei der Bildung von 2,7b an der Vollzugsformel des "priesterlichen" Schöpfungsberichts (vgl. 1,3.7.9.11.15.24.30),[37] während er

---

[34] Vgl. Budde, Urgeschichte, 83: "Zu seligem Geniessen ist der Mensch im Paradies, nicht zum Arbeiten und Hüten."

[35] In dieser vom Redaktor eingeschlagenen Linie der Harmonisierung liegt dann die Paraphrase von Gen 1-2 in 4Q504 frgm. 8r 4-7, die ähnlich wie Sir 17,7 [H] neben der Gottesebenbildlichkeit unmittelbar die *Gabe von Klugheit und Wissen* (בינה ודעת) an Adam erwähnt (vgl. auch 4Q305,ii,2 [in: DJD XIII, 423]), wobei hier möglicherweise auch die Vorstellung vom weisen Urmenschen mitschwingt (vgl. Hi 15,7f. und die Erzählung von Adapa [in: ANET, 100ff.]).

[36] So mit Levin, Jahwist, 89. Dabei ist nicht nur die Wendung נפש חיה (vgl. Gen 9,2.12.15.16; Lev 11,10.46; Ez 47,9) sekundär (so aber Budde, Paradiesesgeschichte, 34; W. H. Schmidt, Schöpfungsgeschichte, 199; Weimar, Pentateuch, 118f.; Dohmen, Schöpfung, 79; Ruppert, I, 124f.), sondern der gesamte *literarisch einheitliche* V.19b (vgl. dazu auch Koch, Güter, 58f.) Die Differenz zwischen Mensch und Tier bleibt bewahrt, insofern nur der Mensch die נשמת חיים (2,7aβ) und das Recht, die Tiere zu benennen (2,19-20), erhält.

[37] Im "priesterlichen" Schöpfungsbericht findet sich im Anschluß an die Menschenschöpfung (1,26ff.) bewußt keine Vollzugsformel (ויהי כן). Mit Ausnahme des möglicherweise sekundären Versteils 1,7b erscheint diese Formel nämlich lediglich nach der "Wortschöpfung" (ויאמר אלהים, vgl. 1,3.9.11.14f.24.29f.), während nach der Ver-

2.2. Endredaktionelle Erweiterungen

mit 2,19b in Analogie zur "priesterlichen" Benennungsformel in 1,5.8.10 eine dem göttlichen Handeln entsprechende Klassifikation der den Menschen unmittelbar umgebenden Schöpfung bietet. Auf den Redaktor dürfte dann auch die Einleitung von V.19b in V.19aγ zurückgehen. Da die Erzählerkommentare in 2,7b.19aγ.b jeweils sprachlich und stilistisch aus dem vorendredaktionellen Grundbestand von 2,4b-3,24 herausfallen, unterstützen sie gerade nicht die These einer "nachpriesterlichen" Entstehung der gesamten Paradieserzählung, die auf Gen 1,1-2,3 hin komponiert sei.[38] Ebenso könnte die kolometrisch und stilistisch aus dem Fluchspruch über die Schlange in 3,14 herausfallende Wendung ר- הבהמה ומכל wie die entsprechende Wendung in 2,20 ein endredaktioneller Zusatz sein, der auf 1,25 zurückschaut.[39] Schließlich erscheint die Angabe אכלת את־עשב השדה in 3,18b, die eine Doppelung zu V.19aα darstellt und die den poetischen Zusammenhang zwischen V.17bα // V.19b, V.17bβ // V.19aβ und V.18a // V.19aα unterbricht, als ein Rückgriff auf das "priesterliche" Speisegebot in 1,29.[40] Dem Menschen ist der Verzehr von עשב השדה bestimmt - gemäß der "priesterlichen" Vorstellung als ursprüngliche "prälapsarische" Schöpfungsordnung, gemäß der Vorstellung des Redaktors (im Duktus der "jahwistischen" Paradieserzählung) als "postlapsarisches" Gebot.[41]

2.2.2. Gen 3,22 und die Babel-Bau-Erzählung (11,1-9)

2.2.2.1. Literarische Analyse von 11,1-9

Wenn 3,22 auf den Redaktor zurückgeführt werden kann, dann erhebt sich die Frage, ob nicht auch die inhaltlich und stilistisch eng mit diesem Vers verwandte Reflexion Jahwes in 11,6 von ihm stammt. Die Parallelität zwischen 3,22 und 11,6 verdeutlicht folgende Nebeneinanderstellung:

---

wendung des Terminus ברא die Segensformel (ויברך אלהים) die Vollzugsformel ersetzt (vgl. 1,21f.27f.).

[38] Gegen Otto, Paradieserzählung, 183-185. Wäre 2,19f. eine ursprüngliche, literarisch intendierte Explikation des "priesterlichen" Herrschaftsauftrages aus 1,26f., könnte in 2,19f. die Verwendung der Wurzeln רדה und כבש erwartet werden. Die Ergänzung in 2,19aγ.b zeigt vielmehr, daß ein "nichtpriesterliches" literarisch vorgegebenes Benennungsmotiv (2,20; 3,20) sekundär mit 1,1-2,3 in Verbindung gesetzt worden ist.

[39] Vgl. dagegen 2,19, wo nur von der Erschaffung der חית השדה und der עוף השמים erzählt wird, und 3,1, wo die Schlange lediglich als klügstes aller חית השדה erscheint; siehe dazu auch Weimar, Pentateuch, 131; Ruppert, I, 109f.124; Levin, Jahwist, 87ff.

[40] Vgl. Ruppert, I, 124; Levin, Jahwist, 89f.

[41] Weitere literarkritische Nähte in Gen 2,4b-3,24 gehören dem vorendredaktionellen Wachstum der Paradieserzählung an; s.u.S.151ff.

2. Redaktionsgeschichtliche Analyse

3,22	11,6
וַיֹּאמֶר יְהוָה [אֱלֹהִים]	וַיֹּאמֶר יְהוָה
הֵן הָאָדָם הָיָה כְּאַחַד מִמֶּנּוּ	הֵן עַם אֶחָד וְשָׂפָה אַחַת לְכֻלָּם
לָדַעַת טוֹב וָרָע	וְזֶה הַחִלָּם לַעֲשׂוֹת
וְעַתָּה פֶּן־יִשְׁלַח יָדוֹ	וְעַתָּה לֹא יִבָּצֵר מֵהֶם
וְלָקַח גַּם מֵעֵץ הַחַיִּים	
וְאָכַל	
וָחַי לְעֹלָם:	כֹּל אֲשֶׁר יָזְמוּ לַעֲשׂוֹת:

In beiden Fällen handelt es sich angesichts einer Verfehlung des Menschen um eine Rede Jahwes zu seinem himmlischen Hofstaat.[42] Auf eine mit הן ("Siehe")[43] eingeleitete Feststellung des gegenwärtigen Status des Menschen folgt eine mit ועתה ("doch jetzt") eingeführte Befürchtung eines möglichen zukünftigen Handelns des Menschen, durch das eine von Gott gesetzte Grenze überschritten werden könnte und das daher unterbunden werden muß. Mit den auf den Redaktor zurückgehenden Texten in 2,4; 3,22; 4,25-26 und 6,1-4 teilt 11,6 in sprachlicher und stilistischer Hinsicht die Verwendung des Begriffs חלל (Hif.), des Infinitivs constructus, des Jahwenamens, den Gebrauch von Termini, die im Pentateuch nur selten vorkommen,[44] und den aufwendigen Satzbau. Es spricht also vieles dafür, 11,6 dem Verfasser der Gottesrede in 3,22 *und* der bisher behandelten redaktionellen Zusätze zuzuweisen.[45]

Ausgehend von V.6 läßt sich die literarische Entstehungsgeschichte von Gen 11,1-9 nachzeichnen. Das Grundgerüst von V.6 bildet, nach der Redeeinleitungsformel, die Korrespondenz zwischen הן und ועתה. Der mit ועתה eingeleitete V.6b läßt sich literarkritisch nicht zerlegen, da V.6bβ einerseits nicht selbständig ist, andererseits das für die Konstruktion בצר notwendige Objekt bietet (vgl. Hi 42,2). Über V.6bβ (יזמו לעשות) wird auf ein zuvor genanntes Handeln des Menschen zurückgeblickt. Der Ausdruck כל אשר legt die Annahme nahe, daß es sich bei dieser Tat erst um eine Teil- oder Anfangstat handelt. Somit gehört auch V.6aβ (וזה החלם לעשות) zum ursprünglichen Bestand des Verses. Eine solche Wortwiederholung ist offenbar für den

---

42 Zu dieser Auflösung des Plural in 11,6f. s.o.S.82 Anm.17.
43 Daß eine Gottesrede mit הן eingeleitet wird, findet sich neben Gen 3,22 und 11,6 nur noch in Dtn 31,14. Hingegen ist eine Eröffnung mit הנה breit gestreut (vgl. Gen 1,29; 17,4; 19,21; Ex 4,14; 4,23; 33,21 u.ö.).
44 Vgl. בצר III (*Nif.*, nur in Gen 11,6; Hi 42,2; Sir 37,20 [H]) und זמם (*Qal*, nur in Gen 11,6; Dtn 19,19).
45 Zur Feststellung der Identität von 3,22 und 11,6 vgl., wenn auch mit unterschiedlichen literargeschichtlichen Konsequenzen, Nöldeke, Untersuchungen, 14 Anm.1; Wellhausen, Composition, 12; Waschke, Menschenbild, 133; Wenham, I, 240; Ruppert, I, 490; Levin, Jahwist, 92; Uehlinger, Weltreich, 324f.403.563 (mit der literargeschichtlich kaum zutreffenden These, 3,22 sei sekundär an 11,6 angepaßt worden).

2.2. Endredaktionelle Erweiterungen

Stil dieses Redaktors charakteristisch.[46] Das Suffix der 3. Pers. Plur. in החלם blickt auf ein vorher genanntes Bezugswort zurück, das sich dann in עם findet. Damit gehört auch die Folge עם אחד zum ursprünglichen Bestand von V.6.[47] Somit könnte allenfalls das "Sprachenmotiv" in V.6 (ושפה אחת לכלם) sekundär sein. Andererseits fügt sich dieser Teil gut in die Gesamtstruktur des Verses ein, der einen ähnlichen Aufbau wie 6,3 aufweist: 11,6aα (הן עם אחד ושפה אחת לכלם) bildet eine im Parallelismus gestaltete These (vgl. 6,3aα: לא ידון רוחי באדם לעלם); 11,6aβ bietet eine begründende Parenthese (vgl. 6,3aβ: בשגם הוא בשר); 11,6b liefert eine zweiteilige Folgerung (vgl. 6,3b: ויהיו ימיו מאה ועשרים שנה), wobei לכלם mit כל korrespondiert und mit החלם eine Paronomasie darstellt. Für die Ursprünglichkeit von 11,6aα2 spricht weiterhin die Verbindung von V.6 mit V.7: Die wörtliche Rede und die Ankündigung einer Tat Jahwes sind syntaktisch von ויאמר יהוה in V.6aα1 abhängig. Nun könnte V.7, der allein eine Sanktion Jahwes, nämlich die Sprachverwirrung, im Blick hat, sekundär an V.6 angelagert und durch V.6aα2 (ושפה אחת לכלם) vorbereitet worden sein. Gegen diese Lösung spricht, daß V.7 wie der redaktionelle Vers 3,22 in der Rede Jahwes die 1. Pers. Plur. (נרדה ונבלה) gebraucht. Die hinter dieser Redeweise stehende Vorstellung von der Ansprache Jahwes an seinen himmlischen Hofstaat verbindet 11,7 zugleich mit 6,1-4 (בני האלהים). Die Kombination von V.6 mit V.7 ergibt dann die vollständige Parallelität zu 3,22.

Wenn V.6-7 eine literarisch einheitliche Jahwerede bilden, die vom Redaktor gestaltet ist, ergibt sich die Frage, wie fest diese Einheit in den Kontext eingebunden ist. Mit V.6-7 hängen direkt V.1a über die Wendung שפה אחת (vgl. V.6aα.7b), V.1b als Exemplifikation der "Spracheinheit", V.3 als Konkretion von V.1b und als Pendant zu V.7b (vgl. איש אל רעהו) sowie V.9aβ als Verbindung des Sprachenmotivs mit der Babeletymologie (בלל)[48]

---

[46] Vgl. in 4,25 das doppelte כי, in 4,26 das doppelte קרא, in 6,3f. das doppelte ע[ו]לם und das doppelte יום.

[47] Daß die Wendung עם אחד für den Vers unverzichtbar ist, ergibt sich auch aus V.bα (מהם) und aus V.bβ (ויזמו), die jeweils ein ausdrücklich genanntes pluralisches oder kollektives Substantiv voraussetzen.

[48] Durch das begründende כי, mittels dessen das Sprach- das Zerstreuungsmotiv an die Babeletymologie angebunden ist, wird die Kausalpartikel על־כן verdoppelt. Die ursprüngliche etymologische Formel in V.9 lautete wohl lediglich על־כן קרא בבל (vgl. Gen 16,14; [19,22]; 25,30; 31,48; 33,17; 50,11; Ex 15,23; Jos 7,26; Jdc 15,19; II Sam 5,20). Der einzige weitere Beleg für eine Etymologie in der Form שם־NN כי על־כן in Gen 21,31 ist ebenfalls erst redaktionell entstanden, sei es durch eine Kompilation von 21,31a (J) mit 21,31b (E), so Procksch, 139, sei es durch eine ("elohistische") Ergänzung von V.31b zu einem ("jahwistischen") Grundbestand in V.31a. Vgl. dazu Ficht-

zusammen. Die Verse 1.3.6-7.9aβ lassen sich nun aber alle als redaktionelle Ergänzungen verstehen, die das Motiv der Sprachenvielfalt aus der "priesterlichen" Völkertafel (10,5.20.31) begrifflich (שפה anstelle von לשון) und sachlich modifizieren.⁴⁹ Die von der "priesterlichen" Schicht als natürliche Gegebenheit verstandene Differenzierung der Völker nach Sprachen wird durch 11,1.3.6-7.9aβ als Folge eines Strafhandelns Jahwes hamartiologisch umgedeutet. Derselben redaktionellen Tendenz sind die literarkritisch eindeutig sekundären Zerstreuungsnotizen in V.4b.8a.9b verpflichtet.⁵⁰ Der von der "priesterlichen" Schicht (vgl. 10,5.32) mit dem neutralen Begriff פרד beschriebene Vorgang der Völkerverteilung wird nun mit dem negativ konnotierten Diasporaterminus פוץ ebenfalls als Folge eines Strafhandelns Jahwes interpretiert.⁵¹ Da das Zerstreuungsmotiv den Aspekt der ursprünglichen Einheit der Menschheit (V.6: עם אחד) verdeutlicht, können die Verse 4b.8a.9b auf dieselbe Hand wie die Verse 1.3.6-7.9aβ, also auf den Redaktor, zurückgeführt werden.⁵² Die Wendung הן עם אחד (11,6) stellt nun den Teilbegriffen גוים und משפחה (10,5.20.31f.) den unmittelbarsten Ausdruck für verwandtschaftliche Beziehungen (עם) gegenüber. Intention dieser redaktionellen Zusätze ist eine hamartiologische Verdeutlichung der von der "priesterlichen" Schicht gebotenen Gliederung der Menschheit nach Sprachen und Völkern (10,5.20.31).

Nach Abzug der auf den "nachpriesterlichen" Redaktor zurückgeführten V.1.3.4b.6-7.8a.9aβ.b verbleiben die V.2.4a.5.8b.9aα, für die keine unmittelbare literarische Abhängigkeit von V.6-7 nachgewiesen werden kann. Die

---

ner, Ätiologie, 380, der allerdings die Erweiterung der ätiologischen Form על־כן קרא durch den bzw. die כי-Sätze bereits für das vorliterarische Stadium annahm, und Long, Etiological Narrative, 24f., der zutreffend darauf hinwies, daß die zwei von כי abhängigen Sätze in V.9aβ und V.9b weniger mit der Babelbenennung als mit der jetzt vorliegenden Erzählung verbunden sind. Dabei hielt Long allerdings Gen 11,1-9 für literarisch einheitlich.

49 Der "priesterlichen" Schicht lassen sich die Verse 1-7.20.22-23.31-32 zuweisen, auf die "nichtpriesterliche" Schicht entfallen die Verse 8-19.21.24-30. Zur weitergehenden literarkritischen Differenzierung s.u.S.113ff.

50 Bereits Giesebrecht, Rez. Gunkel, 1862, sprach bei den gleichförmigen Zerstreuungsnotizen von Glossen, mittels derer die Völkertafel mit der Turmbaugeschichte harmonisiert werde; vgl. dann auch Seybold, Turmbau, 476 Anm.104 (R^{JP}[?]); Weimar, Pentateuch, 151 (JE); Uehlinger, Weltreich, 574f. (ein P nahestehender Redaktor); Vermeylen, Commencement, 181 (dtr). Die Stereotypie von 11,4b.8a.9b spricht dann aber auch gegen den Vorschlag von Ruppert, I, 491, zwar V.9b auf R^{Pt} zurückzuführen, V.4b.8 aber für ("vor-)jahwistisch" zu halten.

51 Vgl. die Verwendung von פוץ zur Bezeichnung der Exilierung Israels in Dtn 4,27; 28,64; 30,3 u.ö. Zu Gen 10,18b נפצו (√פוץ), in SamPt נפצה (√נפץ als 3. Pers. Sing. fem.) s.u.S.109.

52 Vgl. auch die Wendungen כל־הארץ (V.1.9ab), על־פני כל־הארץ (V.4b.8a.9b) und לכלם (V.6).

2.2. Endredaktionelle Erweiterungen 91

Möglichkeit, die V.2.4a.5.(8b).9aα zu einer fast lückenlosen, *einlinigen ätiologischen* Erzählung zu verbinden, die Beobachtung, daß in der Endgestalt von 11,1-9 die ätiologische Etymologie nicht vollständig mit der Erzählung harmoniert und der Nachweis der redaktionellen Entstehung von V.1.3.6-7. 8a.9aβ.b sprechen gegen die Annahme, Gen 11,1-9 sei literarisch einheitlich,[53] und für die These einer literarischen Schichtung, und zwar im Sinn einer "Ergänzungshypothese".[54]

So bildeten die V.2*.4a.5*.8*.9aα vermutlich eine dem Redaktor literarisch vorgegebene Babel-Bau-Erzählung.[55] Diese erklärte den Namen Babel (V.9aα) mittels einer Theophanie (V.5a) und eines Einschreitens Jahwes gegen ein im Lande Schinear (V.2) errichtetes Bauwerk (עיר ומגדל וראשו בשמים),[56] das seinen Erbauern einen ruhmreichen Namen sichern sollte (V.4a).[57] Die Tendenz dieser Erzählung von den Menschen, die sich mit dem Bau einer Stadt und eines himmelhohen Turms einen Namen machen wollten, aber nur die Benennung ihrer Stadt mit dem Namen "Vermischung" / "Verwirrung" erreichten, ist antibabylonisch und bildet formkritisch *eine ätiologisch ausgerichtete Spotterzählung*.[58]

---

[53] Vgl. Steck, Urgeschichte, 535f.; Vorländer, Entstehungszeit, 351; Richter, Urgeschichte, 56; Wenham, I, 234-238; Van Seters, Prologue, 181; Blenkinsopp, Pentateuch, 91; Soggin, Turmbau, 371; Seebass, I, 284.

[54] So grundsätzlich mit Seybold, Turmbau, 453ff.; Weimar, Pentateuch, 150-153.; Ruppert, I, 483ff.; Vermeylen, Commencement, 171-187; Uehlinger, Weltreich, 293ff.; Levin, Jahwist, 127-132. Allerdings ist die von diesen Exegeten in unterschiedlichen Modifikationen vertretene literarkritische Aufteilung auf drei oder mehr Hände unnötig. Zur Erklärung der Spannungen in Gen 11,1-9 genügt die *Annahme einer Grunderzählung*, die im Blick auf Gen 10* *einmal bearbeitet* wurde (so mit Dockx, Paradis, 128f.138).

[55] Ähnlich sahen Seybold, Turmbau, 474-479, und Vermeylen, Commencement, 182f., den Grundbestand der Babelgründungserzählung in den Motiven, die in V.2.4aα.5.7.9 bzw. V.2-4aα.5.6*.7.8b.9aα vorliegen. Gegen Seybolds und Vermeylens Annahme, dieser Bestand sei noch vorliterarisch, spricht aber die Unausgeglichenheit zwischen der Erzählung und der Ätiologie auf der literarischen Ebene.

[56] Stadt (עיר) und Turm (מגדל) bilden eine Einheit (vgl. Jdc 9,51; II Reg 17,9) und lassen sich weder literarkritisch (vgl. Gunkel, 92ff.; Procksch, 88ff.; Skinner, 223f.; Weimar, Pentateuch, 151f., Ruppert, I, 491) noch überlieferungsgeschichtlich (vgl. von Rad, 114; Wallis, Stadt, 141.144; Coats, 95) auf zwei Rezensionen oder Schichten verteilen. Die Nichterwähnung des מגדל in V.8b ist kein literarkritisches Indiz. Das Ende des Stadtbaus bedingt das Ende des Turmbaus (vgl. Budde, Urgeschichte, 376, und zuletzt Uehlinger, Weltreich, 314.377; Seebass, I, 272).

[57] Das Motiv, sich über den Bau einer Stadt einen bleibenden Namen zu machen, ist für den altorientalischen und für den antiken Bereich breit belegt, literarisch also kaum sekundär, vgl. dazu II Sam 18,18; Jes 56,5; Sir 40,19 [G; H] sowie zahlreiche Belege bei Gunkel, 94, und zuletzt bei Uehlinger, Weltreich, 380f.386-396.

[58] Gegen die *literarkritischen* Bestreitungen der Ursprünglichkeit der etymologischen Ätiologie in V.9* schon bei Ilgen, Urkunden, 38, und Ewald, in: JBW IX, 15, sowie zuletzt bei Ruppert, I, 511f.; Uehlinger, Weltreich, 311ff.; Levin, Jahwist, 129f., gehört

2. Redaktionsgeschichtliche Analyse

Der genaue Wortlaut und Umfang dieser Grunderzählung ist allerdings nicht mehr sicher zu rekonstruieren: V.2a blickt über das Suffix in נסעם auf ein zuvor genanntes Subjekt zurück, steht über die Angabe מקדם ("*nach Osten*")[59] in Kontakt mit den Ortsangaben in 2,8.10; 3,24; 4,16 und 10,30 und könnte über den Terminus בקעה ("*Ebene*") redaktionell mit der in der ("priesterlichen") Fluterzählung mitgeteilten Notiz von der Landung der Arche על הרי אררט ("auf den *Bergen* von Ararat") in 8,4 ausgeglichen sein.[60] Die Verben in V.2b (מצא, ישב) hängen inhaltlich von נסע ab, so daß bei einer Rückführung von נסעם auf den Redaktor als ursprüngliche Erzähleinleitung zumindest die Folge ויהי בארץ שנער ("Es war einmal im Lande Schinear") übrigbleibt. V.5b konkretisiert das Subjekt, zentriert die Erzählung auf einen Konflikt zwischen Gott und Mensch (בני האדם) und betont die kompositionelle Parallelität zu der endredaktionellen Kurzerzählung über die בנות האדם in 6,1-4(+5-8). Schließlich ist die literarische Herkunft des Wortlautes von V.8b unsicher.[61] Die Verwendung des Begriffs חדל ("aufhören") im Gegenüber zu dem redaktionellen חלל ("anfangen") in V.6 könnte ebenfalls für eine Rückführung auf den Redaktor sprechen. Unabhängig von der literarkritischen Zuweisung von V.8b, liegt für die hypothetische Grunderzählung die Annahme einer redaktionellen Kürzung nach V.5a.(b?) nahe, da V.9aα eine Notiz über ein strafendes Eingreifen

---

zumindest V.9aα zu der Grunderzählung, so mit der älteren Forschung sowie in neuerer Zeit Weimar, Pentateuch, 152; Seybold, Turmbau, 474ff.; Ebach, Weltentstehung, 319; Vermeylen, Commencement, 182f. Zum Wesen der ätiologischen Erzählung vgl. noch immer Mowinckel, Tetrateuch, 78-86. Die von Uehlinger, Weltreich, 532-536, vorgeschlagene Bestimmung als konstruierter mythischer Kurzerzählung, in Anlehnung an die aus Mesopotamien bekannten konstruierten Mythen (vgl. von Soden, Einführung, 209-211; ders., Urgeschichte, 183 ["Schlüsselerzählung"]), hängt von der kaum überzeugenden literarkritischen Bestimmung des Grundbestandes der Erzählung auf V.1a.3aα.4aβγδ.5-7.8b und der traditionsgeschichtlichen Hypothese Uehlingers ab, vgl. S.324f. Anm.24 u. 25.

[59] Für diese Übersetzung von מקדם spricht der Gebrauch des Wortes in Gen 13,11 (vgl. auch Sach 14,4), so mit Knobel, 126; Fz. Delitzsch, 229; Dillmann, 205; Holzinger, 110; König, 431; Jacob, 297; Kraeling, Flood, 280. Die Mehrzahl der Ausleger folgt hingegen den Versionen und übersetzt "aus dem Osten" (vgl. Sy: *mn mdnh'*; Tg[J]: ממדינחא; G: ἀπὸ ἀνατολῶν; VL: *de oriente*; Vg: *de oriente*). Budde, Urgeschichte, 379; Eißfeldt, Hexateuchsynopse, 17*; Wenham, I, 233, folgen Tg[O] (בקדמיתא) "im Osten".

[60] Vgl. explizit Josephus, Ant., I, 109, und Jub 10,19. Zum redaktionellen Charakter von 11,2 in seiner *vorliegenden* Gestalt siehe auch Weimar, Pentateuch, 150; Uehlinger, Weltreich, 317.558ff.; Ruppert, I, 491 (nur בארץ שנער), und Levin, Jahwist, 128, die den Vers mit jeweils unterschiedlicher literargeschichtlicher Zuweisung auf den Redaktor der "vorpriesterlichen" Urgeschichte zurückführten.

[61] SamPt (ואת־מגדל), G (καὶ τὸν πύργον) und VL (*et turrem*) bieten eine sekundäre Glättung von MT, indem sie auch das zweite Bauobjekt aus V.4 ergänzen.

2.2. Endredaktionelle Erweiterungen

Jahwes verlangt, die ein auf die Etymologie von בבל hinführendes Verb gebraucht. Die einmalige Verbindung des Verbs בלל mit dem Objekt שפה könnte dafür sprechen, hierin eine redaktionelle Umdeutung des Verbs zu sehen, das in der Grunderzählung im Sinne einer Vermischung (vgl. Hos 7,8)[62] oder Verwirrung der Erbauer Babels gebraucht wurde. Für die Annahme, בלל sei in der ursprünglichen Erzählung im Sinn einer Verwirrung verwendet worden, kann zumindest auf die Motivverbindung von "Theophanie" (vgl. den Terminus ירד in V.5a) und "Gottesschrecken" verwiesen werden.[63]

Trifft die vorgeschlagene literarkritische Schichtung von Gen 11,1-9 zu, dann zeigen die redaktionellen Ergänzungen zunächst eine enge stilistische Anlehnung an die Vorlage.[64] Ausgehend von der Notiz וישבו שם (V.2b) wird nun leitwortartig auf den Ort angespielt, an dem Jahwe die Sprache verwirrte (V.7.9) und von wo aus er die Menschen zerstreute (V.8.9).[65] Die Angabe der Baumaterialien in V.3a und der Erzählerkommentar in V.3b berühren sich stilistisch mit den enzyklopädischen Notizen in 2,10-14 und 6,4 und fungieren ausweislich ihrer gehäuften Stilmittel als Konkretion des Motivs der Spracheinheit (V.1a).[66] Sodann lassen sich in kompositioneller Hinsicht die Doppelungen in V.1/2; V.3/4; V.4aβ/b; V.5/7; V.9aα/aβ.b als eine bewußte strukturelle Modifikation des Redaktors ansprechen, wie sie sich analog bereits anhand der Einlagen in c.2-4 zeigte.[67] Über die Zusätze in V.1.2*.3.4b.5b(?).6-7.8a.b(?).9aβ.b hat der Redaktor der anzunehmenden Babel-Bau-Erzählung die entscheidende strukturelle und theologische Prägung gegeben.

---

[62] Vgl. dazu J. Jeremias, Hosea, 97; Uehlinger, Weltreich, 518, die für diesen Gebrauch von בלל auf das akkad. *balālu* verweisen, das im G- und N-Stamm für das in der Ideologie der neuassyrischen Könige allerdings positiv gesehene Vermischen von Völkerschaften verwendet wird (vgl. AHw 98a) Zur Verwendung von בלל im Zusammenhang mit der Sprachdifferenzierung in der von Gen 11,1-9 abhängigen Doxologie 1QM 10,14 s.u.S.281 Anm.100.

[63] Vgl. Jes 63,19-64,1, die Wiedergabe von בבל in G mit dem Terminus σύγχυσις, (VL *confusio*), der in I Sam 5,(6).11; 14,20 für den "Gottesschrecken" (מהומה) verwendet wird, sowie II Makk 10,30. Siehe dazu auch Seybold, Turmbau, 470, und zu ירד als geläufigem Theophanieterminus J. Jeremias, Theophanie, 12.106.

[64] Vgl. die Angleichung von V.3.7 an V.4 (הבה), von V.7 an V.5 (ירד) und von V.7.8a.9aβ.b an V.2 (שם).

[65] Zugleich bildet שם in V.2 mit שנער eine Alliteration, in V.4 taucht die Konsonantenfolge ש - ם in dem Wort שמים und in der Wendung עשה שם auf, in V.7 bildet שם mit שפתם ein Homoioteleuton, in V.9 begegnet erneut das Gegenüber von שם und שם sowie ein Homoioteleuton über die Wortfolge משם הפיצם.

[66] So mit Ehrlich, Randglossen, I, 43; Seybold, Turmbau, 459.

[67] Vgl. die Einfügung einer zweiten Gottesrede in 3,22, die Doppelung der Menschheitslinie durch die Scheidung in Kainiten und Setiten mittels 4,25-26 sowie die Gestaltung eines zweiten Flutprologs durch die Einlage von 6,1-4 und dessen Verbindung mit 6,5-8.

V.6b interpretiert den Bau einer Riesenstadt, in der sich die Menschheit zu einer undifferenzierten Masse zusammenschließt, die Errichtung eines Turms, der die Sphäre Jahwes (בשמים) berührt,[68] und den Versuch des Menschen, sich selbst einen Namen zu machen, als unheilvolles Streben nach Autonomie und als Hybris. 11,1-9 bildet nun wie die redaktionell bearbeitete Paradieserzählung und der redaktionelle Bericht über die "Engelehre" eine Erzählung vom Widerstand gegen die von Jahwe gesetzten Lebensordnungen. Das Hybrismotiv, das ausweislich der Parallele zu Hi 42,2-6 den Kernpunkt von V.6-7 darstellt, interpretiert somit die aus altorientalischen Bauinschriften bekannte Wendung des "himmelhohen" Bauwerkes[69] und zeigt, daß mindestens auf der literarischen Ebene des Redaktors die Wendung וראשו בשמים nicht nur hyperbolisch[70] gebraucht ist. Ebenso erfüllt die Formel עשה שם ל- (V.4aβ), die alttestamentlich sonst nur mit dem Subjekt Jahwe gebraucht wird,[71] spätestens auf der Ebene des Redaktors die Funktion einer zweiten, das Zerstreuungsmotiv (V.4b) die einer dritten Begründung des Eingreifens Jahwes.[72]

Mit V.6-7 stellt der Redaktor sämtliche Einzelmotive in V.1-9 unter das Verdikt Jahwes. Die Feststellung עם אחד korrespondiert mit dem Versuch

---

[68] Zu diesem Gebrauch von שמים vgl. Dtn 3,24; Ps 2,4; 11,4; 18,14; 103,19; 115,3; 135,6; Thr 3,43; Hi 16,9; Koh 5,1; II Chr 20,6.

[69] Vgl. die Bauinschriften Nebukadnezars am Etemenanki und die Belege bei Uehlinger, Weltreich, 242.

[70] So aber, unter Hinweis auf Dtn 1,28; 9,1, Jacob, 299; Vermeylen, Commencement, 176; Uehlinger, Weltreich, 380. Vermutlich implizierte bereits der Verfasser der Grundererzählung mit der Wendung ראשו בשמים den Aspekt der Hybris (vgl. Jes 14,12-14; Jer 49,16; 51,53; Ob 3), so mit Dillmann, 206; Procksch, 90; Wallis, Stadt, 142; Waschke, Menschenbild, 135; Wenham, I, 239f., Van Seters, Prologue, 180.

[71] Vgl. II Sam 7,9; I Chr 17,8; Jes 63,12.14; Jer 32,20; Dan 9,15; Neh 9,10. In II Sam 8,13 ist der Text unsicher. Vg verdeutlicht in Gen 11,4 den der Wendung נעשה לנו שם innewohnenden Hybrischarakter mit der Übersetzung *celebremus nomen nostrum*. Auch die Weisheitssprüche in Prov 18,10-12 und das Epitheton Jahwes als מגדל in Ps 61,4f. sprechen dafür, schon in der Grunderzählung in Gen 11,4a den Hybrisgedanken angelegt zu sehen. In jüngster Zeit wendeten sich Uehlinger, Weltreich, 254-290, und Seebass, I, 272ff., entschieden gegen die Hybrisdeutung in Gen 11,1-9. Doch entkräftet weder das Fehlen eines dem griech. Begriff ὕβρις entsprechenden hebr. Terminus (גאון o.ä.) in 11,1-9 (Uehlinger, Weltreich, 286-290) noch der sich an Jacob, 300f., anschließende Hinweis von Seebass, I, 272ff., in Gen 11,1-9 stehe nicht der Turm, sondern die Stadt im Mittelpunkt, die Hybrisdeutung. So berücksichtigt Uehlinger zu wenig den *inneralttestamentlichen* Wortgebrauch der in Gen 11,4a vorliegenden Begriffe. Er übersieht, daß auch die "jahwistische" Paradieserzählung umfassend das Wesen der Sünde beschreibt (3,1ff.), ohne einen entsprechenden Begriff für Sünde zu verwenden, unterschätzt die Bedeutung implizit vorliegender Theologumena und wendet selbst über die Verbindung von Gen 11,1-9 mit der neuassyrischen Weltherrschaftsmetaphorik ein textfremdes Deutemuster an (a.a.O., 291-584).

[72] Vgl. die zweifache Verwendung des Verbs עשה in 11,6.

2.2. Endredaktionelle Erweiterungen

des Menschen, eine Auflösung dieser Einheit zu verhindern (V.4b.9b). Der Aussage שפה אחת entspricht die Notiz über die Ausgangssituation des Menschen, eine שפה zu haben und sich dieser bedienen zu können (V.1.3.4.9a). Die These זה החלם לעשות steht der Beschreibung des eigentlichen Versuchs des Menschen gegenüber, durch ein Bauwerk die Autonomie zu sichern, in den Bereich Jahwes vorzudringen und sich selbst einen Namen zu machen (V.4aβ).

Die vom Redaktor geschaffene Erzählung verfügt über einen dreiteiligen Aufbau mit einer zweigliedrigen Einleitung (V.1.2), einem zweigliedrigen Hauptteil (V.3-5.6-8) und einem zweigliedrigen Schluß (V.9a.9b). Die Überschrift (V.1) korrespondiert über das Motiv der Einheit der ganzen Erde mit dem Abschluß (V.9b), die einleitende Lokalisierung des Geschehens (V.2) steht der Babel-Ätiologie (V.9) gegenüber. Der erste Hauptteil besteht aus der sich über zwei Verse erstreckenden Rede der Menschen, in der zunächst von den Bauvorbereitungen, sodann von den konkreten Bauabsichten und den damit verbundenen Zielen erzählt wird. Den Abschluß des ersten Hauptteils und zugleich die Überleitung zum zweiten Hauptabschnitt bildet die im Narrativ geschilderte Besichtigung des Bauvorhabens durch Jahwe (V.5). Der zweite Hauptteil besteht dann ebenfalls aus einer sich über zwei Verse erstreckenden wörtlichen Rede, nun Jahwes, die gleichfalls durch eine im Narrativ gestaltete Tat Jahwes abgeschlossen wird (V.8). Wie V.5 durch die Einführung Jahwes und die explizite Nennung des Subjekts (בני האדם) bereits zum zweiten Hauptteil überleitet, so bildet V.8 nicht nur den Abschluß des zweiten Hauptteils, sondern führt über den Begriff עיר auf den Schluß der gesamten Erzählung hin.

Die Verschränkung der einzelnen Motive hat zur Folge, daß die einzelnen Teile der Erzählung sowohl eine parallele als auch eine chiastische Entsprechung zueinander haben. So bilden die Einleitung und der Schluß (V.1-2 // 9a.9b) einerseits einen chiastisch gestalteten Rahmen, indem V.1 und V.9b über das Motiv der Einheit der Erde sowie V.2 und V.9a über das Ortsmotiv (בבל // שנער) einander entsprechen. Andererseits stehen V.1 und V.9a über das Sprachmotiv sowie V.2 und V.9b über das Leitwort שם in einem Parallelismus. Eine solche Überschneidung zwischen paralleler und chiastischer Strukturierung zeigt sich auch im Gegenüber der beiden Hauptteile. Einerseits bilden V.3 und V.7 über das Sprachmotiv sowie V.4 und V.6 über das Hybrismotiv einen Chiasmus, andererseits stehen die narrativen Summarien in V.5 und V.8 in einem Parallelismus. Insgesamt überwiegt in 11,1-9 die parallele Strukturierung, wobei die Parallelismen vor allem im Bereich der Narrative erscheinen,[73] während die Chiasmen gehäuft in den Reden auftauchen.[74] Folgende schematische Darstellung bietet sich an:

---

[73] Vgl. V.1 // V.9a; V.2 // V.9b; V.3 // V.6; V.4 // V.7, V.5 // V.8.
[74] Vgl. V.1 x V.9b; V.2 x V.9a; V.3 x V.7; V.4 x V.6.

Parallele Struktur		Chiastische Struktur
A.1.	Überschrift: Einheit der Sprache	V.1
A.2.	Ortsangabe: Einheit des Wohnorts	V.2
B.1.1.	Rede der Menschen: Bauvorbereitung "eine Sprache"	V.3
B.1.2.	Rede der Menschen: Bauabsichten	V.4a
	Summarium: ein Wohnort	V.4b
B.2.	Tat Jahwes: (a) יהוה ↓ - (b) ↑ בני האדם	V.5a.b
B.1'.1'	Rede Jahwes: Feststellung des Tatbestands	V.6
B.1'.2'	Rede Jahwes: Konsequenz "eine Sprache"	V.7
B.2'.	Tat Jahwes: Zerstreuung	V.8a
	Summarium: viele Wohnorte	V.8b
C.1.	Ätiologie: Vielheit der Sprache	V.9a
C.2.	Ortsangabe: Vielheit der Wohnorte	V.9b

Die Erzählung weist zahlreiche Stilmittel auf, womit der Redaktor die inhaltliche Bedeutung des Sprachmotivs unterstreicht.[75] Zu den versimmanenten

---

[75] Vgl. in dem redaktionell bearbeiteten V.2 ein Homoioteleuton בנסעם מקדם und zwei Alliterationen auf בקעה בארץ und שנער שם, in dem rein redaktionellen V.3 zwei Alliterationen (איש אל) und להם לחמר להם ... לאבן ... להם ... לשרפה ... לבנים), drei Homoioteleuta (הבה נלבנה) [zugleich eine Paronomasie auf *Beth*], ונשרפה לשרפה und יאמרו רעהו), zwei etymologische Figuren (שרף שרפה und לבן לבנים), zwei paronomastische Wortspiele (Sinn- und Lautassonanzen: לבנה לאבן und חֵמָר/חֹמֶר). In dem vorgegebenen V.4a betonen die nach der Einfügung von V.3 nun verdoppelte Aufforderung הבה, die mit dem folgenden Prädikat erneut ein Homoioteleuton bildet (הבה נבנה [zugleich eine Paronomasie auf *Beth*]), und das doppelte לנו die Entschlossenheit der Menschen zum Bau einer Stadt und eines Turms. Der redaktionelle V.4b verfügt über die Paronomasie auf *Pe* פן נפץ על־פני. Durch V.4 insgesamt verläuft eine Klimax, die sprachlich durch die wachsende Anzahl der Konsonanten der jeweiligen Sinneinheiten hervorgehoben wird. So umfaßt der "Stadtbau" drei Konsonanten (Kons.), der "Turmbau" fünf Kons., die "himmelhohe Spitze" zehn Kons., der "Name" ebenfalls zehn Kons. und die "Zerstreuung" siebzehn Kons. In dem möglicherweise redaktionell erweiterten V.5 stehen die Rahmenelemente im Parallelismus und bilden eine Alliteration (בני האדם // וַיֵּרֶד יהוה). In dem rein redaktionellen V.6 finden sich neben dem Homoioteleuton (... החלם ... לכלם מהם) eine Alliteration (... לכלם לעשות ... לא ... לעשות), die dreifache Verwendung identischer Wurzeln (jeweils zweifaches עשה, אחד, כי) und die Wahl seltener Begriffe (זמם, בצר). Der redaktionelle V.7 imitiert stilistisch die Rede der Menschen (הבה mit Kohortativ 1. Pers. Plur.) und verfügt wie V.3 über mehrere Homoioteleuta (הבה נרדה ונבלה, שם שפתם), eine Paronomasie auf *Schin* (ישמעו ... אשר ... שם ... איש). V.8 ist stilistisch weniger reich und verfügt nur über zwei Homoioteleuta (משם, אתם על־כל). V.9 schließlich bietet neben dem Wortspiel בלל/בבל, das zugleich lautlich an die vorangegangenen Wendungen הבה (V.4) und הבה נבנה־לנו (V.3) und נלבנה לבנים נבלה ... (V.7) erinnert, die Variationen des Leitwortes שָׁם/שֵׁם (vgl. ... שָׁם ... שְׁמָה

Stilmitteln kommen versübergreifende. Durch den gesamten Abschnitt 11,1-9 ziehen sich antithetische Wortpaare, wodurch der Charakter als einer "Wechsel-/Schwellenerzählung" verdeutlicht wird. So stehen sich die Begriffspaare ישב/נסע (V.2), ישב/פוץ (V.2.4.8.9), חדל/חלל (V.6.8), שמע/אמר (V.3.4.6.8), בלל/בנה (V.7.9) sowie die inhaltlichen Antithesen ירד/ראש בשמים (V.5) bzw. בני האדם/יהוה (V.5) gegenüber. Der Text erhält dadurch eine *horizontale Linie*, die den Leser/Hörer von einem bestimmten Zustand der Erde bzw. des Menschen zu einem anderen Status geleitet. Gleichzeitig besitzt die Erzählung eine *vertikale Linie*, die vom "Geschehen auf der Erde" (V.1-4aα1) zum "Saum des Himmels" (V.4aα2) in den "Himmel" selbst (V.5f.) und von dort wieder auf die "Erde" (V.7ff.) führt.

2.2.2.2. Der kompositionelle Ort von 11,1-9

Die Rückführung der entscheidenden kompositionellen und inhaltlichen Prägung von 11,1-9 auf den Verfasser von 2,9b.10-15.17aα*; 3,22.24; 4,25-26 und 6,1-4 wurde bis jetzt mittels des Nachweises inhaltlicher und stilistischer Parallelen, die vor allem zwischen 11,6 und 3,22 bestehen, und eines Ausblicks auf die "priesterliche" Schicht von c.10 versucht. Für die Zuweisung von 11,1-9 in der vorliegenden Gestalt an den Redaktor spricht nun auch das kompositionelle Verhältnis dieser Erzählung zu ihrem Kontext, das sie neben 6,1-4 stellt. 11,1-9 ist durch die Einleitung mit ויהי in V.1 und die Ätiologie in V.9 klar von seinem Kontext abgegrenzt, der seinerseits durch die Formeln אלה משפחת בני־נח in 10,32 und אלה תולדת שם in 11,10 deutlich gerahmt ist. Inhaltlich knüpft 11,1-9 an die in c.10 geschilderte Verteilung der Völker an. Nachdem in c.10 diese Verteilung in der Form der Genealogie als ein natürlicher Prozeß dargestellt ist, wird in 11,1-9 die Zerstreuung der Völkerfamilie als Folge einer Bestrafung eines menschlichen Vergehens angesehen. Von der "priesterlichen" Schicht der Völkertafel (V.1-7.20.22-23.31-32) unterscheidet sich 11,1-9 terminologisch hinsichtlich der Begriffe der Sprache, der Verteilung der Völker, der Volksgemeinschaft und der irdischen Wohnstätte.[76] Von den "nichtpriesterlichen" Stücken differiert 11,1-9 vor allem in der Beurteilung Babels, das nach 10,10 den Ausgangspunkt (ראשית)[77] des Reiches Nimrods bildet, nach 11,9 durch die בני האדם erbaut

---

ומשם); die jeweils am Ende der Halbverse von V.9 auftauchende Wendung כל־הארץ unterstreicht abschließend als ein *cantus firmus* die Universalität des erzählten Geschehens.

[76] Vgl. שפה gegenüber לשון, פוץ gegenüber פרד, עם gegenüber משפחה und כל־הארץ בארץ gegenüber על־פני.

[77] Zu der temporalen Übersetzung von ראשית s.u.S.110 Anm.124.

wird. Es ist aber fraglich, ob 10,8-12 in der vorliegenden Gestalt und 11,1-9 auf unterschiedliche Hände zu verteilen sind.[78]

11,1-9 läßt sich nämlich so auf dem Hintergrund von c.10 lesen, daß die Turmbauerzählung die Völkertafel literarisch voraussetzt.[79] Das Problem, daß 11,1-9 inhaltlich hinter die listenartige Beschreibung der Völkerwelt und ihrer Differenzierung nach Völkern, Familien, Sprachen und Ländern zurückfällt, bleibt sowohl bei der Annahme der klassischen Pentateuchkritik, R^{Pt} habe 11,1-9 aus J/JE in den Zusammenhang von 10,1-32* und 11,10ff. eingefügt, als auch bei der hier vertretenen These, der Redaktor habe 11,1-9 selbständig für eine Einlage an dieser Position auf der Grundlage einer Babel-Bau-Erzählung komponiert. Bei unserer These entfällt aber die Schwierigkeit, einen ursprünglichen "jahwistischen" Erzählzusammenhang von c.2-4*; (6-9*); 11,2*-9* zu postulieren und 10,8-12 isoliert vom Grundbestand in c.10 *unmittelbar* mit 11,1-9 zu verknüpfen.[80]

Als redaktionelle Einlage in den Komplex von 10,1-32 und 11,10ff. erfüllt 11,1-9 die Funktion eines theologischen Exkurses in der stereotypen Listengenealogie und Chronologie. Inhaltlich erfolgt eine Theologisierung der Geschichtsdarstellung. 11,1-9 erzählt von dem hybriden Versuch der Menschen, die von Gott angeordnete Mehrung und Verteilung der Menschheit (vgl. 1,28; 9,1.7; 10,1.32) durch einen Stadtbau zu verhindern (11,4). In kompositioneller Hinsicht bildet 11,1-9 ein Pendant zu 6,1-4. Während 6,1-4 von einer Verfehlung in der Geschichte der Menschheit berichtet, die ihren Ausgangspunkt in der himmlischen Welt nimmt, erzählt 11,1-9 von einer Fehlentwicklung, die auf der Erde beginnt. Dem Kontakt der Elohim-Söhne mit der irdischen Welt (6,2) steht die Berührung der himmlischen Welt durch die Menschensöhne gegenüber (11,4f.). Während 6,1-4 ein Vorspann zur Fluterzählung ist, kann 11,1-9 als ein Nachspann zur Fluterzählung betrachtet werden.[81]

Zusammenfassend kann die Gestaltung von 11,1-9 aufgrund der begrifflichen, stilistischen, kompositionellen und inhaltlichen Parallelen zu 3,22.24 und 6,1-4 auf die für diese Texte verantwortliche Hand zurückgeführt werden. Damit zeigt sich, daß der Redaktor nicht nur einzelne Brückenverse zur Verbindung der "priesterlichen" mit der "jahwistischen" Schicht geschaffen (vgl. 4,25-26), eigene Theologumena in die vorgegebenen Schichten eingetragen (vgl. 3,22.24) sowie mythologisch und ätiologisch orientierte Kleintexte gebildet bzw. exzerpiert hat (vgl. 2,10-15 bzw. 6,1-4), sondern daß er auch eine vorgegebene Erzählung durch die Ergänzung traditioneller Motive zu einem

---

[78] So die Position der älteren literarkritischen Forschung, vgl. Wellhausen, Composition, 6; Budde, Urgeschichte, 371ff.

[79] Vgl. dazu auch Houtman, Pentateuch, 423.

[80] Zur Frage, ob 11,2-9* zu einer "sintflutlosen" Schicht im "jahwistischen" Bestand der Urgeschichte gehörte (so zuletzt wieder Ruppert, I, 497), s.u.S.189ff.

[81] Vgl. die doppelte Einbettung von 11,1-9 in die Wendung אחר המבול (10,32; 11,10). Für 6,1-4 ergibt sich der Flutbezug erst kontextuell durch die redaktionelle Verknüpfung mit 6,5-8 und die Umrahmung mit den Noahnotizen in 5,32 und 6,9.

2.2. Endredaktionelle Erweiterungen

stilistisch und theologisch durchreflektierten Urgeschichtsparadigma geformt hat.

Die Zuweisung der Endgestalt von 11,1-9 an den Redaktor führt auf weitere redaktionskritische Probleme der Urgeschichte:

a) Aufgrund der Erzählung über ein Geschehen im Lande Schinear (11,2) sowie der Verbindung der Babel-Ätiologie (11,9) mit dem mißlungenen Turm- und Stadtbau muß das literarische und kompositionelle Verhältnis zu 10,8-12 näher bestimmt werden, da nach diesen Versen Babel den Ausgangspunkt des Reiches Nimrod im Lande Schinear bildet (10,10).

b) Ausgehend von dem Leitwort פוץ (11,4.8.9), muß die literarische Herkunft der verwandten Wurzel נפץ in 9,19 geklärt werden,[82] zumal V.19, der die "Verteilung (נפצ) der ganzen Erde" von den drei Söhnen Noahs herleitet, an seiner jetzigen Position vor der Erzählung von Noahs Weinberg (9,20-27) störend wirkt.

c) Weiterhin ergibt sich die Frage, in welchem Verhältnis 11,1-9 zu dem Wortspiel mit dem Namen Peleg (פלג) in 10,25 steht. Wenn sich die Erklärung כי בימיו נפלגה הארץ auf die Verteilung der Völker bezieht,[83] dann könnte hierin eine Vorbereitung des Einschubs von 11,1-9 gesehen werden. Stilistisch fällt auf, daß 10,25 ähnlich wie der redaktionelle Abschnitt 4,25-26 gestaltet ist. Auf eine mit ילד (*Pual*) konstruierte Geburtsnotiz (vgl. 4,26; 6,1b) folgt eine mit כי eingeleitete Namensdeutung (vgl. 4,25).

d) Die Beobachtung der Parallelität von 10,25 zu Texten des Redaktors führt schließlich zu der Frage, auf welche Hand die Hervorhebung Sems in 10,21 zurückgeht. Auch hier schließt sich an eine mit ילד (*Pual*) eingeleitete Geburtsnotiz eine Näherbestimmung der genannten Figur an.

Die Lösung dieser Fragen und die damit verbundene genauere Profilierung des Redaktors hängt von einer literarischen Analyse der gesamten Völkertafel ab. Da mit 9,19 bereits ein erster Hinweis auf die Verteilung der Völker gegeben wird, setzt die weitere Untersuchung hier ein, bevor 10,1-32 in den Blick genommen wird.

---

[82] Vgl. dazu bes. Gunkel, 78; Steck, Urgeschichte, 535f.; Westermann, I, 650; Willi, Schlußsequenzen, 435, die in dem Gebrauch von פוץ/נפץ einen Hinweis für die Rückführung von 9,19 auf dieselbe Hand wie 11,1-9 sahen.

[83] Vgl. dazu die Übersetzung von 11,7 נבלה in Sy mit *nplg* (Pael √*plg* "teilen"), wodurch der Bezug von 10,25 zu 11,1-9 herausgestellt ist, sowie die Überlegungen von Budde, Urgeschichte, 383f.; Fz. Delitzsch, 224; Gunkel, 91; Steck, Urgeschichte, 537 Anm.34; Kessler, Querverweise, 55f.; Weimar, Pentateuch, 149; Waschke, Menschenbild, 131; Van Seters, Prologue, 180; Wenham, I, 230f.253f.; Ruppert, I, 477.

2.2.3. Ausblick auf die Völkertafel

2.2.3.1. Die Einleitung der Völkertafel - Literarische Analyse von 9,19

9,19 bildet zusammen mit 9,18a eine literarische Einheit. Die Wiederholung der Wendung בני נח rekurriert auf 9,18aα, die betonte Voranstellung der Kardinalzahl שלשה blickt auf die namentliche Nennung der Söhne Noahs in 9,18aβ zurück. Inhaltlich korrespondiert V.19 mit V.18a über den Gegensatz einer partikularen Aussage (היצאים מן התבה) und einer universalen (כל־הארץ). Die Einheit von V.18a und V.19 läßt sich in stilistischer Hinsicht als ein Chiasmus beschreiben (V.18aα x V.19b; V.18aβ x V.19a). Unterbrochen wird diese durch die Apposition zu Ham, dem zweiten Sohn Noahs: וחם הוא אבי כנען. Diese Näherbestimmung Hams ist für die Aussage von V.18a.19, derzufolge die Söhne Noahs, die aus der Arche steigen, die Stammväter der Menschheit wurden, ohne Bedeutung, und zielt auf die in V.20-27 vorliegende Erzählung von Noahs Weinberg. Diese Erzählung wiederum weist keinen unmittelbaren literarischen Zusammenhang zu V.19 auf. Es liegt daher nahe, V.18b.20-27 zunächst aus der Betrachtung von V.19 auszublenden. V.18a weist über die Wendung היצאים מן־התבה direkt auf die Fluterzählung zurück. Erzählerisch und terminologisch korrespondiert der Vers einerseits mit dem Bericht des Einzugs in die Arche und dem Auszug (vgl. 7,13 bzw. 8,16), andererseits mit der namentlichen Nennung der Söhne Noahs (vgl. 6,10). V.19 hingegen blickt über die Fluterzählung hinaus auf die Verteilung der Völker in 10,1ff.

Zusammen mit V.28-29 bilden V.18a.19 den hinteren Rahmen der "priesterlichen" Fluterzählung und leiten zugleich zur Völkertafel über (10,1ff.). Die Notiz über Noahs weitere Lebenszeit (V.28) besitzt durch die Wendung אחר המבול einen eindeutigen Flutbezug und steht in Verbindung mit den Altersangaben in 5,32 und 7,6. Die Anmerkung über Noahs Tod (9,29) korrespondiert mit den genealogischen Angaben in 5,5b.8b.11b etc. Die Zugehörigkeit von 9,28-29 zur "priesterlichen" Fluterzählung wird von der Forschung fast einhellig zugestanden. Doch läßt sich auch für 9,18a.19 eine "priesterliche" Abfassung wahrscheinlich machen, wenn man den Aufbau und den Stil der gesamten "priesterlichen" Fluterzählung in den Blick nimmt. Die eigentliche "priesterliche" Fluterzählung setzt mit der Wendung אלה תולדת נח (6,9a) ein und nennt dann *namentlich* die Söhne Noahs (6,10). Voraus geht die genealogische Notiz über Noahs Geburt, Lebenszeit und Nachkommenschaft (5,28-32*): Damit besitzt die "priesterliche" Fluterzählung eine doppelte Einleitung. Entsprechend schließt die "priesterliche" Fluterzählung mit einer doppelten Notiz. Den eigentlichen Schluß bildet die Wendung ויהיו בני־נח היצאם מן־התבה (9,18a vgl. 36,11.22). Dieser folgt eine genealogische Abschlußbemerkung (9,28-29). So entsprechen sich 5,32 // 9,28-29 als äuße-

2.2. Endredaktionelle Erweiterungen

rer und 6,9a.10 // 9,18a.19 als innerer Rahmen. Zugleich dient 9,18a als Rahmen für die Rede Gottes an Noah (und seine Söhne) in 9,1-17, der die Notiz über den Auszug aus der Arche in 8,16.18f. vorangeht. Der rück- und vorweisende Charakter, den 9,18a.19 hinsichtlich der "priesterlichen" Fluterzählung und Völkertafel haben, entspricht dem Schluß des "priesterlichen" Schöpfungsberichts (2,2-3) und dem Beginn der Adamtoledot (5,1-3).[84]

Mit 10,1.5.20.(29).31.32 teilt 9,19 die formelhafte Wendung אלה בני bzw. מאלה + Verb.[85] Mit 9,20-27 hingegen finden sich keine terminologischen und sachlichen Überschneidungen, abgesehen davon, daß von drei Söhnen Noahs die Rede ist. Ein erzählerischer Übergang zwischen dem überschriftartigen V.19 und der Erzählung in V.20-27 erfolgt nicht. Andererseits läßt sich 9,19 als eine in den Abschluß der "priesterlichen" Fluterzählung eingebettete Überleitung zur "priesterlichen" Völkertafel verstehen. Der Terminus נפץ (II) weist auf die in 10,1ff. geschilderte natürliche Verteilung der Völker hin. Daß in den "priesterlichen" Abschnitten der Völkertafel dann nicht der Begriff נפץ, sondern פרד (10,5.32) gebraucht wird, spricht nicht gegen die Rückführung von 9,19 auf dieselbe Hand wie 10,1-7.20.22-23.31-32. Entscheidend für unsere Analyse ist die Beobachtung, daß 9,19 nicht auf den Redaktor zurückgeht, der 11,1-9 geprägt hat, und daß 9,19 keine ursprüngliche Einleitung zu 11,1-9 darstellt.[86] Während in 11,1-9 die Zerstreuung der Völker ohne genealogischen Bezug auf die Söhne Noahs hamartiologisch als eine strafweise Zerstreuung der בני האדם geschildert wird, ist 9,19 über die Wendung שלשה אלה בני נח mit 9,18a und 10,1 verbunden. Während in 11,1-9 die Zerstreuung der Völker mit der Wendung פוץ על־פני כל־הארץ (V.4.8.9) bezeichnet wird, spricht 9,19 von נפצה כל־הארץ. Dabei besitzt פוץ eindeutig eine negative Konnotation,[87] während נפץ (II) in 9,19 wertfrei wie פרד verwendet wird.[88] Schließlich spricht der kompositionelle Ort von 9,19 gegen eine Abfassung durch den Verfasser von 11,4b.8a.9b. Wenn 9,19 als Hinführung auf den Einschub von 11,1-9 gebildet worden wäre, dann hätte eine Einfügung dieses Verses unmittelbar vor 11,1-9 nahegelegen. Die Annahme, daß der Zusammenhang von 9,19 mit der Grundschicht von 11,2-9*

---

[84] So weist Gen 2,2-3 einerseits auf das Werk der Schöpfung zurück, andererseits mit der Segnung und Heiligung des siebten Tags auf die Einsetzung des Sabbat (Ex 16,22-27; 31,12-17) voraus. Analog blickt 5,1-3 auf den Schöpfungsbericht (1,26) zurück und führt in die genealogische Reihe von Adam zu Noah ein. Vgl. S.125f.
[85] Zur Entsprechung zwischen 9,19 und 10,1 siehe auch die Ausführungen bei Jacob, 273.
[86] Zum Nachweis, daß sich 9,19 in keine Schicht der "jahwistischen" Texte einordnen läßt, vgl. S.185ff.
[87] Vgl. S.90 und S.261.
[88] Zum synonymen Gebrauch von נפץ in 9,19 und פרד in 10,5 siehe schon Tuch, 147, und zur Herausstellung des semantischen Unterschieds von נפץ (9,19) und פוץ (11,4b.8a.9b) Budde, Urgeschichte, 377, zuletzt Uehlinger, Weltreich, 327, gegen Wenham, I, 198, und Ruppert, I, 407.

sekundär durch die Einlage von c.10* zerrissen worden sei, ist durch die Nachweise, daß einerseits die Zerstreuungsthematik in 11,1-9 sekundär ist und im Zentrum der Grundschicht von 11,2-9* eine ätiologische Bauerzählung steht, und daß andererseits in c.10* ein Teil der "priesterlichen" Schicht der Urgeschichte vorliegt, hinfällig. Wenn also 9,19 ursprünglich direkt auf die "priesterliche" Völkertafel hinführte, dann muß es sich bei 9,20-27 um einen Einschub handeln, der zumindest "nachpriesterlich" zwischen 9,18a.19.28.29; 10,1ff. eingefügt wurde.[89]

2.2.3.2. Noahs Weinberg - Literarische Analyse von 9,20-27

Die Erzählung von Noahs Weinberg berührt sich eng mit den als redaktionell erkannten Texten in 4,26; 6,1 und 11,6. Wie in diesen Texten wird auf eine besondere, neue Entwicklung im Gang der Menschheitsgeschichte mittels des Verbs חלל (Hif.) hingewiesen. Noah, der איש האדמה, pflanzt *erstmals* einen Weinberg.

9,20 bildet wie 4,26 eine historisierende Erfindernotiz, die sich strukturell, überlieferungs- und literaturgeschichtlich von den Stammväternotizen in 4,20-22 sowie sprachlich und sachlich von 4,17 unterscheidet.[90] Wie in 6,1 wird dieser Neubeginn zum Anlaß einer Verfehlung im geschlechtlichen Bereich. Der Genuß vom Weinstock, die folgende Trunkenheit und die Entblößung Noahs führen zum Vergehen Hams. Strukturell gleicht diese Folge dem Geschehen in 6,1a.b.2. V.21 ist über das implizite Subjekt von וישת und über das auf נח zurückblickende Suffix in אהלה literarisch fest mit V.20 verbunden. Parallel zu 6,2 entspringt die angedeutete Sünde Hams einem "Sehen" (V.22). Mit V.22 beginnen die inneren literarischen Probleme der Erzählung. Der Vers nennt als die Figur, die sich an Noah vergeht, Ham, den Vater Kanaans. V.26 bringt dann aber einen Fluch über Kanaan selbst. In V.24 beklagt Noah die Tat seines jüngsten Sohnes. Der בן הקטן kann nach der Folge "Sem, Ham und Japhet" in V.18a nur Japhet sein. Dieser aber verhält sich nach V.23 gemeinsam mit Sem so, wie es der altorientalische Sittenkodex für einen gehorsamen Sohn gegenüber dem Vater vorschreibt.[91] Folglich erhält dann auch Japhet einen Segensspruch. Dabei überrascht der Japhetspruch aufgrund seines formalen Unterschieds zu V.25a und V.26a. Während es sich bei dem Fluch über Kanaan und dem Segen über Sem um zwei parallel gestaltete,

---

[89] Zur Rückführung von 9,18*-19* auf P vgl. Nöldeke, Untersuchungen, 13.143; Stärk, Literarkritik, 40; Lund, Knotenpunkt, 38-42; Anderson, Analysis, 33 Anm.33; Vermeylen, Commencement, 159f.; Blenkinsopp, Pentateuch, 85.
[90] So mit Ebach, Weltentstehung, 313ff., der allerdings 9,20 und 4,17ff. derselben Hand (J) zuwies.
[91] Vgl. Lev 18,7 und dazu Gerstenberger, Leviticus, 228f. Zur Pflicht des Sohnes, den berauschten Vater zu schützen, siehe auch das ugaritische Danil-Epos (KTU 1.17 I,30ff.; Jirku, Mythen, 116; Ginsberg, in: ANET, 150).

2.2. Endredaktionelle Erweiterungen

kolometrisch gleichgebaute Sätze mit passivischem Partizip handelt, bietet V.27a einen Wunschsatz im Jussiv, während V.27b V.26b wörtlich wiederholt. Die genannten Schwierigkeiten lösen sich, wenn als ursprüngliche Gestalt von 9,20-27* eine Erzählung von Noah und seinen *zwei* Söhnen Sem und Kanaan angenommen wird. Nach dieser Erzählung ist dann in V.22 Kanaan der Sohn, der die Blöße seines Vaters sieht und dies seinem älteren Bruder Sem mitteilt, der seinerseits den Vater zudeckt (V.23*). Der von seinem Rausch erwachte Noah erfährt, was ihm sein jüngster Sohn, Kanaan, angetan hat (V.24), worauf er diesen verflucht und zum Knecht seines Bruders Sem erklärt (V.25), während er Sem selbst segnet. In Analogie zum Fluch über Kanaan (ארור כנען)[92] dürfte die ursprüngliche Form des Segens über Sem שֵׁם בָּרוּךְ gelautet haben. Redaktionelle Bearbeitungen sind dann (1.) die Rückführung der Tat auf Ham (V.22: חם אבי), (2.) die Eintragung Japhets und die damit verbundenen Umgestaltungen von V.22b (לשני אחיו), von V.23 (ויפת) sowie ab V.aα2 die Konstruktion der Verben und Possessivsuffixe im Plural)[93] und von V.25 (לְאֶחָיו),[94] (3.) die Bildung eines eigenen Japhetspruchs (V.27) und (4.) die Änderung des Semspruchs in V.26 durch die Einfügung von יהוה אלהי.[95] Ziel dieser Modifikationen ist eine Angleichung von 9,20-26 an das vorgegebene "priesterliche" Schema der drei Söhne Noahs, Sem, Ham und Japhet (vgl. 5,32; 6,10; 7,13; 9,18a; 10,1).

Die redaktionellen Adaptionen in 9,18b.22.27 berühren sich eng mit den redaktionellen Brückenversen in 4,25-26. So lehnt sich die Einfügung der Figur Japhets an die "priesterliche" Filiation in 9,18 an,[96] während die Bildung

---

[92] Dabei handelt es sich in Gen 9,25 um den einzigen atl. Beleg für die Verwendung der ארור-Formel mit einem Eigennamen; vgl. 1QM 13,4 (ארור בליעל). Ebenso findet sich die Wendung עבד עבדים, die G konkretisierend mit παῖς οἰκέτης ("Hausklave") übersetzt, nur hier im AT. Zu einer ausführlichen sprachlichen und formkritischen Analyse von Gen 9,25 siehe W. Schottroff, Fluchspruch, 47.84.156.

[93] Möglicherweise geht auch der stilistisch schwerfällige, nachhinkende V.23b auf eine redaktionelle Ergänzung zurück, wodurch nochmals die Pietät Sems (und Japhets) betont wird (vgl. dazu J. Herrmann, in: ZAW 30, 127; Weimar, Pentateuch, 149f., Levin, Jahwist, 120).

[94] לָמוֹ kann auch vom Redaktor in V.26 wie in V.27 als Singular verstanden worden sein, vgl. dazu G-K §103f²; B-L §28z¹; Joüon, Grammaire, 103f.; König, 394f.; Ruppert, I, 407.

[95] Möglicherweise geht auch die Wiederholung von ויאמר in V.26 auf eine redaktionelle Ergänzung zurück, wodurch zwischen dem Fluch über Kanaan und dem Segenswunsch über Sem und Japhet ein betontes Trennungszeichen gesetzt ist. Zu einer ganz ähnlichen literarkritischen Analyse von Gen 9,20-27 siehe bereits J. Herrmann, in: ZAW 30, 127-131, sowie die knappen Bemerkungen bei Bertholet, Israeliten, 77, und Duhm, Israels Propheten, 20. Zur Annahme, die Erzählung habe ursprünglich nur von zwei Söhnen Noahs berichtet, siehe jetzt auch Van Seters, Prologue, 179 (Kanaan und Eber als Söhne Noahs).

[96] Vgl. dazu auch Kaiser, Grundriß, I, 66.

יהוה אלהי dem vorgegebenen "nichtpriesterlichen" Tetragramm folgt und eine gewisse Parallele in der redaktionellen Kombination der Gottesbezeichnungen in 2,4-3,24 findet.[97] Die Zuordnung Jahwes zu Sem und die Verwendung der allgemeinen Gottesbezeichnung אלהים im Japhetspruch entspricht der Differenzierung, die in 4,25-26 für die Setiten und die Kainiten vollzogen wird. Während dort eine Scheidung in Gerechte und Ungerechte erfolgt, zeigt sich hier eine Differenzierung in Jahweverehrer (Semiten), Gottesfürchtige (Japhetiten) und Gottlose (Kanaanäer). Die redaktionellen Nähte in 9,20-27 deuten darauf hin, daß der Verfasser von 9,18b.22*.(23b?).27 auf eine vorgegebene Erzählung zurückgegriffen hat.[98]

Zusammenfassend läßt sich 9,20-26 als eine mittels 9,18b.27 in die "priesterliche" Überleitung von der Fluterzählung zur Völkertafel (9,18a.19. 28-29) eingelegte und redaktionell bearbeitete Erzählung bezeichnen. Parallel zu 6,1-4 ist diese Erzählung eingebettet in eine genealogische Notiz zu Noah (vgl. 5,32; 6,9) und bietet inhaltlich ein Gegenstück zur "priesterlichen" Segensgeschichte. Während 6,1-4(+5-8) die negative Seite der von der "priesterlichen" Schicht positiv beschriebenen Ausbreitung der Menschheit darstellt, liefert 9,20-27 ein negatives Pendant zum umfassenden Segen, den der gerechte und untadelige Noah (vgl. 6,9) in 9,1-17 erhält. Das Bild vom frommen Noah wird mit der Darstellung des sich betrinkenden und entblößenden Noah konfrontiert. Dem universalen Segen über Noah und seine Söhne (9,1ff.) steht die Differenzierung in Segen und Fluch (9,25-27) gegenüber. Aber auch dem klugen und opfernden Noah der "jahwistischen" Fluterzählung (8,6-12.20-22) steht der törichte Noah zur Seite, der nichts von der Wirkung des Weins ahnt. Das Schwergewicht der Erzählung liegt allerdings, zumal nach der Ergänzung von V.27, weniger auf der Darstellung des Verhaltens Noahs als auf den Worten über dessen Söhne. Daß der Redaktor von 9,20-27 auf die "priesterliche" und die "jahwistische" Hauptschicht der Urgeschichte zurückblickt, ergibt sich weiterhin aus der Bezeichnung Noahs als איש האדמה (9,20), womit an 8,21f. angeknüpft wird, und aus der dreifachen Betonung der ערות Noahs (9,22f.), womit auf 2,25 und 3,7.21 angespielt wird.[99]

Ausgehend von der Erkenntnis, daß 9,19 die "priesterliche" Überleitung zur Völkertafel bildet und daß 9,18b.27 redaktionelle Verse zur Einfügung der aus einem "nichtpriesterlichen" Hintergrund stammenden Erzählung 9,20-26

---

[97] Vgl. Budde, Urgeschichte, 295ff., der allerdings (wie nach ihm Stärk, Literarkritik, 41) als vorendredaktionelle Lesart בָּרוּךְ יהוה שֵׁם "der Gesegnete Jahwes ist Sem" annahm. Zur Verwendung der Formel ברוך יהוה אלהי־ in redaktionell gebildeten Doxologien siehe Ps 41,14; 72,18; 106,48; vgl. dazu W. Schottroff, Fluchspruch, 167f.

[98] Zur Frage, in welchem vorendredaktionellen Zusammenhang diese Grunderzählung stand, s.u.S.186ff.

[99] Zum Verhältnis von 9,20-27 zu 5,29 siehe S.215f.

2.2.3.3. Sem und Peleg - Literarische Analyse von 10,21 und 10,25

Über 9,18b.22aα* wird ein Ausgleich zwischen der "priesterlichen" Genealogie Noahs (Sem, Ham und Japhet) und der im Grundbestand von 9,20-26* vorausgesetzten Filiation (Sem und Kanaan) geschaffen. Inhaltlich wird durch die Rückführung des Vergehens an Noah auf Ham das Verhältnis zwischen *Sem und Ham* nun eindeutig negativ bestimmt. Ebenso dient die Einfügung Japhets in 9,20-27 nicht nur formal der Harmonisierung mit 9,18a, sondern auch inhaltlich der positiven Verhältnisbestimmung zwischen *Sem und Japhet*. Eine solche Disjunktion von Sem und Ham bzw. Konjunktion von Sem und Japhet findet sich auch in 10,21, indem Sem als der ältere Bruder Japhets bezeichnet wird.[100]

Abweichend von dem in 10,2.5 erkennbaren genealogisch-ethnologischen Schema beginnt die Aufzählung der von Sem abgeleiteten Völker mit der betonten Voranstellung des Stammvaters (vgl. 4,26), einer appositionellen Näherbestimmung als dem "Vater aller Söhne Ebers"[101] und einer genealogischen Verhältnisbestimmung zu Japhet. Die für die "Japhetitenreihe" und die "Hamitenreihe" typische Einleitungsformel בני־יפת bzw. בני־חם findet sich für die "Semitenreihe" erst in V.22.

10,21 dürfte daher ein sekundärer Einschub sein, der die ursprünglich parallel zu V.5/6 gestaltete Überleitung von der Hamitentafel (V.6-7.[8-19].20) zur Semitentafel (V.22-23.[24-30].31) unterbricht. Die ausdrückliche Nebeneinanderstellung von Sem und Japhet in V.21 wird aufgrund der Parallele zu 9,26f. also auf denselben Verfasser zurückgehen.[102] Daß dieser Verfasser der auch in 4,25-26; 6,1-4 und 11,1-9 greifbare Redaktor ist, wird durch die mit 4,26 parallele Gestaltung der Geburtsnotiz (וּלְ... יֻלַּד גַּם־הוּא) bestätigt (vgl. auch 6,1b.4). Durch die betonte Stellung der Wendung וּלְשֵׁם יֻלַּד גַּם־הוּא vor die stereotype Einleitung בני־שם (vgl. V.2.6) wird die Bedeutung Sems als dem Stammvater Israels gegenüber Japhet und Ham unterstrichen. Dem sich gemäß der redaktionellen Ergänzung in 9,27 machtvoll ausbreitenden Japhet ist Sem als Stammvater derer, die Jahwe als Herrn der Welt verehren, vorgeordnet. Umgekehrt hat Sem Anteil an der Macht Japhets, insofern er dessen älterer Bruder ist. 10,21 reiht sich somit in die historisie-

---

[100] Zum grammatischen Bezug von אחי יפת הגדול auf Sem, nicht auf Japhet (so aber G), siehe bereits Schelling, Geburtsfolge, 1-25, sowie Budde, Urgeschichte, 304f.; Fz. Delitzsch, 221; Procksch, 85; König, 416; Westermann, I, 700; Ruppert, I, 442.
[101] D.h. letztlich der Hebräer (vgl. Gen 14,13), siehe dazu schon Ewald, in: JBW IX, 26; Jacob, 273.289f.; König, 417, sowie Koch, Hebräer, 39.71.
[102] Vgl. dazu bereits Ewald, in: JBW IX, 19; Böhmer, Thora, 157 (nur V.21bβ).

renden Begründernotizen in 4,26 und 9,20 ein. Neben der Korrelierung von Sem und Japhet und der betonten Voranstellung von Sem zeigt sich eine dritte inhaltliche Spitze der Notiz in 10,21: Durch die Apposition אבי כל־בני־ עבר wird die Bedeutung Sems als Stammvater der Hebräer und damit auch Israels ähnlich hervorgehoben wie die des Set in 4,25. Mit der Bezeichnung Sems als Vater aller Söhne Ebers wird aber zugleich eine besondere Aussage über Eber und seine Söhne angedeutet. Diese findet sich explizit in 10,25, ohne daß ein direkter literarischer Anschluß von V.25 an V.21 möglich ist.[103]

10,25 unterbricht die genealogisch-ethnologische Folge der einfachen Aufzählung der sich verzweigenden Völker durch die ausdrückliche Mitteilung, daß Eber zwei Söhne geboren wurden, und durch die etymologisierende Erklärung des Namens eines dieser Söhne. Dabei erinnert die Form des Wortspiels שם האחד פלג כי בימיו נפלגה הארץ an die redaktionellen Notizen in 4,25f. und 9,27. Die Bemerkung über Peleg ist literarisch abhängig von der Geburtsnotiz über Eber. Diese wiederum wird mit der Zeugungsnachricht Arpachschads vorbereitet (10,24). Die Reihe "Arpachschad → Schelach → Eber" weicht aber von dem in V.2-4.6-7.22-23 erkennbaren genealogischen Schema ab und nimmt die genealogische Folge in 11,12ff. vorweg. Die sodann in 10,26-30 mitgeteilte Genealogie Joktans, die einerseits wie V.24 konstruiert ist (NN ילד־), andererseits von der Geburtsnotiz in V.25bβ abhängt, überschneidet sich aber mit V.6f., wo שבא und חוילה letztlich als Nachkommen Hams geführt werden. Die Konvergenzen und Differenzen zwischen V.25-29a und V.6f. bzw. 11,10ff. erklären sich am besten über die Annahme, daß hier mittels V.24-25* zwei unterschiedliche literarische Schichten redaktionell zusammengestellt wurden.[104] Während 10,7 und 11,10ff. eindeutig auf die "priesterliche" Schicht zurückgehen, muß die Rückführung von 10,25*.26-30 auf eine bestimmte "nichtpriesterliche" Hand zunächst offenbleiben. Aufgrund der genannten Widersprüche zwischen V.28f. und V.7 ist es unwahrscheinlich, daß die V.26-29a vollständig eine redaktionelle Eigenbildung sind. Vermutlich handelt es sich um eine Sondertradition über (süd)arabische Stämme,[105] die sich hier sinnvoller einfügen ließ als in 11,10ff. Die Abweichung von dem in 10,26-29 vorliegenden genealogischen Schema durch die Verwendung von ילד (Pual) mit einer Etymologie, die auf das redaktionelle Zerstreuungsthema in 11,1-9 hinführt, spricht dafür, die vorliegende Gestalt von 10,25 dem Re-

---

[103] Vgl. von Rad, 11; Westermann, I, 701; Ruppert, I, 440f.
[104] Anders W. W. Müller, Havilah, 81f., der mit einem südarabischen und einem nordarabischen Havilah/Ḥaulan rechnet. Zur Einschätzung von V.24 als endredaktionell vgl. Wellhausen, Composition, 6; Dillmann, 198; Fz. Delitzsch, 224; Holzinger, 106; Gunkel, 84; Procksch, 490; Eißfeldt, Hexateuchsynopse, 256*; Hölscher, Erdkarten, 50; Oded, Table, 21; Seebass, I, 265.
[105] So mit Smend sen., Hexateuch, 24; Eißfeldt, Hexateuchsynopse, 256*; Weimar, Pentateuch, 149 (R[Pt]); Ruppert, I, 478 (R[Pt]); Levin, Jahwist, 126 (J[S]/R[S]); עובל fehlt in G[A] und wird von Gunkel, 92, als Glosse angesehen.

daktor zuzuweisen, dem eine Liste von Joktaniden, die sich (auch) auf Eber zurückführten, vorlag. Durch die redaktionelle Bildung von V.24 bereitet der Redaktor den Einschub über die Joktaniden vor.[106] Über die Einfügung Pelegs erzielt er einen Ausgleich mit 11,12ff., unterstreicht mittels des Wortspiels in V.25 die Bedeutung Pelegs für die heilsgeschichtliche Linie, die zu Abram führt (11,18-26), und bereitet seine Erzählung über die Zerstreuung der Völker chronologisch vor (vgl. בימיו). Somit ergibt sich auch aus dem Bezug von 10,24-25 auf 11,12ff. der "nachpriesterliche" Charakter des Redaktors. Mit der 10,20 nachempfundenen Wendung כל־אלה בני יקטן (V.29b) und der syntaktisch davon abhängigen Ortsangabe in V.30 schließt der Redaktor seinen Einschub ab, wobei die Notiz über das nicht sicher lokalisierte "Ostgebirge" (הר הקדם) ebenfalls stichwortartig auf die Verortung des in 11,1-9 erzählten Geschehens hinweist (vgl. V.2: מקדם).

Die "Verbreitung der Semiten" (10,21-31) läßt sich zusammenfassend literarkritisch dann so aufschlüsseln. Die Grundlage bilden die aus der "priesterlichen" Schicht stammende Überschrift (V.22), die Ausführungen über Aram (V.23) sowie die Abschlußformel (V.31). Damit verknüpft ist eine genealogisch-ethnologische Liste über die Joktaniden, die letztlich als Nachkommen Ebers bekannt waren (V.26-29a). Als redaktionelle Brücken dienen (1.) V.21, wodurch die Bedeutung Sems und Ebers, untergeordnet Japhets, hervorgehoben wird, (2.) V.24, wodurch unter Rückgriff auf 10,22 und 11,12-14, der Einschub von 10,26-29a vorbereitet wird, (3.) die Einfügung Pelegs in V.25, wodurch V.26-29a mit der "priesterlichen" Semitengenealogie in 11,12ff. ausgeglichen und *chronologisch* auf 11,1-9 hingewiesen wird, und (4.) die "Abschlußformel" in V.29b-30, wodurch auf V.31 hingeleitet und 11,1-9 *lokal* vorbereitet wird.

2.2.3.4. Weitere literarkritische Probleme in c.10

"Zudem ist bei Listen die quellenkritische Analyse immer schwer, da es sich um lose Aneinanderfügung von Einzelheiten, nicht um eine geschlossene Erzählung handelt."[107]

Eine ähnliche Mehrschichtigkeit wie in V.21-31 begegnet auch in V.6-19. Die Basis bilden (1.) die parallel zu V.2.22 gestaltete Überschrift בני חם (V.6a),

---

[106] Für die Annahme, daß V.24 endredaktionell ist, spricht auch die Übernahme der Figur des ארפכשד, deren Name vermutlich eine (auf den "priesterlichen" Verfasser von 10,22; 11,10 zurückgehende) Chiffre für Babylon ist; vgl. dazu Josephus, Ant. I,144, sowie Hölscher, Erdkarten, 46f.; Brandenstein, Völkertafel, 59ff.; Pfeiffer, Introduction, 289; Westermann, I, 684; Ruppert, I, 475; anders zuletzt Blenkinsopp, Pentateuch, 90, der den Namen ארפכשד mit dem hurritischen Wort *Arrapḫa* (Kirkuk ?), einem Gebiet östlich des Tigris, in Verbindung bringt.

[107] Eißfeldt, Hexateuchsynopse, 256*.

(2.) die sich daran anschließende Folge der Söhne Hams in V.6b mit einer knappen Entfaltung zur Nachkommenschaft Hams (V.7) und (3.) die zu V.31(32) parallele Abschlußformel in V.20.

Der in diese kurze Hamitentafel eingeschobene Exkurs über die Nachkommen Kuschs (V.8-12), Misraims (V.13-14) und Kanaans (V.15-19), der wie V.24-30* eine Näherbestimmung ausgewählter Nachkommen der ersten Generation nach dem Stammvater bietet, ist literarisch (mindestens) zweischichtig. In V.8a.13f.15-17a liegen zu V.24 parallel formulierte und als nähere Explikation der in V.6 genannten ersten Generation nach Ham dienende Zeugungsnotizen vor. Da sich V.13, in dem die לודים ("Lyder") auf Ham zurückgeführt werden, mit V.22, in dem לוד ("Lud") als von Sem abstammend angesehen wird, überschneidet, dürften V.13 und der davon abhängige V.14 aus einer dem Redaktor vorgegebenen Sonderüberlieferung stammen.[108] Die Wendung אשר יצאו משם פלשתים (V.14) hat ihren ursprünglichen Ort am Versende hinter den כפתרים ("Kaphtoriter") und bildet den Abschluß der Reihe der Nachkommen von מצרים.[109] Aufgrund ihrer zu V.11 (יצא) parallelen Gestaltung wird V.14b (*v.l.*) wie die Abschlußformel in V.29b-30 auf den Redaktor zurückgehen.[110]

Mit der pluralischen Aufzählung von V.13 ist die Erwähnung der כתים ("Kittäer") und der דדנים ("Dodaniter") (*v.l.* רדנים ["Rhodaniter"])[111] in V.4b verwandt. Da die "priesterlichen" Stücke in c.10 die einzelnen Völker stets im Singular nennen (vgl. V.2-4a.6-7.22-23), könnte V.4b auf den Redaktor zurückgehen, der hier auch die Nachkommenschaft von Japhet bzw. Jawan erweitert.[112] Eine Änderung der Gliederungsformel in 10,5, indem man vor בארצתם in Analogie zu V.20.31 אלה בני יפת ergänzt,[113] bzw. die Annahme, die vorliegende Gestalt von 10,5aα gehe erst auf die Hand zurück, die

---

[108] Vgl. Smend sen. Hexateuch, 24; Westermann, I, 692; Ruppert, I, 469 (R^Pt); Levin, Jahwist, 125 (J^S/R^S); Seebass, I, 265. Zur Identität von לוד und לודים und zu ihrer Identifizierung mit den kleinasiatischen Lydern siehe S. Herrmann, Lud, 1108 (gegen Willi, Chronik, 34).

[109] Vgl. Am 9,7 und Jer 47,4 sowie die Mehrzahl der Ausleger.

[110] Vgl. 2,10 (משם יפרד) und 2,11 (אשר שם) sowie zu 10,14b(*v.l.*) Wellhausen, Composition, 7; Dillmann, XVII; Fd. Delitzsch, Schreibfehler, nr.153e; Pfeiffer, Introduction, 289; Weimar, Pentateuch, 149f.; Vermeylen, Commencement, 165, Levin, Jahwist, 125.

[111] Vgl. Mss; SamPt; G (Ῥόδιοι, vgl. I Makk 15,23; II Makk 13,21); I Chr 1,7; HALAT, 206; Holzinger, 96; Procksch, 76; Fd. Delitzsch, Schreibfehler, nr.104c; Hölscher, Erdkarten, 45; Brandenstein, Völkertafel, 70; Westermann, I, 665; Ruppert, I, 441; Rösel, Übersetzung, 207; Lipiński, Japhétites, 53: Seebass, I, 257.

[112] Siehe dazu auch von Rad, 105; Vermeylen, Commencement, 164f.; Ruppert, I, 446f.; Levin, Jahwist, 124; Seebass, I, 257.

[113] Vgl. BHK³; BHS; Fd. Delitzsch, Schreibfehler, nr.92; Holzinger, 97; Gunkel, 153; Procksch, 484; Westermann, I, 665; Ruppert, I, 441.

2.2. Endredaktionelle Erweiterungen

10,4b hinzufügte,[114] ist unnötig. Die Wendung מאלה נפרדו איי הגוים läßt sich sachlich, strukturell und terminologisch direkt als Abschlußformel auf 10,2a (בני יפת) beziehen.[115]

V.15*.16-18a wird ebenfalls einer Sonderüberlieferung entnommen sein. Die Differenz zwischen der genealogisch strukturierten Nennung der Einzelfiguren צידן ("Sidon") und חת ("Het") in V.15[116] und der ethnologisch orientierten Aufzählung von Völkern bzw. Städten in V.16-18a deutet allerdings auf eine literarische Uneinheitlichkeit hin. V.18b-19 stellen eine geographisch und geopolitisch geprägte Schlußformel dar. Diese blickt kompositionell auf V.15 (צידן) zurück.[117] Dabei kombiniert sie den aus 11,4b.8a.9b bekannten Begriff פוץ (hier im *Nif.*)[118] mit dem in den Summarien (V.5.20.31f.) gebrauchten Terminus משפחה. Die Gebietsbeschreibung in V.18b-19 ist parallel zur redaktionellen Ortsangabe in V.29b-30 und geht daher ebenfalls auf den Redaktor zurück.[119] In kompositioneller Hinsicht ist die Kanaanäernotiz sowohl mit der redaktionell eingefügten Erzählung von Noahs Weinberg verbunden als auch mit der weitgehend redaktionell gebildeten Stadt- und Turmbauerzählung. So steht die in V.15.16-18a aufgeführte Nachkommenschaft Kanaans von vornherein unter dem dreifachen Fluch (9,25b.26b.27b). Aus der Perspektive von 11,1-9 erscheint die Verteilung der Kanaanäer über den in V.18b-19 beschriebenen Raum zugleich als eine strafweise Zerstreuung (פוץ).

Eine Besonderheit der gesamten Völkertafel stellt die Nimrodnotiz in V.8-12 dar.[120] Während in V.1-7.13-32 die genealogisch aufgeführten Namen als

---

[114] Vgl. Blenkinsopp, Pentateuch, 89; Seebass, I, 257.
[115] Siehe dazu die Untersuchung der Japhetitenliste von Horowitz, Isles, 36ff., der in dem Ausdruck איי הגוים ein Pendant zu dem babylon. Begriff *nagû(m)* I ("Bezirk") und eine Bezeichnung für die aus palästinischer Sicht am weitesten entfernt lebenden Völker im Norden, Westen und Osten erkennt.
[116] Vgl. Gen 23,3.5.7.10.16.18.20; 25,10; 27,46; 49,32.
[117] Der Einsatz der Kanaanäernotiz mit צידן ist (1.) geographisch bedingt, insofern es sich um den nördlichsten Punkt der hier aufgeführten kanaan. Ortslagen handelt, (2.) historisch, insofern Sidon in alttestamentlicher Zeit die bedeutendste phönizische Handelsstadt der syrisch-palästinischen Küste darstellte.
[118] Vgl. aber SamPt, der mit נפצה auf eine Form von נפץ (vgl. 9,19) verweist; vgl. S.101.
[119] Die Identifikation von לשע ("Lescha") ist ungeklärt.
[120] Die Herkunft und die ursprüngliche Bedeutung des Namens נמרד sind bis heute offen. Zu den unterschiedlichen Versuchen, Nimrod bzw. dessen Prototyp zu identifizieren, sei es mit dem assyrischen König Tukulti-Ninurta I., dem Pharao Amenophis III. (Nebma-re), dem assyrischen Jagdgott Ninurta, dem babylon. Gott Marduk, der babylon. Sagenfigur Gilgamesch o.ä., vgl. für die ältere Forschung Preisendanz, Nimrod, 624ff.; für die neuere Forschung Edzard, Nimrod, 133; Gispen, Nimrod, 207ff.; van der Toorn, Nimrod, 1ff.; Machinist, Nimrod, 1116ff.; Uehlinger, Nimrod, 1181f. Aufgrund der Darstellung als einer menschlichen Figur dürfte unter den vorgeschlagenen Identifikationen die Gleichsetzung der *ursprünglich* hinter Nimrod stehenden Größe mit Gilgamesch am wahrscheinlichsten sein: Gilgamesch galt im Alten Orient und der Antike

Chiffren für bestimmte Völker, Länder, Städte oder Stämme stehen, leiten V.8b-12 die Entstehung einzelner mesopotamischer Städte nicht genealogisch, sondern kulturgeschichtlich ab. Die Entstehung Ninives wird nicht auf eine "Zeugung" Nimrods, sondern auf eine Bautat Nimrods zurückgeführt.[121] Gegenüber der listenartigen Zusammenstellung in V.1-7.13ff. stellen V.8b-12 eine "Kurzerzählung" dar, die zusätzlich mit einem Sprichwort (V.9) kombiniert ist.[122] Diese "Kurzerzählung" bezeichnet in einer zu 4,26; 6,1; 9,20 und 11,6 parallelen Verwendung von חלל (Hif.) Nimrod als den ersten "Helden auf der Erde" (nach der Flut). Ohne Bezug zur ethnologischen Anlage von c.10 wird als zweite Apposition zu Nimrod eine sentenzenartige Charakterisierung desselben als Jagdheld genannt.[123]

Mit größerer Nähe zum Thema von c.10 wird dann eine Reihe von Städten im Lande Schinear als "Ausgangspunkt"[124] des Reichs Nimrods bezeichnet. Wenn anstelle des bisher nicht lokalisierten Ortsnamens כַּלְנֵה (G: Χαλαννη) die Lesart כֻּלָּנָה ("sie alle") zutreffen sollte,[125] dann dürfte dieses Summarium zusammen mit der Angabe בארץ שנער eine vom Redaktor gebildete Zusammenfassung sein. Inhaltlich schließt der syntaktisch aufgrund des Suffixes in ממלכתו unselbständige Vers stärker an die politisch-geographische Zeichnung Nimrods in V.8b an als an V.9. Hingegen ist V.11a wiederum über die Einleitung מן־הארץ ההוא von V.10b abhängig. Die in

---

als großer Herrscher (vgl. Gilgamesch-Epos I,i,26.44f. u.ö.), Städtegründer (vgl. Gilgamesch-Epos I,i,9ff.; XI,303ff.) und Jäger (vgl. Gilgamesch-Epos X,i,33ff. u.ö.) und erscheint namentlich als Riese noch im 3. Jh. v. Chr. in zwei Fragmenten des Gigantenbuchs aus Qumran (vgl. 4QGiants[b] [= 4Q530] II,2, und 4QGiants[c] [= 4Q531] frgm. 2,12; in: ATTM II, 119.121; Maier, Texte, II, 700.702). Zur Identifikation Nimrods mit Gilgamesch siehe auch Zimmern, in: Schrader, Keilinschriften, 581; Gunkel, 89; Skinner, 209; Jacob, 283; Westermann, I, 688; Gispen, Nimrod, 210f.; Seebass, I, 259.

[121] Subjekt von V.11 ist Nimrod, אשור ist ein Lokativ (vgl. Gen 13,9; 24,27; 26,23; 31,21 sowie G-K §118f und die Mehrzahl der Ausleger), keine zu נמרד parallele Einzelfigur (so aber nach G, VL und Vg: Procksch, 79; Lipiński, Nimrod, 84; Gispen, Nimrod, 214; Wenham, I, 223f.; Berge, Zeit, 61; Levin, Jahwist, 124f.).

[122] Zum Gebrauch von עַל־כֵּן יֵאָמַר zur Einleitung einer geprägten Wendung vgl. Num 21,14; I Sam 19,24; (Gen 22,14).

[123] In diesem Sinn übersetzen גבור־ציד auch SamPt, G (γίγας κυνηγός), Sy (gnbr' nhšyrtn'), Vg (gigans venator) und VL (robustus venator), während die Targumim ציד mit צדה (I Sam 24,12), צדיה (Num 35,20.22) bzw. מצודה (I Sam 22,4) kombinieren und so Nimrod als gewalttätigen bzw. hinterhältigen Helden interpretieren (Tg[O]: גיבר בצידא ומרודיא); Tg[J]: גביר בחטאה; Tg[N]: תקיף).

[124] Zu dieser temporalen Wiedergabe von ראשית vgl. neben Gen 1,1, vor allem Num 24,20; Jer 26,1; 27,1; 28,1; 49,34; Am 6,1; sowie G (ἀρχή) und dazu Lipiński, Nimrod, 83; Westermann, I, 691.

[125] Vgl. SamPt (bei Kennicott); Gen 42,36; von Soden, Nimrod, 1497; Lipiński, Nimrod, 83; van der Toorn, Nimrod, 1.

2.2. Endredaktionelle Erweiterungen

V.11b.12 genannten Städte Ninive "mit Vororten" ([?], רחבת עיר ואת־), Kalḫu und Resen (?) liegen aber alle im Bereich von Assur.[126] Ihre Nennung setzt daher eine Notiz über den Zug Nimrods von Schinear nach Assur in V.11a voraus. Somit können zumindest V.8b.10-12a als eine literarisch einheitliche Komposition betrachtet werden. Fraglich ist lediglich, ob V.12b am richtigen Ort steht, da die Wendung הוא העיר הגדולה im AT sonst zumeist als Apposition zu Ninive steht.[127] Für die Ursprünglichkeit dieser Wendung an ihrem jetzigen Platz spricht aber, daß die Explikationen in V.13.14(*v.l.*).15-19.24-30 ebenfalls eine besondere Abschlußformel aufweisen und daß sachlich auch auf die Stadt Kalḫu die Apposition "die große Stadt" zutreffen könnte.[128] Insgesamt besitzt der Abschnitt V.8b.(9).10-12 eine historisierende Tendenz, wie sie sich in V.25 und 6,4 (vgl. auch den Terminus גבור) findet. Während 10,25 als eine redaktionelle Harmonisierung zwischen V.26-29a. und 11,10ff. wahrscheinlich gemacht werden konnte, die auf die redaktionelle Einfügung und Bearbeitung von 11,1-9 hinleitet,[129] ergibt sich bei 10,8b-12 die Frage, wie die Notizen über Babel, Schinear und die Erbauung (בנה) weiterer Städte mit der Erzählung über die Errichtung (בנה) der Stadt Babel in 11,1-9 zu vereinbaren sind.

Die literarische Spannung zwischen den Ursprungserzählungen in 10,8b-12 und 11,1-9 besteht unabhängig davon, ob 10,8b-12 auf dieselbe Hand wie 11,1-9 oder auf eine andere Hand zurückgeführt werden. Wenn der Verfasser der Stadt- und Turmbauerzählung die Verse 10,8-12 bereits kannte, dann hat er selbst keinen unlösbaren Widerspruch zwischen beiden Texten gesehen und seinen Einschub in 11,1-9 auf einer anderen erzählerischen Ebene verstanden. Wurde hingegen 10,8b-12 erst nach 11,1-9 eingesetzt, dann hielt der spätere Ergänzer beide Texte für kompatibel. Drei Beobachtungen sprechen dafür, in 10,8-12 eine vom Redaktor bearbeitete Vorlage zu sehen:

---

[126] Die Wiedergabe von רחבת עיר ist unsicher. Möglicherweise handelt es sich in Parallele zu V.12b um eine Apposition zu נינוה ("Ninive, die größte Stadt", so zuletzt van der Toorn, Nimrod, 5). In diesem Fall wären den drei im Großraum שנער lokalisierten (südmesopotamischen) Städten בבל (Babylon), ארך (Uruk) und אכד (Akkad) die drei im Großraum אשור lokalisierten (nordmesopotamischen) Metropolen נינוה (Ninive), כלח (Kalḫu) und רסן (Resen) zur Seite gestellt. Eventuell steht der Begriff רסן (G: Δασεμ) hier aber nicht für eine eigene Stadt, sondern bildet in Parallele zu רחבת עיר eine Apposition zu der Stadt כלח und bezeichnet einen Kanal (vgl. akkad. *risnu* "Durchtränkung"; "Bewässerung"; *rēš ēni* "Quellkopf"), so Lipiński, Nimrod, 86; Ruppert, I, 468; Machinist, Nimrod, 1117.
[127] Vgl. Jon 1,2; 3,2f.; 4,11; aber auch als Apposition zu Jerusalem in Jer 22,8 und zu Gibeon in Jos 10,2.
[128] Vgl. dazu Lambert, Assyrien, 272.
[129] Vgl. S.106ff.

1.) stellt V.12b eine zu 10,14b(*v.l.*).18b-19.29b-30 parallele Lokalisierung und Abschlußformel des Redaktors dar. Die Kennzeichnung der Stadt Kalḫu als einer exemplarisch großen Stadt (V.12b) erfüllt mikrokompositionell die Funktion einer Schlußsequenz vor der redaktionellen Einlage der Liste über ägyptische und kanaanäische Bevölkerungsgruppen (V.13-14.15-19).

2.) bildet V.11 (אשור) eine Dopplung zu V.22. Analog zu 4,17-24 // 5,1ff. ist darin eher eine dem Redaktor vorgegebene Überlieferung zu sehen als eine eigenständige redaktionelle Bildung.

3.) unterbricht V.9 den Zusammenhang zwischen V.8b.10 und bietet eine redaktionelle Zusatzinformation zu Nimrod. Dabei dient die wohl vom Redaktor eingefügte Wendung לפני יהוה der Theologisierung der Nimrodnotiz.[130] Das Auftreten Nimrods, wird explizit unter das Urteil Jahwes gestellt. Wie Noah gemäß der Ansicht des Redaktors vor (לפני) Jahwe als ein Gerechter erscheint (vgl. 7,1b), so Nimrod als einer, der gewaltig Beute macht.[131]

Auf den Redaktor selbst werden mindestens die Gestaltung von V.8 als Begründernotiz (החל) und die Abschlußformeln in V.10b.12b zurückgehen. In V.10a.11-12a und V.9* dürften dem Redaktor vorgegebene Überlieferungen vorliegen, die dieser aus antiquarischem Interesse bewahrt hat.[132] Ob 10,8-12 überhaupt in einem vorendredaktionellen Erzählzusammenhang stand, ist fraglich. Wenn 10,8-12* eine vom Redaktor bearbeitete Vorlage darstellt und 11,1-9 ein vom Redaktor auf der Basis einer Babel-Bau-Erzählung komponiertes Urzeitparadigma, dann ist das kompositionelle Verhältnis zwischen beiden Texten im Sinne einer gegenseitigen Ergänzung zu bestimmen.[133] Über die Stadt- und Turmbauerzählung erscheint Nimrods Herrschaft als Bruchstück. Umgekehrt unterstreicht die Nimrodnotiz den Charakter von 11,1-9 als einer Hybriserzählung.[134]

---

[130] So mit König, 406; Gispen, Nimrod, 212. Zur Erkenntnis des sekundären Charakters von לפני יהוה vgl. Levin, Jahwist, 122f. Der Ausdruck לפני יהוה bezieht sich also weder superlativisch auf גבור im Sinne von "ein sehr großer Held" (vgl. Jacob, 281; Seebass, I, 259), noch ist er mit G (ἐναντίον), VL^MSS (*contra*) adversativ "wider Jahwe" (vgl. Philo, Quaest in Gen II,82; Budde, Urgeschichte, 393; Levin, Jahwist, 122) aufzulösen, da dies wohl על-[פני]-יהוה lauten würde (vgl. Uehlinger, Nimrod. 1184).

[131] Daß das Epitheton גבור ציד nicht nur den "Jagdhelden" bezeichnet, sondern zugleich auf ein gewaltsames Beutemachen zielt, zeigt sich an der Verwendung der Wurzel צדה in Hi 10,16 (vgl. auch Thr 3,12.52; 4,18; Mi 7,2).

[132] Vgl. dazu auch Uehlinger, Nimrod, 1184f.

[133] So mit Fz. Delitzsch, 229; König, 430; Jacob, 303; Wenham, 242; Van Seters, Prologue, 180; Coats, 94; Waschke, Menschenbild, 130.

[134] Zur theologischen Funktion der Einbettung von Babel in die Urgeschichte s.u.S.274f.

2.2.3.5. Zusammenfassung der Literargeschichte von Gen 10

Die von 11,1-9 ausgehende literarkritische Analyse der Völkertafel hat zu folgendem Ergebnis geführt:

1.) Die Grundlage der Völkertafel bildet die Überleitung von der Fluterzählung in 9,18a.19.28-29 und die listenartige Aufzählung der Nachkommen der Noahsöhne in 10,1-4a.5-7.20.22-23.31-32. Daran schloß sich ursprünglich unmittelbar die Semtoledot in 11,10-26 an.

2.) In diesen Komplex wurden redaktionell eingelegt:

a) eine Beispielerzählung von Noah und seinen Söhnen Sem und Kanaan (9,20-26),[135]

b) Zusatzinformationen zu ausgewählten Söhnen der ersten Generation nach dem jeweiligen Noahsohn, und zwar zu den Nachkommen Japhets (10,4b), Hams (10,8-12*.13-14*.15*.16-18a) und Sems (10,26-29a).

3.) Redaktionelle Eigenbildungen und Ausgleiche zwischen der Grundlage und den Ergänzungen sowie punktuelle Hinweise auf den redaktionellen Text 11,1-9 sind:

a) die vorliegende literarische Gestalt von 10,8 als Ursprungsnachricht,

b) 10,10b.12b und als Abschlußformeln der Nimrodnotiz,

c) 10,14* (אשר יצאו משם פלשתים) als (im jetzigen Text dislozierte) Abschlußformel der Misraimnotiz,

d) 10,18b-19 als Abschlußformel der Kanaanäernotiz,

e) 10,21 als Pendant zur Einfügung Japhets in 9,22*.23*.27 und als Vorbereitung von 10,25,

f) 10,24-25* als Hinführung auf die Einlage der Joktanidenliste und als *chronologische* Vorschau auf 11,1-9,

g) 10,29b-30 als Abschlußformel der Joktanidenliste und als *lokale* Vorbereitung von 11,1-9.

Es spricht nichts dagegen, alle diese Texte (3a-g) auf *eine* Hand zurückzuführen. Unsicher ist die Zuweisung von 10,9, der literarkritisch den Zusammenhang von V.8b-12* unterbricht, inhaltlich die Charakterisierung Nimrods als "Machthaber" um den Aspekt des "Jagdhelden" bereichert und über die doppelte Wendung לפני יהוה der Völkertafel eine theologische Nuance gibt. Vermutlich hat der Redaktor hier eine zweite Tradition über Nimrod eingefügt und durch den Zusatz לפני יהוה theologisiert.[136]

Insgesamt führt die literarische Analyse von Gen 10 zu dem Ergebnis, daß die Völkertafel in der vorliegenden Form keine Kompilation aus *zwei* Quellen

---

[135] Die Umgestaltung von 9,20 zu einer Erfindernotiz mittels der Wurzel חלל geht wohl erst auf den Redaktor zurück, ursprünglich dürfte die Einleitung כרם היה לנח o.ä. gelautet haben (vgl. I Reg 21,1).

[136] Vgl. Ewald, in: JBW IX, 7 Anm.1; Dillmann, XVII; Pfeiffer, Introduction, 289.

(P und J/JE) darstellt,[137] sondern eine redaktionelle Komposition auf der Basis einer "priesterlichen" Grundlage, die punktuell unter Rückgriff auf Listen und Namen unterschiedlicher literarischer Herkunft ergänzt wurde. Dabei hat der Redaktor die Struktur der "priesterlichen" Völkertafel übernommen und seine Sonderüberlieferungen mittels eigenständiger Einleitungen und Summarien in den "priesterlichen" Basistext eingelegt. Somit sind die jüngsten Thesen, die Völkertafel sei *rein* "jahwistisch" bzw. "nachjahwistisch"[138] oder die "priesterlichen" Elemente in c.10 seien *ausschließlich* redaktionell,[139] widerlegt. Hingegen hat sich hier die literarkritische Beobachtung der älteren Forschung bestätigt, daß es nie eine selbständige "jahwistische" Völkertafel gab, sondern daß die "nichtpriesterlichen" Teile in c.10 allesamt "nachpriesterliche" Ergänzungen sind.[140]

Exkurs: Der Flutbezug der Völkertafel

Ein Sonderproblem der Völkertafel stellt ihre Verbindung mit der Fluterzählung dar. Zwar erfolgt durch die Wendung אחר המבול (9,28; 10,1b.32; 11,10) eine Anbindung an c.6-9, doch ist die Ursprünglichkeit dieser Formel umstritten. Fest eingebunden ist die Wendung אחר המבול in 9,28. In Korrespondenz zu 7,6 stellt sie das Lebensalter Noahs in eine Beziehung zur Flut. Ebenso kann die Formel in 10,1b als ursprünglich angesehen werden: Hier unterstreicht sie, daß Sem, Ham und Japhet tatsächlich erst nach der Flut zu Stammvä-

---

[137] So aber Wellhausen, Composition, 6f.; Budde, Urgeschichte, 370ff. (Hauptbestand der "nichtpriesterlichen" Stücke von J2); Fz. Delitzsch, 198ff.; Gunkel, 84; Procksch, 76ff.483ff.; König, 398ff.; von Rad, 115ff.; Westermann, I, 666ff.; Weimar, Pentateuch, 148f. (Hauptbestand der "nichtpriesterlichen" Stücke von JE); Oded, Table, 14ff.; Richter, Urgeschichte, 56f. (Hauptbestand der "nichtpriesterlichen" Stücke aus der dritten "jahwistischen" Quelle); Berge, Zeit, 61 (J mindestens in V.8-12.13*.15.18b-19); Vermeylen, Commencement, 165ff. (Hauptbestand der "nichtpriesterlichen" Stücke dtr.); Seebass, I, 266f. (Hauptbestand der "nichtpriesterlichen" Abschnitte wohl "nachjahwistisch", aber "vorpriesterlich"; vgl. ders., in: TRE XVI, 445: Gen 9,19 mit c.10* als gelehrtem Nachtrag in J).
[138] So Levin, Jahwist, 120-126, mit der Differenzierung in eine "jahwistische" Quelle (V.2-4a.5-7.20.22-23.31), "vorjahwistische" Erweiterungen (V.8a.9*.15.24), "jahwistische" Redaktion (V.8b.9*.10.18b.21.25) und "nachjahwistische" Zusätze unterschiedlicher Hände (J^S/R^S/Glossen [V.4b.11*.12b.13-14*.16-18a.19.26-30] und R^{Pt} [V.1.32]). Zur Annahme, Gen 10 stamme geschlossen von J, vgl. in der älteren Forschung bes. Eichhorn, Einleitung, III, 107.130; Tuch, 153ff.
[139] So de Catanzaro, Analysis, 201ff.; Van Seters, Prologue, 174ff.; Vermeylen, Commencement, 167ff.
[140] Vgl. dazu bereits die Rückführung von Gen 10 insgesamt auf den Redaktor bei Gramberg, adumbratio, 7.28, sowie differenzierter Stähelin, Pentateuch, 41ff.61 (P: 10,1-7.20.22f.30-32; R[=J]: 10,8-19.21.24-29); Schrader, Urgeschichte, 33f.158ff.192ff. (P: 10,1-7.13-18a.20.22-25a*.26-32; R: 10,8-12.18b.21.25); Knobel, X.XVII (P: 10,1-7.13-24.25*.26-32; R[=J] 10,8-12); Nöldeke, Untersuchungen, 14f. (P: 10,1-7.13-20.22-32; R: 10,(8-11).19*.21.25*; V.12:?); siehe hierzu auch die Überlegungen von Wenham, I, 214f., und zuletzt Blenkinsopp, Pentateuch, 87ff. (Grundbestand von P; R [=J]: 10,[5a].8-12*.24-29).

tern von Völkern wurden. Während 9,19 im Rahmen der Überleitung von der Flut zur Völkertafel (9,18a.19.28.29) auf die Verteilung der Völker vorausweist, blickt 10,1b auf die Flut zurück. V.1b läßt sich als ursprüngliche Explikation syntaktisch an V.1aα anschließen, fügt sich gut in die Folge 9,18a.19.28.29; 10,1a ein und braucht daher nicht auf eine andere Hand als V.1a zurückgeführt zu werden.[141]

9,18a	-	Flutbezug	(מן התבה)	┐
9,19	-	Völkertafel	(אלה)	┐ │
9,28	-	Flutbezug	(אחר המבול, נח)	┐ │ │
9,29	-	Todesnotiz	(נח)	┘ │ │
10,1a	-	Völkertafel	(אלה)	┘ │
10,1b	-	Flutbezug	(אחר המובל)	┘

Wenn 10,1b als ein ursprüngliches "priesterliches" Rahmenelement beibehalten werden kann, dann gilt dies auch für 10,32b. Während V.32a auf V.1a zurückschaut, bildet V.32b ein Gegenstück zu V.1b.[142] In 11,10b hingegen klappt die Formel nach.[143] Zum einen ist sie nach der dreifachen Betonung der in 10,1ff. aufgeführten genealogisch-ethnologischen Reihe überflüssig. Daß Arpachschad nach der Flut gezeugt wird, ist durch 10,1.32 nachdrücklich betont. Ein kompositionelles Gegenstück zu der um die genaue chronologische Angabe שנתים erweiterten Formel findet sich nicht. Zum anderen steht die mit der Formel verbundene Datierung mit den Angaben in 11,10a (שנה ... בן) // 5,32 // 7,6 bzw. 7,11 // 8,13(v.l.) ([לחי] ... שנה[ב]) in Spannung.

Nach der Datierung in 5,32 aufgrund des Lebensalters Noahs von 500 Jahren (בן ... שנה) müßte Sem bereits bei Flutbeginn 100 Jahre alt sein. Da nach 8,13 die Flut ein Jahr dauert, müßte Sem dann bei Flutende 101 Jahre alt sein. Hingegen gibt 11,10a das Alter Sems (בן ... שנה) nach der Flut mit 100 Jahren an. Die Angabe in 11,10b "zwei Jahre nach der Flut" führt bei einem Verständnis von אחר המבול als "nach dem Flutende" auf ein Alter bei Flutbeginn von 98 Jahren, oder in Kombination mit 5,32 und 7,6 auf ein Alter "nach der Flut" von 102 Jahren. Das Problem löst sich, wenn man die gesamte Chronologie der Fluterzählung berücksichtigt und klärt, wie שנתים und אחר המבול hier zu übersetzen sind. Chronologisch betrachtet stehen sich (abgesehen von den pauschalen "jahwistischen" bzw. redaktionellen Angaben in 7,4.12.17; 8,6-12) in der Fluterzählung zwei "exakte" Datierungsarten gegenüber, die aber nicht literargeschichtlich zu differenzieren sind. Nach der allgemeinen Angabe in 7,6 ist Noah 600 Jahre alt (בן ... שנה), während die Flut herrscht (היה). Nach 7,11 beginnt die Flut im 600. Lebensjahr Noahs (... שנה בשנת לחי) - dies führt auf ein Alter Noahs bei Flutbeginn von 599 und damit Sems von 99 Jahren. In ähnlicher Konstruktion wie in 7,11 wird das Flutende auf das 601. Lebensjahr Noahs datiert (vgl. G: [לחי] שנה ... ב), d.h. auf ein absolutes Alter Noahs von 600 Jahren und Sems von

---

[141] So grundsätzlich mit Dillmann⁵, 170; Budde, Textherstellung, 277ff. (unter Annahme des Ausfalls der Wendung בני נח vor שם); Procksch, 484; Noth, Pentateuch, 17; Kessler, Querverweise, 55; Wenham, I, 216; Blenkinsopp, Pentateuch, 88; Levin, Jahwist, 124, gegen die unterschiedlichen literarkritischen Differenzierungen bei Wellhausen, Composition, 6; Gunkel, 84, König, 399; von Rad, 105; Westermann, I, 673; Scharbert, 103; Ruppert, I, 452f.; Seebass, I, 265.

[142] Vgl. dazu auch Stärk, Literarkritik, 40; Lund, Knotenpunkt, 38-42; Weimar, Pentateuch, 148; Vermeylen, Commencement, 164.

[143] So mit Budde, Textherstellung 278; Dillmann, 211; Procksch, 492f.; Heinisch, 203; Skinner, 232; von Rad, 120; Dockx, Paradis, 138; Weimar, Struktur, 85 Anm. 18; Blenkinsopp, Pentateuch, 92.

100 Jahren: dies entspricht 11,10a. Der Dual שׁנתים wird zumeist mit "zwei Jahren" wiedergegeben, wobei שׁנתים als Akkusativ der Zeit aufgefaßt wird.[144] G hingegen übersetzt mit δευτέρου ἔτους "im zweiten Jahr".[145] Die Möglichkeit einer solchen Auflösung zeigt auch Gen 14,4, wo שׁלשׁ־עשׂרה שׁנה ebenfalls ohne Präposition im Sinn von "im 13. Jahr" konstruiert wird.[146] אחר המבול wird in der Regel mit "nach der Flut" im Sinn von "nach dem Flutende" verstanden. Eine solche Wiedergabe ist für 9,28 (שׁנה ... בן) nötig, um nach den Angaben in 7,11 und 8,13 auf ein Gesamtalter Noahs von 950 Jahren zu kommen. Der Ausdruck אחר המבול kann aber auch im Sinn von "*nach dem Flutausbruch*" verstanden werden. Übersetzt man in 11,10b mit "im zweiten Jahr nach Flutausbruch", steht diese Datierung im Einklang mit den Angaben in 7,11 und 8,13: Sem ist bei Beginn der Flut 99 Jahre alt, bei Ende der Flut 100 Jahre. Die einjährige Flutdauer entspricht einem ersten Jahr nach Flutausbruch (d.h. der Vollendung des 100. Lebensjahrs Sems). Die Zeugung Arpachschads im zweiten Jahr nach Flutausbruch fällt dann in das 101. Lebensjahr Sems, also in eine Zeit, in der Sem noch 100 Jahre alt ist. Als literarkritische Hypothese dieses Befundes, deren Tragfähigkeit sich bei der Analyse der Fluterzählung zeigen muß, ergibt sich dann, daß die chronologischen Angaben in 5,32; 7,11; 8,13; 9,28f. und 11,10a zu einer Schicht gehören, die den Beginn der Flut auf das 600. Lebensjahr Noahs, das Flutende auf das 601. Lebensjahr Noahs und die Lebenszeit Noahs nach dem Flutende mit 350 Jahren festsetzt. Sem ist nach dieser Reihe bei Flutbeginn 99 Jahre alt, bei Flutende 100 Jahre. Das entspricht dem Alter bei der Zeugung Arpachschads. Daneben findet sich eine zweite Hand, die ein besonderes Interesse an einer genauen Datierung der Geburt Arpachschads hat. Diese ergänzte 11,10b, wobei sie אחר המבול im Sinn von "nach dem Flutausbruch" verstand.[147] Für die Zuweisung von 11,10b an den Redaktor spricht auch, daß die Angabe אחר המבול einen zu 10,32b parallelen Rahmen um den redaktionellen Einschub 11,1-9 legt. Damit unterstreicht der Redaktor, daß sich das in 11,1-9 erzählte Geschehen nach der Flut ereignete. Auf welche Hand die allgemeine Angabe in 7,6 zurückgeht, wird bei der Analyse der vorendredaktionellen Fluterzählung untersucht.

2.2.4. Zwischenergebnis der redaktionsgeschichtlichen Analyse

In Gen 1-11 zeigt sich eine redaktionelle Hand, die die vorgegebene "priesterliche" und "jahwistische" Hauptschicht mittels einzelner Verse verbindet, wobei sie auf Begriffe der vorgegeben Texte zurückgreift und gleichzeitig eine eigene Terminologie verwendet.

Durch die Kombination des ursprünglich vor 1,1 positionierten Verses 2,4a mit der Einleitung der "jahwistischen" Paradieserzählung in 2,4b und durch die Bildung des "Doppelnamens" יהוה אלהים sind zwei Schöpfungserzählungen, die ausweislich ihres unterschiedlichen Stils, ihrer unterschiedli-

---

[144] Vgl. G-K §118i.
[145] Vgl. Rösel, Übersetzung, 222; und zur Sache Schwyzer, Grammatik, II, 112ff.
[146] Gegen SamPt, Sy und 1QGenAp, die בשׁלשׁ־עשׂרה שׁנה lesen, ist MT als *lectio difficilior* beizubehalten; so mit Fz. Delitzsch, 264; Holzinger, 143; Wenham, I, 303.
[147] Als Intention einer solchen Datierung könnte man mit Heinisch, 203; Blenkinsopp, Pentateuch, 92, und Ruppert, I, 522, annehmen, daß die Geburt Arpachschads erst in einem gewissen zeitlichen Abstand zum Flutjahr als dem Jahr der Katastrophe stattfinden sollte.

2.2. Endredaktionelle Erweiterungen 117

chen Terminologie und Tendenz aus zwei unterschiedlichen literarischen Schichten stammen, verbunden.

4,25-26 verknüpft zwei genealogische Tafeln (4,17-24 und 5,1-32*), die aufgrund ihrer unterschiedlichen Reihenfolge der Stammväter (Adam → Kain gegenüber Adam → Set) und der unterschiedlichen Gestaltung der genealogischen Notizen ebenfalls zwei unterschiedlichen literarischen Schichten zuzuweisen sind.

9,18b.20*.22aα*.23*.26a*.27 stimmen eine Erzählung von Noah und seinen Söhnen Sem und Kanaan (9,20-26*) mit der in 9,18a und 10,1ff. zugrundegelegten Genealogie Noahs und seiner Söhne Sem, Ham und Japhet ab.

10,4b.10b.12b.14b(v.l.).(15*).18b-19.21.24.25*.29b-30 sind redaktionelle Gliederungselemente, über die einzelne ethnologische Ergänzungen (vermutlich Listenmaterial unterschiedlicher Herkunft) in das in c.10 erkennbare Grundschema eingebaut werden.

Auf die in diesen Texten erkennbare Hand eines "nachpriesterlichen" Redaktors läßt sich die Komposition von drei zugleich mythologisch und antiquarisch orientierten Abschnitten zurückführen (2,9b-15 mit 3,22.24; 6,1-4 und 11,1-9). Die Ergänzungen in der Paradieserzählung stellen redaktionelle Eigenbildungen auf der Basis vorgegebener Namen bzw. Motive dar.[148] Bei 6,1-4 handelt es sich trotz seiner literarischen Brüchigkeit um ein literarisch zwar einheitliches, vermutlich aber aus einem anderen literarischen Zusammenhang exzerpiertes Stück.[149] In 11,1-9 liegt eine redaktionell erweiterte und modifizierte, ursprünglich wohl selbständige Hybriserzählung vor.

Eine redaktionsgeschichtliche Durchsicht der diesem Redaktor vorgegebenen "priesterlichen" und "jahwistischen" Schicht soll nun (1.) aufzeigen, ob sich *innerhalb* dieser Schichten weitere dem Redaktor zuzuweisende Texte finden, und (2.) klären, ob es sich bei der "priesterlichen" und "jahwistischen" Schicht kompositionell und konzeptionell jeweils um eine Quelle oder eine Redaktionsschicht handelt. Dabei wird zumal bei der "jahwistischen" Schicht auch die Frage nach dem vorendredaktionellen *literarischen* Wachstum zu stellen sein.

---

[148] Kleinere redaktionelle Modifikationen liegen in 2,7b.17aα*.19aγ.b.20aα*; 3,14aα*.18b vor.
[149] Vgl. dazu ausführlich S.293ff.

2.3. Die vorendredaktionelle "priesterliche" Schicht in Gen 1,1-11,26

2.3.1. Der "priesterliche" Schöpfungsbericht (1,1-2,3*)

Ausgehend vom ersten Schöpfungsbericht stellt sich die Frage, in welchem kompositionellen Verhältnis die "priesterlichen" Texte der Urgeschichte zueinander und zu den "jahwistischen" Abschnitten stehen und ob die "priesterlichen" Abschnitte konzeptionell auf eine vorendredaktionelle literarische Fortsetzung angelegt sind.[1]

Die *literarische* Einheitlichkeit von 1,1-2,3 wurde in jüngster Zeit mehrfach überzeugend nachgewiesen und kann trotz gegenwärtig aufgestellter literarkritischer Schichtungsversuche weiterhin vertreten werden.[2] Es handelt sich um einen vor allem durch die Wortschöpfungsformel und die Tageszählungsformel klar strukturierten Bericht, der durch 1,1-2 und 2,2-3 gerahmt wird. 1,1 und 2,3 bilden den *äußeren Rahmen*: 1,1 dient als Überschrift, 2,3 als abschließendes Summarium. Mit dem Terminus ברא (2,3b) wird unmittelbar auf 1,1 zurückgeblickt. Zugleich stellen die Begriffe בראשית und שבת hinsichtlich des ihnen innewohnenden Aspekts der Zeit ein sich motivisch ergänzendes Wortpaar dar. 1,2 und 2,2 bilden den *inneren Rahmen*. So korrespondiert die Beschreibung des Zustandes vor der Schöpfung und des über dem Urozean (תהום)[3] brausenden Gottessturmes (רוח אלהים)[4] mit der Darstellung der bei der Vollendung der Schöpfung erreichten Gottesruhe. Innerhalb

---

[1] Insofern versteht sich der folgende Abschnitt auch als eine Auseinandersetzung mit der These, die "priesterlichen" Texte in Gen 1-9 seien eine *reine* Redaktionsschicht bei de Catanzaro, Analysis, 237ff.; Rendtorff, L'histoire, 83ff.; Blum, Studien, 278ff.; Vermeylen, Commencement, 203ff.; Van Seters, Prologue, 160ff.; zum forschungsgeschichtlichen Hintergrund dieses Modells s.o.S.21ff.

[2] Vgl. exemplarisch W. H. Schmidt, Schöpfungsgeschichte, 19ff.160ff. (mit umfassender Analyse der überlieferungsgeschichtlich bedingten Spannungen); Steck, Schöpfungsbericht, 252f.; ders., Aufbauprobleme, 288ff.; Westermann, I, 116; Oberforcher, Flutprologe, 521ff.; Zenger, Gottes Bogen, 51ff.; Coats, 45f.; Wenham, I, 5ff.; Ruppert, I, 57ff.; Blenkinsopp, Pentateuch, 60ff.; Crüsemann, Tora, 328; Seebass, I, 90-94; anders Dockx, Paradis, 5ff.117ff.; Weimar, Struktur, 85 Anm.18; Vermeylen, Création, 53ff.; Levin, Tatbericht, 125ff.

[3] Vgl. dazu ausführlich Tsumura, Earth, 51ff.156ff.; Harland, Human Life, 94ff.

[4] Zur Ableitung des Partizips מרחפת von רחף "zitternd schweben" vgl. Dtn 32,11 sowie ug. *rḥp* (UgT nr.2327; Aistleitner, Wörterbuch, nr.2508); zur Auflösung von רוח אלהים als "gewaltiger Sturm" (vgl. Hi 1,16; Ps 36,7; 80,11) siehe bereits Pustkuchen, Urgeschichte, 4 (mit Hinweis auf die rabbinische Tradition), sowie in neuerer Zeit von Rad, 30; W. H. Schmidt, Schöpfungsgeschichte, 83; Westermann, I, 149; Kaiser, Ebenbild, 99; anders zuletzt wieder Seebass, I, 61 ("Gottes Hauch/Atem").

dieses Rahmens heben sich sechs Blöcke heraus, die jeweils mit der Formel ויאמר אלהים eingeleitet und mit der Tageszählungsformel abgeschlossen werden (I: V.3-5, II: V.6-8, III: V.9-13, IV: V.14-19, V: V.20-23, VI: V.24-31). Der dritte und der sechste Block weisen Zwischenüberschriften auf, indem die Formel ויאמר אלהים einmal (V.11) bzw. zweimal (V.24.26) wiederholt wird. Die Korrespondenz zwischen den einzelnen Blöcken zeigt sich an der Entsprechung von (I) V.3-5 // (IV) V.14-19 über das Thema "Licht", (II) V.6-8 // (V) V.20-23 über das Thema "Wasser" und (III) V.9-13 // (VI) V.24-31 über das Thema "Erde".

Aus dem klaren Aufbau des ersten Schöpfungsberichts fällt 2,1 heraus. Während alle einzelnen Abschnitte einschließlich des Rahmens mit einem Satz, in dem Gott Subjekt ist, beginnen, ist 2,1 passivisch ohne ein persönliches Subjekt konstruiert. Da die Schöpfung von "Himmel und Erde" bereits in 1,9-10 berichtet wird, hätte 2,1 seinen natürlichen Platz hinter 1,10. In der Genesis findet sich der Begriff צבא nur noch in 21,22.32 und 26,26 in der Bedeutung "militärisches Aufgebot". In kosmologischem Kontext steht צבא hingegen für das "himmlische Heer".[5] Die Parallelen in Jes 45,12 und Neh 9,6 zeigen, daß צבא in Gen 2,1 nicht die Gesamtheit der Himmel und Erde füllenden Wesen[6] oder alle in 1,3ff. aufgeführten Werke bezeichnet,[7] sondern die himmlischen Heerscharen.[8] Formal stellt 2,1 ein Summarium dar. Als solches nimmt es 2,2-3 vorweg, wobei כלה im *Pual* verwendet wird. Im AT ist ein solcher Gebrauch nur noch einmal in der redaktionellen Unterschrift der Davidspsalmen Ps 72,20 belegt.[9] Aus diesen Beobachtungen folgt, daß 2,1 eine spätere Ergänzung ist, die den Gedanken der Erschaffung der himmlischen Heerscharen nachträgt.[10] Sprachlich lehnt sich diese Ergänzung an 2,2-3 an.

---

[5] Vgl. Dtn 4,19; 17,3; II Reg 17,16; 21,3; 23,4f.; Jes 34,4; 40,26, 45,12; Jer 8,2; 19,13; 33,22; Zeph 1,5; Ps 33,6; Neh 9,6; Dan 8,10.
[6] So Fz. Delitzsch, 69; ähnlich Gunkel, 114, Scharbert, 47.
[7] Vgl. König, 166; Westermann, I, 233; Steck, Schöpfungsbericht, 184f.; Wenham, I, 35; ähnlich Seebass, I, 87 (mit dem Nebensinn des "Auftrags").
[8] So mit von Rad, 41f.; modifiziert W. H. Schmidt, Schöpfungsgeschichte, 155, mit Bezug auf die Sterne; vgl. auch Beer, Geschichte, 23. Zur Frage, ob G mit πᾶς ὁ κόσμος αὐτῶν (und Vg mit *omnis ornatus eorum*) auf einen anderen Text zurückgeht, der möglicherweise eine Form von עדי oder צבי bot, oder ob G hier bewußt den Terminus κόσμος zur Wiedergabe von צבא wählte, siehe Rösel, Übersetzung, 52f., sowie Görg (mündlich) demzufolge, G und Vg hier auf eine zweite Wurzel von צבא im Sinn von "Schmuck" hinweisen, die sich im Ägyptischen als *ḏbꜣ* "versehen mit etw., schmücken" erhalten habe.
[9] Die formal vergleichbare Abschlußformel ותכל כל־עבדת משכן אהל מועד in Ex 39,32 ist ebenfalls sekundär (vgl. Baentsch, Exodus, 302).
[10] Die aus mittelherodianischer Zeit stammende Handschrift 4QGen^k (in: DJD XII, 75ff.) kennt natürlich den Vers und scheint MT zu bestätigen (... שמים ...). In der in hasmonäischer Zeit entstandenen Paraphrase von Gen 1-9 in 4Q422 (in: DJD XIII,

2.3. Die "priesterliche" Schicht 121

Inhaltlich konkretisiert 2,1 zunächst die hinter 1,26 erkennbare Vorstellung des himmlischen Hofstaates.[11] Könnte es nach 1,26 scheinen, als seien die Gott umgebenden Wesen bereits vor der Schöpfung da, so stellt 2,1 auf knappe Weise sicher, daß diese auch Geschöpfe Gottes sind, ohne umfassend in den Schöpfungsbericht eingreifen zu müssen. Sodann verhindert die Ergänzung von 2,1 die mögliche Vorstellung, Gott habe erst am siebten Tag seine Schöpfungstätigkeit beendet.[12]

Die konzeptionelle Anlage von 1,1-31; 2,2-3 auf eine literarische Fortsetzung hin, ergibt sich aus dem Aufbau und der inneren Struktur des Schöpfungsberichts, dessen Grundgerüst von dem Schema "Gebot - Ausführung" bzw. "Funktionsbestimmung - Realisierung" geprägt ist. Die Berichte über die Schöpfung der unbelebten Natur (V.3-5; V.6-8; V.9-13; V.14-19) enthalten jeweils die Geschehensformel ([כן] ויהי, V.3b.[7].9.11. 16). Damit wird darauf hingewiesen, daß der beabsichtigte Schöpfungszweck erreicht und die Funktion des jeweiligen Schöpfungswerks gewährleistet wird. Ein solcher Vermerk fehlt bei der Beschreibung der Schöpfung der Meerestiere. Hier findet sich der auf die Zukunft hin offene Prokreationssegen פרו ורבו ומלאו (1,22f.). Dieser Segen wird bei der Schilderung der Erschaffung des Menschen wiederholt (1,28), ohne daß sich eine Erfüllungsnotiz findet.[13] Ziel der Erschaffung des Menschen ist die Einsetzung eines von Gott bevollmächtigten Statthalters auf Erden (1,26). Dieser "Herrschaftsauftrag" wird zum einen im Rahmen einer Rede Gottes an die himmlische Versammlung als Absicht formuliert (V.26), sodann in Verbindung mit dem Mehrungssegen als ein dem Menschen gegebener Auftrag stilisiert (V.29). Sowohl die Zusage an den Menschen, die Erde zu füllen, als auch die Verheißung, über sie als göttlich beauftragter König zu herrschen (V.28), zielen auf eine Schilderung, wie der Mensch diesen Auftrag umsetzen wird. Nach 1,29f. erhält der Mensch ausschließlich pflanzliche Nahrung zugewiesen. Damit wird einerseits der Herrschaftsauftrag über die belebte Natur eingeschränkt, indem implizit die Tötung von Tieren zur Nahrungssicherung ausgeschlossen wird. Andererseits kann für den Verfasser von 1,1-2,3* eine Zeit vorausgesetzt werden, in der sowohl die Tötung von Tieren als auch der Genuß fleischlicher Nahrung zum Alltag gehören. Während die in 1,3ff. dargestellten Schöpfungswerke die für den Autor täglich erfahrbare Lebenswirklichkeit darstellen, handelt es sich in 1,29f. um die Beschreibung eines ur-

---

417ff.) wird Gen 2,1 ebenfalls vorausgesetzt (I,1: ... צבאם עשה בדבר ...); vgl. auch 4Q304,1 (unediert, zitiert in DJD XIII, 422).

[11] Zu dieser Auflösung des Plurals נעשה in 1,26 vgl. schon Pustkuchen, Urgeschichte, 10; sowie von Rad, 38; Zimmerli, I, 72.; Wenham, I, 27f.; P. D. Miller, Genesis, 9ff.; Kaiser, Ebenbild, 102; anders zuletzt wieder Seebass, I, 79 ("Majestäts-Plural"); Harland, Human Life, 201 ("plural of self deliberation").

[12] Zur Annahme, 2,1 sei sekundär vgl. Dockx, 26f.; Weimar, Struktur, 85 Anm.18; Zenger, Gottes Bogen, 70; Janowski, Tempel, 56; Ruppert, I, 59f.

[13] Die in 1,30 folgende Notiz bezieht sich auf das in V.29 gegebene Speisegebot.

zeitlichen, aber gegenwärtig nicht mehr herrschenden Friedens.[14] Somit verweisen die V.29f. auf eine literarische Fortsetzung, die davon berichtet, wie es zum Bruch bzw. zur Veränderung dieser urzeitlichen Schöpfungsordnung kommen konnte.

Die Schilderung der "Gottesruhe", die den Schöpfungsbericht beschließt, zielt auf eine Aussonderung des siebten Tages. Aufgrund der Verwendung des Verbs שׁבת in Kombination mit dem Terminus קדשׁ kann in 2,2-3 eine Anspielung auf den spätestens zur Exilszeit als Sabbat (שַׁבָּת) bezeichneten wöchentlichen Ruhetag gesehen werden. Gen 2,2-3 begründet schöpfungstheologisch den Sabbat (vgl. Ex 16,22ff.; 20,11; 31,12ff.).[15] Der "göttliche Sabbat" präfiguriert aber seine menschliche Entsprechung. Wie der Herrschaftsauftrag eine Repräsentanz göttlichen Regiments auf der Erde verlangt, so die Einsetzung der göttlichen Ruhe einen Vollzug der irdischen Ruhe. Damit deuten auch 2,2-3 auf eine literarische Fortsetzung hin, in der dann von der Aussonderung des siebten Tages als des Sabbats auf Erden berichtet wird.

Über die siebenfach verwendete Billigungsformel כי טוב, die in V.31 zu der im AT einmaligen Wendung הנה טוב מאד modifiziert ist, wird einerseits die Großartigkeit der mit Sinn gefüllten Schöpfung und die Allmacht des sinnstiftenden Schöpfers betont.[16] Andererseits erhält der Schöpfungsbericht durch das stereotype "es war gut" eine suggestive Färbung, die darauf schließen läßt, daß die vom Verfasser erlebte Wirklichkeit keineswegs "sehr gut" ist. Die Spannung zwischen der in c.1 entworfenen Lichtwelt und der für den Verfasser hypothetisch erhebbaren Realität deutet ebenfalls darauf hin, daß 1,1-31; 2,2-3 eine literarische Weiterführung besitzt.

Der in 1,1ff. geschilderte Kosmos ruht nicht in sich selbst, sondern ist zielgerichtet. Dies ergibt sich aus den Abschnitten, in denen dem jeweiligen Schöpfungswerk eine direkte Funktionsbestimmung gegeben wird. Wenn die Gestirne erschaffen werden, nicht nur um Licht zu spenden, sondern um bestimmte Zeiten (V.14) anzugeben, dann beinhaltet diese Angabe zugleich eine Konkretion, was unter den אתת ומועדים zu verstehen ist. Folglich schaut

---

[14] Zur Traditionsgeschichte der hinter 1,29f. stehenden Vorstellung vom urzeitlichen Frieden zwischen Mensch und Tier siehe Zenger, Gottes Bogen, 96f.; Blenkinsopp, Pentateuch, 61; Kaiser, Ebenbild, 107f.; Seebass, I, 85f.

[15] Vgl. dazu bereits exemplarisch für die ältere Forschung Eichhorn, Urgeschichte, 164; Gabler, Schöpfungsgeschichte, 83ff.; de Wette, Beiträge, II/1, 35; sowie zuletzt Thompson, Origin, 69ff.171; Crüsemann, Tora, 325ff.348; L. Schmidt, Priesterschrift, 259; Vermeylen, Création, 50ff.; Blenkinsopp, Pentateuch, 368; Houtman, Pentateuch, 368; Pola, Priesterschrift, 186 Anm.173; Seebass, I, 89ff.; Harland, Human Life, 104f. Zur kompositionellen Entsprechung des "priesterlichen" Schöpfungsberichts und der "priesterlichen" Stiftshüttenperikope (vgl. bes. Ex 24,15-18*) siehe ausführlich Oberforcher, Flutprologe, 521ff.; Zenger, Gottes Bogen, 103.108; Janowski, Tempel, 46ff.; Pola, Priesterschrift, 227.249.343ff.

[16] Auf die Implikation der Billigungsformel, die Schöpfung als sinngefüllt (טוב) darzustellen, weist zu Recht Scharbert, 40, hin.

die Einsetzung der *für den Menschen erfahrbaren Zeit* ([1,14ff.], im Unterschied zu der Begründung der jenseits der unmittelbaren Erfahrbarkeit des Menschen liegenden kosmischen Zeit [V.3f.])[17] zugleich auf eine Darstellung des Verlaufs dieser Zeit und auf eine Darstellung der durch die אתת ומועדים strukturierten Geschichte.

Die in 1,1ff. entfaltete Schöpfung ist vor allem auch eine Schöpfung durch ein sorgfältiges Scheiden und Unterscheiden.[18] Im Blick auf den אדם erfolgt hier zunächst lediglich eine wesenhafte und funktionale Differenzierung in זכר ונקבה. Die Artenformel, nach der die Pflanzen- und Tierwelt kategorisiert wird, beinhaltet die Vorstellung, daß auch von einer Differenzierung der Gattung des Menschen über die geschlechtliche Trennung in "Mann und Frau" hinaus erzählt wird.

Der im "priesterlichen" Schöpfungsbericht beschriebene *Lebensraum* (Himmel und Erde, Tag und Nacht, Land und Meer) des Menschen entspricht zugleich dem bis heute von jedem Menschen erfahrbaren. Hier überschneiden sich Urzeit und Gegenwart. Hingegen besteht zwischen der beschriebenen *Lebensform* und der Gegenwart des Erzählers eine Diskontinuität. Die in 1,26 geschaffene Menschheit ist nicht identisch mit der Menschheit zur Zeit des Erzählers. Somit blickt der Erzähler bereits bei der Darstellung der Erschaffung des Menschen in 1,26 bereits auf dessen zukünftige Entwicklung und die Geschichte voraus.

2.3.2. Die "priesterliche" Adamtoledot (5,1-32*)

Betrachtet man 5,1a als eine vom folgenden abgesetzte Überschrift,[19] die im Gegensatz zu 2,4a nicht redaktionell umgestellt wurde, so ergibt sich zwischen 1,1-2,3 und 5,1b-32* eine genaue strukturelle Entsprechung. Parallel zur Eröffnung des Schöpfungsberichts (בראשית ברא אלהים) setzt die Genealogie Adams mit einer Zeitangabe, dem *terminus technicus* ברא und dem Subjekt אלהים ein.[20] Parallel zum Abschluß des Schöpfungsberichts (2,2-3) verwendet der Beginn der Adamtoledot (a) viermal einen Begriff des Erschaffens,[21] (b) eine Segensformel und (c) eine weiterführende Konkretion.[22] Mit der Wendung ביום ברא wird zeitlich über den siebten Tag (2,2-3) hinaus auf die am sechsten Tag (1,31) erfolgte Erschaffung des

---

[17] Vgl. dazu Steck, Schöpfungsbericht, 158-170.
[18] Vgl. die Begriffe בדל (1,4.7.14.17) und die Artenformel למינ־ (1,11f.21.24f.).
[19] Zu den mit der Überschrift זה ספר תולדת אדם (vgl. auch G zu Gen 2,4a) verbundenen Fragen eines von dem "priesterlichen" Verfasser rezipierten "Toledotbuches" s.o.S.25 Anm.168.
[20] Parallel zu 1,1 verfügt 5,1b über eine Alliteration auf *Beth* und eine auf *Aleph*.
[21] Vgl. 2,2-3: dreimal עשה, einmal ברא; 5,1b-3: dreimal ברא, einmal עשה.
[22] Vgl. 2,3: קדש; 5,3: קרא.

Menschen zurückgeblickt. Wie in 1,27 wird diese dreimal mit dem Begriff ברא geschildert, wie in 1,27 wechselt die singularische in die pluralische Konstruktion.[23] Entsprechend zu 1,28 folgt auf die Notiz der Erschaffung die Segensformel (5,2). Ein bewußter stilistischer Wechsel von 5,1 zeigt sich in der Bezeichnung der Gottesebenbildlichkeit nun mit dem Begriff דמות gegenüber צלם in 1,27.[24] Das entscheidend Neue von 5,1b-2 besteht in der Benennung des als זכר ונקבה geschaffenen אדם als אדם. Damit ist der Übergang von der Grundgattung "Mensch" hin zur Untergattung "Adam und seiner Nachkommen" vorbereitet. Die in 1,26f. konzeptionell angelegte Darstellung einer Differenzierung ist so literarisch fortgesetzt.

Mit Nachdruck vertraten zuletzt R. Rendtorff und E. Blum die These, daß 5,1b-2 nicht die ursprüngliche Fortsetzung von 1,1-2,3* sein könne, da sich hier außer der Benennung in 5,2b nichts Neues gegenüber 1,26 zeige und da 5,1b-2 nur als kompositionelle Wiederaufnahme des in 2,3 verlassenen Erzählfadens, die bereits auf 2,4b-4,26 zurückblicke, verständlich sei.[25] Angesichts der eindeutigen Querverbindungen, die vollkommen unabhängig von der Textfolge in 2,4b-4,26 ausschließlich zwischen 1,1-2,3 und 5,1b-32 bestehen, sind die Einwände R. Rendtorffs und E. Blums nicht überzeugend. Für den ersten Schöpfungsbericht ist ein stereotyper und pleonastischer Stil charakteristisch. Dies zeigt sich an der Vielzahl der immer wieder verwendeten Formel und an der mehrfachen Wiederholung derselben Wendung jeweils an den drei Punkten, die der Verfasser von 1,1-2,3* besonders hervorheben möchte:

1.) *bei der Erschaffung der Gestirne* (1,14-19): Vierfach wird die Funktion der מאורת angegeben (בדל), zweimal היו ל־, אור [*Hif.*]). Vierfach wird das zweite היו ל־ konkretisiert (לאתת, למועדים, לימים, [ל]שנים). Dreifach wird der Zweck der המארת הגדלים שני genannt, wobei die schon in V.14f. gebrauchten Begriffe wiederholt werden (אור, משל, בדל [*Hif.*]). Die Wendung מאורת ברקיע השמים wird vollständig aufgegriffen, wobei einerseits die Schöpfung der "Leuchten", andererseits deren Funktion erwähnt wird. Entsprechend wird in 5,1b-2 gegenüber 1,26 von der Erschaffung *und* der Benennung des אדם gesprochen.

---

[23] Vgl. 1,27aβ אתו // 5,1bβ אתו und 1,27b אתם // 5,2 אתם.

[24] In 5,3 findet sich dann entsprechend zu 1,26 das vollständige Wortpaar צלם und דמות, wenn auch mit dem Wechsel der Präpositionen ב־ und כ־. Berücksichtigt man zusätzlich 9,6, wo parallel zu 1,27 nur absolutes צלם steht, dann ergibt sich, daß sowohl die beiden Begriffe צלם und דמות als auch die Präpositionen ב־ und כ־ im wesentlichen austauschbar sind (vgl. dazu auch Tengström, Toledotformel, 67; anders zuletzt Harland, Human Life, 178ff.).

[25] Vgl. Rendtorff, L'histoire, 91; Blum, Studien, 280; siehe dazu auch Holzinger, 58f.; Blenkinsopp, Pentateuch, 71f.76; Wallace, Toledot, 21; Levin, Jahwist, 99f.; Seebass, I, 180.

2.3. Die "priesterliche" Schicht

2.) *bei der Erschaffung des Menschen* (1,26-28): Diese wird ebenfalls dreifach geschildert (1,27), wobei ein Gedankenfortschritt in der Bestimmung "männlich und weiblich" liegt. Das entspricht der in 5,1b-2 vorliegenden Folge, die zunächst bereits Gesagtes wiederholt (ברא mit Bezug auf 1,27a; זכר ונקבה mit Bezug auf 1,27b; ברך mit Bezug auf 1,28) und dann einen neuen Gedanken anklingen läßt. Wie die eigentliche Darstellung der Schöpfung in 1,27 durch die Reden in V.26 und V.28 gerahmt wird (wobei auch hier wieder Begriffswiederholungen mit nur geringen Modifikationen vorliegen), so ist in 5,1b-2 die Benennung des אדם in die nur wenig variierte Wendung ביום בראם / ביום ברא את eingefaßt.

3.) *bei der Schilderung der Gottesruhe* (2,2-3): So wird die Vorabbildung des Sabbats gleichfalls durch die stereotype Wiederholung bereits gebrauchter Wendungen gekennzeichnet. 2,2aβ entspricht wörtlich 2,2bβ und findet sich leicht verändert nochmals in 2,3b. Das eigentlich Neue, die Segnung und Heiligung des siebten Tags, wird hingegen nur einmal mit zwei verschiedenen Begriffen (ברך, קדש) genannt. Entsprechend wird das Neue in 5,1b-2 gegenüber 1,27f. nur einmal mit dem Begriff קרא erwähnt. Bereits in 2,2-3 zeigt sich ein rückgreifender Stil auf engstem Raum, indem V.3b in V.2b wiederholt wird. Die in 1,14.18;[26] 1,27; 5,1b-3 nachweisbare Rahmung der eigentlichen Aussage durch eine zweifach wiederholte Wendung findet sich in 2,2f., indem die Aussage ויברך ... ויקדש von der Wendung וישבת ... שבת (V.2b.3b) umschlossen wird.

Die stilistischen und sprachlichen Parallelen zwischen 1,1-2,3* und 5,1-2 sprechen für ein und denselben Verfasser und erlauben einen unmittelbaren Anschluß von 5,1(a)b an 2,3. Wenn 5,1-2 eine erst redaktionell gebildete Wiederaufnahme nach dem von diesem Verfasser rezipierten Textblock 2,4-4,26 wäre, so müßte sich in 5,1-2 wenigstens eine Anspielung auf 2,4b-4,26 nachweisen lassen. Eine solche redaktionelle Anknüpfung ist aber nicht nachweisbar. 5,1-2 greift ausschließlich auf 1,1-2,3* zurück. An keiner Stelle gibt 5,1-2 ein Wissen um 2,4b-4,26 oder um einen vorendredaktionellen literarischen und kompositionellen Zusammenhang von 2,4a; 1,1-2,3* *mit* 2,4b-4,26 zu erkennen. Allein in 1,1-2,3* wird die Erschaffung des Menschen mit dem Spezialbegriff ברא berichtet (vgl. 5,1b.2a.2b). Lediglich in 1,1-2,3* wird von der Gottesebenbildlichkeit des Menschen mit den Termini דמות und צלם gesprochen (vgl. 5,1b.[3]). Nur in 1,1-2,3* wird die geschlechtliche Differenzierung des Menschen mit dem Wortpaar זכר ונקבה ausgedrückt (vgl. 5,2). Ausschließlich in 1,1-2,3* wird der Mensch gesegnet (vgl. 5,2). Wenn 5,1 von der Hand stammen würde, die 2,4b-4,26* aufgenommen hat,

---

[26] Vgl. die Rahmung durch den Begriff בדל (*Hif.*) V.14 und V.18.

dann wäre der natürliche Platz der Toledotformel ohnehin vor 4,1.[27] Gegen die Annahme, 5,1-2 sei eine durch den Einschub von 2,4b-4,26 bedingte redaktionelle Bildung, die auf den Verfasser von 1,1-2,3* zurückgeht, spricht schließlich auch die bereits angesprochene Beobachtung, daß sich in 2,4-3,24 und 4,25-26 eine redaktionelle Hand zeigt, die mindestens zwei zu unterscheidende literarische Schichten verknüpft hat.[28]

Die Frage, ob c.5 aber eine vorendredaktionelle *literarische Einheit* darstellt, erhebt sich an drei Punkten: (1.) am Übergang von 5,1b-2 zu 5,3ff., (2.) an der Notiz über die Entrückung Henochs in 5,22.24, (3.) an der Benennung Noahs in 5,28b.29. Während in 1,26f. und 5,1b אדם kollektiv als Gattungsbezeichnung gebraucht ist, steht der Begriff in V.3ff. für eine bestimmte Figur als Eigenname. Die sich von dieser Figur namens Adam herleitende zehngliedrige genealogische Reihe, die in gleichförmiger Weise (a) das Alter bei der Zeugung des jeweiligen Stammhalters, (b) das weitere Lebensalter des Urvaters nach der ersten Zeugung und (c) dessen Gesamtalter im Zusammenhang einer Todesnotiz aufführt, läßt sich aufgrund der Notiz ויולד בנים ובנות als eine erzählerische Entfaltung des in 1,28 genannten Segens verstehen. Durch die Formel "und er zeugte Söhne und Töchter", die sich in jeder der zehn Urväternotizen wiederholt, wird in summarischer Weise die Realisierung der Fruchtbarkeits- und Mehrungsverheißung demonstriert. Zugleich führt die in 5,3ff. folgende Liste von der Urzeit in die Richtung der Gegenwart des Verfassers von 1,1-2,3*. Der Übergang von der kollektiven Größe אדם ("Mensch") zum Individuum אדם ("Adam") wird durch die Benennung ויקרא את־שמם אדם in 5,2b vorbereitet. Der Zusammenhang zwischen 1,1-2,3*; 5,1b-2 und 5,3ff. zeigt sich an weiteren Entsprechungen. Über die Notiz, daß Adam einen Sohn בדמותו כצלמו zeugte,[29] wird unmittelbar auf 1,26 zurückgeblickt und die Weitergabe der Gottesebenbildlichkeit von der Generation der ersten Menschen an die folgenden Geschlechter sichergestellt. Die Wiederaufnahme des Begriffspaares דמות und צלם rahmt die entsprechenden Schöpfungsaussagen in 1,27 // 5,1, in denen von der Gottesebenbildlichkeit mittels der Worte צלם oder דמות gesprochen wird, wobei diese Begriffe im Chiasmus stehen:

1,26:	נעשה אדם בצלמנו כדמותנו	ר	
1,27:	בצלם אלהים ברא אתו	ד	
5,1:	בדמות אלהים עשה אתו	ד	
5,3:	ויולד [בן] בדמותו כצלמו	ר	

---

[27] Dies erkennt auch Blum, Vätergeschichte, 451f., der allerdings zugunsten der "priesterlichen" Redaktionstheorie die Überschrift in 5,1 aus dem hypothetischen Toledotbuch herleitet.
[28] Vgl. S.53ff.61ff.
[29] Ergänze in 5,3 בן (so mit BHS, BHK³ und der Mehrzahl der Ausleger).

2.3. Die "priesterliche" Schicht

Über die Benennungsnotiz ויקרא את־שמו (5,3b) korrespondiert das erste Glied der Adamtoledot mit der Überleitung vom Schöpfungsbericht ויקרא את־שמם (5,2b). Damit zeigt der Verfasser, wie sich die in V.3a angelegte Individualisierung fortsetzt und wie sich die Gottesebenbildlichkeit erstmals realisiert, indem Adam das zuvor nur von Gott selbst ausgeführte Herrschaftsrecht der Benennung wahrnimmt (vgl. 1,5.8.10; 5,2). Von den folgenden genealogischen Angaben (V.6-32) unterscheidet sich dann die Adamnotiz lediglich durch die ausführlichere Formel zur Bezeichnung der Lebensspanne zwischen der Zeugung des ersten Sohns und seinem Tod mittels der Langform ויהיו ימי gegenüber der Kurzform ויחי. Damit wird die Besonderheit der V.3-5 als der eigentlichen Einleitung der Adamtoledot nochmals unterstrichen. 5,1(a)b-3 erweist sich somit als eine nahtlose Fortsetzung von 2,3, die auf der literarischen Stufe, auf der sie der Redaktor mittels 4,25-26 mit 4,17-24 verband, eine literarische Einheit bildet.[30]

Die Henochnotiz in 5,22-24 unterscheidet sich in vierfacher Hinsicht von den anderen genealogischen Angaben in 5,6-32:

1.) wird die Lebensdauer Henochs zwischen der Zeugung seines ersten Sohns Metuschelach und seinem Tod nicht mit der Formel ויחי angegeben (V.22), sondern mit der Wendung ויתהלך ... את־האלהים, die in V.24 wiederholt wird. Während die Notiz ויתהלך ... את־האלהים in V.24a selbständig ist und die Entrückungsnotiz in V.24b vorbereitet, läßt sie sich in V.22 syntaktisch nur schwer mit der Zeitangabe אחרי הולידו vereinbaren. Der fromme Lebenswandel Henochs bezieht sich nach V.22 "nur" auf die 300 Jahre nach der Zeugung Metuschelachs bis zu seinem Tod, andererseits bildet diese Frömmigkeitsperiode in V.23 ein Element zur Berechnung der gesamten Lebensdauer. Dennoch ist textkritisch ויתהלך ... את־האלהים beizubehalten, da G, Sy, SamPt und Tg⁰ MT unterstützen.[31]

2.) wird die Gesamtzahl der Lebensjahre Henochs nicht mit der pluralischen Form ויהיו כל־ימי wie in V.5.8.11.31 angegeben, sondern mit dem Singular ויהי. Dabei dürfte es sich aber um einen Textfehler handeln, so daß mit zahlreichen hebräischen Handschriften und SamPt ויהיו zu lesen ist.[32]

3.) findet sich anstelle der regelmäßigen Todesnotiz וימת in V.24 ein Entrückungsvermerk ואיננו כי־לקח אתו אלהים (vgl. Ps 49,16; 73,24).

---

30 Vgl. dazu ausführlich Tengström, Toledotformel, 67f. und Pola, Priesterschrift, 328f.; gegen die literarkritische Aufteilung bei Weimar, Toledot-Formel, 77-80; Vermeylen, Commencement, 124f. Ruppert, I, 243f.; Levin, Jahwist, 99.
31 So mit König, 312f.; Westermann, I, 484; Ruppert, I, 239; Seebass, I, 178, gegen Gunkel, 135f.; Procksch, 458, und von Rad, 45, die mit einigen jüngeren Handschriften von G und Vg zusätzlich das "regelmäßige" ויחי חנוך am Versanfang ergänzen.
32 So auch BHS; BHK³; vgl. G-K §145q; §146c.

4.) fällt die "geringe" Lebensdauer Henochs auf. Während alle Urväter nach MT im Durchschnitt 907,5 Jahre alt werden, also fast die Idealzeit der 1000 Jahre erreichen, wird Henoch "nur" 365 Jahre alt. Dieses Lebensalter, das aufgrund der mit dem Sonnenjahr zusammenhängenden Zahl 365 auf einen astralreligiösen oder astronomischen Hintergrund der Henochfigur hinweisen könnte,[33] erfordert wegen seines Abweichens von den anderen Lebensaltern in c.5 eine besondere Todesnotiz. Somit dürfte die häufig im AT für das Sterben verwendete Form איננו[34] und die davon abhängige Begründung כי־לקח אתו אלהים in 5,24b ursprünglich sein. Für eine Zuweisung an den "priesterlichen" Verfasser von 2,4a; 1,1-2,3* und 5,1-32 spricht die Funktion der Henochnotiz. Indem Henoch als der besonders Fromme hervorgehoben wird, erscheinen die anderen Urväter als weniger fromm. Die Henochnotiz verleiht der Adam-Set-Genealogie zusätzlich zu dem von Urvater zu Urvater abnehmenden Lebensalter eine negative Tendenz.[35] Wenn 5,24a bereits auf den Verfasser von 1,1-2,3* und 5,1-32 zurückgeht, dann überrascht auch nicht mehr die Abweichung von dem sonst in c.5 erkennbaren Schema in V.22. Durch die *doppelte* Angabe, daß Henoch mit Gott wandelte, wird entsprechend zu den Doppelungen in 1,1ff. und 5,1b-2 die Besonderheit Henochs herausgestellt. Daß 5,22.24 in dem vorendredaktionellen Erzählzusammenhang fest verankert ist und auf die "priesterliche" Schicht von 1,1-2,3* und 5,1-32* zurückgeht, wird sich bei der Analyse von 6,9a, der einzigen echten Parallele zu 5,22a.24a, bestätigen.[36] Zusammenfassend kann der Grundbestand der Henochnotiz 5,22-24 der vorendredaktionellen "priesterlichen" Schicht zugewiesen werden.

Die etymologisierende Notiz zum Namen Noahs in 5,29b läßt sich aufgrund der Verwendung des Tetragramms eindeutig als sekundäre Einfügung in den bisher festgestellten Kontext von 1,1-2,3*; 5,1-32 ansprechen.[37] Die über die Deutung des Namens Noah hergestellten Querverbindungen bestehen einerseits zu der Schöpfungserzählung in 2,4b-3,24, andererseits zu der Erzählung von Adams Söhnen Kain und Abel in 4,1-16, nicht aber zum Schöpfungsbericht in 1,1-2,3* und zur Adam-Set-

---

[33] Vgl. äthHen 72-82 und dazu Milik, Enoch, 8, sowie jetzt ausführlich Albani, Astronomie, bes. 19.281ff.332.
[34] Vgl. Gen 37,30; 42,13.32.36; Dtn 29,14; Ps 37,10.36; 103,16 u.ö.
[35] Die Stetigkeit der Abnahme in der Lebenserwartung ist nach SamPt noch deutlicher als nach MT. So gibt SamPt das Alter Jereds nicht mit 962 Jahren an, sondern mit 847 Jahren, Metuschelach erreicht nicht mehr 969 Jahre, sondern "nur" noch 720 Jahre, und Lamech stirbt nicht mehr erst mit 777 Jahren, sondern "schon" nach 653 Jahren; vgl. dazu S.132 Anm.46.
[36] Vgl. dazu auch Tengström, Toledotformel, 68.
[37] Diese Einschätzung wird von der neueren Forschung spätestens seit Ilgen, Urkunden, 43, fast einhellig geteilt. Fraglich ist aber, ob 5,29b aus einer "nichtpriesterlichen" Quelle stammt oder einen genuin "nichtpriesterlichen" Redaktionszusatz darstellt.

2.3. Die "priesterliche" Schicht

Genealogie in 5,1-29a.30-32.³⁸ Eine etymologisierende Erklärung eines Namens bzw. die Bestimmung der Funktion des Namensträgers begegnet in 3,20 und 4,1.25, nicht aber in 1,1-2,3* und 5,1ff. Die Set-Benennung in 5,3 weist bezeichnenderweise keine Etymologie auf. Betrachtet man 5,29b als eine Ergänzung, ergibt sich für die Adamtoledot eine genaue kompositionelle Entsprechung zwischen dem Prolog in V.3-5 und dem Epilog in V.28-31. So stehen sich gegenüber (a) die Angabe des Alters Adams bei der Zeugung des ersten Sohns (V.3a) und die entsprechende Notiz bei Lamech (V.28), (b) die kommentarlose Benennung des ersten Sohns mittels der Formel קרא את־שמו (V.3b // 29a), (c) die Notiz über die Zeugung weiterer Söhne und Töchter (V.4 // 30) und (d) der Vermerk über das Gesamtalter und den Tod (V.5 // 31). Die Korrespondenz zwischen V.29a und V.3b spricht dafür, die Benennung Noahs durch Lamech noch auf denselben Verfasser zurückzuführen und nur in V.29b (einschließlich des einleitenden לאמר) eine spätere Hand zu sehen. Auf die Frage der literarischen Herkunft und der kompositionellen Funktion von 5,29b ist später zurückzukommen.³⁹

Die literarische Analyse von c.5 zusammenfassend, können die V.1-29a*. 30-32 als eine vorendredaktionelle literarische Einheit angesehen werden. Sie schließt nahtlos an 1,1-31; 2,2-3 an und setzt den Schöpfungsbericht fort. Der in 1,28 erteilte Prokreationssegen wird beispielhaft entfaltet. Die in 1,26 verliehene Gottesebenbildlichkeit wird über Adam an Set weitergeben. Die Wahrung des mit der Gottesebenbildlichkeit verbundenen Herrschaftsauftrags zeigt sich in der Entsprechung von göttlicher und menschlicher Namensgebung.⁴⁰ Von der in 1,26-30 dargestellten Urzeit wird über die zehngliedrige Geschlechterfolge ein Schritt in Richtung auf die Gegenwart des Erzählers unternommen. Durch den Wechsel von einem kollektiven Gebrauch des Worts אדם zu einem individuellen als Eigenname wird die in 1,1-31 angelegte Differenzierung der geschaffenen Welt fortgesetzt. Aus dem kollektiven אדם ("Mensch") erhebt sich das Individuum אדם ("Adam"). Zumindest für den Bereich von 1,1-31; 2,2-3 und 5,1-32* bilden die Elemente der "priesterlichen" Schicht somit einen vorendredaktionellen "priesterlichen" Erzählzusammenhang. Die etymologisierende Funktionsbestimmung Noahs in 5,29b stammt nicht von dem Verfasser des ersten Schöpfungsberichtes und der Adam-Set-Genealogie. Ob die Bezugnahme von 5,29 zu dem "jahwistischen" Block in 2,4b-4,24 allerdings auf eine ursprüngliche Zugehörigkeit zu dieser Erzählfolge hinweist, kann erst nach der Untersuchung der "jahwistischen" Schicht entschieden werden.

---

38 Vgl. die terminologischen und sachlichen Verbindungen zwischen 5,29 und 3,16f. (Begriff עצבון), 5,29 und 3,19 (Verfluchung der אדמה), 5,29 und 4,11 (Wendung מן־האדמה) sowie den Gebrauch des Tetragramms in 5,29 und 2,4b-4,24.25-26.
39 Vgl. S.207ff.
40 Gott benennt den Menschen (אדם), Adam benennt Set, Lamech benennt Noah.

Formal bildet 5,1-32* eine Brücke von der in 1,1-2,3* geschilderten Urzeit zur Gegenwart des Erzählers, die mit 5,32 aber noch keineswegs erreicht ist. Daß 5,1ff. keinen *Abschluß* des ersten Schöpfungsberichts bildet, zeigt sich zunächst an den weiteren offenen Fragen, die eine Fortsetzung verlangen, die aber auch die Adam-Set-Genealogie unbeantwortet gelassen hat: nämlich an den Fragen nach der Durchsetzung des Herrschaftsauftrags, der Einsetzung des Sabbats auf irdischer Ebene und der Korruption der guten Schöpfung. Aber auch aus c.5* selbst ergibt sich konzeptionell die Wahrscheinlichkeit einer literarischen Fortsetzung. V.32 bietet eine zu V.6.9.12.15.18.21.25.28 parallele Zeugungsnotiz, eine V.7.10.13.16.19.22.26.30 entsprechende Weiterführung erfolgt aber nicht. Erstmals in der Adamtoledot werden *drei* Söhne namentlich genannt. Damit wird eine weitere Differenzierung und Gliederung der Menschheit angedeutet. Im Rahmen der redaktionsgeschichtlichen Ausgangsbeobachtungen hatte sich bereits gezeigt, daß in 6,1-4 ein endredaktioneller Einschub vorliegt und daß in 6,5-12 zwei ursprünglich getrennte Flutprologe redaktionell verknüpft sind.[41] Als mögliche Fortsetzung von 5,32 stehen so theoretisch 6,5-8 oder 6,9-12 zur Verfügung. Daß nur 6,9ff. die mögliche Fortsetzung sein kann, ergibt sich (1.) aus dem Beginn mit der Überschrift אלה תולדת נח (6,9a) und der Charakteristik Noahs (6,9b), die direkt an die Zeugungsnotiz Noahs in 5,32 anschließt, (2.) aus der zu 5,22a.24a analogen Wendung את־האלהים התהלך (6,9bβ) und (3.) aus der in 6,10 folgenden genealogischen Notiz, die eine zu 2,3 und 5,1 parallele Wiederaufnahme darstellt.

2.3.3. Die "priesterliche" Fluterzählung (6,9-9,29*)

Wie bei 2,4a und 5,1a handelt es sich bei 6,9aα um eine selbständige, vom folgenden Text abgesetzte Überschrift, die zwischen 5,32 und 6,9aβ einen Ruhepunkt markiert. Mit V.9aβ folgt die eigentliche Fortsetzung von 5,32.[42]

---

[41] S.o.S.65ff. bzw. S.74ff.

[42] Dabei stehen V.9aβ und V.9b in einem in sich geschlossenen Chiasmus: Es korrespondieren את־האלהים // בדרתיו und התהלך // צדיק תמים, נח // נח. Die zusammengesetzte Wendung צדיק תמים findet sich atl. nur noch einmal in Hi 12,4. Angesichts der redaktionellen Harmonisierung zwischen 6,8 und 6,9 in 7,1b und der zwischen 6,9 und 7,1b bestehenden Differenzen, dürfte die Wendung allerdings ursprünglich sein, wobei der "priesterliche" Verfasser gegenüber seiner Vorlage תמים ergänzt hat (vgl. 17,1; Westermann, I, 557; Ruppert, I, 322f.; Blenkinsopp, Pentateuch, 78). Hingegen beurteilten Dockx, Paradis, 31, und Levin, Jahwist, 114, den Begriff צדיק aufgrund des für P singulären Wortgebrauchs als einen "nachpriesterlichen" Zusatz. Ob für die von uns vertretene Ursprünglichkeit von 6,9aβ auch auf die Charakteristik Noahs als צדיק in Ez 14,14 verwiesen werden kann, hängt nicht zuletzt von der literargeschichtlichen Einschätzung des Ezechieltextes ab. Nach Fuhs, Ezechiel, 77, kann zumindest der Grundbestand von Ez 14,12-22a weiterhin auf den

2.3. Die "priesterliche" Schicht 131

Der Abschnitt V.9-22* bildet eine literarische Einheit, der auf die in 1,1-31; 2,2-3; 5,1-29a.30-32 angelegten Fragen nach der Korruption der Schöpfung eine Antwort gibt. Mittels der Gegenüberstellung des gerechten Noah und der verdorbenen Welt, der vierfachen Verwendung des Begriffs שחת (V.11-13), der doppelten Betonung, daß die gesamte Erde mit Gewalttat (חמס) angefüllt sei (V.11.13), sowie der zweifachen Wiederholung, daß "alles Fleisch" (כל־בשר) korrumpiert sei (V.12.13), zeichnet der Verfasser von 6,9ff. ein Kontrastbild zum siebenfachen כי טוב des ersten Schöpfungsberichts. Der Abschnitt 6,9-13 reicht aufgrund der mehrfachen Betonung der universalen Verdorbenheit der Erde und aufgrund der direkten Bezüge zu 1,1-2,3* als Einleitung der Fluterzählung vollkommen aus und ist nicht auf eine vorangehende "Erzählung eines Sündenfalls" angewiesen.[43] Die Wendung תמלא הארץ חמס (V.11b) bildet das negative Gegenstück zum Mehrungsaufruf מלאו את־הארץ (1,28). Der Terminus חמס (V.11b.13aβ) steht antithetisch zu der Andeutung des urzeitlichen Tierfriedens (1,28-29). Die Notiz וירא אלהים את־הארץ והנה נשחתה (V.12a) ist ein negatives Pendant zur Billigungsformel וירא אלהים את־כל־אשר עשה והנה־טוב מאד (1,31).[44] Die Wendung כל בשר את־דרכו על־הארץ (V.12b) korrespondiert mit der in 1,29 für alle Lebewesen eingesetzten Schöpfungsordnung. Aus dem Gegenüber von V.12b (דרך) zu V.9 (התהלך) ergibt sich, daß die gesamte Schöpfung von ihrem Schöpfer abgefallen ist.[45] Das theologische Programm in 6,9-11 ist auch stilistisch hervorgehoben. 6,9aβ.b und V.11 bilden einen Chiasmus. Die Aussage, daß die Welt vor Gott verdorben sei (V.11a), ist antithetisch zum Urteil, daß Noah mit Gott wandelte (V.9b); die These, daß die Welt ganz mit חמס erfüllt sei (V.11b), steht der Beschreibung Noahs als einem Frommen gegenüber. In der Mitte des Chiasmus steht die Notiz, daß Noah die drei Söhne Sem, Ham und Japhet zeugte (V.10), womit auf 5,32 zurück- und auf 9,19 vorausgeblickt wird.

Propheten selbst zurückgeführt werden; vgl. dazu auch Pohlmann, Hesekiel, 33ff. 199ff., der Ez 14,4(7)-11.12-20 der "sakralrechtlichen" Schicht und damit dem von ihm rekonstruierten "älteren Prophetenbuch" zuweist, das "noch aus exilischer" Zeit stamme und das der im ausgehenden 5. Jh. v. Chr. anzusetzenden "golaorientierten Redaktion" vorangehe.

[43] Gegen Rendtorff, L'histoire, 91, und Blum, Studien, 291, die 6,9ff. als redaktionelle Rückschau auf 2,4b-4,26 ansehen.
[44] Vgl. dazu auch J. Jeremias, Schöpfung, 35.
[45] Zum traditionsgeschichtlichen Hintergrund des formelhaften קץ כל־בשר בא siehe Ez 7,2.6; Am 8,2; Jer 51,13; Thr 4,18, und dazu Smend, Amoswort, 69ff.; Steck, Aufbauprobleme, 300ff.; Blenkinsopp, Pentateuch, 79; Pola, Priesterschrift, 286f.317.

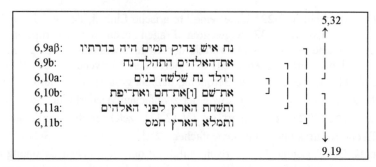

Wenn 6,9 als ursprünglicher Bestandteil der Fortsetzung von 5,32 angesehen werden kann, ist 5,22a.24 ebenfalls ein primäres Glied des vorendredaktionellen "priesterlichen" Erzählzusammenhangs. Mit 5,22.24 wird dann, parallel zur Darstellung der rückläufigen Lebensalter der Setiten, indirekt angedeutet, daß sich die Menschheit von Gott abwendet. Durch die Kennzeichnung Noahs als eines gerechten Menschen in *seiner* Generation wird die in 5,22.24 angedeutete Verfallsgeschichte entfaltet. Nach der in c.5 (MT) zugrundeliegenden Chronologie leben zur Zeit der Geburt Noahs (im Jahr 1056 nach der Schöpfung) noch die Patriarchen Enosch (†1140), Kenan (†1235), Mahalalel (†1290), Jered (†1422), Metuschelach (†1656) und Lamech (†1651).[46] Selbst wenn man den "frommen Lebenswandel" Noahs erst auf die Zeit nach der Zeugung seiner Söhne Sem, Ham und Japhet ansetzt (vgl. 5,22),[47] gehören nach MT noch Metuschelach, nach SamPt noch Kenan, Mahalalel, Metuschelach und Lamech der Generation Noahs an, die ihren Lebenswandel vor Gott "vollkommen mit Gewalttat" angefüllt hat. Somit fällt auf die Urväter zwar nur verdeckt ein Schatten, doch ist die Aussage כי־השחית כל־בשר את־דרכו על־הארץ in 6,12 erzählerisch vorbereitet.[48] Würde der Verfasser von 6,9-12 tatsächlich auf einen literarischen Zusammenhang von 1,1-2,4a mit 2,4b-4,26 zurückblicken,[49] so erwartete man mindestens eine Anspielung auf die Erzählungen in 2,4b-4,26: Eine solche findet sich aber nicht. Selbst bei der Annahme, der Verfasser von 6,9-12 habe

---

[46] Nach der Chronologie des SamPt fällt die Geburt Noahs in das Jahr 707 nach der Schöpfung: Hier stehen aufgrund der von MT abweichenden Todesjahre alle Patriarchen von Adam bis Lamech unter dem Verdikt in 6,11ff. In G wird Noah im Jahr 1642 nach der Schöpfung geboren; zu dieser Zeit leben nach G noch Mahalalel (†1690), Jered (†1922) und Metuschelach (†2256). Vgl. zu Fragen der unterschiedlichen Chronologie von MT, SamPt und G in Gen 5 und 11,10-26 Rösel, Übersetzung, 129-144; Wenham, I, 130-134.250f.

[47] Gemäß MT im Jahre 1556 nach der Schöpfung, gemäß SamPt im Jahre 1207, gemäß G im Jahre 2142.

[48] Die "ideale Anthropologie" von P (vgl. Pola, Priesterschrift, 145.303.328f.) wird durch die in Gen 5 sichtbar werdende abfallende Linie also zumindest implizit hamartiologisch erweitert.

[49] So Blum, Studien, 279ff.

2.3. Die "priesterliche" Schicht 133

eigenhändig 2,4b-4,26 redaktionell aufgenommen, könnte man mit einem Anknüpfungspunkt in 6,9-12 rechnen: Auch dafür gibt es keinen Beleg.[50] An die objektive Aussage, daß die Welt verdorben sei, schließt sich bruchlos die Darstellung der Wahrnehmung dieser Situation durch Gott an (6,12). Die zweifache Wiederholung der Wurzel שחת unterstreicht das Maß der Korruption der Schöpfung.[51] Dem "Sehen Gottes" (V.12) folgt das "Reden Gottes" (V.13). Die Formel ויאמר אלהים leitet eine zweigliedrige Rede Gottes an Noah ein (V.14-17a.18b-22), wobei V.17b-18a beide Teile überbrücken. An die Redeeröffnung (V.13),[52] die Noah die Vernichtung der verdorbenen Welt ankündigt, schließt sich im ersten Teil der Rede der Befehl an, eine Arche zu bauen (V.14-16). Der Baubefehl ist in sich geschlossen. Die ungewöhnlichen Begriffe dieser Verse zeigen, daß der Verfasser von 6,9-22 hier wohl unmittelbarer einer Vorlage folgt. Durch die Wiederaufnahme der Begriffe כל־בשר und שחת aus V.13 erweist sich V.17a als Abschluß des Baubefehls. Dabei ist die in V.13 allgemein formulierte Untergangsankündigung קץ כל־בשר בא durch die Wendung ואני הנני מביא את־המבול מים konkretisiert.[53] Andererseits weist die Ankündigung, daß alles, was sich auf der Erde befindet, sterben solle (V.17b), bereits auf die Einschränkung dieser Aussage voraus, insofern die V.18-22 von den Größen berichten, die nicht unter das Urteil כל־אשר בארץ יגוע fallen. Die

---

[50] Das Argument von Blum, Studien, 279, die "priesterliche" Kompositionsschicht (KP) habe auch in Gen 1; 5; 10 vorliegende Überlieferungen verarbeitet, überzeugt hier nicht. Im Gegensatz zur Flutperikope ist (1.) aus dem "priesterlichen" Schöpfungsbericht keine *literarische* Vorlage erhebbar, (2.) die Existenz eines Toledotbuches fraglich, (3.) der "priesterliche" Anteil in Gen 10 unabhängig von den "jahwistischen" Abschnitten (s.o.S.113f.). Selbst wenn man der Argumentation Blums folgt, bleibt die Frage, warum KP in Gen 6-9 die massiven stilistischen, terminologischen und vor allem theologischen und anthropologischen Differenzen bewahrt hat, während sie ihre Vorlagen in Gen 1; 5; (10) vollständig in "priesterlichem Geist" übermalt hat.

[51] Auch dieser Vers ist chiastisch gestaltet. Dem Objekt את־הארץ am Versanfang steht die Ortsbestimmung על־הארץ am Versende gegenüber. Die Feststellung והנה נשחתה korrespondiert mit dem Affirmativ כי־השחית.

[52] Für Van Seters, Prologue, 163, bildet 6,13 den Ausgangspunkt für den Nachweis, P habe die "jahwistische" Fluterzählung lediglich redigiert. Gegen Van Seters ist der Vers, abgesehen von der Verwendung der Gottesbezeichnung אלהים, ausweislich der Wendung כל־בשר und der Begriffe מלא, חמס und שחת eindeutig "priesterlich". Die Differenzen gegenüber 6,11-12, die auch Van Seters als "priesterlich" ansieht, sind typisch für den "priesterlichen" Erzähler, der sich in Gen 1,1-2,3; 5,1-32*; 6,9-9,29* zeigt. Die Suffixe in מפניהם und משחיתם beziehen sich auf das kollektive בשר zurück, nicht auf הארם in V.7 (vgl. dazu bereits König, 349).

[53] In V.17a kann die Wendung את־המבול מים gegen BHK³ und BHS vollständig beibehalten werden, wenn מים als Apposition zu המבול angesehen wird (vgl. G-K §131k; sowie Gen 7,6; 9,11).

vorweisende Funktion kennzeichnet V.17b als eine Überleitung vom ersten zum zweiten Teil der Rede. Zu dieser Überleitung gehört auch V.18a, der die Antithese zu V.17b bildet. Der universalen Vernichtungsansage (יגוע ... כל) steht die Bewahrungszusage für den Einen gegenüber (הקמתי את־בריתי אתך). Mit dem Befehl, Noah solle samt seiner Familie die Arche besteigen, hebt der zweite Teil der Rede (V.18b-21) an. Dieser Abschnitt entfaltet imperativisch die Ausstattung der Arche und korrespondiert so inhaltlich und stilistisch mit dem Baubefehl (V.14-16). Wie der Baubefehl ist die Aufforderung, die Arche zu besteigen, aus drei Gliedern aufgebaut ([1.] ובאת, [2.] תביא, [3.] ואספת ... קח). Aus ihr fällt stilistisch der nachhinkende V.19b heraus, der die Entsprechung von V.19aβ (להחית אתך) und V.18a (אתך) stört. Die Konkretion der Lebewesen mittels der dreifach gebrauchten Artenformel למינ־ (V.20) modifiziert das durch Noah veranlaßte Kommen der Tiere (V.19a: תביא) zu einem selbständigen Kommen (יבאו). V.20 ist so eine Apposition zu V.19a, die auf zentrale Worte der vorangehenden Verse zurückgreift, wie dies bereits im Gegenüber von V.11 zu V.12 der Fall ist. Mit der betonten Anrede Noahs in V.21 (ואתה) und der Erfüllungsnotiz in V.22 schließt dieser Abschnitt der Fluterzählung.[54]

Die ursprüngliche literarische Fortsetzung findet sich erst in 7,6f., während in 7,1-5* ein redaktionell bearbeiteter Einschub vorliegt.[55] Die Formel ויאמר יהוה לנח leitet in 7,1 einen zweiten Befehl Gottes an Noah ein, die Arche zu besteigen. Dieser Befehl unterscheidet sich in mehrfacher Hinsicht von dem ersten Auftrag in 6,18. Die Familie Noahs wird nicht nach den einzelnen Gliedern (בניך ואשתך ונשי־בניך [6,18]) genannt, sondern unter der Wendung כל־ביתך zusammengefaßt; die Erwählung Noahs zur Bewahrung wird gegenüber diesem selbst begründet (כי־אתך ראיתי). Erstmals wird im Rahmen der Fluterzählung der Gottesname יהוה gebraucht, ohne daß eine inhaltliche Differenz gegenüber der Verwendung von אלהים in 6,12f. erkennbar ist. Von den Zeitgenossen Noahs wird nicht im Plural geredet wie in 6,9, sondern im Singular (בדור הזה). Schon bei den grundlegenden Beobachtungen wurde darauf hingewiesen, daß mittels 7,1b die aus 6,8-9 bekannten Vorstellungen der Rettung Noahs (einerseits aufgrund der Gnade Jahwes, andererseits aufgrund seiner Frömmigkeit) redaktionell verknüpft sind und ein eigenständiger theologischer Akzent gesetzt wird.[56] Weiterhin konnte bereits gezeigt werden, daß 7,3 ein redaktioneller Nachtrag zu V.2 ist, der

---

54 Zur theologischen Beurteilung von 6,22 als einem inhaltlichen und kompositionellen Gegenüber zu 1,31-2,3* und als Signal für die nun erfolgte Einbeziehung des Menschen in die Geschichte des Handelns Gottes siehe Pola, Priesterschrift, 123f.
55 Vgl. S.76.
56 Vgl. S.76 und S.285f.

2.3. Die "priesterliche" Schicht 135

sich begrifflich an 6,19b.20 anschließt.[57] Wenn aber 7,1b.3 redaktionelle Ergänzungen sind, 7,1a hingegen eine terminologisch eindeutig profilierte Parallele zu 6,13a darstellt, ist es literarkritisch noch immer am wahrscheinlichsten, daß hier von einem Redaktor ein zweiter Flutbericht eingearbeitet wurde. 7,2(-3) bilden einen syntaktisch von ויאמר abhängigen Befehl, die Arche zu bestallen. Gegenüber der Darstellung in 6,19ff. werden die Angaben kultisch (טהור, לא טהור), numerisch (שבעה, שנים) und geschlechtlich (איש ואשתו) unterschieden. Vermutlich geht die in 6,19b nachklappende Differenzierung auf die Hand zurück, die 7,3 ergänzt hat. Auch die Vernichtungsankündigung in 7,4 ist von V.1a abhängig und stammt somit von einem anderen Verfasser als 6,9-22*. Diesen Schluß legen weitere terminologische und inhaltliche Differenzen nahe. In 6,13.17 wird die bevorstehende Vernichtung mit dem Terminus שחת bezeichnet. 7,4 hingegen verwendet den Begriff מחה. 6,17 beschreibt die sich nahende Katastrophe als ein von Gott veranlaßtes Kommen des himmlischen Ozeans (ואני הנני מביא את־המבול מים). 7,4 spricht dagegen von einem durch Jahwe verursachten Regen (אנכי ממטיר). Zusätzlich werden in 7,4 eine siebentägige Frist bis zum Eintritt des Unglücks eingeführt und die Massivität des Regens durch die Angabe ארבעים יום וארבעים לילה unterstrichen. 6,13 verwendet den Ausdruck כל־בשר als Zusammenfassung für die Wesen, die untergehen werden. 7,4 greift dafür auf den im Tetrateuch nur hier und in V.23 verwendeten Terminus יקום zurück. 6,9-22 heben die Totalität der Auslöschung des Lebens mit der Wendung מתחת השמים hervor. 7,4 hingegen richtet den Blick auf die Vernichtung על־פני האדמה. Parallel zu 6,22 wird der Abschnitt 7,1-5* mit einer Ausführungsnotiz abgeschlossen, die sich aber durch den Gebrauch des Tetragramms und die Konstruktion von צוה mit Objekt gegenüber der Bildung mit der *nota accusativi* in 6,22 unterscheidet.

7,6 markiert durch die Voranstellung des Subjekts ונח einen Neuansatz. Die Angabe, Noah sei während der Flut 600 Jahre alt gewesen (V.6.a: ... בן שנה), blickt auf Noahs Altersangabe bei der Zeugung Sems zurück (5,32: בן שנה ...). 7,6b rekurriert auf die Ankündigung der Flut in 6,17. Insgesamt bildet der Vers eine Überschrift zur folgenden Darstellung des Flutverlaufs. Übersetzt man 7,6 "Noah war 600 Jahre, als die Flut auf der Erde war", besteht kein Widerspruch zur Chronologie in 7,11 und 8,13 (jeweils [בשנת] שנה לחי ...), wo der Flutbeginn auf das 600. Lebensjahr und das Ende auf das 601. Lebensjahr Noahs datiert wird.[58] 7,7 schildert dann den Gang Noahs und seiner Familie zur Arche angesichts der unmittelbar bevorstehenden Flut.

---

[57] Vgl. S.76.
[58] Vgl. S.115.

Die Formulierung נח ובניו ואשתו ונשי־בניו אתו wiederholt wörtlich 6,18bβ. Die Wendung מפני מי המבול geht auf 6,17 zurück und erscheint nochmals in 9,11. Die Betonung "vor den Wassern der Flut" zeigt, daß 7,7 keine Dublette zu 7,15 bildet, sondern eine erzählerische Hinführung zu diesem dort geschilderten endgültigen Einstieg. 7,8-9 konnten bereits bei den Ausgangsbeobachtungen als redaktionell ausgesondert werden.[59] Zu dieser redaktionellen Schicht gehört auch V.10 in der jetzigen Form, der im ersten Teil die für den Verfasser von 7,4 typische Formulierung bietet, im zweiten Teil die in 6,18; 7,6b.7 vorliegende Begrifflichkeit aufnimmt. Mit V.10 erfolgt nun eine redaktionelle Überleitung zur Darstellung des eigentlichen Flutverlaufs in 7,11, der aufgrund zahlreicher inhaltlicher und terminologischer Überschneidungen mit 6,9-22 auf ein und denselben Verfasser zurückgeht.[60]

7,11a bietet nach 7,6 eine exakte Datierung des Flutbeginns, ist also keine Doppelung.[61] Zusammen mit den Zeitangaben in 8,4.5.13.14 ergibt sich dann eine Flutdauer von einem Sonnenjahr zu 365 Tagen.[62] 7,11b konkretisiert den Ausbruch der Flut (7,6b) als ein Aufbrechen der unterirdischen Quellen (vgl. 1,2) und der Himmelsfenster (vgl. 1,7ff.). Die hereinbrechende Katastrophe hat kosmische Dimensionen; das in 1,1-2,3* beschriebene himmlische und irdische Gefüge gerät ins Wanken. 7,12 fällt aus der Einheit 7,11a.b.13 stilistisch heraus. Der Beginn mit dem Narrativ (ויהי) unterbricht den Chiasmus zwischen den im Perfekt formulierten Aussagen in V.11bα und V.11bβ (ארבת השמים נפתחו x נבקעו כל־מעינת תהום רבה). Weiterhin fällt der Einsatz mit ויהי aus der dreifach mit einer Zeitangabe gegliederten Folge בשנת - ביום הזה - בעצם היום הזה in V.11a.b.13 heraus. Die globale Datierung ארבעים wirkt neben der exakten Chronologie in V.11a plump und berührt sich mit 7,4. Zwar könnte inhaltlich das Bild vom Sturzregen als eine literarisch ursprüngliche Explikation des Bildes vom Bersten der Himmelsöffnungen verstanden werden.[63] Die Nähe von V.12 zu V.4 spricht aber dafür, V.12a mit dem Vorstellungshorizont von 7,4 (מטר [*Hif.*]) in Verbindung zu bringen und auf den Verfasser von 7,1a.2.4 zurückzuführen. Wie 7,11 eine Konkretion von V.6 darstellt, so entfaltet V.13 den V.7. Die Besatzung der Arche wird nun genau vermerkt. Daran schließt sich das

---

[59] Vgl. S.77.
[60] Zur Rückführung von 7,10b auf den Redaktor vgl. auch Dockx, Paradis, 135; Fritz, Fluterzählung, 601; Levin, Jahwist, 112f.; Ruppert, I, 292.
[61] Gegen Blum, Studien, 281, mit Budde, Urgeschichte, 262; Zenger, Gottes Bogen, 112; Ruppert, I, 288f.; Seebass, I, 229. Die nächsten Parallelen zu der in Gen 7,11 vorliegenden Datierungsweise finden sich in den "priesterlichen" Datumsangaben in Num 1,1; 9,1; 10,11; 33,38.
[62] Vgl. dazu ausführlich Gleßmer, Auslegungen, 49ff., und Albani, Astronomie, 332f.
[63] So faßt bereits die Sintflutparänese 4Q370 frgm. 1,i,5 (bei Newsom, Admonition, 24) den Text auf; allerdings variiert 4Q370 bezeichnenderweise Gen 7,12a (ויהי) zu einem von ארבות השמים abhängigen Prädikat (ה[רי]קו "sie ergossen").

2.3. Die "priesterliche" Schicht

Summarium in V.14 an.[64] Parallel zu 6,20 wird die Tierwelt auf der Arche exakt nach Arten differenziert. Zusammen mit V.15, der in ähnlicher Terminologie wie 6,17.19 allgemein von der Archenbesatzung erzählt, bildet V.14 ein kompositionelles Spiegelbild zu 6,19*.20: Die Folge verläuft nun nicht vom Allgemeinen (כל־בשר) zum Speziellen (למינ־), sondern umgekehrt. V.16 ist literarkritisch gesehen ein eigenartiges Gebilde: V.aα erscheint wie eine zu spät kommende Betonung, daß alle Wesen, welche die Arche besteigen, männlich und weiblich waren. Der Versteil hinkt ähnlich nach wie dieselbe Wendung in 6,19b und 7,3.9. Die Wiederholung הבאים ... באו wirkt schwerfällig. Die Abschlußformel כאשר צוה אתו אלהים blickt mittels des Suffixes in אתו auf eine namentliche Nennung Noahs in V.15a zurück. Eine solche vorangehende ausdrückliche Erwähnung Noahs setzt auch V.16b in der suffigierten Präposition בעדו voraus. Während V.16aβ sprachlich an den Verfasser von 6,22 erinnert, berührt sich V.16b mit dem in 6,7* und 7,4 erkannten Stil. Diese Beobachtungen legen es nahe, in V.16 ein redaktionell entstandenes Kompositum zu sehen.

Mit der Wendung ויהי המבול על־הארץ wird die Schilderung des eigentlichen Flutverlaufs eingeleitet (V.17a). Die Zeitangabe ארבעים יום, die in G um καὶ τεσσαράκοντα νύκτας (= וארבעים לילה) erweitert erscheint, entspricht der Datierungsweise in 7,4.12 und dürfte ein Zusatz sein.[65] Entgegen der von der klassischen Quellenkritik vorgenommenen Aufteilung von V.17-22 auf zwei verschiedene Hände liegt hier ein in sich geschlossener, literarisch einheitlicher Abschnitt vor. Die vermeintliche Dublette in V.17b und V.18 erweist sich wie die Wiederholung in V.19-20 als bewußtes Stilmittel. V.17a* bildet die Überschrift zur Darstellung des Flutverlaufs. Daran schließt sich eine erste Doppelszene (V.17b-18), die den Anstieg der Wasser entfaltet und als Folge die Fahrt der Arche beschreibt. Die Wassermenge führt zunächst zum Aufsteigen der Arche (V.17bα), so daß die Arche hoch *über der Erde* schwebt (V.17bβ). Eine weitere Zunahme der Wasser bewirkt dann die Fahrt *auf dem Wasser* (V.18). Das Bild ist in sich geschlossen. Der terminologische Wechsel zwischen רבה und גבר weist nicht auf unterschiedliche Verfasser hin, sondern beschreibt nachhaltig das Anwachsen der Flut.[66] Eine weitere Doppelszene beschreibt die Überflutung der Berge (V.19-20). *Zweimal* heißt es, daß die Flut mächtig wurde (המים

---

[64] Die seltene Wendung כל צפור כל־כנף in 7,14bβ (vgl. noch Ez 17,23) als zusätzliche Konkretion zu כל־העוף למינהו dürfte eine Glosse sein (vgl. G; BHK³; BHS).
[65] So mit Budde, Urgeschichte, 203f.; Holzinger, 72; Gunkel, 144; Procksch, 473; Westermann, I, 527; Fritz, Fluterzählung, 601; Levin, Jahwist, 112f.; Ruppert, I, 292.
[66] Dabei entsprechen sich stilistisch die beiden Dreierreihen:
a) וירבו המים (V.17bα1) → ויגברו המים (V.18aα1) → וירבו מאד (V.18aα2) und
b) וישאו (V.17bα2) → ותרם (V.17bβ) → ותלך (V.18bα).

גברו הםים [V.19aα1.20aβ]); die Menge der Wasser wird durch das doppelte מאד מאד angezeigt.[67] *Zweimal* wird berichtet, daß die Berge von den Wassermassen bedeckt wurden (ההרים־כל] ויכסו [V.19bα.20bβ]). Als Rahmen der kleinen Szene fungieren ihre kleinsten thematischen Einheiten הםים גברו (V.19aα1) und גברו הםים (V.20aβ). Ein chiastisch gestaltetes Summarium (V.21-22) beschließt diese Darstellung des Flutverlaufs. Der Versbeginn ויגוע (V.21aα1) korrespondiert mit der Angabe מתו (V.22bβ). Auf diese Todesnotizen folgen als innerer Rahmen die allgemeinen Angaben (כל־בשר, כל־אדם, כל־אשר). Im Zentrum steht eine erneut klimaktisch gefaßte Aufzählung der von der Flut vernichteten Wesen, die mit der Nennung des Viehs anhebt und bei der Erwähnung des Menschen endet (V.21aα3.β.b). V.21 geht eindeutig auf die Hand zurück, die in 6,17b (vgl. גוע) und 6,12f.17a.19a (vgl. כל־בשר) erkennbar ist. Der Grundbestand von V.22 gehört demselben Verfasser an, der V.21 gebildet hat. Die Wortverbindung נשםת־רוח חיים באפיו spricht nicht gegen diese Annahme. Da sich im Rahmen der Fluterzählung die Wendung רוח חיים jeweils an zentralen Stellen der "priesterlichen" Schicht findet (vgl. 6,17; 7,15), handelt es sich bei den beiden Begriffen נשםת ... באפיו wahrscheinlich um eine spätere Angleichung an den "jahwistischen" Sprachgebrauch in 2,7aβ, womit der Untergang des Menschen zusätzlich betont wird.[68] Daß der "priesterliche" Verfasser auch die Wurzel חרב verwenden kann, zeigt der sicher auf ihn zurückgehende Vers 8,13a.[69] Angesicht des kunstvollen Aufbaus von 7,18-21.22* und seiner begrifflichen Geschlossenheit fehlt einer Aufteilung auf mehrere Hände also die textliche Evidenz.[70] Mit der betonten Stellung von

---

[67] Vgl. Gen 17,2.6.20; Ex 1,7; Num 14,7.

[68] Zumeist wird 7,22 aufgrund der Wendung נשםת־חיים באפיו der "jahwistischen" Schicht zugewiesen und רוח als spätere Ergänzung angesehen; hingegen versuchte zuletzt Ska, diluvio, 50, den Vers geschlossen auf den "nachpriesterlichen" "jahwistischen" Redaktor der Fluterzählung zurückzuführen, der damit die "vorpriesterliche" Terminologie aus 2,7 (J) mit 6,17; 7,15 (P) kombiniere. Der Befund in G ist nicht eindeutig, da πνοή sowohl für רוח als auch für נשםה stehen kann (zu weiteren Differenzen von G gegenüber MT in 7,22 siehe Rösel, Übersetzung, 181). Wahrscheinlich lautete 7,22 in der "priesterlichen" Schicht מכל אשר בחרבה מתו, wobei diese Wortfolge parallel zu V.21a*(ab הרמש) als Apposition zu V.21b aufzulösen ist. Die jetzige Gestalt von 7,22 geht dann auf den Redaktor zurück, der den Schwerpunkt auf den Tod *der* Wesen legte, die die נשםה haben (vgl. dazu auch Koch, Güter, 54).

[69] Das Substantiv חרבה begegnet im Pentateuch nur noch in der zumeist als "jahwistisch" angesehenen Stelle Ex 14,21aβ.

[70] Vgl. dazu noch die ältere Quellenkritik, die 7,(17).18-22.(23f.) geschlossen auf P zurückführte (Eichhorn, Einleitung, III, 107; Gramberg, adumbratio, 23f.; de Wette, Lehrbuch, 177; von Bohlen, 72; Stähelin, Pentateuch, 41ff.; Ewald, in: JBW VII, 12ff.; Knobel, X; Schrader, Urgeschichte, 153; Nöldeke, Untersuchungen, 11f.143) und die

2.3. Die "priesterliche" Schicht   139

מתו hat der Verfasser dieses Abschnitts einen zu 5,5b.8b.11b etc. parallelen Schlußpunkt gesetzt. Daß in 7,23 hingegen ein redaktionell bearbeitetes zweites Summarium anderer literarischer Herkunft vorliegt, dessen Grundbestand auf den Verfasser von 6,5-8* zurückgeht,[71] wurde bereits unter den grundlegenden Beobachtungen festgestellt.[72]

Die ursprüngliche Fortsetzung von 7,22* findet sich dann in 7,24-8,3. Hiermit liegt ein von den Zeitangaben חמשים ומאת יום gerahmtes Zwischenstück vor, das den Wendepunkt im Flutverlauf berichtet. Mit dem Begriff גבר (7,24) wird auf 7,18-19 zurückgegriffen, mit der Wendung ואת־ כל־הבהמה אשר אתו (8,1) wird auf 7,7.13f. zurückgeschaut. Der Begriff "gedenken" (זכר, 8,1a), der in 9,15f. im Kontext des bereits in 6,18 angekündigten "Bundes" wieder auftaucht, verbindet die Rede Gottes vor der Flut (6,9-22) mit der Rede nach der Flut (9,1-17). Mit dem Motiv des von Gott über die Erde gesandten Windes, der über die Erde zieht und die Wasser zurücktreibt (8,1b), knüpft der Verfasser an die Vorstellung in 1,2a an. Wie am Beginn der Schöpfung ein Gottessturm über die Chaoswasser brauste, so fegt am Ende der die Schöpfung bedrohenden Flut ein von Gott geschickter Sturm über die Wassermassen. 8,2a bildet das Gegenstück zu 7,11b, während 8,2b mit dem aus einer anderen Schicht stammenden Vers 7,12 in Verbindung steht. 8,3 ist entgegen einer häufig vertretenen literarkritischen Aufteilung[73] eine einheitliche Fortsetzung von V.1-2a.[74] Dafür spricht die stilistische Entsprechung zwischen 8,3 und 7,17f. Wie dort der Anstieg der Flut in einer Dreierkette (וירבו מאד, ויגברו, וירבו) beschrieben wird, so in 8,1b.3a.3b der kontinuierliche Rückgang der Wasser in einer Dreierfolge (וישבו וישכו, ויחסרו). Dem "Wehen des Windes" über die Erde (על־הארץ, V.1bα) steht das "Weichen der Wasser" von der Erde (מעל־הארץ, V.3aα) gegenüber. Der Gebrauch eines doppelten Infinitivs (הלוך ושוב, V.3a) findet sich von demselben Verfasser in V.5aα (הלוך וחסור). Die V.4-5 liegen aufgrund der exakten Datierung auf derselben literarischen Ebene wie die Zeitangaben in 7,11a. Die Notizen ותנח התבה (V.4a) und נראו ראשי ההרים (V.5b) blicken auf 7,17-18 bzw. 7,19-20 zurück.

Betonung der literarischen Einheitlichkeit des Abschnitts zuletzt bei Dockx, Paradis, 28f.; Blum, Studien, 284; Blenkinsopp, Pentateuch, 81f.; Ska, diluvio, 44-46 (P: 7,17*.18-21); Pola, Priesterschrift, 283 (P: 7,18-24[!]).

[71] Vgl. die Korrespondenz von 7,23b zu 6,8 (שאר [Nif.] konkretisiert מצא חן) und von 7,23a zu 7,4 (Wiederholung des Begriffs יקום). Sowohl in 6,7 als auch in 7,23 stammen die Reihen מאדם ... השמים bzw. מאדם ... הארץ vom Redaktor.

[72] Vgl. S.77.

[73] Vgl. die Übersichten bei Nöldeke, Untersuchungen, 11; Elliger, Ursprung, 174; Lohfink, Priesterschrift, 198 Anm.29; Smend, Entstehung, 47f.; Weimar, Struktur, 85 Anm.18. Zumeist wird dann 8,6a vor 8,3a gestellt.

[74] So mit Ska, diluvio, 46f.

Der Abschnitt 8,6-12 wird, soweit die Fluterzählung literarkritisch analysiert wird, zumeist als ein "jahwistischer" Einschub betrachtet, der 8,5.13 unterbricht.[75] Die wichtigsten Argumente gegen eine Zuweisung von 8,6-12 auf den Verfasser, der in 6,9-22; 7,6f.11.13-22*.24; 8,1-2a.3-13ff. zu erkennen ist, sind (1.) der ausführliche Erzählstil, der sich stilistisch von den berichtartigen Darstellungen des Baubefehls (6,14-16) und des Flutanstiegs (7,17*-22) unterscheidet, (2.) der terminologische Wechsel zur Bezeichnung der Öffnung der Arche von צהר in 6,16 zu חלון in 8,6b, (3.) die nur außerhalb des bisher beobachteten Erzählzusammenhangs von 1,1-2,3*; 5,1-32*; 6,9ff. vorkommende Wendung על־פני האדמה (V.8), (4.) die diesem Abschnitt eigentümliche Chronologie mittels der Rechnung nach 7 bzw. 40 Tagen (vgl. 7,4), die sich von den Angaben in 7,11.24; 8,4-5.13 unterscheidet, (5.) die inhaltliche Spannung zu 8,15-19, wo ebenfalls davon berichtet ist, daß die Arche erstmals verlassen wird.[76] Der Abschnitt 8,6-12 bildet aber keine literarische Einheit und liegt nicht in der ursprünglichen Form vor. V.7 nimmt die Einleitung des Vogelexperiments in V.8, der die Intention einer Aussendung angibt, vorweg.[77] V.7 gebraucht שלח absolut, während in V.8 שלח mit מאתו steht. Die Rabenszene stört die dreigliedrig aufgebaute Komposition der Entsendung der Taube. V.7 ist aber inhaltlich auf eine Fortsetzung angewiesen, da der Rabe rastlos umherfliegt und so Noah nicht die gewünschte Auskunft über den Wasserstand vermitteln kann. V.7 muß daher eine redaktionelle Ergänzung sein, die auf 8,6.8-12* zurückblickt.[78] Gegen eine solche Annahme spricht nicht, daß dieser Redaktor auch die Schwalbe, den dritten Vogel, der in der mutmaßlichen Vorlage der Vogelszene in Gilgamesch-Epos XI,149f., ausgesandt wird, hätte ergänzen müssen. Die redaktionelle Intention, die hinter der Einfügung von V.7 steht, läßt sich mit der Kontrastierung des unreinen Raben (vgl. Lev 11,15; Dtn 14,14), der ruhelos umherfliegt, und der reinen Taube, die treu zurückkehrt,

---

[75] In der älteren literarkritischen Forschung wurde 8,6-12 noch auf die "priesterliche" Grundschicht zurückgeführt (vgl. Eichhorn, Einleitung, III, 114; Gramberg, adumbratio, 23f.; de Wette, Lehrbuch, 177; von Bohlen, 72; Fz. Delitzsch[1], 391; Knobel, X).

[76] Der Hinweis auf das Bild von einem aktiven Noah, das diesem Abschnitt zugrundeliege und sich daher von dem in 6,9-22; 8,15ff. gezeichneten Bild des passiven Noah unterscheide, ist hingegen kein überzeugendes Argument für die Zuweisung von 8,6-12 an eine andere Hand. Nach 6,8 scheint Noah eher in der "jahwistischen" Schicht der passive zu sein, während ihn die "priesterliche" Schicht als aktiven Frommen charakterisiert (6,9). Ebensowenig ist die vermeintliche "Naivität" dieses Abschnitts ein geeignetes literarkritisches Kriterium.

[77] G gleicht dies durch die Einfügung von τοῦ ἰδεῖν εἰ κεκόπακεν τὸ ὕδωρ aus (vgl. BHK[3]; BHS).

[78] So mit Weimar, Pentateuch, 143; Dockx, Paradis, 30; Fritz, Fluterzählung, 601; Vermeylen, Commencement, 143f.157; Ruppert, I, 358; anders Keel, Vögel, 86ff., der 8,8-12 als jüngere Variante zu 8,7 ansieht.

2.3. Die "priesterliche" Schicht 141

bestimmen.[79] Schließlich liegt in der Angabe כי מים על־פני כל־הארץ in V.9 eine redaktionelle Ergänzung vor (vgl. 7,3).[80]
8,13a.14 bildet eine zu 7,6.17 parallele Überschrift, die aufgrund der Datierung[81] eindeutig auf den Verfasser von 7,6f.11.13f. zurückgeht. V.13b hingegen schiebt sich zwischen die exakten Zeitangaben. Der Halbvers beschreibt in stilistisch und terminologisch ähnlicher Weise wie 8,6.8-12 eine Tat Noahs[82] und könnte daher erst redaktionell an diese Position gelangt sein.[83] Die Aufforderung an Noah, die Arche zu verlassen (8,15-17), entspricht dem Befehl, sie zu besteigen (6,18b.21). Die Beschreibung des Auszugs (V.18-19)[84] ist parallel zur Schilderung des Einzugs (7,13-15). Die Identität der Verfasserschaft wird durch die terminologische Parallelität und die Tendenz zur differenzierten und kategorisierten Darstellung bestätigt (vgl. 6,18ff.; 7,7.13f).

Die in den Auszugsbefehl (8,15-17) eingebaute Mehrungsverheißung für alle Lebewesen (8,17b) knüpft an 1,20.22.28 an und zeigt somit, daß der erste Schöpfungsbericht mit der hier vorliegenden Schicht der Fluterzählung eine literarische Einheit bildet und in einer erzählerischen Kontinuität steht: V.17b verdeutlicht in verdichteter Form, wie der erste Schöpfungsbericht und die "priesterliche" Schicht der Flutperikope als einer Erzählung von der Bedrohung der Schöpfung einander entsprechen und auf den Bericht einer Neuschöpfung angelegt sind.[85] Zugleich weist diese Mehrungszusage über die Fluterzählung hinaus und deutet auf eine literarische Fortsetzung hin.

---

[79] Da der Rabe in der Antike und im Alten Orient als Lotsenvogel galt (vgl. dazu ausführlich Keel, Vögel, 79ff.), könnte, unabhängig von der oben angegebenen Intention des Redaktors, der Vers auch einer Variante zu 8,8ff. entnommen sein. Zu einer (nicht überzeugenden) Kritik an der üblichen Deutung des Vogelexperiments siehe zuletzt Seebass, I, 217f.
[80] Vgl. Vermeylen, Commencement, 144.238; Levin, Jahwist, 111. Zum Text und Aufbau der Vogelszene (8,6.8-12) vgl. S.179f.
[81] In V.13a ergänze לחיי־נח hinter שנה (vgl. 7,11; G; BHK³; BHS; Ruppert, I, 293). Zur Datierungsweise siehe Pola, Priesterschrift, 341.
[82] Vgl. V.13bα mit V.6b und mit V.8bα; V.13bβ mit V.8bβ (פני האדמה) und mit V.11aβ (והנה).
[83] Vgl. Budde, Urgeschichte, 274f. Zwar erscheint der Terminus מכסה im Pentateuch nur in von der klassischen Quellenkritik als "priesterlich" angesprochenen Texten (Ex 26,14; 35,11; 36,19; 39,34; 40,19; Num 3,25; 4,8.10.11.12.25), doch spricht der immanente literarkritische Befund in Gen 6-8 gegen den zuletzt von Ska, diluvio, 48f., unternommenen Versuch, 8,13-14 geschlossen auf die "priesterliche" Schicht zurückzuführen.
[84] Zum ursprünglichen Text in V.19 (וכל־הבהמה וכל־העוף וכל הרמש הרמש) siehe BHK³; BHS.
[85] Zur Entsprechung von "Schöpfung" und "Antischöpfung" vgl. (1.) das Gegenüber von 1,2 // 7,11 // 8,1-2a, (2.) die diesbezüglichen Ausführungen von Zenger, Gottes Bogen, 107ff.114.200f., sowie (3.) grundsätzlich zur Komplementarität von Schöpfung und Sintflut als Mythos und Antimythos die Überlegungen von J. Jeremias, Reue, 21, und H.-P. Müller, Menschenschöpfungserzählung, 54.61ff.

Daß 8,20-22 eine den Zusammenhang von 8,15-19 und 9,1-17 sekundär aufsprengende, einer anderen literarischen Schicht zuzuweisende Größe darstellt, gehört seit J. Astruc und J. G. Eichhorn zu den Grunderkenntnissen der neuzeitlichen Pentateuchkritik.[86] Wenn 6,5-8 ein Flutprolog ist, der von einem anderen Verfasser stammt als der Prolog in 6,9-13 und wenn 7,1a.2.4(5*) ein Einstiegsbefehl ist, der einer anderen literarischen Schicht als 6,14-22 angehört, dann muß auch 8,20-22 aufgrund seiner ausschließlichen Beziehungen zu diesen Abschnitten auf einen anderen Autor als der Flutepilog in 8,15-19; 9,1-17 zurückgeführt werden.[87] Daß die Hand, auf die 8,19; 9,1-17 zurückgeht, selbst den Flutepilog 8,20-22 eingebaut und eigenständig die zu 1,26ff. parallele Folge von Gottesrede und Segen unterbrochen hat, wird durch keinerlei terminologische oder motivische Querbezüge oder Wiederaufnahmen in 8,19; 9,1ff. angedeutet. Selbst der gelegentlich als Nachtrag zu 8,20-21 angesehene V.22 weist keine Entsprechungen zu 2,4a; 1,1-31; 2,2-3; 5,1-29a.30-32; 6,9-22; 7,6-7.11.13-22*.24; 8,1-2a.3-5.13a.14-19 auf. Vielmehr differiert gerade hier der Wortgebrauch zur "priesterlichen" Schicht: So wird שבת in V.22 in seiner Grundbedeutung "aufhören" verwendet, während 2,2-3 den Begriff in seinem spezifischen Sinn "ruhen" mit dem Nebenaspekt, auf den Sabbat hinzuweisen, einsetzt.[88]

9,1-17 ist (abgesehen von den möglichen vorendredaktionellen Ergänzungen in V.4-7 und V.16-17) ein literarisch einheitlicher Abschnitt. Er steht in einem eindeutigen erzählerischen Zusammenhang mit 1,1-2,3*; 5,1-32* und 6,9-8,19*, ohne daß er auf 8,20-22 Bezug nimmt.[89] Die Rede zerfällt in zwei große Blöcke (I: V.1b-3.[4-7], II: V.8-15.[16-17]). Als Überschrift dient V.1a: ויברך אלהים את־נח ואת־בניו, so daß die gesamte Rede als eine Entfaltung des Segens verstanden werden kann. Die beiden Redeteile verhalten sich zueinander wie der Schöpfungs- und der Flutbericht. Wie erst im zweiten Abschnitt des Flutprologs (6,17ff.) ein expliziter Bezug zum kommenden מבול hergestellt wird, so auch erst im zweiten Teil des Epilogs (9,11.15). Die Annahme, 9,8-17 habe seinen ursprünglichen Platz vor 9,1b,[90] widerspricht der kompositionellen Absicht der "priesterlichen" Fluterzählung, zumal sich mit der Abfolge "Schöpfungssegen" - "Flutbezug" mikrokomposi-

---

[86] Vgl. Astruc, Conjectures, 25-68.309; Eichhorn, Fluth, 219.
[87] Vgl. 8,20 par. 7,2(-3): טהור; 8,21 par. 6,5: אל־לבו אמר יהוה; 8,21 par. 6,5: יצר. Auf die Frage der literarischen Einheitlichkeit von 8,20-22 wird später zurückzukommen sein (s.u.S.180ff.).
[88] Gegen Weimar, Pentateuch, 145, und Vermeylen, Commencement, 145, ist in 8,22 keine Sabbat- oder Feierterminologie vorhanden.
[89] Auf die in der Folge 8,4-5.13-19; 9,1ff. angelegte Szenerie, derzufolge die Gottesrede an Noah im Gebiet des möglicherweise als Weltberg verstandenen Ararat ergeht, macht zu Recht Pola, Priesterschrift, 284 Anm.240, aufmerksam, der hier zugleich eine Vorwegnahme der "priesterlichen" Sinaidarstellung sieht (a.a.O., 286ff.334).
[90] Vgl. Procksch, 482.

tionell in 9,1-7.8-17 dieselbe Reihung findet wie makrokompositionell in 1,1-2,3*; 5,1-32* und 6,9-8,19*.

V.1b-3.[4-7] bietet eine modifizierte Neuauflage der Schöpfungsordnung. Die Mehrungsverheißung wird zweifach wiederholt und rahmt den ersten Teil (V.1b.[7] - vgl. 1,28).[91] Der Herrschaftsauftrag wird allerdings zur Ankündigung der Schreckensherrschaft (V.2).[92] In diesem Wechsel spiegelt sich der Bruch des urzeitlichen Friedens (1,29) durch das Überhandnehmen von "lebensbedrohender Gewalttat" (חמס)[93] auf der Erde wider (6,11f.). Zwar hat die Flut alles Fleisch, das seinen Wandel vor Gott verdorben hatte (6,11f.), vernichtet (7,21-22*). Doch ist das Verhältnis zwischen Mensch und Tier bleibend belastet. Die Flut richtete den irdischen Bestand, änderte aber nicht dessen Wesen. So muß nun die Relation zwischen den Lebewesen neu bestimmt werden, um eine erneute Ausbreitung des חמס auf der Erde zu vermeiden. Wie der Herrschaftsauftrag in 1,26-29 mit einem Speisegebot verbunden ist, so folgt hier die ausdrückliche Erlaubnis, fleischliche Nahrung zu sich zu nehmen (9,3). Damit erweist sich 9,3 als eine Antwort auf die in 1,29 indirekt gestellte Frage, seit wann der Mensch nicht mehr nur "Grünes" ißt. An das Speisegebot selbst schließt sich aber ein doppeltes Verbot des Blutgenusses an, das sich stilistisch (vgl. אך ... ואך) und sprachlich (vgl. בשר im Sinn von "fleischlicher Nahrung") von seinem Kontext unterscheidet und durch eine poetisch gestaltete Rückschau auf die Gottesebenbildlichkeit des Menschen abgeschlossen wird (9,4-5.6).[94] Wie der vorsintflutliche Herrschaftsauftrag (1,29) durch das Gebot pflanzlicher Nahrung eingeschränkt wurde, so dient das Blutverbot einer Einschränkung des erweiterten Herrschaftsauftrags (9,4). Als Gegenüber zur Erweiterung des *dominium terrae* (9,2) schließt sich die durch das dreifache אדרש nachhaltig betonte Einforderung des Bluts durch Gott selbst (9,5) inhaltlich an 9,2b an. Das göttliche Blutprivileg (V.5) bildet wie V.2 eine Konkretion dessen, was in 6,11f. als חמס bezeichnet worden war. Das in 6,11-12 durch die Begriffe כל־בשר, (את־דרכו) שחת und חמס angedeutete gestörte Verhältnis zwischen Mensch und Tier, Mensch und Mitmensch, wird jetzt in der Rückschau als ein Blutvergießen charakterisiert. In der Ankündigung, dieses Blut einzu-

---

[91] In V.7b ist daher MT mit ורבו, das im Parallelismus zu שרצו steht, gegen BHK³ und BHS (ורדו) beizubehalten (so auch zuletzt Ruppert, I, 376f.; Seebass, I, 226).
[92] In V.2 ergänze mit G ועל כל־הבהמה (vgl. 1,26b; BHK³; BHS); zur Terminologie vgl. Dtn 11,25; Hi 41,25.
[93] J. Jeremias, Schöpfung, 36.
[94] Zur Annahme, 9,4-6.(7) sei literarisch sekundär, siehe bereits Holzinger, 74; Eichrodt, Quellen, 45; McEvenue, Style, 68-71; Lohfink, Priesterschrift, 198 Anm.29; Weimar, Struktur, 85 Anm.18; Zenger, Gottes Bogen, 105f.; Vermeylen, Commencement, 149; Ska, diluvio, 51; Seebass, I, 230f. (sekundär: V.4-5a.7). Bereits Kelle, Urgestalt, II/1, 101f., sah in 9,6 eine schriftgelehrte Randbemerkung. Zur Verteidigung der literarischen Einheitlichkeit siehe zuletzt wieder Harland, Human Life, 152ff.

fordern, zeigt sich die Erwartung, daß auch in Zukunft Blut vergossen wird. Damit deutet V.5 an, daß die Flut den Menschen nicht verändert hat, daß aber das Verhältnis von Mensch und Tier, Mensch und Mitmensch neu bestimmt wird. Das aus der Blutforderung ablesbare Tötungsverbot wird zum einen theologisch (V.6), zum andern anthropologisch (V.5) begründet: theologisch durch den poetisch gestalteten Hinweis auf die Gottesebenbildlichkeit des Menschen,[95] anthropologisch in der prosaisch gefaßten Wendung מיד איש אחיו. Diese Wendung fällt allerdings durch den Zusatz אחיו aus der gleichgestalteten Reihe מיד כל־חחי, מיד האדם, מיד איש heraus. Die Versiones versuchen die einmalige Wortverknüpfung איש אחיו durch die Ergänzung einer Kopula zu erleichtern.[96] Bleibt man hingegen aufgrund der *lectio difficilior* bei MT,[97] so kann מיד איש nur eine Apposition zu האדם und אחיו nur eine Apposition zu איש sein. Das Suffix in אחיו muß sich dann auf האדם beziehen: Weil der Mensch des Menschen Bruder ist, darf menschliches Blut nicht durch Menschenhand vergossen werden. Mord ist immer Brudermord.[98]

Der gesamte Abschnitt in 9,1-3.[4-7] ist aus sich heraus und im Rückblick auf 1,1-2,3*; 5,1-32*; 6,9-8,19* vollkommen verständlich. Eine Anspielung auf die "jahwistische" Schicht in 2,4b-4,24 ist nicht erkennbar.[99] Lediglich der Zusatz אחיו könnte auf die Brudermorderzählung in 4,1-16 zurückblicken. Vielmehr steht die in 9,5f. angekündigte Blutforderung sogar im Widerspruch zu der in 4,11ff. vollzogenen Sanktion. Somit deutet auch in 9,1-3.[4-7] nichts darauf hin, die "priesterlichen" Verfasser als die Bearbeiter der "jahwistischen" Abschnitte in Gen 2,4b-4,24 zu interpretieren. Der Zusatz von אחיו könnte dann aber auf den Redaktor, der 1,1-2,3*; 5,1-32*; 6,9ff. mit 2,4b-4,26 verbunden hat, zurückgehen oder auf eine noch spätere Hand, die bereits den Gesamtkontext von c.1-9 voraussetzt.

Der zweite Teil der Rede (9,8-15.[16-17]) bildet ein kompositionelles Gegengewicht zum Flutprolog in 6,9-22, besonders zu dessen zweitem Abschnitt in 6,17-21. Die V.8-15.[16-17] werden durch die zwei- bzw. dreimalige Wendung ויאמר אלהים (V.8.12.[17])[100] strukturiert. Der erste

---

[95] Zur Austauschbarkeit der Begriffe צלם und דמות, die in Kombination oder je einzeln zur Bezeichnung der Gottesebenbildlichkeit verwendet werden, vgl. S.126. Daß sich hinter 9,6a eine Talionsformulierung verbirgt und die Wendung באדם "für den Menschen" zu übersetzen ist, hat zuletzt Ernst, Menschenblut, 252f., unter Hinweis auf Dtn 19,21; II Sam 3,27, die Wiedergabe von Gen 9,6 in G (ἀντί) und die syntaktische Figur des *Beth-pretii* (vgl. Brockelmann, Syntax §106e) wahrscheinlich gemacht. Doch vgl. jetzt auch Harland, Human Life, 161ff.
[96] Vgl. Mss; SamPt; Vg; Sy; Tg[N].
[97] Vgl. auch G; VL; Tg[O]; Tg[J].
[98] Vgl. dazu auch Harland, Human Life, 158f.
[99] Gegen Rendtorff, L'histoire, 91ff.
[100] Während in V.8 und V.12a jeweils eine sich über mehrere Verse erstreckende Rede über die ברית bzw. das an diese geknüpfte "Zeichen" mit jeweils abschließendem

2.3. Die "priesterliche" Schicht 145

Unterabschnitt (9,8-11) führt die von Gott in 6,18 angekündigte ברית ein. Diese besteht darin, keine Flut mehr zur Vernichtung allen Lebens auf der Erde zu bringen.[101] Die terminologische Übereinstimmung zwischen V.8-11 und 6,11-13; 7,6f.11-13.13ff. und 8,19 läßt nur die Annahme zu, daß diese Passagen von ein und derselben Hand stammen. Der Schwerpunkt dieser Verse liegt auf der Definition der "Zusage" und der Bestimmung der Wesen, denen diese gilt. Somit wird hier die *personale* Dimension der ברית beschrieben. Der zweite Unterabschnitt (9,12-15[16]) verknüpft die Ankündigung der ברית mit der Zusicherung des Zeichens des Regenbogens und des ewigen Gedächtnisses Gottes an die Noah, seinen Nachkommen und dem gesamten Kosmos gegebene "Zusage", keine Vernichtungsflut mehr zu senden. Diese Verse beschreiben somit die *zeitliche* und *räumliche* Dimension der angekündigten ברית.[102] Auch hier sind die terminologischen und sachlichen Bezüge zu 8,1a, 6,11-13 und 7,6f. so eindeutig, daß nur die Schlußfolgerung bleibt, 9,12-16 auf denselben Verfasser wie 6,9-22; 7,6f.11. 13-22*.24; 8,1-2a.3-13-19 zurückzuführen.[103] Der dritte (möglicherweise sekundäre, aber vorendredaktionelle) Unterabschnitt (9,17), faßt schließlich den zweiten Hauptteil der Gottesrede zusammen. Nochmals wird die universale Dimension der verheissenen ברית mit der Wendung כל־בשר אשר על־הארץ unterstrichen. Wie der Flutprolog in der Ankündigung קץ כל־בשר בא (6,13) gipfelte, so der Flutepilog mit der Verheißung, daß die von Gott gegebene ברית allem Fleisch (9,15b.16b.17b) gelten werde.

Ausblick auf die Flut (V.11 bzw. 15) eingeleitet wird, führt V.17a lediglich eine knappe Wiederholung von V.12 ein. Möglicherweise liegt in V.17 eine "innerpriesterliche" Ergänzung vor (vgl. dazu Zenger, Gottes Bogen, 106f.; Vermeylen, Commencement, 149; Seebass, I, 230f. [sekundär: V.10aβ.b.11aα.14b-15.16bβ.17]). Für die Annahme, V.17 sei innerhalb des "priesterlichen" Erzählzusammenhangs sekundär, spricht auch, daß sich die Wendung כל־בשר אשר על־הארץ nur noch in dem ebenfalls sekundären V.16 findet.

[101] An dieser Entfaltung wird ein wesentlicher Aspekt des Begriffs ברית als Zusage bzw. Selbstverpflichtung Gottes besonders deutlich, vgl. Kutsch, Verheißung, 115.123f.150 u.ö; Crüsemann, Tora, 342; Harland, Human Life, 135ff.

[102] Vgl. für den räumlichen Aspekt die Wendung קשת בענן (V.13.16); für den zeitlichen Aspekt die Wendungen דרות עולם (V.12b) [und ברית עולם (V.16)]. Die Wendung לדרת עולם in V.12b klappt allerdings stilistisch nach, so daß hier eine "innerpriesterliche" Konkretion vorliegen könnte. Ähnliches gilt für V.16, der sich von seinem unmittelbaren Kontext durch den fehlenden Flutbezug (vgl. aber V.11 als Abschluß des Abschnitts V.8-11 und V.15 als Summarium für die Passage V.12*-15), durch die Verwendung von אלהים in der direkten Gottesrede (vgl. V.6) und die atl. einmalige Form ראיתיה (vgl. aber V.14b) unterscheidet (vgl. dazu Zenger, Gottes Bogen, 106f.).

[103] Vgl. einerseits den Terminus זכר als Ausdruck für ein heilvolles, rettendes Eingreifen Gottes, andererseits die Wendungen המים למבול לשחת und בשר.

Redaktionelle Eingriffe in 9,8-17 seitens *der* Hand, welche die beiden in 6,5-8,22 vorliegenden Hauptschichten verbunden hat, finden sich nicht. Bereits im Rahmen der literarkritischen Beobachtungen zu 9,18-29 konnte festgestellt werden, daß die Verse 18a.19.28-29 einen in sich geschlossenen Textblock darstellen, der einerseits sekundär durch die Einlage von V.18b.20-26.27 aufgesprengt wurde, andererseits die Funktion einer Überleitung von der "priesterlichen" Fluterzählung zur Völkertafel erfüllt.[104] Aufgrund der Bezüge (1.) von 9,18a zu 9,10 und 8,18-19,[105] (2.) von 9,18bα zu 5,32; 6,10b und 7,13aβ,[106] (3.) von 9,19a zu 6,10a,[107] und (4.) von 9,28-29 zu 5,32[108] läßt sich dieser Block nun eindeutig dem Verfasser zuweisen, auf den 6,9-22; 7,6f.13-22*.24; 8,1-2a.3-5.13-19 und 9,1-4.5*.6-17 zurückgeführt wurden.

2.3.4. Zusammenfassung und redaktionsgeschichtliche Problemanzeige

Die strukturelle Anlage der oben dargestellten Fluterzählung auf eine literarische Fortsetzung zeigt sich vor allem in ihrem Epilog. Bereits die vierfache namentliche Nennung der Söhne Noahs (5,32; 6,10; 7,13; 9,18a) deutet darauf hin, daß der Verfasser von 1,1-2,3*; 5,1-32*; 6,9-9,18* noch weiteres von Sem, Ham und Japhet berichten wird. Verbunden mit dieser namentlichen Erwähnung ist die Notiz, daß von Sem, Ham und Japhet die ganze Erdbevölkerung abstammt (9,19). Da diese Bemerkung als eine Überschrift gestaltet ist, erwartet man eine erzählerische Ausgestaltung, wie sich die Verteilung der Erdbevölkerung vollziehen wird. Wie die in c.5* vorliegende Genealogie bereits die Funktion erfüllt, von der Urzeit zur Gegenwart des Erzählers zu führen, so ist durch 9,19 konzeptionell der Weiterbau dieser Brücke auf die Zukunft hin angelegt. Wie die Mehrungsverheißung in 1,26ff. auf eine Darstellung ihrer Realisierung hinweist und diese in c.5* gefunden wird, so deutet die Mensch und Tier gegebene erneute Zusage von Fruchtbarkeit in 8,17 und 9,1b.7 ebenfalls darauf hin, daß sie erzählerisch bzw. berichtend entfaltet wird, zumal die Erde nach der Darstellung in c.6-8* (abgesehen von Noah und der Besatzung der Arche) wieder unbelebt ist. Mit der Fluterzählung und dem Bericht über die Erneuerung der Schöpfungsordnungen (9,1ff.) hat der Erzähler von 1,1-2,3*; 5,1-32* die Kluft zwischen Urzeit und Gegenwart teilweise überbrückt. Die Neubestimmung des Verhältnisses zwischen Mensch und Tier (9,2) beantwortet die in c.1 gestellte Frage nach dem Bruch des urzeitlichen Friedens zwischen Mensch und Tier. Die nachsintflutliche Freigabe tierischer Nahrung (9,3f.) bestimmt das in 1,29

---

[104] S.o.S.100ff.
[105] Vgl. die Wiederaufnahme der Begriffe תבה und יצא.
[106] Vgl. die namentliche Nennung der Söhne Noahs.
[107] Vgl. die Betonung der Zahl שלשה.
[108] Vgl. die Datierung der Lebenszeit Noahs.

2.3. Die "priesterliche" Schicht   147

indirekt angedeutete Verhältnis zwischen der urzeitlichen vegetarischen Nahrung des Menschen und der Gegenwartssituation. Die theologische Begründung des Tötungsverbotes (בצלם אלהים) stellt sicher, daß die Gottesebenbildlichkeit nicht nur der ersten Schöpfungsgeneration (1,26) und der vorsintflutlichen Menschheit (5,3) verliehen war, sondern dauerhaft dem Menschen geschenkt und aufgetragen ist (9,6).

Andererseits bleiben auch nach 9,1-17 Fragen offen, die auf eine erzählerisch entfaltete Beantwortung angelegt sind. Die in 2,2-3 gestiftete Gottesruhe harrt weiterhin ihrer irdischen Entsprechung in Form der Einsetzung bzw. Auffindung des irdischen Sabbats. Aus dem Gegenüber von 1,26ff. und 6,11f. ergibt sich, daß der Mensch seinen Herrschaftsauftrag nicht richtig wahrgenommen hat, sondern "seinen Weg verdarb". Die Erneuerung des *dominium terrae* (9,2) impliziert die Frage, ob und wie der Mensch nach der Flut diese Aufgabe erfüllen wird.

Die von 9,19 geforderte Weiterführung findet sich in 10,1.[109] Bereits bei der literarkritischen Analyse von c.10 konnten (1.) eine literarische Grundschicht (V.1-4a.5-7.20.22-23.31-32) nachgewiesen werden, die eine in sich geschlossene Völkertafel bildet, und (2.) mehrschichtige, unselbständige *endredaktionelle* Einschübe (V.8-19.21.24-30).[110] Als Fortsetzung von 9,1-18a. 19.28-29 bietet sich eindeutig 10,1-4a.7.20.22-23.31-32 an. Dieser Abschnitt, der literarisch einheitlich ist, entfaltet parallel zu c.5* den Prokreationssegen. Die von Sem, Ham und Japhet abgeleiteten Völker konkretisieren das in 9,1b.7 erneuerte Gebot, "zahlreich zu sein" und "die Erde zu füllen". Da mit 10,1ff. lediglich ein summarischer, flächenhafter Überblick über die nachsintflutliche Menschheitssituation gegeben ist, aber noch keine lineare Fortführung zur Gegenwart des Erzählers, gehört 11,10a.11-26 zur literarischen Weiterentfaltung des in 1,1-2,3*; 5,1-32*; 6,9-9,29* angelegten Erzählduktus. Parallel zu 5,32 gipfelt die hier gegebene Genealogie segmentär in der namentlichen Nennung von drei Söhnen (11,26) und setzt dann nach einer erneuten genealogischen Notiz zu derselben Figur (vgl. 6,10) mit einem erzählartigen Bericht ein (11,27-32). Damit wird wie in 5,32; 6,9.10 ein neuer Abschnitt eröffnet (vgl. 2,4a; 1,1-2,3* // 5,1a.b.2ff.).

Als ein erster durchgehender literarisch greifbarer Erzählzusammenhang, der dem von uns in 2,4b-3,24*; 4,25-26; 6,1-4; 9,18-27* und 11,1-9* erkannten Redaktor vorlag, zeigt sich so eine geradlinig verlaufende, in sich stimmige *"priesterliche" Urgeschichte*. Diese erstreckt sich über die Etappen "Schöpfung" (2,4a; 1,1-2,3*), "Genealogie von Adam zu Noah" (5,1-32*) und "Flut" (6,9-9,29*), verbunden mit einer "nachsintflutlichen Zwischenzeit" (10,1-32*; 11,10-26*). Diese "priesterliche" Urgeschichte ist kompositionell und konzeptionell auf eine erzählerische Weiterführung angelegt. Redaktionelle Texte bzw. Einsätze in dieser nach hinten offenen Komposition bil-

---

[109] Vgl. S.115.
[110] Vgl. S.116f.

den (1.) die Notiz über die Vollendung der Schöpfung des Himmels, der Erde und der himmlischen Heerscharen in 2,1, (2.) die etymologisierende Funktionsbestimmung Noahs in 5,29b, (3.) ergänzend zu den an c.6-9 angestellten grundlegenden Beobachtungen[111] im Bereich der Fluterzählung 6,19b; 7,10*. 12.14bβ.16.17a(nur ארבעים יום); 8,2b.6-12*.13b.20-22 und 9,5bα(nur אחיו). Die weitere Analyse wird hier zwischen redaktionellen und vorendredaktionellen, möglicherweise quellenhaften Bestandteilen unterscheiden.

Nachdem in der Einleitung die Urgeschichte auf 1,1-9,29(+10,1-11,26) abgegrenzt wurde,[112] wird hier die Fortsetzung des Erzählfadens von 2,4a; 1,1-2,3*; 5,1-32*; 6,9-9,29*; 10,1-32* und 11,10-26 nur noch knapp skizziert. 11,27 bildet parallel zu 10,1; 11,10 eine neue Überschrift, die eine Konkretion der Genealogie Sems (11,10-26) einleitet und entsprechend zu 10,1ff. die Geburtsfolge der nächsten Generation nach dem Stammvater mit der Notiz über den jüngsten Sohn (hier Haran) beginnen läßt. V.28 schließt direkt an V.27b an und beschreibt den chronologischen (על־פני תרח אביו) und geographischen Rahmen (בארץ מולדתו) des Geschehens. Trotz seines nachholenden Charakters kann die Angabe באור כשדים zum ursprünglichen Bestand des Verses gezählt werden, der eine dreigliedrige Apposition zur Todesnotiz וימת הרן bietet (V.aβ.bα.bβ). Die Elimination von V.28bβ setzt voraus, daß der Vers auf J/JE zurückgehe und redaktionell mit V.31 (P) ausgeglichen worden sei.[113] Für V.28 ist aber weder ein Ort in einem "nichtpriesterlichen" Erzählzusammenhang nachweisbar noch sind die Wendungen "ארץ מולדת" und NN וימת "NN על־פני" typisch "jahwistisch".[114] V.29a führt V.28 organisch fort, die Nennung der Sarai in dem allgemein als "priesterlich" angesehenen V.31 basiert auf ihrer namentlichen Erwähnung in V.29bα. Die Benennung der Sarai und der Milka mit der Wendung "שם [אשת]NN" ist nicht auf die "jahwistische" Schicht in 4,19 beschränkt (vgl. den Redaktor in 2,11.13f.). Aus dem gleichmäßigen Aufbau des Abschnitts fallen dann aber V.29bβ.30 heraus. Die Konkretion der Abstammung der Milka blickt auf Gen 22,20 und 24,15.24.47 voraus und erinnert stilistisch

---

[111] Gen 6,7aβ.b; 7,1b.3.8-9.23a* (vgl. dazu S.76f.).
[112] Vgl. S.48f.
[113] So Budde, Urgeschichte, 418; Gunkel, 156ff.; Procksch, 92ff.; Noth, Pentateuch, 29; Hölscher, Geschichtsschreibung, 276f.; Wolff, Kerygma, 351; Westermann, I, 741ff.; II, 153; Weimar, Pentateuch, 44ff. (JE); Levin, Jahwist, 141 (R^S).
[114] Der Ausdruck "מת על־פני" ist atl. einmalig, vgl. aber die analogen Wendungen "מות על־" (Gen 26,9; 48,7; Num 6,9; Ez 18,26) und "מות לפני" (Lev 16,1; Num 3,4a; 26,61; I Chr 13,10; 24,2) sowie den Gebrauch von על־פני im Sinn von "vor den Augen von" in Num 3,4b. Zu der Bezeichnung "ארץ מולדת" vgl. Gen 24,7; 31,13; Ruth 2,11; Jer 22,10; 46,16; Ez 23,15. Der "nichtpriesterliche" Verfasser von Gen 12,1 spricht gerade nicht von ארץ מולדת, sondern von ארץ ומולדת (vgl. Gen 24,4; 31,3; 32,10; Num 10,30).

2.3. Die "priesterliche" Schicht

an die redaktionellen Notizen in 9,18b und 10,21. Ob hinter dem Namen שָׂרַי in V.bα eine entsprechende Notiz getilgt wurde (vgl. 20,21), ist nicht mehr nachweisbar. V.30 unterbricht die Folge des zweifachen וַיִּקַּח (V.29a.31a) und steht inhaltlich mit Gen 25,21 und 29,31 in Zusammenhang. Das Motiv der unfruchtbaren Ahnfrau[115] bereitet hier die "nichtpriesterliche" Verheißungsrede in 12,1-3 vor und bildet die negative Folie für die Ankündigung, daß Abram zu einem großen Volk werden solle (12,2aα).[116] 11,29bβ und 11,30 dürften daher auf einen "nachpriesterlichen" Redaktor zurückgehen.[117] Das Itinerar in V.31 ist zweigliedrig aufgebaut, wobei sich V.a eng an V.29a anlehnt und V.b auf V.28b zurückblickt.[118] Die Todesnotiz zu Terach (V.32) hängt selbst über die Angabe des Ortes Haran von V.31b ab und gehört somit ebenfalls zum Grundbestand von 11,27-32*. Dieser Basistext läßt sich auf den "priesterlichen" Verfasser von Gen 2,4a; 1,1-2,3*; 5,1-32*; 6,9-9,29*; 10,1-31*; 11,10-26 zurückführen[119] und verfügt über folgende Struktur:

A: Genealogie Terachs		(V.27)
B: Todesnotiz, Chronologie u. Geographie	(בְּאוּר כַּשְׂדִּים)	(V.28)
C: Heiratsnotiz	(וַיִּקַּח)	(V.29*)
C': Auszugsnotiz	(וַיִּקַּח)	(V.31a)
B': Itinerar, Geographie	(מֵאוּר כַּשְׂדִּים)	(V.31b)
A': Genealogie Terachs		(V.32)

Auch aus diesem Abschnitt ergibt sich, daß konzeptionell mit einer Fortsetzung des "priesterlichen" Erzählfadens zu rechnen ist. Der Auszug aus *Ur Kasdim* zielt auf das Erreichen des *Landes Kanaan* (V.31). Da der Erzähler aber Terach mit seiner Familie zunächst nur bis Haran kommen läßt, erwartet der Leser einen Bericht über den Einzug in Kanaan. Zudem intendiert

---

[115] Vgl. Jdc 13,2-3; I Sam 2,5; sowie allgemein zum Topos der עֲקָרָה Ex 23,20; Dtn 7,14; Hi 24,21; Ps 113,9; Jes 54,1.

[116] Stilistisch ist 11,30 hervorgehoben durch ein Homoioteleuton (עֲקָרָה ... לָהּ), den *Parallelismus membrorum* von V.a // V.b und die Paronomasie לָהּ וָלָד.

[117] Vgl. zu dieser Beurteilung von V.29bβ Hölscher, Geschichtsschreibung, 277, und Weimar, Pentateuch, 44 Anm.125, sowie zu dieser Einschätzung von V.30 Wellhausen, Composition, 7 Anm.1; Hölscher, a.a.O., 277; Zimmerli, II, 18, die zumindest die jetzige Position des Verses auf einen späten Redaktor zurückführten.

[118] Für אִתָּם lies אִתּוֹ. Gegen den von BHS vorgeschlagenen Anschluß an die von SamPt, G und Vg gebotene Lesart וַיֹּצֵא אֹתָם spricht die Parallelität von וַיֵּצְאוּ zum Gebrauch der 3. Pers. Plur. in V.bβ (וַיָּבֹאוּ und וַיֵּשְׁבוּ). Am Einfachsten ist die Annahme einer Dittographie des *Mem* aus מֵאוּר כַּשְׂדִּים.

[119] Vgl. Wellhausen, Composition, 2 und 7 Anm.1.; Kuenen, Einleitung I/1, 64; Zimmerli, II, 16. Siehe auch Nöldeke, Untersuchungen, 16f.; Fz. Delitzsch, 241; König, 437ff.; Van Seters, Abraham, 98.225f. (anders ders., Prologue, 202f.); Blum, Vätergeschichte, 440, und Köckert, Vätergott, 262 Anm.485, die 11,27-32 allerdings geschlossen P zuwiesen, während Wenham, I, 271, 11,27-12,9(!) als eine literarische Einheit aus der Hand des "jahwistischen" Verfassers beurteilte.

die Erwähnung Lots (V.27b.31a), daß auch über Abrams Neffen weitere Nachrichten folgen. Schließlich bereitet die namentliche Nennung der Frauen Abrams und Nahors (V.29bα) eine erzählerische Fortsetzung vor. Somit kann 11,27-29a.bα.31-32 als die *"priesterliche" Einleitung einer Abrahamserzählung* angesehen werden, der aus sprachlichen und stilistischen Gründen noch die chronologische Angabe in 12,4b und die Auszugsnotiz in 12,5 zuzuweisen sind[120].

Der Nachweis (1.) des unmittelbaren literarischen und kompositionellen Zusammenhangs der "priesterlichen" Abschnitte in 2,4a; 1,1-2,3*; 5,1-32*; 6-9*; 10,1-32*, (2.) der strukturellen und konzeptionellen Anlage der "priesterlichen" Urgeschichte auf eine erzählerische Fortsetzung hin und (3.) der einheitlichen Verfasserschaft von 11,10a.11-26 und 11,27-32*; 12,4b-5 legt die Annahme nahe, daß *die "priesterliche" Urgeschichte Teil eines größeren Geschichtswerkes* ist. Gegenüber der These, die "priesterlichen" Texte seien eine Redaktionsschicht,[121] besitzt aus der Perspektive von Gen 1-11 die Annahme einer "priesterlichen" *Quelle*, unabhängig davon wie deren literarischer Umfang jenseits der Urgeschichte bestimmt wird, immer noch einen hohen Grad von Wahrscheinlichkeit.[122] In einem nächsten Schritt wird nun untersucht, in welcher Gestalt der Redaktor die zweite literarische Hauptschicht der Urgeschichte vorgefunden hat. Auch in diesem Gang liegt das Interesse primär auf der Bestimmung des kompositionellen und konzeptionellen Gefälles der letzten vorendredaktionellen Stufe und der damit verbundenen Herausarbeitung der jüngsten theologisch profilierten Zusätze, nur sekundär auf der Erhebung des vorendredaktionellen literarischen Wachstums. Als *redaktionell* wurden bisher erkannt: 2,1.7b.9b-15.17aα*.19aγ.b.20aα*; 3,14aα*.18b.22. 24; 4,25-26; (5,29b); 6,1-4.7aβ.γ.b; 7,1b.3.8-9.10*.16.22*.23a*; 8,7; 9,5*. 18b.(20-26*).27; 10,4b.(8-18a*).18b-19.21.24.25*.(26-29a).29b-30* und 11,1-9. Als *"priesterlicher" Erzählzusammenhang* wurden bis jetzt bestimmt: 2,4a; 1,1-31; 2,2-3; 5,1-29a.30-32; 6,9-22*; 7,6-7.11.13-21.22*.24; 8,1-2a.3-5.13a.14-19; 9,1-18a.19.28-29; 10,1-4a.5-7.20.22-23.31-32 und 11,10-26. Für die Erhebung eines *möglichen vorendredaktionellen "jahwistischen" Erzählfadens* verbleiben: 2,4b-4,24; 5,29b; 6,5-6.7aα.8; 7,1a.2.4-5.10*.12.23*; 8,2b.6.8-12*.13b.20-22; 9,20-26* und 10,8-19*.25*.26-29a.

---

[120] So mit Nöldeke, Untersuchungen, 18; Wellhausen, Composition, 15; Budde, Urgeschichte, 432; Fz. Delitzsch, 236ff.; Gunkel, 156ff.; Procksch, 496ff.; Noth, Pentateuch, 17; Hölscher, Geschichtsschreibung, 276f.; Elliger, Sinn, 121f.; Lohfink, Priesterschrift, 198 Anm.25; Zimmerli, II, 16; Scharbert, 116ff.; Westermann, II, 167; Weimar, Struktur, 85 Anm.18; Levin, Jahwist, 140; Pola, Priesterschrift, 122 Anm.339 und 282.

[121] Vgl. Rendtorff, L'histoire, 83ff.; Blum, Studien, 280ff.; Vermeylen, Commencement, 203ff.; Van Seters, Prologue, 5.328.

[122] Vgl. dazu exemplarisch für die neuere Forschung Zenger, Gottes Bogen, 32ff; Hossfeld, Pentateuch, 55ff.; Koch, P, 456-467; Steck, Aufbauprobleme, 287ff.; Nicholson, Research, 14; L. Schmidt, Literaturbericht, 11; Pola, Priesterschrift, bes. 29ff.44ff.; Fischer, Erzeltern, 366 Anm.88 (bezüglich Gen 12-36); Ruppert, I, 10; Seebass, I, 33.

2.4. Die vorendredaktionelle "jahwistische" Schicht in Gen 1,1-11,26

2.4.1. Die vorendredaktionelle literarische Schichtung von 2,4b-4,24

Der große "jahwistische" Block 2,4b-4,24, der vom Redaktor mittels der Komposition des "Doppelnamens" יהוה אלהים, der Umstellung von 2,4a und der Bildung von 4,25-26 in den "priesterlichen" Zusammenhang von 1,1-2,3*; 5,1-32* eingefügt und um die Abschnitte 2,9b-15; 3.22.24 selbständig erweitert wurde, ist nicht nur überlieferungsgeschichtlich, sondern auch literarisch mehrschichtig.[1]

Vorendredaktionelle *literarische* Nähte zeigen sich (1.) in der Paradieserzählung am Übergang von der Schöpfungsthematik (2,4b.5-7 bzw. 2,[18].19-23) zur Sündenfallthematik (2,8-9a bzw. V.16-17.[18].24-25; 3,1ff.), (2.) an der Verbindung der Paradieserzählung (3,20.21.[22].23.[24]) mit der Kain-und-Abel-Erzählung (4,1), (3.) in der Brudermorderzählung an dem nicht vollständig miteinander ausgeglichenen Wechsel von Handlung und direkter Rede (vgl. 4,1-5.8b gegenüber 4,6-7.8a.9ff.), (4.) an der Verknüpfung der Kain-und-Abel-Erzählung (4,1-16) mit der Kainitentafel (4,17-22.23-24).

Gleichwohl finden sich (abgesehen von den bereits oben aus 2,4b-3,24 ausgegliederten Abschnitten und den Harmonisierungen mit dem "priesterlichen" Schöpfungsbericht)[2] keine Texte, die im unmittelbaren Kontext der endredaktionellen Verbindung der "priesterlichen" und der "jahwistischen" Schicht der Urgeschichte stehen. Vielmehr handelt es sich bei 2,4b-4,24 um einen dem Redaktor bereits vorgegebenen, vorendredaktionell literarisch gewachsenen Textblock. So läßt sich auf vorendredaktioneller Stufe in 2,4b-4,24 eine "jahwistische" Bearbeitungsschicht von einer "protojahwistischen" Grundschicht abheben.

Den Ausgangspunkt für die Erhebung der vorendredaktionellen literarischen Entstehung von 2,4b-4,24 kann das Ungleichgewicht zwischen

---

[1] Gegen Otto, Paradieserzählung, 176, kann gar keine Rede davon sein, daß bezüglich der literarischen Einheitlichkeit von Gen 2,4b-3,24 ein Forschungskonsens besteht. Vgl. dazu exemplarisch die neueren, wenn auch zu ganz unterschiedlichen Ergebnissen kommenden Schichtungsversuche von Gese, Lebensbaum, 77ff.; Weimar, Pentateuch, 112ff.; Dockx, Paradis, 11ff.; Richter, Urgeschichte, 39ff.; Dohmen, Schöpfung, 37ff.; Ruppert, I, 116ff.; Vermeylen, Commencement, 96ff.; Scharbert, Paradieserzählung, 43ff.; Levin, Jahwist, 82ff.

[2] Vgl. 2,9b-15.17aα*; 3,22.24 bzw. 2,7b.19aβ.b; 2,20* und 3,14* (jeweils ר־ מכל/לכל הבהמה); 3,18b; s.o.S.85ff.

Erzählung und direkter Rede in 4,1-16 bilden.³ Isoliert man die Jahwerede in 4,6-7 und den Dialog zwischen Jahwe und Kain in 4,9-16 von den narrativen Teilen in 4,1-5.8b, so erhält man einerseits eine in sich geschlossene Kurzerzählung über das Brüderpaar Kain und Abel, andererseits eine umfassende theologische Deutung des Geschehens. Dabei stehen die Jahwerede in 4,6-7, die deutlich den Zusammenhang von 4,3-5a(b) mit 4,8b unterbricht,⁴ und die Verhörfragen Jahwes in 4,9-14a in direkter Verbindung zu den theologischen Dialogen in 3,7-19. Es korrespondieren der Aufruf, über die Sünde zu herrschen, und die Ankündigung der Herrschaft des Mannes über die Frau (vgl. 4,7b mit 3,16),⁵ die Verhörfragen Jahwes (vgl. 4,9a mit 3,9b; 4,9b mit 3,10; 4,10 mit 3,13), die Straf- und Fluchworte Jahwes (vgl. 4,11 mit 3,14.17; 4,12 mit 3,18), die Vertreibungsnotizen (vgl. 4,14.16 mit 3,23), die Nachricht über die Strafmilderung (vgl. 4,15 mit 3,21). Weiterhin steht 4,14b-15 mit dem Lamechlied in 4,23-24 in Verbindung, das nach der Nennung der Frauen Lamechs in 4,19 und ihrer Nachkommen in 4,20-22 als ein Nachtrag erscheint.

Das literarische Grundgerüst von 4,1-24 bilden dann (1.) eine Notiz über die Geburt der Söhne des אדם und der חוה (V.1*-2a), wobei die Benennung des קין mittels der Wurzel קנה und die "Fortsetzungsnotiz" ([ו]תסף ללדת את־אחיו) den unmittelbaren Zusammenhang von V.1bα mit V.2aβ2 ([ו]את הבל) unterbricht,⁶ (2.) die Begründung der Viehwirtschaft und des Ackerbaus durch Abel und Kain (V.2)⁷ und (3.) die Darstellung eines Konflikts zwischen den Brüdern (V.3-5a),⁸ der in der Ermordung des Hirten gipfelt (4,8b*). Diese

---

3   Vgl. dazu auch W. Dietrich, Bruder, 98f., der die Spannungen in Gen 4 aber überlieferungsgeschichtlich zu lösen versucht und die "jahwistische" Redaktion in 4,6-7.11.13-15.16* als "Zusammenfügung nicht fortlaufender schriftlicher Quellen, sondern überwiegend mündlicher Überlieferungsstücke" versteht (96 Anm.13).
4   So grundsätzlich mit Westermann, I, 407; von Löwenclau, Erweiterung, 182f.; W. Dietrich, Bruder, 99; Weimar, Pentateuch, 133; Vermeylen, Commencement, 110f.; Levin Jahwist, 100. Vermutlich gehört bereits V.5b als Hinführung auf die Jahwerede in V.6 zur "jahwistischen" Ergänzung. Da V.8b eine zu V.3 parallele Erzähleinleitung bildet, steht V.8a wohl im Zusammenhang mit der Erweiterung in V.6-7. Ob die von MT gebotene Kurzfassung oder der in SamPt, G, VL, Vg, Sy und den Targumen überlieferte Langtext (נלכה השדה) ursprünglich ist, läßt sich nicht sicher entscheiden. Für MT, der durch 4QGenᵇ frgm. 3,i (in: DJD XII, 36f.) unterstützt wird, könnte die *lectio difficilior* sprechen. Bei der von den Versiones gebotenen Langfassung, die die Ermordung Abels als geplante Tat Kains erscheinen läßt, läge dann eine Steigerung der Verwerflichkeit der Tat Kains vor.
5   4,7b ist keine Glosse zu 3,16b (so BHK³; BHS), sondern eine der typischen "jahwistischen" Querverbindungen in 2,4b-4,24, vgl. S.167f.
6   Anders zuletzt Lescow, Geburtsberichte, 485f., der in 4,1a*β*.b* einen archaischen Geburtsbericht und in der Namensgebung (את־חוה), in der Schwangerschaftsnotiz (ותהר) und in der Wendung את־יהוה "jahwistische" Interpretamente sah.
7   Dabei ist V.1*-2 chiastisch gestaltet (V.1bα x V.2bβ; V.2a x V.2bα).
8   Erneut zeigt sich ein Chiasmus (V.3a x V.5a, V.4a x V.4b); in V.4aβ könnte, muß aber nicht, וּמֵחֶלְבֵהֶן (zur masoret. Punktation siehe G-K §91c) eine Ergänzung im Blick auf

2.4. Die "jahwistische" Schicht

Verse bilden eine in sich geschlossene literarische Größe. Es kann daher von einer dem "jahwistischen" Verfasser des vorendredaktionellen Zusammenhangs von 2,4b-4,24 vorgegebenen "protojahwistischen" Kurzerzählung gesprochen werden. An diese genealogisch orientierte Kurzerzählung läßt sich der Adam-Kain-Stammbaum in 4,17-22 anschließen, der linear über (אדם), קין, חנוך, עירד, מחייאל/מחויאל und מתושאל zu למך führt und der segmentär in der Nennung der drei Lamechsöhne יבל, יובל und תובל (קין) (sowie ihrer Schwester נעמה) mündet (4,17-22). Die inhaltliche Verknüpfung der Genealogie (4,17-22) mit der ursprünglichen Brudermorderzählung (4,1-5*.8b) zeigt sich an der beiden Teilen gemeinsamen Figur des קין (4,17a). Die Darstellung Jabals als Vater der nomadisierenden Viehhirten,[9] Jubals als Vater der Flöten- und Zimbelspieler sowie Tubal(-Kain)s als Ahne der Waffenschmiede[10] bildet eine Weiterentfaltung der Notiz über die Differenzierung in die Urberufe des Ackerbauern und Kleinviehhirten in 4,2b und ist eine Begründung der wichtigsten Stände jeder antiken und altorientalischen Gesellschaft. So steht Jabal letztlich für den Nährstand, Jubal für den Lehrstand und Tubal(-Kain) für den Wehrstand.[11] 4,21-22 kann dann als Zielpunkt einer sieben- bzw. zehngliedrigen "protojahwistischen" Anthropogonie und Kulturbegründung bezeichnet werden.[12]

Aus dieser Genealogie fällt aber zunächst die Stilisierung Kains als Städtebauer (V.17b) heraus. Zunächst klappt diese Charakteristik literarisch im Anschluß an die Geburtsnotiz über Henoch in V.17aβ nach. Sodann steht sie inhaltlich mit dem Strafwort über Kain in 4,12-15 in Verbindung, insofern

---

die Opferbestimmungen in Lev 3,6-11; 6,5; 8,21 u.ö. sein (vgl. Weimar, Pentateuch, 132; Levin, Jahwist, 102).

[9] In V.20b lies אָהֳלֵי מִקְנֶה (vgl. G [οἰκούντων ἐν σκηναῖς κτηνοτρόφων]; II Chr 14,14; BHK³; BHS).

[10] Der Text in V.22aβ geht möglicherweise auf die Ergänzung von קין zurück, ursprünglich könnte der Versteil analog zu V.20b.21b gelautet haben: הוא היה אבי כל־חרש נחשת וברזל (vgl. G [καὶ ἦν...]; Tg⁰ [...ד־]; Tgᴶ [הוא הוה רבהון ד־]; רב לכל אומן ...ד־]; Gunkel, 53; Ruppert, I, 216), s.u.S.154 Anm.14.

[11] So bereits Ewald, in: JBW VI, 16.

[12] Vgl. dazu auch Smend sen., Hexateuch, 29 Anm.2; Stärk, Literarkritik, 51.53; Klemm, Kain, 396f.; Levin, Jahwist, 97. Anders zuletzt Vermeylen, Caïn, 180ff., der 4,17-24 geschlossen für dtr. hielt, und Seebass, I, 165ff., der 4,20-22 als eine "nachjahwistische" Ergänzung ansah, ohne die Intention einer solchen Einfügung angeben zu können. Für die Rückführung dieser Verse auf den Redaktor fehlen aber eindeutige Kriterien. So gestaltet der Redaktor anders als die "protojahwistische" Quelle seine "Kulturnotizen" mittels der Wurzel חלל ([Hif.] vgl. 4,26b; 9,20; 10,8) und kennzeichnet einen Stammvater lediglich mit der Wendung הוא אבי (vgl. 9,18b; 10,21). Angesichts der von 4,18 differierenden Namensbildung und der partiellen Überschneidung von 4,18 mit 5,12ff. könnte höchstens erwogen werden, ob 4,22 auf den Verfasser der "protojahwistischen" Vorlage zurückgeht, der in 4,18 auf eine noch ältere Quelle zurückgreift, die auch von P in 5,12ff. benutzt wurde.

der Städtebau Kains[13] den Versuch darstellt, dem Schicksal "flüchtig und unstet" zu sein (V.14), zu trotzen und sich gegenüber dem von Jahwe geschenkten Schutzzeichen (אות, 4,15) selbst einen Zufluchtsort zu schaffen. Somit dürfte 4,17b auf die Hand zurückgehen, die 4,12-15 gestaltet und die Brudermorderzählung durch die Einlagen in 4,6-7 und 4,9-16* theologisch geprägt hat.

Sodann erweist sich der Doppelname תובל קין in V.22 als ein Mischgebilde. Dieses unterscheidet sich sprachlich von den Kurznamen יבל und יובל und stellt über den Zusatz קין eine weitere Verbindung zu der Brudermorderzählung her, insofern der waffenherstellende Tubal als Nachfolger des Mörders Kain erscheint. Folglich läßt sich auch die Ergänzung קין in 4,22* auf die Hand des "jahwistischen" Verfassers von 4,6-7.9-16* zurückführen.[14] Aus der Reihe der gleichklingenden Kunstnamen יבל, יובל und תובל fällt die Figur der נעמה heraus. So stellt נעמה einen echten Personennamen dar; im Gegensatz zu Jabal, Jubal und Tubal(-Kain) wird ihr keine Kulturgründung zugewiesen.[15] Ob aber die Ergänzung der Figur der Naama auf den sich bisher in Gen 4,1-22* zeigenden "Jahwisten" zurückgeht oder auf den Redaktor, soll zunächst offen bleiben.[16]

Hingegen kann die Einfügung des Lamechliedes, das über V.24 direkt mit 4,15 verbunden ist, auf den Verfasser von 4,6-7.9-16*.17b zurückgeführt werden. Unsicher ist, ob diese Hand hier ein altes Lied(fragment) aufgenommen oder selbständig 4,23+24 als poetisch gestalteten Abschluß geschaffen hat. Für die Annahme einer kontextuell bedingten eigenständigen Komposition sprechen (1.) die überwiegend in der weisheitlichen Paränese verwendete "Lehreröffnungsformel" (V.23),[17] (2.) die wörtliche Berührung zwischen 4,24 und 4,15, die zumindest die Schlußzeile des Liedes als redaktionelle Bildung

---

[13] Daß Kain der Erbauer der Stadt war und nicht Henoch, wird durch V.17bβ sichergestellt (vgl. dazu auch Wallis, Stadt, 133f.; W. Dietrich, Bruder, 104 Anm.56; Blenkinsopp, Pentateuch 95 Anm.11; Spina, Cain's Rejection, 328).

[14] Anders zuletzt Seebass, I, 170, der קין als aram. Beinamen zu תובל mit der Bedeutung "Schmied" betrachtet. Vgl. auch G, der in 22a und V.22b nur Θοβελ bietet (siehe dazu Rösel, Übersetzung, 116f., der G als Glättung von MT ansieht).

[15] Vgl. dann aber Tg^N, Tg^J und Tg^F, die in Naama die Begründerin des Gesangs sehen, und BerR 23,3 demzufolge Naama die Pauke vor den Götzen schlug.

[16] Bedeutsam ist aber, daß sich im Horizont der Urgeschichte hier die erste namentliche Nennung einer Tochter findet und daß diese den Namen "Anmut" trägt: Dem exemplarischen Waffenschmied steht damit die paradigmatisch Schöne zur Seite. Zum mythologischen Hintergrund eines solchen Paares vgl. die bereits Ausführungen bei Buttmann, Mythologus, I, 169, und bei Dillmann, 103.

[17] Vgl. Prov 4,1; 7,24; Ps 49,2; 78,1; Hi 33,1; 34,1; allerdings begegnet die Formel auch in der Prophetie (Jes 1,10; 28,23; 32,9; Hos 5,1) und in der Einleitung des Deboralieds (Jdc 5,3).

2.4. Die "jahwistische" Schicht

charakterisiert,[18] und (3.) die theologische Funktion, die diese Verse im vorendredaktionellen "jahwistischen" Erzählzusammenhang erfüllen.

In 4,1-24 ist also eine literarische Grundschicht in 4,1a.2-5.8b.17a.18-22a nachweisbar. Auf der Basis genealogischer Elemente erzählt diese von dem ersten Menschenpaar, dem urzeitlichen Brudermord[19] und den wichtigsten Kulturgründungen. Diese "Anthropogonie und Kulturbegründungserzählung" ist durch die Ergänzung der Jahwereden in 4,(5b).6-7.9-16* sowie den Einsatz von 4,17b.22*.23-24 theologisiert worden.

Von diesem Ergebnis aus kann nun auf 2,4b-3,23 zurückgeblickt werden. So bleibt nach Abzug aller Texte, die unmittelbar mit dem *literarisch* einheitlichen und mit 4,6-7.9-16* korrespondierenden Abschnitt 3,1-18a.19[20] in Verbindung stehen, eine Kurzerzählung über die Schöpfung des ersten Menschenpaares übrig: 2,[4b].5-7a.19a*.20a*.21-22; 3,20.23*.[21] Diese Verse können als direkte Einleitung von 4,1a.2-5a.8b.17a.18-22* angesehen werden. Als Hinführung auf 3,1-13.14-19 erweisen sich alle Passagen, die mit der Übertretung des Jahwegebots in Gestalt des Griffs nach dem Baum in der Mitte des Gartens stehen:

1.) die Mitteilung des Jahwegebotes in 2,16f. und davon ausgehend die Notizen über die Anpflanzung des Gartens und der Fruchtbäume in 2,8-9a,[22]

2.) das Motiv der Nacktheit in 2,25 und 3,21, das den Bericht über die Erkenntnis der Blöße in 3,7 rahmt,[23]

3.) das Motiv der Schuldverhaftung von Mann und Frau, das durch die Näherbestimmung ihres Verhältnisses in 2,18.20b.23-24 eingeleitet wird.

Den Grundbestand von 2,4b-3,23* bilden der etymologisierende Bericht über die Erschaffung (יצר מן־האדמה) des Menschen (2,5-7a)[24] und der Tiere

---

[18] Vgl. dazu Kessler, Querverweise, 47f.
[19] Zu diesem Grundmotiv siehe ausführlich Westermann, I, 429.
[20] Lediglich in den Straf- bzw. Fluchworten (3,14-19) ist hinsichtlich der redaktionellen Zusätze in V.14*.18b eine *literarische* Schichtung nachweisbar. In der eigentlichen Sündenfallerzählung (3,1-7.8-13) besteht angesichts der nahtlosen literarischen Verknüpfung der einzelnen Abschnitte keine Veranlassung zu einer literarkritischen Operation (auch nicht in 3,1-6, gegen Ruppert, I, 145ff.; Levin Jahwist, 90f.).
[21] Ähnlich Gese, Lebensbaum, 77 (2,4b-7.9a.15*.18-24; [3,20(f.)?]; Wyatt, Fall Story, 10ff. (2,4b-7.18-24; 3,20-31); Dohmen, Schöpfung, 208ff. (2,5*.6-7; 3,23*); Vermeylen, Commencement, 96ff.227 (2,4b*.5aα.bβ.7.8*.18-23a); Levin, Jahwist, 82ff. (2,5aα.7aαβ.8.19aαβ.20a.21.22a.b; 3,20-21).
[22] Die V.8-9a sind über das Motiv der im גן־בעדן lokalisierten Bäume (vgl. 2,16f.; 3,1-6.23) so eng miteinander verbunden, daß hier keine literarkritische Scheidung geboten ist. Eine Dublette liegt ausweislich der unterschiedlichen Begriffe נטע und צמח [*Hif.* im Gegensatz zum *Qal* in V.5] nicht vor. Die Wiederholung der Wurzel צמח aus V.5 zeigt lediglich, daß der Bearbeiter sich in V.9a der Grundschicht anschließt.
[23] Gegen Levin, Jahwist, 86f., gehört also 3,21 nicht mehr zu der "vorjahwistischen" Quelle.

(2,19aα), die Notiz über die Benennung der Tiere (קרא) durch den Menschen (2,20a)[25] sowie der Kurzbericht über die Erschaffung (בנה) und Benennung (קרא) der Frau (2,21-22; 3,20).[26] Dabei bereitet die Notiz über die Benennung der חוה die Kurzerzählung in 4,1a.2-5a.8b vor.[27] Da das Ziel der genealogischen Erzählung in 4,1a.2-5a.8b.17a.18-22* in der Begründung der Kultur besteht, kann auch die Angabe über das Motiv zur Erschaffung des Menschen in 2,5bβ und die damit zusammenhängende Nachricht über die Entsendung (שלח) des Menschen zur Bearbeitung des Ackerbodens in 3,23 zu dieser Grundschicht gezählt werden. Die Anbindung von 3,23 an die Sündenfallthematik über die Wendungen מגן־עדן (vgl. 2,8)[28] und אשר לקח משם (vgl. 3,19) geht dann erst auf die theologisierende Bearbeitungsschicht zurück. In der Grunderzählung wurde שלח somit noch neutral für eine Entlassung des neugeschaffenen Menschen verwendet, während der Bearbeiter שלח im Sinn einer Strafe interpretierte.

Aus der Einleitung der zugrundegelegten Schöpfungserzählung fällt allerdings der Versteil 2,5bα heraus. Dieser unterbricht die syntaktische Struktur der drei negativen Nominalsätze in V.5aα.aβ.bβ. Bereits vor dem eigentlichen Hauptsatz in V.7a führt er das Subjekt יהוה ein. Schließlich konkurriert die rationalisierende Vorstellung eines Regens (מטר [Hif.] vgl. 7,4) mit der

---

[24] Ob 2,5 einen ursprünglichen Beginn darstellt (vgl. dazu W. H. Schmidt, Schöpfungsgeschichte, 196ff.; Stordalen, 166ff.) oder ein Fragment (vgl. Dohmen, Schöpfung, 211), läßt sich nicht entscheiden.
[25] Dabei entsprechen sich die Objekte der Schöpfung und Benennung in 2,19aα und 2,20a chiastisch (ולעוף השמים ולכל חית השדה x כל־חית השדה ואת כל־עוף השמים).
[26] 3,20 ist also weder eine redaktionelle Brücke zur Verbindung der ursprünglich von Gen 2-3 getrennten Brudermorderzählung (vgl. Ewald, in: JBW II, 165; Böhmer, Thora, 126; Wellhausen, Composition, 10; Dohmen, Schöpfung, 279 [R^Pt]; Lescow, Geburtsberichte, 485) noch ein dislozierter/sekundär umgestellter Vers (vgl. Budde, Paradiesesgeschichte, 74; Ruppert, I, 164), sondern ein Teil der "protojahwistischen" Vorlage (so mit Wyatt, Fall Story, 11; Levin, Jahwist, 86).
[27] Insofern die Benennungen in 2,19* und 3,20 den Terminus קרא verwenden, wird 4,1b auch in sprachlicher Hinsicht (אמר) nicht auf die Grundschicht zurückgehen. Gegen Otto, Paradieserzählung, 173 Anm.33, ist 3,20 nicht von 3,16 abhängig, sondern steht ursprünglich im direkten Zusammenhang mit der Geburtsnotiz in 4,1a. Der Strafspruch über die Frau (3,16) ist erst sekundär auf 3,20 und 4,1 hin gestaltet. Zum ursprünglichen Motivzusammenhang von Schöpfung und Benennung siehe auch Enuma Elisch VI,6, und die babylon. Menschenschöpfungserzählung VAT 17019 Z.28 (dazu Mayer, Mythos, 60; H.-P. Müller, Menschenschöpfungserzählung, 55f.).
[28] Der Wechsel zwischen der Rede vom גן־בעדן (2,8) zu גן־עדן ([2,15]; 3,23.[24]) ist kein literarkritisches Kriterium, da in 2,8 der Garten erstmalig genannt wird und in 2,15; 3,23.24 präpositionale Verbindungen vorliegen. Grammatikalisch handelt es sich in 2,15; 3,23.24 nach Floß, Textanalyse, 98, nicht um einen Eigennamen ("der Garten Eden"), sondern um eine Konstruktusverbindung ("der Garten Edens").

2.4. Die "jahwistische" Schicht 157

mythischen Vorstellung des selbständig aufsteigenden Wassers (אד, 2,6).²⁹ V.6 schließt sich trotz eines Wechsels des Subjekts inhaltlich und stilistisch eng an V.5b an. So korrespondiert V.6a über die Wendung מן־הארץ mit V.5bα על־הארץ. V.6b ist über die Wiederaufnahme des Begriffs אדמה mit V.5bβ verbunden. Der Wechsel in einen selbständigen Nominalsatz ist aufgrund der Parallele zu V.5a kein Grund, V.6 literarkritisch zu isolieren.³⁰ Mit V.7a wird das Menschenschöpfungsthema in zwei selbständigen Verbalsätzen entfaltet: Gott formt den Menschen aus der אדמה und bläst ihm die נשמת חיים ein. Der als Apposition zu האדם gebrauchte Begriff עפר unterbricht den direkten stilistischen Zusammenhang von האדם und מן־האדמה und charakterisiert den Menschen bereits bei der Schöpfung als "Staub". Diese Kennzeichnung steht im Zusammenhang mit dem Strafspruch über den Menschen in 3,19b und gehört daher nicht zur Grundschicht.³¹ Ob auch V.7aβ erst auf diese Bearbeitung zurückgeht, ist unsicher. Für die Ursprünglichkeit könnte auf den motivischen Zusammenhang von "Formung" und "Belebung" in altorientalischen Schöpfungstraditionen verwiesen werden.³² Für die Annahme, 2,7aβ sei sekundär, spricht zunächst die Beobachtung, daß sich ein entsprechender Vermerk bei 2,19 nicht findet. Sodann zeigt sich, daß die Intention von V.7aβ hinsichtlich der Bestimmung des Menschen als eines von der Gabe des göttlichen Lebensgeistes (נשמה) abhängigen Geschöpfes der "jahwistischen" Ergänzung in V.7aα (עפר) und der "jahwistischen" Betonung der Kreatürlichkeit des Menschen in 3,19.23 entspricht.³³

Schließlich bildet der Halbvers in 2,4b, der sich von V.5 syntaktisch abhebt und der sich mit dem unspezifischen Verb עשה von den konkreten Schöpfungstermini יצר in 2,7.19 und בנה in 2,20 unterscheidet, eine selbständige

---

29 Zur philologischen Diskussion des Begriffs אד ("Flut" [?]) vgl. S.84 Anm.30.
30 So mit H.-P. Müller, Mythische Elemente, 12; Floß, Textanalyse, 110; Görg, Überlieferung, 19ff.; ders., ʾēd, 9f.; Wallace, Eden, 66ff.; Dohmen, Schöpfung, 51ff.; vgl. S.84f.
31 Zur Korrelation von 2,7 (עפר) und der weisheitlichen Sentenz in 3,19b siehe ausführlich H.-P. Müller, Sterblichkeit, 71ff.; J. Jeremias, Schöpfung, 33.
32 Vgl. dazu W. H. Schmidt, Schöpfungsgeschichte, 199; H.-P. Müller, Mythische Elemente, 19ff.; Vermeylen, Création, 93f. Allerdings finden sich auch entsprechende altorientalische Belege, die gemäß der hypothetischen Vorstufe von Gen 2,7a lediglich von einer Erschaffung aus Lehm allein berichten (vgl. die babylon. Menschenschöpfungserzählung VAT 17019 Z.8 und Z.14; Pettinato, Menschenbild, 41f.; H.-P. Müller, Menschenschöpfungserzählung, 45ff.; Van Seters, Creation, 337).
33 Da sich נשמה nur im Bezug auf Gott oder den Menschen finde und bereits die Targume in Gen 2,7b den Gedanken wiederfinden, daß Gott dem Menschen die Sprache geschenkt habe, trat Koch, Güter, 50ff., dafür ein, נשמה als "Sprachgeist" zu übersetzen. Mit Koch dürfte נשמה tatsächlich eine dem Menschen vor dem Tier zukommende Größe sein, die menschliches Wesen in besonderer Weise charakterisiert. Die von Koch vorgeschlagene Übersetzung verengt aber die Aussage von 2,7a.

"überschriftartige Einleitung".[34] Diese blickt offenbar auf einen größeren Textzusammenhang, als ihn die in 2,5*.6-7*.18.20-22; 3,20.23*; 4,1-5.8b.17-22* vorliegende Grundschicht bietet, und dürfte auf den Verfasser des vorendredaktionellen "jahwistischen" Erzählzusammenhangs zurückgehen.

2.4.2. Die "jahwistische" Paradieserzählung (2,4b-3,23*)

Im folgenden wird das kompositionelle und theologische Gefälle von 2,4b-3,2* in *der* Gestalt skizziert, wie es der Redaktor vorfand. Der Schwerpunkt liegt dabei auf dem Nachweis der inhaltlichen und strukturellen Geschlossenheit der "jahwistischen" Paradieserzählung und ihrer ursprünglichen Eigenständigkeit gegenüber der "priesterlichen" Komposition.

Nach der selbständigen Überschrift in 2,4b bietet der "jahwistische" Erzähler in V.5 auf der Basis seiner Grunderzählung zunächst eine parallel konstruierte Beschreibung der vegetationslosen Erde bei der Schöpfung der belebten Welt, sodann eine in einen Chiasmus gefaßte Begründung für das Fehlen der Pflanzen[35] Dabei entsprechen sich V.5bα und V.5aα über die Wendung על־הארץ/בארץ sowie V.5bβ und V.5aβ über die Motivassoziation צמח/אדמה (vgl. V.9a). Die Vorstellung der selbständigen Bewässerung "von unten" (V.6) ist um das Bild des von Jahwe "von oben" geschickten Regens (V.5aβ) ergänzt. Mit der Gegenüberstellung von Gott als dem Spender von Fruchtbarkeit (V.5bα) und dem Menschen als einem an die Erde gebundenen Wesen (V.5bβ) ist das Grundthema der folgenden Erzählung angegeben. D.h. V.5-6 bilden ein sich über sechs Bikola erstreckendes Vorwort zu einem Paradigma über den Menschen, seine Stellung vor Gott und in der Welt. Mit V.7a wird auf der Grundlage der "protojahwistischen" Vorlage dieses Thema erstmals entfaltet. Die Verhaftung des אדם an die אדמה wird durch den Zusatz עפר betont.[36] Die Abhängigkeit des Menschen von seinem Schöpfer wird durch das Motiv der Einhauchung der נשמת חיים unterstrichen.[37] Die Aspekte der Kreatürlichkeit und Hinfälligkeit des Menschen stehen ausweislich des Gegensatzpaares עפר und נשמת חיים programmatisch über der Beschreibung des Menschen.

Auf die Schilderung der Anlage des Gartens (V.8a), der Beheimatung (שׂים) des Menschen in diesem Garten (V.8b) und des Aufsprossens von allerlei Bäumen (V.9a) folgt (nach der Ausgliederung des redaktionellen Einschubs zur Lokalisierung des Gartens und der Differenzierung der Bäume [V.9b-15]),

---

[34] S.o.S.55f. Zum Ausdruck "überschriftartige Einleitung" vgl. Dohmen, Schöpfung, 41.
[35] In 2,5b kreuzen die Subjekte (אדם x יהוה) und die Prädikate (אין x לא המטיר לעבד).
[36] Dabei bildet עפר mit באפיו eine Paronomasie.
[37] Vgl. dazu auch Spina, Cain's Rejection, 325.

2.4. Die "jahwistische" Schicht

unmittelbar die Mitteilung des göttlichen Gebots in V.16f., nicht "vom Baum in der Mitte des Gartens" zu essen.[38] Der Mensch wird damit vor eine Gehorsamsprobe gestellt. Die Beschreibung der Wirkung des Baums in der Mitte des Gartens, wissend zu werden (3,5b), dient der Anstiftung zum Ungehorsam mittels der Verheißung von Allwissenheit und Autonomie. Das generelle Verbot der Erkenntnis ist erst ein Produkt des Redaktors, der nach der Ergänzung des "Lebensbaumes" bereits in 2,9b.17aα eine ausdrückliche Unterscheidung der Bäume vornehmen mußte.[39]

Die Fortsetzung der in 2,16-17 begonnenen Handlung in 3,1ff. veranlaßt gelegentlich dazu, den mit Ätiologien durchsetzten Bericht von der Erschaffung der Frau und der Tiere für sekundär zu halten.[40] Am wahrscheinlichsten ist aber die Annahme, daß der "jahwistische" Erzähler in V.19-22 seine "protojahwistische" Quelle zu Wort kommen läßt, die er mittels der Ergänzungen in 2,18.20b.23-25 kommentiert und im Blick auf die Schuldverhaftung von Mann und Frau in 3,1ff. theologisiert.[41] Die Notizen in 3,6 (גם־לאישה עמה) und in 3,12 (האשה אשר נתתה עמדי) setzen eindeutig das Nebeneinander von Mann und Frau und somit einen Bericht über die Erschaffung der אשה voraus. In seiner "jahwistischen" Gestalt ist der gesamte Abschnitt in 2,18-25 durch Querverweise eng mit dem Kontext verknüpft und stilistisch kunstvoll in die Makrokomposition eingebunden. Es läßt sich eine Gliederung in die zwei chiastisch aufgebauten Unterabschnitte V.18-20 und V.21-24 sowie in die Überleitung V.25 aufzeigen. V.18 ist über die schöpferische Zielvorgabe אעשה־לו עזר כנגדו mit dem Summarium עזר ולאדם לא־מצא כנגדו in V.20b verbunden. Im Blick auf den weiteren Kontext bereitet 2,19 nun auch die Bezeichnung der Schlange als ein Wesen מכל חית השדה (3,1.14) vor. Das bereits in der "protojahwistischen" Grundschicht vorhandene Element der Benennungen (vgl. קרא: 2,20a; 3,20) ist durch die Ergänzung der poetischen Etymologie in 2,23 sachlich und stilistisch erweitert.[42]

Der zweite Teilabschnitt (2,21-24) stellt die zwangsläufige Folge der negativen Notiz in V.20b dar. Die Darstellung der Vorbereitung der Erschaffung in V.21 und die als Erzählerkommentar formulierte Ätiologie in V.24 als Folge der Schöpfung der Frau rahmen nun die Beschreibung des eigentlichen

---

[38] Vgl. S.81.
[39] Vgl. S.81.
[40] So Ruppert, I, 123 (JE). Zur Annahme, V.18-24 seien *überlieferungsgeschichtlich* selbständig, vgl. Maag, Anthropogonie, 71; W. H. Schmidt, Schöpfungsgeschichte, 199.
[41] Vgl. dazu auch Levin, Jahwist, 82ff., der 2,19a*.20a*.21.22a*.b als "vorjahwistisch", 2,18.19a*.20b.22a*.23.25 als "jahwistisch", 2,20a*.24 als "nachjahwistisch" und 2,19b als "endredaktionell" ansieht.
[42] Treffend bezeichnete Fz. Delitzsch, 93, Gen 2,16-20 als eine "Genesis der Sprache".

Schöpfungs- und Benennungsvorgangs in V.22-23.⁴³ Der poetisch gefaßte und durch das dreifache זאת strukturierte Freudenruf des אדם in V.23 bezieht sich über die Einleitung זאת הפעם ("dieses Mal endlich") auf die negative Feststellung in V.20b לא־מצא zurück. Die Verwendung der Verwandtschaftsformel (עצם מעצמי ובשׂר מבשׂרי)⁴⁴ ist parallel zum Einsatz geprägter Wendungen in V.16f. (אכל תאכל und מות תמות).⁴⁵ Die Begründung כי מאישׁ לקחה־זאת entspricht den Formulierungen in 3,19aγ.23bβ.

2,24 schließt aber nicht nur als einfache Ätiologie den Abschnitt über die Erschaffung der Frau ab,⁴⁶ sondern weist mit der Wendung דבק באשׁתו auf die Verfehlungs- und Strafgemeinschaft von Mann und Frau voraus.⁴⁷ 2,25 bildet einerseits ein Summarium⁴⁸ zur Schöpfung von אדם ואשׁתו in 2,7-24*, andererseits besteht eine deutliche Verbindung zu 3,7 und 3,21. So entsprechen sich thematisch die vor dem Übertreten des göttlichen Gebotes nicht als Scham empfundene Nacktheit (2,25), der nach dem Fall unternommene Versuch, sich notdürftig selbst zu bedecken (um voreinander und vor Gott nicht nackt dazustehen [3,7]), und die nach der Bestrafung durch Gott angefertigte Gabe von Fellkleidern, um das Leben außerhalb des Gartens nicht ungeschützt zu beginnen (3,21). Über das Wortspiel ערום/ערומים erweist sich 2,25 schließlich als Überleitung zu 3,1ff.⁴⁹

Das Phänomen, daß die Frau um das vor ihrer Erschaffung dem אדם gegebene Verbot, von einem bestimmten Baum zu essen, weiß (3,2f.), und daß im folgenden Verhör (zunächst) nur der אדם angesprochen wird, galt häufig als Indiz dafür, daß ursprünglich nur von dem Vergehen des einen Ur-

---

⁴³ Die von dem "jahwistischen" Bearbeiter beabsichtigte Korrespondenz von V.21 und V.24 zeigt sich auch in dem beiden Versen gemeinsamen Gebrauch der Begriffe אחד und בשׂר. Gegen Levin, Jahwist, 88, stammt 2,24 somit vom "jahwistischen" Verfasser.
⁴⁴ Vgl. Jdc 9,2; II Sam 5,1; 19,13f.; I Chr 11,1 (Cant 4,9f.12; 5,1) und dazu W. H. Schmidt, Schöpfungsgeschichte, 202f.; H.-P. Müller, Mythische Elemente, 31 Anm.101.
⁴⁵ Vgl. zu אכל תאכל Lev 7,24; 10,18; I Sam 14,30; Joel 2,26; zu מות תמות Gen 20,7; Num 26,65; I Sam 14,44; 22,16; I Reg 2,37.42; Jer 26,8.
⁴⁶ So allerdings unter der falschen Voraussetzung, daß diese Ätiologie der Zielpunkt der "ursprünglichen" Erzählung sei, W. H. Schmidt, Schöpfungsgeschichte, 202f.; Westermann, I, 318. Sachgemäßer bezeichnete Van Seters, Prologue, 110, V.24 als "a kind of etiological digression or parenthesis".
⁴⁷ דבק steht hier als Ausdruck umfassender Gemeinschaft (vgl. Gen 34,3; Ruth 1,14ff.; 2,23; Dan 2,43; Prov 18,24).
⁴⁸ Der summarische Charakter wird durch die Apposition שׁניהם ... האדם ואשׁתו noch betont.
⁴⁹ Vgl. Macdonald, Pre-Abrahamic Stories, 120; W. H. Schmidt, Schöpfungsgeschichte, 203.

2.4. Die "jahwistische" Schicht

menschen berichtet wurde.[50] In der Forschung finden sich daher zahlreiche Vorschläge, 3,1ff. in textlich geänderter Form als die ursprüngliche Folge von 2,16f. anzusehen. Nun konnten wir zeigen, daß (1.) bereits in der "protojahwistischen" Grundschicht der אדם *und* die Frau erwähnt sind und daß (2.) die Verse 2,18-24.25 in der "jahwistischen" Form literarisch fest mit dem Vorangegangenen verknüpft sind und den Abschnitt 3,1ff. in der vorliegenden literarischen Gestalt vorbereiten. Die über den אדם vermittelte Kenntnis der Frau von dem Speisegebot ergibt sich aus der Bestimmung der Frau als einem dem sprachfähigen אדם vollständig entsprechenden Gegenüber (2,18.20.23) und aus der Begründung der umfassenden personalen Gemeinschaft von איש und אשה (2,24). Daß nach dem Fall zuerst nur der אדם verhört wird, entspricht (1.) der gemein alttestamentlichen Vorstellung des allein kultfähigen und von Gott in erster Linie ansprechbaren Mannes, (2.) der in 2,7-22 dargestellten Reihenfolge der Schöpfungswerke und (3.) der Vermittlung des Speiseverbotes (vgl. 2,16f.24). Die Sequenz der Strafsprüche orientiert sich dann an der Folge der Gebotsübertretung und nennt daher die Frau vor dem Mann. Auf diese Weise ergeben sich makrokompositionell die zwei chiastischen Blöcke:

A	-	Schöpfung des אדם und Gebot an den אדם	(2,7f.16f.)
B	-	Schöpfung der אשה und Benennung der אשה	(2,21f.23)
B	-	Gebotsübertretung der אשה	(3,6a)
A	-	Gebotsübertretung des אדם	(3,6b)
C	-	*Summarium und Überleitung*	*(3,7-8)*
A	-	Verhör des אדם	(3,9-12)
B	-	Verhör der אשה	(3,13)
B	-	Strafe für die אשה	(3,16)
A	-	Strafe für den אדם	(3,17-19)

Die eigentliche "jahwistische" Sündenfallerzählung (3,1-19) ist (abgesehen von den endredaktionellen Zusätzen in 3,14a*.18b) *literarisch* einheitlich.[51] Sie verfügt über einen klar gegliederten Aufbau, in dem sich eine kettenartige Vorwärtsbewegung zeigt. So führt jeder Vers einen zentralen Begriff oder Gedanken des vorangegangenen Verses auf. 3,2f. schließt als Antwort der Frau direkt an die rhetorische Frage der Schlange in 3,1 an.[52] Die letzten Worte der Schlangenrede eröffnen die Erwiderung der Frau (אכל und

---

[50] Zur Unterstützung dieser Annahme wird dann auf Ez 28,11-19 und Hi 15,7f. verwiesen, wo sich nur eine Figur verfehlt, vgl. dazu ausführlich Steck, Paradieserzählung, 40ff., sowie den Exkurs auf S.241f.

[51] Gegen Weimar, Pentateuch, 130f.; Dohmen, Schöpfung, 194.271ff.; Vermeylen, Commencement, 83ff.; Ruppert, I, 116; Levin, Jahwist, 82ff., die in unterschiedlichem Umfang mit einer mehrfachen *literarischen* Schichtung rechnen.

[52] Für אף ist wohl האף zu lesen (vgl. 4QGen^k [in: DJD XII,78]), sowie Fd. Delitzsch, Schreibfehler, nr.7b; BHK³; BHS.

(עֵץ־הַגָּן). Ebenso knüpft die weitergehende Rede der Schlange in 3,4-5 an den letzten Begriff der Rede der Frau an (מוּת). Die Schlange stellt hier dem Menschen die Offenbarung verborgener Einsicht (נפקחו עיניכם)[53] und Gottgleichheit (הייתם כאלהים) als ein universales Wissen (ידעי טוב ורע)[54] in Aussicht. 3,6 schildert die Reaktion der אשה auf die Rede der Schlange, wobei sich die Beschreibung des verbotenen Baumes als תאוה־הוא לעינים an die Formulierung ונפקחו עיניכם aus V.5 anlehnt und mit dem Attribut נחמד העץ להשכיל die Ankündigung ידעי טוב ורע הייתם כאלהים umschrieben wird. Der folgende V.7 greift dann auf die Formulierungen von V.5 zurück (עין, פקח). Er führt die klimaktische Reihe ותאכל → ותקח → ותרא → ותתן → ויאכל aus V.6 fort (וידעו) und bildet ein Pendant zu 2,25 (עירמם ... ויעשו להם חגרת // ערומים ... ולא יתבששו). Der Mensch erfährt anstatt seiner Gottgleichheit seinen Abstand von Gott. Dem Menschen sind tatsächlich die Augen aufgegangen. Doch anstelle einer wunderbaren Erkenntnis göttlicher Geheimnisse und des Gewinns umfassenden Wissens steht die Wahrnehmung der kreatürlichen Nacktheit und Armut, die Erfahrung von Scham und Schuld. Die Reaktion des Menschen (V.7b) zeigt, daß sich nicht das erhoffte Wissen, wohl aber das böse Gewissen einstellt. Der durch die Aussicht auf Gottgleichheit, Allwissenheit und Selbstbestimmung zum Ungehorsam gegenüber Gott verführte Mensch, fühlt jetzt, wie ihm das Gewissen schlägt. Ist dem Menschen die Anlage des Gewissens als einer Disposition zur Empfindung von Scham geschöpflich verliehen (vgl. 2,25), so erfährt er nun in Folge seines Ungehorsams, daß er ein Gewissen hat.

3,8 dient als erzählerische Überleitung zum Verhör. Auf V.8a (וישמעו את־קול יהוה אלהים) greift V.9a (ויקרא) zurück. An V.8b (ויתחבא) knüpft V.9b (איכה) an. Das Verhör verfügt mit der Wiederaufnahme der zentralen Begriffe des vorangegangenen Verses über dieselbe rhetorische Struktur wie die Verführungsszene. Es richtet sich zunächst nur an den אדם (V.9-12), der bekennt, sich aus Furcht versteckt zu haben (אחבא).[55] Erst in einem zweiten Verhörgang wird die Frau angesprochen. Dabei entspricht die in V.13 folgende Frage an die אשה stilistisch der richterlichen Befragung des אדם.[56]

Obgleich sich die in V.14-19 folgenden Strafsprüche über die Schlange, die Frau und den Mann im Umfang und in den verwendeten Formen unterschei-

---

[53] Vgl. Gen 21,19; II Reg 6,20, sowie zu diesem Motiv auch Num 24,4.
[54] S.o.S.80f.
[55] Der Wechsel von חבא (*Hitp.*, V.8) zu חבא (*Nif.*, V.10) berechtigt nicht zu einer literarkritischen Scheidung, sondern zeigt die unterschiedlichen Aspekte des "sich Versteckens" und des "sich Versteckthaltens".
[56] Vgl. (1.) den Beginn mit einem Fragepronomen (V.9: אי. V.11a: מי. V.11b: ה. V.13: מה־זאת); (2.) die Verschiebung der Schuld an erster Stelle (V.12: האשה. V.13: הנחש), (3.) das Schuldbekenntnis mit dem letzten Wort (V.12.13: ואכל).

2.4. Die "jahwistische" Schicht

den, verfügen sie alle über eine vergleichbare inhaltliche Struktur. Sie zeigt, daß es sich (mit Ausnahme der Ergänzung von ‏מכל־הבהמה ו‎ in 3,14a und von 3,18b) um *literarisch* einheitliche Größen handelt.[57] Jeder Spruch berührt zwei Dimensionen: eine *Einzelstrafe*, insofern eine spezifische Lebenserschwernis angekündigt wird (V.14b; V.16aβ; V.17bβ.19), und eine *Gemeinschaftsstrafe*, insofern die am Fall beteiligten Wesen nun in einem von gegenseitiger ‏איבה‎ ("Feindschaft") geprägten Schuld- und Strafverhältnis stehen (V.15b; V.16b; V.17bα.18). Zwischen dem Verhör des Menschen (V.8-13) und den Strafsprüchen über den Menschen (V.14-19) bildet das Strafwort über die Schlange eine Brücke.[58] Mittels der Angabe einer Begründung (‏כי עשית זאת‎) und eines Fluchs (‏ארור אתה‎) ist das Wort über die Schlange mit dem Spruch über den ‏אדם‎ verbunden (V.14a // 17a.bα). Mittels der Rückführung einer Strafe als expliziter Tat Gottes ist das Wort über die Schlange mit dem Spruch über die ‏אשה‎ verknüpft (V.15a // 16aα). Während das Strafwort über die Frau in V.16b eine Umkehrung des in 2,23-24 beschriebenen Verhältnisses zwischen Mann und Frau ankündigt, deutet das Strafwort über den Mann eine Umkehrung der in 2,8.9a geschilderten Beziehung zur ‏אדמה‎ an. Dabei ist das Fluchwort über den Mann chiastisch aufgebaut.[59]

```
                     ארורה האדמה בעבורך                  ⸣
              בעצבון תאכלנה כל ימי חייך               ⸣  |
                 וקוץ ודרדר תצמיח לך         ⸣        |  |
                   בזעת אפיך תאכל לחם        ⸤        |  |
     עד שובך אל־האדמה כי ממנה לקחת                    ⸤  |
              כי־עפר אתה ואל־עפר תשוב                    ⸤
```

Angesichts des klar strukturierten Aufbaus von 2,4b-9.16-25; 3,1-19 wirkt der Schlußabschnitt in 3,20-24 wie ein loses Mosaik aus einer Etymologie des Namens ‏חוה‎ (V.20), einer Kulturnotiz (V.21), einem Selbstgespräch Gottes (V.22) und einer zweifachen Erwähnung der Vertreibung des Menschen aus

---

[57] Gegenüber der literarkritischen Aufteilung von 3,17-19 auf zwei Quellen (vgl. Smend sen., Hexateuch, 18ff. [J1; J2]; Eißfeldt, Hexateuchsynopse, 5* [L; J]; Mowinckel, Sources, 62ff. [J; E]; Fohrer, Einleitung, 175 [J; N]) oder einer redaktionellen Schichtung (vgl. Ruppert, I, 155ff.; Levin, Jahwist, 84ff.) erklärt die Annahme der redaktionellen Erweiterung eines "jahwistischen" Grundbestandes (3,17-18a.19) um 3,18b durch den Redaktor den *literarischen* Befund ausreichend.

[58] Das Strafwort über die Schlange bestätigt die Deutung, daß sich die Wendung ‏ידע טוב ורע‎ auf eine intellektuelle Fähigkeit bezieht: Das klügste Tier (3,1: ‏ערום מכל חית השדה‎) wird zum verfluchten Tier (3,14[*v.l.*]: ‏ארור ... מכל חית השדה‎).

[59] Zur Ausgliederung von 3,18b als einer redaktionellen Adaption an den ersten Schöpfungsbericht vgl. S.87. Die von BHS vorgeschlagene Änderung von ‏תאכלנה‎ in ‏תעבדנה‎ (vgl. 2,5 3,23) hat keinen Anhaltspunkt in der Textüberlieferung und übersieht, daß ‏אכל‎ in 2,16f.; 3,1ff.17f. ein Schlüsselwort ist.

dem Garten Eden (V.23-24).⁶⁰ 3,22.24 konnten als endredaktionelle Ergänzungen bestimmt werden. 3,20.23a*.bα ließ sich als Teil der "protojahwistischen" Anthropogonie ansprechen. 3,21.23a*(מגן־עדן) erwies sich als "jahwistische" Ergänzung. Somit kann nun die kompositionelle Funktion von 3,20-21.23 im Rahmen der "jahwistischen" Erzählung beschrieben werden.

Die aus der "protojahwistischen" Vorlage stammende Notiz über die Benennung der חוה in V.20 ist nun inhaltlich und stilistisch mit den "jahwistischen" Strafsprüchen verbunden: mit dem Wort an die Frau (V.16) über das Motiv der Schwangerschaft (עצבונך והרנך bzw. היתה אם) und mit dem Wort an den אדם über die Wendung כל־חי, die sich an die Zeitangabe כל ימי חייך (V.17) anschließt.⁶¹ Kompositionell gliedert sich V.20 gut in die Struktur der "jahwistischen" Erzählung ein. Parallel zu 2,18-20a bzw. 2,20b-22.23 folgen dem göttlichen Wort nun die menschliche Rede und eine Etymologie. In Entsprechung zu 2,16-17.18 schließt sich an eine Rede Jahwes ein Hinweis auf die Schöpfung an. Ein Widerspruch oder eine Doppelung zwischen 2,23 und 3,20 besteht nicht. In dem ersten Fall erfolgt die Mitteilung des Gattungsbegriffs אשה, in dem zweiten die des spezifischen Namens חוה. So zeigt auf der Ebene des "Jahwisten" 3,20 nicht "den Menschen betrübt und niedergeschmettert dastehn, erwartend, was Gott weiter mit ihm handeln werde".⁶² Der Vers bildet vielmehr das menschliche Dennoch auf die göttliche Ansage des Todesschicksals. Dem Ausblick auf den Tod steht die Hoffnung auf das Leben gegenüber (vgl. Sir 40,1b [H]).⁶³ Für den Verfasser von 2,4b-3,23* dient 3,20 im Gegenüber zu 2,7a und 3,19 dazu, erneut mit wenigen Worten die Ambivalenz der menschlichen Existenz darzustellen, die sich zwischen Werden (היתה אם כל־חי) und Vergehen (אל־עפר תשוב) bewegt.

Bei V.21 handelt es sich um ein "jahwistisches" Summarium, das mit der Feststellung der Nacktheit des אדם ואשתו in 2,25 und dem notdürftigen Versuch der beiden, diese zu bedecken, in 3,7b korrespondiert. V.21 steht ei-

---

⁶⁰ Vgl. dazu bereits Eichhorn, Urgeschichte, 253: "Am Ende dieser Urkunde sammelt [sic] der Verfasser noch einige für alle Nachkommen Adams hauptwichtige Nachrichten, die zum Theil in die vorige Erzählung nicht bequem eingeschaltet werden konnten, zum Theil aber nicht dazu gehörten. Daher stehen sie hier wie einzelne, mit nichts zusammenhängende Sätze da."

⁶¹ Möglicherweise schwingt für den atl. Leser auch eine Anspielung auf das Wort an die Schlange mit, wenn der Name der חוה nach dem Aramäischen als "Schlange" (altaramäisch חוה; jüdisch-aramäisch חויא) gehört wird. Vgl. dazu auch die rabbinische Tradition, die den Namen der חוה damit erklärt, daß sie dem Adam zur Schlange geworden sei (vgl. Ehrlich, Randglossen, I, 16).

⁶² Wellhausen, Composition, 10.

⁶³ Insofern in diesem menschlichen Dennoch ein Hoffen enthalten ist, trifft die Deutung von Fz. Delitzsch, 111, zu, der in 3,20 den "erste(n) Glaubensakt Adams" sah; ähnlich Fichtner, Ätiologien, 387; Scharbert, 60; Willi, Schlußsequenzen, 430; Seebass, I, 129f.

2.4. Die "jahwistische" Schicht

nerseits in einer Linie mit den Schöpfungssätzen in 2,5bα.7aβ.8.9a, die Jahwe als den Geber der lebensnotwendigen Güter zeigen, und bildet andererseits die Voraussetzung zu einer Lebensweise außerhalb des גן־עדן. Der Vers verfügt somit über die auch sonst in 2,4b-3,23* zu beobachtende theologische Dichte. Allein Gott gibt dem Menschen die Möglichkeit, körperliche und seelische Blöße wirksam zu bedecken.

An dieses Summarium schließt sich der aus der "protojahwistischen" Vorlage stammende und um die "jahwistischen" Zusätze מגן־עדן und אשר לקח משם erweiterte V.23 an.[64] Mit V.23 wird die "jahwistische" Paradieserzählung abgeschlossen und zur "jahwistischen" Brudermorderzählung übergeleitet. So korrespondiert 3,23 (1.) über die Wendung לעבד את־ האדמה mit dem Rahmenvers 2,5, (2.) über das Motiv der Erschaffung aus der אדמה mit 2,7 und (3.) über das Motiv der Vertreibung (שלח) aus dem Garten mit der Notiz über die Versetzung (שׂים) in den Garten in 2,8. Die vorendredaktionelle "jahwistische" Paradieserzählung verfügt über einen kunstvollen Aufbau aus sieben Abschnitten. Zusätzlich zeigt sich eine Verschachtelung der Szenen durch den Wechsel der Themen "Schöpfungshandeln Gottes" (A) und "Gartenexistenz des Menschen" (B).[65]

1. Einleitung: Handeln Gottes: <u>Schöpfung</u> + Versorgung des Menschen 2,4b.5-7a	A
Überleitung: Ort der Handlung 2,8-9a	
2. Rede Gottes: <u>Gebot</u> und Verbot - Reflexion 2,16-17	B
3. Handeln Gottes: <u>Schöpfung</u> + Versorgung des Menschen 2,18-23	A
Überleitung: Situation des אדם und seiner אשה 2,24-25	
4. Handeln des Menschen: <u>Verfehlung</u> 3,1-6	B
Überleitung: Situation des אדם und seiner אשה 3,7-8	
5. Rede Gottes und des Menschen: <u>Verhör</u> 3,9-13	B
6. Rede Gottes: <u>Strafansagen</u> 3,14-19	B
Überleitung: Situation des אדם und seiner אשה 3,20	
7. Schluß: Handeln Gottes: Versorgung + <u>Vertreibung</u> des Menschen 3,21.23	A+B

Drei Textbausteine bilden den äußeren Rahmen der Erzählung:

1.) die Bestimmung des Menschen לעבד את־האדמה in 2,5bβ und 3,23bα mit der gegenüber der Grunderzählung modifizierten Vorstellung, daß die Entsendung des Menschen zur beschwerlichen Arbeit auf den Ungehorsam gegen Jahwes Gebot zurückgeführt wird;

---

[64] Vgl. S.82f.
[65] Ein weiterer kunstvoller Wechsel im Aufbau von 2,4b-3,23* zeigt sich in der Abfolge der auftretenden bzw. angesprochenen Figuren in der Versuchungs- und Strafszene in 3,1ff. In der Verfehlungsszene (3,1-6) findet sich die Reihe נחש → אשה → איש, im Verhör (3,9-13) die Folge איש → אשה → נחש und bei den Strafworten (3,14-19) wieder die Kette נחש → אשה → איש.

2.) die Bezeichnung des Menschen als עפר in 2,7aα und 3,19aβ.b mit der Kernaussage, daß der Mensch schöpfungsbedingt sterblich ist;

3.) die antithetische Korrespondenz zwischen der Pflanzung des üppigen Gottesgartens in 2,8-9a und dem Aufsprossen von Dornengestrüpp auf dem verfluchten Ackerboden in 3,17-18a mit dem Theologumenon, daß allein von Jahwe die Fruchtbarkeit des Ackerbodens abhängt.

An keiner Stelle dieser vorendredaktionellen Erzählung wird deutlich, daß sie bewußt auf den "priesterlichen" Schöpfungsbericht hin komponiert ist. Die Beobachtung, daß Gen 2,4b-3,23* die Notiz über die Erschaffung des Menschen in 1,26f. erzählerisch entfaltet, zeigt die Intention des Redaktors, nicht die des Verfassers der Hauptschicht der Paradieserzählung.[66] Die vorendredaktionelle Erzählung in Gen 2,4b-3,23* bietet eine in sich geschlossene, eigenständige Komposition. Auf der Basis einer vorgegebenen Anthropogonie, die ihren Gipfelpunkt in der Darstellung der menschlichen Kulturentwicklung findet, bestimmt sie die Stellung des Menschen vor Jahwe und entwirft eine narrative Hamartiologie. Ihr eigentliches Thema ist dabei weniger die Schöpfung an sich als die Theodizee.[67] Die Ätiologien menschlicher Existenz und die gattungsmäßige Redeweise in 2,4b-3,23* zeigen, daß der Verfasser den Menschen schlechthin beschreibt. Im Gegensatz zum "priesterlichen" Schöpfungsbericht ist diese Erzählung konzeptionell zwar nicht auf eine literarische Fortsetzung angewiesen. Sie findet diese aber in der Brudermorderzählung, die ein kompositionelles und theologisches Spiegelbild zu 2,4b-3,23* darstellt.

2.4.3. Die "jahwistische" Brudermorderzählung (4,1-24*)

"Eine literärkritische Theorie, durch welche alle Schwierigkeiten dieses Cap. gleich befriedigend gelöst würden, ist bis jetzt nicht gefunden."[68]

Als Überleitung von der Paradieserzählung zur Brudermorderzählung fungiert nicht nur die "protojahwistische" Benennung der Eva in 3,20, sondern auch die "jahwistische" Etymologie des Namens קין in 4,1bβ.[69] Wie das erste Wort des "Menschen" nach der Strafrede Jahwes, die ihm die Unentrinnbarkeit des Todes nachdrücklich vor Augen geführt hat, ein Bekenntnis zum Leben ist, so ist das erste Wort der Frau nach der Ankündigung ihrer Mühsal in der Schwangerschaft und bei der Geburt ein Freudenruf über das neu entstandene

---

66 Gegen Blenkinsopp, Pentateuch, 63ff.; Otto, Paradieserzählung, 184f.
67 Vgl. dazu auch J. Jeremias, Schöpfung, 12.
68 Dillmann[5], 90.
69 אֶת־יהוה steht hier im Sinn von "mit (der Hilfe von) Jahwe"; vgl. G (διὰ τοῦ θεοῦ), Vg (*per dominum*); Tg[O] und Tg[N] (jeweils: מן קדם יוי); Westermann, I, 383f.; Scharbert, 63; Levin, Jahwist, 93; Ruppert, I, 177f.; Lescow, Geburtsberichte, 486. Zur Übersetzung von קנה mit "erschaffen" vgl. Gen 14,19.22; Dtn 32,6; Ps 139,13 sowie zuletzt HALAT, 1039; Lescow, Geburtsberichte, 486; Seebass, I, 143.

2.4. Die "jahwistische" Schicht 167

Leben. Die eigentliche Einleitung der Erzählung bildet die aus der Vorlage übernommene Angabe des Berufs der Brüder. Die erzählerische Verbindung zu 2,4b-3,23* zeigt sich daran, daß Kain die Tätigkeit ausübt, zu deren Verrichtung der Mensch geschaffen (2,5) und nach dem Übertreten des Jahwegebots aus dem Garten verwiesen wurde (3,23): zur Bearbeitung der unter dem Fluch stehenden Erde (vgl. 3,17; 4,2). Nach dieser Situationsangabe bietet der "Jahwist" direkt aus der Vorlage die Darstellung des Konflikts (V.3-5), der in der Annahme bzw. Verweigerung des Opfers durch Jahwe gründet. Die anschließende Mahnrede an Kain (V.6-7) psychologisiert das Geschehen und bildet eine Retardation zwischen V.5 und V.8b. Die "Gottesrede" in V.6-7 erfüllt *kompositionell* dieselbe Funktion wie die Verführungsszene in 3,1-6. Die eigentliche Übertretung des Jahwegebots wird dort nur knapp mittels des Leitwortes אכל geschildert, während die Umstände, die zur Tat führen, breit entfaltet werden. Ebenso erfolgt hier nur eine kurze Notiz über die Tat Kains mittels des zu einem Leitwort erhobenen Begriffs הרג (vgl. 4,8b.14f.23), während die Vorgänge im Umfeld des Verbrechens ausführlich geschildert werden. Die "Gottesrede" mit dem Appell, über den Sündendämon zu herrschen (V.7),[70] bildet ein Pendant zum Aufruf der Schlange zum Ungehorsam (3,1-6). Während sich die Frau den Worten der Schlange öffnet, verschließt sich Kain den Mahnungen Jahwes. 4,7b wiederholt eine Wendung aus der Paradieserzählung (3,16), und gehört zu den typisch "jahwistischen" Brückentexten in 2,4b-4,24*.[71] Dabei erscheint die Sünde als eine dämonische Macht (רֹבֵץ), die Kain in ein umfassendes personales Abhängigkeitsverhältnis stürzen kann.[72]

Die folgende *literarisch einheitliche* Szene (V.9-15),[73] die die Reaktion Jahwes zeigt, entspricht strukturell der Verhör- und Strafszene in 3,9-19. Die Rede Jahwes nach der Ermordung Abels bedient sich wie die Darstellung des

---

[70] Zu Textänderungen besteht kein Anlaß. Das fem. Substantiv חטאת ist hier mit mask. Partizip konstruiert (vgl. G-K §145u); die Abweichungen von G fallen nicht in den Bereich der Textkritik, sondern der ältesten Auslegungsgeschichte (vgl. Rösel, Übersetzung, 104ff.; Klemm, Kain, 404). Zur ältesten Wirkungsgeschichte von 4,6-8 siehe dann auch die Thematisierung der Theodizeefrage in der Rede Gottes an Kain und in dem folgenden Dialog zwischen Kain und Abel in Tg[N], Tg[F] und Tg[J]; vgl. dazu McNamara, Targum Neofiti, 65ff.; Maher, Targum Pseudo-Jonathan, 32f.

[71] Vgl. dazu bereits Schrader, Urgeschichte, 126ff., der gegen Ewald (in: JBW VI, 5), nachwies, daß nicht nur 4,9-16, sondern 4,1-16 insgesamt ein ursprüngliches Spiegelbild zu 2,4b-3,24, keine sekundäre Imitation, darstellt, sowie Clark, Flood, 195ff.; W. Dietrich, Bruder, 99; Van Seters, Prologue, 140; Spina, Cain's Rejection, 322; Seebass, I, 153f.

[72] Der Vergleichspunkt zwischen 3,16 und 4,7b besteht nicht in der Parallelisierung der Frau und der Sünde, sondern des personalen Verhältnisses, das zwischen Mann und Frau bzw. Mensch und Sünde besteht (vgl. Procksch, 47f., und zuletzt Seebass, I, 153).

[73] Anders Weimar, Pentateuch, 137 (Grundbestand: V.9aα.11a*.12b; JE: V.9a.bβ.10. 11a*.b.12a.13-16); Vermeylen, Commencement, 118fff. (J: V.9.10.12b; dtr.: V.11.12a. 13-15); Levin, Jahwist, 93ff. (J: V.9-12; R[S]: V.13-15).

Wirkens Jahwes nach dem Bruch des Gebots in 3,1ff. einer juristischen Terminologie und ist als eine rhetorische Frage gestaltet (vgl. 3,9: איכה; 4,9: אי הבל אחיך). Der "Ausflucht des Menschen" (3,10) steht die "Lüge Kains" (4,9) zur Seite. Die zweite Frage Jahwes nach der eigentlichen Tat Kains (מה עשית, 4,10) korrespondiert mit der Verhörfrage in 3,13 (מה־זאת עשית). Parallel zu den Fluchsprüchen über die Schlange und die Erde (3,14.17) erfolgt eine Verfluchung Kains (4,11): Kain wird von der Möglichkeit, die Erde zu bearbeiten, ausgeschlossen und zu einer rast- und ruhelosen Existenz verdammt.[74] Bereits im Fluch über den Ackerboden, den der Mensch verursacht hatte, war die Beschwerlichkeit der Arbeit angelegt (3,18). Nun erfolgt eine Ausweitung dieses Fluchs im Blick auf Kain, dem der Ackerboden trotz seiner Bearbeitung keinen Ertrag mehr liefern wird (4,12a). Die Angst Kains, sich vor Jahwe verbergen zu müssen (V.14bβ),[75] findet ihr Gegenüber im Verstekken des "Menschen" (3,10). Die Notiz über die Strafmilderung (4,15), die Kain selbst durch eine Klage vor Jahwe erwirkt (4,13-14),[76] bildet eine Parallele zu 3,21. Wie Jahwe dort selbst den aus dem Gottesgarten Vertriebenen Kleider anfertigt, so hier dem Verfluchten ein Schutzzeichen zur Vermeidung des Vollzugs der Blutrache. Vermutlich steht dieser Abschnitt in Zusammenhang mit der vorendredaktionellen Verknüpfung der Brudermorderzählung mit dem Lamechlied (4,23-24), wobei der Rachespruch in 4,24 und 4,15a das Bindeglied darstellt. Da sich die Gabe des "Zeichens" (V.15b) kompositionell unmittelbar mit 3,21 berührt, die Verleihung dieses "Zeichens" aber von dem Rachespruch und dem Tötungsmotiv (V.14-15a) abhängt, läßt sich die Verbindung von Brudermorderzählung und Lamechlied auf dieselbe "jahwistische" Hand zurückführen.

Die abschließende Auszugsnotiz (4,16a) korrespondiert mit V.14 (גרש) und stellt ein kompositionelles Gegenüber zur Vertreibungsnotiz in 3,23* (שלח) dar. Die Anmerkung über Kains Niederlassung (V.16b: ישב) scheint im Widerspruch zu seiner Verdammung zu einem Leben auf der Flucht zu stehen. Der Halbvers bildet aber eine mit 3,20 und 4,1b korrespondierende Reaktion des Menschen auf die Sanktion Jahwes. Inhaltlich bereitet V.16b die Notiz über den Stadtbau Kains in V.17b vor. Zugleich ist die Niederlassung בארץ

---

[74] Vgl. Ps 59,16; 109,9-10; Hi 15,22f.; Jes 21,14f.; (Am 9,4).
[75] Vgl. Dtn 7,20; Hi 13,20; Jer 16,17; (Am 9,3).
[76] Unabhängig von der Wiedergabe der ambivalenten Wendung נדול עוני מנשא im Sinn von "Schuld vergeben" (vgl. Lev 10,17; Ps 85,3) oder "die Folgen der Schuld tragen" (vgl. Ez 4,4-6), charakterisiert V.13 ausweislich des Kontextes in V.14 Kain nicht in seinem Trotz (vgl. Scharbert, 68), sondern in seiner Angst, die ihn nach der Jahwerede überfällt (so mit Gunkel, 45; von Löwenclau, Erweiterung, 187; Ruppert, I, 207). Dabei entfaltet V.14aβ den Fluch hinsichtlich der Vertreibung von der אדמה (V.11 // V.14aα) und V.14bβ den Fluch hinsichtlich der Existenz als Flüchtling (V.12b // V.14bα). Zur Interpretation von Gen 4,14 auf dem formgeschichtlichen Hintergrund der Klage siehe Westermann, I, 421.

2.4. Die "jahwistische" Schicht

נוד etymologisierend durch die Wendung נע ונד (V.14f.) vorbereitet. Wie עדן in 2,4b-3,23* ein Programmname ist, so steht נוד als Symbolbegriff.[77] Die Angabe קדמת־עדן (4,16bβ) verdeutlicht abschließend, daß die Paradieserzählung und die Brudermorderzählung komplementär sind (3,23a). Wohnte der "Mensch" zwar außerhalb des Gartens Eden, aber wohl in dessen Nähe, so läßt sich der "Sohn des Menschen" weit entfernt vom "Wonneland" nieder.

Wie in der "jahwistischen" Komposition die Benennung der Eva in 3,20 eine Erzählung über ihre Erstgeburten vorbereitet und inhaltlich eine Trotzreaktion des Menschen auf Jahwes Fluchworte geschildert wird, so bereitet V.17b nun aus theologischer Perspektive die "protojahwistischen" Kulturnotizen in V.20-22 vor und blickt auf die Fluchworte in V.11ff. zurück. Der Ankündigung, "rast- und ruhelos" sein zu müssen (V.12b), stellt Kain, dem Bekenntnis Adams zum Leben (3,20) entsprechend, die Erbauung eines Ruhe- und Rastplatzes (עיר) gegenüber. Die Notiz, daß Kain der erste Erbauer einer Stadt war, hat also nicht nur eine kulturhistorische Bedeutung, sondern vor allem eine theologische: Der von Jahwe zum rastlosen Leben verdammte Brudermörder versucht, sich über das ihm von Jahwe verliehene Schutzzeichen hinaus (V.15b) selbst einen Hort und eine Stätte für ein Leben in der Gemeinschaft zu erbauen (V.17b).[78] Auch die Notizen über die Söhne Lamechs haben in der Zusammenstellung mit 4,2-16 keine rein kulturgeschichtliche Bedeutung mehr, sondern eine theologische.[79] Gilt Jabal (V.20) kulturgeschichtlich als Stammvater der Nomaden (V.20), so besagt die Notiz im Rückblick auf den an Kain ergangenen Fluch, daß die Kainiten ebenfalls nicht das Schicksal teilten, "flüchtig und unstet" zu sein. Wie ihr Stammvater ließen sie sich nieder (ישב), wenn auch nicht in einer Stadt (עיר, V.17b), sondern in Zelten (אהל, V.20b). Ebenso gilt Tubal(-Kain) kulturgeschichtlich zwar als Ahnherr der Waffenschmiede (V.22a). In der Rückschau auf den von Kain verübten Brudermord (V.8) legt die Notiz aber die Folgerung nahe, daß sich der Hang zu töten, auf die Nachfahren Kains vererbt hat. Das Prahllied Lamechs (4,23-24) ist dreifach mit der Brudermorderzählung verbunden: (1.) über das Leitwort הרג (vgl. V.23 im Rückblick auf V.8), (2.) über den Rachespruch bezüglich Kains (vgl. V.24 im Rückblick auf V.15), (3.) über die Korrespondenz, die zwischen den Motiven des "Erschaffens" (קנה) eines Mannes (קניתי איש) mit Jahwes Hilfe und des Tötens eines Mannes (הרגתי איש) aus eigener Kraft besteht (vgl. V.23 im Rückblick auf V.1b).

---

[77] Zum Versuch, das hebr. Wort נוד mit dem ägypt. Landesnamen t3 nṯr in Verbindung zu bringen, der als Bezeichnung für das "Gottesland" dem aus ägypt. Perspektive geographischen Osten zukomme, siehe Görg, Kain, 8ff.

[78] Vgl. dazu auch Spina, Cain's Rejection, 328, der darauf hinweist, daß der אדם (auch) nach dem Fall die Aufgabe hat, die אדמה zu bearbeiten, während der Ackerbauer Kain nach dem Brudermord zum Städtegründer wird.

[79] So mit Macdonald, Pre-Abrahamic Stories, 123.

Der aus Brudermorderzählung und Kainitentafel bestehende Komplex verfügt wie die Paradieserzählung über einen siebengliedrigen Aufbau:

1.		Genealogie Adams	4,1-2
2.		Opfernotiz	4,3-5
3.		Jahwerede	4,6-7
4.		Tat Kains	4,8
5.		Jahwerede	4,9-15a
	Überleitung	Kains Schutzzeichen und Niederlassung	4,15b-16*
6.		Genealogie Kains	4,17-18
	Überleitung	Lamechs Frauen	4,19
7.		Genealogie Lamechs	4,20-24

In der Kombination mit der Kain-und-Abel-Erzählung demonstriert das Lamechlied die gesteigerte Rohheit des Menschen. Indem die Kain durch Jahwe zugestandene Blutrache (V.15) durch einen Menschen verelffacht wird, ist der menschliche Rachewunsch ins Maßlose gesteigert. Dadurch, daß Lamech die siebenundsiebzigfache Rache für sich selbst einfordert, wird die Funktion Jahwes als dem Garanten der Rache und des Rechts ausgeblendet. Im Blick auf den gesamten vorendredaktionellen "jahwistischen" Erzählzusammenhang 2,4b-4,24* bilden die Verse 4,23-24 auch ein negatives Gegenüber zu den Jubelworten des "Menschen". Während der "Mensch" in der von Jahwe geschaffenen Frau sein eigenes "Fleisch und Gebein" und die untrennbare Zusammengehörigkeit von Mann und Frau erblickt (2,23), nimmt Lamech in seinem Gegenüber seinen Feind wahr, den es bei einem geringen Vergehen (פצע, חברה), weit über das Talionsrecht (vgl. Ex 21,25aβ.b: פצע תחת פצע חבורה תחת חבורה) hinaus, zu töten gilt.[80]

Von diesem Gegenüber, dem ersten Wort des "Menschen" (2,23) und dem Lied Lamechs (4,23f.), läßt sich der gesamte Spannungsbogen für den vorendredaktionellen "jahwistischen" Erzählzusammenhang von 2,4b-4,24* aufzeigen. Zwischen den Polen 2,23f. und 4,23f. hat der "jahwistische" Erzähler das menschliche Wesen in seinem Hang, Jahwes Gebot (2,16f.) und Mahnung (4,6f.) zu mißachten, beschrieben. Der אדם und קין repräsentieren den Menschen an sich. Das Phänomen der Sünde ist aber nicht nur flächig nach verschiedenen Aspekten geschildert,[81] sondern auch in einem Anwachsen.[82] Die 2,4b-4,24* inhärente Steigerung zeigt sich besonders deutlich bei einem Vergleich der Verhör- und Strafszenen in 3,9ff. und 4,9ff. Während der אדם auf den ersten Anruf Jahwes ausweichend, aber nicht unwahr antwortet (3,10), lügt der Sohn des אדם Kain (4,9). Während sich in 2,4b-3,23* durch den Fluch über die Erde das Verhältnis zwischen Mensch und Erde ändert (3,17ff.), der Mensch aber weiterhin an sie gebunden bleibt, erfolgt durch den

---

[80] Zur Funktion des Lamechliedes als "Rechtsbelehrung" siehe Levin, Jahwist, 101.
[81] Vgl. dazu exemplarisch Westermann, I, 431ff.; W. Dietrich, Bruder, 110.
[82] Siehe dazu beispielhaft Procksch, 145; von Rad, 116ff.

Fluch in 4,12 der Ausschluß Kains von der Bearbeitung der Erde. Während in 2,4b-3,23* die Strafe in einer Ausweisung des Menschen aus dem Garten und damit aus der unmittelbaren Umgebung Jahwes besteht (vgl. 3,23 im Gegenüber zu 3,8), bedeutet die Verfluchung Kains eine Vertreibung aus der Gottesnähe überhaupt (4,14.16). Versteckte sich der Mensch aus Furcht vor Jahwe (3,8), so muß Kain aus Strafe vor Jahwe verborgen sein (4,14).

Der Bruch, der durch die Übertretung des Jahwegebots (2,16f; 3,1ff.) in die Beziehung zwischen Mann und Frau gekommen ist, hat sich auf Kain vererbt und spiegelt sich im Mord an seinem Bruder wider. Somit ist neben dem paradigmatischen Aspekt in der Abfolge von 2,4b-3,23*; 4,1-16; 4,17-24 auch strukturell die Frage angelegt, wie die von der Sünde geprägte Geschichte des Menschen weitergehen wird. Hatte bereits die aus der "protojahwistischen" Vorlage stammende genealogische Brücke von Kain zu Lamech dem "jahwistischen" Erzählzusammenhang eine geschichtlich-lineare Linie verliehen, so drängt nun auch die theologische Konzeption von 2,4b-4,24* auf eine literarische Fortsetzung.

Die mit dem Lamechlied erreichte Erzählsituation vom Überhandnehmen menschlicher Maßlosigkeit und Rachelust erfordert eine zu 2,4b-3,23* und 4,1-16* analoge Schilderung einer Reaktion Jahwes (vgl. 3,8ff. bzw. 4,9ff.). Die in 2,4b-4,24* entworfene Hamartiologie und Theodizee harrt einer literarischen Fortsetzung.

2.4.4. Die "jahwistische" Fluterzählung (6,5-8,22*)

Nachdem im Rahmen der grundlegenden Beobachtungen bereits 6,1-4 als redaktionelle Bildung und 5,1-32* als ein mittels 4,25-26 durch den Redaktor eingefügter, in sich geschlossener Block aus dem "priesterlichen" Erzählzusammenhang bestimmt werden konnten, wird nun das literarische und kompositionelle Verhältnis von 4,24 zu 6,1-4.5-8 herausgearbeitet.

Zunächst bestätigt sich nochmals, daß 6,1-4 tatsächlich redaktionell ist, durch die Unmöglichkeit, diesen Text direkt mit 2,4b-4,24* zu verbinden.[83] 6,1-4 stellt eine erneute "Sündenerzählung" dar, die über die Wendung ויהי כי־החל eine eigenständige Einleitung und ein auf *diesen* Abschnitt bezogenes Strafwort Jahwes besitzt, nicht jedoch die nach 4,24 zu erwartende Schilderung einer Reaktion Jahwes.

Gegen die Zugehörigkeit von 6,1-4 zu dem in 2,4b-4,24* erkannten Erzählzusammenhang und gegen die Annahme, zwischen 4,24 und 6,1-4 klaffe lediglich eine Lücke, sprechen weitere inhaltliche und stilistische Differenzen zwischen 2,4b-4,24 und 6,1-4.

---

[83] Vgl. S.71f.; anders zuletzt Seebass, I, 196f., der in der Komposition der ursprünglichen "jahwistischen" Urgeschichte 6,1-4 an 4,26 anschließen möchte.

In 2,4b-4,24* handelt es sich um paradigmatische Erzählungen, die anhand von Einzelfiguren das Wesen menschlicher Existenz, das Phänomen der Sünde und das gerechte Handeln des Schöpfergottes beschreiben.[84] In 6,1-4 wird hingegen die Gesamtmenschheit handelnd dargestellt: האדם und בנות האדם sind als Kollektiva gebraucht. In 2,4b-3,23* und 4,1-16* liegen durchkomponierte Erzählungen vor, in 6,1-4 eine Ansammlung einzelner Notizen. In 2,4b-3,23* und 4,1-16* ist die göttliche Strafrede in ein Verhör und einen Fluch gekleidet, in 6,1-4 lediglich in eine Sentenz. In 2,4b-4,24* werden die Verfehlungen des Menschen allein auf der Erde begangen, in 6,1-4 erfolgt ein Einbruch aus der himmlischen Welt, ohne daß die Herkunft der בני האלהים erzählerisch vorbereitet ist. Allein durch den redaktionell in den "priesterlichen" Erzählzusammenhang eingelegten Vers 2,1 wird auf die Schöpfung der בני האלהים angespielt. Weiterhin gebraucht die Grundschicht von 2,4b-4,24* für den menschlichen Lebensgeist den Terminus נשמה (2,7), während der Redaktor in 6,3 von רוח spricht.[85]

Die redaktionskritische Erkenntnis, daß 6,1-4 sekundär der Fluterzählung vorangestellt ist, wird schließlich auch traditionsgeschichtlich bestätigt. So weisen die bisher bekannten altorientalischen Fluterzählungen keine parallele Einleitung auf.[86] Die zuletzt von R. S. Hendel aufgestellte These, die ur-

---

[84] Auch wenn in 2,4b-3,23* אדם nicht als Eigenname gebraucht ist, wird durch das Gegenüber zur אשה doch deutlich, daß der Verfasser zwar allgemein den Menschen im Blick hat, aber von individuellen Figuren ausgeht.

[85] Auf die Differenzen, die zwischen 2,4b-3,23* und 6,3 in der Beurteilung der menschlichen Sterblichkeit bestehen, wurde schließlich schon im Rahmen der Ausgangsbeobachtungen hingewiesen (s.o.S.79ff.); vgl. dazu auch die Konstruktion von ילד im *Qal* und *Nif.* in 2,4b-4,24 gegenüber der Bildung im *Pual* in 6,1.4.

[86] Vgl. dazu ausführlich Dexinger, Göttersöhne, 27, und Bartelmus, Heroentum, 24. Da sich gegen die zuletzt von Ruppert, I, 264ff., und Levin, Jahwist, 103ff., vorgeschlagene literarkritische Reduktion von Gen 6,1-4 auf V.1-2.4* bzw. V.1-2 *kein* älterer Grundtext erheben läßt, bildet auch die Notiz über die Vermehrung der Menschheit, die sich im weiteren Kontext der Fluterzählung des Atramchasis-Epos findet (I,353; II,i,2), keine Parallele zu Gen 6,1-4 (anders Oden, Aspirations, 213f.). Die Beobachtung, daß Gen 6,1-4 einer anderen literarischen Schicht angehört als den in der Fluterzählung nachweisbaren Strata, begegnet zwar schon vereinzelt in der älteren Forschung - allerdings unter der nicht zutreffenden literargeschichtlichen Zuweisung von Gen 6,1-4 entweder an eine Quelle, die (noch) keine Fluterzählung umfaßte (vgl. Wellhausen, Composition, 8; Budde, Urgeschichte, 455ff.528f.; Eißfeldt, Hexateuchsynopse, 9*; Dexinger, Göttersöhne, 57 [nur im Blick auf den L/J zugewiesenen V.2]; Fohrer, Einleitung, 175; Weimar, Pentateuch, 35ff.158ff.) oder an einen "vorpriesterlichen" Redaktor der "jahwistischen" Urgeschichte (vgl. Hossfeld, Pentateuch, 33 [JE]; Uehlinger, Weltreich, 568). Zu der allein dem literarischen und kompositionellen Befund von Gen 6,1-4 gerechtwerdenden Konsequenz, die Verse bzw. ihre Einfügung in den redaktionell entstandenen Kontext von Gen 5,32 und 6,5 auf einen "nachpriesterlichen" Redaktor zurückzuführen, vgl. die Überlegungen bei Fz. Delitzsch, 149; Gunkel, 59, und Noth, Pentateuch, 29 Anm.83, sowie explizit Böhmer, Thora, 150 (abgesehen von dem

2.4. Die "jahwistische" Schicht

sprüngliche *literarische* Zusammengehörigkeit von 6,1-4 mit 6,5ff. werde durch eine in Hesiods "Katalog der Frauen"[87] greifbare Vorstellung von einem Gericht des Zeus an den aus einer Verbindung zwischen Göttern und Menschen hervorgegangenen Heroen bestätigt, ist kaum überzeugend.[88] Der zum Vergleich herangezogene Abschnitt im "Katalog der Frauen" (frgm. 204) ist nur bruchstückhaft überliefert, lediglich durch Konjekturen erschließbar und in seiner Deutung umstritten.[89] Der Zusammenhang zwischen den Notizen über die Verbindung von Göttern und Menschen und einem bevorstehenden Flutgericht ist rein hypothetisch.[90] Ob sich der Ausdruck τέκνα θεῶν auf die Götter oder auf die Heroen bezieht, ist ebenso unklar wie die Bestimmung ihres künftigen Schicksals und wie der Hintergrund der Absicht des Zeus, Götter und Menschen bleibend voneinander zu trennen.[91] Analogien zwischen Gen 6,1-4 und dem "Katalog der Frauen" wie auch zwischen Hesiods "Theogonie" und dem (sekundären) Appendix zur "Theogonie" (Z.963ff.), die vor allem die Motive der Verbindung von göttlichen Wesen mit Menschenfrauen und eines Epochenwechsels betreffen, sind vorhanden. Sie vermögen aber nicht, eine *ursprüngliche* literarische und kompositionelle Verbindung von Gen 6,1-4 und 6,5ff. zu beweisen.[92] Die für diesen Zusammenhang von R. S. Hendel postulierten Querverbindungen zwischen der griechischen und der hebräischen Tradition *in der Spätbronzezeit* sind zu vage und werden dem literarischen Charakter von 6,1-4 nicht gerecht.[93]

"jahwistischen" V.4aα1); Schrader, Urgeschichte, 135; Scharbert, Redaktionsgeschichte, 73ff.; Rogerson, Genesis 1-11, 69.

[87] Dabei handelt es sich um einen im 6. Jh. v. Chr. entstandenen anonymen Anhang zu Hesiods Theogonie; vgl. dazu Stiewe, Entstehungszeit, 22-29; West, Catalogue, 164-171. Für den Vergleich mit Gen 6,1-4 ist der "Freierkatalog der Helena" relevant (vgl. in der Ausgabe von Merkelbach u. West nr.204, insbes. Z.57ff. [95ff.]).

[88] Vgl. Hendel, Demigods, 18ff.; siehe dazu bereits die Andeutungen von Kraeling, Significance, 201-207, und Dexinger, Göttersöhne, 70.

[89] Vgl. dazu die zurückhaltenden Bemerkungen von Marg, Hesiod, 511.519, der selbst sieben verschiedene Erklärungsmöglichkeiten auflistet.

[90] Siehe dazu Bartelmus, Heroentum, 171f. Anm.117. Nach Stiewe, Entstehungszeit, 23, und Marg, Hesiod, 55-517, kündigt Zeus eher eine Teilkatastrophe an, vermutlich den Trojanischen Krieg, als eine universale Vernichtung mittels einer Flut.

[91] Vgl. einerseits West, Catalogue, 119, andererseits Van Seters, Prologue, 159.

[92] Zu älteren Versuchen, einen ursprünglichen literarischen Zusammenhang zwischen Gen 6,1-4 und 6,5ff. auf *traditionsgeschichtlichem* Weg zu beweisen, siehe Gruppe, Sintflut, 135ff., mit Hinweis auf die phönizische Fluttradition, und Kraeling, Significance, 193ff., sowie den Forschungsbericht von Westermann, EdF 7, 74.

[93] Die Hinweise auf eine "oral mythology" (Hendel, Demigods, 20; ähnlich bereits Kraeling, Significance, 201) und einen "western influence" (Van Seters, Primeval Histories, 22) sind zu allgemein, um die spezifischen traditions-, literar- und theologiegeschichtlichen Probleme von Gen 6,1-4 zu lösen.

Mit 6,5-8* findet sich die Schilderung einer Reaktion Jahwes, die sich nahtlos an 4,24 anschließen läßt.[94] Eine ursprüngliche Verbindung von 6,5-8* zu der in 2,5-4,22* verarbeiteten "protojahwistischen" Anthropogonie ist hingegen nicht erkennbar. Die "nichtpriesterlichen" vorendredaktionellen Abschnitte der Flutperikope (6,5-8*; 7,1-5*.10*.12*.23*; 8,2b.6-12*.13b.20-22*) gehen alle auf den "jahwistischen" Verfasser der narrativen Hamartiologie und Theodizee in 2,4b-4,24* zurück, die der Redaktor mittels einzelner Ausgleichsverse[95] in die "priesterliche" Flutperzählung eingebaut hat.

Gegenüber der Darstellung eines direkten richterlichen Eingreifens Jahwes und gegenüber dem Dialog zwischen Jahwe und dem אדם bzw. zwischen Jahwe und Kain in 3,7ff. bzw. 4,6f.9ff. erfolgt in 6,5-8* eine ausführliche Schilderung der sich in Jahwe selbst abspielenden Gerichtsverhandlung über den Menschen. Zunächst beschreibt der Verfasser die Wahrnehmung Jahwes (6,5). Die mit dem Menschen einsetzende, über Kain weitergehende und in Lamech gipfelnde Korruption der Geschöpfe wird in ihrer Universalität (כל־יצר ... כל־היום) betont. Dabei wird die Dimension der Sünde zusammenfassend nach drei Aspekten hervorgehoben: (1.) *räumlich* durch die Wendung בארץ, (2.) *zeitlich* durch die Angabe כל־היום, (3.) *personal* durch die Ausdrücke כל־יצר und האדם. Der Begriff האדם wird hier erstmals in der "jahwistischen" Erzählfolge 2,4b-4,24*; 6,5-8* im kollektiven Sinn von "die Menschheit" gebraucht.[96] Erzählerisch ist dieser Wechsel im Sprachgebrauch durch die Darstellung der Abfolge von sieben Generationen von dem "Urmenschen" bis zu Lamech und seinen Kindern gut vorbereitet. Das Zentrum der Tatfeststellung in 6,5 ist, wie die Kernsätze in 2,4b-4,24* (2,23; 3,14-19*; 4,23f.), poetisierend gestaltet.[97]

---

[94] So mit Gese, Lebensbaum, 83; Klemm, Kainiten, 398; Rogerson, Genesis, 69. Vgl. Schrader, Urgeschichte, 96ff.136; Steck, Urgeschichte, 526 Anm.6 und 531 Anm.21; sowie Scharbert, 73ff., die allerdings 5,29 noch zum "jahwistischen" Bestand rechneten.

[95] Im einzelnen handelt es sich um 6,7aβ.b.(19b); 7,1b.3.8-9.10b.(14bβ).16.(17aα*).22*. 23aα2β; 8,7.(9aβ).21aβ, vgl. S.75ff.134ff.

[96] Diese Beobachtung spricht nicht gegen das oben auf S.172 für eine literarkritische Scheidung zwischen 2,4b-4,24* und 6,1-4 angeführte Argument. Die entscheidende Differenz besteht darin, daß in 6,1-4 der Begriff האדם ("die Menschheit") im Rahmen einer "Sündenfallerzählung" verwendet wird. In 6,5 hingegen wird האדם im Zusammenhang eines zurückblickenden Kommentares gebraucht.

[97] V.a und V.b stehen in einem exakten kolometrischen Gleichgewicht. Der Vers verfügt über eine zweifache Alliteration auf *Resch* (רק רע ... רבה רעת). V.aβ und V.b bilden das Muster A-B-C-B'-A'-C'. Als Einleitung fungiert die Formel ויאמר יהוה mit der Konjunktion כי als Einleitung des Objektsatzes ([Korpus]; vgl. dazu G-K §157b; Brockelmann, Syntax, §27d; §160a; Schneider, Grammatik §53.3.2.

2.4. Die "jahwistische" Schicht

EINLEITUNG	וירא יהוה		
	כי		
KORPUS	רבה רעת	A	"Die Bosheit
	האדם	B	des Menschen
	בארץ	C	im Raum -
	וכל־יצר מחשבת לבו	B'	des Menschen
	רק רע	A'	Bosheit
	כל־היום	C'	in der Zeit"

Daß die Verderbtheit des Menschen im "Gebilde der Pläne seines Herzens" gesehen wird, erweist sich als eine Zusammenfassung der Vergehen Lamechs, der seine Rache als *künftiges Vorhaben* ankündigt (4,23f.), Kains, der seinen Bruder bereits *im Geist* getötet hat (4,6f.),[98] und des אדם, dessen Ungehorsam dem *Wunsch* entspringt, alles zu wissen (3,6).[99] Die Beschreibung der Reue Jahwes über die Erschaffung des Menschen (V.6) stellt die zweite Stufe der in das Wesen Jahwes selbst verlegten Gerichtsverhandlung dar und entspricht strukturell den in 3,10ff. und 4,9 folgenden richterlichen Verhörfragen. Die Parallelität zeigt sich besonders daran, daß den rhetorischen Fragen nach der Tat des Menschen und seiner Frau bzw. Kains (מה עשית) nun die Reue Jahwes über seine eigene Tat (כי־עשה) gegenübersteht. Die Spiegelbildlichkeit von 6,6 gegenüber 3,10ff. und 4,9ff ergibt sich weiterhin aus dem Motiv des Schmerzes Jahwes. Der Mühsal (עצבון), die Jahwe über die Frau und den Menschen verhängt (3,16ff.), steht nun die Mühsal gegenüber, die Jahwe selbst erleidet (עצב [*Hitp.*]). Der Zusammenhang von 6,5-6 mit 2,4b-4,24* wird dann auch aus dem Rückblick auf die Erschaffung des Menschen (2,7a.19f.) deutlich. Daß hier nicht der für den ersten Schöpfungsbericht typische Terminus יצר ("formen", vgl. 2,7a.8.19a), sondern das Allgemeinwort עשה ("machen") verwendet wird (vgl. 2,4b), spricht nicht gegen die literarische Zusammengehörigkeit der "jahwistischen" Paradieserzählung mit dem "jahwistischen" Flutprolog.[100] Der Wortgebrauch von 6,5-6 erklärt sich zum einen aus der strukturellen Parallelisierung des Verhörs (3,13f.; 4,10) mit dem Reuemotiv (6,6a), zum anderen aus der Verwendung des Substantivs יֵצֶר. Indem der Verfasser hier die Schöpfung mit עשה beschreibt, vermeidet er zugleich die mögliche Vorstellung, Jahwe habe das böse "Gebilde" (יֵצֶר) der menschlichen Gedanken geschaffen (יצר).[101] Die enge Zusammengehörigkeit von 6,5 mit 6,6 zeigt sich an der parallelen Struktur der ersten Halbverse und

---

[98] Vgl. dazu auch von Löwenclau, Erweiterung, 188.
[99] Vgl. die Begriffe ידע und שכל (3,6).
[100] So aber zuletzt Ska, diluvio, 53f.
[101] Zur Herkunft des Begriffs יצר aus der "protojahwistischen" Quelle (2,7a.19a) s.o.S.155f.

der antipodischen Entsprechung der zweiten Halbverse.[102] Eine literarkritische Schichtung von V.5 ist hier nicht geboten.[103] Die folgende Rede (V.7aα) bildet die dritte Stufe in der Schilderung der Reaktion Jahwes und entspricht den Strafworten in 3,14ff. und 4,11. Anstelle eines Fluchs und einer damit verbundenen Beeinträchtigung der jeweiligen Lebensform erfolgt nun der Entschluß Jahwes zur völligen Auslöschung der menschlichen Existenz (מחה).[104] Zum dritten Mal fällt in diesem kurzen Abschnitt der Begriff האדם - entsprechend den drei zuvor erzählten Verfehlungen (1.) des "Menschen und seiner Frau", (2.) Kains und (3.) Lamechs. Nimmt man die Reihe von מאדם bis עשׂיתם aus V.7 heraus,[105] so erhält man eine den Fluchsprüchen in 3,14ff. und 4,10f. genau entsprechende Strafansage, die stilistisch besonders betont ist.[106] Gegenüber der Verfluchung der אדמה "wegen des Menschen" (3,17) und dem Ausschluß Kains vom Zugriff auf sie (4,11) erfolgt nun die Ankündigung der "Auswischung" des Menschen von ihrer Oberfläche (6,7).

Aus dem universalen und totalen Vernichtungsbeschluß Jahwes fällt eine Figur heraus: Noah (6,8). Inhaltlich und kompositionell entspricht die als Erzählerkommentar formulierte Wendung מצא חן בעיני יהוה den Notizen über die Strafmilderungen Jahwes im Anschluß an die Strafworte in 3,21 und 4,15. Wie der Bericht über die Gabe des Schutzzeichens an Kain stilistisch besonders hervorgehoben ist, so auch das Gnadenwort über Noah.[107] Die Erwähnung Noahs in V.8 setzt aber eine vorhergehende (erzählerische) Einführung dieser Figur voraus. Damit scheint der unmittelbare Anschluß der literarischen Einheit 6,5-6.7*.8 an 4,24 unmöglich zu sein. Allerdings konnte bereits im Rahmen der grundlegenden Beobachtungen zu 4,25-26 gezeigt werden, daß die Genealogien in 4,1a.17a.18 und 5,3ff. im wesentlichen ein und dieselbe Stammtafel darstellen. Daher liegt es nahe, analog zur "priesterlichen" Tafel in 5,28 auch für die "jahwistische" Liste in 4,17-24 Lamech als den Vater Noahs anzusehen. Für diese Annahme spricht, daß die "protojahwistische" Tafel in 4,20-22 durch die Einfügung der Naama mindestens sekundär bearbeitet wurde. Ersetzt man daher Naama durch Noah, so schließt sich die Lücke zwi-

---

[102] Vgl. die Struktur "Prädikat + Subjekt יהוה + כי + האדם בארץ", andererseits "לבו" in Bezug auf den Menschen und auf Jahwe.
[103] Gegen Weimar, Pentateuch, 139; Vermeylen, Commencement, 146; Ruppert, I, 315; Levin, Jahwist, 114, die V.5b für sekundär halten.
[104] Vgl. zur Verwendung von מחה mit den Subjekt "Gott" in einem globalen (nicht allein auf Israel oder einzelne Feinde) bezogenen Sinn Dtn 29,19; Ps 9,6; 69,29.
[105] S.o.S.75.
[106] Vgl. die Alliteration auf *Aleph* [אשׁר] (ה)אדם את־אמחה, die Paronomasie auf *Mem* und *Aleph* ויאמר, אמחה, האדם, האדמה und die kolometrische Entsprechung von V.aα2 und V.aα3: מעל פני האדמה // אמחה את־האדם.
[107] Vgl. einerseits die Paronomasie auf *Waw* in 4,15 (אות .... הכות־אתו ... מצאו), andererseits den Wechsel der Konsonanten *Nun* und *He* in 6,8 (חן ... נח)

2.4. Die "jahwistische" Schicht

schen 4,24 und 6,5-8*.[108] Für die Folgerung, daß Noah auch nach der "jahwistischen" Adam-Kain-Genealogie ein Sohn Lamechs war, kann allerdings nicht die bereits als sekundär erkannte Noahetymologie in 5,29b angeführt werden. Trotz ihrer inhaltlichen und terminologischen Bezüge zum "jahwistischen" Erzählzusammenhang[109] kann diese Benennung nicht auf den Verfasser von 2,4b-4,24* und 6,5-8* zurückgeführt werden, da sie weder formal an 4,24 anschließt noch mit dem Lamechlied vereinbar ist. Denn gemäß dem Verfasser von 2,4b-4,24* symbolisiert Lamech die wachsende Rachelust des Menschen. In 5,29b steht hingegen den bluttriefenden Worten des sich seiner Stärke brüstenden Recken der Ruf eines sich seiner eigenen Schwäche Bewußten gegenüber. Damit kann hier die Hypothese aufgestellt werden, daß sich in 5,29b dieselbe Hand zeigt, die für die Etymologie des Setnamens (4,25) und die Enoschnotiz (4,26) verantwortlich ist - also der Redaktor. Hingegen läßt sich die ursprüngliche Ergänzung von Noah in 4,22* auf den "jahwistischen" Verfasser von 2,4b-4,24* zurückführen, der damit die Angliederung der "Flutperikope" vorbereitet. Der Austausch der Figur Noahs durch die der Naama in 4,22 geht dann erst auf den Redaktor zurück. Ob der "jahwistische" Erzähler dem Noah wie den aus der "protojahwistischen" Vorlage stammenden Vätern Jabal, Jubal und Tubal eine Kulturerrungenschaft zugeschrieben hat, ist unsicher.[110]

Die aus der "priesterlichen" Fluterzählung ausgegliederten "jahwistischen" Textstücke (7,1-5*.10*.12*.23*; 8,2b.6-12*.13b.20-22*) ergeben zwar in Kombination mit 2,4b-4,24*; 6,5-8* keinen ganz lückenlosen Erzählzusammenhang. Sie erlauben aber die Rekonstruktion eines solchen. Sie gestatten die Bestimmung seines kompositionellen und theologischen Zielpunktes und belegen die ursprüngliche Eigenständigkeit einer "jahwistischen" Fluterzählung, die nicht auf die "priesterliche" Darstellung hin entworfen wurde.[111]

Die Erwähnung der תבה in der Rede Jahwes an Noah (7,1a.2.4) setzt voraus, daß auch im "jahwistischen" Bestand der Fluterzählung zwischen der Gottesrede, in der die Vernichtung beschlossen wird, und der Rede, in der Noah der Befehl zum Einstieg gegeben wird, von einem Bau der Arche berichtet wird (vgl. 7,1a). Eine über 4,22bβ(v.l. [ואת נח]) und 6,8 hinausgehende besondere genealogische Notiz zu Noah analog zu 6,10 ist für den "jahwistischen" Erzählzusammenhang nicht erforderlich, da Noah allgemein

---

[108] S.o.S.154 (lies אחי תובל־קין נח anstatt אחות תובל־קין נעמה), vgl. dazu bereits die Überlegungen von Buttmann, Mythologus, I, 174.204, und zuletzt von Van Seters, Prologue, 146.
[109] Vgl. die terminologischen Überschneidungen von 5,29 mit 3,16f. (עצבון), mit 3,17; 4,11; 6,7 (אדמה), mit 3,14.17; 4,11 (ארר) sowie den Gebrauch des Tetragramms.
[110] Das Motiv vom Weinbauer Noah dürfte immer schon mit der Erzählung in 9,20-26* verbunden gewesen sein, vgl. S.113 Anm.135 und S.187 Anm.156.
[111] Gegen Blenkinsopp, Pentateuch, 78ff.; Ska, diluvio, 37ff.; Otto, Paradieserzählung, 189ff.

178   2. Redaktionsgeschichtliche Analyse

aufgefordert wird, seine Familie (כל־ביתך) in die Arche zu führen.¹¹² Daß auch die "jahwistische" Fluterzählung einen Bericht über die Mitteilung der Vernichtung an Noah bereits *vor* dem Bau der Arche enthalten habe, ist nicht zu beweisen. Vielmehr deutet 7,4b darauf hin, daß Noah (nach der redaktionell getilgten Baunotiz) erst jetzt genauer über Jahwes Pläne unterrichtet wurde.¹¹³ Die dem Noah gegebene Begründung in 7,4 führt 6,7aα gedanklich fort und konkretisiert die zunächst allgemein gehaltene Vernichtungsabsicht Jahwes (אמחה) mit einem vierzigtägigen Regen. Parallel zu 3,8ff. und 4,6f.9ff. schildert der Verfasser einen unmittelbaren Eingriff Jahwes in das Geschehen (אנכי ממטיר; vgl. 2,5bα). Von einem eigenen "jahwistischen" Einzugsbericht konnte bei der Analyse von c.7 keine Spur entdeckt werden, da 7,6f.11.13-15 auf den "priesterlichen" Verfasser und 7,8f.10*.16 auf den Redaktor zurückgehen.¹¹⁴ Gemäß der in 2,4b-4,24* erkennbaren Erzählweise genügt bereits 7,5 als Zusammenfassung dafür, daß Noah mit seiner Familie und den Tieren die Arche bestieg.¹¹⁵ Für die Schilderung des Flutausbruchs reicht die Kombination mit 7,10a.12 aus.¹¹⁶ Der in V.4a angekündigte Regen über die Erde (גשם על־הארץ in Entsprechung zu ממטיר על־הארץ) tritt tatsächlich nach einer siebentägigen Frist ein. Ob der "jahwistische" Verfasser von einer Fahrt der Arche erzählte, ist im vorliegenden Text nicht mehr erkennbar, da 7,17-21.22* geschlossen vom "priesterlichen" Erzähler stammt.¹¹⁷ Sicher greifbar ist der "jahwistische" Verfasser erst wieder in 7,23*. Dieses Summarium läßt sich bruchlos an 7,12 anschließen. Dabei legt sich eine Umpunktierung in das Passiv וַיִּמָּח nahe.¹¹⁸ Das Summarium mit dem Rettungsterminus שאר entspricht strukturell der Gottesrede und der Gnadennotiz in 6,5-6.7aα.8: 6,7aα ist parallel zu 7,23a*, und 6,8 ist analog zu 7,23b.¹¹⁹

---

¹¹² Zum Anschluß von 7,2 an 7,1a und zur Rückführung von 7,1b.3 auf den Redaktor vgl. die grundlegenden redaktionsgeschichtlichen Beobachtungen auf S.76f.
¹¹³ So mit Budde, Urgeschichte, 256. Die Folgerung, der "jahwistische" Verfasser setzte hier eine Glaubensprobe Noahs voraus (so Budde, a.a.O.; Harland, Human Life,, 53), ist angesichts des ursprünglich als Gehorsamsprobe des Menschen gestalteten Sündenfalls in der "jahwistischen" Grundschicht der Paradieserzählung nicht ausgeschlossen.
¹¹⁴ Vgl. S.77.135ff.
¹¹⁵ Vgl. die komprimierte Darstellung des eigentlichen Sündenfalls in 3,6aβ.b und des Brudermords in 4,8.
¹¹⁶ In der jetzigen Form geht 7,10 auf eine redaktionelle Kombination zurück, vgl. S.137.
¹¹⁷ Vgl. S.137ff.
¹¹⁸ Vgl. 4Q370 frgm. 1,i,6 ([מחו]נ siehe dazu Newsom, Admonition, 35), die passivische Formulierung in Gen 7,23b (וַיִּשָּׁאֶר) sowie BHK³; BHS. Hingegen ergänzen Budde, Urgeschichte, 265; Holzinger, 81; Gunkel, 63; Procksch, 64, in Analogie zu 7,4 יהוה als explizites Subjekt.
¹¹⁹ 6,7*:   (ויאמר יהוה)   אמחה את־האדם [אשר בראתי] מעל־פני האדמה
7,23a*:   וימח את־כל־היקום אשר על־פני־האדמה
6,8:   ונח מצא חן בעיני יהוה
7,23b: וישאר אך־נח ואשר אתו בתבה

2.4. Die "jahwistische" Schicht 179

Mit der Vernichtung allen Bestandes auf der Erde hat sich das im Verlauf der Verfehlungen des אדם, Kains und Lamechs geforderte Gericht ereignet. Mit der Bewahrung des Einen erwies sich aber auch die dem אדם, der Eva und dem Kain zuteil gewordene Gnade Jahwes an einem Sohn Lamechs als mächtig (7,23b). 8,2b läßt sich nahtlos an 7,23* anbinden.[120] Damit erhält man einen möglicherweise vollständig erhaltenen "jahwistischen" Abschnitt des Flutverlaufs. Dieser besteht aus den Szenen "siebentägige Frist" (7,10a), "vierzigtägiger Regen" (7,12), "Vernichtung und Bewahrung" (7,23*) und "Ende des Regens" (8,2b).

Hieran fügt sich ohne Bruch 8,6.8-12 an.[121] Da in V.7.9* redaktionelle Ergänzungen und Angleichungen an die "priesterliche" Erzählung vorliegen,[122] spricht auch nicht die breite Art und Weise der Darstellung in V.6.8-12 gegen eine Rückführung auf den "jahwistischen" Verfasser. Bereits in 2,4b-3,23* und 4,1-16* zeigte sich, daß scheinbar unbedeutende Nebenzüge ausführlich geschildert werden, die entscheidende Tat hingegen nur ganz kurz berichtet wird. Mit V.6a bietet der "jahwistische" Erzähler eine zu 7,12 parallele Zeitangabe. Addiert man die Fristen des Vogelexperiments, ergibt sich für das "jahwistische" Flutgeschehen eine Dauer von 100 Tagen: Sieben Tage währt die Frist von der Rede Jahwes bis zum Beginn des Regens (7,4); vierzig Tage regnet es (7,12); vierzig Tage wartet Noah bis zur ersten Aussendung der Taube (8,6.8); zweimal sendet Noah nach siebentägigem Warten die Taube aus (8,10.12); am 101. Tag kann die Trockenheit der Erde konstatiert werden (8,13b).[123] Die Notiz über die Öffnung des "Fensters" (חלון) der Arche, die Noah gebaut hatte (8,6b), bestätigt die bereits zu 7,1 ausgesprochene Vermutung, daß auch der "jahwistische" Erzähler einen Baubericht bot. Die Vogelszene selbst ist schematisch aufgebaut. Als Rahmen fungieren V.6 und V.13b (Öffnung der חלון - Beseitigung der מכסה).[124] Die drei Aussendungsszenen in V.8a.10.12a entsprechen einander. Die Notiz über den Zweck des Tauben-

---

[120] Die in der Forschung seit Budde, Urgeschichte, 267f., beliebte Umstellung von 8,6 vor 8,2b (vgl. zuletzt wieder Van Seters, Prologue, 164; Ruppert, I, 292.; Levin, Jahwist, 109) ist unnötig (so mit Vermeylen, Commencement, 229; Seebass, I, 229).

[121] Vgl. S.140.

[122] Vgl. die Rabenszene in 8,7 und die sekundäre Wasserstandsnotiz in 8,9aβ כי מים על־פני כל־הארץ s.o.S.140f.

[123] Mit der Mehrzahl der Ausleger ist in 8,10.12 וַיָּחֶל zu lesen. Die seit Schrader, Urgeschichte, 152, beliebte Ergänzung der Wartenotiz ויחל נח שבעת ימים (vgl. BHS) am Anfang von 8,8 ist aber unnötig (vgl. dazu ausführlich Keel, Vögel, 89). In die exakte Chronologie von 8,3-5.13f. fügt sich das Vogelexperiment ohnehin nur allgemein ein, unabhängig davon, ob man nun bei MT bleibt oder V.8 ändert. Eine Intention für eine Streichung der hypothetischen Wartenotiz in V.8 ist somit nicht ersichtlich (gegen Ska, diluvio, 57 Anm.84, der den dreimonatigen Zeitraum vom 1.10. (vgl. V.5) bis zum 1.1. (vgl. V.13) fälschlich mit 61 Tagen angibt und diese Spanne dann in V.6+8a(v.l.).+10+12 finden möchte.

[124] Gegen Ska, diluvio, 48f., ist 8,13-14 also keine literarische Einheit, vgl. S.141.

flugs wird bei der erfolgreichen Rückkehr nach der zweiten Entsendung aufgenommen (V.8b.11b).[125] Das in V.9 gezeichnete Bild des fehlenden Ruheplatzes korrespondiert mit der in V.11 entworfenen Darstellung des mit einem frischen Ölzweig zurückkehrenden Vogels. Die Mitteilung, die Taube sei "abends" (לעת ערב) zurückgekommen (V.11a), markiert die Abendstunden als den Wendepunkt im Flutgeschehen. Entsprechend läßt dieser Erzähler in der Paradiesgeschichte die entscheidende Wende zur Abendzeit eintreten (3,8: רוח היום). Diese Parallele sowie die Formulierungen מעל־פני האדמה (vgl. 6,7; 7,4.23), לקח für die Hereinnahme *der Tiere* (7,2)[126] sowie die mit 7,4.10a.12 zusammenhängende Chronologie von 8,8.10.12 sind eindeutige Hinweise für eine Rückführung von 8,6.8-12*.13b auf den Verfasser von 2,4b-4,24*; 6,5-6.7aα.8; 7,1a.2.4.5.10a.12.23aα*.b; 8,2b.

Daß zwischen den Notizen über Noahs Entdeckung der Trockenheit der (8,13b) und über seinen Altarbau (8,20-22) ein eigener "jahwistischer" Auszugsbericht gestanden hat, ist möglich, aber nicht beweisbar und für den Erzählverlauf nicht erforderlich.[127] Die Voraussetzung zum Altarbau ist bereits mit der Erwähnung gegeben, daß Noah selbst die Decke (מכסה) von der Arche entfernte (V.13b). Die Szene der Errichtung des Altars (8,20.21a) korrespondierte in der ursprünglichen "jahwistischen" Fluterzählung möglicherweise mit dem nicht mehr erhaltenen Bericht über den Bau der Arche. Die Altarbaunotiz selbst (V.20) verfügt über eine dreigliedrige Struktur und besteht aus formelhaften Wendungen.[128] Die Nennung der Opfertiere greift auf 7,2 zurück (vgl. הבהמה הטהורה).[129] Die Schilderung der Wahrnehmung Jahwes in V.21aα₁ bedient sich ebenfalls geprägter Wendungen (ריח הניחח).[130] Entsprechend der im "jahwistischen" Flutprolog vorliegenden Abfolge "Wahrneh-

---

[125] Vgl.: כי קלו המים מעל הארץ // הקלו מים מעל פני האדמה.
[126] Der "priesterliche" Verfasser gebraucht dagegen den Begriff בוא (im *Hif.*, vgl. 6,19, bzw. im *Qal*, vgl. 6,20; 7,15), während er das Wort לקח für die Aufnahme von Verpflegung für die Besatzung der Arche verwendet (vgl. 6,21).
[127] Im Gegensatz zur Möglichkeit, eine "jahwistische" Baunotiz zu rekonstruieren, fehlen für das Vorhandensein eines "jahwistischen" Auszugsberichts die Indizien; vgl. dazu auch die Sumerische Fluterzählung V,7-11 (in: TUAT III, 456; Jacobsen, Eridu Genesis, 524), die unmittelbar nach der Öffnung der "Arche" das Opfer Ziusudras beschreibt, ohne zuvor dessen Verlassen des Schiffs zu erwähnen.
[128] Vgl. die Folge ויבן → ויקח → ויעל bzw. die geprägten Wendungen בנה מזבח; עלה עלת על־/ב־ מזבח.
[129] Stilistisch verfügt der Vers über ein Homoioteleuton und eine Alliteration ebenfalls auf *He*: הבהמה הטהורה ... העוף הטהור.
[130] Ein Versteil ist stark paronomastisch geprägt (וירח יהוה את־ריח הניחח). Der Terminus ריח הניחח ist traditionsgeschichtlich vorgegeben (vgl. S.219 Anm.46) und spricht nicht gegen die Rückführung des Verses auf den "jahwistischen" Verfasser von 4,1-16 (gegen Ska, diluvio, 53, der in 4,3-5 ein sich von 8,21 [und 7,2] unterscheidendes Opferverständnis sieht und daher 8,21 [und 7,2] auf eine andere "jahwistische" Hand zurückführt).

2.4. Die "jahwistische" Schicht

mung Jahwes → Selbstreflexion Jahwes" schließt sich hier eine Rede Jahwes an sich selbst an (אמר אל־לבו), womit auch terminologisch unmittelbar auf 6,6 (ויתעצב אל־לבו) zurückgeblickt wird. Diese Rede Jahwes ist zweigliedrig aufgebaut, wobei die auf 6,5 zurückschauende Begründung כי יצר לא־אסף לקלל עוד את־ לב האדם רע מנעריו den Parallelismus von ולא־אסף עוד להכות את־כל־חי כאשר עשיתי // האדמה בעבור האדם unterbricht.

Die Aufsprengung des Parallelismus von V.21aα2 // V.21b, die terminologischen Differenzen[131] gegenüber 6,5, die Beobachtung, daß die in 6,7b vorliegende, ähnlich konstruierte Begründung כי נחמתי כי עשיתם sekundär ist, und das Fehlen einer Begründung für Jahwes Gnadenhandeln in den "jahwistischen" Notizen in 3,21; 4,15 und 6,8 legen es nahe, 8,21aβ für redaktionell zu halten. Die Hand, die diese Begründung in der Linie der "jahwistischen" Anthropologie und Hamartiologie in den Flutepilog eingebaut hat, verschärft das "jahwistische" Menschenbild und unterstreicht die im "priesterlichen" Bericht explizierte Erkenntnis, daß der Mensch sich auch nach dem Flutgericht nicht verändert hat (vgl. 9,2ff.).[132] So liegt 8,21aβ auf einer theologischen Ebene mit den redaktionellen Zusätzen in 3,22.24; 6,3 und 11,6, die einerseits die wesenhafte Verderbtheit und Todverfallenheit des Menschen, andererseits die Souveränität Gottes besonders herausstellen.[133]

Der verbleibende Bestand der Gottesrede läßt sich hingegen als ursprünglicher Abschluß der "jahwistischen" Fluterzählung betrachten. V.21b blickt auf die Vernichtungsankündigungen in 6,7* und 7,4.23 zurück, wobei hier, jeweils ohne wesentliche inhaltliche Differenz, מחה durch נכה und היקום durch die Wendung כל־חי ersetzt ist.[134] V.21aα2 nimmt thematisch auf die Verfluchung der אדמה in 3,17-18a Bezug. Der ambivalente Begriff

---

[131] Vgl. יצר statt כל־יצר מחשבת, רע statt רק רע, מנעריו statt כל־היום. SamPt, Sy und Tg^O geben den terminologischen Wechsel von כל־יצר מחשבות לבו in 6,5b zu יצר לב האדם in 8,21aβ wortgetreu wieder. G variiert von πᾶς τις διανοεῖται ἐν τῇ καρδίᾳ αὐτοῦ ἐπιμελῶς zu ἔγκειται ἡ διάνοια τοῦ ἀνθρώπου ἐπιμελῶς, VL^I von *omnes quisque cogita in corde suo diligenter* zu *adposita est mens hominis ad* und Vg von *cuncta cogitatio cordis* zu *sensus et cogitatio humani cordis*. Zur inhaltlichen Dimension dieser begrifflichen Modifikation s.u.S.250f.

[132] S.o.S.143.

[133] So mit Kaiser, Theologie, I, 167. Ebenfalls als sekundär, aber als *vorendredaktionell*, beurteilten 8,21aβ Weimar, Pentateuch, 144f. (JE); Vermeylen, Commencement, 145 (dtr.) und Ruppert, I, 370f. (JE). Levin, Jahwist, 114, betrachtete den Versteil als *nachendredaktionell*.

[134] Bereits in der "protojahwistischen" Vorlage findet sich die Wendung כל־חי (vgl. 3,20); dort allerdings in einem rein anthropologischen Sinn, während sie in 8,21 für die gesamte belebte Welt gebraucht wird. Auch dieser terminologische Unterschied spricht dagegen, die "jahwistische" Fluterzählung bereits der "protojahwistischen" Schöpfungs- und Kulturgründungserzählung zuzuweisen.

קלל, der anstelle des in 3,17 und 4,11 vorliegenden Wortes ארר erscheint, steht hier im Blick auf die Flut, die keine Verfluchung der אדמה, wohl aber ihre Verwüstung darstellt, im Sinn von "geringschätzig/gewalttätig behandeln".[135] Mit 8,21* wird zwar der in 3,17-18a ergangene Fluch nicht aufgehoben.[136] Eine zukünftige Beeinträchtigung der אדמה als Folge einer Verfehlung des Menschen wird aber ausgeschlossen. Der Bestand der אדמה als Stätte, auf der der Mensch zusammen mit allen Lebewesen vor Gott existiert, wird durch Jahwe selbst zugesichert. Somit schließt 8,21* nicht nur die "jahwistische" Fluterzählung ab (vgl. V.21b),[137] sondern den gesamten "jahwistischen" Erzählzusammenhang in 2,4b-4,24*; 6,5-8*; 7,1a.2.4f.10a.12. 23* und 8,2b.6.8-12*.13b.20-22*.

Parallel zu den Erzählabschlüssen in 2,23; 3,14-19 und 4,23f. gipfelt die "jahwistische" Fluterzählung in einer poetisch gestalteten Sentenz (V.22). Diese bildet eine Kleinkomposition aus einer Überschrift (עד כל־ימי הארץ), die die Aspekte des Lebensraums und der Zeit einschließt, einem Korpus aus vier Gegensatzpaaren (לילה / יום; חרף / קיץ; חם / קר; קציר / זרע), das sich auf die Garantie der jahreszeitlichen Ordnungen innerhalb des Lebensraums erstreckt, und einem Summarium (לא ישבתו), das nochmals den Aspekt der Zeit betont. Der Wechsel von der personalen Redeweise (V.21) zur unpersönlichen (V.22) spricht nicht gegen die Zusammengehörigkeit von V.21-22.[138] Er gleicht vielmehr den Sequenzen in 2,23/2,24 und in 6,7*/6,8. Ein mit 8,21*-22 kongruenter Begriffswechsel von אדמה zu ארץ liegt in 6,5-7* vor. Die Anknüpfung der Schlußsentenz an V.21* ist stilistisch und kompositionell gut vorbereitet. Mit dem doppelten ע(ו)ד in V.21 wird auf den Beginn von V.22 hingewiesen, mit לא ישבתו wird den Negationen לא־אסף להכות und לא־אסף לקלל ein drittes Glied hinzugefügt. Somit zieht sich durch 8,21-22 eine doppelte Dreigliedrigkeit.[139]

---

[135] קלל (Pi.) wird in der Forschung zumeist *ausschließlich* mit "verfluchen" bzw. als "verflucht bezeichnen" übersetzt. Dennoch sprechen einige Gründe dafür, den Begriff in 8,21 primär mit "vernichten" zu übersetzen: (1.) der Parallelismus mit נכה (Hif.), (2.) der Wortgebrauch in Neh 13,25 (ebenfalls neben נכה [Hif.]) und in Jer 15,10 (jeweils "gewalttätig behandeln"), (3.) die Verwendung von קלל (Qal) in 8,8.11 ("gering sein"), die für 8,21 die Übersetzung "gering machen" nahelegt; (4.) die Bedeutung, die קלל im Kausativstamm annimmt, (5.) die akkad. und syr. Verwendung von *qll* im Intensivstamm (so mit Speiser, 53; Steck, Urgeschichte, 530f.; J. Jeremias, Reue, 24). Zu einem *synthetischen* Verständnis von קלל in 8,21, das einen Bezug auf die Flut und die Paradieserzählung erlaubt, siehe auch Zenger, Urgeschichte, 49.

[136] Vgl. Rendtorff, Genesis 8,21, 191ff.; modifiziert in: ders., Hermeneutische Probleme, 200; ähnlich Blenkinsopp, Pentateuch, 84.

[137] So aber zuletzt wieder Harland, Human Life, 118.

[138] So aber Weimar, Pentateuch, 145, (V.22: R^{Pt}), und Vermeylen, Commencement, 145 (V.22: P2 = R^{Pt}).

[139] Vgl. S.175.

2.4. Die "jahwistische" Schicht

I.1	לא־אסף לקלל	I.2	את־האדמה	Raum
II.1	לא־אסף להכות	II.2	את־כל־חי	Leben
III.1	לא ישבתו	III.2	כל־ימי הארץ	Zeit.

Insgesamt stellt 8,21*-22 ein genaues strukturelles Pendant zu 6,5-8* dar:

8,21a:	Wahrnehmung Jahwes	6,5f.:	Wahrnehmung Jahwes
8,21b*:	Rede Jahwes	6,7*:	Rede Jahwes
8,22:	unpersönl. Gnadenwort	6,8:	unpersönl. Gnadenwort.

Dabei stehen 8,20-22* und 6,5-8* in einer chiastischen Korrespondenz:

8,20:	נח	Opfer Noahs	6,8:	נח	Begnadigung Noahs
8,21a:	אמר	Rede Jahwes	6,7:	אמר	Rede Jahwes
8,21b:	עשה	Vernichtungstat Jahwes	6,6:	עשה	Schöpfungstat Jahwes
8,22: ימי הארץ		Zeit der Erde	6,5:	בארץ	Leben auf der Erde.

Die kompositionellen und inhaltlichen Entsprechungen zwischen 6,5-8* und 8,20-22* bestätigen die Identität der Verfasserschaft im "jahwistischen" Flutbericht. Ob auf diese Gottesrede eine ausdrückliche Mitteilung des Beschlusses Jahwes an Noah erfolgte, ist im gegenwärtigen Text nicht mehr erkennbar. Analog zu der Rede Jahwes an Noah und die Seinen im "priesterlichen" Flutbericht (vgl. 9,1b: ויאמר להם) und der "jahwistischen" Information Jahwes an Noah, einen vierzigtägigen Regen zu schicken (7,4), könnte man vermuten, daß auch der "jahwistische" Erzählzusammenhang eine Notiz besaß, in der Jahwe Noah seine direkte Zusage zum Fortbestand der natürlichen Ordnungen gab. Gegen diese Annahme sprechen aber der sentenzenhafte Abschluß in 8,22 (par. 2,24; 3,14-19; 4,24),[140] die Korrespondenz von 8,22a zu 2,4b[141] und der siebengliedrige Aufbau der "jahwistischen" Fluterzählung, der dem jeweils aus sieben Szenen bestehenden Aufbau der "jahwistischen" Paradieserzählung und der "jahwistischen" Kain-Abel-Erzählung entspricht.[142]

1.	Einleitung	Reflexion Jahwes	6,5-8*
2.		Tat Noahs - Bau der Arche	[...]
3.		Rede Jahwes	7,1a.2.4.5
4.		Flutverlauf	7,10a.12.23*; 8,2b [....(?)]
5.		Taubenflug	8,6.8-12*.
6.		Tat Noahs - Bau des Altars	8,13b.20
7.	Schluß	Reflexion Jahwes	8,21*.22

---

[140] Vgl. dazu Ruppert, I, 369.
[141] Vgl. das dem Rahmen, den 1,1/2,3 um den "priesterlichen" Schöpfungsbericht legen (vgl. S.119), entsprechende Gegenüber von 2,4b und 8,22 hinsichtlich der Perspektive der Zeit (לא ישבתו // ביום עשות) und des Raums (ארץ ושמים // ימי־ארץ).
[142] Vgl. S.165 bzw. S.70.

Mit dem Beschluß Jahwes in 8,22, dem "erste(n) Wunder, von dem das Alte Testament nach der Schöpfung zu reden weiß",[143] endet die "jahwistische" Urgeschichte.

2.4.5. Zusammenfassung und redaktionsgeschichtliche Problemanzeige

Die "jahwistischen", nichtendredaktionellen Bestandteile der Fluterzählung, die sich mit Ausnahme eines fehlenden Berichts über den Bau der Arche zu einem lückenlosen Erzählablauf zusammenfügen lassen, bilden ein in sich geschlossenes inhaltliches und kompositionelles Gegenstück zu der in 2,4b-4,24* erkennbaren Erzählfolge. Die Entsprechung zeigt sich exemplarisch an einer Gegenüberstellung des aus 6,5-6.7aα.8; 7,1-5* und 8,6-12*.13b.20-22* erkennbaren Noahbildes mit der Zeichnung des אדם, Kains und Lamechs in 2,4b-4,24*. Noah verkörpert im "jahwistischen" Erzählzusammenhang einen positiven Antitypos zum "Menschen", zu Kain und Lamech: zum "Menschen" hinsichtlich seines Gehorsams gegenüber Jahwes Gebot (vgl. 7,5 gegenüber 2,16f.; 3,6ff.); zu Kain hinsichtlich der Ernstnahme von Jahwes Mahnung (vgl. 7,4f. gegenüber 4,6ff.); zu Lamech hinsichtlich der auf Jahwe gerichteten Dankbarkeit anstelle der Demonstration der Selbstherrlichkeit (vgl. 8,20 gegenüber 4,23f.). Zugleich zeigt sich eine Kontinuität zwischen dem אדם, dem Repräsentanten der alten Menschheit, und Noah, der Verkörperung der neuen Menschheit. So zielt die Garantie der jahreszeitlichen Ordnungen auf eine Bearbeitung der אדמה (vgl. 8,22 mit 2,5; 3,17.23; 4,2); der Einsatz der Taube als Lotse entspricht der Bestimmung der Tiere als Hilfe des Menschen (vgl. 8,6ff. mit 2,19b).

Im Gegensatz zur "priesterlichen" Fluterzählung blickt die "jahwistische" kompositionell und konzeptionell nicht mehr über sich selbst hinaus. Der Bestand der Naturordnungen wird göttlich zugesichert (8,22 im Gegenüber zu 2,4b). Eine zu 9,1b-7 parallele Anordnung oder Ankündigung eines die Gültigkeit der göttlichen Zusage künftig bestätigenden Zeichens ist damit nicht (vgl. 9,8-17) gegeben. Der "jahwistische" Flutprolog erweist sich als ein Rückblick auf 2,4b-4,24*, der aber nicht auf eine literarische Fortsetzung angelegt ist. 8,21aα2 (לא־אסף עוד לקלל את־האדמה בעבור האדם) bildet einen Abschluß zu 3,14-19, ohne daß die dort aufgestellten Ätiologien außer Kraft gesetzt werden. Die Bearbeitung des Erdbodens bleibt auch nach der Flut beschwerlich. Eine künftige Beeinträchtigung der Erde und damit der Lebensgrundlage des Menschen wird aber ausgeschlossen. 8,21b (לא־אסף עוד להכות את־כל־חי) blickt resümierend auf 4,11 und 6,5-6.7* zurück. Die Möglichkeit göttlicher Sanktionen der menschlichen Verfehlungen bleibt auch nach der Flut gewahrt. Eine Bestrafung *aller* Lebewesen im Umkreis dessen,

---

[143] J. Jeremias, Schöpfung, 36.

2.4. Die "jahwistische" Schicht

der sich verfehlt hat, wird aber nicht mehr in Betracht gezogen. Anders als der "priesterliche" Erzählzusammenhang von "Schöpfung → Genealogie → Flut" führt die "jahwistische" Folge "Schöpfung → Sündenfall → Flut" nicht auf eine sich erst in der Zukunft erweisende Verwirklichung in der Urzeit angelegter Ordnungen hinaus.[144] Durch die Gottesrede in 8,21*.22 wird abschließend auf die drei mitgeteilten Strafurteile in 2,4b-4,24* und 6,5-8* zurückgeblickt: in 8,21a mit Bezug auf 3,17-19 (ארר/קלל); in 8,21b mit Bezug auf 4,10-15 (נכה/הרג); in 8,22 mit Bezug auf 6,7 (מחה/לא שבת). Die dort jeweils angesprochenen Strafen werden durch 8,21*.22 nicht aufgehoben, sondern als bis in die Gegenwart des Erzählers fortdauernde Existentialien bestätigt. Daß der bisher zu beobachtende "jahwistische" Erzählzusammenhang ausschließlich eine "Geschichte des Fluchs" sei, der konzeptionell auf eine "Geschichte des Segens" hin angelegt sei,[145] ist aus 2,4b-4,24 und 6,5-8,22* selbst nicht ersichtlich. Vielmehr deutet der "jahwistische" Flutepilog darauf hin, daß der "jahwistische" Erzählzusammenhang von 2,4b-4,24* und 6,5-8,22* ursprünglich *keine* literarische Fortsetzung hatte, sondern daß 2,4b und 8,22 einen Rahmen um eine ehemals selbständige "jahwistische" Urgeschichte legten.[146]

Bei den grundlegenden redaktionsgeschichtlichen Beobachtungen wurde festgestellt, daß (1.) die Erzählung in 9,20-26*, (2.) die "jahwistischen" Bestandteile der Völkertafel in c.10 und (3.) die Babelerzählung in 11,1-9 erst endredaktionell eingefügt sind.[147] Abschließend kann nun auch aus der Perspektive des kompositionellen Profils des "jahwistischen" Erzählzusammenhangs die fehlende vorendredaktionelle literarische Verbindung jener drei Texte bzw. Textgruppen mit 2,4b-8,22* dargestellt werden.

Gegen eine ursprüngliche Zusammengehörigkeit der Erzählung von Noah und seinen beiden Söhnen Sem und Kanaan (9,20-26*) mit 2,4b-4,24*; 6,5-8,22* sprechen folgende Beobachtungen:[148]

1.) das unterschiedliche Noahbild. Während in 6,5-8,22* Noah der kluge Schiffsmann ist, der die Aussendung und Erkundungsflüge der Taube genau einzuschätzen weiß, ist er in 9,20ff. der törichte Winzer, der die Wirkung des

---

[144] Vgl. für den "priesterlichen" Erzählzusammenhang 2,2-3 (Ausblick auf Einrichtung des Sabbats), 9,1b (Ausblick auf Mehrung der Menschheit); 9,2 (Erwartung der Schreckensherrschaft der Menschheit); 9,18a.19 (Hinweis auf die Verteilung der Menschheit über die Erde); vgl. S.146f.

[145] So nach Stärk, Literarkritik, 38; von Rad, Hexateuch, 71ff.; Wolff, Kerygma, 359; Steck, Urgeschichte, 539ff., zuletzt wieder Levin, Jahwist, 107ff.

[146] Zur Rahmenfunktion von 2,4b und 8,22a vgl. auch die Überlegungen von Rendtorff, Genesis 8,21, 193; Zenger, Urgeschichte, 44-47; Dohmen, Schöpfung, 237; Uehlinger, Weltreich, 339f.

[147] Vgl. S.116f.

[148] Vgl. S.102ff.

Weines nicht kennt und der sich entgegen dem Schamgefühl, das dem ungehorsamen "Menschen und seiner Frau" zukommt, selbst entblößt.[149]

2.) die Bezeichnung Noahs als "Mann der Erde" (איש האדמה), die zwar inhaltlich auf die Neubegründung des Ackerbaus nach der Flut (vgl. 8,22) Rücksicht nimmt, die sich aber terminologisch von den Notizen in 2,5 (עבד את־האדמה) und 4,2 (עבד אדמה) unterscheidet.

3.) die in 2,4bff. fehlende genealogische Hinführung auf Noahs Söhne Sem und Kanaan. Eine solche Einführung hätte lediglich hinter 4,22(v.l.) einen Platz; Spuren dafür finden sich nicht.

4.) fehlende direkte Bezüge zur Fluterzählung gegenüber den zahlreichen Querverbindungen, die in 2,4b-4,24*; 6,5-8,22 bestehen.[150]

5.) die Auslösung eines Vergehens und die Ahndung des begangenen Frevels durch einen Menschen selbst (9,25f.), nicht durch Jahwe (3,14ff.; 4,9ff.; 6,7).

6.) die Kontrastierung der bösen *Tat* (Kanaans) mit einer guten (Sems), während in 2,4b-4,24* allein von der bösen Tat erzählt wird.

7.) die Gegenüberstellung von Fluch und Segen (jeweils in der 3. Pers. Sing.), während in 2,4b-8,22* *allein* Fluchworte (in der 2. Pers. Sing.) begegnen.

8.) das Fehlen einer Einschränkung der Strafe, die über den einzelnen Sünder verhängt wird (vgl. 9,25 gegenüber 3,21; 4,15).[151]

Mit dem Nachweis, daß 9,20-26+27 in keinem ursprünglichen literarischen Zusammenhang mit 8,22 stand, wird in literarkritischer Hinsicht das Ergebnis der älteren Forschung bestätigt, die die Weinbergerzählung auf eine andere literarische Schicht als die in der "jahwistischen" Fluterzählung greifbare zurückführte.[152] Die traditionsgeschichtliche Erklärung, 9,20-27 stamme zwar aus einem anderen Sagenkreis als die Fluterzählung, gehe aber auf denselben

---

[149] Allerdings liegt der Schwerpunkt der Erzählung nicht auf der Darstellung des Verhaltens Noahs, sondern des Umgangs seiner Söhne mit der kritischen Situation des betrunkenen und entblößten Vaters.

[150] Vgl. a) 2,4b → 8,22a; b) 2,5bβ → 3,23; 4,2; c) 2,5a → 2,9a → 3,17; d) 2,8 → 3,23 → 4,16; e) 2,16f. → 3,6ff. → 7,5; f) 2,18ff. → 8,6ff. g) 3,20a → 4,1; h) 3,20b → 8,21b; i) 3,16 → 4,6-7; j) 3,17 → 4,11 → 8,21; k) 4,2 → 8,22; l) 4,6ff. → 7,4f.; m) 4,23f. → 8,20; n) 6,5-7* → 7,1-5* → 8,21*. Zu den Flutbezügen s.o.S.184f.

[151] Vgl. dazu auch Zenger, Urgeschichte, 44.

[152] Vgl. Wellhausen, Composition, 12; Budde, Urgeschichte 290-370.530f.; Eißfeldt, Hexateuchsynopse, 14*; Pfeiffer, Source, 68; Fohrer, Einleitung, 175. Buddes redaktionsgeschichtliche Einordnung von Gen 9,20-27 als Teil der ältesten "jahwistischen" Urgeschichte trifft hingegen ebensowenig zu wie Eißfeldts und Fohrers Kombination von 9,21-27 mit 11,1-9 als Teil der Laienquelle bzw. der Nomadenquelle oder Pfeiffers Einordnung von 9,20-27 in die älteste Fassung einer Seirquelle. Die von uns herausgearbeitete "protojahwistische" Quelle in 2,5-4,22* findet ihren Zielpunkt in der segmentären Genealogie der Lamechsöhne Jabal, Jubal und Tubal und steht in keinem sachlichen und sprachlichen Zusammenhang mit 9,20-27.

2.4. Die "jahwistische" Schicht

Verfasser (J) wie die "jahwistischen" Teile in c.6-8* zurück,[153] scheitert daran, daß keine vorendredaktionellen Brücken zu der "jahwistischen" Urgeschichte bestehen. Allein die redaktionsgeschichtliche Lösung, die die literarische Abhängigkeit des Einschubs von der "priesterlichen" Fluterzählung erkennt, wird dem Befund in 9,18-29 gerecht.[154] Insofern können auch die redaktionsgeschichtlichen Versuche nicht überzeugen, die den Einsatz von 9,20-27 zwar als sekundär erkannt haben, diesen aber auf einen "vorpriesterlichen" Redaktor (JE) zurückführen.[155] Unsere Analyse bestätigt hier vielmehr die Berechtigung des schon einmal von der Pentateuchforschung des 19. Jh. unterbreiteten literargeschichtlichen Vorschlags, 9,18b.20-27 auf den Endredaktor der Urgeschichte zurückzuführen.[156]

Als mögliche vorendredaktionelle Fortsetzung von 8,22 könnten dann die bereits aus dem "priesterlichen" Zusammenhang ausgegliederten Teile der Völkertafel (10,8-12.13-14*.15-18a.26-29a) in Frage kommen. Doch besteht auch hier das Problem, daß keine Verbindung zum "jahwistischen" Flutepilog vorliegt.[157]

10,8b(9)-12a stellt zwar eine dem Redaktor vorgegebene Überlieferung dar. Allerdings ist zwischen dieser und 2,4b-4,24*; 6,5-8,22* keine inhaltliche und kompositionelle Verknüpfung erkennbar.[158] Im "jahwistischen" Kontext führt keine Brücke von Noah (8,20) zu Kusch (10,8b). Ein sachlicher Bezug von 10,8-12* zu 2,4b-9a.16-25*; 3,1-4,24*; 6,5-8,22* zeigt sich nicht. Gegen die Annahme, zwischen 10,8ff. und 8,22 sei redaktionell gekürzt worden,

---

[153] So mit unterschiedlichen Nuancierungen Gunkel, 78; Procksch, 71ff.; von Rad, 113; Westermann, I, 645ff.; W. Schottroff, Fluchspruch, 147ff.; Ebach, Weltentstehung, 316; Berge, Zeit, 120.142ff.; Van Seters, Prologue, 178ff.
[154] Vgl. S.102ff.
[155] Gegen Weimar, Pentateuch, 149f.; Zenger, Gottes Bogen, 106 Anm.14; Hossfeld, Pentateuch, 33; Ruppert, I, 415ff.
[156] Vgl. Ewald, in: JBW IX, 19ff.; ders., Geschichte, 156; Böhmer, Thora, 150ff.; Schrader, Urgeschichte, 155ff. Mit Vorbehalt auch Dillmann^5, 157, (J oder R). Aus welchem literarischen Zusammenhang der Redaktor diese Erzählung, die wohl schon die Motive des Weinbaus Noahs, des Fehlverhaltens des jüngsten Sohnes (Kanaan) und des richtigen Verhaltens des anderen (Sem) sowie eine Grundform des Fluch- bzw. Segensspruchs umfaßte, entnommen hat, ist unklar. Möglicherweise war die Erzählung Teil einer Sammlung von Beispielgeschichten über richtiges Verhalten, die zur Unterweisung dienten. So findet sich die in Gen 9,20-27 vorliegende Motivik im Rahmen weisheitlicher Paränese u.a. in TestRub 3; TestJud 11 (vgl. zur Gattung der atl. Kurz-/Beispielgeschichte auch die Überlegungen von Weimar, Pentateuch, 148).
[157] Vgl. S.113ff.
[158] Diese Einschätzung gilt auch im Blick auf die "protojahwistische" Anthropogonie, die mit der Begründung der wichtigsten Berufsgruppen jeder altorientalischen und antiken Gesellschaft in 4,22* gipfelt (vgl. S.153, anders zuletzt Levin, Jahwist, 86f., der den Gipfelpunkt der "vorjahwistischen" Anthropogonie erst in c.10* sieht).

spricht die Abhängigkeit der Nimrodnotiz von der "priesterlichen" Grundlage in 10,6 (... בני חם כוש).[159]

Ebensowenig läßt sich der Abschnitt 10,13-14*, dessen Verknüpfung mit 10,8-12* erst endredaktionell ist, mit 8,22 verbinden. Auch hier fehlen einerseits die Brücke zwischen Noah und Misraim und der inhaltliche Zusammenhang mit 2,4b-8,22*, andererseits hängt die Notiz über die von Misraim abstammenden Völker literarisch von der "priesterlichen" Linie in 10,6 ab (בני חם ... מצרים). Da die Erwähnung der Lyder (לודים) in 10,13 eine Dublette zur Erwähnung von Lud (לוד) in 10,22 darstellt, muß der Redaktor die von ihm in 10,14b(v.l.) erweiterte Notiz aus seiner Vorlage aufgenommen haben. Daß diese Vorlage in einer vorendredaktionellen Beziehung zu 2,4b-8,22* stand, ist nicht nachweisbar.

10,15 ließe sich aufgrund der rein genealogischen Form (ילד [*Qal*], בכור) noch am ehesten mit 2,4b-8,22* verknüpfen, wenn sich eine genealogische Verbindung zwischen Noah und Kanaan, wie sie für die ursprüngliche Form von 9,20-26* vermutet wurde, zeigen würde. Die Kanaanäernotiz ist aber selbst redaktionell erweitert (V.18b-19), bietet ein anderes Bild von Kanaan als 9,20-26* und ist wie 10,8-12.13-14 literarisch von der "priesterlichen" Reihe in 10,6 abhängig. Daher liegt auch aus dieser Perspektive die im Rahmen der literarischen Analyse von c.10 gezogene Folgerung nahe, daß der Redaktor vorgegebene Notizen unterschiedlicher Herkunft eingefügt hat, die in keinem literarischen Zusammenhang mit 2,4b-8,22* standen.

Schließlich läßt sich auch der letzte "jahwistische" Block in 10,24-30 nicht mit dem Erzählzusammenhang von 2,4b-8,22* verknüpfen. Die Genealogie des ארפכשד basiert auf der "priesterlichen" Reihe in 10,22 und erweist sich als eine redaktionelle Einlage. Da mit שבא (10,28) und חוילה (10,29) eine Doppelung zu 10,7 vorliegt, während 10,24.25*.29b.30 redaktionelle Angleichungen zeigen, dürfte auch 10,26-29a eine dem Redaktor vorgegebene Überlieferung bilden.

Daß der Redaktor die "jahwistischen" Teile in c.10 nicht in einem Erzählzusammenhang mit 2,4b-4,24*; 6,5-8,22* vorfand, ergibt sich auch aus einem Vergleich mit 4,17-22.23-24. Während der Redaktor die "(proto)-jahwistische" Kainitentafel *parallel* zur "priesterlichen" Adam-Set-Genealogie bietet, hat er hier die "jahwistischen" Stücke *partiell* an die jeweils passende

---

[159] Die von Budde, Urgeschichte, 390ff., aufgrund terminologischer und kompositioneller Überschneidungen, die zwischen 10,8-12 und 6,1-4 bestehen (vgl. den Gebrauch der Wurzel חלל [*Hif.*] in V.1, des Begriffs גבור in V.4 und der Wendung בארץ "auf der Erde" in V.4), vorgeschlagene ursprüngliche direkte literarische Verbindung von Gen 6,1-4 mit 10,9 ist angesichts der Rückführung von 6,1-4 auf einen Redaktor, der bereits die Sintfluterzählung voraussetzt, hinfällig. Die unmittelbare Zusammenstellung Nimrods mit den vorsintflutlichen Helden bzw. Riesen ist erst ein Ergebnis der späteren Spekulationen über Nimrod in römischer Zeit (vgl. dazu Bousset u. Greßmann, Religion, 481.493f.; P. W. van der Horst, Nimrod, 16ff.).

2.4. Die "jahwistische" Schicht

Stelle eingefügt. Angesichts ihrer formalen Disparatheit gehörten die "jahwistischen" Teile in 10,8-12*.13-14a.15-18a.24-29a* ursprünglich wohl kaum *einem* Textzusammenhang an. So stehen die Notizen über die mesopotamischen Städte Nimrods, über die von Misraim abstammenden Völker, über die Söhne und Völker Kanaans sowie über die Söhne und Stämme Joktans formal unausgeglichen nebeneinander. Diese Verschiedenheit legt die Annahme nahe, der Redaktor habe hier aus unterschiedlichen Zusammenhängen stammendes Listenmaterial aufgenommen. Die Analyse der kompositionellen und konzeptionellen Struktur der vorendredaktionellen "jahwistischen" Urgeschichte zeigt, daß die "jahwistischen" Bestandteile der Völkertafel in keiner ursprünglichen literarischen Beziehung zu 2,4b-8,22* standen, und bestätigt die bereits im Zusammenhang der literarischen Untersuchung von c.10 erzielte Beobachtung, daß es *keine* selbständige "jahwistische" Völkertafel gab.[160]

Im Rahmen der Analyse der endredaktionellen Erweiterungen wurde festgestellt, daß 11,1-9 über seine zentralen Verse in 11,6-7 mit den redaktionellen Texten in 6,1-4 und 3,22.24 in Verbindung steht. Die Erzählung in 11,1-9 konnte dabei als eine redaktionelle Komposition auf der Basis einer ehemals selbständigen ätiologischen Erzählung über die Entstehung Babels bestimmt werden, die auf den "priesterlichen" und den "jahwistischen" Erzählzusammenhang zurückblickt. Diese These läßt sich aus der Perspektive der Kompositionsstruktur der "jahwistischen" Urgeschichte nochmals untermauern. Gegen die Zuweisung der ursprünglichen Babel-Bau-Erzählung (V.2*.4a.5a.[8b?].9aα) zum "jahwistischen" Erzählzusammenhang von 2,4b-8,22* sprechen kompositionelle und inhaltliche Besonderheiten:

1.) erzählen die in 2,4b-8,22* dargestellten Sündenfälle alle von paradigmatischen Einzelfiguren, wobei jeweils eine direkte Begegnung zwischen Gott und Mensch geschildert wird (3,9ff.; 4,6ff.; 7,1ff.). In 11,5* wird hingegen wie in 6,1-4 die Gesamtmenschheit handelnd vorgeführt (11,5: בני־האדם) und eine Reaktion Gottes konstatiert.[161] Der Vorstellung von ei-

---

[160] Vgl. S.113f. Auf den fehlenden literarischen Zusammenhang von 8,22 zu den "jahwistischen" Abschnitten in c.10 wiesen auch Weimar, Pentateuch, 148f., und Ruppert, I, 443ff., hin, die allerdings eine Völkertafel von JE rekonstruierten (10,15.18b.19*.21.25.30 bzw. 10,1b.8-12.15.18b-19.21.24-25.30); ähnlich Seebass, in: ThLZ 118, 1031; ders., in: TRE XVI, 445 (9,19 und c.10* sind "nachjahwistisch" - anders im Kommentar, I, 267, wo Seebass zwar die Rekonstruktion einer "jahwistischen" Völkertafel für unmöglich hält, mindestens aber 10,8-12 als ein "jahwistisches" Fragment ansieht, das bei J ursprünglich zwischen 11,1-9 und 12,1-8 gestanden habe [a.a.O., 284]) und Vermeylen, Commencement, 165ff., der jedoch eine dtr. Völkertafel (10,8.10-12a.15-18a.19.21.25-30) annahm und 9,20-25* bereits in den "jahwistischen" Erzählzusammenhang einordnete (a.a.O., 158ff.).

[161] Daß in 6,5-8 und 8,21 von האדם geredet wird, spricht nicht gegen diese These, denn hier ergeht im Rückblick auf die Vergehen des אדם und seiner Frau, Kains und Lamechs summarisch ein Urteil. Zu diesem strukturellen und theologischen Unterschied zwischen den Erzählungen in 2,4b-8,22* einerseits, 6,1-4 und 11,1-9 andererseits siehe auch die Ausführungen von Berges, Babel, 54.

nem unmittelbar nahen Gott steht mit dem Bild des Herabfahrens Jahwes vom Himmel (ירד) die Vorstellung vom fernen Gott gegenüber.

2.) entspringt das Vergehen der Menschen in 11,4 nicht wie in 2,4b-4,24* einem Gebot bzw. einem Verhalten Jahwes, sondern wie in 9,20-27 einem Entschluß der Menschen selbst. Eine Einschränkung der Strafe (vgl. 3,21; 4,15; 6,8) erfolgt nur indirekt über die partielle Bewahrung der "Spracheinheit" und der "Ursprache" bei den Semiten.

3.) befinden sich gemäß 8,20-22 nach der Flut nur Noah und seine Familie auf der Erde, nach der Angabe in 11,2*.4a hingegen eine Vielzahl von Menschen.[162]

Somit bestätigt sich redaktionsgeschichtlich auch im Blick auf 11,1-9 und seine literarische Abhängigkeit von der "priesterlichen" und der "jahwistischen" Urgeschichte die bereits in der älteren Forschung vertretene Rückführung der Turmbauerzählung auf den Redaktor der Urgeschichte.[163] Woher der Redaktor die Babel-Bau-Erzählung übernommen hat, ist ungewiß. Die Grundschicht von 11,1-9 stand jedenfalls in keinem ursprünglichen "sintflutlosen" Textzusammenhang mit der "protojahwistischen" Vorlage in 2,5-4,22*. Die literarischen Bezüge, die besonders zwischen 11,1-9 und 2,4b-4,26 bestehen, stammen erst vom Redaktor und sind kein Zeichen für eine ursprüngliche literarische Zusammengehörigkeit dieser Texte auf einer älteren vorendredaktionellen Stufe.[164] Ebensowenig stand 11,1-9 in einer traditionsgeschichtlichen oder vorendredaktionellen literarischen Beziehung zu c.6-9.[165]

Die ältere Forschung hatte für einen Zusammenhang der Bauerzählung mit der "jahwistischen" Fluterzählung die Schlußnotiz in der Fluterzählung der Babyloniaka des

---

[162] Bei der Annahme einer ursprünglichen literarischen Zusammengehörigkeit von 11,2* mit 8,22 müßte ein *redaktionell getilgter Abschnitt* postuliert werden, da 9,20ff; 10,1ff. kein primäres Bindeglied darstellen.

[163] Vgl. Böhmer, Thora, 159ff.; Schrader, Urgeschichte, 161ff. Auf die fehlenden thematischen Querbezüge der *Grundschicht* von Gen 11,1-9 zur "jahwistischen" Urgeschichte wiesen auch zutreffend Seybold, Turmbau, 474-479; Weimar, Pentateuch, 150-153; Zenger, Urgeschichte, 54 Anm.63; Hossfeld, Pentateuch, 33; Vermeylen, Commencement, 182, und Uehlinger, Weltreich, 329ff.558ff., hin. Gegen diese Forscher geht die Einfügung der Stadt- und Turmbauerzählung aber nicht auf J/JE oder einen anderen "vorpriesterlichen" Verfasser/Bearbeiter, sondern auf einen "nachpriesterlichen" Redaktor zurück.

[164] Vgl. aber Wellhausen, Composition, 8; Budde, Urgeschichte, 381ff. (J1); Holzinger, XXV (J1); Eißfeldt, Hexateuchsynopse, 7 (L); Pfeiffer, Source, 68 (Seirquelle); Fohrer, Einleitung, 175 (N); Richter, Urgeschichte, 56f. (erste "jahwistische" Quelle); Ruppert, I, 497 ("vorjahwistisch").

[165] Vgl. dazu auch, obgleich mit einer von unserer redaktionsgeschichtlichen Analyse differierenden Schichtung, Seybold, 474-479; Hossfeld, Pentateuch, 33; Uehlinger, Weltreich, bes. 428 (Anm.70) u. 514ff. u.ö. Ob die literarischen Grundschichten von 9,20ff. und 11,2ff. angesichts der oben genannten Parallele (vgl. unter 2.) auf eine und dieselbe Sammlung von Beispielgeschichten zurückgeführt werden können (vgl. Weimar, Pentateuch, 159f.), soll hier offenbleiben. Eine unmittelbare ursprüngliche literarische Verknüpfung von 9,20ff. mit 11,2ff. zeigt sich jedenfalls nicht.

2.4. Die "jahwistische" Schicht

Berossos geltend gemacht.[166] So errichteten die Überlebenden der Flut auf Anweisung des zu den Göttern entrückten Fluthelden Xisuthros Babylon *wieder*.[167] Diese Nachricht von einem Wiederaufbau geht aber nicht auf eine mesopotamische Vorlage des Berossos zurück, die auch von dem "jahwistischen" Erzähler in Gen 1-11* benutzt worden wäre.[168] Sie dürfte eine von Berossos selbst gebildete Schlußnotiz sein, die dessen probabylonischer Ideologie verpflichtet ist und die den Bericht über die vorsintflutliche Gründung Babylons (vgl. frgm. 13)[169] mit der nachsintflutlichen Existenz erzählerisch ausgleicht.[170] Gegen den von C. Westermann[171] erhobenen traditionsgeschichtlichen Zusammenhang der Themen "Zerstreuung" und "Flut" und der sich angeblich daraus ergebenden literarischen Konsequenz einer Zusammengehörigkeit von Gen 11,1-9 mit den jahwistischen Texten in Gen 6-10* hat zuletzt J. Van Seters zutreffend darauf aufmerksam gemacht, daß die Vorstellung der Verteilung der Völker nach der Flut nicht in einer alten babylonischen Tradition gründet, sondern erst in hellenistischen Texten belegt ist.[172] Doch auch die von J. Van Seters selbst vertretene These, Gen 11,1-9 sei literarisch mit den "jahwistischen" Texten in c.6-10 verbunden, da sich auch in Hesiods "Katalog der Frauen" das Thema "Wanderung, Niederlassung, Stadtbau" im Kontext genealogischer Schilderungen finde und 11,1-9 durch die auf J zurückgehenden Texte 6,1-4; 9,19.20 und 10,8.18.25 vorbereitet sei, überzeugt nicht. Sie nivelliert den literarisch eindeutig sekundären Charakter der Zerstreuungsnotizen in 11,4b.8a.9b und beurteilt die "priesterlichen" Teile der Völkertafel in 10,5.20.31, auf die 11,1-9 hin entworfen ist, fälschlich als endredaktionelle Zusätze.[173] Schließlich beruht auch das von C. Levin vertretene Urteil, die Erzählung vom Turmbau sei "nie etwas anderes als ein Teil der biblischen Urgeschichte gewesen",[174] auf der literargeschichtlich nicht zutreffenden Annahme, die Grunderzählung stamme ausweislich der Motive "Zerstreuung" (vgl. 4,12b.16; 10,25), "Handlung im Osten" (vgl. 2,8), "Wanderung" (vgl. 12,9), "große Stadt" (vgl. 10,10), des Terminus חלל (vgl. 4,26; 6,1; 9,20; 10,8), der Parallelität von 11,5-7 zu 6,5-8 und der Vorstellung von der Theophanie (vgl. ירד in Gen 18,20-21; Ex 3,7-8) von J und sei sekundär um das Sprachen- und Babelmotiv (V.1.3a.4aβ.6aα.7.8b-9) erweitert worden.

---

[166] Vgl. Gruppe, Sintflut, 154; Schnabel, Berossos, 91f. (mit der fraglichen traditionsgeschichtlichen Verknüpfung von Angaben des Berossos [frgm. 10B], der 143. Fabel des Hygin und SibOr III,97ff.); Kraeling, Flood, 280f, und kritisch dazu Uehlinger Weltreich, 97ff.101 (Anm.270).429f. Ob die Notiz des PsEupol (SamAn) frgm. 1,1-3 aus dem 2. Jh. v. Chr. über die Gründung Babylons durch die aus der Sintflut Geretteten, die Errichtung des babylonischen Turms durch die Riesen und ihre Zerstreuung über die Erde nach einer Zerstörung des Turms durch Gott schriftlich oder mündlich vermittelt von Berossos abhängt (vgl. Schnabel, Berossos, 67-69.246) oder eine freie Paraphrase des biblischen Berichts darstellt, ist unsicher; vgl. Walter, in: JSHRZ I, 138f.; Hengel, Judentum, 163f.
[167] καὶ πόλεις πολλὰς κτίζοντας καὶ ἱερὰ ἀνιδρυομένους πάλιν ἐπικτίσαι τὴν Βαβυλῶνα (frgm. 34; bei Schnabel, Berossos, 266 [Z.11]; bei Burstein, Berossus, 21 [II,2.4]).
[168] So Kraeling, Flood, 280f.
[169] Bei Schnabel, Berossos, 256 (Z.26ff.); bei Burstein, Berossus, 17 (I,5).
[170] Vgl. dazu auch Burstein, Berossus, 7.21 Anm.59; Van Seters, Prologue, 183.
[171] Vgl. Westermann, I, 715f.
[172] Vgl. Van Seters, Prologue, 177 mit Anm.13.
[173] Vgl. Van Seters, Prologue, 180-183. Zu Van Seters grundsätzlicher Beurteilung von P als Redaktionsschicht s.o.S.23.
[174] Levin, Jahwist, 127.

Die dem Redaktor vorgegebenen "jahwistischen" Texte in 2,4b-11,9 können nun abschließend in vier Hauptgruppen eingeteilt werden:
1.) in eine in sich geschlossene, literarisch aber mehrschichtige Urgeschichte. Diese bietet, ausgehend von einer kulturgeschichtlich orientierten Anthropogonie, eine theologische Anthropologie und narrative Hamartiologie. Sie erzählt von der Erschaffung des Menschen, dem Ungehorsam der Stammeltern gegen Jahwes Gebot, dem Brudermord, dem Wachstum der menschlichen Rache- und Mordlust sowie der Flut mit zusammenfassendem Ausblick auf die durch den gerechten Schöpfergott gewährte Beständigkeit der kosmischen Ordnungen und der menschlichen Lebensbedingungen.[175]
2.) in eine paränetisch ausgerichtete Beispielerzählung von Noah und seinen Söhnen Sem und Kanaan (9,20-26*).
3.) in listenartige Notizen aus unterschiedlichen Kontexten zu mesopotamischen, ägyptischen und arabischen Städten bzw. Stämmen und Volksgruppen (10,8-12*.13-14*.15*.16-18a.25*.26-29a).
4.) in eine ätiologische, dabei ironisch gefärbte Babel-Bau-Erzählung (11,2*.4a.5a.b[?].8b[?].9aα).

Diese vier Textgruppen, die in keinem gemeinsamen vorendredaktionellen literarischen Zusammenhang standen, hat der Redaktor mittels eigenständig gebildeter Brücken und Erweiterungen[176] in die "priesterliche" Urgeschichte[177] eingebaut und so die biblische Urgeschichte komponiert.

2.4.6. Die Selbständigkeit der "jahwistischen" Urgeschichte

> "In den jahwistischen Abschnitten ist von der Ausführung Abrahams aus seines Vaters Haus an (Gen. c.12.) ein fortlaufender Faden wahrzunehmen. Eine unverkennbare Zurückbeziehung eben dieses Jahwisten auf die umfangreichen jahwistischen Stücke der Urgeschichte (innerhalb Gen. c.1-11.) [...] findet sich dagegen nicht."[178]

Nachdem die strukturelle und thematische Geschlossenheit der "jahwistischen" Urgeschichte (2,4b-8,22*) dargestellt werden konnte, soll abschließend ihr kompositionelles Verhältnis zu 12,1-3 bestimmt werden, zumal in der Forschung im Gefolge von G. von Rad (1938) die "Berufung Abrams" häufig als

---

[175] 2,4b-7a.8-9a.16-25*; 3,1-21*.23; 4,1-24*; 6,5-8*; 7,1a.2.4.5.10a.12.23a*.b; 8,2b.6.8-12*.13b.20-22*.
[176] Umstellung von 2,4a; Bildung der Gottesbezeichnung יהוה אלהים; Einfügung von 2,7b.9b-15.17aα*.19aγ.b.20aα*; 3,14aα*.18b.22.24; 4,22b.25-26; 6,1-4.7aβ.b; 7,1b.3.8-9.10b.16.22*.23a*; 8,7.21aβ; 9,18b.20*.22*.23*.26a*.27; 10,4b.8*.9*.10b.12b.14*.(15*).18b-19.21.24.25*.(26-29a).29b-30; 11,1.2*.3.4b.5b(?).6-7.8a.b(?).9aβ.b.10b.
[177] 2,4a; 1,1-31; 2,2-3; 5,1-29a.30-32; 6,9-22*; 7,6-7.11.13-21.22*.24; 8,1-2a.3-5.13a.14-19; 9,1-18a.19.28-29; 10,1-4a.5-7.20.22-23.31-32; 11,10a.11-26.
[178] Graf Baudissin, Einleitung, 80f.

2.4. Die "jahwistische" Schicht

der Zielpunkt der "jahwistischen" Urgeschichte angesehen wurde.[179] So interpretierten zuletzt wieder J. Van Seters (1992) und C. Levin (1993) Gen 12,1-3 als positives Gegenüber zur Aufhebung des Fluchs über die Erde in 8,21f. und als eine von J intendierte Gegenbewegung zu der in 2,4-8,22* dargestellten Geschichte des Fluchs, der nun eine Geschichte des Segens folge.[180]

Bevor das kompositionelle und literarische Verhältnis von Gen 12,1-3 zur "jahwistischen" Urgeschichte bestimmt werden kann, sind einige literarkritische, philologische und tendenzkritische Klärungen nötig.

1.) 12,1-3 ist literarisch ein einheitlicher Abschnitt. Doppelungen, Spannungen oder stilistische Brüche, die eine literarkritische Scheidung erforderten, sind nicht vorhanden.[181] Der Konstruktionswechsel von den Segensverheißungen in der 1. Pers. Sing. (V.2a.3a) zu einer imperativisch formulierten (V.2b) bzw. passivisch konstruierten Folge (V.3b) erklärt sich einerseits stilistisch, andererseits motivgeschichtlich, insofern hier einzelne Formeln mosaikhaft kombiniert sind.[182]

2.) 12,2b (וֶהְיֵה בְרָכָה) ist weder passivisch aufzulösen[183] noch in וְהָיָה umzupunktieren,[184] sondern kann als konsekutiver Imperativ verstanden werden.[185]

---

[179] Vgl. von Rad, Hexateuch, 71ff., der dabei an knappe Bemerkungen von Stärk, Literarkritik, 38.56.64, und Procksch, Theologie, 146, anknüpfen konnte. Die Ausführungen von Rads wurden dann vor allem von Wolff, Kerygma, 351ff.; W. Schottroff, Fluchspruch, 39f.204; Steck, Urgeschichte, bes. 539ff., L. Schmidt, Jahwist, 241, und zuletzt wieder von Hossfeld, Pentateuch, 22; Scharbert, 121, und Levin, Jahwist, 133ff., aufgenommen und weitergeführt. Zenger, Urgeschichte, 35-44, bietet eine umfassende kritische Würdigung der These von der ursprünglichen literarischen Zusammengehörigkeit der "jahwistischen" Urgeschichte und der "Berufung Abrams" (12,1-3*) und ihrer Bestreitung, so daß wir uns im folgenden auf neuere Darstellungen konzentrieren. Berge, Zeit, 62-72, widerlegt ebenfalls ausführlich die These einer kompositionellen Beziehung zwischen Gen 2-11 und 12,1-3, setzt aber ungeprüft die Identität der "jahwistischen" Verfasserschaft von Gen 2-11* und 12,1-3 voraus.

[180] Vgl. Van Seters, Prologue, 202f.; Levin, Jahwist, 134.

[181] Mit L. Schmidt, Israel, 147; ders., Jahwist, 239; Ruprecht, Tradition, 183f.; H.-C. Schmitt, Josephsgeschichte, 111; Scharbert, Erwählung, 27; Westermann, II, 171; Blum, Vätergeschichte, 351ff.; Köckert, Vätergeschichte, 256ff.; Levin, Jahwist, 133ff. Gegen die von Weimar, Pentateuch, 46 Anm.130, aus redaktionsgeschichtlichen (nicht aus literarkritischen) Erwägungen erhobene Zuweisung von V.2aγ.b.3a an einen späteren Bearbeiter (JE) spricht, daß die Motive "großer Name" und "Segen der Völker" traditionsgeschichtlich zusammengehören (vgl. Ps 72,17). Zu älteren Versuchen einer quellenkritischen Aufteilung von 12,1-3 siehe Ruprecht, Tradition, 176 Anm.10, und Köckert, Vätergott, 256.

[182] Vgl. dazu ausführlich Ruprecht, Tradition, 183f.; ders., Hintergrund, 444ff.

[183] Vgl. die Versiones.

[184] Vgl. BHS; Gunkel, 164; Skinner, 244; Speiser, 85f.; Van Seters, Prologue, 252.

[185] Vgl. SamPt (לֶהֱוִי בְרָכָה); Tg[N] (ותהוי לברכן); G-K §110i; Schneider, Grammatik, §53.1.3.1.; W. Schottroff, Fluchspruch, 40 Anm.3.; L. Schmidt, Israel, 149; Ruprecht, Tradition, 180.

3.) 12,3b (ונברכו) ist nicht im Sinn von "gesegnet werden" zu übersetzen,[186] wofür im Hebräischen das *Pual* zur Verfügung steht, sondern mit "sich Segen wünschen".[187] Abraham erscheint in 12,3b weniger als ein Vermittler des Segens,[188] sondern als ein Paradigma des Segens: "Unter der Nennung des Namens Abraham" werden sich die מִשְׁפְּחֹת הָאֲדָמָה segnen.[189] Sie werden sich wünschen, wie Abraham gesegnet zu sein.[190] Der Ausdruck כֹּל מִשְׁפְּחֹת הָאֲדָמָה steht gemäß Am 3,2 in einem universalen Sinn für "alle Sippen der Erde" und ist synonym mit der Wendung כֹּל גּוֹיֵי הָאָרֶץ (vgl. Gen 18,18; 22,18; 26,4).[191]

4.) Traditionsgeschichtlicher Hintergrund von Gen 12,1-3 sind vornehmlich in der altorientalischen und alttestamentlichen Königsideologie beheimatete Redewendungen. Diese Formeln sind hier entsprechend ihrer Rezeption in der exilisch-nachexilischen Prophetie (vgl. Jes 19,24; Sach 8,13.23) auf Abraham bzw. auf das sich von Abraham herleitende Volk Israel übertragen. Die Belege für die Vorstellung, daß Israel in beispielhafter Weise den Völkern der Erde als Segen erscheint (Jes 19,24; Sach 8,13.23) gehören nicht in die ferne Wirkungsgeschichte von Gen 12,1-3, vielmehr stammt die "Berufung Abrahams" aus demselben exilisch-nachexilischen Traditionsstrom wie die prophetischen Vorkommen.[192] Die Besonderheit von Gen 12,1-3 besteht darin, daß es sich um eine in die Vorgeschichte Israels projizierte Zukunftserwartung handelt,[193] nicht etwa um ein *vaticinium ex eventu*, das sich

---

[186] So aber die Versiones und Sir 44,21; Gal 3,8; Act 3,25 sowie König, 457; von Rad, Hexateuch, 72; Zimmerli, II, 21; Levin, Jahwist, 135.

[187] Vgl. Ges[18], 178b; HALAT, 153a; Fz. Delitzsch, 251; Dillmann[5], 220f.; Gunkel, 165; Eißfeldt, Hexateuchsynopse, 19*; Holzinger, in: HSATK; Skinner, 244; Speiser, 85f.; Blum, Vätergeschichte, 350f.; Westermann, II, 175f.; Van Seters, Prologue, 253. Eine reziproke Übersetzung im Sinn von "Segen finden/erwerben", die ebenfalls den Akzent auf den paradigmatischen Charakter der Segnung Abrams legt, schlagen L. Schmidt, Israel, 138f.; ders., Jahwist, 239, und Scharbert, 128, vor.

[188] So aber explizit in Tg[O] (בדילך); Tg[N] (בזכותך "um deiner Verdienste willen"); vgl. dazu auch Gen 30,27 und 39,5.

[189] Zu dieser Auflösung der Präposition בּ vgl. Gen 48,20, sowie HALAT, 153a; G-K §119i; Joüon, Grammaire, 403f.

[190] Vgl. dazu bes. Blum, Vätergeschichte, 351f.; Scharbert, Erwählung, 27; Berge, Zeit, 50.

[191] So mit Jacob, 338; Steck, Urgeschichte, 539ff.; H.-C. Schmitt, Josephsgeschichte, 102 Anm.43; Scharbert, Erwählung, 27, gegen Berge, Zeit, 57.69.72, der in den מִשְׁפְּחֹת הָאֲדָמָה Sippen im palästinischen Kulturland zu erkennen glaubte.

[192] Vgl. dazu ausführlich Van Seters, Abraham, 272.275f.311; ders., Prologue, 256.270; H.-C. Schmitt, Josephsgeschichte, 171f.; Crüsemann, Urgeschichte, 29; Blum, Vätergeschichte, 355ff.; Köckert, Vätergott, 294-299; Fischer, Erzeltern, 357ff. Zur Parallelität von Gen 12,1-3 und Jes 19,24; Sach 8,13 vgl. bereits, wenn auch von anderen literargeschichtlichen Voraussetzungen herkommend, Jacob, 336.

[193] Zenger, Einleitung, 113, spricht hier zutreffend von einem "utopischen Gegentext"; vgl. auch Fischer, Erzeltern, 358f.

2.4. Die "jahwistische" Schicht

gemäß einer Parallele zwischen der Nathanweissagung (II Sam 7,9) und dem Namensmotiv (12,2aγ) auf das davidisch-salomonische Großreich beziehen würde.[194]

Bereits die Bestimmung der Intention von 12,1-3 legt es nahe, die Segensverheißung an Abraham und die "jahwistische" Urgeschichte nicht auf denselben Verfasser zurückzuführen. Im Gegensatz zu 12,1-3 hat die "jahwistische" Urgeschichte weder eine eschatologische noch eine auf die Heilsgeschichte Israels bezogene Tendenz, sondern ist mittels ihrer gesamtmenschlichen Ätiologien und Existenzbegründungen gegenwartsbezogen sowie anthropologisch und schöpfungstheologisch orientiert. Für die "jahwistische" (wie auch für die "priesterliche") Urgeschichte ist nicht erst Abraham der neue Mensch,[195] sondern bereits Noah, der so gezeichnet wird, wie der Mensch in Gen 2,4b-4,24* eigentlich sein sollte.[196] Gegen einen ursprünglichen literarischen Zusammenhang mit 2,4b-8,22* sprechen dann zahlreiche weitere Beobachtungen.[197]

Kompositionell besteht zwischen 8,22 und 12,1 keine Brücke. Ein direkter Anschluß der Segensverheißung Abrams an die Fluterzählung ist nicht möglich.[198] Der von J. Van Seters für den ursprünglichen Zusammenhang von 2,4b-8,22* mit 12,1-3 angeführte Hinweis auf die genealogischen Überleitungen in der "jahwistischen" Urgeschichte (4,17-22; 10,13-18.26-29; 11,28-31)[199] ist angesichts der Zuweisung von 10,13-18.26-29 an den Redaktor und von 11,28-31* an P hinfällig.[200] Während sich in 2,4b-8,22* zahlreiche leitwortartige und motivische Querverbindungen finden, bestehen keine expliziten literarischen Bezüge zu 12,1-3, umgekehrt bietet die Verheißung an Abram

---

[194] So aber Wolff, Kerygma, 348.356 u.ö.; Steck, Urgeschichte, 553; L. Schmidt, Israel, 143f.; ders., Jahwist, 236f.; ders., Literaturbericht, 23; Ruprecht, Tradition, 185; ders., Hintergrund, 445ff.; Westermann, II, 173; Berge, Zeit, 311-313.
[195] Vgl. Steck, Urgeschichte, 551.
[196] S.o.S.184.
[197] Von Rad, Hexateuch, 72, hatte seine These vor allem auf dem Gegenüber von Turmbauerzählung und Abramberufung aufgebaut (vgl. Procksch, Theologie, 146; Wolff, Kerygma, 361). Da Gen 11,1-9 aber, wie gezeigt, erst endredaktionell ist, kann dieser Text für die Bestimmung des Verhältnisses zwischen der "jahwistischen" Urgeschichte und Gen 12,1-3 ausgeblendet werden.
[198] Gegen Weimar, Pentateuch, 44 Anm.125, und Zenger, Urgeschichte, 49, der aber noch 9,18a.19 für "jahwistisch" hält (etwas anders ders., Gottes Bogen, 106 Anm.14: J: 9,18.19b - bereits Schrader, Urgeschichte, 148.189, sah den Abschluß der "jahwistischen" Urgeschichte in 9,18a), doch siehe dazu S.100ff.
[199] Vgl. Van Seters, Prologue, 202f. Gegen die Annahme einer redaktionellen Tilgung der genealogischen Verbindung, die von der "jahwistischen" Urgeschichte zu 12,1 führte, spricht, daß die Genealogie in 4,17-22.23-24, die von Kain zu Noah überleitet, fast vollständig bewahrt ist, s.o.S.153f.
[200] S.o.S.105ff.148ff. Wenn die wesentliche Gestaltung von 11,2 auf den Redaktor und 11,28.31 auf P zurückgeht, kann für einen ursprünglichen literarischen Zusammenhang von 12,1-3 mit Gen 2-11* auch nicht auf die Lokalisierung von אור כשדים (11,28.31) im ארץ שנער (11,2) verwiesen werden (gegen Van Seters, Prologue, 202f.).

keinen eindeutigen Rückverweis auf die "jahwistische" Urgeschichte, der mit dem Beziehungsnetz in 2,4b-8,22* vergleichbar wäre.[201] Formal unterscheidet sich die unvermittelt einsetzende Jahwerede von den Gottesreden in 2,4b-8,22*, die alle in einen narrativen Kontext eingebunden sind.[202] Auch 8,21f. bildet zu 12,1ff. keine direkte Parallele, die auf eine gemeinsame literarische Herkunft hinweisen könnte.[203] 8,21f. bietet weder eine Aufhebung des in 3,17 ergangenen Fluchs noch ein Segenswort, sondern bestätigt die Gültigkeit der jahreszeitlichen Ordnungen[204] und die Stabilität des Kosmos, ohne daß die über den Menschen verhängten Existentialien aus 2,4b-4,24 beseitigt würden.[205] Im Gegensatz zu 12,1 ist 8,21f. gerade nicht als Rede Jahwes an einen Menschen stilisiert, sondern als göttliche Selbstreflexion (vgl. 2,18; 6,6). Schließlich differieren 8,21f. und 12,1-3 im Wortgebrauch. So erscheint קלל (*Pi.*) in 8,21 primär im Sinn von "gewalttätig behandeln"[206] mit dem Subjekt "Gott", in 12,3 hingegen in einem gegenüber ארר schwächeren

---

[201] Auf dieses Phänomen haben bereits Rendtorff, Pentateuch, 20ff.; Kessler, Querverweise, 58f.340; Clark, Flood, 208f.; Crüsemann, Urgeschichte, 15; Zenger, Urgeschichte, 44ff.; Blum, Vätergeschichte, 359ff., und Köckert, Vätergott, 264f., ausführlich hingewiesen. Dabei erkannten vor allem Clark und Zenger zwar zutreffend die kompositionelle, strukturelle, inhaltliche und theologische Geschlossenheit von 2,4-8,22*. Sie zogen aber nicht die erforderliche literargeschichtliche Konsequenz, 12,1ff. auf einen anderen Verfasser zurückzuführen. Vielmehr interpretierten sie 2,4b-8,22* als eine von J selbstgeschaffene "Voraussetzung" für die "Setzung der Geschichte Israels", die J dann in 12,1ff. expliziere (vgl. Zenger, Urgeschichte, 50; ders., Suche, 361). In seiner Einleitung modifizierte Zenger (1995) seine These dahingehend, daß die "Grundschrift der vorpriesterlichen" Urgeschichte (Gen 2,4b-8,22) um c.*9-11,10[sic] in das exilisch-frühnachexilische JE-Geschichtswerk aufgenommen worden sei, wobei 12,1-4a ausweislich der Stichwort- und Motivassoziationen (3,14-19; 4,11; 8,21 → 12,2-3 bzw. 11,4.6 → 12,2) als redaktionelle Klammer diene. Die Erklärung Zengers scheitert daran, daß erst ein "nachpriesterlicher" Redaktor die "jahwistische" Urgeschichte in P eingebaut hat. Zu der immer wieder angeführten Querverbindung von 11,4 zu 12,2aγ s.o. Anm.197 und S.227f.. Daß Querverweise "für J nicht typisch" seien (Seebass, in: TRE XVI, 445), ist ein Postulat, das die ursprüngliche literarische Zusammengehörigkeit der "jahwistischen" Väter- und Urgeschichte voraussetzt.

[202] Anders Levin, Jahwist, 133, der in 4,9 ein Pendant zu 12,1 zu erkennen glaubt; doch ist die Jahwerede an Kain über die Ermahnung in 4,6f. vorbereitet und über das Stichwort חטא mit 4,8 verbunden. Ebensowenig vermag der Hinweis auf eine sachliche Entsprechung von 12,1 zu 2,4b-7, insofern hier Jahwe nicht nur reagiere, sondern selbst die Initiative ergreife, die These eines ursprünglichen *literarischen* Zusammenhangs zu unterstützen (so aber Steck, Urgeschichte, 550). Das "Schöpfungswort" in 12,2b (ויהיה) (vgl. dazu Jacob, 336) entspricht sogar eher dem Stil der "priesterlichen" als der "jahwistischen" Urgeschichte (vgl. 1,3.6.14; 8,15; 9,1).

[203] So aber im Anschluß an Wolff, Kerygma, 361, zuletzt Levin, Jahwist, 134.

[204] Vgl. zu dem in 8,22 vorausgesetzten jahreszeitlichen Rhythmus einerseits den Bauernkalender von Gezer (KAI 182; in: TUAT I, 247) aus dem 10. Jh. v. Chr., andererseits den Lobpreis des Schöpfers in 1QS 10,6f. aus der zwischentestamentlichen Epoche.

[205] Vgl. Berge, Zeit, 68 Anm.119.

[206] S.o.S.182.

2.4. Die "jahwistische" Schicht

Sinn für "schmähen" mit dem Subjekt "Menschen". In 8,21 steht אדמה für den Ackerboden,[207] in 12,3 dagegen für die Welt.[208] Der Begriff משפחה erscheint in der "jahwistischen" Urgeschichte überhaupt nicht, sondern ist auf "priesterliche" Stellen bzw. endredaktionelle Einsätze beschränkt (vgl. 8,19; 10,5.20.31f. bzw. 10,18). Daß Abraham mit Kain und den Turmerbauern das Schicksal der Verbannung teile,[209] somit 12,1-3 derselben literarischen Schicht wie 4,1-16* und 11,1-9* angehören, trifft ebenfalls nicht zu. Während der Brudermörder und die Menschen vor Babel strafweise verjagt bzw. zerstreut und in die Gottesferne entlassen werden, wird Abraham ohne Angabe eines Grundes, aber mit der Aussicht auf umfassenden Segen und die darin eingeschlossene Gottesgemeinschaft in die Fremde gesandt. Dabei stehen die Segensworte in 12,2f. in keinem Bezug zu den Fluchinhalten in 3,17; 4,11 und 5,29. Die ätiologisch begründeten Lebensminderungen aus 3,14-19 und 4,11f. werden durch 12,1-3 nicht aufgehoben. Das Verhältnis des Menschen zum Ackerboden, dessen Beschreibung in der "jahwistischen" Urgeschichte eine zentrale Stellung einnimmt (vgl. 2,5.7; 3,19.23; 4,2.11f.; [5,29]; 8,21f.), wird in 12,1-3 nicht berührt.[210]

Schließlich können auch nicht die *kompositionellen* Entsprechungen von 12,6-8(9)[211] zu einzelnen Abschnitten der "jahwistischen" Urgeschichte für die These einer gemeinsamen Verfasserschaft in Anspruch genommen werden.[212]

Die Szene von Noahs Altarbau (8,20) ist unabhängig von einer vorangehenden Theophanie Ausdruck der Dankbarkeit des Geretteten und traditionsgeschichtlich dem Verfasser von 2,4-8,22* vorgegeben. Hingegen geht der Er-

---

[207] Vgl. 2,7.9.19; 4,2.3.10; 3,17.19.23; (5,29).
[208] In der Urgeschichte erscheint eine solche Verwendung von אדמה nur in dem Zusatz des Redaktors in 6,1 und in der Wendung ([על]מ) פני האדמה in der Fluterzählung (6,7; 7,4.23; 8,8.13), wobei auch in den letztgenannten Stellen der Aspekt der אדמה als der Ackerboden mitschwingt; so mit Berge, Zeit, 71. Wenn die ursprüngliche "jahwistische" Urgeschichte die gesamte Welt im Blick hat, gebraucht sie stets den Begriff ארץ (vgl. 2,4b; 4,12.14; 6,5f.; 7,4.[10].12; 8,22), der allerdings auch im Sinn von Erdboden *par.* אדמה erscheinen kann (vgl. 2,5.6). Als Bezeichnung eines konkreten, geschichtlich erfahrbaren Landes steht ארץ nur in Zusätzen des Redaktors (vgl. 2,11-13; 10,8.11; 11,2). In 4,16 ist ארץ für das überzeitliche mythische "Land Elend" gebraucht. Zum Problem der terminologischen Differenzen von 12,1-3 gegenüber der "jahwistischen" Urgeschichte vgl. einerseits Crüsemann, Urgeschichte, 17, andererseits, Van Seters, Prologue, 192.
[209] So Levin, Jahwist, 133. Das strukturelle Verhältnis von 4,11-12 zu 12,3, das Levin zum Nachweis der Identität der Verfasserschaft herausarbeitet, insofern einerseits die Strafe Jahwes hinter der Tat Kains zurückbleibe, während in 12,3aβ der Fluch Jahwes die Schmähung gegen Abram übersteige, spricht eher gegen die Rückführung beider Texte auf ein und dieselbe Hand.
[210] So mit Berge, Zeit, 64ff.
[211] Zur Bestimmung von 12,6-8 als ursprüngliche literarische Fortsetzung von 12,1-4a vgl. ausführlich Köckert, Vätergott, 255.263.
[212] Vgl. aber Levin, Jahwist, 137f., der auf 4,26 und 8,20-22 hinweist.

richtung eines Altars durch Abraham (12,7) eine Jahweerscheinung voraus. Der Altarbau signalisiert hier einerseits die Reaktion auf eine unmittelbare Gottesbegegnung, andererseits die Inbesitznahme des verheißenen Landes. Literarisch handelt es sich in 12,7 um eine freie Konstruktion des Verfassers von 12,1-4a.6-9.

Ebensowenig beweist der gemeinsame Gebrauch der Formel קרא בשם יהוה in 4,26b und 12,8b die Identität der Verfasser. Abgesehen davon, daß gemäß unserer literarischen Analyse die Set-Enosch-Notiz erst vom Redaktor stammt und vermutlich bereits auf 12,8 vorausschaut, liegt eine entscheidende inhaltliche Differenz vor, insofern der voraussetzungslosen Anrufung des Jahwenamens in der Urzeit durch Enosch hier die Anrufung Jahwes als Folge einer Offenbarung vor Abraham gegenübersteht.[213]

Eine Überprüfung der in jüngster Zeit für die Verteidigung der *ursprünglichen literarischen Zusammengehörigkeit* der "jahwistischen" Urgeschichte mit Gen 12,1-3 angeführten Argumente bestätigt somit die These von F. Crüsemann (1981): Gen 12,1-3 ist weder der "eigentliche Schlüssel"[214] der "jahwistischen" Urgeschichte noch erklärt J mit der Urgeschichte "vorweg, *warum* alle Sippen der Erde Segen brauchen".[215] Die "jahwistische" Urgeschichte ist vielmehr eine in sich geschlossene Komposition, die vor ihrer redaktionellen Verbindung mit der "priesterlichen" Urgeschichte nicht auf eine literarische Fortsetzung angelegt war und die als *eigenständige literarische Größe* tradiert wurde.[216]

---

213 Das von Van Seters, Prologue, 202f., noch als Argument für den *ursprünglichen* literarischen Zusammenhang von 12,1-3 mit der "jahwistischen" Urgeschichte angeführte Motiv der "Trennung", wodurch c.10* mit 13,11 verbunden werde, überzeugt ebenfalls nicht, da zum einen das Stichwort פרד (13,11) in der Urgeschichte nur bei P (10,5.32) und dem Redaktor (2,10) erscheint, zum andern die "nichtpriesterlichen" Teile in c.10 erst endredaktionell eingelegt sind.
214 Von Rad, Hexateuch, 72.
215 Wolff, Kerygma, 359.
216 Vgl. Crüsemann, Urgeschichte, 22, ähnlich Köckert, Vätergott, 250.264f. Zur Annahme der ursprünglichen Selbständigkeit der "jahwistischen" Urgeschichte siehe auch die knappen Anmerkungen bei Graf Baudissin, Einleitung, 81.84; Hempel, Literatur, 115ff.; Vriezen, Literatuur, 155; ders. Theologie, 41ff.; Rendtorff, Pentateuch, 154f.; Albertz, Religionsgeschichte, 170 Anm.51, sowie den in der Forschung ohne größere Wirkung verbliebenen breit angelegten Versuch von Pustkuchen, Untersuchung (1823), bes. 53ff., die Urgeschichte insgesamt von der Vätergeschichte abzusetzen und aufgrund ihrer motivischen, gedanklichen und theologischen Besonderheiten im babylonischen Zeitalter ("zwischen Hiskia und dem Exil") zu verorten: "*So scheint mir das Bild, das 1 Mose 12-50 von dem damaligen Zustande der Erde und der Menschheit gegeben und überall durchgeführt wird, selbst bündig dafür zu zeugen, daß zwischen 1 Mose 11,9 und 12,1 eine Sutur seyn müsse. Ein Verfasser scheint unmöglich beide Theile so unbedacht haben vereinigen zu können.*" (Untersuchung, 111 bzw. 119; Hervorhebung im Original).
In weiterem Sinn kann hier auch auf den bereits von Ilgen, Urkunden, 3ff.426ff., unterbreiteten Vorschlag hingewiesen werden, die Texte in Gen 1-11 auf den "Sopher Eliel

2.4. Die "jahwistische" Schicht

Damit sind dann auch die Modelle hinfällig, die die "jahwistische" Urgeschichte zwar zutreffend für eine ursprünglich selbständige und dem J erst spät zugewachsene Größe halten, die ihre Rezeption aber auf eine tetra-/pentateuchübergreifende "*spätjahwistische*", dabei *vorpriesterliche Redaktion* zurückführen.[217]

Da die "priesterlichen" Bestandteile in Gen 1-11* keine auf die "jahwistischen" Abschnitte hin entworfene "Kompositionsschicht" bilden, sondern eine in sich geschlossene literarische Größe, die vom Redaktor zu unterscheiden ist, kann schließlich auch nicht eine Figur wie "KP" für den Einbau der "jahwistischen" Urgeschichte in den Pentateuch verantwortlich sein.[218]

Die Erkenntnis der ursprünglichen *literarischen* Selbständigkeit der "jahwistischen" Urgeschichte schließt allerdings nicht aus, daß zwischen 2,4-8,22 und 12,1-3 *thematische* Querverbindungen aufgezeigt werden können.[219] Die möglichen Bezugspunkte und die beiden Textkomplexen gemeinsame universale Perspektive erlauben aber angesichts der aufgezeigten sprachlichen und sachlichen Differenzen *nicht* die Annahme einer einheitlichen Verfasserschaft.

Eine entsprechende Folgerung legt sich nun auch für die Bestimmung des *literargeschichtlichen* Verhältnisses zwischen 12,1-3 und dem Redaktor der Urgeschichte nahe. So unterscheiden sich die charakteristischen Texte des Redaktors in 2,9b-15; 3,22.24b; 6,1-4; 8,21aβ; 9,20-27 und 11,1-9 allein schon begrifflich, formgeschichtlich und kompositionell zu stark von der als ausführliche Rede Jahwes an Abram stilisierten "jahwistischen" Verheißung in 12,1-3, als daß sich eine Identität des Verfassers zeigen ließe. Der Redaktor der Urgeschichte bietet keine zu 12,1-3 parallele, futurisch ausgerichtete Got-

---

Harischon" (d.h. die P der neueren Forschung) und den "Sopher Eliel Hascheni" (d.h. den E der neueren Forschung) zurückzuführen, nicht aber auf den sich erst ab Gen 12,1-4a zeigenden "Sopher Elijah Harischon" (d.h. den J der neueren Forschung). Schließlich sollte auch nicht auf Gen 13,10 für die Annahme eines ursprünglichen Zusammenhangs der "jahwistischen" Urgeschichte mit der Vätergeschichte verwiesen werden (so aber Van Seters, Prologue, 191), da es sich bei der Wendung כגן־יהוה, die in dieser Form gar nicht in Gen 2,4b-3,24* erscheint, um einen sehr späten Zusatz handelt (vgl. L. Schmidt, Jahwist, 245 Anm.56; Berge, Zeit, 65). Die von Crüsemann, Urgeschichte, 18, betonte Differenz zwischen der bäuerlichen Lebensweise der Handlungsträger der Urgeschichte und der nomadischen Existenz der Figuren in der Vätergeschichte ist allerdings überzogen und kann nicht für die Annahme der literarischen Eigenständigkeit der Urgeschichte geltend gemacht werden - zumal gegen Crüsemann in 4,1-16 Kain nicht zum Schicksal des Nomaden, sondern des Exulanten verdammt wird (vgl. dazu bereits Luther, Genesisvorlesung, WA 42, 216f.; sowie Zenger, Urgeschichte, 52 Anm.37; Van Seters, Prologue, 192).

[217] Vgl. Graf Baudissin, Einleitung, 84f.; Hempel, Literatur, 115-117; Vriezen, Literatuur, 155.165; Kaiser, Grundriß, I, 64; sowie zur These der "spätjahwistischen" Redaktion Winnett, Foundations, 17ff.; H.-C. Schmitt, Josephsgeschichte, 116; Uehlinger, Weltreich, 318.336ff.562f.; Zenger, Einleitung, 114f.
[218] Gegen Blum, Studien, 107f.
[219] Vgl. S.228f.

tesrede. Er gestaltet, abgesehen von der Einlage in 7,1b, die Jahwereden als göttliche Ansprachen an den himmlischen Hofstaat (3,22; 6,3; 11,6f.), die den gegenwärtigen Status des Menschen im Blick haben. Gen 12,1-3 steht über die Verheißungstexte in 18,18; 22,16-18 und 28,14 in einem festen Kompositionsgefüge,[220] das in dieser Form *keine* Berührungen mit den Texten des Redaktors in Gen 1-11 aufweist. Die zentralen Stichworte des Redaktors in 11,1-9 (פוץ, שפה, בני האדם) werden in 12,1-3 *nicht* aufgenommen.[221] Die einzige terminologische Brücke zwischen den Texten des Redaktors der Urgeschichte und Gen 12,1-3 findet sich in der Ankündigung des großen Namens (vgl. 11,4 mit 12,2b).[222] Allerdings ist der Begriff שם hier jeweils traditionsgeschichtlich vorgegeben. Die Differenz im Sprachgebrauch (vgl. עשה לשם gegenüber שם גדל und עם gegenüber גוים) spricht gegen die Gleichheit der Verfasser.[223]

Eine ausführliche literar- und theologiegeschichtliche Einordnung der ursprünglich selbständigen "jahwistischen" Urgeschichte kann im Rahmen dieser Arbeit, in deren Mittelpunkt die *Analyse der Endredaktion* steht, nicht mehr geboten werden. Im Anschluß an die literaturgeschichtlichen (*nicht* redaktionsgeschichtlichen!) Ergebnisse von L. Alonso Schökel und E. Otto zur Paradieserzählung,[224] von J. L. Ska zu den "jahwistischen" Flutabschnitten[225] und von J. Blenkinsopp zur "nichtpriesterlichen" Schicht in Gen 1-11 insgesamt[226] läßt sich die Komposition Gen 2,4b-8,22* nun zusammenfassend so beschreiben: Aufgrund ihrer zentralen Theologumena, des Interesses an der Menschenschöpfung, der menschlichen Daseinsgestaltung, der Frage nach der Erkenntnisfähigkeit und der Freiheit des Menschen, der Problematisierung von Gottes Gerechtigkeit und menschlicher Sünde kann Gen 2,4b-8,22* als eine *weisheitliche Lehre vom Menschen* bezeichnet werden.

---

[220] Siehe dazu H.-C. Schmitt, Josephsgeschichte, 187-189.
[221] Vgl. dagegen die kompositionellen Querverweise des Redaktors in a) 2,1 → 3,22.24 → 6,2 → 11,6f.; b) 3,22 → 6,3; c) 3,22 → 11,6; d) 5,29 → 3,17; 8,21; 9,1-17; e) 6,2 → 11,5; siehe dazu auch Berge, Zeit, 68 Anm.119.
[222] Vgl. dazu Jacob, 336; Köckert, Vätergott, 265; Zenger, Einleitung, 114.
[223] So mit Blum, Vätergeschichte, 359; Uehlinger, Weltreich, 320f. Eine entscheidende theologische Differenz zwischen Gen 12,1-3 und den endredaktionellen Abschnitten in Gen 1-11, die gegen eine Identifikation der Verfasser spricht, wird sich bei der Erhebung der Theologie des Redaktors der Urgeschichte zeigen, s.u.S.282.
[224] Vgl. Alonso Schökel, Motivos Sapienciales, 259-316; Otto, Paradieserzählung, 173ff. Die von Otto, a.a.O., 178ff., im Anschluß an Lohfink, Sündenfall, 91ff., herausgearbeiteten Bezüge zur späten Deuteronomistik finden sich gehäuft erst in der endredaktionellen Umgestaltung der Paradieserzählung. Dabei wird hier nochmals darauf hingewiesen, daß das von Blenkinsopp und Otto vertretene redaktionsgeschichtliche Modell, die "jahwistische" Urgeschichte sei eine genuine Ergänzung zu P seitens des R^{Pt} dem kompositionellen Befund in Gen 2,4b-8,22* nicht gerecht wird.
[225] Vgl. Ska, diluvio, 52f.
[226] Vgl. Blenkinsopp, Pentateuch, 65ff.71.76.84.

2.4. Die "jahwistische" Schicht

Als Grundlinien einer theologiegeschichtlichen Einordnung der "jahwistischen" Urgeschichte werden hier abschließend die lexikalischen Überschneidungen und motivischen Berührungen aufgeführt, die Gen 2,4b-3,24*; 4,1-24*; 6,5-8* und 8,20-22* vor allem mit der *nachexilischen Weisheitsliteratur* besitzt. Die folgende Übersicht bietet eine Skizze zu einer künftigen literatur- und theologiegeschichtlichen Verortung der "jahwistischen" Urgeschichte.[227] Über die von N. Wyatt, J. Blenkinsopp und E. Otto gebotenen Aufstellungen hinaus,[228] werden hier weitere *begriffliche Überschneidungen*, die vornehmlich (nicht ausschließlich) mit den alttestamentlichen Weisheitsschriften bzw. weisheitlich beeinflußten exilisch-nachexilischen Texten bestehen, nachgetragen:

a) Gen 2,4b: "die kosmologische Reihenfolge [ה]שמים ו[ה]ארץ": Ps 8,2; 102,26; 148,13; Prov 3,19; 8,26.27; Hi 9,6.8; 28,23f.

b) Gen 2,5: "der Zustand vor der Schöpfung als ein *Noch-Nicht-Sein* (טרם)": Prov 8,25; Ps 90,2; IV Esr 6,1ff.[229]

c) Gen 2,5 (שיח "Gesträuch"): Hi 12,8; 30,4.7.

d) Gen 2,7 (נשמה "Atem"): Hi 27,3; 33,4; Sir 9,13 [H].

e) Gen 2,21 (תרדמה "Tiefschlaf"): Hi 4,13; 33,15.

f) Gen 2,25 (בוש): Hi 19,3; Ps 35,4.26; 40,15; 70,3; 71,13; 83,18; 86,17; 97,7; 119,46; Prov 10,5; 12,4; 14,35; 17,2; 19,26; 29,15; Sir [H] 4,20.26; 32,10; 41,17; 42,1.

g) Gen 4,1 (קנה "erschaffen"): Ps 139,13; Prov 8,22; Dtn 32,6.

---

[227] Eine *zweite Koordinate* zur literatur- und theologiegeschichtlichen Einordnung der "jahwistischen" Urgeschichte könnte die Jeremiaüberlieferung darstellen. So überschneidet sich vor allem der "jahwistische" Flutprolog mit dem Jeremiabuch hinsichtlich der Motive der Bosheit des menschlichen Herzens (vgl. Jer 3,24f.; 4,14; 17,9; 18,12) und der Reue Gottes (vgl. Jer 4,28; 8,21; 18,8; 26,19; 42,10) sowie der anthropomorphen Rede vom Herzen Jahwes (vgl. Jer 3,15; 7,31; 19,5; 23,20; 30,24; 32,35; 48,36). Eine *dritte Koordinate* zu einer weitergehenden Einordnung könnten die Überschneidungen bilden, die die "jahwistische" Urgeschichte (ebenfalls vor allem in der Flutperikope) mit der dtr. Literatur aufweist und die sie gegenüber den dtr. Belegen in gesamtmenschheitlicher Dimension anwendet (vgl. die Motive "Auswischen von der Oberfläche der Erde" [6,7; Ex 17,14; 32,33; Dtn 9,14; II Reg 14,27; 21,13]; "Überleben eines Rests" [7,23; Dtn 3,11; 4,27; 28,62; II Reg 17,18; 24,14; 25,11.22]; "stellvertretende Strafe" [בגלל/בעבור, 3,17; 8,21; Dtn 1,37; 18,12; I Reg 14,16; Jer 11,17; 15,4; Mi 3,12; II Chr 28,19; Ps 106,32 - vgl. auch Jon 1,14]).

[228] Vgl. Wyatt, Fall Story, 13f.; Blenkinsopp, Pentateuch, 65ff.; Otto, Paradieserzählung, 174f.; siehe auch die Übersicht bei Whybray, Tradition, 105f.154.

[229] Zu entsprechenden mesopotamischen Belegen vgl. den Beginn des Enuma Elisch I,1ff. (in: TUAT III, 569), die bei Pettinato, Menschenbild, 86ff., aufgeführten Schöpfungstexte Nr.4 ("Mutterschaf und Ašnan"), Z.3ff.; Nr.5 (Lugal-e VIII 5-38), Z.5-17, sowie die bei Beyerlin, RTAT, 34, und Eliade, Schöpfungsmythen, 70.85f.89, gebotenen ägyptischen Beispiele.

h) Gen 4,7 (ייטב): Hi 24,21; Jes 1,17; 41,23; Jer 7,5; 10,5; 18,10; 13,23; Jon 4,4.
i) Gen 4,12 (נע ונד): Ps 109,10; Prov 27,8; Thr 4,14f.
j) Gen 4,14 (סתר מפני יהוה): Hi 13,20.24; Ps 27,9; 44,25; 69,18; 88,15; 102,3; 104,29; 143,7.
k) Gen 6,5 (יֵצֶר מַחְשְׁבֹת "Gedanke"): I Chr 28,9; 29,18; Jer 4,14; 18,12;[230] (Ps 94,11; Jes 59,7; 65,2; 66,18).
l) Gen 6,5 (רבה רעה): Hi 22,5; Koh 8,6; Joel 4,13.[231]
m) Gen 6,6 (עצב + לב)[232]: Prov 15,13; (Ps 147,3).
n) Gen 6,7: Sollte die Wendung אשר בראתי ursprünglich sein,[233] wäre sie ein sicherer Beleg für die nachexilische Entstehung der "jahwistischen" Urgeschichte: vgl. neben dem Vorkommen in der "priesterlichen" Urgeschichte vor allem Jes 43,7; 45,8.12; 54,16; Koh 12,1; Ps 51,12; 89,13.48; 102,19; 104,30; 148,5; Sir [H] 5,14; 15,14; 31,13; 40,10.
o) Gen 6,8 (מצא חן בעיניו יהוה): Prov 3,4.[234]
p) Gen 7,4.23 (יקום): Hi 22,20 (cj.).[235]
q) Gen 8,21 (כל־חי): Hi 12,10; 28,21; 30,23; Ps 143,2; 145,16; Sir [H] 43,25; 46,19.[236]
r) Gen 8,22 (ימי הארץ): die Wendung ist einmalig im AT, findet aber in der Wortfolge ימי השמים ein Pendant (vgl. Dtn 11,21, Ps 89,30; Sir [H] 45,15; 50,24).[237] Die jahreszeitlichen Wortpaare in V.22b begegnen alttestamentlich in dieser Zusammenstellung nur in Gen 8,22.

---

[230] Die zitatähnliche Sentenz in Jer 18,12 (vgl. Jer 2,25; 3,17b; 7,24; 9,13) wird allgemein dem Propheten abgesprochen und auf eine exilisch-nachexilische Redaktion zurückgeführt (vgl. Schreiner, Jeremia, 114; Wanke, Jeremia, 172).

[231] Vgl. auch das Vorkommen der Wendung in dem dtr. geprägten Abschnitt I Sam 12,17 (siehe dazu Stolz, Samuel, 79ff.; Hentschel, I Samuel, 86ff.).

[232] Zum Gebrauch der Wurzel עצב und ihrer Derivate *in der Weisheitsliteratur* siehe Prov 5,10; 10,10.22; 14,23; 15,1; Ps 16,4; 56,6; 78,40; 127,2; 139,24; Hi 9,28; Koh 10,9.

[233] S.o.S.75.

[234] Sämtliche Belege für die Formel (מצא חן בעיניו יהוה) finden sich in einer an Jahwe bzw. an seine מלאכים gerichteten, als wörtliche Rede gestalteten Bitte (vgl. Gen 18,3; 19,19; Ex 33,12; 34,9; Num 11,11; Jdc 6,17). Lediglich in Gen 6,8 und Prov 3,4 erscheint die Formel als neutrale Sentenz, die in der 3. Pers. Sing. formuliert ist (vgl. auch Sir 3,18 [H (v.l.)], dort in der 2. Pers. Sing.).

[235] Der Begriff erscheint atl. nur noch in dem spätdeuteronomistischen Abschnitt Dtn 11,6 (vgl. Rose, 5. Mose, 522); für die zwischentestamentliche Literatur siehe dann 1QM 14,12 (in der Parallelversion 4Q491,8-9,I.9) und in dem (apokalyptischen?) Fragment 6Q14.

[236] Zum Vorkommen der Wendung in der "protojahwistischen" Benennung der חוה (Gen 3,20b) vgl. S.156.

[237] Vgl. auch die Wendungen αἱ ἡμέραι τοῦ οὐρανοῦ (Bar 1,11; PsSal 14,4) und αἱ ἡμέραι τοῦ αἰῶνος (grHen 11,2).

2.4. Die "jahwistische" Schicht

Parallelen zu einzelnen Kombinationen sind auf prophetische und weisheitliche Texte beschränkt, wobei hier nur die Vergleichstexte aus der Weisheitsliteratur verzeichnet sind:
- V.22bα: 1) זרע וקציר: Hi 4,8; Prov 22,8; Ps 126,5. 2) קציר: Prov 26,1.
- V.22bβ: 1) חם: Hi 24,19. 2) קר: קר/קרה Hi 24,7; 37,9; Ps 147,17; Prov 25,20.25.
- V.22bγ: 1) קיץ וחרף: Ps 74,17. 2) חרף: Hi 29,4; Prov 20,4; 26,1. 3) קיץ: Prov 26,1.

Bereits F. Pustkuchen (1823) wies treffend darauf hin, daß sich die "eigentlich theologische(n) Ideen" der Urgeschichte wie "Gott macht den Menschen mit seinen Händen" (Gen 2,7), "Gott bereut" (Gen 6,6), "Herabsteigen Gottes vom Himmel" (Gen 11,5) gerade in "anerkannt späten Schriften" finden.[238] So sind die Anthropomorphismen der "jahwistischen" Urgeschichte kein Zeichen für ein hohes literarisches Alter, sondern dienen der Beschreibung des personalen Verhältnisses von Gott und Mensch. Sie sind Ausdruck einer Theologie der Nähe Gottes.

Im einzelnen kann für die Anthropologie und Theologie der "jahwistischen" Urgeschichte exemplarisch auf folgende *Motive* verwiesen werden, die sie ebenfalls in erster Linie mit der alttestamentlichen *Weisheitsliteratur* bzw. mit weisheitlich geprägten Texten teilt:

a) Gen 2,7; 3,19: "die Begründung der Sterblichkeit mit dem Hinweis auf die Geschöpflichkeit":[239] Hi 1,21; 7,7ff.; 10,9; 34,15; Ps 90,3.12; 103,14; Koh 3,20f.; 12,7; Sir 40,11; 41,10.

b) Gen 2,18.20b.23f: "die Einsamkeit des Menschen als Mangelerfahrung": Koh 4,9-11.

c) Gen 3,1ff.: "die Verbindung von Klugheit und Leben": Prov 11,30f.; 13,12; 14,15; 15,24; 19,16.

d) Gen 3,5f.: "das Streben nach einem דעת טוב ורע": Hi 15,7f.; 28,1-14.[15-19].20-28; Prov 16,22; 19,14; 30,2; Ps 111,10; Koh 6,12; 8,5; Jon 4,11; Sir 17,6ff.; 39,4d; Dtn 4,6-8; 30,15; Jer 8,8f.

e) Gen 4,6f.: "Wohlergehen und Freude", "Unglück und Zorn": Hi 4,2ff.; 11,13-15; 22,21-30; Prov 15,13; 21,29; Jon 4,4f.; Koh 8,1; Sir 13,25.[240]

f) Gen 4,7; "an der Tür lauernde Sünde": Prov 5,8; 9,14f.; (Hi 31,33-34?).

g) Gen 4,10; "das Zetergeschrei *des Blutes*": Hi 16,18.[241]

---

[238] Vgl. Pustkuchen, Untersuchung, 53ff.
[239] Vgl. dazu ausführlich H.-P. Müller, Sterblichkeit, 69ff., der auf zahlreiche Parallelen aus dem hellenistischen Bereich aufmerksam macht (a.a.O., 86ff.).
[240] Siehe dazu auch Clark, Flood, 199, und von Löwenclau, Erweiterung, 183ff.

h) Gen 4,12: "die Kraft der אדמה": Hi 31,39f.
i) Gen 4,16: "die Flucht vor Jahwe" (מלפני יהוה): Jon 1,3.
j) Gen 6,5: "die Bosheit des menschlichen Wesens": Gen 8,21* (endredaktionell); I Chr 28,9; 29,18; Hi 4,17; 15,14; 25,4; Ps 78,37; 143,2; Koh 8,6.11; 9,3; Jer 17,9f.[242]
k) Gen 6,6: "Gottes Reue":[243] Ps 90,13; Jon 3,9f.; 4,2.11.
l) Gen 6,6; 8,21: "Gottes Herz":[244] Hi 7,17; 9,4; 10,13; 36,5; Ps 33,11; 78,72; Thr 3,33.
m) Gen 8,22: "Beständigkeit des Naturkreislaufs": Ps 72,5.7; 102,26f.; Hi 14,12; (Jer 4,23-26; 31,35-36).

Diese Übersichten können darauf hindeuten, daß die "jahwistische" Urgeschichte in *weisheitlichen Kreisen frühestens des 6./5. Jh. v. Chr.* entstanden ist.[245] Für diese Verortung spricht auch, daß sich eine Rezeption und

---

[241] Mit der Hiobdichtung insgesamt teilt die "jahwistische" Urgeschichte die Verwendung juridischer Gattungen und deren Gebrauch in einem neuen Kontext. Zur ursprünglichen Institution und Funktion des Zetergeschreis siehe Boecker, Recht, 40ff.

[242] Zur weisheitlichen Prägung von Jer 17,9f. siehe Schreiner, Jeremia, 108ff., und Wanke, Jeremia, 166. Zur Verwendung des Motivs der menschlichen Bosheit im Rahmen der prophetischen Anklage Israels/Judas vgl. neben den oben unter Anm.227 genannten Belegen vor allem Jer 13,22 sowie in Gestalt eines Bußbekenntnisses Bar 1,22; 4,28.

[243] Die einzige echte Parallele zu Gen 6,6 stellen I Sam 15,11.35 und Jer 18,10 dar, insofern nur hier von der Reue Gottes über eine schöpferische Tat die Rede ist. Alle anderen Belege für נחם (*Nif.*) mit dem Subjekt "Gott" sind negativ formuliert und beziehen sich auf eine geplante Vernichtung, einmalig (Ps 110,4) auch auf einen gegebenen Schwur (vgl. dazu ausführlich J. Jeremias, Reue 17f.101ff.). Daß das Reuemotiv in Gen 6,6 auf dieselbe spätdeuteronomistische Hand wie I Sam 15,35 zurückgeht (so zuletzt H.-C. Schmitt, Geschichtswerk, 273), erscheint angesicht der festen Einbettung von Gen 6,6 in den Sintflutprolog der literarisch selbständigen "jahwistischen" Urgeschichte und angesichts des Vorkommens des Motivs der Götterklage im Prolog der Sumerischen Fluterzählung III,15f. unwahrscheinlich (vgl. dazu J. Jeremias, Reue, 22f.; Römer, in: TUAT III, 453 Anm.128, und Jacobsen, Eridu Genesis, 521 Anm.14).

[244] Für Belege in den prophetischen Schriften s.o. Anm.227, sowie Jes 63,4 und Hos 11,8, wobei die literargeschichtliche Einordnung von Hos 11,8 ganz umstritten ist (siehe dazu einerseits J. Jeremias, Hosea, 143ff., der die Sentenz dem Propheten zuweist, während sie gemäß den Untersuchungen von G. A. Yee [1987] und M. Nissinen [1991] erst auf die jeweils jüngste exilisch-nachexilische Redaktion zurückgeht (vgl. das Referat bei Kaiser, Grundriß, II, 110-112).

[245] Zu dieser prinzipiellen Datierung der "jahwistischen" Urgeschichte vgl., wenn auch mit jeweils unterschiedlichen literar- und redaktionsgeschichtlichen Umfangsbestimmungen, bereits Pustkuchen, Untersuchung (1823), 111.125, und Fd. Delitzsch, Paradies (1883), 94 ("Es steht also in Betracht der urgeschichtlichen Abschnitte der Genesis so, daß das vorexilische Vorhandensein der jahwistischen ebenso wenig als des elohistischen literar- und religionsgeschichtlich bewiesen werden kann ... Es liegen hier Rätsel vor, welche auch die neueste Pentateuchtheorie noch nicht vollständig gelöst hat."), sowie in neuerer Zeit Morgenstern, Mythological Background, 93 Anm. 114; de Catanzaro, Analysis, 237; Winnett, Foundations, 4ff.; Wyatt, Fall Story, 10ff.; Van Seters, Prologue, 128f.146.170f.330ff.; Rogerson, Genesis, 77. Eine solche Ansetzung legt

2.4. Die "jahwistische" Schicht

Auseinandersetzung der "jahwistischen" Urgeschichte im Rahmen des alttestamentlichen Kanons nur bei dem Weisheitslehrer Kohelet findet.[246]

Als kompositionelle und konzeptionelle Analogie zu der schöpfungstheologischen Anthropologie und Hamartiologie, wie sie in Gen 2,4b-8,22* vorliegt, kann hier für den Bereich der altorientalischen Literatur exemplarisch auf das Atramchasis-Epos verwiesen werden. Bei aller Verschiedenheit gegenüber der "jahwistischen" Urgeschichte besitzt das Atramchasis-Epos einen vergleichbaren Spannungsbogen, der die Themen "Schöpfung, Flutgericht und Neuordnung der Schöpfung nach der Flut" umfaßt.[247]

Da der Begriff "jahwistisch" zu stark die Zugehörigkeit der ehemals selbständigen Komposition in Gen 2,4b-8,22* zu einem "jahwistischen" Geschichtswerk (J) suggeriert, die Titulierung "nichtpriesterlich" aber zu unspezifisch ist und das Prädikat "vorpriesterlich" eine literargeschichtliche Vorentscheidung beinhaltet, schlagen wir als Gegenüber zur "priesterlichen" Urgeschichte die Bezeichnung "*weisheitliche Urgeschichte*" vor.

Im Blick auf die Redaktionsgeschichte der Urgeschichte werden nun abschließend *die* Texte untersucht, die nicht auf eine "innerpriesterliche" oder "innerjahwistische" Ergänzung zurückgehen, sondern die im Zusammenhang mit der Vereinigung beider Schichten stehen. Im einzelnen handelt es sich um 2,1 und 5,29b, deren literarisches Verhältnis zu den Texten, die bereits dem Redaktor der Urgeschichte zugewiesen werden konnten, geprüft werden soll.

---

dann die Folgerung nahe, daß die "jahwistische" Urgeschichte im zeitlichen Umfeld der "priesterlichen" Komposition entstanden ist. Auch eine "nachpriesterliche" Entstehung ist nicht ausgeschlossen, ohne daß eine literarische Abhängigkeit von Gen 2,4b-8,22* von P bewiesen werden kann (gegen Ska, diluvio, 37ff. [nur für die "jahwistischen" Abschnitte in 6,5-8,22*]; Blenkinsopp, Pentateuch, 65ff.71.91.93f.; Otto, Paradieserzählung, 188).

[246] Siehe dazu ausführlich Hertzberg, Prediger, 228ff., Ruppert, I, 169, sowie im Blick auf die Rezeption von Gen 3,19 in Koh 12,7 H.-P. Müller, Sterblichkeit, 82. Die Verwendung der (in Gen 3,22.24 ohnehin erst endredaktionell eingeführten) Metapher vom עֵץ [הַ]חַיִּים in den Prov ist unabhängig von Gen 2,4-3,24. Ob die Erwähnung des גַּן־עֵדֶן in Ez 36,35 und Joel 2,3 (vgl. dazu auch Jes 51,3; Ez 28,13; 31,9) auf die Paradieserzählung zurückgeht, läßt sich nicht entscheiden - sämtliche Belege für das Motiv vom "Garten Eden" gehören aber der nachexilischen Zeit an.

[247] Siehe dazu auch Clark, Flood, 187; Zenger, Urgeschichte, 49f.; Oden, Divine Aspirations, 204ff.215 (der den Vergleich zwischen dem Atramchasis-Epos und Gen 1-11 allerdings auf der Ebene der Endgestalt der biblischen Urgeschichte durchführt). Eine weitere literargeschichtliche Analogie zur "jahwistischen" Urgeschichte als einer eigenständigen literarischen Komposition stellt die Sumerische Fluterzählung dar, die gemäß der Analyse von Jacobsen die biblische Urgeschichte strukturell präfiguriert und deren Bekanntheit über eine Bilingue aus Assurbanipals Bibliothek mindestens bis um 600 v. Chr. nachweisbar ist (vgl. Jacobsen, Eridu Genesis, 513f.528).

2.5. Abschließende Analyse der endredaktionellen Zusätze

2.5.1. Das himmlische Heer (2,1)

In der Analyse des "priesterlichen" Schöpfungsberichtes konnte gezeigt werden, daß das Summarium in 2,1 einen "nachpriesterlichen" Zusatz darstellt.

Im Blick auf die Rede Jahwes an seinen himmlischen Hofstaat in 3,22 und 11,6-7 erfüllt 2,1 dieselbe Funktion wie hinsichtlich 1,26. Die Jahwe umgebenden Wesen werden durch die Zusammenfassung in 2,1 erzählerisch eingeführt und theologisch Jahwe als ihrem Schöpfer untergeordnet. Über die Wendung כל־צבאם wird die Ergänzung der כרבים in 3,24 vorbereitet, bei denen es sich wie bei den בני האלהים in 6,2.4 um Jahwe unterstellte himmlische Wesen handelt. Sollte in dem Ausdruck כל־צבאם darüber hinaus eine Anspielung auf die Gottesbezeichnung יהוה צבאות vorliegen,[1] wäre der Bezug auf die כרבים noch deutlicher, da Jahwe Zebaoth es ist, der über den Keruben thront (vgl. I Sam 4,4; II Sam 6,2).[2] Die in 6,2.4 auftauchenden בני האלהים sind ohne den Zusatz in 2,1 eine erzählerisch nicht eingeführte Größe. Hingegen weiß der Leser durch die Wendung כל־צבאם, daß die Schöpfung auch die Erschaffung der "Engel" einschließt (vgl. Ps 89,7f.).

Spätestens in der zwischentestamentlichen Zeit werden die בני האלהים zum himmlischen Heer (צבא) gezählt (vgl. 1QH 3,22 עדת קדושים ... צבא בני שמים). Da 2,1 auf den "priesterlichen" Erzählzusammenhang zurück- und den "nichtpriesterlichen" vorausblickt und in unmittelbarer Verbindung zu Texten des Redaktors steht, kann der Vers auf den Redaktor zurückgeführt werden.[3] Theologiegeschichtlich stellt dieser Zusatz dann ein Bindeglied von der spätalttestamentlichen zur zwischentestamentlichen Angelologie dar.

2.5.2. Die Noahnotiz (5,29)

"Keine der alttestamentlichen Namensetymologien hat aber die Exegeten des Mittelalters so sehr beunruhigt, wie die des n. pr. נח (Genes. 5,29)."[4]

---

[1] Vgl. Beer, Geschichte, 23 Anm.1; Procksch, 451; Zimmerli, I, 89f.
[2] Vgl. dazu auch Görg, Sb'wt, 17, demzufolge צבאות eine exakte Transkription des ägypt. Götterepithetons ḏbꜣ.tj ("der Thronende") und der Zusatz ישב הכרבים eine hebr. Übersetzung des aus der ägypt. Liturgiesprache übernommenen Fremdworts צבאות (ḏbꜣ.tj) darstellt.
[3] So auch Dockx, Paradis, 26f.
[4] Goldziher, Etymologie, 207.

Bei der Analyse der Adam-Set-Genealogie in c.5 konnte gezeigt werden, daß die etymologisierende Funktionsbestimmung Noahs in V.29b "nichtpriesterlichen" Ursprungs ist. Da sich für die Noahnotiz in ihrer vorliegenden Gestalt *kein* Ort im "jahwistischen" Erzählzusammenhang von 2,4b-4,24*; 6,5ff. findet, die Begriffe עצבון, ארר und האדמה aber nur im Rückblick auf den "jahwistischen" Kontext von 3,17ff. und 4,11ff. formuliert sein können, ergibt sich die Frage, ob 5,29b auf den Redaktor zurückgeht. Ihre Beantwortung hängt davon ab, worin das kompositionelle Ziel der Noahnotiz gesehen wird. Um dieses zu bestimmen, müssen zunächst die philologischen und literarkritischen Probleme dieses Versteils gelöst werden.

MT ist zwar gut bezeugt und wird im wesentlichen durch SamPt, Tg^O, Tg^J, Sy, Vg, A und α' unterstützt.[5] Es besteht aber zwischen dem Namen נח und der folgenden Erklärung יְנַחֲמֵנוּ eine sprachliche Inkongruenz, die bereits in der rabbinischen Exegese zu dem Urteil führte, Lamech hätte seinen Sohn entweder, der Wurzel נחם entsprechend, נחמן nennen oder den Namen mit der Wurzel נוח erklären sollen.[6] Eine in jeder Hinsicht überzeugende philologische Herleitung des Namens נֹחַ ist bisher noch nicht gelungen.[7] Dennoch dürfte eine Rückführung auf die Wurzel נוח am wahrscheinlichsten sein, zumal wenn es sich bei der Form נֹחַ um einen vollständigen Namen handelt. Noah bedeutet dann die personifizierte "Ruhe".[8]

Exkurs: Zur Etymologie des Namens Noah

Der von der älteren Forschung gegen eine Zusammenstellung von נח mit נוח erhobene Einwand, נֹחַ sei immer defektiv geschrieben,[9] ist durch den Nachweis der Pleneschreibung des Namens in 4Q176,8 hinfällig.[10] Bei einer Ableitung von der gemeinsemitischen Wurzel *nwḫ* lassen sich zahlreiche assyrische und amoritische Personennamen zum Vergleich

---

5   Innerhalb der hebr. Überlieferung finden sich lediglich geringe Varianten. Anstelle von מִמַּעֲשֵׂנוּ lesen 21 (22) Mss^K und 27 Mss^R מִמַּעֲשֵׂינוּ (vgl. SamPt; G; Sy; VL; Vg). Für יָדֵינוּ lesen 2 Mss^K und 1 (2) Mss^R יָדֵנוּ.
6   Vgl. R. Jochanan in BerR 25,2; siehe dazu auch Goldziher, Etymologie, 207ff.; Lewis, Noah (1968), 123f.; Stichel, Namen, 26. Ob hinter נחם und נוח eine gemeinsame Grundwurzel mit der Bedeutung "ruhig sein" steht, wie Levy, Wörterbuch über die Talmudim, III, 370 (vgl. ders., Chaldäisches Wörterbuch, I, 101), vermutet und wie es durch den akkad. Gebrauch von *nâḫum/nuâḫum* (vgl. AHw II, 716f.) nahegelegt werden könnte, ist unsicher. Im biblischen Hebräisch haben beide Begriffe ihre eigenen, spezifischen Bedeutungen.
7   Vgl. dazu zuletzt Hess, Personal Names, 28f.
8   Vgl. spätebräisch נֹחַ (siehe dazu Budde, Urgeschichte, 369.404; König, 315ff.; Bailey, Noah, 168ff.; Kikawada, Noah, 1123.1125; Coxon, Noah, 1191).
9   Vgl. Dillmann, 116; Skinner, 133.
10 4Q176 vereinigt unter der Überschrift תנחומים u.a. Zitate aus den Psalmen und aus Jes 40-55. 4Q176,8 zitiert aus Jes 54,9-10 und berührt sich textlich gegen MT mit G.

2.5. Abschließende Analyse der endredaktionellen Zusätze

heranziehen.[11] Da sich die Silbe *Nāḫ* in den babylonischen Namen *Mu-ut-nā-ḫa* und *Nāḫ-ilum* bzw. *Nāḫ-ili* vermutlich als theophores Element findet ("Mann/Verehrer des [Gottes] *Nāḫ*" und "*Nāḫ* ist Gott" bzw. "*Nāḫ* ist mein Gott"),[12] könnte es sich bei נֹחַ allerdings auch um eine Kurzform eines solchen Namens handeln. Ob das Wort נֹחַ ursprünglich eine Mimation trug[13] und eine hebraisierte Abkürzung für den hurritischen Fluthelden(?) *Nāḫmulel* darstellt,[14] kann allerdings angesichts des stark fragmentarischen Charakters der hurritischen Flutversion und der noch in den Anfängen stehenden Erforschung der hurritischen Sprache nur vermutet werden. Unter Hinweis auf die Namen der Hauptfiguren der sumerischen und der akkadischen Fluterzählung Ziusudra ("langes Leben") und Utnapischtim ("Finder des Lebens") wurde gelegentlich versucht, נֹחַ als einen analogen Namen zu verstehen und eine hebräische Wurzel *nwh/nwḥ* zu postulieren, die sich nur im Äthiopischen als *nōḫa* ("verlängert sein", "lang sein") erhalten habe.[15] Der Name des biblischen Fluthelden lautet nach dieser Hypothese ursprünglich *Nāḫ-ḥayyîm* [unvokalisiert נחחים] und sei sekundär zu *Nāḫ* gekürzt und als Infinitiv *Noᵃḥ* vokalisiert worden.[16] Die Hauptprobleme dieses Vorschlags sind zum einen die Verwendung einer im Hebräischen nicht nachgewiesenen Wurzel zur Bildung eines hebräischen Personennamens, zum anderen die traditionsgeschichtliche Begründung der philologischen Hypothese. So spielen die Namen Ziusudra und Utnapischtim auf die Aufnahme der Fluthelden unter die Götter und die Gabe des ewigen Lebens nach der Flut an.[17] Im Fall des biblischen Noah müßte angenommen werden, daß der Anknüpfungspunkt für den Namen der Redaktionsarbeit der Verfasser von c.6-9 zum Opfer gefallen sei, wenn man nicht in 6,9b (הִתְהַלֶּךְ־נֹחַ אֶת־הָאֱלֹהִים) Reste für die Vorstellung einer ehemaligen Entrückung Noahs sehen möchte (vgl. Gen 5,22-24)[18]. Ohne überzeugende sprachliche Begründung ist der Hinweis, נֹחַ leite sich von einem hypothetischen נחה "frisch/neu sein" ab, so daß Noah der Inbegriff der *erneuten* Welt sei.[19] Bereits in der mittelalterlichen rabbinischen Exegese begegnet der Versuch, נֹחַ mit der arabischen Wurzel *nāḥa* "klagen" (vgl. II נוח in Hab 3,16; akkad. *naḥu* "seufzen") in Verbindung zu bringen:

---

[11] Siehe dazu (1.) Tallquist, Assyrian Personal Names: *Na-ḫa-ra(-a)-ú; Na-ḫi-ri(-i); Naḫkē; Na-aḫ-na-zu; Na-aḫ-ra-ma-aš-ši; Na-aḫ-ti-ḫu-ru-an-si-ni*; (2.) Huffmon, Amorite Personal Names: *Ya-nu-uḫ-sa-mar; ᵈA-mi-ta-nu-uḫ, Su-mu-ni-ḫu-um*.

[12] Noth, Noah, 254-256; vgl. dazu als Analogie die Namen מְתוּשֶׁלַח in Gen 5,21f. bzw. מְתוּשָׁאֵל in Gen 4,18.

[13] Vgl. Wellhausen, De gentibus (1870) (zitiert bei Skinner, 133f.): Aus ursprünglichem נֹחֶם "Tröster" sei durch Kontraktion des *Mem* נֹחַ geworden; vgl. dazu de Fraine, 73f.

[14] Vgl. dazu de Fraine, 73f.; Young, Noah, 1193. Dieser Name könnte dann ein Hinweis darauf sein, daß die Verknüpfung von "Noah" mit der Sintflut bereits traditionell vorgegeben ist und nicht erst auf syrisch-palästinischem Boden erfolgte, wie dies Noth, Noah, 257, und im Anschluß an ihn Stichel, Namen, 25, vermuteten. Allerdings wird die Verbindung des biblischen נֹחַ mit dem hurritischen *Nāḫmulel* (in anderer Schreibweise *Na-aḫ-mu-ú-li-el* und *Na-aḫ-ma-su-li/le-el*) gegenwärtig zurückhaltender beurteilt (vgl. Bailey, bei Lewis, Tradition, 225; ders., Noah, 167; Hess, Personal Names, 29) als noch vor zwanzig Jahren (vgl. Young, Noah, 1193; Cassuto, I, 288f.).

[15] Vgl. dazu Kraeling, Noah, 140; Bailey, Noah, 166f.170.

[16] Vgl. Kraeling, Noah, 140; Bailey, Noah, 228 mit Anm.4.

[17] Vgl. Sumerische Fluterzählung VI,6-11 und Gilgamesch-Epos XI,7 und XI,193ff.

[18] Vgl. Skinner, 133f., sowie ausführlich Albani, Astronomie, 237-239.

[19] Vgl. Ewald, Geschichte, I, 360 mit Hinweis auf נָא (Ex 12,9) und לַח (Num 6,3).

So erkläre sich der Name Noahs aus dessen Klage über die Sündhaftigkeit seiner Zeitgenossen.[20] Eine gewisse Kuriosität stellt schließlich die Bemühung dar, נֹחַ aus dem Sanskrit herzuleiten: So sei "das hebräische *Nôach* [...] aus einem ursprünglichen *Nâvaka* transformiert" worden, das der "Schiffer" bedeute.[21]

G mit διαναπαύσει und die davon abhängige VL mit *nobis dabit requiem* weisen dann auch tatsächlich für Gen 5,29 auf die Lesart יְנִיחֵנוּ hin.[22] Das Verb διαναπαύειν findet sich nur hier in G, allerdings sind Komposita von παύειν Standardbegriffe von G zur Wiedergabe von נוח ([*Hif.* I] "zur Ruhe bringen").[23] Die zwischentestamentlichen Paralleltexte zu 5,29b sind ambivalent und zeigen, daß es bereits in der Frühzeit der Textüberlieferung eine Tradition gab, die "Noah" mit dem Begriff נחם in Verbindung brachte, und eine, die "Noah" mit der Wurzel נוח verknüpfte.[24] So unterstützen Jub 4,28[25] und wohl auch äthHen 107,3[26] MT. Dem Text bzw. der Texttradition von G hin-

---

[20] Vgl. dazu Goldziher, Etymologie, 209-211; Grill, Erzväter, 41 Anm.5.
[21] Grill, Erzväter, 44. im Anschluß an von Bohlen, 70. Die Tatsache, daß der indische Flutheld nun gerade nicht *Nâvaka*, sondern *Manu* heißt, zeige nur, daß die hebr. Fluttradition "auf eine zwar allerdings sanskritische, aber darum doch selbständige, relativ originale Quelle zurückgehe" (Grill, a.a.O., 45). Zum Hintergrund dieser Thesen verwies Grill auf F. Windischmann, Ursagen der arischen Völker (1852), 4ff. Als abschließende Beispiele solcher philologisch-mythologischer Spielereien seien nur noch die Reihe "Noah < Nysos = Dionysos" (vgl. Buttmann, Mythologus I, 173f.; dort auch der Hinweis auf den germ. Ausdruck *na, nach* für "Wässriges") und die Gleichung "Noah = Inachos, Sohn des Okeanos" (vgl. F. Nork, Biblische Mythologie, 266 [zitiert bei Grill, a.a.O., 42ff.]) genannt; weitere ältere Vorschläge verzeichnet Dillmann, 116f..
[22] Zur Annahme, daß G (bzw. die Vorlage) hier sekundär harmonisiere, vgl. Dillmann, 116; Cassuto, I, 288; Westermann, I, 487; Ruppert, I, 259; Stichel, Namen, 28.
[23] Zur direkten Rückführung von G auf eine Form von נוח vgl. Morgenstern, Note, 309; Lewis, Noah (1968), 86; Westermann, I, 487; Ruppert, I, 259; Levin, Jahwist, 96; Rösel, Übersetzung, 128; Coxon, Noah, 1191.
[24] So findet sich in dem (allerdings erst aus dem 11./12. Jh. n. Chr. stammenden) "Buch des Aufrechten" (ספרהישר, zitiert bei Cassuto, I, 288), die Notiz: "Und Methusalem nannte seinen Namen Noah, wobei er sagte, 'die Erde ruhte und verzichtete auf böse Taten in seinen Tagen', aber sein Vater Lamech nannte ihn Menahem, wobei er sagte, 'dieser wird uns trösten' " (vgl. dazu auch Stichel, Namen, 27). Morgenstern, Note, 306ff., stellte dann die Hypothese auf, der Flutheld habe bei J tatsächlich מנחם gelautet und sei zutreffend mit der Wurzel נחם erklärt worden, während er bei P den Namen נח getragen habe. Die "priesterlichen" Editoren der Fluterzählung hätten die "jahwistische" Namenserklärung über-nommen und in den "jahwistischen" Flutfragmenten מנחם konsequent durch נח ersetzt.
[25] "[...] und er nannte seinen Namen Noah, indem er sprach: Dieser wird *mich* trösten über *meine* Trauer und über all mein Tun *und auch* über die Erde, die Gott verflucht hat." (Übersetzung von Littmann, in: APAT II, 47f.; die Kursivsetzung der Abweichungen von MT stammt von mir).
[26] "[...] und [er] nannte den Namen jenes Sohnes Noḥ, denn er wird der Erde Freude von aller Vernichtung bringen." (Übersetzung von Uhlig, in: JSHRZ V, 749). Nach Uhlig entspricht diese Erklärung der auch in den griech. Henochfragmenten wiedergegebenen

2.5. Abschließende Analyse der endredaktionellen Zusätze 211

gegen folgen ein griechisches und ein lateinisches Fragment zu Hen 106,18,[27] Philo von Alexandria,[28] PsPhilo[29] sowie die altkirchlichen Ausleger.[30] 4QEn^c (= 4Q203) 5,II bietet lediglich die mit Hen 106,18 korrespondierende Zeile וקר[י] שמה [נוח ...]יפלט הוא.[31] In 1QGenAp, wo in Kolumne II von der Geburt Noahs erzählt wird, ist noch kein Gegenstück zu 5,29 nachweisbar.

Da die Wurzel נוח den Namen נח aber treffender erklärt und G sicher auf eine Form von נוח zurückgeht, geben wir der Lesart יְנִיחֵנוּ den Vorzug.[32] נוח (Hif. I) in der Bedeutung "Ruhe verschaffen" zieht zwar zumeist die Präposition ל nach sich,[33] kann aber auch mit Suffix konstruiert werden (vgl. Prov 29,17; Jes 63,14).[34] יְנַחֲמֵנוּ stellt dann erst eine sehr späte Textänderung dar, die möglicherweise auf Gen 6,6 (vgl. die Wurzel נחם [Nif.]) anspielt und be-

---

Fassung Νῶε εὐφραίνων τὴν γῆν ἀπὸ τῆς ἀπωλείας (vgl. dazu auch Stichel, Namen, 32). Die äth. Wiedergabe eines hebr. יניחנו müßte nach Uhlig yāstanaffeša lauten, was der Lesung von G διαναπαύσει entspräche.

[27] [...] αὐτὸς γὰρ ἔσται ὑμῶν κατάλειμμα ἐφ᾽ οὗ ἂν καταπαύσητε (vgl. Stichel, Namen, 32) bzw. "*Noe, qui interpretatur requies, quia requiem prestabit in archam*"; zu letzterem vgl. Uhlig, in: JSHRZ V, 748. Zur äth. Fassung von Hen 106,18 ("und nenne ihn Noḫ mit Namen, denn er wird für euch ein Rest sein" [Übersetzung von Uhlig, a.a.O., 749]); vgl. S.286.

[28] Vgl. Philo, Det, 121-123; Quaest in Gen I,87.

[29] PsPhil, Ant. I,20: "*Dieser wird uns* und *der Erde Ruhe geben* vor den Dingen, die auf ihr sind, durch die sie heimgesucht werden wird wegen der Sünde der bösen Werke" (Übersetzung und Hervorhebung von Dietzfelbinger, in: JSHRZ IV, 103; vgl. dazu auch Stichel, Namen, 28).

[30] Vgl. dazu ausführlich Lewis, Noah (1968), 117, der auf Theophilos von Antiochien, Ephraem Syrus und Aphraates verweist und die Entfaltung der "Noah-Ruhe-Typologie" in der altkirchlichen Exegese nachzeichnet (a.a.O., 156ff.).

[31] Milik, Enoch, 214, vermutete in dieser Zeile eine dritte Etymologie des Noahnamens, die das masoretische נחם in seinem ostaramäischen Gebrauch "lebendigmachen" verstanden, daher mit der Wurzel פלט wiedergegeben und Noah den Beinamen פלטה ("Rettung") verliehen habe. Die weiteren Etymologien, die sich in 4QEn^c für den Namen Noah finden sollen ("Frommer" nach einem späthebräischen נוח bzw. aram. ניח sowie "Ruhe"), beruhen bisher allerdings auf Konjekturen Miliks (a.a.O., 209-217).

[32] So mit Otmar, Versuche, 319; Holzinger, in: HSATK I, 17; Ehrlich, Randglossen, I, 27f.; Procksch, 458f.; Hölscher, Geschichtsschreibung, 274; Fichtner, Ätiologien, 387 Anm.2; Zimmerli, I, 258ff.

[33] Vgl. Ex 33,14; Dtn 3,20; 12,10; 25,19; Jos 1,13.15; 21,44; 22,4; 23,1; II Sam 7,1.11; I Reg 5,18; Jes 14,3; 28,12; I Chr 22,9.18; 23,25; II Chr 14,5f.; 15,15; 20,30. Für die Konstruktion mit der *nota accusativi* את vgl. Sach 6,8, für eine Verbindung mit der Präposition על siehe Jes 30,32. Einwände gegen eine Bevorzugung von G erheben u.a. Ehrlich, Randglossen, I, 27f., und Hamilton, 258.

[34] Zwar ist in Jes 63,14 der Text nicht ganz sicher (so basieren die Versiones auf der Lesart תנחנו [√ נחה]), doch kann MT beibehalten werden (vgl. Westermann, Jesaja, 309).

reits im Zusammenhang mit der Noahspekulation und der Anwendung des Begriffs נחם auf den Messias steht.[35]

Gen 5,29b bietet aber nicht nur eine Etymologie für den Namen נח, sondern stellt vor allem ein theologisches Programm dar. Dies ergibt sich aus drei formalen Beobachtungen: (1.) ist 5,29b futurisch konstruiert und bestimmt die *Funktion* der benannten Figur. Der Schwerpunkt von 5,29b liegt im Gegensatz zu den Personenbenennungen, die einen vorgegebenen Namen mit einem Ereignis in der Vergangenheit verknüpfen, nicht auf einer Etymologie.[36] (2.) findet sich in den Belegen für eine etymologisierende Erklärung eines *Personennamens* stets ein begründendes כי,[37] während hier auf die Namensformel קרא (את) שם lediglich לאמר folgt. (3.) zeigen die Anspielungen von 5,29b(*v.l.*) einerseits auf 2,15 (ינחהו)[38] und andererseits auf 3,16-17 (ארר), daß das "Lamechwort" in einem weiteren Kontext zu sehen und nicht auf ein punktuelles Wortspiel beschränkt ist.[39]

Ob die von Sy, G, VL und Jub 4,28 zwischen V.29bα und V.29bβ zusätzlich geführte Kopula auf ein durch Haplographie ausgefallenes ו und die ursprüngliche Lesart ומן־האדמה hindeutet, hängt von dem Verständnis des מן in V.bβ ab. Wenn V.bβ *kausal* die Quelle der Mühsal oder lokal den Ursprungsort des Trostes angäbe, würde sich eine zusätzliche Kopula verbieten. Für die wahrscheinlichste Interpretation von מן־האדמה als einer V.bα syntaktisch beigeordneten und inhaltlich die Wendung ממעשנו ומעצבון zusammenfassenden Größe sprechen die Stilanalyse, der Gebrauch derselben Präposition in V.bα und V.bβ und die Parallele für ein partitives מן in Gen 4,11.[40] Bei dieser Auflösung von מן־האדמה bedeuten die Lesarten von MT einerseits und Sy, G und VL andererseits keinen wesentlichen Unterschied.

---

[35] Vgl. dazu Bousset u. Greßmann, Religion, 227; Stichel, Namen, 36. Eine syntaktische Analyse der adverbialen Bestimmung ממעשנו ומעצבון hilft textkritisch nicht weiter, da sowohl נוח (*Hif.* I) als auch נחם (*Pi.*) mit מן konstruiert werden können, wie Jes 14,3 bzw. Jer 31,13 zeigen.

[36] Besonders deutliche Beispiele für die durch eine Etymologie erzielte Verbindung eines vorgebenen Personennamens mit einem zurückliegenden Ereignis finden sich in Gen 4,25; 16,11; 29,32; 41,51f.; Ex 2,10.22; I Sam 1,20; I Chr 4,9 und 7,23. Jdc 6,32 bietet zwar eine futurisch formulierte Erklärung des Namens יְרֻבַּעַל, blickt aber ausdrücklich auf die Zerstörung des Altars Baals zurück (6,31bβ.32bβ). Dabei handelt es sich in Jdc 6,32 auch insofern um einen Sonderfall, als über die nur lautlich, nicht temporal und semantisch passende Wendung ירב בו בעל die ursprünglich eigenständigen Figuren "Gideon" und "Jerubbaal" miteinander identifiziert werden.

[37] Vgl. im Vorblick auf ein besonderes Ereignis Gen 3,20; im Rückblick Gen 4,25; 16,11.13; 29,32; 41,51f.; Ex 2,10.22; I Sam 1,20; I Chr 4,9; 7,23. In I Sam 4,21 (אי־כבוד) liegt kein echter Personenname vor, sondern ein Kunstname.

[38] Vgl. dazu S.269f.

[39] Vgl. dazu auch Wallace, Toledot, 25.

[40] Gegen Cassuto, I, 219.289, der der Versteilung von MT folgt, kündigt 4,11 keinen *aus* der Erde kommenden Fluch für Kain an, sondern den Ausschluß von der Bearbeitung

2.5. Abschließende Analyse der endredaktionellen Zusätze

Formal bildet 5,29b eine programmatische Bestimmung der Aufgabe Noahs. Die begrifflichen Überschneidungen von V.bα und V.bβ mit Gen 3,16-17 und 4,11 sowie die Stilanalyse zeigen, daß 5,29b eine *literarisch einheitliche* Größe ist.[41] Die Benennung Noahs ist dichterisch gestaltet.[42] Das Grundgerüst bildet ein inhaltlicher und formaler Chiasmus, in dem die Subjekte des Hauptsatzes (זה) und des Nebensatzes (יהוה), die jeweiligen Prädikate (ארה // יניחנו) und die adverbialen Bestimmungen (ממעשנו ומעצבון // מן־האדמה ידינו) im gegenseitigen Wechsel stehen.[43] Zu dieser chiastischen Grundstruktur kommen eine vertikale Entsprechung der Größen "Noah" (זה) // "Gott" (יהוה) und eine horizontale Klimax: Von מעשה als allgemeiner Wendung läuft die Linie über מעצבון ידינו als speziellem Ausdruck[44] zu מן־האדמה als Zusammenfassung für die Quelle, die "Arbeit" und "Mühsal" verursacht, nämlich der von Jahwe verfluchte Ackerboden.

Als möglicher kompositioneller Zielpunkt von 5,29 innerhalb eines vorendredaktionellen Erzählzusammenhangs wird in der Forschung häufig *ausschließlich* der "jahwistische" Flutepilog angegeben. Voraussetzung dieser Annahme ist, daß 5,29 sich in einen ursprünglichen "jahwistischen" Erzählverlauf einordnen läßt. Dies ist aber nicht der Fall. Die in der Forschung beliebte einlinige Verbindung von 5,29 mit 8,20-21(22) interpretiert die Noahbenennung als Ausblick auf eine nachsintflutliche Aufhebung des Fluchs über den

---

der אדמה (vgl. 4,14: מעל פני האדמה; 3,14: ארור אתה מכל־הבהמה) - so zu Recht die große Mehrheit der Ausleger.

[41] Westermann, I, 488, äußerte die überlieferungsgeschichtliche Vermutung, daß hinter 5,29 ursprünglich eine einfachere Gestalt anzunehmen sei und der Bezug auf 3,17 erst von einem späteren Tradenten stamme (ähnlich Kessler, Querverweise, 48f.).

[42] So mit Skinner, 133f.; Freedmann, Notes, 192; de Fraine, 73.

[43] זה יניחנו ממעשנו ומעצבון ידינו
מן־האדמה אשר אררה יהוה

An einzelnen Stilmitteln finden sich in V.29b zwei Homoioteleuta (vgl. יניחנו ... ידינו), zwei Alliterationen (vgl. אשר אררה bzw. אררה יהוה ... האדמה ממעשנו bzw. מן־האדמה ... [ו]מעצבון ממעשנו), und eine auf dem Konsonanten *Mem* basierende Paronomasie (vgl. שמו ... לאמר ... ממעשנו ומעצבון ... מן־אדמה). Die Erhebung eines Versmaßes ist angesichts der Unsicherheit in der hebr. Metrik nur schwer möglich (anders Freedmann, Notes, 192, der für V.bα das Metrum 2:2:3 vorschlug und den Versteil [kaum zutreffend] zu den Beispielen für die älteste hebr. Poesie zählte).

[44] Bei מעשה handelt es sich um einen allgemeinen und neutralen Begriff für ein erst kontextuell näher zu wertendes Tun. Hingegen schwingt bei עצבון stets der Aspekt des Mühevollen, Vergeblichen, Schmerzhaften mit, wie die Parallele in Gen 3,16-17 und die Verwendung der Wurzel עצב (II Qal "tadeln") samt ihrer Derivate zeigen (vgl. zu II עָצֵב Prov 5,10; Ps 127,2; II עָצֵב Jes 14,3; I Chr 4,9f.; Prov 15,1; Ps 139,24; zu עֲצָבַת Hi 9,28; Ps 147,3). Zum Nachweis, daß ממעשנו ומעצבון kein Hendiadyoin ist, vgl. auch König, 316.

Ackerboden (3,17bα).⁴⁵ Zahlreiche Beobachtungen sprechen gegen diese *exklusive* Auflösung der Hoffnung Lamechs. Die Errichtung eines Altars, die Darbringung eines Opfers und die Mitteilung über die Wahrnehmung und Reaktion der Gottheit sind der Fluterzählung traditionsgeschichtlich vorgegeben,⁴⁶ eine Notiz über die programmatische Benennung des Fluthelden hingegen nicht. Bei dem Opfer Noahs handelt es sich zunächst um ein Dankopfer des Geretteten.⁴⁷ Gegen die Annahme einer ursprünglichen Verbindungslinie von 3,17 ("Fluch über die Erde") über 5,29 ("Hoffnung auf Trost angesichts der verfluchten Erde") zu 8,20-21 ("Aufhebung des Fluchs") spricht vor allem das Jahwewort in 8,21 selbst. Dieses korrespondiert begrifflich und stilistisch *zunächst* nicht unmittelbar mit 3,16-17 (Terminus ארר gegenüber קלל), sondern mit 6,5-7. Das als Selbstreflexion gestaltete Urteil in 8,21* blickt auf 6,6b-7* zurück (... ויאמר יהוה אל־לבו: ויתעצב אל־לבו // ויאמר יהוה), während in 3,14-19 die Fluchworte direkt an die Schlange, an die Frau und an den Mann gerichtet sind (לאדם, אל־האשה, אל־הנחש). Die Begriffe קלל (*Pi.*) und נכה (*Hif.*) bezeichnen *beide* ein Vernichten und greifen so auf das Wort מחה in 6,7 zurück,⁴⁸ während 3,17 nicht von einer Zerstörung der אדמה, sondern von ihrer Verfluchung (ארר [*Qal*]) spricht.⁴⁹ Die in 3,16-17 ausgesprochenen Daseinsminderungen bleiben auch nach der Flutkatastrophe. Die Einbettung der Strafworte in eine Erzählung der Ureltern und der ätiologische Charakter von 3,16-17 zeigen, daß der Fluch ungebrochen bis in die Gegenwart des Erzählers reicht. In 8,20-21* gibt Jahwe die Zusage, in Zukunft die Erde nicht mehr wegen des Menschen (mit einer Flut) zu vernichten und alles Leben zu zerstören. Da 5,29(*v.l.*) aber auf die Gabe der Ruhe von der Mühsal, die von der unter dem Fluch stehenden Erde ausgeht, gerichtet

---

⁴⁵ Vgl. Schrader, Urgeschichte, 136ff.; Dillmann, 116; König, 317; Mowinckel, Sources, 15; Frey, 93; de Fraine, 76.97; Rendtorff, Urgeschichte, 69ff.; Clark, Flood, 208; Willi, Schlußsequenzen, 434; Levin, Jahwist, 93-96. Martin, Flood Story, 129f., vertrat unter Hinweis auf den Plagenzyklus im Atramchasis-Epos (II,i,9ff.) die traditions- und literargeschichtlich nicht haltbare Hypothese, daß 5,29; 6,5-8 und 8,20-22 eine von J aufgenommene Hungersnottradition reflektiere, die ursprünglich keinen Bezug zur Sintfluttradition hatte. Eine ähnliche Hypothese deutete zuletzt aber wieder Wenham, I, 129, an. Kraeling, Noah, 143, glaubte den Zielpunkt von 5,29 in der Garantie der für die Landwirtschaft notwendigen jahreszeitlichen Ordnungen in 8,22 zu erkennen, und so die Fluterzählung als eine Kultlegende eines Jahresfestes bestimmen zu können.

⁴⁶ Vgl. Sumerische Fluterzählung V,9-11; Atramchasis-Epos III,v,34; Gilgamesch-Epos XI,155ff.; Berossos, frgm. 34 (bei Schnabel, 265 Z.40); Arrianos (bei Caduff, Flutsagen, nr.48); Apollodoros (bei Caduff, Flutsagen, nr.28). Der Ausdruck ריח הניחח ist ein kultischer *terminus technicus*, der überwiegend in exilisch-nachexilischen "priesterlichen" Texten begegnet, aber bereits in den akkad. Flutversionen als *esenu(m) iriša tāba* auftaucht (vgl. Atramchasis-Epos III,v,34; Gilgamesch-Epos XI,160).

⁴⁷ Vgl. dazu ausführlich Westermann, I, 607ff.

⁴⁸ S.o.S.181f.

⁴⁹ Vgl. Steck, Urgeschichte, 528-532.

2.5. Abschließende Analyse der endredaktionellen Zusätze

ist, muß die Erfüllung des Lamechwortes in einem weiteren Horizont gesehen werden.

Unter Beibehaltung der Lesart von MT wird über die Motivassoziation "Wein" und "Trost" und unter Hinweis auf Stellen wie Ps 104,15; Prov 31,6f.; II Sam 13,28; Jer 16,7 und Sir 34,27f. häufig der Versuch unternommen, die Erfüllung des Lamechwortes in 9,20 zu sehen.[50] Gegen eine solche Deutung des Verses ויחל נח איש האדמה ויטע כרם sprechen aber (1.) die ursprünglichere Lesart von G und (2.) die Tendenz der Erzählung in 9,20-27. Hier wird nicht vom "Trost" erzählt, sondern von einer Entehrung Noahs und einem Segenswort bzw. einem Fluch (ארר) über einen seiner Söhne bzw. Enkel.[51] 9,20 dient als Einleitung einer paradigmatischen Erzählung vom rechten Verhalten des Sohnes gegenüber seinem Vater. Selbst wenn 9,20* eine ursprünglich aus einem anderen traditionsgeschichtlichen Hintergrund als die Erzählung (9,21-24) und die Sprüche (9,25-26.27) stammende Kulturnotiz über die Erfindung des Weinbaus durch den Fluthelden sein sollte,[52] existiert im jetzigen Text keine Brücke zu 5,29b, wie sie sich umgekehrt in der Rückschau von 5,29 auf 3,16-17 mit den Begriffen עצבון und ארר findet.[53] Für eine Verbindung von 5,29 mit der Vorstellung vom Trauerbecher (כוס תנחומים vgl. Jer 16,7) fehlt der entscheidende Begriff כוס.[54] D.h.: 9,20 stellt keine Erfüllungsnotiz für die Hoffnung Lamechs dar.

Daß mit Noah "eine neue, für die Welt, auf der Gottes Fluch lastet Cap. 3,17, bessere Periode anheben werde",[55] ist ein offener Wunsch, der im Horizont der Urgeschichte eindeutig erst durch die Segnung Noahs in 9,1-7 und die Verheißung des "ewigen Bundes" (ברית עולם) in 9,8-17 abgedeckt ist –

---

[50] Vgl. Böhmer, Thora, 140f.; Budde, Urgeschichte, 313; Gunkel, 54f. Holzinger, 61; Ehrlich, Randglossen, I, 28; Eißfeldt, Hexateuchsynopse, 8*; Skinner, 133f.; Jacob, 167; Wolff, Kerygma, 360f.; Cassuto, II, 159f.; von Rad, 103; Zimmerli, I, 258ff.; Speiser, 61; Steck, Urgeschichte, 531 Anm.20; Westermann, I, 487; Kessler, Querverweise, 48f.; Scharbert, 78; Waschke, Menschenbild, 113ff.; Wenham, I, 198 (ironisch); Bailey, Noah (1989), 169; Van Seters, Prologue, 142ff.179; Ruppert, I, 260 (zugleich mit heilsgeschichtlicher Perspektive); Seebass, I, 185; Harland, Human Life, 55. Im Hintergrund der Hypothese einer ursprünglichen Verknüpfung von Gen 5,29b mit 9,20 steht vermutlich auch die breite Erzählung vom nachsintflutlichen Auffinden des ursprünglich im Paradies beheimateten Weinstocks durch Noah in grBar 4 und die Verbindung der Motive "Flut" und "Weinstock" in der Dionysosmythologie (vgl. dazu schon Buttmann, Mythologus, I, 173f.203f.).

[51] Zur Rekonstruktion einer ursprünglich nur von den Noahsöhnen Sem und Kanaan handelnden Erzählung vgl. S.102ff.

[52] Vgl. dazu Westermann, I, 487; Bailey, Noah, 146; Van Seters, Prologue, 179; doch s.o. S.113 Anm.135 und S.186 Anm.152.

[53] Gleichwohl sah Budde, Urgeschichte, 311f., in Gen 5,29 eine solche Brücke, wodurch der dritte Jahwist (J3) bereits in der auf den zweiten Jahwisten (J2) zurückgeführten Setitentafel (a.a.O, 153ff.) auf die Erzählung von Noahs Weinberg des ältesten Jahwisten (J1) vorausschaue.

[54] Zutreffend wies bereits Kraeling, Noah, 139, darauf hin, daß in Jer 16,7 der כוס תנחומים Trost bringt aufgrund der Tröster, nicht aufgrund des Weins. Zu einer umfassenden Kritik, an der These, 5,29 sei auf 9,20 bezogen, siehe Wallace, Toledot, 24ff., der selbst das Lamechwort als eine kontextuell unerfüllte Hoffnung interpretiert.

[55] Tuch, 107; ähnlich von Bohlen, 70; Fz. Delitzsch, 144.

also durch Texte, die der "priesterlichen" Schicht zugewiesen werden können.[56] Wenn 5,29 aber erst auf dem Hintergrund des nachsintflutlichen Segens und der nachsintflutlichen ברית sinnvoll ist, dann kann es sich bei der Noahnotiz nur um eine redaktionelle Ergänzung handeln, die den "jahwistischen" Erzählzusammenhang (vgl. 3,16ff.; 8,20-22) *und* den "priesterlichen" (vgl. 5,1-29a.30-32; 9,1ff.) voraussetzt und die die beiden Flutepiloge zu verbinden versucht.[57] Die Zentrierung der erhofften Ruhe auf die Figur Noah setzt eine ausdrückliche Erzählung über die durch Noah vermittelte Ruhe voraus, wie sie sich nur in der Kombination von 8,20-22 und 9,1ff. findet. Dreimal wird explizit vermerkt, daß die nachsintflutlichen Verheißungen Gottes Noah und den Seinen gelten (9,1a.8.17). Das Motiv der über Noah weitergegebenen Ruhe steht in Verbindung mit den zentralen Theologumena des "priesterlichen" Flutepilogs:

1.) mit dem "Segen"(ברך, 9,1; vgl. Dtn 12,7.10);

2.) mit dem "Schrecken" (מורא, 9,2; vgl. Dtn 11,25; 12,10; [2,25; 3,20]);

3.) mit dem "Bund" (ברית, 9,9; vgl. Jos 23,1.16; Ps 132,13f.);

4.) mit dem "heilvollen Gedenken" (זכר, 8,1; 9,15; vgl. Ex 32,13+33,14);

5.) mit einer "ewigen" Zusage (עולם, 9,12.16; vgl. Dtn 12,20.28; II Sam 7,1.11.13.16.24-26.29; I Chr 22,9f.; 23,13.25).[58]

Gen 5,29b kann so auf die "priesterliche" Zusage einer ברית עולם in 9,8-17 und die damit verbundenen Heilsworte bezogen werden. Auf der kompositionellen Ebene des Redaktors läßt sich das Opfer Noahs in 8,20f. dann auch als ein Versöhnungsopfer verstehen, insofern die vom Opfer ausgelöste "Beruhigung" (הניחה) der Gabe des "Bundes" vorausgeht.[59] Mittels des

---

[56] Die Möglichkeit, daß Gen 5,29b aus einem alten Kontext ohne seinen ursprünglich vorhandenen Zielpunkt herausgelöst wurde, ist angesichts der theologischen Dichte der in der Noahbenennung vorliegenden Begrifflichkeit unwahrscheinlich. Die Hypothese, daß 5,29 eine nicht mehr erhaltene Tradition über die Erfindung des Pflugs reflektiere (vgl. Rashi, z.St.; Young, Noah, 1193; Stichel, Namen, 26f.), basiert wohl auf der Auslegung von BerR 25,2.

[57] Zur Annahme, 5,29 sei ein nicht-quellenhafter Zusatz, siehe bereits Ilgen, Urkunden, 43; de Wette, Lehrbuch[1], 173; Pustkuchen, Urgeschichte, 65; Reuss, Geschichte, 270; Wellhausen, Composition, 14; Duhm, Israels Propheten, 129; Eerdmans, Studien, I, 81; zur expliziten Rückführung auf den Redaktor der Urgeschichte vgl. dann Ewald, in: JBW VII, 26; Böhmer, Thora, 140f.; Pfeiffer, Introduction, 289; Dockx, Paradis, 13; Blenkinsopp, Pentateuch, 73.

[58] Die an dem Beziehungsnetz von 5,29 und 9,1ff. ablesbare Verbindung "priesterlicher" und dtn.-dtr. Theologumena kann bereits hier als eine Koordinate für eine literatur- und theologiegeschichtliche Einordnung des Redaktors angesprochen werden; vgl. dazu S.299.205f.309f.325f.

[59] So bereits im Blick auf den "jahwistischen" Erzählzusammenhang Procksch, 69, sowie hinsichtlich der hier vertretenen endredaktionellen Verbindung von 5,29 mit 8,21 und 9,1ff. zuletzt auch Ska, diluvio, 60f. Zum Bezug von 5,29 auf 9,1 siehe auch Coxon, Noah, 1191.

2.5. Abschließende Analyse der endredaktionellen Zusätze

Terminus נוח und der Noahnotiz hat der Redaktor ein kompositionelles Beziehungsnetz geschaffen, das die "priesterliche" und die "jahwistische" Anthropologie verknüpft (vgl. 2,15) und die Heilsvorstellungen der beiden ihm vorgegebenen literarischen Schichten aufeinander bezieht (vgl. 8,21). Die Zuweisung von 5,29b an den Redaktor bestätigt sich durch einen Vergleich mit der ebenfalls von ihm komponierten Set-Enosch-Notiz in 4,25-26. Unter Rückgriff auf Termini des "jahwistischen" Erzählzusammenhangs und unter Gebrauch des Tetragramms wird eigenständig ein Kleintext geschaffen, der den Zielpunkt der "priesterlichen" und der "jahwistischen" Schicht verbindet und dabei eine eigene theologische Vorstellung einfügt.

2.5.3. Die Einheitlichkeit der endredaktionellen Texte

Die dem Redaktor zugewiesenen Texte in Gen 1,1-9,29(+10,1-11,26) lassen sich *redaktionstechnisch* in drei Gruppen einteilen:
1.) in Ausgleichsverse zur Harmonisierung und gegenseitigen Anpassung der "priesterlichen" und der "jahwistischen" Schicht. Hierzu gehören die Umstellung von 2,4a, die Bildung des Doppelnamens יהוה אלהים und die Einfügung von 2,7b.15.19aγ.b.20aα*; 3,14aα*.18b; 4,22b.25-26; 6,7aβ.γ.b; 7,1b. 3.8-9.10b.16.22*.23aα*.β; (8,9aβ); 9,5bα*.18b.27; 10,4b.10b.12b.14*.18b-19.21.24.25*.29b-30; 11,10b. Literargeschichtlich sind die zusätzlich eingelegten Völkerlisten in 10,13-14.15*.16-18a.26-29a ebenso wie die Paradiesgeographie (2,10-14) und die Nimrodnotiz (10,8-12) zunächst Beispiele einer enzyklopädischen, historisierenden und systematisierenden Tendenz.
2.) in Ergänzungsverse zur Vorbereitung eigener redaktioneller Kleinkompositionen. Hierzu gehören (a) 2,1 als Vorbereitung der Einschübe von 3,22.24; 6,1-4 und 11,6-7 sowie (b) 8,21aβ als Hinführung auf die Einlagen in 9,20-26* und 11,1-9*.
3.) in eigene theologisch profilierte Zusätze, die teilweise zugleich mythologisch und historisierend orientiert sind (2,9b-15.17aα*; 3,22.24; 5,29b; 6,1-4; 11,1.2*.3.4b.5b[?].6-7.8a.b[?].9aβ.b) und die eine Differenzierung der Menschen in eine Masse der Ungerechten und eine kleine Schar Gerechter (Enosch, Noah, Sem [und Japhet]) vertreten (4,25-26; 5,29b; 7,1b; 8,7; 9,26f.; 10,21). Gemeinsam ist diesen Texten, daß sie den Jahwenamen verwenden, eine eigene Begrifflichkeit gebrauchen, die Theologumena der "priesterlichen" und der "jahwistischen" Schicht verbinden und so sprachliche und inhaltliche Mischprodukte bilden.

Kompositionstechnisch zeigt das Verfahren des Redaktors den Einbau einer wohl nur leicht gekürzten "jahwistischen" Urgeschichte in die vollständig

erhaltene "priesterliche" Urgeschichte.[60] Dabei sind partiell Sondertraditionen eingebaut (6,1-4*; 9,20-26*; 10,8-19*.24-30*; 11,2*.4a.5a.b[?].8b[?].9aα).
Im einzelnen zeigt sich eine *blockweise Einfügung*:
(a) von 2,4b-4,24* in den Zusammenhang von 1,1-2,3* und 5,1-32,
(b) von 6,1-4 in Kombination mit 6,5-8 in den Rahmen von 5,32 und 6,9,
(c) von 9,20-26* in den Kontext von 9,19 und 9,28,
(d) von 11,1-9* zwischen 10,32 und 11,10a.
Daneben begegnet eine *abschnittsweise Einarbeitung* von 7,1-5*.10a.12. 23aα*.b und 8,2b.6-12*.13b.20-22 in 6,9-9,17 sowie von 10,8-19*.26-29* in 10,1-32*.

Im nächsten Abschnitt wird das strukturelle Gefälle der Komposition beschrieben, die der *Redaktor der Urgeschichte* (im folgenden R^{UG}) auf der Basis seiner "jahwistischen" und "priesterlichen" Quelle sowie eigener Texte geschaffenen hat.

2.5.4. Die kompositionelle Strukturierung der Urgeschichte

"[...] the result of this reinterpretation of the tradition is not a literary patchwork but a story whose overall design and dramatic movement make it a work of art, one that even yet stirs and involves the hearer or reader."[61]

Durch die Zusammenstellung der "priesterlichen" mit der "jahwistischen" Urgeschichte und die Einlage eigener Textzusätze hat der R^{UG} eine Komposition geschaffen, die einerseits dem strukturellen Gefälle der zunächst getrennt überlieferten Erzählzusammenhänge folgt, andererseits über eine eigenständige Strukturierung verfügt. Die endredaktionelle Profilierung von Gen 1,1-9,29(+10,1-11,26)[62] läßt sich am klarsten aus den Motiven ablesen, die der R^{UG} als *Leseanweisungen* für die neugeschaffene Urgeschichte selbständig gebildet bzw. modifiziert aus seinen Vorlagen wiederholt hat und die nun als Interpretamente der aus der Verknüpfung der "priesterlichen" und der "jahwistischen" Schicht erwachsenen Komposition dienen (vgl. 2,1.15; 3,22.24; 4,26; 5,29; 6,3; 7,1b; 8,21aβ; 9,25-27; 10,21).

Mit der Einfügung der Notiz über die Erschaffung des himmlischen Heeres (2,1) blickt der R^{UG} auf die implizite Erwähnung der "Engel" in 1,26 zurück und bereitet seine Einschübe über die himmlische Welt in 3,22.24; 6,1-4 und

---

[60] Eine eindeutige Kürzung findet sich nur zwischen 6,8/7,1a, während die ursprüngliche "jahwistische" Brücke zwischen 4,24/6,5 durch die Modifikation von 4,22b (Austausch des Namens נח durch נעמה) verdeckt ist (vgl. S.176f.).
[61] Anderson, Analysis, 38. Vgl. dazu jetzt auch Harland, Human Life, 14ff.40ff.65ff.84ff. 106ff.141ff.169ff.205ff.
[62] Zur Untergliederung von Gen 1,1-11,26 in die Abschnitte (1.) "Schöpfung" (1,1-6,8) und (2.) "Flut" (6,9-9,29) sowie (3.) "Zwischenzeit" (10,1-11,26) als einer Überleitung von der "eigentlichen" Urgeschichte zur Vätergeschichte vgl. S.48f.

2.5. Abschließende Analyse der endredaktionellen Zusätze 219

11,6-7 vor.[63] Die explizite Erwähnung der himmlischen Welt in der Urgeschichte (2,1; 3,22.24; 6,1-4) wirft nun auch ein neues Licht auf die "priesterliche" Notiz der Entrückung Henochs (5,22-24): Jahwe, der seinem himmlischen Hofstaat gegenüber erklärt, dem Menschen sei der Zugriff (לקח) auf das ewige Leben verwehrt (3,22), nimmt (לקח) selbst den frommen Henoch aus der Todesgemeinschaft der Menschen heraus (5,22.24), während umgekehrt der Zugriff (לקח) der Elohim-Söhne (6,2) auf die Elohim-gestaltigen Menschentöchter (1,26) zu einer Herabsetzung der menschlichen Lebenszeit führt (6,3).

Die endredaktionelle Bestimmung des Wächterdienstes des Menschen im Garten Eden in 2,15 vermittelt zwischen dem "priesterlichen" schöpfungsbedingten Herrschaftsauftrag (1,27ff.) und der "jahwistischen" Konzeption der strafbedingt mit Mühsal versehenen Arbeit (3,17-19). Schon vor der Vertreibung des Menschen aus dem Garten Eden hat der Mensch die Pflicht zur Bearbeitung und Pflege des Gottesgartens. Die königliche Statthalterschaft, die dem Menschen nach 1,26ff. bei der Schöpfung verliehen ist, erstreckt sich ausdrücklich schon auf die Zeit vor der Entlassung aus dem Paradies. Der R^{UG} unterstreicht damit die in der "vorjahwistischen" Schöpfungserzählung angelegte Vorstellung von der Erschaffung des Menschen zur Kultivierung der Erde. Die Arbeit gehört demzufolge zur geschöpflichen Konstitution des Menschen; die Fluchsprüche "jahwistischer" Herkunft (3,17-19) sind auf die mit der Arbeit verbundenen Mühen zentriert. Umgekehrt wird die nachsintflutliche Schreckensherrschaft des Menschen über die kreatürliche Welt aus der "priesterlichen" Urgeschichte (9,2) durch die Zusammenstellung mit der "jahwistischen" Schöpfungsgeschichte punktuell vorweggenommen (3,14f.). Bereits vor der Flut ist das Verhältnis zwischen Mensch und Tier, veranschaulicht an der Schlange, durch Feindschaft gekennzeichnet. Nicht erst nach der Flut wird das Unterwerfen (רדה) und Dienstbarmachen (כבש) des "priesterlichen" Herrschaftsauftrages (1,29) um den Aspekt des Tötens (9,2ff.) erweitert. Liest man 3,14 auf dem Hintergrund von 9,2, so ist der beiderseitigen Feindschaft zwischen Mensch und Tier eine Grenze gesetzt, indem der Mensch ausdrücklich die Macht hat, nicht nur über das Tier zu herrschen, sondern es zu töten. Zugleich wird durch den endredaktionellen Zusatz in 2,15 und die Entlehnung des Begriffs שמר ("hüten") aus der Brudermorderzählung (4,9) das gesamte in 2,4b-4,24 erzählte Geschehen verschärft. Sowohl der אדם als auch Kain scheitern an dem jeweils von ihnen geforderten "Hüten" (3,1ff.; 4,6ff.).

Mit 3,22.24 resümiert der R^{UG} c.1-3 aus der Perspektive des über Leben und Tod gerecht waltenden Schöpfergottes und charakterisiert die folgenden Darstellungen als Berichte über den vom Tod gezeichneten, aus der unmittelbaren Nähe Gottes vertriebenen Menschen. Nach der "jahwistischen" Para-

---

[63] Vgl. S.207.238ff.

dieserzählung hat der Genuß des Menschen vom Baum in der Mitte des Gartens nicht zu dem von der Schlange in Aussicht gestellten umfassenden Wissen geführt, sondern zur Erkenntnis der Nacktheit und zur Erfahrung des Gewissens (3,7ff.).[64] Durch den Einsatz der Gottesrede in 3,22 gleicht der R[UG] hingegen das "priesterliche" Verständnis der Gottesebenbildlichkeit, die dem Menschen gemäß der endredaktionellen Komposition auch nach den Sündenfällen in 2,4-4,24 und auch nach der Flut zukommt (vgl. 5,1-3; 9,6), mit der "jahwistischen" Niedrigkeitsanthropologie aus. Nach dem Verständnis des R[UG] hat der Mensch nun tatsächlich das "Wissen um Gut und Böse" erlangt. Die Erkenntnisfähigkeit und Verantwortlichkeit des Menschen werden so von dem R[UG] in besonderer Weise herausgestellt. Die Vorwegnahme des Terminus גרש (3,24) aus der Kain-und-Abel-Erzählung (4,14) verdeutlicht nachhaltig den Strafcharakter des Begriffs שלח (3,23): שלח bezeichnet jetzt ausdrücklich die Strafe, גרש die Straffolge.[65] Die Trennung zwischen Gott und Mensch wird betont. Andererseits werden durch V.24 die Paradies- und die Brudermorderzählung über die "jahwistische" Vorlage hinaus weiter einander angeglichen, insofern 3,24 nun auch als ein Gegenüber zu 4,14 (גרש) und als ein Pendant zu 4,16 (וישב בארץ נוד) erscheint.

4,25-26 bildet ein Summarium zu c.1-4. In der Setbenennung der Eva wird Gott als der Schöpfer gelobt, so daß der gesamte Block von c.1-4 durch Schöpfungsaussagen gerahmt ist. Zugleich bietet 4,25-26 einen Prolog zu c.5. Die Jahwe anrufenden Setiten begründen eine neue Menschheitslinie (vgl. 4,26: אנוש). Diese steht den Kainiten als den exemplarischen Vertretern der bösen Menschheit gegenüber. Geschichte ist demnach bereits in der Urzeit in die Kategorien gut und böse geteilt.

Eine zentrale kompositionelle Funktion erfüllt die Noahnotiz in 5,29. Zunächst zeigen sich innerhalb der Fluterzählung zahlreiche Querbezüge über die Wortspiele mit den Konsonanten n-$ḥ$, womit auf die "jahwistischen" Wendungen in 6,7 (נחם), 6,8 (חן), 8,9 (מנוח) und 8,21 (ריח הניחח) sowie auf die "priesterliche" Notiz in 8,4 (ותנח התבה) hingewiesen wird.[66] Sodann unterstreicht 5,29 im Verbund mit der Kurzerzählung von den "Engelehen" (6,1-4[+5-8]) den in der "priesterlichen" Adam-Set-Toledot (5,1-32) indirekt vorhandenen Aspekt der Verfallsgeschichte. Dem Segen über Adam (5,1-3) wird, entsprechend dem kompositionellen Gefälle in 1,1-4,26, der Fluch über den Erdboden zur Seite gestellt (5,29). Im Rückblick auf das "jahwistische" Lamechlied (4,23f.) verdeutlicht der endredaktionelle Ausruf Lamechs in 5,29 die Ambivalenz des Menschseins: Lamech verkörpert sowohl den Menschen in

---

[64] Vgl. S.162.
[65] Vgl. S.83f.156.
[66] Vgl. dazu auch Cassuto, I, 288f.; Wenham, I, 128f.; Kikawada, Noah, 1123f. Nach BerR 25,2 verband bereits R. Jose b. R. Ḥanina Gen 8,4 mit dem Noahnamen, während R. Leazar Gen 8,21 mit der Noahetymologie in Verbindung brachte.

2.5. Abschließende Analyse der endredaktionellen Zusätze

seiner Selbstherrlichkeit und Gewaltbereitschaft als auch den Menschen in seiner Verzweiflung und Hilflosigkeit.[67] Als Ausspruch des Setiten Lamech verdeutlicht die Noahnotiz, daß nicht nur die Kainiten unter dem Schicksal der Ruhe-/Trostlosigkeit leiden (4,13ff.). Der R^{UG} bewahrt so, nachdem er durch die Einlage von 4,25-26 die Menschheit zunächst in den gerechten Teil der Setiten und den ungerechten Teil der Kainiten geteilt hat, einen Aspekt der gesamtmenschheitlichen Sicht der "jahwistischen" Urgeschichte.

Der Beibehaltung der universalen Dimension des erzählten Geschehens gelten auch die Anspielungen von 5,29 auf die Ätiologien menschlicher Daseinsform in 3,15-19. Andererseits unterstreicht der R^{UG} mittels des Rückblicks von 5,29 auf 2,15 (נוח) und von 6,3 auf 3,22 (חי לעולם) in Analogie zu der Ergänzung von 3,24 den Gedanken eines Bruchs in der Geschichte des Menschen und seiner Beziehung zu Gott. Zugleich erfüllen die Noahnotiz und die "Engelehen" eine wichtige Funktion im Blick auf die endredaktionelle Verschmelzung der "priesterlichen" mit der "jahwistischen" Fluterzählung und die Darstellung der nachsintflutlichen Epoche. Da die Ankündigung, Noah werde der Ruhebringer von der verfluchten Erde sein, ihren Zielpunkt in den Segens- und "Bundesworten" von 9,1-17 findet,[68] kann 5,29 als eine Leseanweisung für die gesamte endredaktionelle Komposition des Erzählblocks c.6-9 bezeichnet werden. Die Integrationsaufgabe, die 5,29 im Aufbau der endredaktionellen Urgeschichte erfüllt, zeigt sich schließlich am Gebrauch des Leitwortes יד ("Hand"). So blickt die Klage Lamechs über die "Mühsal der *Hände*" auf das Vergießen des Blutes Abels durch die *Hand* Kains zurück (4,11) und auf die Zusage Gottes, das Blut von der *Hand* eines Blutvergießers selbst einzufordern (9,4f.), voraus. Zugleich greifen die Worte Lamechs auf die Beeinträchtigung bei der Bearbeitung des Erdbodens zurück (3,17ff.) und sehen auf die Übergabe der kreatürlichen Welt in die *Hand* der nachsintflutlichen Menschen voraus (9,2).[69]

Die endredaktionelle Episode über die "Engelehen" bildet eine weitere Sündenfallerzählung in der Urgeschichte. Durch die Kombination von 6,1-4 mit 6,5-8 hat der R^{UG} den "jahwistischen" Flutprolog einerseits stärker mit der vorsintflutlichen Zeit verbunden, andererseits diesen erzählerisch entfaltet. Nach der Kombination der "(proto-)jahwistischen" Kainitentafel (4,17-24*) mit der "priesterlichen" Adam-Set-Genealogie (5,1-32*) mittels der redaktio-

---

[67] Ähnlich Wallace, Toledot, 28f., der hier zusätzlich einen ironischen Aspekt zu erkennen glaubt, da der Trost bzw. die Ruhe Noahs (wenn überhaupt) erst nach dem Flutgericht und dem Tod Lamechs eine Erfüllung finde.
[68] Vgl. S.215f.
[69] Vgl. auch die über das Leitwort יד hergestellte Brücke zwischen dem endredaktionellen Vers 3,22 und der "jahwistischen" Passage in 8,9. Dem vergeblichen Ausstrecken (שלח) der *Hand* des Menschen nach dem Baum des Lebens (3,22) steht das erfolgreiche Ausstrecken (שלח) der *Hand* des neuen Menschen, Noahs, nach der Taube (8,9) gegenüber.

nellen Brücke 4,25-26 und der dadurch bedingten Auflösung des ursprünglichen Zusammenhangs von 4,24 mit 6,5 motiviert das in 6,1-4 berichtete Geschehen nun zusätzlich das Flutgericht. Die Definition בשר הוא ... אדם (6,3) verbindet die "jahwistische" Vernichtungsaussage über den אדם (6,5) mit der "priesterlichen" Gerichtsankündigung über כל־בשר (6,13). Als Gegenbewegung zu 5,22-24 zeigt die "kleine Sündenfallerzählung" in 6,1-4(+5-8), daß der R^{UG} der himmlischen Welt einen beschränkten Einfluß auf die menschliche Welt zugesteht, Gott selbst aber als den souveränen Herrn über Leben und Tod ansieht. Ebenso verdeutlicht die endredaktionell eingelegte Erzählung in 11,1-9, die eine Gegenbewegung zu dem in 6,1-8 geschilderten Geschehen darstellt, daß dem Menschen das selbständige Erreichen der himmlischen Welt verwehrt ist. Dem Versuch des Menschen, aus eigener Kraft Henoch zu folgen (5,22-24), sind feste Grenzen gesetzt.

Durch die Übernahme der "jahwistischen" Sündenfallparadigmen aus 2,4b-4,24 und den Einbau der Noahnotiz ist die im "priesterlichen" Erzählzusammenhang verdeckt angedeutete Entwicklung zum Bruch der Schöpfungsordnung (5,1-32) und das "priesterliche" Urteil, die "Erde sei vollkommen verdorben" (6,13), erzählerisch entfaltet. Unter die "priesterlichen" Begriffe חמס und השחית את־דרך fallen nun die Übertretung des Jahwegebots im Garten Eden (2,16ff.), die Ermordung Abels (4,8ff.), der Rachewunsch Lamechs (4,23f.) und die Vermischung der himmlischen mit der irdischen Welt (6,1-4 [+5-8]).

Im Zentrum der Gesamtkomposition der "Urgeschichte" (1,1-9,29) mit anschließender "Zwischenzeit" (10,1-11,32) steht die chiastisch aufgebaute Fluterzählung (6,9-9,29).[70]

A	"Flutprolog"	(6,9-22)	C'	"Flutrückgang"	(8,1-14)
B	"Einstiegsbefehl"	(7,1-5)	B'	"Ausstiegsbefehl"	(8,15-19)
C	"Flutanstieg"	(7,6-24)	A'	"Flutepilog"	(8,20-9,29)

Durch die Einbettung der "jahwistischen" Flutabschnitte in die "priesterliche" Fluterzählung sind einzelne Szenen verstärkt,[71] konkretisiert[72] und zeitlich gedehnt.[73] An drei Stellen der Fluterzählung (6,9-9,29) hat der R^{UG} eigenständige Leseanweisungen eingefügt, wodurch vor allem die eindimensionale "priesterliche" Darstellung der Einsetzung und Ausbreitung des nachsintflutlichen Segens in anthropologischer und hamartiologischer Perspektive erweitert ist.

So vermittelt 7,1b zwischen der "jahwistischen" und der "priesterlichen" Begründung der Rettung Noahs aufgrund göttlicher Gnade (6,8) bzw. auf-

---

[70] Vgl. Anderson, Analysis, 37ff., und Blenkinsopp, Pentateuch, 93.
[71] Vgl. (a) 7,1-5 als modifizierte Wiederholung von 6,9-22, (b) 7,23 als Unterstreichung von 7,21f. und (c) 8,20-22 als Motivation für 9,1ff.
[72] Vgl. 7,10.12 als Näherbestimmung von 7,11.
[73] Vgl. 7,8-10 als Vorlauf zu 7,13-15 und 8,6-12 als Ausmalung von 8,5.13f.

2.5. Abschließende Analyse der endredaktionellen Zusätze

grund eigener Gerechtigkeit und Frömmigkeit (6,9). Zugleich leitet 7,1b nun den Kern der Fluterzählung ein, wobei die Verse 1-5 als Betonung des "priesterlichen" Flutprologs auf 6,9-22 zurück- und auf 7,6-8,19 vorausblicken. Weiterhin unterstreicht der R^{UG} in 7,1b das Motiv, daß Gottes "Sehen" auch bei der Wahrnehmung der Korruption der Schöpfung (6,5; 6,12) Rettung bewirkt. Das Motiv vom "Ausersehen Noahs" zur Bewahrung der Menschheit vermittelt zwischen dem sechsmaligen ראה כי טוב des ersten Schöpfungsberichts (vgl. 1.3.10.12.18.21.25) und dem dreimaligen ראה כי רע (vgl. 6,5a.b) bzw. ראה הנה נשחתה (vgl. 6,12) im "jahwistischen" bzw. "priesterlichen" Flutprolog.

Die endredaktionelle Rabenszene in 8,7 fügt sich derart in das kompositionelle Gefälle, daß die in den Zusätzen 4,25f. erkennbare Scheidung der Menschheit in Gerechte und Ungerechte nun auch auf die Tierwelt übertragen wird. Wie dem bösen Adamsohn Kain der fromme Setsohn Enosch gegenübersteht, so der reinen Taube, die treu zu Noah zurückkehrt, der unreine Rabe, der rastlos über die Erde fliegt. Die ausdrückliche Wiederholung, daß Noah reine und unreine Tiere mit auf die Arche nahm (7,8-9), harmonisiert also die quellenhaften Flutberichte, leitet zusätzlich auf die "jahwistische" Opferszene (8,20) hin und bereitet die Rabenszene vor. 8,7 bildet dann keine einfache Variante mehr zu V.6.8-12, sondern eine bewußte Kleinkomposition.[74]

Mit der modifizierten Wiederholung von 6,5 in 8,21aβ bereitet der R^{UG} den Satz der "Sünden(fall)erzählung" in 9,20-27 vor, die den Weisheitssatz über die Bosheit des Menschen entfaltet.[75] Damit verleiht der R^{UG} der "jahwistischen" Urgeschichte eine strukturelle Anlage hin auf eine literarische Fortsetzung, die sie in dieser Dichte ursprünglich nicht besaß. Durch den Einsatz von 8,21aβ erscheinen aber auch der aus der "priesterlichen" Urgeschichte übernommene "Noahsegen" (9,1-7) und "Noahbund" (9,8-17) in einem neuen Licht.[76] Trotz seiner Bosheit steht der Mensch unter dem Segen Gottes (9,1), besitzt er die Aufgabe, Gottes Herrschaft in der Welt darzustellen (9,2), und bleibt er Gottes Ebenbild, dessen Blut nicht vergossen werden darf und dessen Leben geschützt werden muß (9,7). Trotz seines Hangs zum Bösen gilt dem Menschen Gottes "Zusage" zum Bestand der Erde (9,11). Auf dem Hintergrund der endredaktionellen Zusätze in 3,22.24 und 6,3 erscheint die "priesterliche" Verheißung des "ewigen Bundes" (9,16: ברית עולם) als Ersatz für das strafweise entzogene "ewige Leben" (חי לעולם).

Auf der Folie der Vorordnung der Weinbergerzählung (9,20-27), zumal der "Völkersprüche" in V.25-27 erhalten die einzelnen Teile der "priesterlichen" Völkertafel (9,18a.19.28-29; 10,1.2-4a.6-7+20.22-23+31.32) eine neue Bedeutung. Insofern die Segens- und Fluchworte in 9,25-27 in der

---

[74] Vgl. S.140f.
[75] Vgl. auch die Vorbereitung von 9,24 (בנו הקטן) durch das Urteil רע מנעריו.
[76] Siehe dazu jetzt auch Harland, Human Life, 141f.

Komposition der Urgeschichte die letzte (und zugleich einzige) wörtlich mitgeteilte Rede Noahs darstellen, tragen sie Testamentscharakter. Aus der objektiven "priesterlichen" Darstellung der Völkerverhältnisse wird durch die Voranstellung dieser programmatischen Sprüche eine tendenzielle. Während der Segenswunsch über Japhet (9,27) sich auf alle in 10,2-5 aufgezählten Größen erstreckt, weiß der Leser nun, daß Kanaan (10,6) und alle seine Nachkommen (10,15-19) unter dem Fluch stehen, Sklaven zu sein (9,25).[77] Der Segensspruch über Sem bzw. über Jahwe, den Gott Sems (9,26), bildet das Programm für die Aufzählung der sich von Sem ableitenden Größen (10,21ff.; 11,10-26). Durch die Einfügung und Bearbeitung der Noahsprüche interpretiert der R^{UG} wie bereits durch die Einlage von 5,29 Noah als einen Vermittler des Segens Gottes. Entsprechend dem endredaktionellen Konzept, die Menschheit in Gerechte (Setiten) und Frevler (Kainiten) zu scheiden (4,25-26), ergeht der von Noah ausgesprochene Segen nicht wie der Segen des "priesterlichen" Berichts universal an die ganze belebte Schöpfung (9,1.7), sondern nur an Noahs erwählten Sohn Sem und abgeschwächt an den diesem zugeordneten Japhet. Die sich aus den Noahsprüchen ergebende Widerspiegelung des göttlichen Handelns im Handeln des Menschen entspricht genau der kompositionellen Zusammenstellung der "priesterlichen" mit der "jahwistischen" Urgeschichte. So erweist sich der Segen Noahs (9,26f.) als ein Pendant zu den Segensworten des "priesterlichen" Berichts (1,22.28; 2,3; 5,2; 9,1), der Fluch Noahs (9,25) als ein Gegenüber zu den Fluchsprüchen der "jahwistischen" Erzählung (3,14.17; 4,11).

Die eigenständige kompositionelle Strukturierung, die der R^{UG} in 1,1-9,29 (10,1-11,26) vorgenommen hat, zeigt sich besonders deutlich an der Gestaltung der "Zwischenzeit". In der "priesterlichen" Urgeschichte bildete die Völkertafel nur einen knappen neutralen Überblick über die sich im Anschluß an die Flut von den Söhnen Noahs herleitende Völkerwelt, bevor dann mittels der Semtoledot das Interesse direkt auf die Geschichte Abrams gelenkt wurde (11,10a.11-26). In der "priesterlichen" Komposition erfüllte der Abschnitt 10,1-32*; 11,10a.11-26 die Funktion, den räumlichen und zeitlichen Horizont für das Auftreten Abrams abzustecken. Der R^{UG} hat diesen Überleitungsabschnitt durch seine Einlagen kompositionell wesentlich verändert. Zunächst erscheint durch die in 11,10b redaktionell wiederholte Wendung אחר המבול ("nach dem Flutausbruch")[78] und durch die umfangreichen textlichen Ergänzungen der gesamte Block von 10,1-11,26 als Darstellung einer selbständigen "Zwischenepoche". Die Einfügungen in 10,8-12.18b-19.21.25 und 11,1-9 theologisieren diesen Abschnitt. Die Geschichte der von Sem, Ham und Japhet abstammenden Völker steht durch die Zusätze des R^{UG} ausdrücklich unter dem Vorzeichen von Segen und Fluch. Wie in 4,25-26 differenziert der R^{UG}

---

[77] Dabei schließt dieser Fluch nicht die Gültigkeit des allen Menschen gegebenen Mehrungssegens aus (vgl. 10,18f.).
[78] Vgl. S.114ff.

2.5. Abschließende Analyse der endredaktionellen Zusätze 225

die Menschheit in einen gerechten (gesegneten) und einen ungerechten (verfluchten) Teil. Für Japhet ergibt sich der Aspekt der Segnung rückblickend aus dem redaktionell ergänzten Segenswunsch in 9,27, sodann aus der betonten Zuordnung zu Sem in 10,21. Für Ham und die sich von ihm ableitenden Völker zeigt sich die Perspektive des Fluchs an der Leseanweisung des R^{UG} in 9,25, aus der Zuordnung des "Rebellen" Nimrod[79] zu dem Hamsohn Kusch (10,8-12) und aus der Kanaanäernotiz in 10,18b-19, die bereits den Terminus der Babel-Bau-Erzählung פוץ "zerstreuen" verwendet.[80] In Analogie zu 5,29 bilden die Zusätze in 10,8-19 einen negativen Pol innerhalb der linearen "priesterlichen" Darstellung des nachsintflutlich erneuerten Prokreationssegens.

Die "Kurzerzählung" über Nimrod fügt sich nahtlos in die Kette der endredaktionellen Zusätze in 2,10-14; 4,26 und 6,1-4. Formal erweist sich 10,8-12 hinsichtlich seines enzyklopädischen und mosaikhaften Charakters vor allem als ein Gegenstück zu 2,10-14. Kompositionell bildet die Gebietsbeschreibung in 10,8-12 ein erstes Gegenüber zur Paradiesgeographie, insofern der von Jahwe angepflanzte Gottesgarten mit dem von Nimrod errichteten Großreich kontrastiert wird.[81] Über die Gestaltung als Begründernotiz steht 10,8-12 dann neben den historisierenden Nachrichten über den Beginn der Anrufung Jahwes in 4,26 und den Anfang des Weinbaus in 9,20. Insofern 10,8-12 auf die Hybriserzählung in 11,1-9 hinweist, findet die Nimrodnotiz in der "kleinen Sündenfallerzählung" in 6,1-4(+5-8) eine tendenzielle Parallele. Der Kurzerzählung über die "Helden" (נברים) vor der Flut (6,4) folgt nun eine gelehrte Bemerkung zu einem "Helden" (נבור) nach der Flut. Die Wendung לפני יהוה (10,9) bereitet die Aussagen über Jahwe in 11,5f. vor, der das Vorgehen auf der Erde genau beobachtet (vgl. הן; לראת). Mit der Angabe בארץ שנער (10,10b) leitet der R^{UG} wie durch die etymologisierende Pelegnotiz in V.25 und die Ortsangabe in V.30b (הר הקדם) auf seinen Einschub in 11,1-9 hin (vgl. 11,2).[82]

Die zentrale inhaltliche Modifikation, die der "priesterliche" Block in 10,1-11,26* erfahren hat, besteht in der Ergänzung der zu einem Urgeschichtsparadigma umgestalteten Babel-Bau-Erzählung. Die von der "priesterlichen" Schicht als göttliche Schöpfungsordnung skizzierte Differenzierung der Völker wird durch den R^{UG} hamartiologisch begründet und als Folge eines Strafhandelns Jahwes interpretiert. Kompositionell entspricht die Einfügung der Stadt- und Turmbauerzählung zwischen 10,32 und 11,10a den endredaktionel-

---

[79] Zu dieser Interpretation der Nimrodfigur s.u.S.259f.
[80] Bezeichnenderweise verwendet der R^{UG} den Begriff פוץ im Kontext der für den alttestamentlichen Leser exemplarisch gottlosen Städte Sodom, Gomorrha (10,18f.) und Babel (11,1-9).
[81] S.u.S.274.
[82] Insofern liegt die jüdisch-hellenistische Interpretation von Nimrod als dem Begründer des Turmbaues zu Babel durchaus in der Linie des R^{UG} (vgl. Josephus, Ant. I,113f.).

len Einlagen in 2,4b-4,24 und 6,1-4(+5-8). Wie diese Erzählungen ist 11,1-9 zwischen einen Bericht über Gottes Schöpfung (c.10*) und eine den Schöpfungssegen entfaltende Genealogie (11,10-26) eingestellt.[83] Parallel zu 2,4b-4,24 bietet 11,1-9 eine Erzählung über die anläßlich eines Vergehens erlassene Vertreibung des Menschen, die von einer Beschreibung der göttlichen Schöpfungsordnung gerahmt ist (vgl. 1,1-2,3 + 5,1-32 bzw. 10,1-32 + 11,10-26). Die Bezeichnung von 11,1-9 als Erzählung von einem nachsintflutlichen Sündenfall ist durchaus zutreffend. Mit der Paradieserzählung korrespondiert 11,1-9 auch ausweislich der endredaktionellen Zusätze in 2,10-14 // 11,2*.9aβ, mittels derer das Geschehen jeweils lokalisiert wird, und in 3,22.24 // 11,6-7, wodurch der Charakter der zugrundegelegten Erzählungen als Hybriserzählungen betont wird.

Ebenso korrespondiert 11,1-9 mit dem zweiten Teil der vorsintflutlichen Geschichte der Menschheit (4,1-24). Zunächst besteht zwischen 11,1-9 und 4,1-24 eine makrokompositionelle Entsprechung, insofern es sich um eine Vertreibungserzählung handelt. Der R^{UG} rezipiert hier das aus der "jahwistischen" Urgeschichte stammende Motiv der Heimatlosigkeit des Menschen (4,12ff.), die nach der über die Einlage von 4,25-26 vorbereiteten Zusammenstellung mit 5,1ff. zunächst nur noch das Schicksal der Kainiten kennzeichnete, und überträgt es auf die nachsintflutliche Menschheit. Die Diaspora Kains ist für den R^{UG} nach der Sintflut die Diaspora aller Menschen. Sodann korrespondiert 11,1-9 mit 4,1-24 in der negativen Charakteristik des Phänomens der Stadt. Jetzt stehen sich die Notiz über die Gründung der ersten Stadt durch den Brudermörder (4,17b) und die Erzählung über den gescheiterten Bau in der exemplarisch gottlosen Stadt Babylon (11,8-9) gegenüber. Das idealtypische Geschehen aus 4,17b erscheint bei dem R^{UG} geographisch fixiert. Die mit dem Kunstnamen "Gründung" (חנוך) versehene Stadt Kains (4,17b) ist die Vorläuferin der Stadt Babylon (11,9). Zusammen mit der Kurzerzählung über die "Engelehen" (6,1-4[+5-8]) bildet die Stadt- und Turmbauerzählung einen äußeren Rahmen um die Fluterzählung.[84] In beiden Fällen liegen Hybriserzählungen vor, die sich perspektivisch entsprechen, insofern die Durchbrechung der göttlichen Schöpfungsordnung einmal ihren Ausgang in der himmlischen Welt und einmal auf der Erde nimmt. Dem *vorsintflutlichen* Abstieg der בני האלהים auf die Erde und ihrem Zugriff auf die בנות האדם (6,2.4) steht der *nachsintflutliche* Versuch der בני האדם gegenüber, einen Turm zu bauen, der die Sphäre Gottes berührt (11,3-5). Die *vorsintflutliche* Ätiologie der "Riesen" (6,4) korrespondiert mit der *nachsintflutlichen* Ätiolo-

---

[83] Während dem Block 2,4-4,24.25-26 der Bericht über die Schöpfung (1,1-2,3) vorangeht und die den Schöpfungssegen explizierende Genealogie (c.5) den hinteren Rahmen bildet, verhält sich die kompositionelle Abfolge bei 6,1-4(+5-8) genau umgekehrt, insofern hier die Genealogie (c.5) vorangeht und der Bericht über die Schöpfung, und zwar in Gestalt der Fluterzählung als Antischöpfung (6,9-9,29), folgt.

[84] Vgl. die Rahmung der Babelerzählung durch die Formel אחר המבול (10,32; 11,10).

2.5. Abschließende Analyse der endredaktionellen Zusätze

gie Babels (11,9); der *vorsintflutlichen* Strafsentenz zur Lebenszeit des Menschen (6,3) entspricht die *nachsintflutliche* Strafrede hinsichtlich der Lebenseinheit (11,8f.). Die Semtoledot in 11,10-26 schließlich erscheint auf dem Hintergrund der Leseanweisung von 11,1-9 jetzt ausdrücklich als Darstellung der Geschichte der aus der zerstreuten Menschheit erwählten und gesegneten Menschheitslinie, die zu Abraham hinführt.

Unabhängig davon, ob der R^{UG} nun die "Berufung Abrams" (12,1-4a.5-9) selbständig in den Zusammenhang von 11,27-32* und 12,4b eingelegt hat oder ob er sie schon in dieser Konnexion vorgefunden hat,[85] können abschließend die *thematischen* Bezüge skizziert werden, die zwischen der Komposition des R^{UG} und der Abramverheißung in der Endgestalt des Abschnittes 1,1-12,9 bestehen.[86] Die Interpretation von 10,1-11,26 als Darstellung einer Zwischenzeit bewährt sich auch im Rahmen der Endgestalt. Der gesamte Komplex 10,1-11,26(27-32) ist durch das Stichwort "Segnen" (ברך) gerahmt. Vom Segen über Noah nach der Katastrophe der Flut (9,1) verläuft das strukturelle Gefälle zunächst zum Segen über den Gott *einer Menschheitslinie* (9,26), sodann (nach dem Ausblick auf die Geschichte der Völker [10,1-11,26.27-32] und die Katastrophe der Menschen vor Babel [11,1-9]) zum Segen über den Stammvater *eines Volkes*, der zugleich als Beispiel des Segens für alle Völker (vgl. 12,3b auf dem Hintergrund von 10,5.20.31f.) bezeichnet wird.

Der Charakter des Aufrufs an Abram, aus seinem Land fortzugehen (12,1), als einer Erwählung erscheint auf der Folie der geographischen Gliederungsnotizen in 10,5.20.31.32 zusätzlich unterstrichen, insofern die als Schöpfungsordnung verstandene Differenzierung der Völker nach Ländern durch Gott bewußt durchbrochen wird. Zugleich wird das diesem Auftrag an Abram inhärente Theologumenon der Führung durch Gott (12,1b) auf dem Hintergrund der Wandernotiz in 11,2 betont. Dem eigenmächtigen Aufbrechen, Suchen, Finden und Sich-Niederlassen im "Lande Schinear", das in der Zerstreuung mündet, stehen die Berufung Abrams aus der Fremde und das Aufzeigen des "Landes Kanaan" durch Jahwe selbst zur Seite.

In 11,3-4.7 findet sich zum letzten Mal im Horizont der Urgeschichte eine wörtliche Rede bzw. eine Notiz über die Sprachlichkeit des Menschen, bevor dann 12,1-3 eine Rede Jahwes selbst mitteilt. In der Endgestalt des Komplexes von 1,1-12,9 steht nun dem Motiv der Sprachlosigkeit der Menschen vor Babel (11,7) das Motiv der Anrede Abrams durch Jahwe gegenüber (12,1). Der Mensch, der seinen Nächsten nicht mehr versteht und der verstummt ist, wird durch Gott angesprochen und findet so seine Sprache wieder (12,8). Insofern deckt sich das Motiv vom Wunsch der Menschen, sich einen Namen zu machen (11,4), nicht nur mit der Ankündigung Jahwes, Abrams Namen groß zu schaffen (12,2), sondern auch mit der Notiz über die Anrufung des Namens

---

[85] Vgl. S.198f und S.282.
[86] Zur Erhebung der thematischen Bezüge und Einheit vgl. auch die Arbeiten von P. D. Miller, Genesis 1-11, und Clines, Theme.

Jahwes durch Abram (12,8). Über den Begriff des "Namens" ergibt sich ein umfassendes *thematisches* Beziehungsnetz: Wie Enosch, der neue Mensch nach den Sündenfällen Adams, Kains und Lamechs erstmals den Namen Jahwes anruft (4,26), so ruft Abram erstmals nach dem Sündenfall zu Babel Jahwes Namen an (12,8). Wie Gott den ersten Menschen benennt (5,2), so verheißt er selbst Abram einen großen Namen (12,2). Auf dem Hintergrund der Korrespondenz von 12,2.8 mit 4,26 und 5,2 sowie von 6,4 mit 11,4 und 12,2 erscheint Abram als der neue Mensch. Den berühmten Urzeithelden, die doch in der Flut untergingen, während Noah gerettet wurde (6,8), korreliert das vergebliche Bemühen der Menschen vor Babel nach Ruhm, während Abram durch Jahwe Ruhm findet (12,2).[87] Der Kontrast, der zwischen dem Beginn der Anrufung des Namens Jahwes durch die Setiten (4,26) und dem ersten Stadtbau durch Kain (4,17b) besteht, zeigt sich auch am Gegenüber der Gründung Babels (11,4) und der Anrufung Jahwes durch Abram (12,8). Der Gegensatz zwischen 11,1-9 und 12,8 ist sogar noch deutlicher als der von 4,17 und 4,26, wenn man die Motive der Erbauung einer Stadt zum Ruhme der Menschen und der Errichtung eines Altars für Jahwe vergleicht.

In der "jahwistischen" Urgeschichte verkörpert Noah den neuen Adam. In der Endgestalt von Gen 1,1-12,9 ergibt sich dann eine große Parallelität zwischen Noah und Abram.[88] Die Interpretation Abrams als dem neuen Noah zeigt sich, dem Erzählverlauf von Gen 1,1-12,9 entlanggehend, an folgenden Punkten:

1.) an der genealogischen Einbindung Noahs in die Linie der Setiten (5,1-32), auf denen nach den Sündenfällen in c.2-4 der Schwerpunkt ruht, bzw. Abrams in die Linie der aus der Zerstreuung erwählten Semiten (11,10-26), auf denen nach der Vertreibungserzählung in 11,1-9 das Gewicht liegt,

2.) an der ausdrücklichen Bestimmung der Funktion Noahs als "Tröster" (MT) bzw. "Ruhebringer" (5,29 [G; R^UG]) und Abrams als "Segensparadigma" (12,2b),[89]

3.) an der direkten Anrede und Beauftragung Noahs und Abrams durch Gott (6,13 [P]; 7,1a ["J"]) bzw. 12,1),

---

[87] Vgl. dazu auch zuletzt Berges, Babel, 52, der aus der Doppeldeutigkeit des Wortes שם (1.) als Idiom für den ältesten Sohn Noahs, Sem, und (2.) als Bezeichnung für "Namen", sowohl den kompositionellen Ort von 11,1-9 zwischen der Übersicht über die בני־שם (10,31) und die תולדת שם (11,10) als auch die theologische Funktion von 11,1-9 im Gegenüber zu den Segensworten in 9,26 und 12,2 zu erklären versucht.

[88] Auf vorendredaktioneller Ebene zeigt sich eine Parallelität von Noah und Abram in der "priesterlichen" Komposition, insofern Gott Noah und Abram jeweils ein Zeichen für die ברית, die er mit ihnen schließt, schenkt (vgl. 9,12 bzw. 17,11). In einem noch weiter gezogenen thematischen und motivischen Horizont kann dann auch auf die Spiegelbildlichkeit hingewiesen werden, die im Rahmen der Endgestalt der Genesis zwischen der Turmbauerzählung und dem "Traum Jakobs" (vgl. 11,4 // 28,12.17b) besteht (siehe dazu bereits König, 597; Parrot, Sintflut, 107; Soggin, Turmbau, 373).

[89] Vgl. S.210 bzw. S.194.

2.5. Abschließende Analyse der endredaktionellen Zusätze

4.) an der Rückführung eines Jahwealtars auf Noah und auf Abram (8,20 ["J"] bzw. 12,8),

5.) an dem beiden Figuren geltenden Segen (9,1a [P] bzw. 12,2a.3a),

6.) an der Noah und Abram gegebenen Mehrungs- bzw. Nachkommensverheißung (9,1b [P] bzw. 12,2a),

7.) an der Fixierung von Segen und Fluch im Umgang anderer mit Noah und Abram (9,25-27 [R^{UG}] bzw. 12,3a),

8.) an der Rückführung der ursprünglichen physischen Einheit der Menschheit auf Noah (9,19 [P]; 10,1.5.20.31f. [P]) und der neuen religiösen Einheit der Sippen der Erde, die sich im gegenseitigen, auf das Paradigma Abrams verweisenden Segenswunsch realisiert (12,3b),

9.) an dem Wechselspiel zwischen der Noah in den Mund gelegten Doxologie Jahwes als dem Herrn der Welt (9,26) und der sich aus 12,3b ergebenden Ankündigung Jahwes, daß sich die Völker der Erde im Namen Abrams gegenseitig Segen wünschen werden.

Die Korrespondenzen zwischen den Gipfelpunkten der endredaktionellen Urgeschichte und 12,1-4(9) zeigen, daß die von der älteren Forschung herausgearbeiteten Querverbindungen zwischen der Ur- und der Vätergeschichte tatsächlich vorhanden sind, wenn auch noch nicht auf der *literarischen* Ebene des Jahwisten,[90] sondern erst in der *redaktionellen* Verbindung der Abramverheißung mit der Komposition des R^{UG}.

---

[90] Vgl. S.192ff.

3. Beoachtungen zur Theologie des Endredaktors

In der Komposition des R^{UG} ergänzen, korrigieren und interpretieren sich die Theologumena der "priesterlichen" und der "jahwistischen" Urgeschichte gegenseitig. Die eigenständig eingefügten Texte des R^{UG} vermitteln als Leseanweisungen zwischen beiden Konzeptionen und setzen selbständige theologische Akzente. Aus dem kompositionellen Wechselspiel zwischen den theologischen Aussagen der Quellen und den endredaktionellen Zusätzen lassen sich Grundzüge der Theologie des R^{UG} erheben. Diese wird im folgenden hinsichtlich ausgewählter Aspekte ihres Gottesbildes, ihres Menschenverständnisses und ihrer Heilsvorstellungen skizziert.

3.1. Aspekte des Gottesbildes

An der Zusammenstellung von 1,1-2,3 mit 2,4-4,24 zeigt sich, daß der R^{UG} den Aspekt des fernen und distanzierten Gottes aus der "priesterlichen" Urgeschichte um die Vorstellung vom nahen Gott, wie sie die "jahwistischen" Erzählungen vom Garten Eden und vom Brudermord vermitteln, erweitert.

Dem Bericht, der siebenmal von einer Schöpfung durch das Wort spricht, folgt die Erzählung von der Schöpfung allein durch Taten Gottes. Der Schwerpunkt der Darstellung des göttlichen Schöpferwirkens ist damit auf die Beschreibung von Gottes Handeln verlagert. Gott spricht nicht nur zu seinem Geschöpf (1,26ff.), sondern tritt mit diesem in einen Dialog (2,16-24; 4,9ff.). Dementsprechend ergänzt der R^{UG} in der Linie der "jahwistischen" Urgeschichte selbständig kleine Reden des Menschen zu Gott (4,26; [5,29]; 9,26a) und in Weiterführung der "priesterlichen" Gottesrede in 1,26 Ansprachen Jahwes an den ihn umgebenden himmlischen Hofstaat (3,22; 11,6f.). Den Aspekt einer ursprünglichen Gottesnähe verdeutlicht beispielhaft das Gegenüber des "jahwistischen" Verses 3,8 zu der "priesterlichen" Passage in 2,2-3. Dem Bild des nach der Schöpfung in weiter Ferne zum Menschen ruhenden Gottes stellt der R^{UG} das Motiv des im Garten Eden wandelnden Gottes zur Seite. Die Vorstellung der Nähe Gottes beinhaltet zugleich das Motiv des Erschreckens des Menschen vor Gottes Unmittelbarkeit. Dem schöpferischen Gotteswort aus 1,1-2,3 steht nun die Stimme des Richters aus 3,7ff. und 4,9ff. zur Seite. Den als Statthalter eingesetzten (1,26), mit königlichem Recht ausgestatteten Menschen (1,26; 2,21) überfällt bei dem unmittelbaren Erscheinen Gottes Furcht und Schrecken (3,7ff.; 4,13). Die Einlagen der "jahwistischen" Selbstreflexionen in 6,6f. und 8,21f., die nun als weitere Motivation der "priesterlichen" Gottesreden in 6,11ff. und 9,1ff. erscheinen, verdeutlichen schließlich die Transparenz des göttlichen Handelns. Über den Vorbau des "jahwistischen" Flutrahmens gestattet der R^{UG} dem Leser einen Blick in das Wesen Gottes. Vor allem mit seiner "priesterlichen" Quelle teilt der R^{UG} dabei die Vorstellung von der Souveränität und Majestät Gottes. Diese baut der R^{UG} in charakteristischer Weise mittels der Bildung des Gottesnamens יהוה אלהים in Gen 2-3 sowie mittels der Ergänzungen in 2,1; 3,22; 6,1-4 und 11,1-9 aus. In das Geschehen zwischen der himmlischen und der irdischen Welt, zu der Gott als der souveräne Herrscher herabfährt (11,5.7),[1] bezieht Gott gemäß der Vorstellung des R^{UG} die Engel ein. Die Theophanievorstellung aus 11,5.7, die nun ausdrücklich neben der Vorstellung von der Offenbarung Gottes im Wort (1,28; 6,13; 9,1; 2,16f.; 3,8ff.; 4,6f.10; 7,1) steht, und die Angelologie des R^{UG} vermitteln zwischen der Vorstellung vom fernen Gott der "priesterlichen" Urgeschichte und der vom nahen Gott der "jahwistischen" Komposition.

3.1.1. Der "Doppelname" Jahwe Elohim

Die Wendung יהוה אלהים, die von der Kombination des Tetragramms mit einem suffigierten oder durch einen Genitiv erweiterten אלהים zu unterscheiden ist, begegnet im AT in Gen 2,4.5.7.8.9.15.16.18.19.21.22; 3,1.8(2x).9.13. 14.21.22.23; Ex 9,30; II Sam 7,22(v.l.).25; Jon 4,6; Ps 72,18; 84,12; I Chr 17,16f.; 28,20; 29,1; II Chr 1,9; 6,41(2x).42; 26,18.[2]

---

[1] Vgl. zu diesem Aspekt der Verwendung von ירד Fz. Delitzsch, 231; Gunkel, 95; Jacob, 299; Wenham, I, 240; Soggin, Turmbau, 371.

[2] Vgl. dazu noch Ps 59,6; 80,5.20; 84,9 (jeweils in der Form יהוה אלהים צבאות). D.h. Bezeichnungen wie יהוה אלהי ישראל, יהוה אלהיך, יהוה אלהינו oder יהוה אלהי אבתינו fallen aus dem direkten Vergleich mit dem absoluten יהוה אלהים heraus (vgl. Dohmen, Schöpfung, 229 Anm.47). Dies gilt auch für die entsprechenden griechischen Belege von κύριος ὁ θεός mit folgendem Genitiv in den zwischentestamentlichen Schriften. Darauf wies bereits zutreffend Dahse, Materialien, 23, hin. Gegen Stegemann, ΚΥΡΙΟΣ, 349, bildet ein suffigiertes (יהוה) יהוה אלהים אלהיך etc.) gerade nicht das sprachliche Vorbild von absolutem κύριος ὁ θεός in G. Gegen L'Hour, Yahweh, 541f., gehört aber auch die in II Reg 19,19 vorkommende Wendung יהוה אלהים לבדך nicht in diesen Kontext, da אלהים hier ähnlich wie אל in Ex 34,6 als Prädikat zum Vokativ יהוה gebraucht ist ("Jahwe, du allein [bist] Gott"); so mit Graf Baudissin, Kyrios, II, 146; Eißfeldt, in: HSATK I, 574; Würthwein, Könige, 426ff. Aus dem Vergleich können ebenfalls die Belege ausgeklammert werden, die von יהוה האלהים sprechen (I Chr 22,1.19; II Chr 32,16). Schließlich handelt es sich auch bei der textkritisch unsicheren Wortfolge in Ps 10,12 יהוה אל nicht um eine direkte Parallele zu יהוה אלהים, da אל wie יהוה als (zweiter) Vokativ gebraucht ist (vgl. Fz. Delitzsch, Psalmen, 140; Weiser, Psalmen, 99; Hossfeld, Psalmen, 88).

3.1. Aspekte des Gottesbildes

In der literarischen Analyse wurde bereits darauf hingewiesen, daß es sich bei der Wendung יהוה אלהים um eine Appositionsverbindung handelt, die aus zwei Eigennamen besteht. Aus einem religions- und traditionsgeschichtlichen Vergleich scheiden somit alle Belege aus der Umwelt Israels aus, in denen sich die Verwendung eines göttlichen Eigennamens mit dem Appellativum "Gott" findet.[3] Dies gilt dann auch für die mehrfach in den Elephantine-Papyri[4] vorkommende Wendung יהו אלהא, die nicht als Parallele zu יהוה אלהים angesehen werden kann. אלהא ist hier ein reines Appellativum.[5] Dies zeigen die Verbindungen mit den Eigennamen der von den Juden in Elephantine offenbar neben dem Hauptgott יהו verehrten Götter אשמביתאל (22,124),[6] ענתביתאל (22,125), ענתיהו (44,3) und הרמביתאל (7,7) und mit den ägyptischen Gottesnamen סתי (14,5), חנוב (27,3) und אסי (72,16). Eine Verwendung der Pluralform אלהיא im alttestamentlichen Sinn für "Gott" ist in den Elephantine-Papyri ebenfalls nicht nachweisbar. Vielmehr steht der Plural hier immer für eine Mehrzahl von Göttern (vgl. 39,1).[7] Eine besondere theologische Funktion des stets nachgestellten Zusatzes אלהא zu יהו ist nicht ersichtlich. Ob die Ergänzung אלהא jeweils bei der ersten Nennung von יהו in dem betreffenden Dokument zugunsten des absoluten Gebrauchs erscheint, ist angesicht der fragmentarischen Überlieferung nicht zu entscheiden.[8] Es fällt aber auf, daß die Gottesbezeichnung יהו אלהא in der Korrespondenz zwischen Juden überwiegt, während in Verhandlungen mit den Persern der Gott יהו auch als אלה שמיא (vgl. 30,2) oder als יהו מרא שמיא (vgl. 30,15) erscheint.[9] Mit der Wendung יהו אלהא, *nicht* mit dem "Doppelnamen" יהוה אלהים vergleichbare Formulierungen im unmittelbaren Umfeld des AT finden sich dann in zahlreichen kanaanäischen und aramäischen Inschriften, in denen das im Singular verwendete Appellativum "Gott" sowohl vor dem Eigennamen erscheinen kann als auch dahinter.[10]

Ein Vergleich mit den alttestamentlichen Belegen für die Gottesbezeichnung יהוה אלהים erschließt nun die besondere theologische Funktion, die diese Wendung in Gen 2-3 erfüllt, und verdeutlicht die Gottesvorstellung, die

---

[3] Atl. ist die Verbindung eines Gottesnamens mit appellativem אלהים außer mit dem Jahwenamen ohnehin nicht belegt; zu der auf Jos 22,22 und Ps 50,1 beschränkten Wendung אל אלהים יהוה s.u.S.236.

[4] Zitiert nach der Ausgabe von Cowley, APFC.

[5] Es findet sich ohne Bedeutungsunterschied die determinierte Form יהו אלהא (6,4; 22,1; 25,6; 30,6; 31,7; 33,8; 38,1; 45,1) neben der undeterminierten יהו אלה (13,14 - allerdings ist hier der Text unsicher; vgl. dazu Cowley, APFC, 40).

[6] Möglicherweise steht hinter diesem Namen der Gott Išum, der in II Reg 17,30 als אשימא (und vielleicht in Am 8,14 als אשמה) sowie in einer syr. Inschrift aus hellenistischer Zeit als Συμβέτυλος erscheint (vgl. Greßmann, in: AOT, 454 Anm.2).

[7] Nach Kottsieper, Ahiqarsprüche, 187, bezeichnet der Plural אלהין/אלהיא "uneingeschränkt die Götter"; dies gilt auch für Ahiqar 94 u. 128 (vgl. Kottsieper, a.a.O., 15 u.19).

[8] Absolutes יהו begegnet (soweit erkennbar) nur in 6,6.11.

[9] Vgl. dazu Cowley, APFC, XVIII.

[10] Vgl. einerseits für die Nachstellung von אלהא die aram. Inschriften KAI 266,2 [7./6. Jh. v. Chr.] (בעלשמין אלהא) und KAI 267 A2 [5. Jh. v. Chr.] (אוסרי אלהא), andererseits für die Voranstellung von אלהא KAI 214,2 [8. Jh. v. Chr.] (אלהו הדד ואל ורשף ורכבאל ושמש) und KAI 215,2 (אלה הדד). Für entsprechende kanaan./phöniz. Belege vgl. KAI 27,3; 48,2; 59,2; 229,2/3 (aram.).

hinter dem Gebrauch dieser Bezeichnung in der Paradieserzählung steht. Mit Ausnahme von Gen 2,4b-3,24 und Jon 4,6 findet sich die Bezeichnung יהוה אלהים stets eingebettet in eine wörtliche Rede und innerhalb eines *doxologischen* und *konfessorischen* Kontextes. Die Wendung יהוה אלהים erfüllt dort jeweils eine programmatische theologische Funktion.

In Ex 9,30, dem einzigen Vorkommen des "Doppelnamens" im Pentateuch außerhalb von Gen 2-3, erscheint das als Warnung an den Pharao gerichtete Bekenntnis des Mose ידעתי כי טרם תיראון מפני יהוה אלהים synthetisch in einem religiösen und in einem existentiellen Sinn.[11] Die Wendung יהוה אלהים dient hier der Proklamation, daß Jahwe, der Gott der Hebräer, die *Macht über die ganze Erde* hat (Ex 9,29, vgl. Ex 8,6).

Die Psalmenbelege (absolut in Ps 72,18; 84,12; erweitert zu יהוה אלהים צבאות in Ps 59,6; 80,5.20; 84,9)[12] sind auf den "Elohistischen Psalter" beschränkt. Die Gottesbezeichnungen יהוה und אלהים werden daher zumeist als Varianten angesehen. Dabei wird אלהים dann als Ersatzlesart für das ursprüngliche יהוה erklärt, das nur in den genannten Psalmen versehentlich stehen geblieben wäre.[13] Eine solche "Unachtsamkeit der Abschreiber"[14] ist unwahrscheinlich. Vielmehr zeigen die zahlreichen zusammengesetzten Gottesnamen, zumal in Ps 84,[15] daß die Wendung יהוה אלהים צבאות (selbst wenn sie wie in Gen 2,4-3,24 redaktionell entstanden ist) keine bedeutungslose Alternativlesart bildet. Zum einen wird die Feierlichkeit und die Dringlichkeit der Anrede Jahwes durch die Kombination mit dem ebenfalls als Eigennamen verwendeten אלהים unterstrichen (vgl. Ps 59,6;

---

[11] Die Ursprünglichkeit der masoretische Wendung מפני יהוה אלהים ist allerdings umstritten. Die Lesart von G^(Bmin) entspricht einem מפני אלהים, die Lesart von G^(Amin) einem מפני יהוה.

[12] Zwar sind die beiden Belege für absolutes יהוה אלהים in Ps 72,18 und 84,12 textkritisch unsicher, doch kann in beiden Fällen MT beibehalten werden. In Ps 72,18 fehlt in einigen hebräischen Handschriften אלהים. G^(S+B) mit κύριος (vgl. aber G^A: κύριος ὁ θεός) und Sy mit mry' lesen ebenfalls nur יהוה. In Ps 84,12 ist der Text terminologisch und metrisch umstritten. So wird einerseits die nur hier im AT für Jahwe vorkommende Metapher שמש ומגן in G mit ἔλεον καὶ ἀλήθειαν ἀγαπᾷ und in Sy mit mtrsynn w'dwrn mry' hw 'lh' wiedergegeben. Möglicherweise ist שמש aufgrund des Parallelismus mit מגן wie in Jes 54,12 mit "Zinne" zu übersetzen (Duhm, Psalmen, 10; Gunkel, Psalmen, 368; doch vgl. jetzt Seybold, Psalmen, 333: שמש als *terminus technicus* für "Rundschild"). Die Lesart יהוה אלהים wird allerdings von den Versiones unterstützt. Da die masoretische Versabteilung in Ps 84,12 keine zwei gleichmäßigen Stichen ergibt, ist der Vers eventuell als ein Trikolon aufzulösen. Dieses verfügt über einen klimaktischen Parallelismus, indem כי שמש ומגן יהוה אלהים als betonte Einleitung fungiert (vgl. V.9aα.13a) und חן וכבוד יתן יהוה eine mit להלכים בתמים לא ימנע־טוב im Chiasmus stehende Entfaltung bietet. Eine solche Erklärung wird dem vorliegenden Text eher gerecht als die häufig vorgeschlagenen Emendationen oder Streichungen. Zur Beibehaltung von MT siehe jetzt auch Seybold, Psalmen, 331.

[13] Vgl. dazu G-K §125h; Joüon, Grammaire, §131o; Fd. Delitzsch, Schreibfehler, nr.58c; sowie die Psalmenkommentare, jeweils z.St., von Bertholet, in: HSATK II; Duhm; Gunkel; H. Schmidt; Weiser (Ausnahme ist die Schlußdoxologie in Ps 72,18); Kraus.

[14] Duhm, Psalmen, 176.

[15] Vgl. יהוה צבאות (V.2.4); אל־חי (V.3); אלהים בציון (V.8); אל־אלהים (V.8); אלהי־יעקב (V.9).

3.1. Aspekte des Gottesbildes

80,5.20; 84,9),[16] zum andern wird die Majestät und Universalität Jahwes als des Gottes Israels und Herrn der Welt besonders herausgestellt (vgl. Ps 72,18).[17] Dieselbe Funktion erfüllt die Kurzfassung des "Doppelnamens" יה אלהים in Ps 68,19,[18] die in der Endgestalt des Psalms an zentraler Position erscheint. So bildet die Beschreibung des Einzugs Jahwes in sein Heiligtum und seiner himmlischen Thronbesteigung in V.19 kompositionell einen Höhepunkt des Psalms, bevor nach der Zwischendoxologie in V.20 eine neue Beschreibung der Theophanie einsetzt. Inhaltlich dient die Bezeichnung, die variiert in V.5 als יה שמו und in V.21 als יהוה אדני auftaucht, dem Lob Jahwes als dem wahren Gott und Himmelskönig.[19]

Außerhalb der Psalmen begegnet der "Doppelname" jeweils im Munde eines exemplarischen Frommen, so Moses (Ex 9,30), Davids (II Sam 7,22[*v.l.*].25; I Chr 17,16f.; 28,20; 29,1), Salomos (II Chr 1,9; 6,41f.) und des Priesters Asarja (II Chr 26,18). Die Funktion des "Doppelnamens" ergibt sich besonders deutlich aus II Sam 7,22(*v.l.*).25. David bekennt sich einerseits zur absoluten Majestät und Souveränität des einen Gottes Jahwe, vor dem der Mensch sich seiner Niedrigkeit bewußt wird,[20] andererseits zur unzerbrechlichen Treue, die dieser eine Gott Jahwe seinem Volk Israel erweist. D.h. der "Doppelname" wird in einem Kontext verwendet, in dem Jahwe sowohl in seinem Bezug auf den gesamten Kosmos als auch auf sein Volk als alleiniger Gott gepriesen wird. Um explizit den Gegensatz zwischen Gott und Mensch auszudrücken, erscheint die Bezeichnung יהוה אלהים schließlich in Davids Worten an Israel hinsichtlich des Tempelbaus (I Chr 29,1).

Im Rahmen der Doxologien weist יהוה אלהים nun stets eine *Beziehung zum Jerusalemer Tempel* und dem dort ausgeübten Kult auf. Dies zeigt sich zum einen formal an den Belegen der im Kult beheimateten Psalmen,[21] zum andern inhaltlich, insofern die Verwendung des "Doppelnamens" vor allem im unmittelbaren Umfeld zu einer Aussage über den Tempel erscheint: so im Rahmen der von der Chronik auf David zurückgeführten entscheidenden Schritte auf dem Weg zum Tempelbau (I Chr 17,16f.; 22,1.19; 28,20; 29,1; II

---

16 So mit Fz. Delitzsch, Psalmen, 436. In der Volksklage in Ps 80 steht die Wendung יהוה אלהים צבאות an den kompositionell herausragenden Stellen der ersten Frage der Beter nach der Dauer des Zornes Gottes (V.5) und in der Schlußbitte um den Trost Gottes (V.20).

17 So bewahren dann, wenn auch in unterschiedlicher grammatischer Auflösung, zu Recht Fz. Delitzsch, Psalmen, 571ff.; Tate, Psalms, 93.305.350, und Seybold, Psalmen, 233. 276.316f.330, die Lesart יהוה אלהים bzw. יהוה אלהים צבאות.

18 Zu den textlichen und redaktionsgeschichtlichen Problemen dieses Psalms vgl. J. Jeremias, Königtum, 69ff.; Seybold, Psalmen, 262f. Die ältere Forschung betrachtete auch hier אלהים als ein Ersatzwort für das angeblich allein ursprüngliche יה (vgl. Gunkel, Psalmen, 290) bzw. rechnete mit einer Verschreibung von יהי (vgl. Duhm, Psalmen, 259).

19 So mit J. Jeremias, Königtum, 80f.

20 Vgl. die aus der Niedrigkeitsdoxologie stammenden Wendungen מי אנכי (V.18), מה יוסיף [דוד] עוד לדבר (V.20) und den Begriff des עבד (V.20f.25).

21 Zumindest für die Volksklage Ps 80, das hymnisch geprägte Wallfahrtslied Ps 84, und die Schlußdoxologie in Ps 72,18f. ist als Sitz im Leben der Gottesdienst anzunehmen. Aber auch für das Klagelied Ps 59 ist eine Verbindung zum Tempel wahrscheinlich, insofern es sich um ein am Heiligtum aufbewahrtes Gebetsformular handelt (vgl. dazu Gerstenberger, Psalms, 9ff.).

Chr 6,41f), im Zusammenhang des allein den aaronitischen Priestern zustehenden Räucheropfers (II Chr 26,18) und im Bekenntnis des Beters zu seiner Freude über das Heiligtum (Ps 84).

Die Annahme eines Bezugs des "Doppelnamens" יהוה אלהים zum Kult bestätigen die alttestamentlichen Texte, die eine vergleichbare appositionelle Kombination einzelner Gottesnamen bieten. Dazu gehören zunächst die beiden einzigen Belege für eine Verbindung von אל mit einem nachgestellten אלהים in Jos 22,22 und Ps 50,1, die jeweils zusätzlich das Tetragramm führen. In beiden Fällen der Reihe אל אלהים יהוה handelt es sich um eine doxologisch bedingte feierliche Häufung von Gottesbezeichnungen, welche die Einzigartigkeit Jahwes betonen soll.[22] In Jos 22,22 dient die in einen Schwur eingebettete zweimalige Anrede אל אלהים יהוה der Betonung der absoluten Jahwetreue der Repräsentanten der ostjordanischen Gemeinde. Die *dreifache* Titulierung Jahwes in Ps 50,1 eröffnet die Darstellung einer gewaltigen Gerichtstheophanie.[23] Bezeichnend ist, daß die Folge אל אלהים יהוה hier einen Psalm einleitet, der Gott als den Herrn der Schöpfung und den universalen Richter preist, der an einem bestimmten Punkt der Erde, dem Zion, erscheint.

Diese drei Aspekte, (1.) die universale Dimension des Handelns Jahwes, (2.) die Zentrierung seines Wirkens auf einen ausgewählten Ort der Geschichte und (3.) sein Erscheinen zum Gericht, kennzeichnen auch die von dem R^{UG} geschaffene Endgestalt von Gen 2-3. So beschreibt die endredaktionell bearbeitete Paradieserzählung mittels der Themen "Schöpfung" und "Einrichtung des Lebensraumes für den Menschen" die Universalität des Handelns Jahwes (2,4-9.18-21).[24] Mittels der Lokalisierung des Gartens Eden wird das Handeln Jahwes auf einen im Kosmos fixierbaren Ort konzentriert (2,10-14; 3,24). Im Auftreten Jahwes zum Verhör des Menschen und im

---

[22] Die grammatische Auflösung אל אלהים יהוה in drei koordinierte Gottesbezeichnungen ist aufgrund der hier vorliegenden Verwendung von אלהים als Eigenname wahrscheinlicher als die Wiedergabe einer Konstruktusverbindung von אל אלהים "der Gott der Götter", wie dies im Gefolge von G (θεὸς θεῶν κύριος) Duhm, Psalmen, 204; H. Schmidt, Psalmen, 96; Murtonen, Divine Names, 67-74; Hossfeld, Psalmen, 308, und Seybold, Psalmen, 203, vermuteten. Es ist sogar mit Fz. Delitzsch, Psalmen, 393f., zu überlegen, ob durch die drei Bezeichnungen hier nicht zusätzlich zu einer monotheistischen Ausrichtung drei Aspekte des einen Gottes ausgedrückt werden sollen: "El" als allgemeinste Bezeichnung für Gott, "Elohim" als Ausdruck für Gott den Schöpfer und "Jahwe" als Bezeichnung für den am Zion die Welt richtenden Gott.

[23] Gegen Duhm, Psalmen, 204, und Gunkel, Psalmen, 219, ist die Dreierreihe vollständig beizubehalten, so mit Fz. Delitzsch, Psalmen, 393; H. Schmidt, Psalmen, 96; Gerstenberger, Psalms, 207; Craigie, Psalms, 364; Hossfeld, Psalmen 308; Seybold, Psalmen, 203.

[24] Zur Verwendung der gattungsmäßigen Redeweise in Gen 2-3 (האדם; האשה) als Ausdruck der Universalität und Allgemeingültigkeit des Geschehens vgl. auch L'Hour, Yahweh, 552ff., und Dohmen, Schöpfung, 230ff.

3.1. Aspekte des Gottesbildes

Spruch Jahwes über Leben und Tod des Menschen spiegelt sich die Gerichtstheophanie von Jahwe Elohim, dem wahren Gott, wider (2,16f.; 3,7ff.22-24).

Auf den Zusammenhang der "Doppelbezeichnung" יהוה אלהים mit dem Jerusalemer Tempel könnte auch der Hintergrund der mit dem Jahwenamen zusammengesetzten Gottesbezeichnung יהוה עליון (Ps 7,18; 47,3; 97,9) bzw. יהוה אל עליון (Gen 14,22) verweisen.[25] Ob in der Bezeichnung אל עליון (Gen 14,18-20; Ps 78,35) eine eigenständige Gottesbezeichnung vorliegt und ob die Wendung eine Kombination zweier Götternamen oder eine Kompilation eines Götternamens (אל) mit einem Epitheton darstellt,[26] ist nach wie vor umstritten.[27] Als selbständiger Göttername erscheint עליון wohl in der aus dem 8. Jh. v. Chr. stammenden aramäischen Sfire-Inschrift (KAI 222 A 11) und als "τις Ἐλιοὺμ καλούμενος Ὕψιστος" bei Philo von Byblos.[28] Im AT begegnet עליון aber ausschließlich als Epitheton Jahwes.[29] Dabei berühren sich die Belege für אל עליון in Gen 14,18-22 mit der Verwendung von יהוה אלהים in Gen 2-3 funktional, insofern sie im Kontext einer Aussage über Jahwes Schöpfermacht (vgl. Gen 14,18b) stehen.[30]

Indem der R^{UG} in 2,4-3,24 durch die Ergänzung von אלהים zum יהוה seiner Vorlage eine vor allem doxologisch geprägte und kultisch verwendete Gottesbezeichnung einträgt, betont er einerseits die Hoheit und Erhabenheit Jahwes und setzt andererseits das Geschehen im Garten Eden in eine Beziehung zum Kult. Durch die Gottesbezeichnung יהוה אלהים stellt der R^{UG} den Garten Eden in eine Beziehung zum Jerusalemer Heiligtum. Die Beschränkung der Gottesbezeichnung יהוה אלהים auf die Paradieserzählung gleicht nicht nur formal 1,1-2,3 an 2,4-3,24 an. Auf einer *Metaebene* des Textes dient sie einer bestimmten Verstehensweise des in 2,4-3,24 Geschilderten: Der Leser soll bei der Lektüre von Gen 2,4-3,24 an den Tempel in Jerusalem denken, in dessen Nähe der Mensch auch nach der urzeitlichen Vertreibung aus dem Garten Eden die unmittelbare, heilvolle Gegenwart Jahwes, des wahren Gottes, erfahren kann.

---

25 G, Sy, 1QGenAp und Jub 13,29 lesen in 14,22 (wie MT in 14,18-20) nur אל עליון. Doch dürfte der Wechsel von אל עליון zu יהוה אל עליון mit dem Wechsel der redenden Figuren Melchisedek und Abram zusammenhängen und somit MT ursprünglich sein. Zum religionsgeschichtlichen Problem, Gen 14,18ff. für die Rekonstruktion einer vorisraelitischen El-Eljon-Verehrung auszuwerten, siehe einerseits Schatz, Genesis 14, 207-224; Zobel, עֶלְיוֹן, 137ff.146, andererseits Köckert, Vätergott, 75f.; Niehr, Gott, 65.125; Albertz, Religionsgeschichte, I, 204-206.
26 Vgl. KTU 1.16 III,5-8: ʿlj ("der Erhabene") als Epitheton Baals.
27 Vgl. dazu zuletzt Loretz, Ugarit, 153ff.164; Albertz, Religionsgeschichte, 204-206.
28 Vgl. Euseb, Praep. ev. I,10,14 (in Varianten erscheint der Name auch als Ἐλιούμ, Ἐλιούμ, Ἐλιοῦν und Ἐνοὺμ).
29 Vgl. (1.) als Attribut (vgl. Ps 7,18; 47,3; 57,3; 78,56; 97,3), (2.) im direkten Parallelismus zu יהוה (Ps 18,14; 21,8; 91,9; 92,2), zu אל (vgl. Num 24,16; Ps 57,3; 73,11; 107,11) oder zu אלהים (Ps 46,5) und (3.) alleinstehend (vgl. Dtn 32,8; Ps 9,3; 77,11; 78,17; 82,6; 87,5; Jes 14,14; Thr 3,35.38; Sir [H] 41,4.8; 42,1; 44,20; 49,4; 50,14.[16f.]).
30 Zu weiteren Überschneidungen zwischen den Texten des R^{UG} und Gen 14 s.u.S.330f.

3.1.2. Gott und die Engel

Die angelologischen Aussagen der Urgeschichte sind, abgesehen von 1,26, ein genuiner Beitrag des R^{UG}. Sie verdeutlichen in besonderer Weise dessen Theologie. Die im "priesterlichen" Schöpfungsbericht angedeutete Vorstellung der himmlischen Welt führt der R^{UG} aus. Gott ist nicht nur der Schöpfer des Himmels und der Erde, sondern auch des himmlischen Heeres (2,1) und der Herr über die Keruben (כרבים, 3,22.24) und die Elohim-Söhne (6,1-4).

Der Bildhintergrund für die Keruben besteht in der Tradition der archäologisch in Ägypten, Syrien und Mesopotamien nachweisbaren Mischwesen, die als sphingenartige Wächter heiliger Orte (gelegentlich in Verbindung mit heiliger Vegetation) begegnen.[31] Es erhebt sich aber die Frage, ob die Keruben in 3,24 auf der Folie der angelologischen Texte in 2,1; 3,22 und 6,1-4 von dem R^{UG} nicht bereits als Engel angesehen werden. Eine angelologische Interpretation der Keruben in 3,24 ergibt sich vor allem aus V.24bα2. Rein syntaktisch liegt das Gewicht der Wendung להט החרב המתהפכת primär nicht auf der "Flamme" und damit verbunden auf der Feuersymbolik, sondern auf dem "Schwert" und der damit verknüpften Gerichtsthematik.[32] In der älteren Forschung wurde für den להט החרב המתהפכת (wie für die כרבים) gelegentlich eine naturmythologische Interpretation vertreten, insofern dieses Schwert mit den Blitzen und die Keruben mit den Wolken, die den Gottesberg umgeben, identifiziert wurden.[33] Bei den Beschreibungen des von der Gewitterwolke umgebenen Gottesberges wird aber weder der Terminus כרוב gebraucht noch werden die Wolken (ענן bzw. עב) als *Wächter des Gottesberges* bezeichnet. Ebensowenig ist im AT eine Wächterfunktion für die Blitze nachweisbar.[34] Die Motive von Blitzen und Feuererscheinungen am Gottes-

---

[31] Zu den philologischen Problemen des Begriffs vgl. Freedman u. O'Connor, כְּרוּב, 322ff. Inschriftlich ist der Terminus für den hebr. Bereich bisher nicht sicher nachgewiesen. Die Auflösung der Buchstabenfolge in der punischen Inschrift KAI 96,2 (מותבים כרשמותכברבמעל) ist umstritten; vgl. dazu zuletzt Hoftijzer u. Jongeling, Dictionary, 534 (Lexem *krb*$_2$). Zu einer Klassifikation der im AT nachweisbaren Kerubenvorstellungen und ihrer unterschiedlichen Bildhintergründe vgl. Westermann, I, 368ff.; Lohse, Χερουβίν, 427-428; Busink, Tempel, I, 270ff.; Keel, Jahwe-Visionen, 16f; Görg, Keruben, 13ff.; Ohler, Mythologische Elemente, 40.67; Schroer, Bilder, 28.121ff. Zu dem Epitheton Jahwes vom ישב הכרבים, das für die Analyse von Gen 3,24 von untergeordneter Bedeutung ist, siehe Görg, *Sb 'wt*, 17f., Metzger, Kerubenthroner, 75ff.; Janowski, Keruben, 231ff.

[32] Vgl. die analogen Wendungen להב חרב (Nah 3,3), להב חנית (Hi 39,23) und ברק חרב (Dtn 32,41).

[33] Vgl. Fz. Delitzsch, 114; Procksch, 43; Budde, Paradiesesgeschichte, 84; Eichrodt, Theologie, II, 108; von Rad, 70.

[34] Allerdings könnte für die naturmythologische Deutung des להט die Verwendung von הפך (*Hitp.*) in einem meteorologischen Kontext Hi 37,11-12 und ikonographisch die von Gese, Lebensbaum, 80f., beschriebene Blitzwaffe des kanaanäisch-syrischen Wet-

3.1. Aspekte des Gottesbildes

berg gehören in die Theophanietradition (vgl. Ex 19,18; Ps 104,4). Stürme (רוחות) und Blitze (אש [ו]להט), die Jahwe sich dienstbar macht, sind Begleiter des Herrn der himmlischen Heerscharen bei seiner Epiphanie (Ps 104,4).[35] Gen 3,24 schildert aber gerade nicht das Erscheinen Jahwes, sondern die strafweise Entfernung (גרש) des Menschen aus Gottes unmittelbaren Nähe.[36]

Eine direkte Parallele zur "Flamme des sich windenden Schwertes"[37] bietet zunächst die Vorstellung von Jahwes personifiziertem Rache- und Gerichtsschwert.[38] Dieses Schwert erscheint zum Gericht an den Völkern, aber auch an Israel selbst und an den Frevlern innerhalb des Gottesvolkes. In Verbindung mit einem von Jahwe unterschiedenen Wesen begegnet das Motiv von einem himmlischen Schwert sodann in Num 22,23.31; Jos 5,13 und I Chr 21,16 jeweils in der Formulierung חרב שלופה ביד. Diese drei Stellen werfen ein besonderes Licht auf Gen 3,24 und die Interpretation der Keruben, insofern hier das himmlische Schwert von dem מלאך יהוה (Num 22,23.31; I Chr 21,16) bzw. dem שר־צבא־יהוה (Jos 5,14) getragen wird. Zwar erscheint in Gen 3,24 das Schwert als eine selbständige Größe neben den Keruben, doch ist ein angelologisches Verständnis der Keruben durch die Rede Jahwes an seinen himmlischen Hofstaat in 3,22 (כאחד ממנו) schon vorbereitet. Das Motiv vom להט החרב המתהפכת ist dann weder eine Variante zu den Keruben noch eine spätere Glosse, sondern ein ursprünglicher interpretierender Zusatz des Verfassers von Gen 3,22.24.[39] Durch die Kombination mit dem

---

tergottes in Gestalt eines Dreizacks angeführt werden. Görg, Keruben, 23, verwies für die apotropäische Funktion von Blitzsymbolen auf die entsprechende Ikonographie eines Rollsiegels aus *Tell eṣ-Ṣafi* (vgl. BRL², 35 Abb. 11,6).

[35] So mit Weiser, Psalmen, 457; ähnlich bereits Duhm, Psalmen, 371f.; Gunkel, Psalmen, 448; H. Schmidt, Psalmen, 188f.

[36] Daher stellt auch die *Anwesenheitszusage* Jahwes, für Jerusalem eine חומת אש סביב ("eine Feuermauer ringsum") zu sein (Sach 2,9), gegen Gunkel, 25, keine unmittelbare Parallele zu Gen 3,24 dar.

[37] Die Wurzel להט findet sich nominal ("Flamme") nur hier im AT (vgl. aber Ps 104,4[*v.l.*] und 1QH 8,12; 4Q509,146,4[?]), häufiger ist der verbale Gebrauch belegt. Die Versiones übersetzen synonym.

[38] Vgl. a) Lev 26,25; Dtn 32,41; Jes 34,5; 66,16; Jer 46,10; 47,6; Ez 21,7ff.; Zeph 2,12; Nah 3,3; Sach 13,7; 1QH 6,29; 1QM 16,1; CD 19,7 [als Zitat aus Sach 13,7]; b) zur Vorstellung vom flammenden Schwert, das die gefallenen Frevler im Gericht Gottes frißt, 1QM 6,3; c) zum Motiv von Gottes Gerichtsschwert über die Sünder äthHen 91,12 (vgl. 4Q212,IV,15f.); 1QM 15,3; 19,11; 4Q381,31,7; 4Q492,1,4 (= 1QM 12,11); 4Q492,1,10 (vgl. 1QM 19,10).

[39] Zur Kombination der beiden Größen להט החרב und כרבים vgl. auch die wohl von Gen 3,24 abhängigen Belege in VitAd 28,3 und 1QH 8,12 (*par.* Ps 104,4?). Hingegen beurteilte Görg, Keruben, 23, die Wendung להט החרב המתהפכת als eine spätere Glosse. Gunkel, 25f.; Mowinckel, Sources, 63.67, und Hölscher, Geschichtsschreibung, 272, betrachteten die *beiden* Wächterfiguren als Hinweise auf eine Quellenkompilation. Zumeist werden die "Keruben" und die "Flamme des sich windenden Schwerts" als überlieferungsgeschichtliche Varianten angesehen (vgl. Westermann, I, 374; Ruppert,

3. Beobachtungen zur Theologie des Endredaktors

להט החרב המתהפכת werden die כרבים von dem R^{UG} als Engel, und zwar, wie die Parallelen zum Gerichtsschwert Jahwes zeigen, als Gerichts- und als Strafengel gedeutet.[40] Die literarische Zusammengehörigkeit der Motive in 3,22.24 wird durch eine Parallele in Dtn 32,40f. bestätigt. So finden sich hier die Motive "ewiges Leben" (als Attribut Jahwes) und "Straf-/Gerichtsschwert Jahwes" (ברק חרב) in enger Verbindung.[41]

Im Rückblick auf die endredaktionelle Einfügung des Motivs der himmlischen Heerscharen (כל־צבאם) in Gen 2,1 erscheint Gen 3,24 als ein wichtiges traditionsgeschichtliches Bindeglied zu der spätestens in äthHen 20,7; 61,10 und 71,7 greifbaren Einordnung der כרבים (neben den שרפים und אופנים) unter die Engel.[42] Auch der Verfasser von 1QH 8,11f. interpretiert in seiner sich an Gen 3,24 anlehnenden Allegorie auf die wunderbare Pflanzung der Gemeinde der Gerechten die Keruben eindeutig als Engelwesen (גבורי כוח ורוחות קודש): "Aber d[u, o Go]tt, hast rings seine Frucht beschützt durch das Geheimnis kraftvoller Helden und heiliger Geister und der zuckenden Feuerflamme".[43] Die Keruben begegnen demnach in Gen 3,24 (in ähnlicher Weise wie die "Gottesboten" [מלאכי אלהים] in den zumeist auf E zurückgeführten Abschnitten Gen 28,12 und 32,2)[44] als Werkzeuge Jahwes, die zugleich die Nähe und die Ferne des als König über die himmlischen Heerscharen thronenden Gottes symbolisieren. Sie sind somit Ausdruck einer sich entfaltenden Angelologie, wie sie sich auch in der Integration der himmlischen Welt in das göttliche Strafhandeln am Menschen in der Rede Jahwes zu den himmlischen Heerscharen in 11,6-7 zeigt (vgl. נרדה ונבלה).

I, 167). Hingegen vermutete Gese, Lebensbaum, 105f., einen gemeinsamen Bildhintergrund in der Baalikonographie (vgl. Seebass, I, 133).

[40] Zur Verwendung dieser Vorstellung in eschatologischem Kontext vgl. 4Q185 I,8f. ("... und wer vermag es, vor Seinen Engeln zu stehen, denn mit Feuer-Flamme rich[ten die Söhne] Seiner Geister ..." [Übersetzung von Maier, Texte, II, 133]) sowie TestAbr A 17,15; CD 2,5f.

[41] Zu weiteren Überschneidungen zwischen Dtn 32 und Texten des R^{UG} (vgl. das Motiv der בני אלים in Dtn 32,8 [G; 4Q] par. בני האלהים in Gen 6,2.4) und den sich daraus ergebenden literatur- und theologiegeschichtlichen Konsequenzen s.u.S.295.301.325.

[42] Vgl. weiterhin slHen 19,6; 21,1; TestHi 50,2; 4Q511,41; TestAbr B 10,8.11; grApkEsr 2,14.26; VitAd 32,2; 4Q403,1 ii,15; 4Q405,20(21.22) ii,3; 4Q405,20(21.22) ii,7f.; 11QSS (=11Q17) 3-4,3, sowie das Frgm. anonym. 574,3061 bei Denis, Concordance Grecque; siehe dazu Bietenhard, Welt, 102ff.

[43] Übersetzung von Lohse, TQ, 143. Bereits Busink, Tempel, 287, äußerte die Vermutung, die Keruben im Debir des salomonischen Tempels seien als Repräsentanten des himmlischen Hofstaates Jahwes verstanden worden und verwies für diese Annahme auf Ps 103,19-20. Lohse, Χερουβίν, 427, bezeichnete im Blick auf Gen 3,24 die Keruben zutreffend als "mythische Engelwesen".

[44] Vgl. Wellhausen, Composition, 30.44; Dillmann, 334.358f.; Holzinger, 192.207; Gunkel, 317f.354; Eißfeldt, Hexateuchsynopse, 52*.65*; Procksch, 339.368f.; Noth, Pentateuch, 38; Hölscher, Geschichtsschreibung, 286f.289; Scharbert, 197.217.

3.1. Aspekte des Gottesbildes

Exkurs: Das Verhältnis von Gen 2-3 zu Ez 28,1-19

Gemäß unserer literarischen Analyse geht die Endgestalt von Gen 2,4-3,24 auf die mythologisierende und historisierende Bearbeitung der "jahwistischen" Paradieserzählung durch den R^{UG} zurück. Nun hat zuletzt wieder J. Van Seters die These vertreten, Gen 2-3 sei *literarisch* von Ez 28,1-19 (und *traditionsgeschichtlich* von der altorientalischen Vorstellung der Erschaffung des Menschen zur Arbeitsentlastung der Götter) abhängig.[45] Daß zwischen Gen 2,4b-3,24 und den Worten über den Fürsten bzw. König von Tyros eine Beziehung besteht, ist angesichts der terminologischen und motivischen Parallelen wahrscheinlich.[46] Gegen die These von J. Van Seters sprechen aber sowohl der literarische Befund in Ez 28,1-19 als auch die literargeschichtliche Einordnung der Tyrosworte.

Genauere literarkritische Analysen von Ez 28,1-19 zeigen, daß der Text mehrschichtig ist. Zunächst handelt es sich bei V.1-19 um zwei ursprünglich selbständige Einheiten, die erst redaktionell miteinander verbunden wurden (V.1-10 und V.11-19). In der Grundschicht der ersten Einheit (V.1-2*.6*.7-10)[47] wird dem נגיד von Tyros wegen seiner Hybris der Untergang angesagt. Direkte Bezüge zu Gen 2-3 liegen hier nicht vor. Das Motiv der "Überheblichkeit" gehört zum Standard prophetischer Scheltrede.[48] Es findet zwar in Gen 3,5 eine gewisse sachliche Parallele, wird dort aber nicht als Zitat des Menschen, sondern als Angebot zum Übertreten des Jahwegebotes der Schlange in den Mund gelegt. Das Motiv des ... בלב ימים מושב אלהים (Ez 28,2) erklärt sich aus der geographischen Lage und dem Namen der Stadt Tyros (צור, "Fels"); möglicherweise schwingt auch eine Anspielung auf die syrisch-phönizische Vorstellung vom Gottesberg mit.[49] Ebenso bestehen zwischen der "weisheitlichen" Bearbeitung in Ez 28,3-5 und Gen 2-3 keine unmittelbaren Bezüge. Der אדם in Gen 2,4b-3,24 wird gerade nicht als ursprünglich weise, schön oder vollkommen bezeichnet. Bei der Wendung אתה אדם ולא־אל (Ez 28,2) handelt es sich um einen weisheitlichen Satz, der sich modifiziert auch sonst in der Prophetie und in der Weisheitsliteratur findet.[50]

In der zweiten Einheit (V.11-19) finden sich zwar direkte Überschneidungen mit Gen 2,4b-3,24 hinsichtlich der Wendung בעדן גן־אלהים (Ez 28,13), des Begriffs שהם (Ez

---

[45] Vgl. Van Seters, Prologue, 61.119ff.; ders., Creation, 340f.; ähnlich Rogerson, Genesis, 77. Als traditionsgeschichtlichen Hintergrund von Ez 28 selbst vermutete Van Seters, Creation, 337ff., die neubabylonische Erzählung von der Schöpfung des Königs (VAT 17019 [bei Mayer, Mythos, 63ff.]), die Ezechiel aufgenommen und aus prophetischer Perspektive modifiziert habe. Dieser babylon. Text stehe traditionsgeschichtlich hinter den königlichen Schöpfungsvorstellungen von Gen 1,26f. und Ps 8 und (vermittelt über Ez 28) hinter Gen 2-3 (Creation, 341f.). Eine weitere traditionsgeschichtliche Vorlage von Gen 2-3 glaubte Van Seters in der neubabylonischen "Marduk-Schöpfungserzählung" (übersetzt in: TUAT III, 608f.) zu erkennen.

[46] Vgl. dazu Steck, Paradieserzählung, 44f.; Seebass, I, 136f., sowie explizit die Lokalisierung des Geschehens in בעדן גן־אלהים (Ez 28,13; Gen 2,8.15; 3,23f.), die Figur des כרוב bzw. der כרבים (Ez 28,14.16; Gen 3,24), am Rande das "Hybrismotiv" (Ez 28,2. 6.17; Gen 3,5; doch s.u.) und die Erwähnung des שהם in Ez 28,13 (vgl. Gen 2,11), der hier allerdings anders als in Gen 2,11 in einer Reihe von Edelsteinen begegnet, die eher an Ex 28 und 39 erinnert (vgl. dazu Fechter, Katastrophe, 172ff.).

[47] Vgl. dazu Zimmerli, Ezechiel, II, 665; Fuhs, Ezechiel, II, 150.

[48] Vgl. Jes 3,16; 14,13f.

[49] Ähnlich Clifford, Mountain, 169.

[50] Vgl. Jes 5,12; Jer 9,22; Prov 3,7; 26,12.

28,13) und des Motivs des כרוב (Ez 28,14.16). Allerdings zeigt sich, daß diese Abschnitte alle erst sekundär oder tertiär nachgetragen sind. Der Grundbestand der "Qina" in V.11-19 dürfte in den V.12.16-19 zu suchen sein und wie V.1-11* ein Scheltwort gegen den מלך von Tyros darstellen.[51] Zu dieser Grundschicht gehörte wohl bereits wie in V.2 das Motiv des "Gottesberges", an das sich dann die Lokalisierung בעדן גן־אלהים (V.13aα1) und das Kerubenmotiv (V.14a.16*) angelagert haben.[52] Direkte literarische Beziehungen zwischen der Grundschicht von Ez 28,11-19* und Gen 2,4b-3,24 sind nicht erkennbar.[53] Die Frage möglicher Abhängigkeiten verschiebt sich somit auf die Ebene der redaktionellen Bearbeitungen beider Textkomplexe. Ob allerdings ein voneinander unabhängiger Rückgriff der jeweiligen Redaktoren auf eine gemeinaltorientalische Paradies- und Gottesbergmotivik vorliegt, die sich auch in Hi 15,7f. zeigt,[54] oder ob eine literarische Abhängigkeit besteht, ist kaum nachweisbar. Rechnet man mit einer gegenseitigen literarischen Beeinflussung, dann dürfte die Abhängigkeit eher auf der Seite der Redaktoren von Ez 28,11-19 liegen, die das Wort über den König von Tyros zu einem Urzeitparadigma gestaltet haben und dabei dann an die Endgestalt von Gen 2-3 angepaßt hätten.[55] Für diese Annahme spricht, (1.) daß das Motiv des "Gartens in Eden" in Gen 2,4b-3,23* fest in die "jahwistische" Fassung der Paradieserzählung eingebunden ist (vgl. 2,8.16f.; 3,1ff.23), während die Wendung בעדן גן־אלהים in Ez 28,13aα syntaktisch in der Luft hängt und auch sonst in Ez stets sekundär ist,[56] und (2.) daß das Kerubenmotiv in Ez 28,14.16 eine ausgeprägtere angelologische Vorstellung aufweist als Gen 3,24. Während es sich in Gen 3,24 um vollkommen der Verfügungsgewalt Jahwes unterstehende *Wächterfiguren* handelt, begegnet der כרוב in Ez 28,16 als eine eher selbständig agierende *Größe im Singular*,[57] die möglicherweise sogar einen Eigennamen (מִמְשַׁח) trägt.[58]

Bereits bei der literarischen Analyse von Gen 6,1-4 wurde darauf hingewiesen, daß es sich bei den בני האלהים aufgrund der Gegenüberstellung mit den בנות האדם um *himmlische Wesen* handelt. Daß aber unter den בני האלהים keinesfalls in einem polytheistischen Sinn *Göttersöhne* zu verstehen

---

[51] So im Anschluß an Fuhs, Ezechiel, II, 155, der eine Rekonstruktion des ursprünglichen Wortlautes von Ez 28,1-10.11-19 angesichts der mehrfachen Überarbeitungen und des textlichen Zustandes des Abschnitts für unmöglich hält (anders zuletzt wieder Fechter, Katastrophe, 176f., der eine "ursprüngliche Qina" rekonstruierte).
[52] Vgl. Fuhs, Ezechiel, II, 153ff.
[53] Vgl. dazu auch Fechter, Katastrophe, 174.198, der allerdings die Figur des כרוב für einen ursprünglichen Bestandteil der Qina hält.
[54] So im Blick auf die jeweiligen Grundschichten von Gen 2-3 und Ez 28 Gunkel, Schöpfung, 148; Fohrer, Ezechiel, 159ff.; Eichrodt, Hesekiel, 267ff.; Zimmerli, Ezechiel, II, 682; Steck, Paradieserzählung, 43ff.; Whybray, Tradition, 81; Wallace, Eden, 184ff.; vgl. jetzt auch Page, Myth, 140ff.202ff., der Ez 28,1-19 auf dem Hintergrund eines hypothetischen kanaan. Mythos einer kosmischen Rebellion gegen El interpretiert. Zur Kritik an einem "patternist comparative approach" siehe Van Seters, Creation, 334.
[55] Vgl. dazu bereits Rothstein, in: HSATK I, 947f., der 28,13aα1.14aα.16* für sehr späte Glossen hielt, sowie explizit Fechter, Katastrophe, 207. Ohne eine literarkritische Schichtung vorzunehmen, vermutete Pfeiffer, Introduction, 166, der Verfasser von Ez 28,1-19 habe Gen 2-3* gekannt.
[56] So in Ez 31,9.16.18; 36,35: vgl. Zimmerli, Ezechiel, II, 684; Fechter, Katastrophe, 199.
[57] In Ez 28,14 ist ursprünglich נתתיך ... אֶת־כְּרוּב zu lesen, in V.16 ויאבדך (vgl. BHS, sowie ausführlich Fechter, Katastrophe, 166ff.).
[58] So Fechter, Katastrophe, 116f.

3.1. Aspekte des Gottesbildes

sind, wird schon durch die literargeschichtliche Zuweisung von 6,1-4 an einen "nachpriesterlichen", somit sich in einem rein monotheistischen Milieu bewegenden Redaktor nahegelegt.[59]

Ein Vergleich mit den alt- und zwischentestamentlichen Belegen für die Wendung בני [ה]אלהים (vgl. Hi 1,6-12; 2,1-7; 38,7) und die analoge Formulierung בני אלים (vgl. Ps 29,1; 89,7; Dtn 32,8 [G; 4Q]) zeigt, daß darunter *Angehörige des himmlischen Hofstaats Jahwes* zu verstehen sind.[60] Insofern diese Wesen Jahwe untergeordnet sind und Jahwe gegenüber eine dienende Funktion erfüllen, können die בני האלהים in Gen 6,1-4 als Engel bezeichnet werden.[61] Mittels der Ergänzungen in 3,22.24 und 11,6f. integriert der R^{UG} den himmlischen Hofstaat in das Strafhandeln Jahwes am Menschen. Die himmlischen Wesen erscheinen, wenn auch nicht in derselben Bestimmtheit, so doch mit derselben Aufgabe als Richter wie die "Elohimwesen" und die "Söhne des Höchsten" in Ps 82,6.[62]

Wie das Motiv der Keruben in 3,24 dazu dient, einerseits die Allmacht Jahwes, der sich der "Engel" bedient, zu demonstrieren, andererseits die zwischen himmlischer und irdischer Welt bestehende Grenze zu verdeutlichen, so betont das Motiv der Gottessöhne in 6,1-4 auch die Erhabenheit des himmlischen Königs Jahwe, der die kosmische Welt ordnet.[63] Der proleptische Bezug der Sentenz בשגם הוא בשר (6,3) auf die vermeintlichen "Übermenschen" (נפלים und גברים, 6,4) und die Begrenzung ihrer Lebenszeit,[64] zeigt, daß die Gottessöhne als Urheber der Vermischung von himmlischer und irdischer Welt selbst nicht straflos ausgehen, sondern, vermittelt über die Strafe an ihren Nachkommen, selbst vom Gericht Jahwes getroffen werden.[65] Eine

---

59 Vgl. dazu auch die Ausführungen von Loretz, Ugarit-Texte, 157 (im Blick auf die בני אלים in Ps 29,2); anders z.B. Kraeling, Significance, 197; Schlißke, Gottessöhne, 15-32, und Ebach, Weltentstehung, 290 Anm.12, die aufgrund nicht zutreffender literar- (und religionsgeschichtlicher) Voraussetzungen in Gen 6,1-4 "noch keine streng monotheistische Vorstellung" erkennen konnten.

60 Vgl. dazu auch die מלאכי אלהים in Gen 28,12; 32,2 und dazu Holzinger, 192; Procksch, 339; Dexinger, Göttersöhne, 73.

61 Die Wiedergabe von 6,2 בני האלהים in G^{Ar} mit ἄγγελοι τοῦ θεοῦ und VL mit *angeli dei* liegt in der Linie von MT, so daß die "Engeldeutung" (vgl. Philo, Gig 6ff.; Quaest in Gen I,92; Josephus, Ant. I,73; Judas 6) nicht unberechtigt ist; vgl. dazu exemplarisch für die ältere Forschung Kurtz, Söhne Gottes, 1f.48ff.; Knobel, 82, sowie in neuerer Zeit Budde, Urgeschichte, 3; Fz. Delitzsch, 146ff.; Meinhold, Urgeschichte, 112; König, 334; von Rad, מלאך, 78 Anm.28 (der die שרפים [Jes 6,2] *funktional* neben die בני האלהים stellt); Meyer, Bedeutung, 198; Loretz, Ugarit, 61.

62 Vgl. dazu Richter, Urgeschichte, 51, sowie zur theologiegeschichtlichen Einordnung der in Ps 82 vorliegenden Theodizee Wanke, Jahwe, 445-453.

63 Gegen D. L. Petersen, Yahweh, 58f., ist das Thema des "kosmogonischen Mythos" in Gen 6,1-4 aber nicht die Willkürmacht Jahwes, sondern die Souveränität Jahwes gegenüber der himmlischen und der irdischen Welt.

64 Vgl. S.69f.

65 Vgl. Hi 4,18; 15,15; 21,22; Sir 17,32.

entsprechende, sich aus der Anwendung des "Tun-Ergehen-Zusammenhangs" ergebende Straffolge begegnet in der endredaktionellen Gestaltung der Weinbergerzählung (9,20-27). So trifft nach der auf den R^{UG} zurückgehenden Einfügung der Figur Hams erst dessen Sohn Kanaan die Strafe Noahs (9,26 vgl. Hi 21,19). Umgekehrt erscheint bereits Ham als der, dessen Sohn unter dem Fluch steht. Ebenso fällt in 6,3-4 der Richterspruch Jahwes synthetisch auf die Gottessöhne zurück.[66]

Somit symbolisiert auch die Unterwerfung der Nachkommen der Gottessöhne unter das Todesgeschick, das alle Menschen trifft, die Allmacht Jahwes.[67] In Gen 6,4 wird durch die Beschränkung auf die Mitteilung der Geburt der Nephilim und der Gibborim ein besonderes Gewicht auf die Wendungen בארץ und אנשי השם gelegt, so daß die Menschlichkeit dieser Wesen und ihre Gebundenheit an das vergängliche Fleisch (בשר) besonders betont ist. Die in dem "bösen Gerücht" (דבה) der von Mose nach Kanaan ausgesandten Kundschafter (Num 13,1ff.) *hyperbolisch* als furchtbare Wesen beschriebenen Nephilim (13,32f.)[68] erscheinen bei dem R^{UG} kontextuell als hinfällig und im Vergleich zu den Setiten als kurzlebig. Der Begriff אנשי השם ist kontextuell ebenfalls abgewertet: Die "nach Ruhm strebenden" Helden der Vorzeit (vgl. Ez 32,26f.) hatten als Nachkommen der Gottessöhne zwar eine halbhimmlische Herkunft, unterlagen aber dem Gericht Jahwes, des Herrn über Leben und Tod und Herrschers über die himmlischen Heerscharen.

---

[66] Vgl. die Gerichtsrede Jahwes über die בני עליון in Ps 82,7. Die zu Richter berufenen Elohim-Wesen (vgl. Dtn 32,8 [4Q; G]; Sir 17,17) werden selbst zu Gerichteten, die Elohim-Söhne unterliegen selbst der Sterblichkeit (vgl. V.7 mit Gen 6,3)
[67] Vgl. dazu auch Maag, Hiob, 50.62.
[68] Vgl. Coxon, Nephilim, 1164; Page, Myth, 117ff.

3.2. Aspekte des Menschenbildes

Durch die redaktionelle Gegenüberstellung der beiden Schöpfungsberichte betont der R^{UG} die Vorstellung von der Ambivalenz des Menschseins. Der königlichen Redeweise des ersten Schöpfungsberichts steht die kreatürliche Perspektive des zweiten Berichts gegenüber. Der Mensch ist einerseits Ebenbild Gottes (1,26), andererseits Staub von der Erde (2,7). Der Hoheitsanthropologie der "priesterlichen" Urgeschichte steht in der Komposition des R^{UG} die Niedrigkeitsanthropologie der "jahwistischen" Urgeschichte zur Seite. Der Mensch erscheint so ausdrücklich als das sterbliche Ebenbild Gottes. Dabei erweitert und verändert der R^{UG} das Menschenbild seiner Vorlagen eigenständig hinsichtlich des Todesverständnisses, der Sündenvorstellung, der Differenzierung der Menschheit in Frevler und Gerechte sowie der Interpretation menschlicher Existenz als einer Diasporasituation.

3.2.1. Der Tod des Menschen

Exemplarisch für die endredaktionelle Vorstellung von der Doppelseitigkeit menschlicher Existenz ist das kompositionelle Gegenüber der jeweils ersten Reden Gottes an den Menschen. So ist der "jahwistische" Befehl (צוה) zum Gehorsam (2,16f.) nun nicht mehr Gottes erstes Wort an den Menschen, sondern die "priesterliche" Verheißung zur Fruchtbarkeit und zur Herrschaft (1,28). Andererseits wird diese "priesterliche" Zusage, die uneingeschränkt das Leben im Blick hat (פרו ורבו ומלאו את־הארץ וכבשה ורדו), durch den "jahwistischen" Hinweis auf den Tod des Menschen (2,17) begrenzt. Dabei thematisiert der R^{UG} über seine Quellen hinaus die Frage nach dem Tod, die er einerseits mittels des Mythologems vom Baum des Lebens (3,22.24), andererseits mittels der Formel "Fleisch - Geist" (6,3) reflektiert.

Während die "priesterliche" Schicht den Tod des Menschen selbstverständlich voraussetzt und ohne eine ausdrückliche Reflexion über die Sterblichkeit des Menschen lediglich ein stereotypes וימת (5,5b.8b.11b u.ö.) auflistet und für die "jahwistische" Schicht der Mensch aufgrund seiner Geschöpflichkeit (עפר מן־האדמה, 2,7; 3,19) sterblich ist, läßt sich aus der Einfügung des mythischen Motivs vom Lebensbaum (2,9b; 3,22.24) und der Gestaltung des Strafspruchs in 6,3 ablesen, daß der R^{UG} über ein charakteristisches Todesverständnis verfügt.

Hinter dem Motiv vom עץ החיים steht die mythologische Vorstellung einer ewiges Leben schenkenden Lebensspeise verbunden mit dem Symbol des heiligen Baums.[1] Die Verbannung des Menschen vom Zugriff auf den Lebensbaum ist dann der bildhafte Ausdruck für die Interpretation des Todes als eines Strafgeschicks. Die Sterblichkeit des Menschen ist nicht nur Folge der Geschöpflichkeit, wie dies die "jahwistische" Grundschicht von Gen 2-3* vertritt (2,7; 3,19),[2] sondern auch eine Konsequenz des Ungehorsams des Menschen, also Strafe. Bedingt nach der ursprünglichen Paradieserzählung der Ungehorsam des Menschen die Vertreibung aus dem Garten, so stellt der R^{UG} die Ahndung der Übertretung des Jahwegebotes explizit in einen Zusammenhang mit dem Tod. Der Ungehorsam des Menschen bedeutet den Verlust der Möglichkeit, ewiges Lebens zu erlangen. Die Formel חי לעלם (3,22) unterstreicht diese Reflexion über das Todesgeschick des Menschen. So kommt "ewiges Leben" nach allen alttestamentlichen Belegen allein Jahwe zu.[3] Für den Menschen gilt hingegen die Klage Hiobs: לא־לעלם אחיה (Hi 7,16).[4] Mit der Wendung פן־ישלח ... וחי לעלם (3,22b) wiederholt der R^{UG} so die schöpfungstheologische Aussage über die Sterblichkeit des Menschen (2,7: עפר מן־האדמה) aus *hamartiologischer* Perspektive.[5]

Bei der Gestaltung des Strafspruchs in Gen 6,3a bedient sich der R^{UG} des schöpfungstheologischen Wortpaares רוח und בשר, wie es sich im Horizont des Pentateuch allein im "priesterlichen" Flutbericht findet (6,17; 7,15.21-22*). Allerdings wendet der R^{UG} das schöpfungstheologisch zur Beschreibung menschlicher und tierischer Existenz gebrauchte Theologumenon ebenfalls hamartiologisch an. Zwar begründet auch gemäß der "jahwistischen" und der "priesterlichen" Urgeschichte erst das Vorhandensein des "Geistes" Leben,[6] doch wird in diesen beiden Schichten nicht über einen strafweisen Entzug der רוח reflektiert. Der Tod erscheint dort als kreatürlich bedingte Grundgegebenheit. 6,3 wiederholt nun nicht nur einfach die Aussage über die geschöpfliche Konstitution des Menschen,[7] sondern radikalisiert sie. Für den R^{UG} ist der Tod ein strafweise verhängtes Urteil. Insofern besteht zwischen

---

1   Im Akkadischen ist terminologisch bisher noch kein "Lebensbaum" belegt, es finden sich aber Analogien in Gestalt der Lebensspeise (*akal balāṭi*, vgl. Adapa B, Z.60 [in: ANET, 102]) und des Lebenskrautes (*šammi balāṭi*; vgl. Gilgamesch-Epos XI,268.288) Hingegen scheint nach Yahuda, Pentateuch, 185f.; Metzger, Weltenbaum, 12; Wallace, Eden, 101ff., im Ägyptischen mit der Wendung *ḫt n ꜥnḫ* ein Pendant zum עץ החיים vorzuliegen (zu den ägypt. "Lebensbäumen" siehe Gamer-Wallert, in: LÄ I, 658f.).
2   Vgl. S.78.158f.
3   Vgl. Dtn 32,40; Dan 4,31; weiterhin Tob 13,1; Sir 18,1; 42,23 [G/H]; 4Q504 8r 1.2; Hen 5,1 [die Stelle ist in der äth., gr. und aram. Version erhalten, vgl. 4Q201, II].
4   In äth/grHen 15,4.6 wird dann auch den "himmlischen Wächtern" ein ursprünglich ewiges Leben zugestanden.
5   Ähnlich Hossfeld, Pentateuch, 34, der diese Interpretation allerdings für JE reklamiert.
6   Dabei verwendet der "jahwistische" Verfasser den Begriff נשמה (Gen 2,7), während die "priesterliche" Hand (Gen 6,17) von רוח spricht.
7   So Waschke, Menschenbild, 119.

3.2. Aspekte des Menschenbildes 247

3,22 und 6,3 gerade kein Widerspruch.[8] In beiden Texten deutet der R[UG] den Tod als Strafe. In 3,22 unter Verwendung des mythischen Motivs vom Lebensbaum, in 6,3 unter Zugrundelegung der Formel רוח - בשר. Dieses Urteil erstreckt sich in 6,3-4 zwar zunächst nur auf die Nachkommen der בני האלהים, doch impliziert die Wendung באדם ... בשגם הוא בשר ("in *dem* Menschen, ... da doch *auch er* Fleisch ist") eine allgemein menschliche Dimension.[9] Mit 6,3 verfolgt der R[UG] zwei Ziele. Zum einen wird in einem partikularen Horizont die Bedeutung der "Riesen" und der "Urzeithelden" erheblich relativiert. Auch sie sind sterblich, sie sterben sogar jünger als die Setiten.[10] Zum andern wird in einer universalen Perspektive am Beispiel der Begrenzung des Lebensgeistes für den durch den Verkehr der בני האלהים mit den Menschen erzeugten Übermenschen der Vorgang eines jeden Menschen treffenden Entzugs der göttlichen רוח veranschaulicht. So illustriert 6,3 wie 3,22, daß dem R[UG] die Vorstellung über ein dem Menschen ursprünglich zugedachtes ewiges Leben bekannt ist.[11]

Die Begrenzung des Lebensalters (der Nachkommen der Gottessöhne und der Menschentöchter) auf *genau 120 Jahre* hat immer wieder zu Spekulationen veranlaßt.[12] Angesichts der vorgeschlagenen Rückführung von V.3 auf einen "nachpriesterlichen" Redaktor ist tatsächlich nicht ausgeschlossen, daß in irgendeiner Weise auf Mose angespielt wird, der ausweislich der "priesterlichen" Notiz in Dtn 34,7 im Alter von 120 Jahren stirbt.[13] Bei einem proleptischen Bezug von Gen 6,3 auf die Nephilim und die Gibborim ergäbe sich dann als mögliche Intention für die Komposition des Verses, daß den "Riesen" und den "Urzeithelden" einerseits aufgrund ihrer halbhimmlischen Herkunft eine höhere, wenngleich im Blick auf die gerechten Setiten (5,1ff.; 9,28f.), Semiten (11,10ff.) und Terachiten (11,27ff.) geringere Vitalität zugestanden wird, andererseits ihr Lebensalter nicht das der zentralen heilsgeschichtlichen Figur Mose überschreitet.

---

8   Ähnlich Gese, Lebensbaum, 85; Hendel, Demigods, 24f.; D. L. Petersen, Yahweh, 56f.; anders aber zuletzt Ruppert, I, 277f., der Gen 3,22 und 6,3 für nicht kompatibel hält.
9   Zum Text von Gen 6,3 s.o.S.66f.
10 Vgl. Oberforcher, Flutprologe, 322: "Die angeblichen Urzeithelden sind Geschöpfe mit reduzierter Lebenserwartung." Liest man die Wendung הוא בשר (6,3) auf der Folie der von dem R[UG] in 2,24 aufgenommenen Notiz והיו לבשר אחד, wird die Aussage über die Kreatürlichkeit der "Riesen" und "Helden" unterstrichen. Die mit den בנות האדם "zu einem Fleisch" gewordenen בני האלהים können nur "Fleisch" hervorbringen.
11 Vgl. dazu dann ausführlich Sap 1,13-15; 2,23-24.
12 Vgl. Jes 65,20 sowie die Reflexion über den Sinn eines langen Lebens in syrBar 17,1-4
13 Zur Zuweisung von Dtn 34,7* an P vgl. Nöldeke, Untersuchungen, 94; Eißfeldt, Hexateuchsynopse, 201; Steuernagel, Deuteronomium, 182; Noth, Pentateuch, 19; von Rad, Deuteronomium, 150; L. Schmidt, Priesterschrift, 251ff.; Braulik, Deuteronomium, 246; Nielsen, Deuteronomium, 309. Hingegen wies Rose, 5. Mose, 586, Dtn 34,7 (wie 31,2) der jüngsten Bearbeitungsschicht des Dtn (D IV) zu. Zur Korrelation von Gen 6,3 mit Dtn 31,2 und 34,7 vgl. auch Weimar, Pentateuch, 35 Anm.98, und Oeming, Sünde, 50 (allerdings mit umgekehrtem literargeschichtlichen Verständnis: So habe der Verfasser von Dtn 34,7 Gen 6,3 gekannt - doch warum sollte dieser Verfasser Mose dann ausgerechnet "nur" so alt werden lassen wie die unter der Strafe Jahwes stehenden Nachkommen der "Engelehen"?).

3.2.2. Die Sünde des Menschen

Die starke Betonung der Sünde des Menschen in Gen 1-11 ist vor allem ein Erbe der "jahwistischen" Hamartiologie, die der R^{UG} aufgenommen hat und die er in ihren Grundzügen teilt. Im folgenden wird nun gezeigt, wie der R^{UG} durch die Verbindung mit der "priesterlichen" Urgeschichte die "jahwistische" Sündenvorstellung einerseits verschärft, wie er diese andererseits in ihrer universalen Dimension einschränkt und wie er die hamartiologischen Aussagen der Urgeschichte eigenständig um die Aspekte der Hybris und des Verhängnisses erweitert

3.2.2.1. Die Modifikation der "jahwistischen" Hamartiologie

Durch die endredaktionelle Einlage der "Sünden(fall)erzählungen" in 6,1-4; 9,20-27 und 11,1-9 kennzeichnet der Charakter der "jahwistischen" Urgeschichte als einer "narrativen Hamartiologie" die gesamte Urgeschichte. Sodann vertieft die Gegenüberstellung der "jahwistischen" Texte mit den "priesterlichen" die "jahwistische" Sündenvorstellung punktuell.

Auf dem Hintergrund von 1,1-2,3 stellt die Anfrage der Schlange in 3,1 (אַף כִּי־אָמַר) nun nicht nur das göttliche Gebot aus 2,16f. in Frage, sondern letztlich das Wort des Schöpfers selbst. Während nach der "priesterlichen" Darstellung das erste Wort in Gottes Mund ein Ruf ins Dasein ist (יְהִי, 1,3) und nach der "jahwistischen" Erzählung ein Gebot zur Versorgung des Menschen (2,16), ist im Mund der Schlange Gottes erstes Wort an den Menschen ein "Nein" (לֹא, 3,1). Auf der Folie des ersten Schöpfungsberichts gelesen, ist Sünde nicht nur ein Anzweifeln eines bestimmten Gebotes, eine sinnentstellende Umformulierung eines Verbots und eine scheinbare Widerlegung einer bestimmten angedrohten Strafe (3,4), sondern vor allem auch eine Infragestellung des gesamten Schöpfungswerkes. Durch die Verbindung von c.1 mit c.2-3 läßt sich die Frage "sollte Gott gesagt haben" (3,1) nicht nur auf die Frucht des "Baums in der Mitte des Gartens" beziehen, sondern auch auf die Schöpfungsworte Gottes in c.1 und die Zusagen an den Menschen in 1,28-30. Sünde besteht für den R^{UG} dann darin, den Sinn der Schöpfung anzuzweifeln, das Wort des Schöpfers in sein Gegenteil zu verkehren und die Güte des gerechten Schöpfers zu negieren.

Im Gegenüber zur schöpfungsbedingten Gabe der Gottesebenbildlichkeit (1,26) fungiert die Verheißung der Schlange "wie Gott zu sein im Wissen um Gut und Böse" (3,5) nicht nur als trügerisches Mittel, den Menschen zum Ungehorsam zu bewegen, sondern auch als ein Aufruf, sich der Verantwortlichkeit gegenüber Gott zu entledigen. Anstelle der Herrschaft über das Tier (1,29) erscheint nun das Tier als dialogisches Gegenüber des Menschen (3,1ff.). Anstelle der Entsprechung des Menschen zu Gott (1,26: דְּמוּת) ent-

3.2. Aspekte des Menschenbildes

spricht der Mensch dem Tier und läßt sich vom Tier beherrschen (3,13).[14] Der Mensch erscheint durch die redaktionelle Zusammenstellung von 1,1-2,3 mit 2,4-3,24 besonders tief gefallen: von der königlichen Statthalterschaft Gottes auf Erden zum Sklaven des Tieres. Das Angebot der Schlange an die Frau des Menschen, "wie Gott zu werden" (3,5), erscheint vor dem Hintergrund von 1,26 als eine doppelte Schuld, insofern der Mensch nun nicht nur zur Übertretung des Jahwegebots verführt, sondern auch zu einer hybriden Fehleinschätzung seiner "Gottesebenbildlichkeit" gebracht wird. Die durch die Wendung בצלם אלהים gewahrte Distanz zwischen Gott und Mensch wird in der Gegenüberstellung mit dem Ausdruck כאלהים überschritten. Die primär funktional verstandene, auf die den Menschen umgebende Welt hin ausgerichtete Gottesebenbildlichkeit der "priesterlichen" Schicht wird durch die Gegenüberstellung mit der "jahwistischen" Wendung ידעי טוב ורע stärker in Richtung einer seinsmäßigen, den Menschen in seinem Wesen selbst betreffenden Gottesebenbildlichkeit überboten.[15] Schließlich erscheint auf dem Hintergrund der "priesterlichen" Versorgungszusage an den Menschen (1,29) das Streben nach Eigenverantwortlichkeit und nach umfassender Erkenntnis als doppeltes Vergehen. Während gemäß der "jahwistischen" Erzählung der Mensch nach dem Genuß vom "Baum in der Mitte des Gartens" keineswegs das "Wissen um Gut und Böse" erlangt, konzediert der R[UG] mittels der Vorordnung von 1,26ff. und des eigenständigen Zusatzes in 3,22 dem Menschen ein solches Wissen.

Dadurch radikalisiert der R[UG] auch die im folgenden aus der "jahwistischen" Darstellung übernommene Erzählung von der *Tat Kains* (4,1-16). Nach der "jahwistischen" Erzählung erscheint Kain zunächst als einer, der nicht weiß, was er tut, so daß Gott selbst noch vor der bösen Tat mahnend zu Kain spricht (4,6f.). In der endredaktionellen Komposition erschlägt Kain nun in dem von seinen Eltern schuldhaft erworbenen und an ihn weitergegebenen "Wissen um Gut und Böse" seinen Bruder und in diesem Gottes Ebenbild (1,26). Wie das Wort der Schlange in 3,1ff. wird vor dem Hintergrund von c.1 die Tat Kains zu einem bewußten Angriff auf Gott selbst. Sünde ist für den R[UG] somit ausdrücklich eine sich über die Mahnung Gottes und die Stimme des Gewissens hinwegsetzende, darüber hinaus in vollem Wissen um ihre Tragweite begangene Tat. Durch die Zusammenstellung von 1,26ff. mit 4,7 erhält auch der Herrschaftsauftrag einen neuen hamartiologischen Aspekt. Der Mensch ist nicht nur zur Herrschaft über die Erde aufgerufen, sondern auch zur Herrschaft über die dem Menschen wie ein Tier auflauernde Sünde.[16]

Ebenso erscheinen die Folgen der Sünde, die die "jahwistische" Urgeschichte nach den Vergehen des Menschen, seiner Frau und Kains zeichnet, im Licht der "priesterlichen" "Gottesebenbildlichkeit" noch drastischer. So er-

---

[14] Vgl. den Hinweis der Frau, von der Schlange verführt worden zu sein ([Hif.] נשא).
[15] Vgl. dazu bereits die "innerpriesterliche" Interpretation einer wesenhaften Gottesebenbildlichkeit in 9,6, s.o.S.142ff.
[16] Vgl. dazu auch von Löwenclau, Erweiterung, 187.

kennt der als königliche Statthalter eingesetzte Mensch plötzlich seine Nacktheit vor Gott und muß sich verstecken (3,7). Der zum Stellvertreter Gottes auf Erden beauftragte Kain wird zu einem gehetzten, sich vor dem Antlitz Gottes verbergenden Heimatlosen (4,12ff.). Vor dem Hintergrund der "priesterlichen" Adam-Set-Toledot wird die Darstellung der Vergehen aus c.2-4 radikalisiert, indem mit Henoch und Noah dem "Menschen" und seinem Sohn Kain zwei Figuren gegenüberstehen, die sich nicht vor Gottes Angesicht verstecken. So findet Kain sowohl in Enosch ein positives Gegenüber (4,26) als auch in Henoch, der nicht vor Jahwe flieht, sondern "mit Gott wandelt" (5,22.24). Der "Mensch", der aus der unmittelbaren Umgebung Jahwes entlassen wird (3,23f.), erhält sein Pendant in Noah, der wie Henoch "mit Gott wandelt" (6,9).

Durch die Einbettung in den "priesterlichen" Kontext von 1,1-2,3*; 5,1-32* und 9,1-18a.19.28-29 ist das "jahwistische" *Lamechlied* in seiner Funktion gesteigert, das Überhandnehmen menschlicher Gewalttat zu verdeutlichen. Lamechs Anspruch, für eine Wunde einen Menschen zu töten (4,23), erscheint nun wie die Ermordung Abels als ein Vergehen gegen die in 1,26f. begründete Gottesebenbildlichkeit und als eine Vorwegnahme der von Gott erst nach der Flut eingesetzten, dabei begrenzten Talio (9,4-6). An dem Gegenüber des Anspruchs Lamechs auf das Leben dessen, der ihn verletzt hat (4,23f.), und dem Anspruch Gottes auf das Blut dessen, der Blut eines Menschen vergossen hat (9,4-6), läßt sich ablesen, worin der R^{UG} die Sünde Lamechs sieht: in dem Versuch, in den Spuren des "Menschen" und Kains aus der ihm schöpfungsmäßig zugewiesenen Rolle als Statthalter Gottes auszubrechen und wie Gott selbst zu sein. Erneut zeigt sich, daß für den R^{UG} Sünde in dem Anspruch des Menschen auf ein ausschließlich Gott zustehendes Recht - hier Richter über Leben und Tod zu sein - besteht.

Die von dem R^{UG} eigenständig für die Einlage in die "priesterliche" Urgeschichte bearbeitete Erzählung von *Noahs Weinberg* (9,20-27) schildert in der Linie der "jahwistischen" Sündenerzählungen die Sünde als eine falsche Entscheidung in einer Krisensituation. Die "jahwistische" Darstellung der durch die Sünde gestörten zwischenmenschlichen Beziehungen wird um den Gesichtspunkt des Verhältnisses von Vater und Sohn ergänzt (9,22f.). Auf der Folie der "priesterlichen" Begründung der Gottesebenbildlichkeit (1,26) und der Bevollmächtigung zur Herrschaft über die kreatürliche Welt (9,2) erscheint Hams Vergehen gegen seinen Vater nicht nur als ein Verstoß gegen den Sittenkodex. Sünde ist für den R^{UG} vielmehr auch ein Mißachten der jedem Menschen von Gott zugewiesenen Würde, selbst wenn dieses Mißachten durch ein Fehlverhalten des Verachteten veranlaßt wird.

Eine weitere Verschärfung der "jahwistischen" Hamartiologie durch den R^{UG} läßt sich aus seiner eigenständig formulierten Wiederholung des anthropologischen Kernsatzes aus 6,5 in 8,21aβ ablesen.[17] Die Paradoxie, daß so-

---

[17] Vgl. S.181f.

3.2. Aspekte des Menschenbildes

wohl das Flutgericht, als auch die Bewahrungszusage nach der Flut mit dem Weisheitsspruch von der Bosheit des menschlichen Wesens begründet werden, ist kein spezifisch "jahwistisches" Kerygma, sondern geht erst auf eine bewußte Umdeutung der Fluterzählung durch den R[UG] und dessen komplexe Theologie zurück. Die entscheidende Modifikation gegenüber der "jahwistischen" Vorlage in 6,5 besteht darin, daß der R[UG] in der Wendung כל־יצר מחשבת לבו den Begriff מחשבה ("Gedanke") nicht wiederholt und somit den Akzent von einer aktualen zu einer eher wesenhaften Bosheit des Menschen verschiebt. Nicht nur alle Planungen des Menschen sind böse (6,5), sondern der יֵצֶר ("Gebilde"), das Wesen des Mensch selbst ist böse (8,21aβ).[18] Die Verlagerung von einem eher punktuellen Verständnis der Bosheit des Menschen auf ein stärker grundsätzliches zeigt sich auch an der Ersetzung der zeitlich orientierten Angabe כל־היום durch die kreatürlich ausgerichtete Wendung מנעריו. Der Mensch hegt nicht nur täglich böse Gedanken, sondern ist von Jugend auf böse.[19] Anders als in der "jahwistischen" Urgeschichte begründet dieses Theologumenon für den R[UG] nicht nur die Flut, sondern dient auch als Vorwort zur Darstellung der neuen Menschheit. 8,21aβ schränkt also 6,5 nicht ein, sondern radikalisiert diesen Vers.[20]

Obgleich der R[UG] die Darstellung der Sünde in der "jahwistischen" Urgeschichte durch die Gegenüberstellung mit den "priesterlichen" Theologumena und den Einbau eigener Texte verschärft, grenzt er die universale Sicht der "jahwistischen" Hamartiologie gleichzeitig ein. Die konkreten Vergehen des "Menschen" und Kains sind in ihrer Verwerflichkeit gesteigert, die Totalität der Aussagen über den "Menschen" und Kain wird aber eingeschränkt.

---

[18] Diese Generalisierung zeigt sich in unterschiedlichem Maß auch in den alten Übersetzungen von Gen 6,5b und 8,21aβ (s.o.S.181 Anm.131). Besonders G und Vg heben den noch grundsätzlicheren Charakter von 8,21aβ gegenüber 6,5 ausdrücklich hervor; vgl. dazu auch Rösel, Übersetzung, 193f., der allerdings die Differenzen in MT nivelliert.

[19] Eine ähnliche Verwendung von נעורים im Kontext einer Aussage über die umfassende Sündhaftigkeit findet sich nur noch in Jer 3,24f.; 22,21 und 32,30 jeweils im Blick auf Israel. In Jer 3,24 begegnet die Wendung im Rahmen eines nachjeremianischen, an Esr 9,6f. und Dan 9,8.10 erinnernden Sündenbekenntnisses (vgl. Schreiner, Jeremia, 30f.); Jer 32,30 ist Teil eines allgemein als dtr. bzw. nachdeuteronomistisch beurteilten Zusatzes (V.29-35; vgl. Kaiser, Grundriß, II, 79). Lediglich 22,21 könnte vom Propheten selbst stammen und sich auf die Katastrophe des Jahres 597 v. Chr. beziehen (vgl. Rudolph, Jeremia, 141; Schreiner, Jeremia, 132; s.o.S.201 Anm.227). Der Beleg in Sir 17,16 findet sich nur in der griech. Überlieferung und ist auch in dieser nur schwach bezeugt (siehe dazu Peters, Sirach, 145; Skehan u. Di Lella, Ben Sira, 277-283). Ebenso sind die Nachweise für מנעורי (ἐκ νεότητος) im Kontext einer totalen Ausrichtung auf das Gute auf nachexilische, insbesondere weisheitliche bzw. weisheitlich beeinflußte Texte beschränkt: I Reg 18,12 (siehe dazu Würthwein, Könige, 211-222); Ps 71,5.17; Sir 6,18; 51,15[H]; Sap 8,2.

[20] So mit J. Jeremias, Reue, 26, gegen Wenham, I, 190f. und Harland, Human Life, 55.

Im einzelnen zeigt sich diese Einschränkung der "jahwistischen" Sündenvorstellung an einer weitergehenden Historisierung des Geschehens. Kain und
seine Nachkommen verkörpern nach der redaktionellen Zusammenstellung mit
dem Stammbaum Sets (5,1ff.) und nach der Einfügung des redaktionellen
Scharniers in 4,25f. nicht mehr die gesamte Menschheit, sondern einen Zweig.
Damit führt nicht mehr die Hauptlinie von dem "Menschen" über Kain und
Lamech zu dem Urteil über die Bosheit des menschlichen Herzens in 6,5, sondern eine Nebenlinie.[21] Durch den Einbau in die "priesterliche" chronologisch
orientierte Folge von 1,1-2,3; 5,1ff. stilisiert der R^{UG} die "Sündenfälle" in c.2-
4 zu geschichtlich festgelegten, wenn auch erstmaligen Vorgängen. Eine solche historisierende Festlegung spricht auch aus den von dem R^{UG} selbst gebildeten bzw. bearbeiteten "Sünden(fall)erzählungen" in 6,1-4(+5-8); 9,20-27
und 11,1-9.

Die *"Engelehen"* berichten zwar, entsprechend der universalen Perspektive
der "jahwistischen" Urgeschichte, allgemein von den בנות האדם (6,1b);
doch wird der Horizont der Erzählung durch die historisierenden Notizen in
6,4 eingeschränkt. Die Zeitangaben und die Begriffe (נפלים, הגברים,
אנשי השם, אשר מעולם) in V.4 unterstreichen, daß es sich um ein einmaliges
Ereignis in der Zeit vor der Flut handelte. Gleichfalls erzählt der *"Stadt- und
Turmbau"* zwar in der "jahwistischen" Linie allgemein von den בני האדם
(11,5b); doch ist hier durch die Lokalisierung und zeitliche Fixierung (11,2:
בנסעם מקדם ... בארץ שנער) und die Ätiologie Babels (11,9) das Ereignis
in einen festen geschichtlichen und damit begrenzten Rahmen eingebunden.
Schließlich verfügt auch die *Weinbergerzählung* durch den Ausblick auf konkrete politische Verhältnisse (9,25-27) nur über einen beschränkten hamartiologischen Radius.

Die Einschränkung der "jahwistischen" Sündenaussagen ergibt sich weiterhin aus dem
Einbau von c.2-4 in die "priesterliche" Zeitrechnung von c.1; c.5 und c.11. So fällt auf endredaktioneller Ebene der Genuß vom "Erkenntnisbaum" ebenso wie Kains Brudermord auf
die Zeit vor der Zeugung Sets (vgl. 4,25; 5,3) und das heißt gemäß 5,1-3 auf die Zeit vor
das Jahr 130 nach der Schöpfung. Die "Engelehen" ereignen sich in der endredaktionellen
Kombination mit den "priesterlichen" Notizen in 5,32 und 7,6 in der Zeit zwischen der
Zeugung Sems, Hams und Japhets und dem Ausbruch der Flut, d.h. in dem Zeitraum von
1556 und 1656 nach der Schöpfung. Die "Schandtat Hams/Kanaans" geschieht nach der
Flut (9,18a), vor der Verteilung der Menschheit (9,19; 10,1) und vor der Geburt Arpachschads (11,10f.), d.h. 1657/58 nach der Schöpfung. Der "Stadt- und Turmbau" läßt sich,
wenn die Pelegnotiz (10,25) als Anspielung auf 11,1-9 verstanden wird, gemäß der
"priesterlichen" Angabe in 11,16 auf die Zeit 1756/57 nach der Schöpfung "datieren".[22] Die

---

[21] Daß dann auch die Setiten unter das Flutgericht fallen, somit das von dem R^{UG} aus der
"jahwistischen" Darstellung übernommene Urteil Jahwes in 6,5 auf die gesamte
Menschheit zutrifft, verdeutlicht der R^{UG} mit der Kurzerzählung in 6,1-4; vgl. S.221f.
[22] Arpachschad wird "im zweiten Jahr nach Flutausbruch" gezeugt (vgl. S.106), d.h.
1657/58 nach der Schöpfung, daraus ergibt sich als jeweiliges Zeugungsjahr nach der
Schöpfung für Schelach das Jahr 1692/93 (vgl. 11,12), für Eber das Jahr 1722/23 (vgl.

3.2. Aspekte des Menschenbildes 253

"Sündenfälle" sind somit nicht mehr ausschließlich Beschreibungen des Menschseins, sondern auch chronologisch fixierte, einmalige Ereignisse in der Urzeit.

3.2.2.2. Die Sünde als Streben nach Autonomie und als Hybris

Die in der "jahwistischen" Erzählung in 3,1ff. angelegte Vorstellung von der Sünde als ein Streben nach Autonomie und als Hybris ist durch einzelne Zusätze des R^{UG} ausgemalt.

Wenn das Motiv vom Baum des Lebens als ein Symbol für Gott als den Spender des Lebens angesehen wird,[23] dann ergibt sich eine zweite Funktion, die der עץ החיים im Rahmen der Paradieserzählung über die Thematisierung der Sterblichkeit des Menschen hinaus erfüllt:[24] Mit dem Ausschluß des Menschen vom Lebensbaum soll der Zugriff des Menschen auf Gott selbst ausgeschlossen werden. Das Streben des Menschen, der sich hinsichtlich seines Wissens bereits der göttlichen Welt genähert hat,[25] nach einer Überwindung der Todesgrenze versteht der R^{UG} als einen Versuch des Angriffs auf Gott selbst. Entsprechend der Umgestaltung der ursprünglichen Paradieserzählung von einer Gehorsamsprobe zu einer Erzählung vom Verbot universalen, d.h. göttlichen Wissens,[26] ist Sünde für den R^{UG} auch Hybris.

Im Kontext der endredaktionellen Notizen von der Anrufung des Namens Jahwe durch den neuen Menschen Enosch (4,26) und von dem verfehlten Versuch der nachsintflutlichen Menschheit vor Babel, sich einen Namen zu machen (11,4-6), verdeutlicht die Wendung אנשי השם ("die nach Ruhm strebenden Männer") in 6,4 nicht nur, daß es sich bei den Nephilim und den Gibborim um Menschen, somit um vergängliche Wesen handelt,[27] sondern unterstreicht auch den Charakter von 6,1-4 als einer Hybriserzählung. Die Gibborim erscheinen als Wesen, die sich nicht an Jahwes Namen ausrichten (4,26), sondern am eigenen Namen (6,4). Eine solche "selfglorification of man"[28] fällt aber nach dem R^{UG} unter das Gericht Jahwes (11,4-6). Bezeichnenderweise findet sich der Begriff גבור im Pentateuch nur noch einmal für eine *menschliche* Größe,[29] nämlich in der endredaktionellen Notiz über Nimrod in Gen

---

11,14) und für Peleg das Jahr 1756/57 (vgl. 11,16). Wenn sich für den R^{UG} der "Stadt- und Turmbau" somit 100 Jahre nach Flutbeginn, die "Engellehen" 100 Jahre vor Flutbeginn ereigneten, dann bestätigt auch die Chronologie die kompositionelle Beurteilung beider Erzählungen als strukturelle und inhaltliche Pendants.
23 Vgl. dazu auch S.272 Anm.56.
24 Zu einer dritten Funktion des Motivs vom עץ החיים in Gen 2-3 s.u.S.271ff.
25 Vgl. die Wendung כאחד ממנו in 3,22.
26 Vgl. S.80f.
27 Vgl. S.243.
28 Kraeling, Significance, 197.
29 Außer in Gen 6,4 und 10,8f. erscheint der Begriff גבור im Pentateuch nur noch einmal für Jahwe, und zwar in Dtn 10,17.

10,8f. Auch hier ist der Terminus גבור kontextuell durch die Zusammenstellung mit dem Namen נמרד ("Rebell") und der Wendung לפני יהוה ("nach dem Urteil Jahwes") abgewertet.[30]

Als eine Zusammenfassung der Hamartiologie des R[UG] kann die von ihm aus unbekannter Quelle aufgenommene und für die Einbettung in die Urgeschichte bearbeitete Erzählung vom Stadt- und Turmbau zu Babel bezeichnet werden.[31] Durch die Integration in die Urgeschichtsdarstellung hat der R[UG] den paradigmatischen Charakter der Erzählung und die universale Bedeutung des berichteten Ereignisses unterstrichen. So beschreibt 11,1-9 die Sünde als ein aus dem freien Entschluß des Menschen entspringendes Handeln. Dieses zielt (1.) auf die scheinbare Existenzsicherung (darin parallel zur Tendenz der "jahwistischen" Erzählungen in c.2-4*), gilt (2.) dem Vordringen in die Sphäre Gottes (darin parallel zu 3,5.22; 4,23-24) und läuft (3.) auf die Steigerung des eigenen Ruhms hinaus (darin parallel zu 4,23f.; 6,4). Im Blick auf seinen unmittelbaren Kontext erzählt 11,1-9 aber auch von dem Versuch des Menschen, Gottes Befehl zum Füllen der Erde und zur Ausbreitung über die Erde (1,26ff.; 9,2ff.) zu widerstehen, somit sich der Schöpfungsanweisung Gottes zu widersetzen. Das Zerstreuungsmotiv (11,4b.8a.9b) ist zunächst als eine Modifikation der "priesterlichen" Vorstellung der schöpfungsmäßigen Verteilung der Völker zu verstehen.[32] Den neutralen Summarien über die natürliche Differenzierung der Völkerwelt stellt der R[UG] die hamartiologische Dimension der Auflösung der Einheit der Menschheit gegenüber. Das Verhältnis von 11,4b.8a.9b zu 10,5.20.31 entspricht der Korrespondenz von 3,22 zu 2,7.16f. und 5,5b.8b.11b etc. Wie der Tod sowohl ein Existential als auch eine Strafe ist, so ist die Vielzahl der Völkerwelt zugleich eine natürliche Gegebenheit und die Folge eines menschlichen Vergehens. Vor dem Hintergrund der "priesterlichen" Völkertafel als einer Entfaltung des nach der Sintflut erneuerten Prokreationssegens und der Verheißung, die Erde zu füllen (9,1ff.), erscheint der Wunsch der Menschen, sich eine Stadt zu bauen, um die Einheit zu bewahren (עם אחד) und nicht über die Erde zerstreut zu werden (11,4b), als Frevel.[33] Bereits die ursprüngliche Babel-Bau-Erzählung dürfte 1.) über die

---

[30] Zu Verhältnis des Namens נמרד zu der Wurzel מרד "aufständisch sein" und zu der vorgeschlagenen Wiedergabe von לפני יהוה vgl. S.259f.

[31] Vgl. die summarische Wendung כל אשר יזמו לעשות in 11,6, die in der Gesamtkomposition der Urgeschichte mit anschließender "Zwischenzeit" als letztes Wort im Munde Gottes erscheint.

[32] Vgl. S.90ff.

[33] G betont diesen Aspekt, indem פן hier einmalig mit πρὸ τοῦ "bevor" übersetzt (vgl. auch Vg und VL *antequam*, siehe dazu Rösel, Übersetzung, 217, und die von Uehlinger, Weltreich, 574 Anm.288, zitierte rabbinische Auslegung, sowie in neuerer Zeit Jacob, 301; Kraeling, Flood, 283; Westermann, I, 739). In I Makk 1,41f. erscheint die von Antiochos IV. erlassene Forderung an seine Untertanen εἶναι πάντας εἰς λαὸν ἕνα dann ausdrücklich als Frevel; siehe dazu auch Uehlinger, Weltreich, 397-399. Der von Jacob, 301, als Skopus von Gen 11,1-9 herausgearbeitete Aspekt, der Bau der Stadt

3.2. Aspekte des Menschenbildes

Ziqqurat-Metaphorik (וראשו בשמים, 2.) über das Motiv, sich (mit dem Bau einer Stadt) einen Namen zu machen,[34] und 3.) über die Beschreibung der Reaktion Jahwes mit dem Theophanieterminus ירד zumindest implizit den Charakter einer Hybriserzählung besessen haben. Der R^{UG} stellt diese Tendenz durch die Einfügung des Zerstreuungsmotivs und die Anlagerung von 11,1-9 an die "priesterliche" Erzählfolge von 9,1-18a.19; 10,1-32* heraus. Anhand der Formulierung der von dem R^{UG} selbst gestalteten Sentenz in 11,6, die einen Kontrapunkt zu der Betonung des Gehorsams Noahs (vgl. 6,22; 7,5.9.16) darstellt, ergibt sich, daß Sünde für den R^{UG} vor allem auch ein Streben nach Selbstbestimmung ist. Im Rückblick auf die Rezeption des "priesterlichen" Abschnitts 9,12ff. erscheint die Sünde als der frevelhafte Versuch einer "imitatio dei". Während Gott nach der Flut seinen Bogen in die Wolken stellt als ein Zeichen (אות) der vom Himmel ausgehenden Zusage des Bestandes der Erde (9,15), bauen die Menschen einen Turm, der den Himmel berühren soll, als ein Merkmal (שם) ihrer selbstverantwortlichen Daseinssicherung. Sünde erscheint somit in besonderer Weise als Hybris. Diese Deutung bestätigt die Parallelität zwischen V.6b und Hiobs Anerkenntnis von Jahwes Majestät und seiner eigenen kreatürlichen Niedrigkeit (Hi 42,2-6).[35] Indem der R^{UG} in 11,6b eine ursprünglich im Gotteslob beheimatete Formel[36] hier Jahwe selbst in den Mund legt und als Motivation für dessen Vorgehen gegen den Menschen stilisiert, weist die Wendung anthropologisch-hamartiologisch auf die zwischen Gott und Mensch bestehende Grenze hin (vgl. Hi 38,11).

3.2.2.3. Die Sünde als Verhängnis

Das Motiv der בני האלהים ist nicht nur ein Beispiel für die Angelologie des R^{UG},[37] sondern verdeutlicht auch einen weiteren Aspekt von dessen vielschichtiger Hamartiologie.

So illustriert die Episode von den "Engelehen" auch die *kosmische* Dimension der Sünde, die das Sintflutgericht veranlaßt hat. Der "jahwistische" Flutprolog begründet das Flutgericht mit der Bosheit des Menschen auf der Erde (6,5); die "priesterliche" Fluteinleitung verweist auf die Verfehlung alles irdischen Lebens (6,12). Der R^{UG} bezieht nun auch die himmlische Welt, die

---

gründe in der Angst der Menschen (ähnlich Seebass, I, 273f.), schließt die Hybrisdeutung nicht aus: Angst ist eine der wesentlichen Wurzeln von Hybris.

[34] Zu einer *explizit* negativen Wertung des menschlichen Anspruchs, sich einen Namen zu machen, siehe dann auch I Makk 3,14.

[35] Mit Hiobs Schlußantwort teilt Gen 11,6 die Begriffe בצר III (*Hif.*) und זמם und die argumentative Struktur (vgl. Hi 40,4: הן; 42,5f.: ועתה ... על־כן). Zur ursprünglichen Zusammengehörigkeit von 40,4-5 mit 42,2.4-6 als Antwort Hiobs auf die Gottesrede(n) siehe Witte, Leiden, 175ff.

[36] Vgl. Gen 18,14a; Jer 32,17.27; Sach 8,6; Sir 43,28f. [H] und dazu Westermann, I, 734.

[37] S.o.S.242f.

der irdischen gegenübersteht,[38] mit in die bevorstehende Katastrophe ein. Die "Kurzerzählung" über die Gottessöhne veranschaulicht zugleich den Gedanken, daß nicht nur die irdische, sondern auch die himmlische Ordnung, somit das gesamte kosmische Gefüge, gestört war.[39]

Gemäß der "jahwistischen" Anthropologie und Hamartiologie hat der Mensch die Möglichkeit, die Sünde zu beherrschen. Dies ergibt sich zum einen aus der Verführungsszene in 3,1ff., insofern der Mensch durch ein ihm eigentlich unterstelltes Tier zum Übertreten des Jahwegebots verführt wird, zum andern aus dem Appell an die sittliche Entscheidungsfähigkeit Kains in 4,6f. Da der Mensch das ihm gemäß der "jahwistischen" Darstellung schöpfungsmäßig verliehene Gewissen überhört (vgl. 2,25; 3,7ff.),[40] erfolgt Jahwes Urteil in 6,5f. Ausweislich der Abschnitte 9,22f. und 11,4-7 teilt der R^{UG} mit der "jahwistischen" Urgeschichte die Überzeugung, daß die Sünde einem freien Entschluß des Menschen entspringen kann.

In der von dem R^{UG} mit dem "jahwistischen" Flutprolog verbundenen Kurzerzählung über die "Engelehen" erscheint die Sünde nun auch als ein den Menschen von außen treffendes *Schicksal* bzw. als *Verhängnis*.[41] Im Gegensatz zur Schlange in 3,1ff. und zum eigenen Neid in 4,4f. sind die Gottessöhne in 6,1f. eine dem Menschen überlegene Größe. Die den Menschen treffende Strafnotiz in 6,3 verdeutlicht zugleich, daß der R^{UG} die Verbindung der Menschentöchter mit den "Engeln" als Schuld ansieht. Der Mensch wird hier, anders als in 3,1ff. und 4,6ff., ungefragt zum Sünder. Indem der R^{UG} die Gottessöhne und nicht Jahwe als Urheber dieses den Menschen überfallenden Verhängnisses erscheinen läßt, wahrt er die Vorstellung von Gottes Gerechtigkeit.[42]

Schließlich spricht aus den Erzählungen über die namenlosen Menschentöchter in 6,1-4 und über die namenlosen Menschensöhne in 11,5 die anthropologische Überzeugung, daß der Mensch, der in einer anonymen Menge verschwindet, seine Freiheit aufgibt, während die namenlose Masse dämonische Züge annimmt.

---

[38] Zur universalen Dimension des Ausdrucks על־פני האדמה im Sinn "auf der ganzen Erde", mit dem der R^{UG} auf die ihm vorgegebenen Verse 6,7* und 7,4.23* vorausblickt, vgl. Ex 33,16; Num 12,3; Dtn 7,6; Jes 23,17; Ez 38,20.

[39] Auf die Absicht, durch eine "Situierung des Geschehens im himmlischen Bereich" die Aussage zu universalisieren, verwiesen auch Black, Enoch, 107, und Hendel, Demigods, 23, sowie im Blick auf Ps 82, der sich in V.1-2.6-7 eng mit Gen 6,1-4 berührt, Wanke, Jahwe, 452. Vgl. dazu die Verwendung des Motivs in TestNaph 3,5.

[40] Vgl. S.162.

[41] So mit Oeming, Sünde, 46ff., der allerdings den (stark reduzierten) Grundbestand von 6,1-4* einem klassischen J zuwies (vgl.S.66 Anm.66).

[42] Vgl. die Funktion der Himmelsszenen im Hiobbuch (Hi 1,6-12; 2,1-7a). Auch hier dient das Motiv der בני האלהים dazu, unter gleichzeitiger Wahrung der Vorstellung des von außen den Menschen packenden Unglücks, den Gedanken zu vermeiden, Jahwe selbst sei die Ursache der Leiden Hiobs.

3.2.3. Die Scheidung der Menschheit in Frevler und Gerechte

Charakteristisch für das Menschenbild des R^{UG} ist eine Differenzierung der Menschheit in Fromme und Frevler. Zwar ist der R^{UG} von einer wesenhaften Bosheit des Menschen überzeugt (vgl. 8,21aβ), doch zeigen seine Zusätze in 4,25f.; 5,29; 7,1b und 9,20-27, daß der Mensch in unterschiedlicher Weise mit dieser Grundkonstitution umgehen kann, daß es trotz dieser Grundbeschaffenheit Gerechte und Frevler gibt. Indem der R^{UG} die Flucherzählungen der "jahwistischen" Urgeschichte in die "priesterliche" Segensgeschichte einbaut und punktuell um eigene Fluch- und Segensworte erweitert, modifiziert er die universal ausgerichteten "jahwistischen" Paradigmen zu beschränkten Tendenzerzählungen über das Verhalten der Frommen und der Frevler.

Die in der "jahwistischen" Darstellung als alleinige Repräsentanten der bösen vorsintflutlichen Menschheit angesehenen Kainiten (4,1-24) erscheinen nach der Zusammenstellung mit der "priesterlichen" Adam-Set-Toledot (5,1-29a.30-32), aus der der fromme Henoch und Noah hervorgehen, als Erzväter der bösen Menschheit. Kain, der in der "jahwistischen" Schicht wie Adam den Menschen an sich verkörpert, ist bei dem R^{UG} der Stammvater der Frevler. Enosch, in der "priesterlichen" Genealogie, die zu Noah führt, ein Glied unter anderen, wird durch die endredaktionelle Ergänzung in 4,26 ein Repräsentant der Jahweanrufung. Durch die Ergänzung der Enoschnotiz ragen nun als Angehörige der Linie der Setiten drei fromme Gestalten aus der vorsintflutlichen Menschheit hervor: Enosch, zu dessen Zeiten die Anrufung Jahwes und die eigentliche Jahweverehrung anhebt (4,26), Henoch, der mit Gott wandelt (5,22.24), und Noah, der mit Gott wandelt, untadelig und gerecht ist (6,9). Allerdings ist auch die Linie der frommen Setiten durch die redaktionelle Verknüpfung der "priesterlichen" und der "jahwistischen" Darstellung der vorsintflutlichen Zeit von Jahwes Fluch über die Erde betroffen (5,29). Durch die Einfügung der eigenständig gebildeten Noahnotiz verdeutlicht der R^{UG} am Gegenüber des gewalttätigen Lamech aus der Sippe Kains (4,24) und des hoffenden Lamech aus der Familie Sets (5,29) die Scheidung der Menschheit in Frevler und Gerechte. Der in Kain personalisierten Ichbezogenheit (vgl. 4,17: קרא כשם בנו) und der von Lamech demonstrierten Selbstherrlichkeit (4,23f.) stellt der R^{UG} mit 4,26 und 5,29 eine Charakteristik des Frommen gegenüber, der auf Gott ausgerichtet ist (vgl. 4,26: קרא בשם יהוה) und der sich seiner eigenen Hoffnungslosigkeit bewußt ist (5,29). Aufgrund der kompositionellen Stellung von 6,1-4 ist anzunehmen, daß für den R^{UG} zu den von den "Engeln" ausgesuchten Frauen auch Töchter der Setiten zählen (vgl. 5,4b.7b.10b etc.). Der Abschnitt begründet somit zugleich, warum auch nach der Geburt des Setiten Enosch, zu dessen Zeiten die Anrufung Jahwes begann (4,26), ein Gericht unausweichlich wurde. Die Scheidung der Menschheit in Fromme (Setiten) und Frevler (Kainiten) wird hier implizit fortgesetzt, indem nun auch unter den Setiten differenziert wird.

Die Konzentration der Darstellung auf den gerechten Teil der Menschheit, die in der "priesterlichen" Urgeschichte, wenn auch noch nicht einseitig wertend, angelegt ist, zeigt sich bei dem R^{UG} dann weiterhin in den Abschnitten, die von der nachsintflutlichen Zeit berichten: in 9,20-27 und 11,1-9. Diese von dem R^{UG} bearbeiteten und in die "priesterliche" Urgeschichte eingefügten Erzählungen illustrieren wie 6,1-4 eine sich über die Figuren Adam, Set, Noah und Sem ausdifferenzierende heilsgeschichtliche Menschheitslinie. Die Aussonderung Sems aus der (Sünden-)Geschichte der Menschheit, die der "priesterliche" Erzähler nur indirekt durch die Fokussierung auf die Toledot Sems (11,10ff.) andeutet, wird zugleich erzählerisch durch die Episode von Noahs Weinberg begründet. Erneut unterbricht ein Fluch (9,25) die universale Segenslinie des "priesterlichen" Erzählers (9,1-18a.19.28-29; 10,1-32*).

So führt die Erzählung von Noahs Weinberg zu einer Konzentration des Segens auf Sem, den Stammvater der Hebräer (vgl. 10,21), und abgeschwächt auf den diesem zugeordneten Japhet (9,26f.). Hingegen fallen Ham bzw. Kanaan wie vor ihnen Kain und die Seinen aus der Heilslinie heraus (9,25). Anhand der endredaktionellen Texte 5,29 und 9,20-27 wird erneut deutlich, daß für den R^{UG} die Ambivalenz der menschlichen Existenz, wie sie sich aus dem von ihm geschaffenen Gegenüber der "priesterlichen" Hoheitsanthropologie und der "jahwistischen" Niedrigkeitsanthropologie ergibt, zu einer seiner Grundanschauungen gehört. Noah ist einerseits der von Lamech ersehnte Ruhestifter (5,29[*v.l.*]) und der in Gottes Augen Gerechte (7,1b). Vermittelt durch Noah, wird der Schöpfungssegen bewahrt und der von Gott nach der Flut gewährte "Bund" weitergegeben (9,1-17). Andererseits entehrt sich Noah selbst (9,20f.). Noah ist einerseits der Fromme, der den ersten Altar für Jahwe baut (8,20). Andererseits wird Noah zum Anlaß der endredaktionellen Bestätigung des Urteils über den von Jugend an zum Bösen neigenden Menschen (8,21). Der Akzent der Erzählung in 9,20-27 liegt allerdings nicht auf der Darstellung des Verhaltens Noahs, sondern (1.) auf der Beschreibung des Umgangs der Söhne mit der Krisensituation, vor die sie durch den betrunkenen und entblößten Vater gestellt sind, und (2.) auf dem Testament Noahs mit der dreifachen Verfluchung Kanaans (9,25.26b.27b).[43] Somit besteht zu der von dem R^{UG} vertretenen Vorstellung einer wesenhaften Bosheit des Menschen weder ein Widerspruch seitens der vom R^{UG} selbst betonten Charakteristik Noahs als Gerechten (7,1b) noch seitens der Kennzeichnung Sems (und Japhets) als Frommen (9,22.26). Vor dem Hintergrund von 8,21aβ verdeutlicht der R^{UG} einerseits am Beispiel Hams, andererseits Sems und Japhets, wie Menschen in unterschiedlicher Weise mit dem ihnen wesenseigenen Hang zum Bösen umgehen können. Dabei paßt der R^{UG} mittels der Eintragung der Figur Hams die Erzählung nicht nur redaktionstechnisch an die "priesterliche" Genealogie in 5,32; 6,10; 7,13; 9,18a und 10,1 an. Er verdeutlicht auch, daß für ihn sowohl die Ägypter, repräsentiert durch Ham (vgl. 10,6), als auch die Ka-

---

[43] Vgl. dazu auch Coats, 88. In Jub 7,1ff. zeigt sich dieser Aspekt noch deutlicher.

naanäer, für die Kanaan steht (vgl. 10,15-19), *die* exemplarisch unsittlichen Völker sind (vgl. Lev 18,2-5).[44]

Durch die Einlagen in 10,8-19.21.26-29 vertieft der R^{UG} die geographisch-ethnologisch flächenhafte Darstellung der Völkerwelt entsprechend der Scheidung der Menschheit in Frevler und Gerechte in politisch-tendenzieller Hinsicht, indem er vorgreifend auf Abhängigkeitsverhältnisse einzelner Völker hinweist. Diese politische Dimension zeigt sich an drei Punkten:

1.) an der endredaktionell eingefügten Nimrodnotiz (10,8-12), insofern es sich bei den Begriffen גבור, ראשית und ממלכה sowie der Aufzählung einzelner Residenzstädte um genuin politische Termini und Wendungen handelt;

2.) an 10,25, insoweit die Pelegnotiz wohl auf die Erzählung von der gescheiterten Macht der Menschen vor Babel (11,1-9) anspielt;

3.) an den konkreten politischen Gebietsbeschreibungen in 10,19.30.

Dabei verdeutlicht der R^{UG} mit der Nimrodnotiz (10,8-12), daß der ursprünglich allen Menschen gegebene Herrschaftsauftrag (1,26) nach der Flut nicht nur inhaltlich modifiziert (9,2), sondern auch in seiner faktischen Durchsetzung partikular auf einzelne königliche Figuren beschränkt wird. Auf der Folie von 9,2 erscheint 10,9 als eine Erfüllung der "Schreckensherrschaft". Für Nimrod, den גבור־ציד (10,9), gilt die Ankündigung מוראכם וחתכם יהיה על כל־חית הארץ (9,2). Indem Nimrods begrenzte irdische Macht ein Ausfluß des *dominium terrae* darstellt, ist sie als Gabe Gottes verstanden. Der Versuch der Menschen vor Babel, aus eigener Kraft eine universale Machtkonzentration zu schaffen (11,4),[45] wird als Hybris und Verstoß gegen den göttlichen Differenzierungsplan verstanden. Insofern die Macht Nimrods aber von einer kompositionell und ausweislich ihres Namens begrifflich negativ belasteten Figur wahrgenommen wird, ist sie relativiert. Dadurch, daß der Name נמרד an die hebräische und aramäische Wurzel מרד ("aufständisch sein", vgl. Gen 14,4) anklingt, schwingt bei der Beschreibung der ersten Weltreichsgründung zugleich der Aspekt der Rebellion und der Gewalt mit.[46] Liest man 10,8-

---

[44] Daraus, daß der R^{UG} den ursprünglichen Fluch *über Kanaan* bewahrt und nicht in einen Fluch über Ham geändert hat, läßt sich aber auch ablesen, daß er die aus der Flut gerettete Generation als unter einem besonderen Segen stehend betrachtete (9,1a, vgl. zu einem solchen Verständnis bereits Josephus, Ant., I,142; 4QpGen^a [= 4Q252] frgm. 1,II,6-7 [bei Eisenman u. Wise, Jesus, 92f.] sowie in neuerer Zeit Ehrlich, Randglossen, I, 41, und Ebach, Weltentstehung, 308 [allerdings auf der Ebene von J]).

[45] Daher spielen der Stadt- und Turmbau und die Notiz von menschlicher Herrschaft auch an demselben Ort ארץ שנער (10,11; 11,2).

[46] Da für den Namen נמרד bisher kein altorientalisches Äquivalent gefunden ist und die auf S.109 Anm.120 genannten Identifikationen alle aus sprachlichen Gründen unbefriedigend sind, ist es nicht ausgeschlossen, daß נמרד eine Hebraisierung eines altorientalischen Namens ist. Diese würde dann auf die Wurzel מרד anspielen, wodurch der Prototyp eines Weltherrschers als "Rebell" (gegen Gott?) bezeichnet würde (vgl. Tg^J; Philo, Quaest in Gen II,82 u. Gig 66; bPes 94b; bEr 53a; BerR 23,7; sowie Budde, Urgeschichte, 394; Dillmann, 184; Wenham, I, 222f.; Hess, Personal Names, 73ff., und

12 auf dem Hintergrund der Noahsprüche (9,25-27), dann zeigt sich, daß die politische Macht, obgleich eine Gabe Gottes, einem Nachkommen des indirekt vom Fluch Betroffenen Ham zukommt, nicht aber Sem, der sich richtig verhalten hat. Indem der R^{UG} nun das Segenswort über Sem zu einer Doxologie Jahwes umgestaltet hat, verdeutlicht er, daß Sem und seinen Nachkommen nicht politische Macht, wohl aber der religiöse Vorrang zusteht. Bezeichnenderweise wird die Wendung גבור בארץ im AT nur noch einmal gebraucht und zwar antithetisch zur Notiz vom "Rebellen" Nimrod (Gen 10,8) als Titel für den Nachkommen dessen, der Jahwe fürchtet (Ps 112,2).[47]

Dieselbe Verhältnisbestimmung von politischer Macht, die die Frevler innehaben, und religiöser Hoheit, die den Frommen zukommt, ergibt sich auch aus dem Gegenüber von 4,17 zu 4,25f. und von 9,26 zu 9,27. Kain, der Frevler, baut eine Stadt, während Enosch, der Fromme, Jahwe anruft.[48] Der Lobpreis Jahwes, des Gottes Sems, geht dem Segenswunsch zur Gebietsausdehnung Japhets voraus. Jahwes Handeln besitzt eine universale Dimension und hat zugleich sein Zentrum bei den "Zelten Sems" (9,27). Der politischen Hoheit Japhets über die Wohnstätten Sems geht der religiöse Vorrang Sems als Verehrer Jahwes voraus.[49] Insofern schlägt durch den Japhetspruch der Segen über Sem trotz der primär kriegerischen Konnation der Begrifflichkeit[50] von V.27aβ nicht in Fluch um. Denn Japhet hat seine Macht allein von Jahwe, dem

---

die Bezeichnung der Gegner des Dareios I. in der aram. Version der Behistun-Inschrift als מרדיא [in: APFC, 251f. Z.3.5.7.8.44]). Daß eine reine hebräische Kunstbildung vorliegt (vgl. Lipiński, Nimrod, 77-79, unter der Annahme, es handele sich um ein *Tiqqun sopherim* für מרדך), erscheint angesichts der Namensbildung in der Form der 1. Pers. Plur. *Qal* ungewöhnlich (vgl. Uehlinger, Nimrod, 1181). Der These einer (dtr.) *Erfindung* des Namens (vgl. Vermeylen, Commencement, 166) stehen aber nicht die beiden einzigen atl. Beleg für נמרד neben Gen 10,8f. in I Chr 1,10 und Mi 5,5 entgegen, da es sich in beiden Fällen um sehr junge, von Gen 10,8 abhängige Texte handelt (zur Beurteilung von I Chr 1,10 als sehr späten Nachtrag siehe Rothstein, in: HSATK II, 565; Galling, Chronik, 19; Rudolph, Chronikbücher, 7; zur Interpretation von Mi 5,4b-5a als Glosse siehe BHS; Duhm, Anmerkungen, 51; Nowack, Propheten, 225; Deissler, Propheten, 186ff.; Lipiński, Nimrod, 92). Dabei dürfte die Vokalisation des Namens נִמְרֹד ("laßt uns rebellieren") in Verbindung mit den exemplarisch antiisraelitischen Mächten בבל und אשור auch eine Projektion der geschichtlichen Erfahrungen Israels mit Babylon und Assyrien im 1. Jt. v. Chr. in die Urzeit implizieren (ähnlich Machinist, 1117).

[47] Zu der Wendung גבורים בארץ חיים in Ez 32,27 vgl. S.297f.
[48] Indem der R^{UG} die ersten Stadtgründungen auf Figuren zurückführt, die nicht der heilsgeschichtlichen Genealogie der Ahnen Israels angehören (4,17; 10,8), unterstreicht er auch den kulturkritischen Aspekt, der bereits der "jahwistischen" Urgeschichte innewohnt (vgl. dazu Wallis, Stadt, 133ff.).
[49] Ähnlich Bertholet, Israeliten 198f.; Dillmann⁵, 160; Willi, Schlußsequenzen, 436.
[50] S.u.S.318.

3.2.4. Der heimatlose Mensch

Das von dem R^{UG} in die Stadt- und Turmbauerzählung eingelegte Zerstreuungsmotiv (11,4b.8a.9b) lebt von dem Begriff פוץ (*Hif.*). In der Mehrzahl seines Vorkommens wird dieser Terminus für die Zerstreuung Israels nach der Katastrophe von 587 v. Chr. verwendet.[52] Die Belege in Dtn 4,27; 28,64; 30,3; Jer 9,15; 13,24; 18,17; 30,11; Ez 11,17; 20,34.41; 28,25; 34,6.12 zeigen, daß es sich um einen *terminus technicus* zur Beschreibung des Exilsgeschicks Israels handelt.

Indem der R^{UG} den Begriff פוץ im Rahmen einer Urgeschichtserzählung verwendet und als Objekt der Zerstreuung nicht Israel, sondern die בני האדם (11,5) annimmt, beschreibt er die Situation der Menschheit als ein Exilsgeschehen. Die ganze Menschheit lebt nach dem R^{UG} in der Heimatlosigkeit.[53] Der R^{UG} betont diese universale Dimension vierfach:
1.) mittels der Einbettung des Geschehens in die Urgeschichtsdarstellung,
2.) mittels der bewußten Unbestimmtheit des Subjekts in V.2-4,[54]
3.) mittels der für ihn typischen Wendung על־פני כל־הארץ (V.4b.8a.9b, vgl. R^{UG} in 7,3; 8,9),[55]
4.) mittels des programmatischen Ausdrucks כל־הארץ (V.1.9).[56]

In 11,4b.8a.9b deutet der R^{UG} so auf dem Hintergrund einer partiellen geschichtlichen Erfahrung Israels eine universale gegenwärtige Situation. Menschliche Existenz heißt für den R^{UG}, in der Fremde zu sein.

---

[51] Vgl. dazu bereits Ewald, in: JBW IX, 25f.
[52] Vgl. dazu Fohrer, Ezechiel, 61; Berges, Babel, 53f.
[53] Vgl. dazu auch Clines, Theme, 98, der das Verhältnis zwischen nationaler und universaler Perspektive in Gen 11,1-9 genau umgekehrt bestimmt: So sei die Zerstreuung der Völker zugleich Israels eigenes Exilsgeschick.
[54] Diese Offenheit und der Begriff בני האדם sprechen dann auch dagegen, auf endredaktioneller Ebene nur die Semiten als Subjekt von V.2-4 zu sehen (gegen Scharbert, 113).
[55] Im Sinn von "über die ganze *Erde*" findet sich diese Wendung nur noch in Gen 1,29 (P), in dem späten Zusatz in Gen 41,56a (vgl. Gunkel, 440; H.-C. Schmitt, Josephsgeschichte, 198; Levin, Jahwist, 287) und in Dan 8,5. In allen weiteren Belegen für die Wendung על־פני כל־הארץ steht ארץ für "Land", wobei in Ez 34,6 (MT) die Möglichkeit einer weltweiten Perspektive nicht ausgeschlossen ist (vgl. Zimmerli, Ezechiel, II, 838, der aber כל streicht und "Land" übersetzt [a.a.O., 825]).
[56] Vgl. noch לכלם in V.1b (*v.l.* nach G πᾶσιν) und in V.6.

3.3. Aspekte des Heilsverständnisses

Die Darstellung des Menschen als ein Wesen, das unter dem Strafgeschick des Todes (3,22; 6,3) und der Heimatlosigkeit in der Welt (11,4b) leidet, das zur Sünde neigt (8,21aβ; 11,6) und das nach Erlösung schreit (5,29), sowie die Scheidung der Menschheit in Frevler und einzelne Fromme (4,25f.; 5,29, 7,1b; 9,25-27; 10,21) kontrastiert der R^{UG} mit genuin alttestamentlichen Heilsvorstellungen. In der Linie der "priesterlichen" Betonung der schöpfungstheologischen Verankerung der Feste (1,14-19), der Universalität des Sabbats (2,2-3) und der Schächtung (9,4f.)[1] sowie der *Neuinterpretation* des "jahwistischen" Opfers Noahs (8,20-22) vor dem Hintergrund des "Bundes" (9,1ff.) als ein Versöhnungsopfer[2] hat der R^{UG} eigenständig drei charakteristische Vorstellungen, die um das Heil des Menschen kreisen, in die Urgeschichte eingebettet und ihre überzeitliche, alle Menschen betreffende Bedeutung herausgestellt.[3] So begegnen nun in der Urgeschichte Anspielungen auf den Jerusalemer Tempel als Stätte des Heils, auf die Anrufung Jahwes als Weg zum Heil und auf die Stellvertretung durch den Gerechten als Mittel zum Heil des Menschen. Dabei handelt es sich um eine gegenwartsbezogene Heilsvorstellung, insofern der R^{UG} dem Menschen bereits jetzt über den Tempel, die Jahweanrufung und die Vermittlung durch den Gerechten eine punktuelle Möglichkeit zum Heil vor Augen stellt.

3.3.1. Der Tempel als Stätte des Heils

Zu den zentralen Theologumena des R^{UG} gehören die verborgenen Hinweise auf den Zion und den Tempel. Bereits bei der Darstellung des Gottesbildes und bei der Bestimmung der Funktion der Gottesbezeichnung Jahwe Elohim konnte angedeutet werden, daß der R^{UG} über eine charakteristische Zionsvorstellung verfügt.[4] An der endredaktionellen Bearbeitung der Paradieserzählung und der Babelerzählung lassen sich die Zions- und Tempelassoziationen des R^{UG} und ihre theologische Funktion nun genauer beschreiben.

Der endredaktionell eingelegte Exkurs in 2,10-14 dient zunächst der Hervorhebung des Wasserreichtums und damit der Fruchtbarkeit des Gartens Eden (V.10a) sowie der Bestimmung des Gartens als Quellort der Weltströme

---

[1] Vgl. dazu auch Blenkinsopp, Pentateuch, 61-63.
[2] So mit Ska, diluvio, 61.
[3] In der "jahwistischen" Urgeschichte stehen die Notizen über die schon in der Urzeit vollzogenen Erstlingsopfer (מנחה, 4,2f.) und Dankopfer in Gestalt des Brandopfers (עלה 8,20) nicht im Zusammenhang einer Soteriologie.
[4] S.o.S.235ff.

(V.10b-14).⁵ Der von Jahwe Elohim angepflanzte Garten erscheint als "Befruchtungsquelle der gesamten Erde".⁶ Jahwe, der Gott Israels, ist der Garant jeglicher irdischer Fruchtbarkeit. Der universale Horizont von V.11-14 zeigt sich bei einem Vergleich der Wendung ארבעה ראשים mit den Formulierungen ארבע רוחות (vgl. Jer 49,36; Ez 37,9; 42,20; Sach 2,10; 6,5; Dan 8,8; 11,4), ארבע כנפות הארץ (vgl. Jes 11,12; Ez 7,2) oder ארבע קצות השמים (vgl. Jer 49,36).⁷

Sodann deutet die Nennung der Flüsse חדקל ("Tigris") und פרת ("Euphrat"), die im AT zu den exemplarischen Strömen gehören, darauf hin, daß in V.10-14 der Garten Eden in eine Beziehung zur gesamten bekannten Welt gesetzt werden soll. Der Tigris, der Euphrat und das Land Assur (אשור) stehen für die Grenze im Norden bzw. Nordosten vom Standort des Erzählers aus, die Länder Hawila (ארץ־החוילה) und Kusch (כוש) für den Süden bzw. Südwesten.⁸ Somit können die Angaben der Länder in Gen 2,10-14 als Fixpunkte der dem Erzähler bekannten Welt angesehen werden. Über die Lokalisierung von Hawila und Kusch ergibt sich nun auch eine Identifikation der diesen Gebieten zugewiesenen Ströme פישון ("Pischon") und גיחון ("Gichon"). M. Görg hat nun überzeugend nachgewiesen hat, daß sich hinter dem im AT nur hier und in Sir 24,25 (G) belegten פישון (Φεισων/Φισων) der *Nil* verbirgt.⁹ Gen 2,11-14 kann daher als Versuch gedeutet werden, die drei

---

5   Zum Nachweis, daß mit ראש der *Quellbereich* eines Flusses bezeichnet wird, vgl. bereits A. Jeremias, Das Alte Testament, 85; Ehrlich, Randglossen, I, 9; Yahuda, Sprache, 160; Kaiser, Meer, 109.
6   Yahuda, Sprache, 156. Zur Herausstellung der universalen Dimension von Gen 2,10-14 vgl. auch Metzger, Zeder, 207 Anm.13.
7   Zum mythischen Hintergrund der Vierzahl siehe Kaiser, Meer, 111; Cothenet, Paradis, 1181ff.; Keel, Jahwe-Visionen, 241ff.; Clifford, Mountain, 101; Vermeylen, Commencement, 102.
8   Mit ארץ החוילה wird auf den *südöstlich* von Palästina gelegenen arabischen Raum angespielt (vgl. Gen 10,7), so mit Dillmann, 60; Gunkel, 9; Procksch, 23; König, 211; Westermann, I, 296f.; Wenham, I, 65; Yahuda, Sprache, 155; Kaiser, Meer, 110; Hidal, Cush, 105; W. W. Müller, Havilah, 81f. (mit der Unterscheidung zwischen einem nord- und einem südarabischen Ḥaulan); Görg, Paradies, 29 (weniger geographisch als qualitativ für den sandbedeckten Wüstenbereich, "der sowohl die arabische Halbinsel als auch wohl die Fläche der östlichen Wüste auf dem afrikanischen Festland umfaßt"). Mit כוש wird auf den *südwestlich* von Palästina gelegenen äthiopischen Raum geblickt (vgl. Gen 10,6), so mit Dillmann, 60; Gunkel, 9; Procksch, 24; König, 211; Westermann, I, 297f.; Yahuda, Sprache, 155; Hidal, Cush, 105; Winnett, Genealogies, 173ff.; Görg, Paradies, 32 (pauschal für "Südland"); Seebass, I, 109.
9   Görg, Paradies, 29; ders., Pischon, 11-13 (Ableitung von ägypt. *pꜣ ḥnw* "der Kanal, Fluß" bzw. von *pꜣ šnj* "der Umgebende"); vgl. dazu bereits Rashi, z.St.; Yahuda, Sprache, 175, der im Pischon den ägyptischen, im Gichon, den nubischen Nil sah, sowie zuletzt Zwickel, Tempelquelle, 145. Die ältere Forschung identifizierte den Pischon zumeist mit dem Indus (Dillmann, 52ff.; König, 210ff.; Budde, Paradiesesgeschichte,

3.3. Aspekte des Heilsverständnisses 265

wichtigsten Ströme der dem alttestamentlichen Leser vertrauten Welt aus dem einen Paradiesstrom (נהר יצא מעדן, 2,10) entspringen zu lassen. Es stellt sich nun die Frage, wie sich in diesen durch die Ströme Nil, Tigris und Euphrat beschriebenen Kosmos der Gichon einordnet. Die ältere Forschung versuchte, den Gichon in Gen 2,13 mit dem Nil zu identifizieren,[10] da das griechische Äquivalent Γηων in Jer 2,18 (G),[11] Sir 24,27 und Josephus, Ant. I,40 den Nil bezeichne. Diese Identifikation ist angesichts der Gleichsetzung des Pischon mit dem Nil hinfällig.[12] Für den Gichon in Gen 2,13 muß somit eine andere Identifikation versucht werden. Daß es sich um einen wirklichen Fluß und nicht einfach um einen mythischen Kunstnamen handelt,[13] ergibt sich aus der Zusammenstellung mit dem Nil, Tigris und Euphrat und den Größen

---

26), gelegentlich mit dem südmesopotamischen Kerchā/Choaspis (vgl. Hölscher, Erdkarten, 38ff.; Kaiser, Meer, 108) oder auch mit dem kaukasischen Phasis/Araxes (vgl. die Überblicke bei Rosenmüller, Scholia, 100, und Fd. Delitzsch, Paradies, 11ff., der selbst den Pischon mit dem rechtsseitigen Euphratkanal Pallakopos gleichsetzte [68ff.]). W. W. Müller, Pishon, 374, schlägt jetzt eine Gleichsetzung des Pischon mit dem Wadi Baiš in Südwestarabien, das das Land Ḫaulan (חוילה) im Norden begrenze, vor.

[10] Vgl. Fz. Delitzsch, 85; Dillmann, 52ff.; Budde, Paradiesesgeschichte, 25; Yahuda, Sprache, 169f.; Cothenet, Paradis, 1184; Gispen, Genesis, 119.

[11] Hier als Übersetzung des aus dem Ägyptischen entlehnten Wortes שיחור (ägypt. š-ḥr "Teich des Horus"; vgl. Jes 23,3, wo die Bezeichnung im Parallelismus zum gewöhnlich für den Nil verwendeten Begriff יאור steht (vgl. Rudolph, Jeremia, 18).

[12] Diese Einschätzung gilt auch für die Identifikation des גיחון mit dem נהר מצרים in 1QGenAp 21,15.18 (vgl. auch Jub 8,15.22 [äth. gīyōn], wo der Fluß als Grenze zwischen Semiten und Hamiten genannt ist). Eine Gleichsetzung des Gichon mit dem Nil im 2./1. Jh. v. Chr. ist kein Beweis für eine solche Identifikation in Gen 2,13, zumal der von der Wurzel גיח ("sprudeln") abgeleitete Begriff גיחון nicht auf *eine* Quelle oder *einen* Fluß beschränkt zu sein braucht. Hinzu kommt, daß die Gleichsetzung von Γηων und Nil in Sir 24,27 keineswegs eindeutig ist. Nimmt man an, daß die Lesart ὡς φῶς auf einer Verwechslung von כ[ו]אר und כ[י]אר beruht (vgl. Fz. Delitzsch, 85; Ryssel, in: APAT, I, 356; Budde, Paradiesesgeschichte, 25; Skehan u. Di Lella, Ben Sira, 330), dann wird bereits im ersten Stichos der Nil erwähnt. In Analogie zu V.25-26, wo jeweils zwei verschiedene Flüsse im Parallelismus genannt werden, könnte dann auch in V.27 im Γηων ein vom Nil zu unterscheidendes Gewässer genannt sein (vgl. Skehan u. Di Lella, Ben Sira, 336f.). Die in Sir 24,27b vorliegende Beschreibung des Ansteigens des Wasserstandes "zur Zeit der Weinlese" führt ebenfalls nicht eindeutig auf den Nil. Ein größerer Wasserreichtum im Herbst ist für alle vorderorientalischen Flüsse typisch und wird in Sir 24,26 selbst auch vom Jordan ausgesagt; vgl. zu einer (gleichsam apologetisch überhöhten) Gegenüberstellung des herbstlichen Wasserreichtums von Nil und Jordan den Aristeasbrief §116f.: "Der Jordanfluß, der nie versiegt, umfließt (!) es (= das Land) [...]; indem der Fluß aber wie der Nil in der Sommerzeit steigt, bewässert er einen großen Teil des Landes." (Übersetzung von Wendland, in: APAT, II, 3). Zur Kritik an der Identifikation des Gichon aus Gen 2,13 mit dem Nil siehe bereits Fd. Delitzsch, Paradies, 20ff., der selbst aber die kaum überzeugende Gleichsetzung des Gichon mit dem linksseitigen Euphratarm *Schatt en Nil* versuchte (a.a.O., 70ff.).

[13] So z.B. Winnett, Genealogies, 177; Clifford, Mountain, 101.

Hawila und Kusch. Aus der Voranstellung des Nil und der Nennung des Tigris vor dem Euphrat folgt aber auch, daß mit 2,10-14 keine rein geographische,[14] sondern eine *symbolische Angabe* verbunden ist.[15] Bevor für die Identifikation des Gichon in Gen 2,13 auf außeralttestamentliche Lösungen zurückgegriffen wird, sollte daher versucht werden, ob nicht eine Gleichsetzung mit der in I Reg 1,33.38.45;[16] II Chr 32,30; 33,14 genannten gleichnamigen Jerusalemer Quelle im Kidrontal möglich ist.[17] In Jes 8,6f. werden die מֵי הַשִּׁלֹחַ (d.h. der Gichon) und die מֵי הַנָּהָר (d.h. der Euphrat) einander gegenübergestellt.[18] Für Gen 2,13 bedeutet dies, daß die Erwähnung des Bachs Gichon neben den Strömen Nil, Tigris und Euphrat nicht zwangsläufig eine Identifikation mit einem diesen drei ebenbürtigen Fluß verlangt, sondern daß der Begriff נהר hier in einer *symbolischen Überhöhung* auf die Gichonquelle angewendet wird.

Wenn in 2,13 mit dem Gichon auf diese Jerusalemer Quelle am Fuß des Tempelberges angespielt wird,[19] der Garten Eden aber als Ausgangspunkt dieser Quelle angesehen wird (2,10b), dann enthält V.13 einen versteckten Hinweis auf den Jerusalemer Tempel.[20] Im Gegenüber zu Jes 8,6f. kann Gen 2,13 zeigen, daß in einer apologetischen oder eschatologischen beeinflußten (?) Überhöhung[21] der Jerusalemer Gichon auf eine Stufe mit den großen Weltströmen gestellt und Jerusalem den an Nil, Tigris und Euphrat liegenden Weltstädten beigeordnet wird. Dieser Erhebung Jerusalems dient dann wohl

---

[14] In der bisherigen Forschung sah man in Gen 2,10-14 zumeist ein vorgegebenes Traditionsstück, gelegentlich eine aus babylonisch-assyrischen Kreisen stammende Erdkarte (vgl. Budde, Paradiesesgeschichte, 24ff.; Hölscher, Erdkarten, 33ff.; Gispen, Genesis, 124). Gegenüber der Annahme, es handle sich in Gen 2,10-14 um traditionellen Wissensstoff (vgl. Kaiser, Meer, 111; Steck, Paradieserzählung, 32f.57; Westermann, I, 293; Otto, Paradieserzählung, 179), legen aber die formale Disparatheit, die für das AT nur in späten Texten belegten Begriffe und die versteckten Anspielungen auf Jerusalem in V.11-13 nahe, hier ein rein redaktionell gebildetes Produkt zu sehen.

[15] So mit Eising, גִּיחוֹן, 1011; Hidal, Cush, 105; Görg, Paradies, 32.

[16] Nach I Reg 1,33 beauftragt David Zadok, Nathan und Benaja, seinen Sohn Salomo zum Gichon zu führen und dort zum König zu salben. Nur von Salomo wird berichtet, daß er an dieser Stelle gesalbt worden sei. Warum die Gichonquelle als Salbungsstelle gewählt wurde, ist unklar. Nach Würthwein, Könige, 16, könnte es sich um eine Stätte innerhalb des jebusitischen Königsrituals gehandelt haben.

[17] Zur Beschreibung der Gichonquelle im Kidrontal siehe Zwickel, Tempelquelle, 143f.

[18] Unabhängig davon, ob in den מֵי הַשִּׁלֹחַ nun bereits der von Hiskia angelegte Schiloachtunnel oder ein älterer Kanal gemeint ist, steht fest, daß sich hinter diesem Ausdruck die Beschreibung einer Ableitung des Wassers des Gichon "am Osthang der Stadt nach Süden" verbirgt (vgl. Wildberger, Jesaja, 323; Kaiser, Jesaja, I, 179).

[19] Vgl. Eising, גִּיחוֹן, 1010; Görg, Paradies, 32; ders., Pischon, 12; Clifford, Mountain, 160 Anm.82; Wallace, Eden, 75; Holloway, Ship, 332 Anm.15; Zwickel, Tempelquelle, 145; (vorsichtig Ruppert, I, 134).

[20] Vgl. Vermeylen, Commencement, 102; ders., Création, 96f.; Berg, Israels Land, 50; Levenson, Theology, 29.

[21] Vgl. Aristeasbrief §116 (s.o. Anm.12) bzw. Ez 47,1ff.; Joel 4,18; Sach 14,8; Jes 33,21 s.u.S.267ff.303ff.

3.3. Aspekte des Heilsverständnisses 267

auch die Zusammenstellung des Gichon mit Kusch. So könnte es sich bei diesem Gegenüber letztlich um eine "Variante der kosmischen Relevanz des Gichon, der selbst nach Süden abfließend das ferne Kusch, Inbegriff des Südlandes, erreicht und dort umströmt" handeln.[22]

Bereits die Beschreibung des Gartens als Quellort der Weltströme verleiht dem Garten Eden den Charakter eines Mittelpunkts der Welt. Als solcher wird im alttestamentlichen und altorientalischen Kontext der Welt- oder Gottesberg angesehen.[23] Wenn nun der in 2,13 genannte Gichon mit der am Abhang des Jerusalemer Tempelbergs gelegenen Quelle identisch ist, dann kann in der Zeichnung des Gartens Eden als Ausgangspunkt des Gichon durch den R^{UG} auch eine Anspielung auf den *Jerusalemer Gottesberg* gesehen werden.

Traditionsgeschichtlich handelt es sich beim "Gottesberg" und bei den "Wasserströmen" wohl um ursprünglich getrennte Motive.[24] Für den theologiegeschichtlichen Vergleich sind die alttestamentlichen Texte relevant, die das Motiv des Jerusalemer Gottesbergs *und* der davon ausgehenden Wasser kombiniert verwenden (Ez 47,1-12; Joel 4,18; Sach 14,8; Ps 46,5; 84,7f.; 87,7; Jes 33,20f.).[25] Eine Differenz zwischen Gen 2,10-14 einerseits und den prophetischen und psalmistischen Belegen andererseits könnte zu dem Urteil führen, Gen 2,10-14 sei isoliert zu betrachten, eine Anwendung der mythischen Motive vom Gottesberg und vom Lebenswasser auf Zion-Jerusalem sei hier nicht erkennbar.[26] So wird in den genannten Stellen explizit von Jerusalem gesprochen, sei es mittels der Erwähnung des Heiligtums (בית יהוה bzw. הבית; Ez 47,1; Joel 4,18), des Namens ירושלם (Sach 14,8), der Rede von der עיר־האלהים (Ps 46,5) oder des Namens ציון (Ps 48,3).[27] Der Hinweis auf das Fehlen einer ausdrücklichen Erwähnung Jerusalems in Gen 2,10-14 entfällt aber angesichts der Gleichsetzung des Gichon mit der Quelle im Kidrontal. Die Beschreibung des künftigen Jerusalem und seines Tempels als Paradies in einzelnen Zukunftsentwürfen der Prophetie und der von dem R^{UG}

---

[22] Görg, Paradies, 32; ähnlich dann auch Hossfeld, Pentateuch, 33; Oeming, Israel, 91; Zwickel, Tempelquelle, 146.
[23] Vgl. für den kanaan. Bereich die Beschreibung des nordsyrischen Zaphon in den ug. Mythen (KTU 1.3 I,22; 1.3 III,29; 1.101,2 u.ö), für den atl. Bereich die Belege in Jes 2,2-4 *par.* Mi 4,1-4; Jes 14,13; Sach 14,10; Ez 17,22f.; 40,2. Siehe dazu ausführlich Clifford, Mountain, 9ff.; Loretz, Ugarit, 159ff.; Holloway, Ship, 330; Albertz, Religionsgeschichte, 209f.
[24] Vgl. einerseits die Beschreibungen des Gottesbergs in Jes 2,2ff.; 14,13; Ez 40,2; Ps 48,3ff.; andererseits die des Gottesstroms in Ps 36,9f.; 65,10. Die Kombination beider Motive zeigt sich besonders in Ps 46,5, wo der in Ps 65,10 getrennt vom "Gottesberg" genannte פלני אלהים als נהר פלגיו neben עיר־האלהים und משכני עליון קדש steht; siehe dazu Junker, Strom, 197ff., sowie zur Gottesbergvorstellung von Gen 2,10-14 H.-P. Müller, Mythische Elemente, 25f.; Pola, Priesterschrift, 245.288 Anm.248.
[25] Siehe dazu jetzt auch Zwickel, Tempelquelle, 144ff.
[26] Vgl. Wanke, Zionstheologie, 68.
[27] In Ps 48,3 als הר־ציון mit dem doppelten Epitheton קרית מלך רב ירכתי צפון.

intendierte Hinweis auf das gegenwärtige Jerusalem und sein Heiligtum erweisen sich als eine hinsichtlich der zeitlichen und theologischen Perspektive unterschiedene Anwendung desselben Motivs. Die Differenzierung, Gen 2,10-14 sei *urzeitlich* orientiert, die spätprophetischen und psalmistischen Belege *endzeitlich*, betrifft die inhaltliche Dimension, nicht das literargeschichtliche Verhältnis der entsprechenden Texte.[28] Auf der einen Seite wird der *künftige Tempel* als Paradies gezeichnet (vgl. Ez 47,1ff.; Joel 4,18; Sach 14,8), auf der anderen Seite wird das vergangene Paradies mit Kennzeichen des *gegenwärtigen Tempels* versehen (vgl. Gen 2,10-14). Der Verwendung des Motivs vom Gottesberg und den Wasserströmen in den Zukunftsbildern der Prophetie steht der Gebrauch in der auf die Gegenwart bezogenen Paradiesgeographie des R^{UG} gegenüber. Daß die Zeitebenen zwischen Urzeit, Gegenwart und Endzeit verschwimmen können, zeigt sich besonders an den Psalmbelegen. Hier wird der Zion als in der Gegenwart erfahrbarer Gottesberg angesehen, von dem Ströme ausgehen (Ps 36,9f.; 46,5; 87,7) und der den Mittelpunkt der Erde darstellt (Ps 48,3).[29] Diese Überschneidung der Zeitebene trifft auch für Gen 2,10-14 zu. Während es sich bei dem Aufenthalt des Menschen im Garten Eden um einen einmaligen Vorgang in der Urzeit handelte, fließt der mythische Strom (נהר) unaufhörlich aus Eden (V.10) und teilt sich in die vier genannten Ströme.[30]

Über seinen Zusatz zur "jahwistischen" Paradieserzählung versucht der R^{UG} so dem Leser zu vermitteln, daß er im Jerusalemer Tempel einen Ersatz für den in der Urzeit im "fernen Osten" angepflanzten Garten Eden finden kann (V.8).[31] Entscheidend für das Verständnis von Gen 2,10-14 ist die Berücksichtigung der *Funktion*, die dieser Text erfüllt: Für den R^{UG} ist der Garten Eden (noch) nicht das Jerusalemer Heiligtum.[32] Er malt den Garten aber mit den Farben des Tempels, so daß dem Leser suggeriert wird, der Mensch besitze auch nach der Vertreibung aus dem Garten Eden mittels des Tempels die Möglichkeit zu einer begrenzten Teilhabe am Paradies. Weitere von dem R^{UG} in Gen 2,4-3,24 eingefügte Abschnitte können die vorgeschlagene Interpretation der Paradiesgeographie bestätigen.

---

[28] Zur literargeschichtlichen Typologie einer Entsprechung von Urzeit und Endzeit s.u.S.275.302.304f.

[29] Zur Verschränkung von mythischer Urzeit und gegenwärtiger Erfahrungswelt in der Jerusalemer Kulttradition siehe Janowski, Tempel, 44.

[30] Diese in die Gegenwart des Erzählers reichende Dimension von V.10-14 ergibt sich bereits syntaktisch aus der Verwendung der *Partizipien* יֹצֵא (V.10) und סֹבֵב (V.11.13), vgl. dazu G-K §107d, sodann aus den geschichtlich festgelegten Fluß- und Ländernamen. Insofern stellt auch die Erwähnung der *Erschaffung* des Euphrats und des Tigris in einer neubabylonischen Marduk-Schöpfungserzählung (in: TUAT III, 609, Z.23) gegen Van Seters, Prologue, 60.123, keine direkte Parallele zu Gen 2,10-14 dar.

[31] Vgl. dazu auch Görg, Paradies, 31f.; ders., Kain, 10; Hossfeld, Pentateuch, 33f.; Dohmen, Schöpfung, 68.253; Oeming, Israel, 91.

[32] Eine solche Identifikation findet sich erst in späteren apokalyptischen Texten (vgl. äthHen 25), s.u.S.305.

Gen 2,15 nimmt in redaktionstechnischer Hinsicht nach der Ergänzung von V.9b-14 den Erzählfaden von V.8-9a wieder auf und gleicht die "jahwistische" Erzählung an das "priesterliche" Motiv des Herrschaftsauftrags in 1,28ff. an, insofern nun auch die "jahwistische" Paradieserzählung, über das "vorjahwistische" Fragment in 2,5*; 3,23* hinausgehend, die Arbeit des Menschen schöpfungstheologisch thematisiert. Gegenüber der knappen Notiz in V.8, die unspezifisch von der "Einbürgerung" (שׂים) des Menschen in den Garten Eden berichtet, beschreibt V.15 zunächst, wie Jahwe Elohim den Menschen nimmt (לקח), und erzählt dann mittels der theologisch gefüllten Wurzel נוח von der "Versetzung" in den Garten.

Nach der masoretischen Punktation וַיַּנִּחֵהוּ liegt eine zweite Hifilbildung von נוח vor, die synonym zu שׂים oder נתן für "setzen, stellen, legen" verwendet wird.[33] In diesem Sinn übersetzen G (καὶ ἔθετο αὐτόν), Sy (wšbqh) und Vg (et posuit eum). Möglicherweise ist aber וַיַּנִחֵהוּ zu punktieren und die Form von der ersten Hifilbildung von נוח im Sinn von "lagern lassen, Ruhe verschaffen" abzuleiten (vgl. Gen 5,29[v.l.]).[34] Eine solche Änderung der Vokalisation können die Parallelen zu נוח (Hif.) mit dem Subjekt "Gott" und lokal gebrauchter Präposition in Ez 37,1 (+ ־בְּ) und Ez 40,2 (+ עַל bzw. אֶל) nahelegen.[35] Mit Ez 40,2 berührt sich Gen 2,15(v.l.) über die V.10-14 weiterhin hinsichtlich des Motivs vom "Gottesberg".[36] Unabhängig davon, ob man in Gen 2,15 nun bei MT bleibt oder der m. E. wahrscheinlicheren Umpunktierung folgt, stellt allein schon die Verwendung der Wurzel נוח in Gen 2,15 eine Anspielung auf das Konzept der von Jahwe geschenkten "Ruhe" dar.[37] Als

---

[33] Vgl. Ges[17], 491f.; G-K §72ee; B-L §56i; Joüon, Grammaire, §80p; HALAT, 642.

[34] Zum Text von Gen 5,29 vgl. S.210ff.

[35] Vgl. auch die Lesarten von Tg[O] und Tg[J] (jeweils ואשרייה) sowie Tg[N] (ואשרי יתיה) und dazu Grossfeld, Targum Onqelos, 45, und Le Déaut, Targum, 87. Die griech. Fragmente zu Jub 3,9 erlauben keine eindeutige Entscheidung (εἰσήγαγεν ὁ θεὸς τὸν Ἀδὰμ ἐν τῷ παραδείσῳ). Unter den in Qumran gefundenen Fragmenten des hebr. Jub (4QJub[a-h][= 4Q216-224]) ist bisher kein Äquivalent zu c.3 vorhanden (vgl. dazu Milik, in: DJD XIII, 1ff., und García Martínez, Scrolls, 238ff.) Vgl. schließlich jetzt auch Otto, Paradieserzählung, 180, der Gen 2,15 zwar gemäß dem MT transkribiert, aber וַיַּנִחֵהוּ ("und ließ ihn Ruhe finden") übersetzt. Die Verwendung von נוח (Hif. I) mit Suffix und "Gott" als Subjekt in Jes 63,14 ist textlich unsicher.

[36] Ez 40,2: "In von Gott gesandten Visionen brachte er mich in das Land Israel und *ließ mich lagern (ruhen) auf einem sehr hohen Berg* und auf ihm war etwas wie das Bauwerk einer Stadt [im Süden]." Für das unklare מנגב liest G ἀπέναντι (= נגדי), möglicherweise handelt es sich um eine Glosse (vgl. BHS). Bei dem הר גבה מאד liegt das Motiv vom "Gottesberg" vor, das hier auf die Nordostkuppe Jerusalems als Ort des 587 v.Chr. zerstörten Palastes und des Tempels angewendet ist, vgl. dazu Galling, bei Fohrer, Ezechiel, 223, Clifford, Mountain, 159; Pola, Priesterschrift, 245.

[37] So mit Lohfink, Sündenfall, 91; Vermeylen, Commencement, 102; ders., Création, 97; Otto, Paradieserzählung, 180f.

Objekte der Ruhegabe Jahwes erscheinen einerseits das Volk Israel,[38] andererseits zentrale Figuren der alttestamentlichen Heilsgeschichte. So findet sich das Motiv, daß Jahwe zur Ruhe führt (הניח) im Blick auf Mose (Ex 33,14), David (II Sam 7,11), Salomo (I Reg 5,18)[39] und Josaphat (II Chr 20,30).[40] Bezeichnenderweise stehen die Belege in II Sam 7,11 und I Reg 5,18 im Umfeld zu Aussagen zum Jerusalemer Tempel (vgl. II Sam 7,13 bzw. I Reg 5,18), so daß sich von hier aus die vorgeschlagene Assoziierung des גן־עדן mit dem Jerusalemer Heiligtum erhärten läßt. In diese Richtung weist sodann ein zweiter Motivkreis, auf den durch die Verwendung der Wurzel נוח in Gen 2,15 angespielt wird: die "Ruhe" (מנוחה) Jahwes auf dem Zion (I Chr 23,25; 28,2; Ps 132,8.13f.).[41]

Wenn mittels des Doppelnamens יהוה אלהים, der Paradiesgeographie und der Verwendung des Terminus נוח auf den Jerusalemer Tempel angespielt wird, dann liegt es nahe, auch hinter der Bestimmung des Menschen, den Garten zu bearbeiten (עבד) und zu bewahren (שמר) in 2,15, nicht nur eine rein profane Beschreibung zu sehen, sondern wie in 2,10-14 eine religiöse Assoziation zu vermuten.[42] Für die Interpretation von 2,15 sind die Texte von Bedeutung, die *beide Begriffe* in einem religiösen Kontext *nebeneinander* verwenden.[43] Dabei zeigt sich zunächst, daß mittels des Wortpaares שמר/עבד der Dienst der Leviten bzw. der Aaroniten *am Heiligtum* beschrieben wird (vgl. Num 3,7f.; 8,26; 18,7). Ebenso können sowohl עבד als auch שמר je für sich die Arbeit am אהל מועד bzw. am משכן bezeichnen.[44] Wenn

---

[38] Vgl. für "ganz Israel" Dtn 3,20; 12,10; 25,19; Jos 1,13.15; 21,44; 22,4; 23,1; I Chr 23,25 sowie modifiziert für "Juda" II Chr 14,6; 15,15. Zu Jes 14,3 vgl.S.284.310.

[39] Die Wendung אין שטן ואין פגע רע in I Reg 5,18b weist deutliche Spuren junger Entstehung auf (zu פגע vgl. Koh 9,11), so daß V.18 wohl einer sehr späten Schicht zuzuweisen ist, die bereits auf das dtr. Ruhekonzept zurückblickt. Zur Gabe der Ruhe an Salomo vgl. dann auch I Reg 8,56 sowie I Chr 22,9; Sir 47,13.

[40] Vgl. dazu die Einbettung des von R^{UG} in Gen 2-3 gebildeten "Doppelnamens" יהוה אלהים in Reden der exemplarisch Frommen (Mose, David und Salomo); s.o.S.235.

[41] Zu den sich daraus ergebenden Folgerungen für die literaturgeschichtliche Einordnung und Datierung des R^{UG} siehe S.310f. In Jes 11,10 wird mit dem Begriff מנוחה wohl auch auf den Zion, nicht auf das Land Kanaan (so allerdings HALAT, 568a), angespielt, aber nicht im Sinn der Wohnstätte Jahwes, sondern der des Messias (vgl. Duhm, Jesaja, 108f.; Marti, Jesaja, 114; Kaiser, Jesaja, I, 248f.). In Jes 66,1 liegt mit der Frage אי־זה בית אשר תבנו־לי ואי־זה מקום מנוחתי wohl ein universalistischer Einspruch gegen die Vorstellung vor, Jahwe sei an den Zion gebunden und mit der Errichtung des Tempels sei zwangsläufig der Einbruch des Heils garantiert (vgl. Westermann, Jesaja, 327f.).

[42] So mit Wenham, I, 87; ders., Symbolism, 19ff; Vermeylen, Commencement, 65f.203.

[43] In einem profanen Sinn begegnet das Wortpaar שמר/עבד nur einmal in Hos 12,13.

[44] Vgl. für עבד im Zusammenhang mit dem משכן Num 3,7f.; 16,9; im Zusammenhang mit dem אהל מועד Num 4,23f.30; 7,5; 18,6. Vgl. für שמר in der auf das Heiligtum

3.3. Aspekte des Heilsverständnisses   271

mit dem Wortpaar עבד/שמר in den zitierten Stellen, die alle eindeutig auf P (P^G und P^S) zurückgehen,[45] das hauptamtliche Verrichten kultischer Aufgaben durch verschiedene levitische und priesterliche Gruppen bezeichnet wird,[46] dann könnte Gen 2,15 auch darauf hindeuten, daß nach der Anthropologie des R^UG dem Urmenschen und damit ursprünglich jedem Menschen priesterliche Funktionen zugeschrieben werden.[47]

Das Wortpaar עבד/שמר ist aber nicht einseitig tempeltheologisch festgelegt, sondern begegnet auch in der Sprache der (spät)deuteronomistischen Toratheologie.[48] Dies ergibt sich vor allem aus Jos 22,5. Hier stehen beide Begriffe im Zusammenhang mit dem Aufruf Josuas an Ruben, Gad und Halbmanasse, die Tora des Mose zu bewahren (שמר) und Jahwe zu verehren (עבד).[49] Die Verortung des aus "priesterlicher" Tradition stammenden Tempeldienstes (vgl. Num 3,7; 18,7) und des auf deuteronomistischen Boden gewachsenen Toragehorsams (vgl. Jos 22,5) in der Urzeit ergibt für den R^UG dann die Vorstellung einer universalen Bedeutung des Tempels und der Tora.

Mit dem Einbau des Motivs vom *Lebensbaum* und vom *ewigen Leben* (3,22.24) bietet der R^UG nicht nur eine Zusatzinterpretation des Todesgeschicks und des Sündenverständnisses.[50] Er versucht vielmehr erneut beim Leser der Paradieserzählung Assoziationen zum Jerusalemer Tempel zu wek-

---

bezogenen Wendung שמר את־משמרת Lev 8,35; Num 1,53; 3,7f.; 18,5; (3,38); Ez 44,15; (48,11); I Chr 23,32.

[45] Vgl. für Num 3,7; 8,26; 18,7 Baentsch, Exodus, 456.492; Noth, Numeri, 32.118f.; Scharbert, Numeri, 13ff.72.

[46] Vgl. dazu Rieser, עבד, 250.

[47] So mit Wenham, Symbolism, 19ff. Zum Versuch, auf der Ebene eines profanen Verständnisses von עבד und שמר hinter Gen 2,15 (und 2,8) Anspielungen auf die altorientalische Königsideologie zu sehen und in der Beschreibung des Urmenschen als königlichen Gärtner die Botschaft zu erkennen, jedem Menschen komme "ein königliches Sein zu", siehe Hutter, Adam, 262.

[48] Vgl. dazu ebenfalls im Blick auf Gen 2,15 Alonso Schökel, Motivos Sapienciales, 306; Lohfink, Sündenfall, 91; Otto, Paradieserzählung, 181.

[49] Für eine jeweils getrennte Verwendung der Begriffe עבד im Blick auf die Verehrung Jahwes und שמר in Zusammenhang mit der Einhaltung der Tora vgl. einerseits Jos 22,27; 24,15; Ps 102,23; II Chr 33,16 u.ö., andererseits Gen 18,19; 26,5; Ex 16,28; Dtn 11,22; 31,12; Jer 16,11; Ps 119,44.55.136; I Chr 22,12 u.ö. Möglicherweise deuten bereits die merkwürdigen fem. Suffixe in לְעָבְדָהּ וּלְשָׁמְרָהּ (Gen 2,15b) darauf hin, daß die Masoreten eine von dem R^UG auch beabsichtigte Anspielung auf die Tora erkannt haben (so mit Vermeylen, Commencement, 203; ders., Création, 98f.; vgl. auch Ps 119,34: אשמרנה im Blick auf die Tora). Spätestens das Tg^J und das Tg^N haben dann in Gen 2,15 eine versteckte Tora-Anspielung erkannt, wenn sie die Suffixe explizit mit dem Hinweis auf die Tora und Gottes Gebote auflösen; vgl. dazu Le Déaut, Targum, 86f., mit weiteren Belegen für ein solches Verständnis von Gen 2,15 in der rabbinischen Tradition. BerR 16,5 deutet Gen 2,15 als eine Anspielung auf die Beachtung des Sabbatgesetzes bzw. den Opferkult.

[50] S.o.S.245f. bzw. S.253.

ken.⁵¹ Diese Schlußfolgerung ergibt sich aus dem Gebrauch des Motivs vom Lebensbaum, das im AT außerhalb der Paradieserzählung nur noch metaphorisch in den Proverbien⁵² bzw. ikonographisch im Zusammenhang mit den Beschreibungen des Tempels begegnet.⁵³ So erscheint der "Lebensbaum" ikonographisch in Gestalt von Palmenornamenten (תמרה) in den Schilderungen der Ausschmückung des vorexilischen Jerusalemer Tempels.⁵⁴

Für den Tempelbau Serubbabels existiert zwar keine Beschreibung der Innendekoration.⁵⁵ Der "Verfassungsentwurfs Ezechiels" beschreibt aber, im Kontext des eschatologischen Tempels, ausführlich die Palmendekoration des Hekal (vgl. Ez 40,16.22.26.31.34.37; 41,18ff.).⁵⁶ Es ist daher wahrscheinlich,

---

51 So auch Strange, Afterlife, 36; Holloway, Ship, 336.
52 Zum einen wird der "Lebensbaum" (עץ חיים) in den Prov als Metapher verwendet, so (1.) für die Weisheit (Prov 3,18 - ähnlich IV Makk 18,16; vgl. auch die Gleichsetzung des "Lebensbaums" mit der Tora, wie sie sich im Gefolge von Prov 3,18, in den Wiedergaben von Gen 3,24 in Tg^J und Tg^N sowie der rabbinischen Theologie findet [z.B. in WaR 35]), (2.) für die Frucht der Gerechtigkeit (Prov 11,30), (3.) für die Erfüllung des Wunsches (Prov 13,12), (4.) für die selbstbeherrschte Rede (15,4). Der עץ חיים fungiert hier als "ein Symbol lebensspendender Kraft im allgemeinen" (Ringgren, Sprüche, 23; ähnlich Gemser, Sprüche, 22, und Nielsen, עץ, 294). Ein erweiterter metaphorischer Gebrauch findet sich in der Anwendung des Motivs auf die Gemeinde der Gerechten in der zwischentestamentlichen Literatur (vgl. 1QH 8,5-7: "[...] du [pflanztest] eine Pflanzung von Wacholder und Pappeln mit Zedern zusammen zu deiner Ehre, Bäume des Lebens sind an geheimnisvollem Quell verborgen inmitten aller Bäume am Wasser. Und sie sollen Schößlinge treiben zu einer ewigen Pflanzung." [Übersetzung von Lohse, TQ, 143]; vgl. dann weiterhin auch PsSal 14,3 und äthHen 93,10 [aram. in 4QEn^g = 4Q212,iv,12] sowie Ps 80,16 [Israel als der von Jahwe gepflanzte Weltenbaum, siehe dazu Metzger, Zeder, 221]).
53 Im zwischentestamentlichen Schrifttum begegnet der "Lebensbaum" einerseits in Paraphrasen der Paradieserzählung (vgl. grApkEsr 2,11ff.; VitAd 19,2; 22,4; 28,4; ApkSedr 4,5), andererseits in der eschatologischen Vorstellungen von der endzeitlichen Öffnung des Paradieses für die Gerechten (vgl. IV Esra 8,52; TestLev 18,11; äthHen 25,4ff. [aram. in 4QEn^d = 4Q205, frgm. 1]; slHen 8,3; grApkEsr 5,21; weiterhin im ntl. Bereich: ApkJoh 2,7; 22,1ff.; vgl. dazu Bousset u. Greßmann, Religion, 284f.488f.).
54 Vgl. die Darstellung des Schnitzwerks an den Wänden des Debir in I Reg 6,29.32.35 und dazu Volz, Altertümer, 30; Businck, Tempel, 272ff; Keel, Jahwe-Visionen, 16f.; Strange, Afterlife, 35; Schroer, Bilder, 50ff.
55 Vgl. aber Hag 2,3.9; I Makk 1,21ff.; Aristeasbrief §86 und dazu Volz, Altertümer, 37. Businck, Tempel, 766, hielt es hingegen für fraglich, "ob der zweite Tempel eine besondere Dekoration besessen hat."
56 In der Forschung ist zwar umstritten, ob die Palmetten im Jerusalemer Tempel tatsächlich den "Lebensbaum" oder den "Weltenbaum" symbolisieren. Zwischen beiden Bäumen besteht aber ein enger Zusammenhang im Blick auf die Spende von Leben (vgl. Dan 4,7-9 [hier allgemein als אילן bezeichnet] und Ez 31,6 [hier in der Gestalt des ארז]), vgl. dazu Metzger, Kerubenthroner, 81; ders., Zeder, 202; ders., Weltenbaum, 12; Schroer, Bilder, 51.127; Winter, Lebensbaum, 78ff. Daß man sich den "Lebensbaum" auch als (Dattel-)Palme vorstellte, zeigt zumindest äthHen 24,4 (das entsprechende aram. Fragment 4QEn^d [= 4Q205] bricht nach c.24,1 ab).

3.3. Aspekte des Heilsverständnisses

daß auch der nachexilische Tempel eine dem salomonischen Tempel entsprechende Ausschmückung besaß.

In die Tempelassoziationen des R^UG läßt sich weiterhin der endredaktionelle Zusatz מקדם ל- in 3,24b einordnen. Der Zugang zum "Baum des Lebens" und damit zum Garten liegt im Osten. Dies entspricht der Ostung des Eingangs des Tempels Salomos,[57] des Modells Ezechiels (vgl. Ez 43,1-4) und des Heiligtums zur Zeit Serubbabels (vgl. Aristeasbrief §88).[58] Die von dem R^UG intendierte gedankliche Verbindung des Motivs vom עץ החיים mit dem Tempel wird dann auch durch die tempel- bzw. zionstheologische Verwendung der analogen Wendung מקור חיים (vgl. Ps 36,9f.) bestätigt: Bei Jahwe und seinem Tempel ist die "Quelle des Lebens".[59]

Schließlich fungiert das von dem R^UG in die Paradieserzählung eingebaute Motiv der Keruben (3,24) als Hinweis auf den Jerusalemer Tempel. So sind die "Keruben" nicht nur ein Beispiel für die Angelologie des R^UG,[60] sondern wie der "Lebensbaum" ein ikonographischer Impuls für den Leser, an den Tempel zu denken.[61] Die tempeltheologischen Bezüge der Keruben in Gen 3,24 ergeben sich zum einen aus ihrem ursprünglichen Bildhintergrund,[62] zum anderen aus dem Kontext, in dem im AT von diesen Mischwesen gesprochen wird. So erscheinen die Keruben explizit als *Figuren auf der Lade*,[63] als *Trägerfiguren* des unsichtbaren Thrones Jahwes im Debir des salomonischen Tempels,[64] als *Wächter des Lebensbaums* auf dem Schnitzwerk an den Wänden des Debir des Tempels Salomos und des Hekal des Tempels Ezechiels[65]

---

[57] Vgl. Görg, Keruben, 22-24; Kuschke, Tempel, 338.340; Hossfeld, Pentateuch, 34.
[58] So mit Gese, Lebensbaum, 82; Hossfeld, Pentateuch, 34; Wenham, I, 86.
[59] Daß der Ausdruck מקור חיים wie die Wendung עץ חיים rein metaphorisch benutzt werden kann, zeigen Prov 10,11; 13,14; 14,27; 16,22; Sir 21,13. Weitere Wortverbindungen mit חיים- (vgl. ארה חיים [Ps 16,11; Prov 2,19; 5,6; 15,24]; דרך חיים [Prov 6,23; Jer 21,8]; אור החיים [Ps 56,14; Hi 33,30]; ספר חיים [Ps 69,29; Dan 12,1; siehe zu diesem Motiv auch Ex 32,32f.; Jes 4,3; JosAs 15,4.12x; 22,13; Jub 30,22; 1QM 12,1f.; Lk 10,20; ApkJoh 3,5; 20,12.15; OdSal 9,11] u.ä.) führen in andere Vorstellungskomplexe. Zu der für JosAs spezifischen Wendung ἄρτον ζωῆς (16,16; 19,5; 21,21) siehe Burchard, in: JSHRZ II, 60-608.
[60] S.o.S.238ff.
[61] So mit Gese, Lebensbaum, 81f.; Clark, Flood, 200 Anm.76; Hossfeld, Pentateuch, 34; Strange, Afterlife, 36.
[62] S.o.S.238f. und dazu Schroer, Bilder, 28.121ff.
[63] Vgl. jeweils bei P: Ex 25,18ff.; 37,8; Num 7,89, sowie in 11QT 7,10. Zur Frage, ob die Ladekeruben von P (Ex 25,18-20) menschen- oder tiergestaltig zu denken sind, vgl. einerseits Keel, Jahwe-Visionen, 17; andererseits Görg, Keruben, 22, und dazu Schroer, Bilder, 132f.
[64] Vgl. I Reg 6,23.27; II Chr 3,10 und dazu Strange, Afterlife, 35; Janowski, Keruben, 241ff.; Metzger, Kerubenthroner, 75ff.
[65] Vgl. I Reg 6,29.32.35; II Chr 3,7; Ez 41,17-26. Zur Trennung zwischen den "Thronkeruben" in der Hauptcella und den "Baumkeruben" in der Vorcella als eine spezifische Jerusalemer Kerubenvorstellung siehe Schroer, Bilder, 122f.; Metzger, Kerubenthroner, 83.

sowie als *Figuren auf dem Vorhang der Stiftshütte* bzw. auf dem Schnitzwerk der Haupthalle des salomonischen Tempels.[66]

Als negative Kehrseite der in c.2-3 angedeuteten Zionstheologie des R^{UG} lassen sich die von ihm bearbeitete Nimrodnotiz und die Babel-Bau-Erzählung ansprechen.[67] Entsprechend der vom R^{UG} vertretenen Scheidung der Menschheit in Fromme und Frevler bilden 10,8-12 und 11,1-9 "Antizionserzählungen". Analog zu 2,10-14 zeigt die Zusammenstellung von Kusch und Nimrod in 10,8 die für einen palästinischen Erzähler kulturgeschichtlich entscheidenden Eckpunkte der ihm bekannten Welt: Ägypten/Äthiopien[68] und Mesopotamien.[69] Die Zuordnung eines mesopotamischen Herrschers und Städtebauers zur hamitischen Linie (10,6) ist weder das Resultat einer sekundären Gleichsetzung des ägyptischen Kusch mit den babylonischen *kaššu* (Kassiten)[70] noch einer Verwechslung mit dem Land *Kisch*[71] noch ein Hinweis auf eine frühgeschichtliche Verbindung zwischen Äthiopien und Sumer,[72] sondern Ausdruck einer bestimmten theologischen und kulturgeschichtlichen Interpretation des R^{UG}. Insofern Nimrod ein Nachkomme Hams ist, steht das über ihn Erzählte von vorneherein unter dem Verdikt, Abkömmling einer sittlich inferioren Größe zu sein (vgl. 9,22f.). Der in 9,25 implizit auch Ham treffende Fluch steht gleichsam über Nimrods Reich.[73]

Aus der Parallelität von 11,2 (מִקֶּדֶם) zu den Ortsangaben in 2,8 (מִקֶּדֶם) und 3,24 (לְמִקֶּדֶם), von 11,6-7 zu der Gottesrede in 3,22 und von 11,4b.8a.9b zu der Vertreibungsnotiz in 3,24 (גרשׁ) ergibt sich, daß 11,1-9 als ein inhaltliches und kompositionelles Gegenüber zur Paradieserzählung gestaltet ist. Die doppelte Notiz der Zerstreuung (פוץ) der Menschheit מִשָּׁם (11,8a.9b) unterstreicht die Bemerkung über die Vertreibung (גרשׁ) des Menschen aus dem im Osten gelegenen Garten Eden (3,24). Mit der Einfügung der Babel-Bau-Erzählung in die Urgeschichte ist der paradigmatische Charakter der Erzählung betont. Dem von Jahwe gepflanzten Garten Eden, den der Fromme gegenwärtig im Jerusalemer Tempel abbildhaft erfährt, steht das von

---

[66] Vgl. Ex 26,31 [P]; II Chr 3,14 bzw. II Chr 3,7. Daß im Innern des Tempels Salomos auch Palmen (Lebens- oder Weltenbäume) dargestellt waren, unterschlägt der chronistische Bericht. Ebenso erscheinen bei den "priesterlichen" Beschreibungen des Vorhangs des משׁכן lediglich die כרבים ohne "Lebensbäume" (vgl. Ex 26,31; 35,35).
[67] Vgl. S.225f.; ähnlich Berges, Babel, 48.
[68] Vgl. dazu Hölscher, Erdkarten, 43.
[69] Vgl. dazu auch Oded, Table, 27f.; van der Toorn, Nimrod, 7; Machinist, Nimrod, 1117.
[70] Vgl. Fd. Delitzsch, Paradies, 51ff.251; Lipiński, Nimrod, 81; Hidal, Cush, 105f.; Ruppert, I, 445.465; Uehlinger, Nimrod, 1184.
[71] Vgl. dazu Winnett, Genealogies, 173 Anm.6. In der sumer. Tradition gilt das Land *Kisch* als Ausgangspunkt der nachsintflutlichen Zivilisation.
[72] König, 422; Gispen, Nimrod, 211. Zur Bezeichnung einer arab. Größe mit dem Terminus כושׁ siehe Hidal, Cush, 103, mit Hinweis auf II Chr 14,8; 21,16; Hab 3,7.
[73] Vgl. S.244.253f.

3.3. Aspekte des Heilsverständnisses

Menschen erbaute, aber zerfallene Babylon als Manifestation einer sich von Jahwe emanzipierenden Menschheit gegenüber. Somit begegnet bereits in der biblischen Urgeschichte andeutungsweise der heilsgeschichtliche Kontrast zwischen Jerusalem als der Gottesstadt und Babylon als Stadt der hybriden Menschheit.[74] Diese Gegenüberstellung entspricht tendenziell der auf den R^{UG} zurückgehenden urzeitlichen Scheidung der Menschheit in Gerechte (Setiten bzw. Semiten; 4,25-26) und Frevler (Kainiten bzw. Hamiten und Kanaanäer; 9,25-27).[75] An der Einbettung des Gegensatzes von Jerusalem und Babylon in die Komposition von Gen 1-11 zeigt sich erneut, daß der R^{UG} einzelne Vorstellungen, die die eschatologische Prophetie (vgl. Jes 13-14; Jer 50-51) als Zukunftserwartungen in die Endzeit verlegt, in der Urzeit verortet und als in der Gegenwart erlebbar versteht. Der Gottlosigkeit wird nicht erst künftig ein Tempel in Babylon errichtet (Sach 5,11),[76] wodurch die Stadt "das Zentrum der widergöttlichen Religion" wird.[77] Babylon ist vielmehr bereits seit der Urzeit in seiner Gesamtheit (עיר ומגדל) ein widergöttliches Bauwerk. Was die späte Prophetie als eschatologische Hoffnung ausdrückt, ist für den R^{UG} realisiert.

Die Typologie einer Entsprechung von Urzeit und Endzeit bzw. einer Wiederkehr der Urzeit in der Endzeit ist im Blick auf die Konzeption des R^{UG} dahingehend zu bestimmen, daß sich Urzeit- und Endzeitdarstellung ähnlicher Motive bedienen, aber temporal und intentional unterscheiden. Der R^{UG} ist in dieser Hinsicht ein Vertreter einer "realisierten Eschatologie".

Zusammenfassend läßt sich sagen, daß die von dem R^{UG} in Gen 2,4-3,24 zum Teil in symbolischer Überhöhung eingetragenen Zionsassoziationen (der "Doppelname" Jahwe Elohim, der Gichon im Kidrontal, der Gottesberg, das Wortpaar עבד ושמר, der "Lebensbaum" und die "Keruben" sowie die Ostung des Gartens) eine doppelte Botschaft transportieren:
1.) Jerusalem hat Anteil am verlorenen Garten Eden.
2.) Im Jerusalemer Tempel erlebt der Fromme das Paradies.[78]

---

[74] Siehe dazu auch mit einer etwas anderen Nuancierung Van Seters, Prologue, 184 und Machinist, Nimrod, 1117, sowie mit Blick auf Ps 46 Junker, Strom, 200f.
[75] Vgl. S.257ff.
[76] שנער steht in Sach 5,11 wie in Gen 11,2; 14,1; Jes 11,11 und Dan 1,2 für Babylonien.
[77] Sellin, Zwölfprophetenbuch, 463.
[78] Daß der R^{UG} mit dem Einbau von 2,10-14 einer angeblich schon in der im "priesterlichen" Schöpfungsbericht angelegten Interpretation des Kosmos als Tempel (so zuletzt Blenkinsopp, Pentateuch, 62f.) und einer in der "priesterlichen" Fluterzählung vorliegenden Gleichsetzung der Arche mit dem Tempel folge (so zuletzt Vermeylen, Commencement, 151f.; Holloway, Ship, 347; Pola, Priesterschrift, 286ff.), ist angesichts der expliziten Heiligtumskonzeption von P in Ex 19-40* unwahrscheinlich. Zu den gleichwohl zwischen der "priesterlichen" Schöpfungs-, Flut- und Stiftshüttenperikope (Ex 25-31) bestehenden Strukturparallelen siehe Zenger, Gottes Bogen, 174f.; Pola, Priesterschrift, 367; Janowski, Tempel, 46ff.

3.3.2. Die Anrufung Jahwes als Weg zum Heil

In seinem unmittelbaren Kontext fungiert Gen 4,26 als ein positives Gegenüber zu den Aussagen über Kain und die Kainiten. So bildet die Set-Enosch-Notiz im Rahmen der Komposition der Urgeschichte erzählerisch ein Gegengewicht zur Schilderung Adams, der aus der unmittelbaren Nähe Jahwes vertrieben wird (3,24), und Kains, der sich vor dem Angesicht Jahwes verbergen muß (4,14) und selbst vom Angesicht Jahwes entfernt (4,16). Der R^{UG}, der durch den Zusatz von 3,24 redaktionstechnisch die Paradies- und die Brudermorderzählung weiter aneinander angleicht,[79] und inhaltlich die Vorstellung einer zwischen Gott und Mensch bestehenden Grenze verdeutlicht, zeigt nun mit der Ergänzung von 4,26 auch, wie diese Grenze zumindest durch den Teil der Menschen, die Jahwe anrufen, überbrückt werden kann. Indem der R^{UG} diese positive Grenzüberschreitung erstmals durch Enosch, "den Menschen", vollziehen läßt, stellt er die Anrufung Jahwes in einen universalen Horizont. Indem er Enosch aber als Sohn Sets Jahwe anrufen läßt, verweist er zugleich auf die besondere Rolle der Setiten, aus deren Reihe sich Noah (5,28f.), Sem (9,26) und Abram (11,26) erheben werden. Somit spricht aus der endredaktionellen Notiz in 4,25f. eine Dialektik zwischen der Universalität Jahwes und der Konzentration des Heilshandelns auf einzelne Punkte der Geschichte Israels.

Die Parallelen zu der Formel קרא בשם יהוה zeigen, daß in Gen 4,26 nicht in einem rein urgeschichtlichen Sinn allgemein von der Einrichtung des Kults die Rede ist, sondern in einem spezifischen Sinn vom *Beginn der Jahweanrufung*.[80] Dies ergibt sich vor allem aus folgenden Parallelen:

1) aus Ex 33,19, dem einzigen Beleg für eine Verwendung der Formel mit dem Subjekt "Jahwe",[81]

2.) aus I Reg 18,24, wo קרא בשם יהוה explizit im Gegenüber zu der Wendung קרא בשם אלהיכם erscheint,

3.) aus Joel 3,5, wo in einem endzeitlichen und exklusiven Sinn denen, die Jahwes Namen anrufen, Rettung verheißen wird,

4.) aus Zeph 3,9, wo sich, ebenfalls eingebettet in ein Gotteswort, nun die Hoffnung auf eine eschatologische Wandlung der Völker zu einer allgemeinen Anrufung Jahwes ausgedrückt findet.

---

[79] Vgl. die programmatische Vorwegnahme der Begriffe שמר und גרש aus 4,9 bzw. 4,14 in 2,15 bzw. 3,24, s.o.S.219f.

[80] So mit Holzinger, 57; Gunkel, 54; Dillmann, 105; Procksch, 58; Vriezen, Theologie, 165; Köhler, Theologie, 25f.; von Rad, 83; W. Dietrich, Bruder, 107; J. M. Miller, Descendents, 165; Rösel, Übersetzung, 120; Blenkinsopp, Pentateuch, 70.

[81] In Ex 34,5b kann nur Mose Subjekt von ויקרא בשם יהוה sein. Die Auslassung von משה, wodurch Jahwe das Subjekt bildet, steht vermutlich im Zusammenhang mit der sehr jungen Ergänzung in Ex 33,19 (vgl. Baentsch, Exodus, 281; Noth, Exodus, 212).

3.3. Aspekte des Heilsverständnisses

Wie der R^UG über seine Bearbeitung der Paradieserzählung auf den Jerusalemer Tempel anspielt, so verortet er durch die Enoschnotiz (im Gefolge der "jahwistischen" Urgeschichte) die Jahweanrufung in der Urgeschichte. Auf diese Weise stellt der R^UG erneut eine genuin israelitische Glaubens- und Heilsgröße betont in einen universalen Horizont. Zugleich unterstreichen einzelne Parallelen zu Gen 4,26b auch die in c.2-3* festgestellte zionstheologischen Anspielungen des R^UG. So erscheint die Formel קרא בשם יהוה in einer direkten Anbindung an den Zion in einem auf die Endzeit bezogenen Sinn in Joel 3,5 und in Zeph 3,9-11 sowie in einem gegenwartsorientierten Horizont in Ps 116,4ff. Für den R^UG sind der Zion und der Tempel der Ort, wo wahrhaft Jahwe angerufen wird.

In den Zusammenhang, die Setiten und die Semiten als Jahwe anrufende Menschen zu zeichnen, gehören auch die endredaktionelle Notiz des Hoffnungsschreies Lamechs in 5,29 und der erst endredaktionell zur Doxologie gestaltete Segensruf Noahs in 9,26. Damit ergibt sich die Reihe "Enosch, Lamech, Noah". Diese findet, wie eine Durchsicht der Verwendung von קרא בשם יהוה im Pentateuch zeigt, ihre Fortsetzung in der Folge "Abraham, Isaak, Mose". Aus den Belegen für קרא בשם יהוה im Pentateuch ergibt sich so die theologische Funktion, die Gen 4,26 über den Horizont der Urgeschichte hinaus erfüllt. Enosch wird als Vorläufer der zentralen Figuren der alttestamentlichen Heilsgeschichte Abraham und Mose dargestellt.[82]

In der textkritischen Analyse von 4,26b wurde nachgewiesen,[83] daß MT unverändert beibehalten werden kann. Die Ursprünglichkeit der Lesart אז הוחל לקרא בשם יהוה wird zudem durch Texte bestätigt, die im Zusammenhang einer erstmaligen Ausführung einer kultischen Institution oder einer in den Bereich des Kultus fallenden Tätigkeit das Zeitadverb אז verwenden. Zugleich könnten diese Texte die für 4,26 angestellte Funktionsbestimmung unterstützen, wenn אז hier mehr als nur eine Formel zur Einleitung eines historischen Nachtrags darstellt. So würde Enosch nun auch aus der Perspektive einer erstmaligen Anwendung einer kultischen Verrichtung als Vorläufer Moses (Ex 15,1; Dtn 4,41),[84] Josuas (Jos 8,30), Salomos (I Reg 8,1/II Chr 5,2; I Reg 8,12/II Chr 6,1; II Chr 8,20) und Davids (I Chr 15,2; 16,7f.) erscheinen. Die nächste formale und inhaltliche Parallele zu Gen 4,26 stellt unter den genannten Texten dann I Chr 16,7f. dar, insofern hier אז in zeitlichem Sinn für eine erstmals eingesetzte kultische Institution in Verbindung mit dem Motiv der Anrufung des Namens Jahwes (הודו ליהוה קראו בשמו) steht. Indem die Bestimmung der Asaphiten durch David zu Sängern auf ihre Tätigkeit am Tempel zielt (vgl. I Chr 17,1ff.), bestätigt I Chr 16,7f. auch die oben ausgesprochene Vermutung einer zionstheologischen Konnotation der Formel קרא בשם יהוה.

Solange Gen 4,26 als eine urgeschichtliche Notiz verstanden wird, die lediglich vom Beginn der Religion unter nichtspezifischer Verwendung des Tetragramms berichtet, besteht zwischen der Enoschnotiz und der erstmaligen

---

[82] Ähnlich Wallace, Toledot, 22.
[83] S.o.S.64.
[84] Vgl. auch Ex 4,26, wo allerdings Zippora das Subjekt ist.

Kundgabe des Jahwenamens an Mose (Ex 3,14f.; 6,3) kein Widerspruch. Die aufgrund der Parallelen zu der Formel קרא בשם יהוה nahegelegte Interpretation von Gen 4,26 als Beginn der Jahweanrufung in der Urzeit hingegen erfordert eine Klärung des Verhältnisses zu Ex 3,14f. und Ex 6,3. Die Spannung zwischen Gen 4,26 einerseits und Ex 3,14f. und Ex 6,3 andererseits scheint sich noch dadurch zu verschärfen, daß die Enoschnotiz auf einen "nachpriesterlich" anzusetzenden Redaktor zurückgeht, der (unabhängig von der literargeschichtlichen Zuweisung von Ex 3,14f.) vermutlich den "priesterlichen" Abschnitt in Ex 6,2-3 kannte. Die literarkritische Lösung, daß Gen 4,26 (wie auch die entsprechenden Stellen in Gen 12,8; 13,4; 21,33; 26,25) auf eine "vorpriesterliche" Hand zurückgehe und die Spannung zu Ex 3,14f. und Ex 6,3 von einer lediglich konservierend vorgehenden Hand bewußt oder unbewußt in Kauf genommen worden wäre, entspricht nicht dem bisher für den R[UG] nachweisbaren Verfahren. Konkret besteht das Problem, ob Gen 4,26 "eine vereinzelte Überlieferung [darstellt], die sich mit Ex. 31ff. oder 62f. nicht harmonisieren läßt".[85] Wenn ein "nachpriesterlicher" Redaktor angesichts der Passage

"Und Gott redete zu Mose und sprach zu ihm: 'Ich bin Jahwe. Und ich bin erschienen dem Abraham, dem Isaak und dem Jakob als El Schaddai, aber *meinen Namen Jahwe* tat ich ihnen nicht kund" (Ex 6,2f.)

schreiben konnte, daß man zu Enoschs Zeiten begann, den *Namen Jahwes anzurufen*, dann kann es sich nur um einen entschiedenen Gegenentwurf bzw. um eine Ergänzung zur Vorstellung von der Offenbarung des Jahwenamens an Mose handeln.[86] Durch die Lokalisierung des Beginns der Jahweanrufung in der Urzeit und durch die Verbindung der Formel קרא בשם יהוה mit Enosch, "dem Menschen", wird die Jahweverehrung in eine universale Dimension gestellt: Jahwe ist der Gott der ganzen Welt, der von allen Menschen im Gebet angerufen werden kann. Die Enoschnotiz bildet somit gegenüber Ex 3,14f. und 6,2f. keine "naive Zurücktragung spätern Brauches in früheste Zeit durch einen Schriftsteller, der in Fragen der Geschichte und der Theologie unbekümmert ist".[87] Sie ist vielmehr ein theologisch reflektierter Ausdruck der Überzeugung, daß Jahwe schon seit Urzeiten von Menschen angerufen wurde, weil Jahwe selbst schon seit Urzeiten ist. Mit Ex 3,14f. und 6,2f. teilt der R[UG] aber die Vorstellung von einem geschichtlichen Haftpunkt der Offenbarung, insofern er erst den Setiten Enosch, der als Nachkomme Adams unter den Bedingungen der Entfernung aus der unmittelbaren Gottesnähe lebt (3,24), Jahwe anzurufen beginnen läßt.

---

[85] So von Rad, Theologie, I, 193 Anm.10; ähnlich Köhler, Theologie, 25f.; J. M. Miller, Descendents, 165; Coats, 69.
[86] Zum Versuch, das Verhältnis von Gen 4,26; 12,8 (*par.*) zu Ex 3,14f; 6,2f; (34,5f.) mittels des Schemas "allgemeiner - spezieller Jahweoffenbarung" zu deuten, vgl. Dillmann, 105; Procksch, Theologie, 439.
[87] So Köhler, Theologie, 26.

3.3. Aspekte des Heilsverständnisses 279

Wie der R^UG dem Menschen nach der urzeitlichen Vertreibung aus dem Garten Eden mittels des Jerusalemer Tempels eine gegenwärtige Teilhabe am Paradies vor Augen stellt, so versteht er die Möglichkeit, Jahwe anzurufen, als ein heilbringendes Kontinuum. Weitergegeben über die Setiten, hat dieses das Flutgericht überdauert (vgl. 9,26) und besteht bis in die Gegenwart. Die Moseoffenbarung wird durch Gen 4,26 ebensowenig wie durch die Notizen in Gen 12,8; 13,4; 21,33 und 26,25 abgewertet. Unterstrichen wird aber ihre Kernaussage, daß *Jahwe der Israel aus der Unterdrückung in Ägypten rettende und in die Freiheit des gelobten Landes führende Gott* ist (Ex 3,16f.; 6,4-8). Dabei blickt der R^UG erzählerisch über die Moseoffenbarung hinaus auf seine eigene Zeit, in der gemäß seiner gegenwartsbezogenen Heilsvorstellung dem Menschen die Möglichkeit gegeben ist, den Namen des Weltengottes Jahwe am Mittelpunkt der Welt anzurufen.

Exkurs: Zur Wirkungsgeschichte von Gen 4,25-26

Die Set-Enosch-Notiz hat, obwohl sie in MT nur zwei Verse umfaßt, wirkungsgeschichtlich tiefe Spuren hinterlassen. Dabei stehen sich in der nachbiblischen Interpretation von Gen 4,26 im wesentlichen zwei einander entgegengesetzte Deutungen gegenüber: die positive Beurteilung Enoschs und der Setiten, als echte *Gottesverehrer* einerseits, die negative Beurteilung als erste *Götzendiener* andererseits. Während sich die erste Deutung vor allem in der christlichen Tradition niedergeschlagen hat, zeigt sich das Verdikt über Enosch und seine Zeit in Anknüpfung an die targumischen Wiedergaben von V.26 in der rabbinischen Auslegung.[88]
Der Umschwung in der Beurteilung Enoschs setzt mit Philo von Alexandria und Josephus im 1./2. Jh. n. Chr ein und entfaltet sich dann im Gegenüber von altkirchlicher und rabbinischer Exegese.[89] In den ältesten Rezeptionen von Gen 4,26 ist Enosch noch gemäß MT als positive Figur gesehen. So findet sich Enosch bei Sir 49,16 [H] im Rahmen des Lobs der Väter in einer Reihe mit Set und Sem, deren Ruhm zwar nicht an Adams Herrlichkeit heranreichte, die aber ebenfalls hochgeehrt waren.[90] Jub 4,12 kennzeichnet Enosch

---

[88] Vgl. S.64 Anm.59.
[89] Vgl. dazu ausführlich Fraade, Enosch, 29ff. Im Qumranschrifttum ist אנוש als Eigenname bisher nicht nachgewiesen.
[90] Sir 49,16 weist eine komplizierte Textgeschichte auf: In der griech. und lat. Überlieferung fehlt die Figur des Enosch. Vermutlich haben G und Vg anstatt ואנוש ein באנוש (ἐν ἀνθρώποις bzw. *apud homines*) gelesen. Sy verknüpft die hebr. und die griech. bzw. lat. Fassung (*w'nwš b'nš'*). Die ambivalente Form נפקדו erscheint in G als ἐδοξάσθησαν und dementsprechend in Vg als *adepti sunt*, was gelegentlich zu der Emendation von H in נכבדו veranlaßt (vgl. Ryssel, in: APAT I, 467; Peters, Sirach, 423; Skehan u. Di Lella, Ben Sira, 542). Eine solche Änderung ist aber unnötig, wenn man פקד (*Nif.*) wie in Jes 29,6 als "in Gnaden besucht werden" übersetzt (so mit Ges^17; Fraade, Enosch, 15; vgl. auch Neh 7,1; 12,44 und *fqd* im Äth. "gedenken"). Weniger passend erscheint die Übersetzung von Sauer (in: JSHRZ III, 630), mit "bestattet werden". Die von H (und G) gebotene Reihenfolge "Sem - Set - Enosch" entspricht der Wertschätzung Sems als Stammvater Israels, wie sich sie bereits bei R^UG findet (vgl. Gen 10,21), während sich Vg der von Gen 4-5 vorgegebenen genealogischen Folge an-

über MT hinaus explizit als ersten Jahweverehrer.[91] Ähnlich wie in Sir 49,16 wird Enosch weiterhin in Jub 19,24-25 in einer Reihe der vorsintflutlichen gerechten Ahnen Abrahams genannt.[92] Im Rahmen des zwischentestamentlichen Schrifttums begegnet Enosch schließlich noch zweimal in einer Reihe gerechter Väter im slawischen Henochbuch. Auch hier wird Enosch noch in der Linie von MT positiv gewürdigt. Über die Notiz, daß Adams, Sets, Enoschs, Kenans, Mahalalels und Jareds Schriften nicht von der Sintflut vernichtet werden sollen, erscheint Enosch als ein Weiser.[93] Im Kontext eines Gebets des Nir, des jüngeren Bruders von Noah und Vaters von Melchisedek,[94] begegnet Enosch sogar neben anderen Urvätern als Priester.[95] Gerade diese Kennzeichnung Enoschs liegt durchaus in der Linie des R^{UG}, der dem Menschen in der Urzeit bereits priesterliche Funktionen zuschreibt (vgl. Gen 2,15), andererseits den Gedanken der Stellvertretung durch den Gerechten vertritt (vgl. 5,29; 7,1b; s.u.).

Die Vorstellung der Heilsbedeutung der Anrufung des Jahwenamens ergibt sich indirekt auch aus 11,1-9. So bildet die Turmbauerzählung nicht nur eine Negativfolie der Zionsassoziationen des R^{UG},[96] sondern unterstreicht auch seine Vorstellung von der universalen Bedeutung, den Namen Jahwes anzurufen. Da das Motiv der einen Sprache erst redaktionell im Blick auf die Kombination der Babel-Bau-Erzählung mit der "priesterlichen" Völkertafel ergänzt wurde, ist es unwahrscheinlich, daß שפה sich in der *vorliegenden* Erzählung semantisch von לשון (10,5.20.31) unterscheidet[97] und im Sinn gedanklicher Einheit als "eine Rede" zu übersetzen wäre.[98] Für die Wiedergabe von שפה

---

schließt. Sy erweist sich auch hier wieder als Mischtext ("Set - Sem - Enosch"). Zu weiteren Textfragen von Sir 49,16 siehe Peters, Sirach, 423.

[91] "Er (sc. Enosch) fing zuerst an, den Namen Gottes auf der Erde (an)zurufen." (Übersetzung von Littmann, in: APAT II, 46). Jub 4,12 ist bisher nur in der äth. Version nachgewiesen. Die griech. Fragmente bieten lediglich ein knappes Pendant zu 4,13: γυνὴ Ἐνὼς Νωα ἡ ἀδελφὴ αὐτοῦ.

[92] So heißt es in dem Segen, den Abraham seinem Enkel Jakob spendet: "Und in seinem (sc. Jakobs) Samen wird mein Name und der Name meiner Väter Sem, Noah, Henoch, Mahalalel, *Enosch*, Seth und Adam gepriesen werden. Und sie sollen berufen sein, den Himmel zu gründen und die Erde zu festigen und alle Lichter zu erneuern, die an der Feste sind." (Übersetzung von Littmann, in: APAT II, 73). Der Text ist ebenfalls bisher nur in der äth. Version erhalten. Unklar ist, ob sich V.25 auf die Nachkommen Jakobs oder auf die sieben gerechten Väter bezieht. Im letzteren Fall wäre Enosch dann spätestens im 2. Jh. v. Chr. als eine der "sieben Säulen" angesehen worden.

[93] Vgl. slHen 33,10-11 (Langfassung J, in: Charlesworth, Pseudepigrapha, I, 156).

[94] Siehe dazu Stichel, Namen, 42-54.

[95] Vgl. slHen 71,32 (Langfassung J, in: Charlesworth, Pseudepigrapha, I, 208).

[96] Vgl. S.274f.

[97] Damit soll nicht bestritten werden, daß sich in anderen Texten לשון als Begriff für eine konkrete Sprache und שפה als Terminus für das Sprachsystem differenzieren lassen; vgl. dazu Berges, Babel, 51.

[98] So aber Uehlinger, Weltreich, 349.435-505, der den Schlüssel für den motivgeschichtlichen Hintergrund von Gen 11,1-9 in der Verwendung der akkad. Formel *pû(m) ištēn* als Weltherrschaftsmetapher in assyrischen Bauinschriften, insbesondere in der Zylinderinschrift Sargons II. von 713/2 v. Chr. (a.a.O., 479f.), sieht. Zur Problematik dieses Vergleichs siehe zuletzt ausführlich Seebass, I, 281.

3.3. Aspekte des Heilsverständnisses 281

אחת mit "eine Sprache" kann zudem auf die Interpretation von שפה in V.1b als דברים אחדים "einerlei Wörter" und die sprachlichen Stilmittel in V.3 hingewiesen werden.[99] Daß שפה und לשון synonym gebraucht werden können, zeigen eindeutig die Parallelismen in Jes 28,11; 33,19 und Ez 3,5f. sowie die Wendung שפת כנען in Jes 19,18. Da der Terminus בלל ("vermengen") dem R^UG vorgegeben war und im Blick auf die Babeletymologie beibehalten werden mußte,[100] spricht seine Verwendung trotz einer gewissen Unschärfe nicht gegen die Annahme, daß in 11,7.9aβ damit das Phänomen der Sprachendifferenzierung bezeichnet wird. Das Sprachenmotiv in Gen 11,1-9 ist dann zunächst Ausdruck einer Reflexion des R^UG über das Phänomen der Vielsprachigkeit, die als Folge eines Gottesgerichts über die frevelhafte Stadt angesehen wird (vgl. Ps 55,10-12).[101]

Literarisch knüpft die Reflexion des R^UG an die aus der "priesterlichen" Tradition übernommenen Summarien איש ללשנו bzw. איש ללשנתם (10,5.20.31) an. Sachliche Parallelen zu einer solchen Auseinandersetzung über den Verlust einer allen Menschen gemeinsamen Ursprache finden sich sowohl im altorientalischen, vor allem altägyptischen Bereich, als auch im antiken Kontext.[102] Alttestamentliche Parallelen zu einer Reflexion über das Phänomen der Spracheinheit begegnen aber nur im Bereich der eschatologischen Prophetie (vgl. Jes 19,18; Zeph 3,9). Der Verbindungspunkt zwischen Gen 11,1-9 einerseits und den eschatologischen Belegen in Jes 19,18 und Zeph 3,9 andererseits besteht weniger in der Vorstellung von einer endzeitlichen Überwindung der urzeitlichen Sprachverwirrung als vielmehr in der Bestimmung der *Funktion* der Spracheneinheit, insofern die eine Sprache dazu

---

[99] Vgl. S.96, so auch Uehlinger, Weltreich, 360, der aber V.1b.3.9a von dem Motiv der שפה אחת ("eine Rede") trennt und auf eine "Babel-relecture" aus neubabylonischer Zeit zurückführt, die שפה *nun* im Sinne eines Idioms verstanden habe (a.a.O., 329ff.577). Vgl. dazu auch G zu Gen 11,1b (φωνὴ μία): in der Regel verwendet G zur Wiedergabe von שפה den Begriff χεῖλος, während φωνή für קול erscheint (vgl. Ex 24,3; II Chr 5,13; siehe dazu Rösel, Übersetzung, 214ff.); doch kann φωνή auch im Sinn von Sprache gebraucht werden (vgl. Dtn 28,49 [für לשון]; II Makk 7,8.21.27; IV Makk 12,7; 16,15).

[100] S.o.S.93.

[101] Daß der Begriff בלל auf dem Hintergrund der "priesterlichen" Notizen in 10,5.20.31 dann im Horizont von Jahwes Ordnung stiftendem Handeln (ברא) verstanden werden kann, zeigt spätestens die Doxologie in 1QM 10,14 und ist auch für den R^UG selbst nicht ausgeschlossen. In 1QM 10,14 ist שפה dann auch explizit durch לשון ersetzt.

[102] Vgl. dazu ausführlich Uehlinger, Weltreich, 429-434, der hier neben der 143. Fabel des Hygin verschiedene altägyptische Sprachverwirrungstraditionen darstellt. Die immer wieder zum Vergleich mit Gen 11,1-9 herangezogene sumer. Beschwörung des Nudimmud aus dem Enmerkarmythos (Z.134-155; vgl. bei Beyerlin, RTAT, 112f.) handelt nach der differenzierten Analyse Uehlingers (a.a.O. 410-429) nicht von einer Sprachverwirrung, sondern von dem politischen Ideal einer Sprache, nicht im Sinn eines linguistischen Ur-Idioms, sondern einer bestimmten Weltordnungsvorstellung.

dient, den Namen Jahwes anzurufen. Auch wenn in Gen 11,1-9 die "eine Sprache" (שפה אחת) nicht ausdrücklich mit "der Sprache Kanaans" (שפת כנען) identifiziert wird, läßt sich aus den das Motiv der Spracheinheit unterstreichenden Wortspielen in 11,3 und aus den für einen antiken Verfasser anzunehmenden Denkvoraussetzungen ablesen, daß für den R^{UG} die Sprache der Menschen vor der Sprachverwirrung die von ihm selbst gesprochene, also Hebräisch ist.[103] Wie sich in der Möglichkeit, den Namen Jahwes anzurufen (vgl. 4,26), ein Kontinuum zwischen der Urgeschichte und der Gegenwart des R^{UG} erhalten hat, so auch in der Bewahrung der Ursprache durch Sem und seine Nachkommen (11,10ff.; 12,8). Aus dem Gegenüber von 11,1-9 zu 4,26 einerseits und 12,8 andererseits kann geschlossen werden, daß für den R^{UG} die universale Jahweanrufung bereits als Möglichkeit besteht - unabhängig davon, ob sie schon jetzt wahrgenommen wird oder erst im Eschaton (Jes 19,18; Zeph 3,9).[104] *Der Fokus des R^{UG} ist gegenwartsbezogen.*

Diese urgeschichtlich-gegenwartsbezogene Perspektive läßt sich nun auch als Kriterium für die Bestimmung des Verhältnisses von Gen 12,1-3 zu den Texten des R^{UG} heranziehen. Bereits bei der redaktionsgeschichtlichen Analyse von Gen 12,1-3 wurde angedeutet, daß die Abrahamverheißung terminologisch und stilistisch von den Texten des R^{UG} abweicht.[105] Zwar treffen sich 12,1-3 und die Einsätze des R^{UG} in ihrer universalen Perspektive, doch differieren sie in ihrem Zeitverständnis. Während 12,1-3 parallel zu Jes 19,24 und Sach 8,13 eine futurische Eschatologie aufweist, spricht aus den Texten des R^{UG} eine präsentische Heilsvorstellung: Die Heilsgüter Israels, der Tempel (vgl. 2,10-15; 3,24), die Anrufung Jahwes (vgl. 4,26) und die Stellvertretung durch einzelne Gerechte (vgl. 5,29; 7,1b; 8,21f.; 9,1ff.) sind gegenwärtig erfahrbar. Die Abfassung von 12,1-3 durch den R^{UG} ist daher unwahrscheinlich. Die Frage, ob der R^{UG} 12,1-3 bereits in der Verbindung mit der Einleitung der "priesterlichen" Abrahamserzählung (11,27-32*; 12,4b-5) vorgefunden hat, P also schon vor der Tätigkeit des R^{UG} "nichtpriesterlich" bearbeitet wurde (vgl. 11,29bβ.30),[106] oder ob erst der R^{UG} selbst für die Aufnahme von 12,1-3 verantwortlich ist, der R^{UG} also auch jenseits von Gen 1-11 wirkte und möglicherweise mit dem Endredaktor der Vätergeschichte, dem Endredaktor der Genesis oder gar mit dem R^{Pt} identisch ist, muß hier offenbleiben.[107]

---

[103] So explizit dann Tg^N (לשן בית קדשה), Tg^F (לישן קודשא) und Tg^J (לישן קודשה), vgl. auch die Syr. Schatzhöhle 24,10f. und dazu Stichel, Namen, 28f. In gleicher Weise ist für den griech. Mythographen Griechisch die Ursprache (vgl. Koch, Güter, 58).

[104] In einem weiteren Sinn gehört auch Sach 8,23 in diesen Kontext, insofern die עשרה אנשים מכל לשנות הגוים einerseits die geographische Differenzierung der Menschheit und ihre Vielsprachigkeit verdeutlichen, andererseits das Bekenntnis כי שמענו אלהים עמכם dem Gedanken Ausdruck gibt, daß das Heil bei den Juden liegt.

[105] Vgl. S.193ff.

[106] Vgl. S.148ff.

[107] Vgl. S.329ff.

3.3.3. Die Stellvertretung durch den Gerechten als Mittel zum Heil

In der redaktionsgeschichtlichen Analyse konnte gezeigt werden, daß die Benennung Noahs als Ruhebringer (5,29[v.l.]) ihren Zielpunkt in der endredaktionellen Verbindung des "jahwistischen" Flutepilogs mit der "priesterlichen" Darstellung des nachsintflutlichen Segens (9,1), des "ewigen Bundes" (9,8ff.) und des damit verbundenen heilvollen Gedenkens Gottes (9,15f.) besitzt.[108] Eine Untersuchung des motivgeschichtlichen Hintergrunds der Noahnotiz zeigt, daß hinter dieser Kombination eine *Stellvertretungsvorstellung* aufleuchtet.

Die Funktionsangabe Noahs, "Ruhe zu bringen", ist auf die Zukunft hin offen. Diese Offenheit teilt Gen 5,29b mit den Notizen über die Verleihung eines prophetischen Zeichennamens. Wie Gen 5,29 findet sich in Jes 7,14; 8,3f.; 9,5; Jer 20,3f. und Hos 1,4.6.9 die Verbindung der Benennungsformel קרא שם mit einer sich erst in der Zukunft erweisenden Funktion des Namensträgers.[109] Allerdings ist in den angegebenen prophetischen Stellen der verliehene Name künstlich gebildet und stellt selbst das Programm der benannten Figur dar, während in Gen 5,29 einem echten Personennamen in einem eigenen Satz ein theologisches Programm beigelegt wird. Den Vorstellungshintergrund von 5,29b erhellen die *drei entscheidenden Charakteristika* des Lamechwortes.

1.) Mit der Bestimmung, *künftig Ruhe zu bringen* (נוח [*Hif. I*]), wird Noah eine in Dtn 3,20; 12,10; 25,19; Jos 1,13.15; 21,44; 22,4; 23,1; II Sam 7,1.11; I Reg 5,18; I Chr 22,9 und Jes 14,3 von Gott selbst wahrgenommene Funktion übertragen.[110]

2.) Das Motiv der *Befreiung einer von Gott veranlaßten Mühsal* (עצבון) durch einen Menschen zeigt ebenfalls, daß Noah eine göttliche Aufgabe übernehmen soll.[111]

3.) Die Wahrnehmung einer solchen Tätigkeit und die Gegenüberstellung von Noah und gottverfluchter Erde verleiht Noah eine zwischen Gott und Menschen *vermittelnde Funktion*. Die Skizzierung Noahs als Ruhebringer für die durch Lamechs Generation verkörperte Menschheit[112] und die kompositionelle Ausrichtung der endredaktionellen Noahnotiz auf die kosmische Bewahrungszusage in 9,8ff. sind so als ein Ausdruck der Stellvertretungsvorstellung des R^{UG} zu interpretieren. Gemäß der Ruhevorstellung in 5,29 übernimmt Noah die Aufgabe, die ursprünglich dem "Menschen" zugewiesene Ru-

---

[108] Vgl. S.215f.
[109] Ein formaler Unterschied besteht darin, daß die Benennung imperativisch (קרא in Jes 8,3; Jer 20,3; Hos 1,4.6.9) bzw. im Perf. consec. (וקראת in Jes 7,14) formuliert ist.
[110] Vgl. dazu auch Spina, Cain's Rejection, 328 Anm.30.
[111] Vgl. Sap 10,9, wo die Weisheit als Retterin aus den Nöten (ἐκ πόνων) auftritt. Zur Verwendung von πόνος als Übersetzungsbegriff für עֶצֶב vgl. Prov 5,10.
[112] Vgl. die Formulierungen in der 1. Pers. Plur. (ינחנו ... ממעשנו ... ידינו [v.l.]).

he (2,15) der Menschheit wieder zu bringen.[113] Der vor Jahwe gerechte Noah (7,1b) wird durch den R^UG als ein Heilsmittler stilisiert. Die geschichtliche Menschheit verdankt Noah ihre Existenz und die ewige Zusage, daß diese Existenz von Gottes heilvollem Gedenken umgeben ist (9,8ff.). Allerdings schenkt Gott die durch Noah vermittelte Gabe der Ruhe, die Gewißheit auch im Chaos von Gott nicht vergessen zu sein, erst nach dem Gericht der Menschheit durch die Flut.

Terminologisch und sachlich berührt sich die Skizzierung Noahs als Heilsmittler zunächst mit der Regierungserklärung für Salomo in I Chr 22,9b, die zum chronistischen Sondergut gehört. So trägt Salomo hier den Titel eines "Ruhebringers" (איש מנוחה), der an die Funktion Noahs, angesichts des Fluchs über die Erde Ruhe zu bringen, erinnert.[114] Wie in Gen 5,29 wird der Name Salomos mit einer zukünftigen heilbringenden Wirksamkeit in Verbindung gebracht.[115] Im Gegensatz zu Gen 5,29 ist hier der hervorgehobene menschliche Namensträger allerdings nicht als Subjekt künftigen Handelns bezeichnet, sondern als Objekt der Heilstaten Gottes. Sodann ist in I Chr 22,9 die Benennung über die Begriffe נוח und שקט deutlicher in ein Erfüllungskonzept eingebaut, als dies in Gen 1-11 über die Linie 3,17 → 5,29→ 6,8f. → 7,1 → 8,21→ 9,1-17 der Fall ist.[116]

Eine Häufung der Theologumena, die das Gerüst der aus der Verbindung von 5,29 mit 8,21f. und 9,1-17 erkennbaren Stellvertretungsvorstellung bilden, findet sich in der Einleitung der "Höllenfahrt des Königs von Babel" in Jes 14,1-4a. So bietet Jes 14,1-4a zunächst in Kombination die Motive "Beheimatung durch Jahwe" (נוח [*Hif. II*] vgl. Gen 2,15 [MT]) und "Gabe der Ruhe" (נוח [*Hif. I*] vgl. Gen 5,29[*v.l.*]). Sodann zeigt sich hier die Verknüpfung des deuteronomistischen Ruhekonzepts mit der Vorstellung der "Erhebung zur Herrschaft durch Jahwe" mittels des Begriffs רדה und der "Befreiung von der Mühsal" (עצב),[117] wie sie für die Korrelation von Gen 5,29 mit 9,1-17 charakteristisch ist:

> "[1] Denn Jahwe wird sich Jakobs erbarmen und Israel wiederum erwählen und sie in ihre Heimat versetzen [הניחם]. Fremdlinge werden sich ihnen anschließen und sich zu dem Hause Jakobs gesellen. [2] Völker werden sie neh-

---

[113] Zur vermutlich ursprünglichen Lesart von Gen 2,15 (וַיְנִחֵהוּ) s.o.S.269. Das zwischen Gen 2,15 und 5,29(*v.l.*) bestehende Beziehungsnetz besteht allerdings unabhängig davon, ob in Gen 2,15 וַיַּנִּחֵהוּ (MT) oder וַיְנִחֵהוּ (*v.l.*) punktiert wird.
[114] Vgl. auch die Bezeichnung Noahs als איש הָאֲדָמָה in 9,20, die auf 5,29bβ zurückblickt; siehe dazu auch Spina, Cain's Rejection, 329ff.
[115] כי שלמה יהיה שמו ושלום ושקט אתן על־ישראל בימיו, vgl. weiterhin in I Chr 22,9a die Erklärung des Titels איש מנוחה in Form eines Gotteswortes: וַהֲנִחוֹתִי לוֹ מִכָּל־אוֹיְבָיו מִסָּבִיב.
[116] Vgl. I Chr 22,18; 23,25; II Chr 14,6; 15,15; 20,30.
[117] Vgl. auch Ps 147,3: Jahwe heilt Wunden (עַצֶּבֶת).

3.3. Aspekte des Heilsverständnisses 285

men und zu ihrem Orte bringen; aber das Haus Israel wird sie auf dem Grundbesitz Jahwes als Knechte und Mägde in Besitz nehmen. So werden sie fangen ihre Fänger und über ihre Bedrücker herrschen [רדה]. 3 Und es wird geschehen: An dem Tage, da Jahwe dir von deiner Pein [מעצבך], von deiner Unruhe und von der harten Fron, mit der du geknechtest wurdest, Ruhe verschafft [הניח], 4 wirst du dieses Spottlied über den König von Babel anstimmen und sagen:"[118]

Die begrifflichen Überschneidungen zwischen Jes 14,1-4a und Gen 5,29 zeigen, daß zwischen beiden Texten eine Beziehung besteht. Ebenso deutet die Differenz in der Vorstellung der Gabe der Ruhe einerseits allein durch Jahwe (so in Jes 14,4 in direkter Anlehnung an den deuteronomistischen Sprachgebrauch [vgl. Dtn 12,10]), andererseits durch die Vermittlung einer menschlichen Figur (so in Gen 5,29) darauf hin, daß Jes 14,1-4a und Gen 5,29 unterschiedliche theologische Positionen vertreten. Der partikularen Vorstellung aus Jes 14 steht die gesamtmenschheitliche Perspektive des R^{UG}, die aus Gen 5,29; 8,20f. und 9,2.7.10ff. spricht, gegenüber. "Mühsal und Unruhe ist eigentlich überhaupt das Los der Menschheit".[119] Davon erwirkt nach der Vorstellung des R^{UG} Noah Ruhe, indem Jahwe gegenüber Noah (1.) den Schöpfungssegen wiederholt (9,1), (2.) den Herrschaftsauftrag über die Kreatur erweitert (9,2.7) und (3.) eine ewige kosmische Bewahrungszusage für die belebte Welt gibt (9,8ff.). Durch die Verankerung in der Urgeschichte erhält das deuteronomistische Ruhekonzept bei R^{UG} eine universale Dimension. Noah bringt nicht nur Israel, sondern allen Menschen Ruhe. Noah fungiert als Stellvertreter für die durch Lamech repräsentierte Menschheit, die nach Erlösung schreit (5,29). Dem Verlust des ewigen Lebens (3,22.24; 6,3) stellt der R^{UG} über die Verbindung, die zwischen 5,29 und dem "priesterlichen" Abschnitt 9,8ff. besteht, die Vorstellung des durch Noah vermittelten ewigen "Bundes" (9,16) gegenüber.

Die Begründung der Rettung Noahs aus dem Flutgericht mit dem Hinweis darauf, daß Jahwe ihn "vor sich als gerecht in dieser Generation ersehen hat" (7,1b), vermittelt zwischen dem Motiv der Bewahrung Noahs allein aus Gnade (6,8) und dem Motiv der Rettung aufgrund der vollkommenen Gerechtigkeit Noahs (6,9).[120] Gegenüber 6,8 bietet 7,1b die Vorstellung einer bedingten Gnadenwahl: Noahs Rettung hängt allein von Jahwe ab. Die Wahl ist aber nicht unbegründet, sondern wird durch Noahs Gerechtigkeit im Vergleich zu seinen Zeitgenossen nahegelegt. Gegenüber 6,9 entfaltet 7,1b die Vorstellung einer relativen Gerechtigkeit. Noah ist gerecht, insofern Jahwe ihn für gerecht befindet. Aufgrund dieser Modifikation gegenüber 6,8 und 6,9 läßt sich 7,1b als ein spezifisches Theologumenon des R^{UG} betrachten. Aus der Wendung כי־אתך ראיתי צדיק לפני ergibt sich, daß der R^{UG} in Weiterführung der

---

[118] Übersetzung von Kaiser, Jesaja, I, 22.
[119] Duhm, Jesaja, 117.
[120] Vgl. S.76.130.

ihm durch die "jahwistische" Urgeschichte vorgegebenen Linie die Stellung des Menschen vor Jahwe und das Verhältnis des Menschen zu Jahwe reflektiert.[121] Dabei geht es in 7,1b synthetisch sowohl in einem gegenwärtigen Sinn um die Feststellung der Gerechtigkeit Noahs als auch in einem futurischen Sinn darum, daß Jahwe sich Noah als den für die Bewahrung der Menschheit geeigneten (צדיק) ersehen hat.[122] Mit 7,1b werden sowohl die Ursache der Rettung Noahs als auch ihr Zielpunkt angegeben. 7,1b steht so in einer Linie mit dem Motiv einer *funktionalen* Erwählung in 5,29.[123] Gemäß der Parallele in Gen 18,19 (vgl. כי ידעתי *par.* כי ראיתי) und der Verwendung der im Pentateuch selten gebrauchten Wurzel צדק fügt sich 7,1b ein in die vom R^{UG} vertretene Interpretation Noahs als einer Mittlerfigur und in dessen Stellvertretungsvorstellung.[124] Dadurch, daß der R^{UG} dem aus der "jahwistischen" Urgeschichte übernommenen Motiv von Jahwes Sehen der Bosheit des Menschen auf der Erde (6,5) das Motiv von Jahwes Ansehen der Gerechtigkeit Noahs zur Seite stellt (7,1b), bemüht er sich zugleich um eine Wahrung der Vorstellung von der absoluten Gerechtigkeit Gottes, der die Sünde straft, aber den Gerechten als Stellvertreter für die Menschheit (5,29) am Leben läßt.[125]

Eine konsequente Weiterführung des von dem R^{UG} hergestellten Bezugs der Noahnotiz auf den "priesterlichen" und den "jahwistischen" Erzählzusammenhang und die explizite Bezeichnung Noahs als Stellvertreter, um dessentwillen die Menschheit überlebte, bilden dann die Erklärungen des Noahnamens in Sir 44,17 [H] ("Überlebender")[126] und in der Linie der "jahwistischen" Notiz in Gen 7,23 (וישאר אך־נח) die Deutungen in äth/grHen 106,18 ("Rest").[127]

---

[121] Vgl. auch die Formulierungen des R^{UG} in 3,22 (כאחד ממנו), in 4,26 (לקרא בשם), 10,9 (ברוך יהוה), 5,29 (האדמה אשר אררה יהוה), 6,3 (רוחי באדם), 9,26 (יהוה), 11,6 (לפני יהוה).

[122] Vgl. zu diesem Aspekt von 7,1b ausführlich Clark, Righteousness, 275ff., sowie mit Modifikationen Westermann, I, 573; Waschke, Menschenbild, 115.

[123] Vgl. Clark, Righteousness, 274.

[124] Zum Gebrauch der Wurzel צדק im Pentateuch vgl. für צָדַק Gen 38,26; 44,16; Ex 23,7; Dtn 25,1; für צֶדֶק Lev 19,15.36(2x); Dtn 1,16; 16,18.20; 25,19; 33,19; für צדיק Gen 6,9; 18,23.24.25.26.28; 20,4; Ex 9,27; 23,7f.; Dtn 4,8; 16,19; 25,1; 32,4 und für צדקה Gen 15,6; 18,19; 30,33; Dtn 6,25; 9,4-6; 24,13; 33,19.

[125] Vgl. dazu jetzt auch Harland, Human Life, 65ff., der zutreffend auf die atl. einzigartige Korrelation von Gnade und Gerechtigkeit seitens des Endredaktors hinweist.

[126] Sauer, in: JSHRZ III, 616. Zur Diskussion über die mögliche Wiedergabe von תחליף siehe auch Rothstein, in: APAT I, 451; Skehan u. Di Lella, Ben Sira, 504f.

[127] Vgl. dazu Uhlig, in: JSHRZ V, 747, und Stichel, Namen, 28.32. In dem entsprechenden aram. Fragment (4QEn^c 5,ii [= 4Q204,5,ii]) fehlt bisher diese Erklärung des Noahnamens (vgl. Milik, Enoch, 209f.; Maier, Texte, II, 153). Die Verbindung von "Noah" mit einer "Restvorstellung" findet sich auch in Sir 44,17b [H], wo es heißt, daß es um Noahs willen (בעבורו) einen Rest (שארית) gab, sowie in äthHen 83,8; slHen 35,1; Sap 14,6.

4. Literatur- und theologiegeschichtliche Einordnung des Endredaktors

Die Erkenntnisse über den literatur- und theologiegeschichtlichen Standort der alttestamentlichen Parallelen zu den endredaktionellen Texten in Gen 1-11 und ihrer Tradentenkreise können abschließend zur Bestimmung des Ortes, den der R^{UG} in der alttestamentlichen Literatur- und Theologiegeschichte einnimmt, angewandt werden. So werden hier zunächst die bereits im Rahmen der theologischen Beobachtungen angesprochenen Parallelen zu den einzelnen Motiven des R^{UG} literaturgeschichtlich ausgewertet (4.1.), sodann wird nach zeitgeschichtlichen Anspielungen gefragt, die in den einzelnen Ergänzungen des R^{UG} enthalten sind (4.2), bevor der Versuch einer zeitlichen Einordnung des R^{UG} unternommen wird (4.3.).

4.1. Literaturgeschichtliche Einordnung der alttestamentlichen Parallelen zu den Theologumena des Endredaktors

4.1.1. Ort und Zeit der Paralleltexte zum Gottesbild

Sämtliche Belege[1] für den ursprünglichen und für den redaktionell entstandenen "Doppelnamen" יהוה אלהים entstammen der nachexilischen Epoche. Diese Ansetzung gilt auch für die einzigen Vorkommen im Enneateuch außerhalb von Gen 2,4-3,24 in Ex 9,30 und in II Sam 7,22(v.l.).25. So geht die Bestreitung der Gottesfurcht des Pharao durch Mose in Ex 9,30 erst auf einen "nachjahwistischen", möglicherweise sogar "nachpriesterlichen" Redaktor zurück, der dem Erkenntnismotiv aus V.29b (vgl. 7,17b; 8,6b; 8,18b) an betonter Position besonderen Nachdruck verleiht.[2] Ebenso dürfte das Vorkommen der Wendung יהוה אלהים in der Doxologie Davids in II Sam 7,22(v.l.).25 erst auf eine nachdeuteronomistische Hand zurückgehen, da der "Doppelname" nur hier im DtrG. erscheint.[3] Die engen Bezüge der Gottesbezeichnung

---

[1] Gen 2,4.5.7.8.9.15.16.18.19.21.22; 3,1.8(2x).9.13.14.21.22.23; Ex 9,30; II Sam 7,22 (v.l.).25; Jon 4,6; Ps 72,18; 84,12; I Chr 17,16f.; 28,20; 29,1; II Chr 1,9; 6,41(2x).42; 26,18.

[2] Vgl. B. W. Bacon (zitiert bei Holzinger, Hexateuch, Tab. 6: dtr.); Baentsch, Exodus, 76f. (Rje oder Rd); Beer, Exodus, 54 (J2); Hölscher, Geschichtsschreibung, 299 (J^S); Levin, Jahwist, 337f. (R^S); L. Schmidt, Plagen, 34f. (JE).

[3] Zur Beurteilung von II Sam 7,22-25 als dtr. vgl. Hentschel, 2 Samuel, 32. Zur Ansetzung zumindest von 7,22-24 in die Exilszeit vgl. L. Schmidt, Erfolg, 129.

יהוה אלהים zum Kult legen es nahe, ihre Entstehung in einem kultischen Hintergrund zu vermuten.[4]

Das ausschließliche Vorkommen in nachexilischen Texten erlaubt die Folgerung, daß diese Gottesbezeichnung erst in nachexilischer Zeit entstanden ist. Die Annahme einer späten Entstehung des "Doppelnamens" יהוה אלהים bestätigen die Texte, die eine vergleichbare appositionelle Kombination einzelner Gottesnamen bieten. So geht das Bekenntnis der Rubeniten und Gaditen zu אל אלהים יהוה in Jos 22,22 auf eine sehr späte Ergänzung zurück.[5] Die dreifache Anrede Gottes als אל אלהים יהוה in Ps 50,1 eröffnet einen Psalm, der seinen Ursprung in der nachexilischen Festversammlung des Volkes hat und wohl von levitischen Predigern stammt.[6] Ebenso gehören die mit dem Jahwenamen zusammengesetzten Gottesbezeichnungen יהוה עליון in Ps 47,3 und 97,9 bzw. יהוה אל עליון in Gen 14,22 der (spät)nachexilischen Zeit an.[7]

Exkurs: Die Gottesbezeichnung Jahwe Elohim und griechisches Pendant

Die Wendung יהוה אלהים und ihr griechisches Pendant κύριος ὁ θεός[8] sind in der spätnachexilischen Zeit eine häufig gebrauchte und theologisch profilierte Gottesbezeichnung. Dies zeigen vor allem die zahlreichen Belege für ein absolutes κύριος ὁ θεός in G und in den zwischentestamentlichen Schriften.[9]

---

[4] Beachte das Vorkommen in Ps 72,18; 84,(9).12; I Chr 17,16f.; 28,20; 29,1; II Chr 6,41f.; 26,18 sowie die Ausführungen auf S.232ff. Vgl. dazu auch Stärk, Literarkritik, 45 Anm.1; Fritz, Josua, 224; L'Hour, Yahweh, 551f. Allerdings lokalisierte L'Hour aufgrund der kaum zutreffenden vorexilischen Datierung der Belege für יהוה אלהים die Wendung in der königlichen Zionsliturgie der Zeit Davids. Hier habe der in der Umgebung Salomos schreibende J den "Doppelnamen" kennengelernt und für seine Paradieserzählung verwendet (a.a.O., 555).

[5] Zumeist P^S zugewiesen; vgl. dazu Noth, Josua, 133-134; Fritz, Josua, 223 (RedP).

[6] Vgl. Hossfeld, Psalmen, 308ff.

[7] Die Endgestalt von Ps 47 und 97 gehört sicher der nachexilischen Zeit an (vgl. Loretz, Ugarit-Texte, 54ff.70 bzw. 343-346); zu Gen 14 s.u.S.329ff. Ps 7,18 ist nicht eindeutig zu datieren.

[8] Zum Nachweis, daß G mit κύριος zumeist יהוה wiedergibt bzw. umschreibt, vgl. Graf Baudissin, Kyrios, II, 12; Quell, κύριος, 1056f.; Murtonen, Divine Names, 67ff.; Rösel, Gottesnamen, 376. Dagegen bemühte sich Stegemann, ΚΥΡΙΟΣ, 110-131, um den Nachweis, daß G das Tetragramm ursprünglich grundsätzlich entweder phonetisch durch ΙΑΩ (vgl. pap4QLXXLev^b) oder in althebräischer Schrift (vgl. perg8HevXII prophgr) oder in hebräischer Quadratschrift wiedergegeben habe, während die Übersetzung mit κύριος erst durch die synagogale Lesepraxis des hellenistischen Judentums im 2. Jh. v. Chr. sekundär in den Text gelangt sei (a.a.O., 328-344). Zu einer überzeugenden Kritik der These Stegemanns siehe Rösel, Gottesnamen, 359f.

[9] Vgl. Graf Baudissin, Kyrios, I, 86; II, 146f., und Stegemann, ΚΥΡΙΟΣ, 348f.. Die Vorliebe für die Gottesbezeichnung יהוה אלהים bzw. κύριος ὁ θεός in den zwischentestamentlichen Schriften erstreckt sich allerdings nicht auf alle Bereiche der jüdisch-hellenistischen Literatur. So ist die Wendung יהוה אלהים in den Qumranschriften,

4.1. Literatur- und theologiegeschichtliche der alttestamentlichen Parallen 289

Dabei geht G, zumindest im Blick auf die Verwendung der Gottesnamen in Gen 1-11, nicht auf eine andere hebräische Vorlage zurück. Die Abweichungen dienen vielmehr *formal* einer Vereinheitlichung und sind *inhaltlich* bedingt.[10] Die Tendenz zur formalen Adaption zwischen der Rede von אלהים und יהוה zeigt sich daran, daß G den Gebrauch von κύριος ὁ θεός auf die gesamte Urgeschichte ausdehnt.[11] Der theologisch bewußte Einsatz von κύριος ὁ θεός und ὁ θεός ergibt sich hinsichtlich der Paradieserzählung aus der Beobachtung, daß ὁ θεός im Zusammenhang der Rede von Gott dem Schöpfer gebraucht wird (vgl. 2,4.5.7.9.19.21; 3,22) und daß κύριος ὁ θεός steht, wenn es um den Gott geht, der sich der Schöpfung zuwendet (vgl. 2,8.15f.18.22; 3,1.8f.13f.21.23).[12] Bezüglich des Gebrauchs von κύριος ὁ θεός in den Schriften des hebräischen Kanons zeigt G formal eine ähnliche Verwendung wie MT. Die Mehrzahl der Belege ist in eine wörtliche Rede eingebettet und begegnet in einem doxologischen oder konfessorischen Kontext.[13] Allerdings gebraucht G über die masoretischen Entsprechungen in Gen 2,4-3,24 und Jon 4,6 hinaus die "Doppelbezeichnung" in rein erzählenden Abschnitten.[14] Diese Tendenz setzt sich in den jüdischen Schriften der hellenistischen Zeit fort, wobei der "Doppelname" hier vornehmlich in Zusammenhängen begegnet, die Gott in seiner dem Menschen nahen Seite zeigen.[15]

Die Verwendung von κύριος ὁ θεός hauptsächlich in einem doxologischen und konfessorischen Kontext belegen auch in gehäufter Zahl *die* jüdischen Schriften aus der hellenistischen Zeit, für die ein hebräisches Original bisher nicht nachgewiesen werden konnte. So erscheint hier κύριος ὁ θεός in einem Gebet,[16] einem Bekenntnis zu dem allein wahren Gott,[17] einer Mahnung zur Gottesfurcht,[18] einem Segenswort bzw. einer Verheißung[19] und

---

die ohnehin das Tetragramm nur sparsam gebrauchen (vgl. Stegemann, Gottesbezeichnungen, 195ff.), bisher nicht nachgewiesen. In Sir findet sich die Doppelbezeichnung dreimal in der *griech*. Version in 2,1 (nur G^B); 4,28; 47,18. In Sap sucht man die Gottesbezeichnung κύριος ὁ θεός vergeblich.

[10] Vgl. Rösel, Gottesnamen, 357-377; ders., Übersetzung, 58. Dagegen führte Graf Baudissin, Kyrios, 85f., die häufige Verwendung von κύριος ὁ θεός in Gen 4-9 auf eine vom MT abweichende hebräische Vorlage des griechischen Übersetzers zurück, da sich hier keine bestimmte Absicht von G zur Abweichung von den Gottesnamen des MT zeigen lasse. Lediglich 10,9a und 11,9b gingen auf die Freiheit der Übersetzer bzw. Redaktoren und deren Vorliebe für diesen Gottesnamen zurück.

[11] Vgl. als Wiedergabe für יהוה in 4,6.(9).(10).(13).15(2x).26; 5,29; 6,3.5.8; 7,1.5.16b; 8,(20).21(2x); 10,9a; 11,9b; für אלהים in 6,12.(13).22; 8,15; 9,12. Die G-Gen Belege jenseits der Urgeschichte sind textlich unsicher: In 28,20 las G wohl יהוה anstatt des masoretischen יהיה; in 29,31 liest nur G^A, in 30,30 nur G^R κύριος ὁ θεός.

[12] Vgl. Rösel, Übersetzung, 58. Die These Rösels, Gottesnamen, 370, daß G יהוה mit ὁ θεός anstatt mit κύριος oder κύριος ὁ θεός wiedergibt, wenn Gott zürnt, straft oder tötet, stimmt angesichts des Befundes in Gen 11,1-9, wo G durchgehend κύριος (11,5.6.8.9a) bzw. κύριος ὁ θεός (11,9b) bietet, allerdings nicht; vgl. auch den Hinweis auf die Rache des κύριος ὁ θεός in JosAs 23,14.

[13] Vgl. im Bereich der Geschichtsbücher Ex 13,8; 34,14; Jos 2,10.12; III Reg 8,60 u.ö.

[14] Vgl. Dtn 4,12 (G^{Bc}); 7,15 (G^{Bc}); 8,20 (G^{Bc}); 11,4 (G^A); Jos 5,1; 23,15; Jdc 4,23 (G^A); III Reg 11,10 u.ö.

[15] Vgl. Tob 14,2 (G^{A+B}); 14,15 (G^S); Jdt 6,18 (G^S); 7,19; DanBel 34.(37).39; TestAbr A 3,6; 14,13; 15,14; TestAbr B 14,6; JosAs 19,5; 21,10; 27,11; grBarApk 1,3.5; (4,7f.); ApkSedr 8,7; vgl. auch (äth.) Jub 2,1; 9,15; 12,25.

[16] Vgl. Dan 9,3.4; DanSu 35; DanBel 35; II Makk 1,24; 7,6; Tob 13,11 [nur G^{A+B}]; Jdt 8,35; 13,18; I Esr 8,[89].92 [nur G^A]; PsSal 5,1; Jub 25,12; grBarApk 1,7; ApkSedr 8,6.

[17] Vgl. Dan 3,45; DanBel 5.38.41; JosAs 8,7; 23,14.

in einem Strafwort.[20] Ob in den Fällen der Apokryphen und Pseudepigraphen, bei denen ein semitisches Original anzunehmen ist, κύριος ὁ θεός allerdings generell auf ein ursprüngliches יהוה אלהים zurückgeht,[21] ist angesichts des ambivalenten Befundes von Tob 14,2 (aram./griech.) nicht pauschal zu entscheiden.[22]

Im Blick auf eine theologiegeschichtliche Einordnung des R^{UG} erlaubt eine Durchsicht der Parallelen zu der Gottesbezeichnung יהוה אלהים allerdings noch keine eindeutige Standortbestimmung. Es zeigt sich lediglich, daß der R^{UG} in der Verwendung der wohl aus einem kultischen Hintergrund stammenden Gottesbezeichnung im Rahmen der geschichtlichen Überlieferungen des AT seine nächsten Berührungspunkte mit (spät)nachexilischen Zusätzen im Enneateuch (Ex 9,30; [Jos 22,22]; II Sam 7,22[v.l.].25) und mit der Chronik besitzt. Während sich mit der nachexilischen Weisheitsliteratur und in von dieser beeinflußten Schriften zahlreiche Überschneidungen finden,[23] begegnet im prophetischen Schrifttum (mit Ausnahme von Jon 4,6) keine Parallele.

Die bewußte Wiederholung des von der Grundschicht der Babel-Bau-Erzählung vorgebenen Theophanieterminus ירד (Gen 11,5.7)[24] stellt den R^{UG} neben Texte wie Gen 18,21; Ex 3,7f.; Num 11,17; Jes 31,4; 63,19; 64,2; Mi 1,3; Ps 18,10 und 144,5, wo gleichfalls in einem absoluten Sinn vom "Abstieg Jahwes" gesprochen wird.[25] Die genannten Belege zeigen, daß das Mythologem vom "Herabfahren Jahwes aus der himmlischen Welt" (wie das mythologische Motiv von der himmlischen Wohnstätte Jahwes, vgl. Ps 2,4)[26] keines-

---

18   Vgl. Tob 4,19 [nur G^{A+B}]; 14,6-7 [nur G^{A+B}]; TestJud 13,1.
19   Vgl. Jdt 8,35; TestAbr A 3,6; JosAs 16,14; 19,5; (äth.) Jub 19,29.
20   Vgl. VitAd 39.
21   So Graf Baudissin, Kyrios, II, 147, zumindest im Blick auf die Belege in PsSal, Tob, Jdt und TestXII. Stegemann, ΚΥΡΙΟΣ, A.112, der ohnehin κύριος nicht für die ursprüngliche Wiedergabe von יהוה hält (a.a.O., 110.319ff; s.o.S.288 Anm.8), schließt immerhin für die zwischentestamentlichen Belege für κύριος ὁ θεός, die auf ein semitisches Original zurückgehen, ein ursprüngliches אדני אלהים oder אל עליון bzw. מרי אלהא oder מרה רבותא nicht aus.
22   In Tob 14,2 lesen G^{A+B} φοβεῖσθαι κύριον τὸν θεόν, während die aram. Version (4Q196-199) nur ein למדחל לאלהא bietet und so wie G^S auf ein ursprüngliches יראת אלהים verweist. Die entsprechenden Äquivalente zu κύριος ὁ θεός in Tob 4,19; 13,13; 14,6f. (alle Belege jeweils nur in G^{A+B}) und 14,15 (nur in G^S) sind in den aram. und hebräischen Tobitfragmenten aus 4Q bisher nicht nachgewiesen. Zu dem Problem der Textgeschichte in der Tobitüberlieferung vgl. Beyer, ATTM II, 134ff.
23   Vgl. Ps 50,1; Ps 84; Sir 2,1; 4,28; 47,18; Tob 4,19; 13,13; 14,2.6-7.15.
24   Vgl. S.91ff.
25   Vgl. dagegen die Stellen, die von einem ירד בענן (Ex 34,5; Num 11,25), ירד בעמוד ענן (Num 12,5) oder einem eindeutig lokalisierten ירד על־הר סיני (Ex 19,11.18.20; Neh 9,13) sprechen.
26   Mit der von Zenger, Psalmen, 50f., in die Zeit um 300 v.Chr. datierten Grundschicht von Ps 2 teilt die endredaktionelle Komposition Gen 11,1-9 weitere Motive:
a) "Die Völker im Widerstreit gegen Jahwe": Ps 2,2f. vgl. Gen 11,3f.;
b) "die himmlische Wohnstätte Jahwes": Ps 2,4 vgl. Gen 11,4aβ.5a.7a;

wegs auf die vorexilische Literatur beschränkt ist, sondern sich auch im Pentateuch teilweise gerade in den jüngsten Schichten findet und hier als archaisierende Formel erscheint.[27]

4.1.2. Ort und Zeit der Paralleltexte zur Angelologie

Die aus dem eben zitierten Vers Gen 11,7 sprechende Einbeziehung der himmlischen Welt in das göttliche Strafhandeln am Menschen führt in denselben Umkreis der spätnachexilischen Angelologie, wie sie sich in den Einschüben des R^{UG} in Gen 2,1; 3,22.24 und 6,1-4 nachweisen läßt.[28]

Das in Gen 3,24 vorliegende Bild der Keruben als Strafengel wird durch die Parallelen in Num 22,23.31; Jos 5,13 und I Chr 21,16 nicht nur motivgeschichtlich erschlossen,[29] sondern auch literaturgeschichtlich in seinem "nachpriesterlichen" und nachdeuteronomistischen, dabei vorchronistischen Charakter. Während Num 22,22-34(35) von der älteren Forschung auf J zurückgeführt wurde,[30] gelang H.-C. Schmitt der Nachweis, daß die Eselinepisode (zusammen mit den eschatologisch zu verstehenden Sprüchen in Num 23,27-24,25) aufgrund der Abhängigkeit von Num 22,5-21*.36-41* und 23,1-25* sowie der traditionsgeschichtlichen Verbindung mit der spätnachexilischen Angelologie auf einen prophetisch orientierten Pentateuchredaktor zurückgeht.[31] In Jos 5,13-15 liegt weder ein (redaktionell bearbeiteter) Abschnitt

---

c) "das Gerichtshandeln Jahwes": Ps 2,5 vgl. Gen 11,7f.;
d) "Ironie": Ps 2,4 vgl. Gen 11,5a ("Abstieg zum vermeintlich himmelhohen Turm");
e) "wörtliche Rede Jahwes": Ps 2,6 vgl. Gen 11,6f.;
f) "die universale Perspektive": Ps 2,1f. vgl. Gen 11,1.6aβ.4b.8a.9;
g) "Gottessohn // Menschenkinder": Ps 2,7 vgl. Gen 11,5;
h) "Zions- // Antibabeltheologie": Ps 2,6b vgl. Gen 11,9a (im Verbund mit 2,10-14).
Siehe dazu auch von Rad, 115; Seybold, Turmbau, 470; Soggin, Turmbau, 371.

27 Vgl. dazu auch Num 11,17, das zuletzt von Levin, Jahwist, 374, auf einen "nachjahwistischen Redaktor" und von H.-C. Schmitt, Identität, 273, auf R^{Pt} zurückgeführt wurde. Die Belege in Gen 18,21 und Ex 3,7f., die zumeist J zugewiesen werden, bedürfen einer erneuten literargeschichtlichen Überprüfung. Siehe dazu auch Uehlinger, Weltreich, 313.

28 Vgl. auch die Verwendung des griech. Äquivalents zu ירד καταβαίνειν im Zusammenhang der Epiphanie der Engel in III Makk 6,18.

29 Vgl. S.239.

30 Vgl. Wellhausen, Composition, 109f.347ff.; Kuenen, Einleitung, I/1, 224; Baentsch, Numeri, 600; Eißfeldt, Hexateuchsynopse, 175*; Noth, Numeri, 151-157; Hölscher, Geschichtsschreibung, 330; In neuerer Zeit Scharbert, Numeri, 91.

31 Vgl. H.-C. Schmitt, Mantiker, 192-198; Kaiser, חֶרֶב, 170; ders., Grundriß, I, 64; Rose, Deuteronomist, 65-70; Day, Adversary, 45ff., und Levin, Jahwist, 387, der V.22-35 als einen in sich geschichteten "nachjahwistischen" Zusatz ansieht. Berücksichtigt man die Einordnung der Keruben unter die Engel in der zwischentestamentlichen Literatur (vgl. S.240), dann stellt Gen 3,24 sogar eine jüngere Entwicklungsstufe als Num 22,22ff. dar. Eine Identifikation des in Num 22* erkennbaren Redaktors mit dem R^{UG} ist daher unwahrscheinlich, zumal sich in der endredaktionellen Komposition von Gen 1-11

einer alten Hexateuchquelle[32] noch eine fragmentarische Überlieferung aus kanaanäischer Zeit[33] vor. Die junge Terminologie (שר־צבא־יהוה),[34] der zusammengesetzte Charakter der einzelnen Versteile, die kontextuell in sich geschlossene Einheit und die literarische Abhängigkeit von Ex 3,1ff. deuten darauf hin, daß es sich um einen redaktionell gebildeten sehr späten Einsatz handelt, der möglicherweise mit der Endredaktion des Josuabuches bzw. des Hexateuchs in Zusammenhang steht.[35] Am stärksten berührt sich die in Gen 3,24 vorliegende Vorstellung der Keruben als Strafengel mit der chronistischen Neufassung von II Sam 24,17 in I Chr 21,16.[36] Der schwerttragende מלאך יהוה steht "zwischen Himmel und Erde". Er befindet sich somit wie die Keruben an der Pforte des Gartens Eden in Gen 3,24 am Schnittpunkt der Sphäre Gottes und der Welt des Menschen.[37] Die Erscheinung des "Boten Jahwes" führt zur Auffindung des Standortes des Tempels (I Chr 22,1), begegnet also im Zusammenhang mit *der* Stätte, auf die einzelne endredaktionellen Zusätze in Gen 2,4-3,24 selbst hinweisen.[38]

Wenn die im Rahmen des Vergleichs zwischen Gen 2-3 und Ez 28 in Erwägung gezogene Folgerung zutrifft, daß die mythologischen Ergänzungen in V.13aα.14a.16* eine bewußte literarische Anpassung an die "Paradieserzählung" darstellen,[39] dann würde sich hiermit ein *terminus ante quem* für den R^{UG} finden.[40] Allerdings lassen sich die entsprechenden Überarbeitungen in

---

keine vergleichbare Konzentration auf "die dritte göttliche Offenbarung als die entscheidende göttliche Antwort", wie sie H.-C. Schmitt (a.a.O., 196) für den Endredaktor der Bileamperikope herausgearbeitet hat, nachweisen läßt. Eine analoge Kompositionsfigur des R^{UG} bildet höchstens die Verlagerung des Gewichts auf die jeweils zweite Gottesrede in den Abschnitten "Schöpfung" (vgl. 2,16f. nach 1,28f.) und "Flut" (vgl. 7,1ff. nach 6,13ff. bzw. 9,1 nach 8,21).

[32] Sei es J (vgl. Hölscher, Geschichtsschreibung, 338f.), E (vgl. Steuernagel, Josua, 225f), JE (vgl. Wellhausen, Composition, 120) oder JE^S (vgl. Kuenen, Einleitung, I/1, 236).

[33] Vgl. Noth, Josua, 23.39f.; Fritz, Josua, 63ff. (von DtrH bearbeitetes vordeuteronomistisches Fragment).

[34] Vgl. die der Wendung שר־צבא־יהוה entsprechenden angelologischen Belege für שר צבא in Dan 8,11 (ähnlich auch Dan 10,13.20f.; 12,1) sowie für צבא יהוה in I Reg 22,19; II Chr 18,18; Ps 103,21; 148,2.

[35] Vgl. dazu bereits Rose, Deuteronomist, 91f., der Jos 5,13-15 auf einen dtn./dtr. Theologie nahestehenden "Jahwisten" zurückführte, und H.-C. Schmitt, Mantiker, 192ff.

[36] Auf die inhaltliche Nähe von I Chr 21 zu Gen 3 wies bereits zutreffend Zimmerli, Theologie, 150, hin, ohne allerdings die gebotenen literargeschichtlichen Konsequenzen zu ziehen.

[37] Anders Becker, 1 Chronik, 87, der die Wendung בין הארץ ובין השמים als "in der Luft" versteht.

[38] Vgl. S.263ff. Zu diesen Parallelen zwischen den Zusätzen des R^{UG} in c.2-3 und I Chr 21,1-22,1 kommt die Überschneidung im Gebrauch des "Doppelnamens" יהוה אלהים.

[39] Vgl. S.241.

[40] Daß Ez 28,11-19 in seiner Endgestalt vermutlich bereits auf Gen 1-5 zurückschaut, dürfte sich auch aus der Wendung ביום הבראך (V.13.15) ergeben. So begegnet diese

4.1. Literatur- und theologiegeschichtliche der alttestamentlichen Parallen 293

Ez 28 nur schwer datieren. Da sich die Grundschicht von Ez 28,11-19 wohl erst auf die Eroberung der Stadt durch Alexander d. Gr. im Jahre 332 v. Chr. bezieht,[41] ist eine Datierung der mythologischen Bearbeitung von Ez 28 vor dem Wechsel vom 4. zum 3. Jh. v. Chr. ausgeschlossen. Die in Ez 28,14.16 (*v.l.*) vorliegende Vorstellung von einem *einzelnen* Keruben als "Schutz-" und "Strafengel" weist eher in eine noch spätere Zeit.

Im Blick auf den traditionsgeschichtlichen Hintergrund von Gen 6,1-4 läßt sich trotz zahlreicher neuerer Untersuchungen nur soviel sagen, daß die Motive der geschlechtlichen Verbindung zwischen Angehörigen der himmlischen und der irdischen Welt und der Entstehung von besonderen Wesen im gesamten altorientalischen und antiken Bereich belegt sind.[42] Eine direkte Abhängigkeit von einer bestimmten altorientalischen oder antiken Tradition ist nicht nachweisbar.[43] Für die hier interessierende literatur- und theologiegeschichtliche Bestimmung des Standortes des R^{UG} sind aber ohnehin nicht allgemeine religions- und traditionsgeschichtliche Vergleiche relevant,[44] sondern die Frage, worin *der literarische Hintergrund von Gen 6,1-4* besteht.

In dieser Hinsicht besitzt die These von J. T. Milik, Gen 6,1-4 sei ein Exzerpt aus der in Hen 6-19* erkennbaren "Engelspekulation" eines in Hen 1-36 integrierten Buchs der "Visionen Henochs" die größte Wahrscheinlichkeit.[45] Diese Annahme erklärt überzeugend sowohl das Phänomen punktueller wörtlicher Übereinstimmungen zwischen Gen 6,1-2.4 und 4QEn^a und 4QEn^b als auch den literarischen Mosaikcharakter von Gen 6,1-2.4.[46] Die wörtlichen Übereinstimmungen zwischen Gen 6,1aα*.2.4 und Teilen aus 4QEn^a und 4QEn^b zeigen, daß eine gegenseitige literarische Interdependenz vorliegt. Der

---

Wortverknüpfung sonst nur in Gen 2,4a+b und 5,1-2, die Wurzel ברא erscheint in Ez nur noch in 21,35 (*Nif.*) und wird dort zumeist als sekundär eingeschätzt (vgl. Fohrer, Ezechiel, 126; Eichrodt, Hesekiel, 202; Zimmerli, Ezechiel, 484.498f.).

[41] So mit Garscha, Ezechielbuch, 306; anders zuletzt wieder Fechter, Katastrophe, 205ff.
[42] Vgl. S.172f. sowie die Untersuchungen von Dexinger, Göttersöhne; Schlißke, Gottessöhne; Bartelmus, Heroentum; Ebach, Weltentstehung, 290-295; Hendel, Demigods; Van Seters, Prologue, 157.
[43] Zum Versuch, auf der Basis der ug. Texte KTU 1.2 III,1-24; KTU 1.6 I,43-67; KTU 1.23; KTU 1.24 und der atl. Abschnitte Gen 6,1-4; Jes 14; Ez 28,1-19; Ps 82; Hi 38; Dan 11-12* einen kanaan. Prototyp eines Mythos der himmlischen Rebellion gegen den höchsten Gott zu rekonstruieren, vgl. jetzt Page, Myth.
[44] Zu ihrer Problematik vgl. gerade im Blick auf Gen 6,1-4 Perlitt, Riesen, 208.240.
[45] Vgl. Milik, Problèmes, 349; ders., Enoch, 30-32. Die Hypothesen eines unmittelbaren Rückgriffs auf den kanaanäischen Mythos von den *bn ilm*, untergeordneten Göttern in der Götterversammlung Els, basieren auf dem literargeschichtlichen Fehlurteil, Gen 6,1-4* stamme von dem im 10./9.Jh. v.Chr. anzusetzenden J. Daß die Terminologie בני האלהים religionsgeschichtlich ein kanaan. Erbe ist (vgl. die Belege im Baal-Anat-Zyklus [KTU 1.4 III,14] und in der phönizischen Karatepeinschrift [KAI 26 III,19]) soll hier keineswegs bestritten werden; vgl. dazu Loretz, Ugarit-Texte, 154-158.
[46] Vgl. die Tabelle der Überschneidungen zwischen Gen 6,1-4 und 4QEn bei Milik, Enoch, 32; siehe dazu auch Bartelmus, Heroentum, 156f., und Uehlinger, Weltreich, 566ff., die allerdings die These Miliks (kaum überzeugend) zu widerlegen versuchten.

Zitatcharakter von Gen 6,1.2.4 gegenüber der ausführlichen Schilderung in 4QEn legt die Priorität zumindest der hinter 4QEn stehenden Vorlage nahe.[47] Weiterhin wird die Exzerpttheorie der Datierung der aram. Fragmente zum Henochbuch und der literargeschichtlichen Zuweisung von Gen 6,1-4 an den "nachpriesterlichen" R^{UG} am besten gerecht.[48] Die These, Hen 6-19* gehöre *ausschließlich* in die Wirkungsgeschichte von Gen 6,1-4, basiert einerseits auf einer nicht zutreffenden literargeschichtlichen Rückführung von Gen 6,1-4 auf eine "vorpriesterliche" Hand und beurteilt das Verhältnis der spätnachexilischen kanonischen und der zwischentestamentlichen Texte zu einlinig im Sinn einer literaturgeschichtlichen Priorität der biblischen Schriften.[49] Die literarischen Verbindungen zwischen einzelnen kanonischen Schriften des AT und jetzt durch die Qumranfunde möglicherweise schon für die spätpersische Zeit, sicher aber für die hellenistische Epoche belegten Schriften sind gerade auch

---

[47] So mit Milik, Problèmes, 349; ders., Enoch 30-32; Black, Enoch, 14.124f.; Kaiser, Theologie, I, 167. Gen 6,3 ist *in dieser Gestaltung* ein genuines Produkt von R^{UG}. Soweit angesichts des fragmentarischen Textes von 4QEn^b (hier 4Q202,iv,7f. *par.* äthHen 10,9f.[?]) erkennbar, könnte das Motiv eines langen (ewigen) Lebens für die Nachkommen der בני האלהים auch vorgegeben gewesen sein. Das "Fehlen" der Strafsentenz in der aus Gen 6,3 bekannten Form in Hen bestätigt aber gerade die These der Priorität der hinter 4QEn^a stehenden Tradition gegenüber Gen 6,1-4. Vgl. dazu Bartelmus, Heroentum, 151ff.191ff., der allerdings nur Gen 6,3 für eine bereits auf Hen 6-11(19)* zurückschauende Ergänzung hält, während er für Gen 6,1-2.4 mit einem literaturgeschichtlich kaum wahrscheinlichen "Dornröschenschlaf" von 800 Jahren (!) rechnet, so jedenfalls ausweislich seiner literargeschichtlichen Zuordnung des Grundbestandes von Gen 6,1-2.4 an J (10. Jh. v. Chr.) und des "Zusatzes" von V.3 an einen Chassid im 2. Jh. v. Chr. (a.a.O., 185.192f.).

[48] Die für den unmittelbaren Vergleich mit Gen 6,1-4 relevanten Textstücke aus 4QEn^a (= 4Q201) und 4QEn^b (= 4Q202) gehören paläographisch nach Milik, Problèmes, 335, und Maier, Texte, II, 138.142, der Zeit von 180-150 v. Chr. bzw. 150-100 v. Chr. an. Die dahinter stehende Tradition reicht mindestens bis ins 4. Jh. v. Chr. zurück, (vgl. dazu Milik, Problèmes, 340.350; ders., Enoch, 30ff.; Beyer, ATTM, I, 225-230, der den Abschluß des dem aram. Henoch zugrundeliegenden hebräischen Henoch (vgl. 1Q19) in das 3. Jh. v. Chr. datiert (ATTM, I, 230.259), und Nickelsburg, Apocalyptic, 391. 396ff., der die Grundschicht von Hen 6-11 überzeugend im ausgehenden 4. Jh. v. Chr. verortet. Zur literarkritischen Schichtung in Hen 6-11 siehe Nickelsburg, Apocalyptic, 383-385; Dexinger, Nachgeschichte, 160. Ob zu der von Nickelsburg rekonstruierten Grundschicht tatsächlich schon der Bezug auf die Flut in 10,1-3.22b gehörte, erscheint mir angesichts der losen Verankerung der Flutthematik fraglich. Zur Darstellung des Gerichts an *Šemihaza* (שמיחזה) genügen V.11-22a. Die V.1-3.22b lassen sich leicht als spätere Ergänzung erklären. Erst die äthiopische Version von Hen 10,1-3.22, die nun ihrerseits wie die jüngeren Abschnitte des Henochbuches in c.86-88 und 106,13-17 von Gen 6-9 beeinflußt sein dürfte, gibt eine Bekanntschaft mit der Flutthematik zu erkennen.

[49] Vgl. dazu Maier, Zwischen den Testamenten, 118; ders., Texte, I, 212 (hier im Blick auf die Beurteilung des Verhältnisses von 1QGenAp und Gen), III, 12, und bereits die Überlegungen von Bousset u. Greßmann, Religion, 491, sowie von Scharbert, Redaktionsgeschichte, 77 Anm.29 (mit Blick auf syrBar 56,10-13; Hen 15f.; Jub 5).

4.1. Literatur- und theologiegeschichtliche der alttestamentlichen Parallelen 295

im Blick auf die Genesis wesentlich differenzierter,[50] als es die einfache Erklärung einer "rewritten Bible"[51] darstellt. Eine traditionsgeschichtliche Untersuchung der in Gen 6,1-4 vorliegenden Motive müßte sich also auf eine Erhebung der Traditionsgeschichte der hinter Gen 6,1-4 und Hen 6-19* stehenden Quelle(n) konzentrieren. Auf dieser literar- und zeitgeschichtlichen Ebene erscheint eine Beeinflussung durch Hesiods Theogonie und den "Frauenkatalog", wie sie zuletzt *direkt* für Gen 6,1-4 J. Van Seters annahm,[52] nicht ausgeschlossen.[53] Das Verhältnis von Gen 6,1-4 und der Grundschicht von Hen 6-19* ist dann nicht im Sinne eines Nacheinanders, sondern eines Nebeneinanders zu bestimmen. Das Gegenüber von Hen 6-19* und Gen 6,1-4 entspricht literaturgeschichtlich dem sich in Gen 2,10-14 zeigenden Nebeneinander der gegenwartsbezogenen Anspielungen des R^{UG} und einzelnen Zukunftsvorstellungen in der eschatologischen Prophetie und verdeutlicht die Vielfalt der spätnachexilischen Theologie.

Die nächsten *inneralttestamentlichen* Parallelen zu Gen 6,1-2.4 verweisen den R^{UG} theologiegeschichtlich in ein *weisheitliches Milieu*.[54] Dies ergibt sich vor allem aus den Belegen für den Terminus בני [ה]אלהים, die alle der nachexilischen Weisheit angehören (Hi 1,6-12; 2,1-7a; 38,7). Die Verortung in der Weisheit gilt auch für die vergleichbaren Wendungen בני אלים (Ps 29,1; 89,7; Dtn 32,8 [4Q; G][55]) bzw. בני עליון (Ps 82,6). Die Grundschicht von Ps 29 gehört zwar aufgrund ihrer Berührungen mit der ugaritischen Kultpoesie möglicherweise zur ältesten hebräischen Dichtung.[56] In seiner (eschatologisch

---

50 Vgl. zu Gen 20-22 die Erwägungen von Levin, Jahwist, 172-175.
51 Dexinger, Nachgeschichte, 159.
52 Van Seters, Primeval Histories, 4-9.20f.; ders., Prologue, 89f.149ff., modifizierte die These von Hendel, Demigods, 18ff. (s.o.S.172f.) insofern, als daß er nur für Gen 6,1-4* eine Abhängigkeit von der hinter Hesiods "Katalog der Frauen" stehenden Tradition annahm, während die literarische Verbindung mit der Flutthematik auf die bewußte Kombination des J von westlicher mit östlicher Tradition zurückgehe. Die Wege, auf denen dieser von ihm ins 6. Jh. v. Chr. datierte J durch die griech. Historiographie beeinflußt wurde, zeichnet Van Seters nicht nach.
53 Zur Annahme, die Grundschicht von Hen 6-11 sei von griech. Mythologie beeinflußt, siehe ausführlich Nickelsburg, Apocalyptic, 395ff. (der allerdings Gen 6,1-4 einseitig als Vorlage für den Verfasser von Hen 6-11 betrachtete), sowie Bartelmus, Heroentum, 171; Dexinger, Nachgeschichte, 161.
54 Vgl. S.243.
55 Während MT בני ישראל liest, bieten 4QDtnq (=4Q44) mit בני אל[הי]ם und G mit ἀγγέλων/υἱῶν θεοῦ vermutlich den ursprünglichen Text (Meyer, Deuteronomium, 197ff.; von Rad, Deuteronomium, 140; Rose, 5. Mose, 568; Nielsen, Deuteronomium, 288; Braulik, Deuteronomium, 229).
56 Vgl. Gunkel, Psalmen, 125; Weiser, Psalmen, 175f.; Kraus, Psalmen, 235; differenzierter Hossfeld, Psalmen, 180-185 (der Grundpsalm [ohne V.3a.11] füge sich in "die frühe Phase der Entwicklung des Jahweglaubens", in der unpolemisch kanaan. El- und Baaltraditionen in die Glaubensvorstellungen Israels integriert wurden [182]) und Seybold, Psalmen, 122 (die "hymnische Erstform" sei "(wie Ps 93) wohl vorexilisch", eventuelle Vorformen seien entsprechend älter).

überarbeiteten) Endgestalt stammt der Hymnus aber aus dem Umkreis des Zweiten Tempels.[57] Die Lokalisierung der literarischen Aufnahme der Wendung בני האלהים in der spätnachexilischen Weisheit trifft schließlich auch zu für die analogen Bildungen בני שמים/שמין/שמיא (vgl. 1QH 3,22; 1QS 4,22; 11,7f.; 1QGenAp 2,5; 4Q181 I,1.2), die für 4QEn konjiziert werden können,[58] sowie für die Ausdrücke בני אלים (vgl. 4QM I,24,1.4; 5Q13 I,1.6) und בני אל (vgl. 11QMelch II,1-2,8; II,1-2,14).[59]

Aus seiner mit Hen 6-19* gemeinsamen Vorlage dürfte der R[UG] auch die Figuren der Nachkommen der Gottessöhne und der Menschentöchter, die נפלים und die als אנשי השם bezeichneten גברים übernommen haben.[60] Im

---

[57] Vgl. Seybold, Psalmen, 122, und bes. Loretz, Ugarit-Texte, 129ff.: "Ps 29 ist wegen seines Aufbaus und seiner Gattung den späten 'Mischgattungen' zuzuzählen und deshalb am ehesten im nachkultischen Raum der nachexilischen Zeit entstanden." (Loretz, a.a.O., 151). Siehe weiterhin die motivischen und terminologischen Überschneidungen von Ps 29 mit den nachexilischen Thronbesteigungsliedern in Ps 96-99 (vgl. V.2 mit Ps 96,7; V.3 mit Ps 96,11; V.6 mit 97,5; 98,8; V.7 mit Ps 97,3; V.10 mit Ps 97,2; V.11 mit Ps 98,2; siehe dazu J. Jeremias, Königtum, 107ff.; Loretz, Ugarit-Texte, 98ff.) sowie die Berührungen zwischen Ps 29 und einzelnen aus Qumran bekannten Psalmen (vgl. vor allem 4Q381 frgm. 15,4-7 sowie für die Rahmenelemente des Psalms folgende Beispiele aus den "Sabbatopfergesängen" [4Q400-406]: vgl. Ps 29,1-3 mit 4Q400 frgm. 1,i,4; 4Q400 frgm. 1,ii,8f.; 4Q401 frgm. 14,i,7ff.; 4Q403 frgm. 1,i,34; 4Q405 frgm. 4+5,1f.; Ps 29,6 mit 4Q380 frgm. 2; Ps 29,10 mit 4Q400 frgm. 1,ii,1f.; 4Q400 frgm. 2,3f.; 4Q405 frgm. 20,ii,2; 4Q405 frgm. 23,i,3).

[58] In den aram. Fragmenten zu den sich motivisch und traditionsgeschichtlich eng mit Gen 6,1-4 berührenden Teilen von Hen 6-11 ist das Pendant zu בני האלהים bisher nicht nachgewiesen. Milik, Enoch, 165, konjiziert daher בני שמיא (vgl. 4QEn[b] 1,II,2). Diese Wendung ist möglicherweise ein Substitut für das in späterer Zeit als anstößig empfundene בני האלהים und könnte hinsichtlich der Rezeption der gemeinsamen Quelle für die Priorität von Gen 6,1-4 gegenüber Hen 7,1 sprechen (vgl. dazu Black, Enoch, 106.116.246). Die "Engel" erscheinen in 4QEn und den entsprechenden Abschnitten des Gigantenbuchs (1Q23, 4QGiants) entweder unter den Bezeichnungen עירין ("Wächter"), קדישין ("Heilige"), גברין ("Starke") oder unter spezifischen Eigennamen; siehe dazu Milik, Enoch, 143ff.152ff., und Maier, Texte, II, 699ff.

[59] Vgl. auch die Wendungen בר אלהין (Dan 3,25); בני עליון (Ps 82,6); קדישי עליונין (Dan 7,18.21.22.25.27; CD B. 20,8; vgl. Dtn 33,3; Ex 15,11[G]; Sach 14,5; Hi 5,1; 15,15; Sir 42,17 [H]; Tob 8,15 [G]; TestLev 3,3 [G]; PsSal 17,43; 1QM 12,4), siehe dazu Noth, Die Heiligen, 274ff.

[60] In den entsprechenden Fragmenten von 4QEn sind die נפלים und גברים zwar noch nicht nachgewiesen; vgl. aber die Konjekturen von Milik, Enoch, 150.166, sowie die Belege für נפ[י]לים: 1QGenAp 2,1; 1Q36 frgm. 16,3; 4QGiants 1,2.8; 9,6.[21]; 10,8; frgm. 441; 451 [Zählung von 4QGiants nach der von Beyer, ATTM, I, 258-268, II, 119-124 rekonstruierten Textfolge; vgl. auch Maier, Texte, II, 144ff.699ff.] und in der griech. Form als Ναφηλείμ grHen 7 B 2; 16 B 1, sowie für גברי/ם im Sinn von "Giganten": 4QGiants 1,2; 1,5; 7,7; 9,13; 9,15; 9,20f.; 10,3; 4Q180,1,8; 4Q181,2,2; 1Q23 frgm. 9+14+15,5 (bei Beyer, ATTM I, 267); CD 2,17. Zur Verwendung des Terminus גברים für die "Engel" siehe bereits Ps 103,20 sowie 1QH 3,35; 5,21; 8,11; 10,34f.; 15,14; 1QM 12,8; 4Q403 frgm. 1,i,21; 4Q510 frgm. 10,i,3 u.ö.

AT erscheinen die Nephilim gesichert nur noch in Num 13,32f. Dabei fällt literargeschichtlich in Num 13,32-33* (P) auf, daß die Identifikation mit den Söhnen Anaks erst eine sehr späte "nachpriesterliche" Ergänzung darstellt. Möglicherweise steht dieser Zusatz mit Gen 6,4 in Verbindung.[61] Die kontextuell ersichtliche negative Konnotation des Ausdrucks אנשי השם ("die nach Ruhm strebenden Männer")[62] teilt Gen 6,4 mit zwei der insgesamt vier alttestamentlichen Belege für die Wendung אנשי השם bzw. אנשי שמות, die stets in einer Kette von Appositionen vorliegt.[63] In dieser Linie der Beurteilung der Nephilim und der Gibborim als selbstsüchtige und dabei von Jahwe gerichtete Wesen liegen dann auch die Notizen in 4Q370 frgm. 1,i,6;[64] III Makk 2,4; Sir 16,7; Sap 14,6 und in Jub 5,10f., die sich literargeschichtlich im Gegensatz zu Hen 6-19* nun eindeutig als Wirkungsgeschichte von Gen 6,1-4 ansprechen lassen.

Exkurs: Gen 6,4 und die Nephilim in Ez 32,27

Ob in der Beschreibung der "Höllenfahrt des Pharao" in Ez 32,27 tatsächlich נְפִלִים anstelle des masoretischen נֹפְלִים gelesen werden muß, somit ein weiterer alttestamentlicher Beleg für die in Gen 6,4 genannten Nephilim vorliegt, ist fraglich.[65] Von den jeweiligen Konjekturen, insbesondere vom Umgang mit der den Vers einleitenden Negation לֹא, die in G und Sy fehlt, hängt ab, ob der Hinweis auf die in voller Rüstung in die Scheol hinabgestiegenen

---

61 Die Wendung בני ענק מן־הנפלים fehlt in G*. Zur Zuweisung von Num 13,32-33* an P siehe Noth, Numeri, 95; Hölscher, Geschichtsschreibung, 324; Scharbert, Numeri, 54; Levin, Jahwist, 376 (13,26*.27-31.32bβ-33 als ein in sich mehrschichtiger Nachtrag zur "priesterlichen" Grunderzählung Num 13-14*); L. Schmidt, Priesterschrift, 84f. (P: 13,1.2a.17a.21.25.32.33aα.b; Glossen: 13,26b.33aβ). Zur Rückführung der Wendung בני ענק מן־הנפלים auf R^Pt vgl. Gruppe, Sintflut, 143f.
62 Vgl. S.70.244.
63 In Num 16,2 erhält der Ausdruck אנשי־שם dadurch eine negative Färbung, daß er sich als Apposition zu den Größen findet, die gegen Mose rebellieren (ויקמו). Literargeschichtlich geht die Wendung in Num 16,2 mindestens auf P^S zurück (so Noth, Numeri, 109), wenn nicht auf einen noch späteren Bearbeiter, dem an einer Steigerung der Bedeutung des Aufstands gegen Mose (und Aaron) gelegen war (vgl. Levin, Jahwist, 377 [R^S]). In I Chr 5,24 ergibt sich die negative Belegung des Ausdrucks אנשי שמות dadurch, daß damit namentlich genannte Angehörige des "halben Stammes Manasse", die sich gegen Gott versündigten (V.25a: וימעלו באלהי אבותיהם), bezeichnet werden. Nur in I Chr 12,31 läßt sich eine vergleichbare negative Konnotation des Ausdrucks אנשי שמות nicht nachweisen.
64 Vgl. dazu Newsom, Admonition, 37.
65 Diese Konjektur, die für V.27 (und für V.24) von Zimmerli, Ezechiel, 778f.; Eichrodt, Hesekiel, 303; Gese, Lebensbaum, 84 Anm.47; Hendel, Demigods, 22; Coxon, Nephilim, 1164f., vertreten wurde, hat keinen Anhaltspunkt in der Textüberlieferung und wird auch nicht durch das vorangehende גברים nahegelegt. Vielmehr sprechen die Wortspiele mit נפל und חרב in Ez 32,20.22.23 dafür, MT beizubehalten, so mit Kraeling, Significance, 203; Fohrer, Ezechiel, 178; Perlitt, Riesen, 237; (Hess, Nephilim, 1072).

Helden (גברים) als ein positives Gegenbild zu dem schmachvoll bestatteten Pharao zu verstehen ist,[66] oder ob hier eine zu Gen 6,4 parallele Kritik an den גברים vorliegt, insofern auch sie dem Tod verfallen sind.[67] Für das letztere Verständnis könnte zumindest V.27bγ sprechen, zu dessen Änderung keine Veranlassung gegeben ist.[68] Selbst in V.aβ müßte מערלים nicht unbedingt mit G, VL und A in מעלם geändert werden,[69] wenn nämlich das Anfangsmem als eine Dittographie des Schlußmem von נפלים angesehen würde (vgl. V.21.24.25.26). Bliebe man somit bei MT, könnte Ez 32,27 insoweit als Parallele zu Gen 6,4 und der folgenden Fluterzählung betrachtet werden, als daß auch hier (1.) von der Todverfallenheit der גברים und (2.) von ihrer Schuld und Bestrafung (עונתם) angesichts des von ihnen auf der Erde verbreiteten Schreckens gesprochen würde.[70] Ebenso unsicher wie der Text ist allerdings auch die literargeschichtliche Beurteilung von Ez 32,17-27, so daß von hier aus keine weiteren Schlüsse für die Einordnung des R^{UG} gezogen werden können.

4.1.2. Ort und Zeit der Paralleltexte zum Menschenbild

Im Blick auf die aus der Einfügung des Motivs vom Baum des Lebens (3,22.24) erkennbare Korrelation von "Gehorsam und Leben" bzw. "Ungehorsam und Tod" berührt sich der R^{UG} stark mit *weisheitlichem Denken* und mit *spätdeuteronomistischer Theologie,*[71] die er in ein mythologisches Sprachgewand kleidet.[72] Vor allem die Thematisierung der Frage nach einem ewigen Leben (3,22; 6,3) und ihre uneschatologische, rein diesseitige Auflösung ergeben, daß der R^{UG} theologiegeschichtlich der späten Weisheit nahesteht.

Die Verwendung des Theologumenons vom Angewiesensein des Fleisches (בשר) auf den Geist (רוח) Jahwes in einem hamartiologischen Kontext und die ausdrückliche Charakteristik des Lebensgeistes als רוח יהוה (6,3) teilt der R^{UG} ebenfalls mit der späten Weisheit.[73] Vor allem in jungen weisheitlich be-

---

[66] So Zimmerli, Ezechiel, 789f., und Eichrodt, Hesekiel, 303, der in den גברים "die Aristokraten der Totenwelt, göttliche Helden" sah.
[67] So Fohrer, Ezechiel, 181.
[68] Gegen Zimmerli, Ezechiel, 778; Eichrodt, Hesekiel, 303; Hendel, Demigods, 22, die für עונתם ein צִנָּתָם konjizieren.
[69] So aber die Mehrzahl der Ausleger.
[70] Daß die Logik eines begründenden כי in V.27b "nicht recht ersichtlich" sei (so Zimmerli, Ezechiel, 790), trifft nicht zu, wenn man bei MT bleibt.
[71] Vgl. einerseits bes. Hi 22,22f.; Prov 11,30; 19,16; andererseits bes. Dtn 30,15, was gemäß Rose, 5. Mose, 551-557, der jüngsten Schicht im Dtn zuzuweisen ist; siehe dann auch Lohfink, Sündenfall, 91f.; Otto, Paradieserzählung, 181.
[72] Die Reflexionen des Hiobdichters und Kohelets über Leben und Tod sind in *dieser* Hinsicht unmythologisch. Sie bedienen sich vielmehr einer schöpfungstheologischen und empirischen Argumentation (vgl. Hi 7,7-11; 10,9; 14,2.10-12*; 17,1; Koh 3,19f.), wie sie sich analog in der vorendredaktionellen "jahwistischen" Gestalt der Paradieserzählung findet (vgl. Gen 2,7a; 3,19b.23b)
[73] Daß Gen 6,3 von Ez 11,19 und 36,26f. abhängig sei, wie Ruppert, I, 277f., annimmt, ist fraglich, zumal in Ez 11,19 und 36,36f. רוח nicht den "Lebensgeist" bezeichnet, sondern eine an Jahwe ausgerichtete "Lebensgestaltung" (vgl. Jes 30,1; 42,1; 44,3; 59,21; Ez 39,29; Joel 3,1; Hag 2,5; Sach 4,6; Neh 9,20.30; Num 11,29).

4.1. Literatur- und theologiegeschichtliche der alttestamentlichen Parallen 299

einflußten Psalmen (vgl. Ps 90,3ff.; 104,29f.; 146,4; 11QPs^a 19,4) und in der Hiobdichtung begegnet die sich unmittelbar mit 6,3 berührende dialektische Vorstellung, daß das Leben abhängig von der Gabe des Geistes ist und der Entzug des Geistes den Tod bedeutet. Solange Jahwes Geist im menschlichen Körper weht, lebt der Mensch (Hi 27,3). Allein in Jahwes Hand liegt die Verleihung des Geistes und damit das Leben überhaupt (Hi 12,10; Jes 42,5; Sach 12,1; Ez 37,5ff.).[74] Entzieht Jahwe dem Menschen seinen Geist dann stirbt der Mensch (Hi 34,14f.).[75]

Im Horizont des Pentateuchs begegnet das Wortpaar רוח und בשר in einem hamartiologischen Kontext außerhalb von Gen 6,3 nur noch zweimal, und zwar in der pluralischen Form הרוחת לכל־בשר in Num 16,22 und 27,16. In beiden Fällen erscheint diese Wendung formal innerhalb eines Epithetons Jahwes, dem אלהי הרוחת לכל־בשר, und inhaltlich im Rahmen einer Bitte des Mose an Jahwe. Mit Gen 6,3 und Hi 34,14f. teilt insbesondere Num 16,22 die Verwendung des Theologumenons im Zusammenhang des Themas der vergeltenden Gerechtigkeit Jahwes: Gott, der Schöpfer des Lebens, ist auch der Richter des Lebens.[76] Beide Vorkommen im Numeribuch wurden von der älteren Forschung zumeist P zugewiesen.[77] Angesichts der für P seltenen Anrede Jahwes als "Gott der Geister allen Lebens", der umfassenden "nachpriesterlichen" Bearbeitung von Num 16 und Num 27,[78] und des Zusammenhangs von Num 27,15-23 mit dem DtrG.,[79] könnten allerdings Num 16,22 und 27,16 "nachpriesterliche" Zusätze sein, die aus demselben theologiegeschichtlichen Umfeld wie der R^{UG} stammen.[80] Gegen die direkte literarische Rückführung von Num 16,22 und 27,16 auf den R^{UG} selbst spricht allerdings die Pluralform רוחות.

---

[74] Ez 37,5f.8.10 wird zumeist als der älteste explizite Beleg für die Vorstellung, daß Jahwe die רוח an den בשר gibt und der בשר somit Leben erhält, angesehen (vgl. Fohrer, Ezechiel, 207ff.).

[75] "Nimmt Er seinen Geist zurück, holt seinen Hauch zurück zu sich, so stirbt alles Fleisch zumal, kehrt zurück zum Staub der Mensch." (zum Text siehe Wahl, Schöpfer, 82).

[76] Auch die über Gen 6,3 hinausgehende skeptische Frage Kohelets in c.3,16-21 über die Rückkehr der רוח בני האדם zu Gott (vgl. Sir 40,11) findet sich in einem vergeltungstheologischen Kontext; vgl. dazu Zimmerli, Prediger, 173; Hertzberg, Kohelet, 109f.

[77] Vgl. die bei Holzinger, Hexateuch, Tab. 9 u. Tab 10, genannten Exegeten sowie Baentsch, Numeri, 547f.639; Holzinger, in: HSATK I, 226f.245 (P^S); Noth, Pentateuch, 19.138f.; Scharbert, Numeri, 68.112f.

[78] Vgl. dazu zuletzt L. Schmidt, Priesterschrift, 177ff.; H.-C. Schmitt, Identität, 267ff.; Levin, Jahwist, 377.

[79] Vgl. zum Ganzen Dtn 34,9; Jos 1,1-8 sowie zu V.17 I Reg 22,17.

[80] Vgl. dazu die Rückführung von Num 16,22 auf R^{JEP} bei Eißfeldt, Hexateuchsynopse, 174*.277*, auf eine "nachpriesterliche", aber vorendredaktionelle Hand bei L. Schmidt, Priesterschrift, 167ff, und auf einen nachendredaktionellen Bearbeiter bei Levin, Jahwist, 377, sowie von Num 27,16 auf R^{JEPD} bei Noth, Numeri, 185, bzw. auf einen "nachpriesterlichen" und nachdeuteronomistischen Redaktor bei Seebass, Josua, 61.

Die Formulierung בשגם הוא בשר (Gen 6,3) und die Kontrastierung von בשר und רוח יהוה beinhaltet zugleich eine Abwertung des "Fleisches". Durch die Gegenüberstellung vom "Geist Gottes" und "Fleisch des Menschen" erhält der Begriff בשר hier den Akzent des Schwachen und Hinfälligen. Ein solcher Sprachgebrauch ist weder für die "priesterliche" noch für die "jahwistische" Urgeschichte nachweisbar, findet sich aber gehäuft in spätprophetischen und weisheitlichen Texten. Insofern in Gen 6,3 die Begriffe רוח יהוה für das göttlich Kraftvolle und בשר für das menschlich Schwächliche stehen,[81] erscheint der R[UG] in unmittelbarer Nähe der Aussagen von Jes 31,3; 40,6f.; Jer 17,5; Ps 39,6.12; 56,5; 62,10; 65,3; 103,14ff.; Hi 10,8; Koh 12,7 und II Chr 32,8.[82]

Der Begriff בני האדם, den der R[UG] in 11,5 verwendet, wird vornehmlich von der späten *Weisheitsliteratur* im Kontext des Gegenübers von göttlicher Stärke und menschlicher Hinfälligkeit gebraucht.[83] Die Vorstellung von der Inferiorität des "Fleisches" ist dann bezeichnenderweise vor allem in die von der späten Weisheit beeinflußte Anthropologie der Qumrangemeinde eingegangen und dort zu der Überzeugung ausgebaut worden, daß der בשר nicht nur kreatürlich, sondern auch moralisch minderwertig ist.[84]

Eine Reflexion über die Differenzierung der Menschheit in einzelne Völker und über deren Verteilung über die Erde findet, abgesehen von der "priesterlichen" Darstellung einer selbständigen Ausbreitung (פרד [*Nif.*]; נפץ [II *Qal*]) in Gen 9,19 und 10,5.20.31,[85] nur noch in dem ebenfalls stark von der Weisheit geprägten Lied des Mose in Dtn 32 statt.[86] Tendenziell steht die Konzeption der Verteilung der בני־אדם gemäß der Zahl der בני אלים in

---

[81] Zu dieser treffenden Charakterisierung des Gegensatzes von רוח und בשר siehe Wolff, Anthropologie, 58.
[82] Lediglich Jes 31,3 scheint aus dieser Reihe herauszufallen. Doch dürfte der Vers entgegen der von der älteren Forschung vertretenen Rückführung auf Jesaja selbst (vgl. Marti, Jesaja, 203f.; Duhm, Jesaja, 229ff.) angesichts der Parallele zu der frühexilischen Bearbeitung in Jes 30,1ff. ein später Nachtrag sein (vgl. Kaiser, Jesaja, II, 248).
[83] Vgl. dazu auch Berges, Babel, 50. Die in der Weisheit häufig gebrauchte Wendung בני האדם (vgl. Koh 1,13; 2,3.8; 3,10.18.19.21; 8,11; 9,3.12; Ps 33,13; 145,12) begegnet nur hier im Pentateuch und ist in der vorexilischen Literatur nicht sicher belegt. In I Reg 8,39 liegt ein spät-/nachdeuteronomistischer Zusatz vor (vgl. Würthwein, Könige, 93.99). In I Sam 26,19 sprechen die junge Terminologie (vgl. סות; ספח; und die dtr. Formulierungen גרש, נחלה und עבד אלהים אחרים) ebenfalls gegen eine vorexilische Abfassung.
[84] Vgl. nach den direkten Vorläufern in Hi 4,17-19; 15,14-16; 25,4-6; Sir 17,30-32 vor allem 1QS 11,9; 1QH 15,21 u.ö., siehe dazu Witte, Leiden, 194ff.
[85] Vgl. S.100f. bzw. S.90.
[86] Zu den Berührungen des R[UG] mit Dtn 32 im Gebrauch des Mythologems der בני האלהים bzw. בני אלים und der Verwendung der Gottesbezeichnung יהוה אלהים bzw. עליון vgl. S.243.295.325 bzw. S.237 Anm.29 und S.320 Anm.31.

4.1. Literatur- und theologiegeschichtliche der alttestamentlichen Parallen   301

Dtn 32,8 [4Q, G] der Vorstellung von Gen 11,1-9 sogar näher als den "priesterlichen" Summarien in 10,5.20.31, insofern die Völkervielfalt ebenfalls ausdrücklich auf ein *Handeln Jahwes* (פרד [*Hif.*]) zurückgeführt wird.[87]

Die Verwendung des Begriffs פוץ mit dem Subjekt Jahwe begegnet mit Ausnahme von Gen 11,4.8.9 im Pentateuch nur noch in den *spät- bzw. nachdeuteronomistischen* Zusätzen in Dtn 4,27; 28,64 und 30,3.[88] Ebenso auf einen deuteronomistischen Hintergrund verweisen die endredaktionellen Zusätze zur Völkertafel in 10,16-18a[89] sowie die von dem R^{UG} gebildete Abschlußformel in V.18b-19 (vgl. Gen 13,10*; 14,2; 18,20; 25,18; Dtn 29,22).[90] Beachtet man den auf R^{UG} selbst zurückgehenden Wortgebrauch in 10,8-12,[91] dann bestätigt auch die Nimrodnotiz die literaturgeschichtliche Nähe zu spätdeuteronomistischen Texten. So begegnet der Terminus ראשית in einem politischen Sinn innerhalb des Pentateuch nur noch in dem Spruch Bileams über Amalek (Num 24,20),[92] der im Bereich der spätdeuteronomistischen Schichten des Pentateuchs als der exemplarische Gegner Israels erscheint (vgl. Ex 17,8-16; Dtn 25,17). Ebenso taucht der Begriff ממלכה im Pentateuch konzentriert in den spätdeuteronomistischen Zusätzen zum Bericht über Israels

---

[87] Eine in der Fluchtlinie des R^{UG} stehende Verknüpfung der drei alttestamentlichen Vorstellungen einer urzeitlichen Völkerverteilung (genealogisch [bei P/R^{UG} in Gen 10]; hamartiologisch [bei R^{UG} in Gen 11,1-9]; angelologisch [in 4QDtn 32,8; Sir 17,17]) findet sich dann in Tg^J zu Dtn 32, siehe dazu auch Meyer, Deuteronomium, 206f.; Bietenhard, Welt, 110.

[88] Vgl. Rose, 5. Mose, 491.547f.555, der Dtn 4,27; 28,64 und 30,3 jeweils auf die von ihm herausgearbeitete Schicht D-IV zurückführt, sowie Nielsen, Deuteronomium, 59.256. 270, und Braulik, Deuteronomium, 44.209.217, die im Blick auf die genannten Dtn-Texte allgemeiner von spätdeuteronomistischen Zusätzen sprechen. Auch die Belege in Jer 9,15; 13,23f.; 18,13-17 werden von der gegenwärtigen Forschung auf (dtr.) Redaktoren des Jeremiabuches zurückgeführt (vgl. Wanke, Jeremia, 106f.138.175).

[89] Vgl. Gen 15,19-21; Ex 3,8.17; 13,5; 23,23.28; 33,2; 34,11; Num 13,28f.; Dtn 7,1.11; 20,17; Jos 3,10; 24,11. Zu diesen Listen siehe Gunkel, 91; Weimar, Pentateuch, 148f.; Vermeylen, Commencement, 166. Aus welcher Quelle der R^{UG} das Material für 10,13-14 übernommen hat, ist unsicher. Es fällt aber auf, daß die כפתרים alttestamentlich neben der Erwähnung in Gen 10,14 und I Chr 1,12 nur noch in dem sehr späten dtr. Zusatz in Dtn 2,23 begegnen (vgl. dazu Rose, 5. Mose, 388) und daß auch die Belege für כפתור in Jer 47,4 und Am 9,7 erst auf sehr späte Redaktoren zurückgehen.

[90] Vgl. zu גבול הכנעני: Ex 3,17; 13,5.11; Dtn 1,7; 11,30; Jos 13,4; Ez 16,3; Neh 9,8; zu באכה ... עד: Gen 13,10; 25,18; zu עד־עזה: Jos 10,41; Jdc 6,4; I Reg 5,4; II Reg 18,8; zu der Städtereihe סדם ועמרה ואדמה וצבים: Gen 14,2.8; Dtn 29,22 sowie Gen 18,20; 19,24.28; Jes 1,9; 13,19; Jer 49,18; 50,40; Am 4,11.

[91] 10,8: החל להיות; 10,9: לפני יהוה; 10,10: ראשית ממלכתו; בארץ שנער; 10,12b.

[92] Zur Überschneidung des auf R^{UG} zurückgehenden Japhetspruchs (Gen 9,27) mit dem möglicherweise endredaktionellen Kittäerspruch in Num 24,24 s.u.S.322.

Siege über die Könige Sihon von Hesbon und Og von Basan auf (vgl. Dtn 3,4*.10*.13*.21*).[93]

Hingegen steht die Einbettung der Exilserfahrung Israels in die Urgeschichte mittels des Zerstreuungsmotivs in 11,4b.8a.9b[94] theologiegeschichtlich im Umkreis der *späten Prophetie*, hier speziell im Umfeld von Jes 24,1.[95] Die von Jes 24,1 in die Endzeit projizierte weltweite Zerstreuung der Menschheit verlegt der R^{UG} als Gegenwartserfahrung in die Urzeit, universalisiert diese damit und deutet sie über ihre Rückführung auf einen Gerichtsakt Jahwes als göttliche Ordnung. Die in Jes 24,1 erwartete endzeitliche Zerstreuung ist gemäß der Vorstellung des R^{UG} bereits urzeitlich als Gottesgericht verwirklicht und bestimmt so das gegenwärtige Menschsein. Die Entsprechung zwischen Urzeitschilderung und Endzeitvorstellung ist auch hier nicht nach dem literaturgeschichtlichen Paradigma der "Wiederkehr der Urzeit in der Endzeit" und der literargeschichtlichen Posteriorität des eschatologischen Textes zu bestimmen. Vielmehr erklärt sich die Berührung zwischen dem Verfasser von Jes 24,1 und dem R^{UG} mittels des Rückgriffs auf einen gemeinsamen Motivschatz bei einer zeitlich unterschiedenen theologischen Perspektive und eines literargeschichtlichen Nebeneinanders, wenn nicht sogar einer literargeschichtlichen Priorität des eschatologischen Textes vor dem R^{UG}.[96]

Einen wesentlichen Aspekt der Anthropologie des R^{UG} bildet dessen *Sündenvorstellung*.[97] Durch die aus der "jahwistischen" Urgeschichte übernommene (vgl. 6,5) und modifizierte Sentenz in 8,21aβ (רע האדם לב יצר כי מנעריו) gibt der R^{UG} wiederum seine besondere Nähe zu einer vor allem von der *späten Deuteronomistik*[98] und von der *späten Weisheit* geprägten Vorstellung zu erkennen. So erscheint die Überzeugung einer kreatürlichen Sündhaftigkeit des Menschen explizit in den späten Einschüben der Hiobdichtung,[99]

---

[93] Siehe dazu Rose, 5. Mose, 397-412, unter Zuweisung von Dtn 3,4*.10*.13*.21* an die jüngste Schicht im Dtn (D-IV). Die Belege für ממלכה in Ex 19,6; Num 32,33; Dtn 17,18.20; 28,25 stehen ebenfalls alle unter dtr. Einfluß. Ob Gen 20,9, der einzige Nachweis für ממלכה in der Gen, tatsächlich von E stammt, ist ungewiß (vgl. Levin, Jahwist, 179: "nachendredaktionell").

[94] Vgl. S.90.261.

[95] Vgl. dazu Kaiser, Grundriß, II, 44f., demzufolge Jes 24,1 zur aus dem 5. Jh. v. Chr. stammenden Grundschicht der Jesaja-Apokalypse gehört.

[96] Vgl. S.268.281f.304f.

[97] Vgl. S.248ff.

[98] Vgl. besonders Dtn 31,21: "der interessante Begriff des *jeṣär* [V.21], der mit 'Streben', 'Gesinnung', 'Wesen' wiedergegeben werden kann, nähert sich hier schon stark dem spätjüdischen Theologumenon von dem 'bösen Trieb' " (von Rad, Deuteronomium, 135; vgl. auch Rose, 5. Mose, 562, unter Zuweisung von Dtn 31,21 an die jüngste Schicht im Dtn [D-IV], und Blenkinsopp, Pentateuch, 76). Die hier vorliegende negative Konnotation der Wendung מנעריו teilt der R^{UG} mit den dtr. beeinflußten Zusätzen in Jer 3,24f.; 22,21 (ursprünglich?) und 32,30ff. (vgl. dazu bes. Schreiner, Jeremia, 30f. 132.194).

[99] Vgl. Hi 4,17-19; 15,14-16; 25,4-6 und dazu Witte, Leiden, 98ff.194ff.

4.1. Literatur- und theologiegeschichtliche der alttestamentlichen Parallen 303

in einem spät-/nachdeuteronomistischen Zusatz in I Reg 8,46* sowie in Koh 7,20; Ps 143,2; Sir 17,31f. und den Hodayot aus Qumran.[100] Die Kombination dieses Sündenverständnisses mit der Vorstellung, daß es einzelne Gerechte gibt, teilt der R^{UG} dabei dann vor allem mit dem Endredaktor des Hiobbuches (vgl. Hi 1-2; 42,7ff. gegenüber Hi 4,17ff.; 15,14ff.; 25,4ff.) und mit Ben Sira (vgl. 17,31f. gegenüber c.44-50). Mit der Rezeption des Theologumenons von der Bosheit des Menschen aus der "jahwistischen" Urgeschichte rückt der R^{UG} erneut auch in die Nähe der Verfasser von I Chr, die in c.28-29 im Zusammenhang der Inthronisation Salomos und der Vorbereitungen zum Tempelbau nicht nur wie der R^{UG} den "Doppelnamen" Jahwe Elohim gebrauchen (28,20; 29,1), sondern auch die in Gen 6,5 und 8,21aβ belegte Wendung כל־יצר מחשבות (28,9) bzw. יצר מחשבות לבב (29,18).[101] Schließlich berührt sich der R^{UG} hinsichtlich der aus 11,6b (אשר כל מהם לא־יבצר יזמו לעשות) erkennbaren Hybrisvorstellung terminologisch und thematisch mit der späten Weisheit (vgl. Hi 42,2).[102] Ob allerdings zwischen Hi 42,2 und Gen 11,6b eine *direkte* literarische Beziehung besteht,[103] ist nicht sicher nachweisbar. Vermutlich handelt es sich in beiden Fällen um eine Zitation einer auch in der Weisheit gebrauchten geprägten Wendung.[104]

4.1.4. Ort und Zeit der Paralleltexte zum Heilsverständnis

Die Zusammenstellung des Jerusalemer Gichon mit den vorderorientalischen Strömen Nil, Tigris und Euphrat und die Beschreibung der Quelle im Kidrontal als einem das Land Kusch umfließenden Strom (Gen 2,10-14) ist das Ergebnis einer symbolischen Überhöhung,[105] die möglicherweise im Kontext der

---

[100] Vgl. die in Gen 8,21aβ angelegte Entfaltung des Begriffs יֵצֶר ("Gebilde") zu einem Terminus für die sündige Anlage des Menschen, stets nach dem Bösen zu trachten, ("Sinnen") nach Ansätzen bei Sir 11,14-16[H]; 15,14[H]; 21,11[G]; 37,3[G/H(v.l.)] in 1QH 5,6; 6,32; 7,13.16; 11,20; 1QS 5,5 und 11QPs^a 19,15. Zur späteren Entwicklung der Lehre vom "bösen Trieb" im Judentum in hellenistischer Zeit vgl. noch immer Bousset u. Greßmann, Religion, 402ff. Daneben findet sich in den Qumranschriften der Gebrauch des Begriffs יֵצֶר im Sinne von "Geschöpf", wobei auch hier neben dem kreatürlichen Aspekt der hamartiologische mitschwingt (vgl. 1QH 1,21f.; 3,23f.; 4,29; 18,26.31; frgm. 1,8; 1,17; 4Q511 frgm. 28,3).

[101] Nach Galling, Chronik, 68.77, stammen sowohl I Chr 28,9 als auch 29,18 erst von dem um 200 v. Chr. anzusetzenden "zweiten Chronisten".

[102] Vgl. S.255.

[103] Vgl. Levin, Jahwist, 133, der Gen 11,6b für ein nachendredaktionelles Zitat aus Hi 42,2 hält; zumeist wird das literarische Verhältnis umgekehrt bestimmt.

[104] Für die Verankerung des Begriffs זמם mit menschlichem Subjekt in der Weisheit siehe Prov 30,32; 31,16; Ps 17,3; 31,14; 37,12 (vgl. auch den Terminus in מְזִמָּה Prov 2,11; 3,21; 5,2; 8,12; 12,2; 14,17; 24,8; Hi 21,27; Ps 21,12; 37,7; 139,20). Zur Einordnung von Gen 11,6 in die Weisheit siehe weiterhin Whybray, Tradition, 108.154.

[105] Vgl. S.266ff.

eschatologischen Übertragung der Motive vom Gottesberg und von den Lebensströmen auf Jerusalem steht.

Als ältester Beleg für diese Motivverbindung wird zumeist Ez 47 angesehen. Von der in Ez 47 vorliegenden Beschreibung des Jerusalemer Tempelstroms seien die parallelen Vorstellungen in Joel 4,18 und Sach 14,8 sowie in den Zionspsalmen abhängig.[106] Das Verhältnis von Gen 2,10-14 zu Ez 47,1ff.; Joel 4,18; Sach 14,8; Ps 46,5; 84,7f.; 87,7 und Jes 33,20f. wird dann zumeist nach dem vor allem von H. Gunkel inaugurierten Erklärungsmuster der "Wiederkehr der Urzeit in der Endzeit" *literaturgeschichtlich* gedeutet.[107] Die literarisch ältere Vorstellung von den *urzeitlichen* Weltströmen in Gen 2,10-14 sei von der literarisch jüngeren Prophetie als Theologumenon zur Beschreibung des künftigen Jerusalem aufgenommen und *endzeitlich* umgedeutet worden.[108]

Bei einer Zuweisung von Gen 2,10-14 an den "nachpriesterlichen" R^{UG} besteht nicht der vermeintliche zeitgeschichtliche Graben zu den genannten prophetischen und psalmistischen Parallelen, die alle der exilisch-nachexilischen Zeit angehören.[109] Es kann hier vielmehr die These aufgestellt werden, daß die Rezeption der Motivverbindung "Gottesberg und Lebenswasser" im Blick auf das zukünftige Jerusalem seitens der eschatologischen Prophetie und der Zionspsalmen einerseits und die Anwendung dieses Motivkomplexes zur Assoziierung des urzeitlichen Paradieses mit dem gegenwärtig erfahrbaren Jerusalemer Tempel im Kontext der Komposition des R^{UG} andererseits derselben literatur- und theologiegeschichtlichen Epoche angehören. Die Deutung von Gen 2,10-14 als ein Signal für den Leser, bei der Lektüre der Paradieserzählung an den Tempel als Ersatz für den Garten Eden zu denken, erlaubt die Folgerung, daß diese Verse in den Umkreis, möglicherweise sogar in die Wirkungsgeschichte der in Ez 47 breit

---

[106] Zur Bestimmung der literarischen Abhängigkeitsfolge Ez 47 → Joel 4,18 → Sach 14,8 vgl. bereits Wellhausen, Propheten 202.220; Duhm, Anmerkungen, 96ff.; Nowack, Propheten, 108.400; Robinson, Propheten, 56; Horst, Propheten, 251; Elliger, Propheten, 182; zum Nachweis der Abhängigkeit der Zionspsalmen von der eschatologischen Prophetie vgl. ausführlich Wanke, Zionstheologie, 67ff.100ff.

[107] Vgl. Gunkel, Schöpfung, 398: "In der alten Zeit ist es ein Mythus der Urzeit, der von Babel nach Israel wandert, in der neuen eine Weissagung über die Endzeit."

[108] Vgl. dazu exemplarisch Gunkel, 36; ders., Psalmen, 198 u.ö.; Fohrer, Ezechiel, 241ff.; Weiser, Propheten, 126; Elliger, Propheten, 182.

[109] Während die (spät)nachexilische Datierung von Joel 4,18; Sach 14,8 und der entsprechenden Psalmenbelege (vgl. dazu Wanke, Zionstheologie; Zenger, Psalmen) als gesichert gelten kann, wird der Grundbestand von Ez 47,1-12 nach wie vor auf den Propheten Ezechiel des 6. Jh. v. Chr. zurückgeführt (vgl. Fohrer, Ezechiel, 4.241ff.; Eichrodt, Hesekiel, 412; Zimmerli, Ezechiel, 1242ff.; Fuhs, Ezechiel, 256ff.; zuletzt Zwickel, Tempelquelle, 140-144). Doch bedarf angesichts der Erkenntnis des komplexen redaktionsgeschichtlichen Wachstums des Ezechielbuchs (vgl. dazu Pohlmann, in: Kaiser, Grundriß II, 92ff.) und der Vergleichsmöglichkeit von Ez 40-48 mit 11QT die Datierung von Ez 47 einer erneuten Untersuchung.

4.1. Literatur- und theologiegeschichtliche der alttestamentlichen Parallen 305

ausgemalten Vorstellung des aus dem Jerusalemer Tempel fließenden Lebensstroms gehören.[110] Die Beschreibung des Gartens Eden als "das heiligste der Heiligtümer und die Wohnung Gottes" (Jub 8,19)[111] und als Mittelpunkt der Erde (äthHen 26,1f.)[112] sind dann keine apokalyptischen *Umdeutungen*, sondern apokalyptische *Ausmalungen* des in Gen 2,10-14 angedeuteten Bildes vom Jerusalemer Heiligtum. In der Verlängerung dieser Linie kann dann auch die apologetisch übertreibende Darstellung des "unerschöpflichen Wasserreichtums" Jerusalems im Aristeasbrief §89 gesehen werden.[113]

Der Versuch des R^{UG}, mittels seiner Zusätze in Gen 2-3 dem Leser der Paradieserzählung den Jerusalemer Tempel vor Augen zu stellen und ihn so an dem "verlorenen Paradies" teilhaben zu lassen, und die futurische Eschatologie der prophetischen und psalmistischen Belege können literatur- und zeitgeschichtlich als Nachbarn angesehen werden.

Sämtliche für die *zionstheologische Interpretation von Gen 2,15* (v.l. וַיַּנִּחֵהוּ) herangezogenen Belege, die von der Gabe der Ruhe (נוח [*Hif. I*]) durch Jahwe sprechen, führen in einen *spätdeuteronomistisch* beeinflußten Bereich.[114] Während die Nachweise in den Büchern Dtn und Jos allgemein von der Ruhe reden, die Jahwe Israel vor seinen Feinden mit der Gabe des verheißenen Landes verschafft hat, zeigt sich in I Chr 23,25; 28,2 und in Ps 132,8.13f. im Gefolge von II Sam 7,11-13 und I Reg 5,18 eine unmittelbare Korrelation der Motive "Ruhe für Israel" und "Wohnen Jahwes auf dem Zion". Die ursprünglich getrennten Konzepte, "Ruhe durch die Gabe des Landes" deuteronomistischer Provenienz, und "Ruhe Jahwes auf dem Zion" tem-

---

[110] So mit Görg, Pischon, 12f.; vgl. auch Holloway, Ship, 332. Zwickel, Tempelquelle, 146, vertritt jetzt die ansprechende traditionsgeschichtliche Lösung, Gen 2,10-14 sei wie auch Jes 8,6f.; 30,25; 33,21; Ps 65,10; Sach 13,1; 14,8 und Joel 4,18 von Ez 47,1-10* abhängig.
[111] "Und er (sc. Noah) erkannte, daß der Garten Eden das heiligste der Heiligtümer und die Wohnung Gottes war, und der Berg Sinai der Mittelpunkt der Wüste, und der Berg Zion der Mittelpunkt des Nabels der Erde. Diese drei sind, eins dem andern gegenüber, zu Heiligtümern geschaffen." (Übersetzung von Littmann, in: APAT II, 56).
[112] Der Text ist fragmentarisch auch in der aram. Version belegt (vgl. 4Q205, frgm.1).
[113] Vgl. auch Sir 50,1ff., und dazu Zwickel, Tempelquelle, 147f.
[114] Vgl. S.269f. Zum Nachweis der spätdeuteronomistischen Entstehung des Theologumenons der von Jahwe Israel geschenkten Ruhe in Dtn 3,20; 12,10; 25,19; Jos 1,13.15; 21,44; 22,4; 23,1 vgl. zuletzt Rose, 5. Mose, 252-255 u.ö.; Fritz, Josua, 227-232, sowie zur Erkenntnis, daß hinter Gen 2,15 die dtr. Bundestheologie steht, Alonso Schökel, Motivos Sapienciales, 306f.; Lohfink, Sündenfall, 91f.; Blenkinsopp, Pentateuch, 66; Otto, Paradieserzählung, 180, die allerdings Gen 2,4-3,24 für literarisch einheitlich halten und dtr. beeinflußte Anspielungen u.a. auch in den Begriffen לקח (Gen 2,15a; vgl. II Sam 7,8; I Reg 11,37; Ps 78,70; Hag 2,23) und רבד (2,24), dem Motiv der Erschaffung des Menschen außerhalb des Gartens (2,8), der Gebotsformulierung in 2,16f., den Fluchworten (3,14-19) und den Strafnotizen (3,22-24) sahen (vgl. den Forschungsbericht auf S.29f.).

peltheologischer Herkunft, sind spätestens in I Chr 23,25 verbunden.[115] Diese Motivverknüpfung liegt in Gen 2,10-15 in Grundzügen vor, wenn die Paradiesgeographie eine verborgene Anspielung auf den Tempel enthält und in ינחהו (V.15) ein Hinweis auf das deuteronomistische und das tempeltheologische "Ruhekonzept" erkannt wird.[116] Für die theologiegeschichtliche Einordnung des R[UG] ergibt sich dann einerseits, daß er spätdeuteronomistische Theologumena voraussetzt, andererseits die in Ps 132,8.13f. und in der Chronik erkennbare Zionstheologie vorbereitet.

Die nächste Parallele zu einer mit Gen 2,15 vergleichbaren religiösen Verwendung des Wortpaares עבד/שמר begegnet in dem spätdeuteronomistischen Abschnitt Jos 22,5.[117] Dieser ist für die literaturgeschichtliche Einordnung des R[UG] von besonderer Bedeutung, insofern sich im direkten Kontext auch eine Überschneidung mit Gen 2,15 in der Verwendung des deuteronomistischen Ruhekonzepts (vgl. Jos 21,44; 22,4) findet.[118] Wenn Gen 2,15b sowohl auf die tempeltheologische (vgl. Num 3,7; 18,7) als auch auf die toratheologische Verwendung des Wortpaares שמר/עבד anspielt, dann ergibt sich für die Bestimmung des theologiegeschichtlichen Standortes des R[UG] erneut die Beobachtung, daß dieser "priesterliche" und spätdeuteronomistische Theologumena kombiniert.

Hinsichtlich der literarischen Zuweisung der Pentateuchbelege für die von dem R[UG] in soteriologischer Dimension verwendete Formel קרא בשם יהוה (vgl. Gen 4,26)[119] besteht in der gegenwärtigen Forschung kein Konsens. Lediglich für Gen 12,8 und Ex 34,5 wird zumeist eine Rückführung auf J vertreten.[120] Wenn Gen 12,8 und Ex 34,5 tatsächlich auf ein und dieselbe literarische Hand zurückgehen, dann ergibt sich von hier aus ein Kriterium zur literaturgeschichtlichen Beurteilung der Verwendung von קרא בשם יהוה im gesamten Pentateuch. Durch Gen 12,8 und Ex 34,5 werden einerseits Abraham, andererseits Mose als die zentralen Figuren der Jahweverehrung gekennzeichnet. Wenn sich die Formel קרא בשם יהוה in Texten, die literarkritisch ein-

---

[115] "Denn David sprach: Ruhe hat Jahwe, der Gott Israels, seinem Volk geschenkt, und Wohnung hat er genommen in Jerusalem auf ewig."
[116] Vgl. S.270.
[117] Vgl. S.271 und dazu Fritz, Josua, 226.
[118] Vgl. für die Zuweisung von Jos 22,1-6 an eine (spät)deuteronomistische Hand Wellhausen, Composition, 133; Kuenen, Einleitung, I/1, 131; Noth, Josua, 133; Fritz, Josua, 226; Nielsen, Deuteronomium, 66. Man beachte auch hinsichtlich der Verwendung der Gottesbezeichnung יהוה אלהים die Beziehung zu Jos 22,22, einem Vers, der von Fritz (Josua, 224) auf einen "nachpriesterschriftlichen" Redaktor (RedP) zurückgeführt wird.
[119] Vgl. S.276ff.
[120] Die ältere Forschung wies noch alle Belege für קרא בשם יהוה in der Genesis J zu (vgl. Holzinger, Hexateuch, 104; ders., Tab. 2; Procksch, Theologie, 439). Für die neuere Forschung vgl. für Gen 12,8 exemplarisch Noth, Pentateuch, 29; Levin, Jahwist, 137f.; für Ex 34,5 Baentsch, Exodus, 281 (nur für V.aβ.b); Beer, Exodus, 13 (J2); Noth, Exodus, 215; Scharbert, Exodus, 128; Levin, Jahwist, 362f.

4.1. Literatur- und theologiegeschichtliche der alttestamentlichen Parallen 307

deutig sekundär und jünger als Gen 12,8 und Ex 34,5 sind, im Zusammenhang mit anderen Figuren findet, kann davon ausgegangen werden, daß es sich um eine bewußte Anpassung an Abraham und Mose handelt. Dies gilt dann einerseits für Isaak in Gen 26,25, andererseits für Enosch in Gen 4,26. So steht die Wendung קרא בשם יהוה in 26,25a im Verbund mit V.24 in einem sekundären, möglicherweise endredaktionellen Hinweis "auf einige Abrahamgeschichten bei J".[121] Die Figur Isaaks wird durch diesen Zusatz an die Figur Abrahams angeglichen. Die Reaktion Isaaks auf die "um Abrahams willen" zuteilgewordene Segens- und Mehrungsverheißung entspricht der Tätigkeit Abrahams nach der Erscheinung Jahwes in Sichem (Gen 12,7-8). Durch die Formel קרא בשם יהוה wird Isaak als legitimer Nachfahre Abrahams dargestellt, wie umgekehrt der Setsohn Enosch als rechtmäßiger Vorfahre Abrahams erscheint. Die formale und intentionale Parallelität von 4,26 und 26,24-25a könnte damit ein Indiz dafür sein, daß der R^{UG} auch außerhalb von Gen 1-11 tätig war. Allerdings bestehen zwischen Gen 26,24f. und dem Text des R^{UG} drei Differenzen: 1.) erfolgt die Anrufung Jahwes in Gen 26,25 erst nach einer direkten Gottesbegegnung (V.24), 2.) steht 26,24f. über 12,3; 22,17f. und 28,14 in einem übergreifenden literarischen Bezugssystem, 3.) weist 26,24 mittels des Terminus בעבור eine *explizite* Stellvertretungsvorstellung auf.[122]

Die Texte, die nun für eine dem endredaktionellen Beziehungsnetz von Gen 4,26 zu 2,10-14 entsprechende Verwendung der Formel קרא בשם יהוה in *universaler und zugleich zionstheologischer Perspektive* angeführt werden können, gehören alle der spätnachexilischen Zeit an und zeigen erneut die zeitliche Nähe des R^{UG} zur eschatologischen Prophetie und zu Psalmen im Umkreis des Zweiten Tempels.[123] Ebenso gehören sämtliche Belege für ein

---

[121] Noth, Pentateuch, 30; ähnlich bereits Gunkel, 303; zuletzt Levin, Jahwist, 206.
[122] Im Horizont des Pentateuchs besitzt Gen 4,26 aufgrund seines universalen Charakters hingegen eine gewisse Nähe zu Ex 3,15*. So fällt bei der Analyse der ersten Offenbarung des Jahwenamens in Ex 3,13f., die gewöhnlich der "elohistischen" Quellenschrift zugewiesen wird (vgl. Eißfeldt, Hexateuchsynopse, 112*; Beer, Exodus, 12 (E/E^S); Noth, Pentateuch, 39; ders., Exodus, 30 [nur V.13!]; Scharbert, Exodus, 22f.), auf, daß sich V.15 über die Wendung זה־שמי לעלם um eine ganz bewußte Verankerung des Jahwenamens in der Urzeit bemüht. Die Einleitung mit ויאמר עוד deutet darauf hin, daß V.15 ein Nachtrag ist (so mit Baentsch, Exodus, 23; Rudolph, Erzähler, 9; Hölscher, Geschichtsschreibung, 296; Levin Jahwist, 332; [Scharbert, Exodus, 23: JE]). Wenn es sich um einen Ausgleich zwischen Gen 4,26 und 12,8 *par.* einerseits und Ex 3,14(E).16(J) andererseits handelt, dann könnte auch Ex 3,15 ein Indiz für eine Tätigkeit des R^{UG} außerhalb von Gen 1-11 sein. Mit dem R^{UG} teilt Ex 3,15 auch formal den Anschluß mit עוד (vgl. 4,25), die Verwendung von לעלם im Sinne von "für ewig" bzw. "seit ewig" (vgl. Gen 3,22; 6,3f.) und den Rückgriff auf die Wurzel זכר "heilvoll gedenken" (vgl. dafür die von R^{UG} aus der "priesterlichen" Tradition übernommenen Belege in Gen 8,1 und 9,16).
[123] Vgl. S.276 und im einzelnen zu Joel 3,5 Weiser, Propheten, 106.121; Deissler, Propheten, 66.82; zu Zeph 3,9f. Elliger, Propheten, 57.79; Deissler, Propheten 249f.; zu Ps 116 Fz. Delitzsch, Psalmen, 744; Gunkel, Psalmen, 502; Duhm, Psalmen, 408;

wie in Gen 4,26 zeitlich gebrauchtes אז in einem kultischen Kontext im Penta- bzw. Enneateuch den jeweils jüngsten literarischen Schichten an.

Ex 4,26, dessen Charakter als Ursprungsnotiz sich daraus ergibt, daß hier eigentlich von der Beschneidung des Mose und damit von der *ersten Beschneidung* in der Mosezeit überhaupt erzählt wird, dürfte mit C. Levin als ein später midraschartiger Nachtrag anzusprechen sein, der verhindern will, "daß Mose als Unbeschnittener sein Amt angetreten hätte".[124] Ex 15,1 leitet einen aus dem Kult entlehnten Hymnus ein.[125] Kompositionell stellt er im Aufriß des Pentateuchs *das erste Jahwelobliied* dar; literargeschichtlich gehört er zu einem sekundären Ausbau des Mirjamliedes. Vermutlich blickt diese Erweiterung bereits auf die "priesterliche" und die "jehowistische" Auszugserzählung zurück.[126] Dtn 4,41-43, eine Notiz über die *erste Einrichtung der Asylstädte* durch Mose im Ostjordanland, bildet einen gelehrten Nachtrag, der auf die jüngste literarische Schicht im Dtn zurückgeht.[127] Bei Jos 8,30-35, der Darstellung vom *ersten Altarbau* nach der "Landnahme", die die Legitimität Josuas als Nachfolger des Mose sowie die uneingeschränkte Gültigkeit der Mosetora sichern will, handelt es sich um eine möglicherweise mehrschichtige literarische Fiktion spätdeuteronomistischer Herkunft, die bereits Dtn 27,4-7 voraussetzt.[128] Die in I Reg 8,1*.12 (*par.* II Chr 6,1) mitgeteilten erstmaligen Tätigkeiten Salomos, die im Zusammenhang mit der *Errichtung des ersten Tempels* stehen,[129] gehen auf (nach)deuteronomistische Erweiterungen zurück.[130]

Bei der bisherigen Analyse konnte bereits mehrfach eine große literatur- und theologiegeschichtliche Nähe zwischen Texten des R^{UG} und Abschnitten aus der Chronik festgestellt werden.[131] Daher legt sich auch hier der Schluß nahe, daß I Chr 16,7f. (neben I Chr 15,2 - der *erstmaligen Einsetzung der Leviten* zu Trägern der Lade - und II Chr 8,12 - dem *ersten Opfer Salomos* vor dem neuerbauten Tempel) nicht nur sachlich, sondern auch literatur- und theologiegeschichtlich der nächste Verwandte von Gen 4,26 ist.[132] Die Nähe von Gen 4,26 zum chronistischen Geschichtswerk bestätigen schließlich die

---

Allen, Psalms, 114. Ebenso ist das Verhältnis von Gen 11,1-9 zu der prophetischen Hoffnung, daß einst fünf Städte in Ägypten "die Sprache Kanaans" (שפת כנען) sprechen werden (Jes 19,18), nicht literargeschichtlich im Sinne eines Nacheinanders zu bestimmen, sondern aspekthaft als ein Nebeneinander unterschiedlicher theologischer Positionen.

[124] Levin, Jahwist, 332, wobei 4,26b als ein "Nachgang" im Nachtrag angesehen wird.
[125] Vgl. Ex 15,2-6 mit Ps 118.
[126] So mit Levin, Jahwist, 347.
[127] Vgl. dazu Rose, 5. Mose, 148-150, der Dtn 4,41-43 auf die Schicht D-IV zurückführt, sowie Braulik, Deuteronomium, 47; Nielsen, Deuteronomium, 66f. ("spät-dtr").
[128] Vgl. Wellhausen, Composition, 124f.; Fritz, Josua, 93ff.; Nielsen, Deuteronomium, 66.
[129] Vgl. die "Überführung der Lade aus der Davidstadt" (I Reg 8,1 *par.* II Chr 5,2) und den sog. "Tempelweihspruch" (I Reg 8,12 *par.* II Chr 6,1).
[130] Nach Würthwein, Könige, 84-89, stammt die Ladenotiz in I Reg 8,1 von DtrH, während der mittels אז eingeleitete (vordeuteronomistische) Tempelweihspruch in I Reg 8,12-13 erst nachdeuteronomistisch eingelegt wurde.
[131] Vgl. (1.) S.235f., (2.) S.239.291f., (3.) S.270.305f., (4.) S.277, (5.) S.284, (6.) S.300.
[132] Vgl. dazu Galling, Chronik, 51ff., der I Chr 16,7-36 für einen auf den "zweiten Chronisten" (um 200 v. Chr.) zurückgehenden Einschub hielt; ähnlich, Rudolph, Chronikbücher, 127.

4.1. Literatur- und theologiegeschichtliche der alttestamentlichen Parallen 309

Parallelen zur Verwendung von חלל (*Hif.*) in Texten, die von einer erstmaligen Installation einer kultischen Einrichtung erzählen. Abgesehen von I Sam 14,35; 22,15 und Est 9,23, finden sich sämtliche Belege für חלל (*Hif.*) mit kultischem Kontext im chronistischen Bereich. So erscheint die Wurzel חלל hier erzählerisch im Zusammenhang mit der Errichtung des Tempels durch Salomo (II Chr 3,1f.), der Kultreformen Hiskias (II Chr 29,27; 31,10) und Josias (II Chr 34,3), dem Beginn des Opferkultes nach der Rückkehr aus der Gola (Esr 3,6) und der Einsetzung der Leviten zur Wiedererrichtung des Tempels (Esr 3,8).

Die Belege für eine Kombination von נוח (Gen 5,29 *v.l.* [*Hif. I* "Ruhe geben"]) mit den zentralen Theologumena in Gen 9,1-17,[133] die zusammen mit 7,1b, der Rezeption der "jahwistischen" Opferszene (8,20f.) und der Vorstellung der Scheidung der Menschheit in Gerechte und Frevler das Grundgerüst des Stellvertretungsgedankens des R^{UG} bildet, führt in einen *spätdeuteronomistischen und spätprophetischen Kontext*. So findet sich die wichtigste Parallele für die Verbindung der Motive der von Gott gegebenen Ruhe und des Segens in den späten deuteronomistischen Bearbeitungen von Dtn 12,7.10. Wenn die zuletzt von M. Rose vorgeschlagene Schichtung von Dtn 12 zutrifft, wonach V.2-7 auf die jüngste im Dtn greifbare und in der späten Exilszeit und frühen Nachexilszeit zu verortende deuteronomistische Schicht (D IV) zurückgeht und V.8-10 von einer etwas älteren deuteronomistischen Hand aus der Exilszeit (D III) stammt,[134] dann ergibt sich von hier aus für den R^{UG} erneut, daß dieser auf spätdeuteronomistische Vorstellungen zurückgreift.[135] Die Verbindung der Motive der von Gott gegebenen Ruhe und der Furcht (מורא bzw. חת), die von Israel ausgehen wird, hat ihre nächste Parallele in Dtn 11,25 und 12,10, wobei beide Verse auf dieselbe deuteronomistische Hand zurückgeführt werden können.[136]

Die von dem R^{UG} durch den Bezug von Gen 5,29 (über 7,1b; 8,20f.) auf 9,8ff. zielende Verknüpfung von ברית und נוח hat möglicherweise in dem *spätdeuteronomistischen* Abschnitt Jos 23,1-16 eine Vorlage.[137] Zwar wird in Jos 23,16 (wie in dem damit vergleichbaren Abschnitt II Chr 15,12-15) ברית

---

[133] S.o.S.216: ברך (9,1), מורא (9,2), ברית (9,9ff.), זכר (9,15; 8,1); עולם (9,12.16).
[134] Vgl. Rose, 5. Mose, 26, ebenso führt Nielsen, Deuteronomium, 134ff., Dtn 12,10 auf die jüngste dtr. Bearbeitung zurück und weist auf die Verbindung zu Dtn 25,17-19; I Reg 5,18; 8,56 und die Endredaktion des DtrG. hin (a.a.O., 136).
[135] Vgl. dazu auch Otto, Paradieserzählung, 180.
[136] Rose, 5. Mose, 389ff., weist beide Texte der ersten dtr. Bearbeitung (D III) zu. Die Parallele zu Dtn 11,25 geht nach Rose, 5. Mose, 521f., dann erst auf D IV oder eine nachdeuteronomistische Bearbeitung zurück. Nielsen, Deuteronomium, beurteilt Dtn 2,25; 3,20; 11,25 nur allgemein als dtr. bzw. nachdeuteronomistisch.
[137] Noth, Josua, 133, erkannte in Jos 23,1-16 den Abschluß der dtr. Landnahmeüberlieferung, während Fritz, Josua, 227ff., den Grundbestand von Jos 23 auf den deuteronomistischen Bearbeiter des DtrG. (RedD) zurückführte.

im Gegensatz zu dem "priesterlichen" Abschnitt Gen 9,8ff. nicht im Sinn der Zusage Gottes, sondern der Verpflichtung Israels gebraucht, doch zeigt sich in Jos 23,1.16 neben der Verwendung des "Ruhemotivs" wie in der Kombination von 5,29 mit 9,8ff., daß die Frage der Existenz und der "Bund" eng miteinander verbunden sind.[138] Wie sich aus der Rahmenfunktion von V.1 und V.16 im Kontext der Schlußermahnungen Josuas in c.23 und aus der Konzentration der Begriffe נוח und ברית auf die Verleihung des Landes ergibt, stehen die Gewährung der Ruhe für Israel durch Jahwe (V.1) und der Hinweis auf den "Bund" V.16) in einem direkten Zusammenhang: Die "Ruhe" erfüllt sich für Israel mit der Gabe des Landes, die Übertretung des "Bundes" führt zum Verlust des Landes und damit der "Ruhe".

Zwei Texte sind für die Einordnung des R^{UG} besonders aufschlußreich, da sie die theologischen Eckpunkte, auf denen der Bezug von 5,29 auf 9,1-17 gründet, konzentriert aufweisen. In dem einen Fall handelt es sich um Jes 14,1-4a, in dem anderen um den bereits oben zum Vergleich herangezogenen Ps 132.[139]

Daß Jes 14,1-4a frühstens aus der Exilszeit stammt, ist in der Forschung unumstritten. Nach O. Kaiser gehen diese Verse auf einen späten Bearbeiter zurück, "den man fast einen Schriftgelehrten nennen möchte" und dem bereits die Bücher Gen - II Reg sowie die Propheten (mit Ausnahme von Daniel) vorlagen.[140] Zur Unterstützung dieser These kann O. Kaiser im Blick auf den Pentateuch auf eine Abhängigkeit von der späten Deuteronomistik (vgl. Dtn 12,9f.; 25,19) und von P (vgl. Ex 1,14; 6,9) sowie "möglicherweise" von J (vgl. Ex 3,7; 5,6.10.13)[141] hinweisen. Folgt man dieser Bestimmung des Verfassers von Jes 14,1-4a, dann könnte der Text für die literaturgeschichtliche Einordnung von Gen 5,29b und damit des R^{UG} einen *terminus ad quem* bilden.[142]

Während Jes 14,4 das Ruhemotiv in seiner deuteronomistischen Prägung und partikularen Engführung entfaltet, bietet Ps 132 das Ruhemotiv in seiner zionstheologischen Perspektive hinsichtlich der Gleichsetzung der Ruhe Jahwes im Tempel, wie es sich in einer verdeckten Anspielung bereits in Gen 2,15 findet. Darüber hinaus erweist sich der literarisch einheitliche Ps 132 als

---

[138] Nach Gen 9,8ff. ist die Existenz des Menschen an die ברית ("Selbstverpflichtung Gottes") gebunden, nach Jos 23,16 die Existenz Israels an die Einhaltung der ברית ("Verpflichtung des Volkes"). In I Chr 22,18-19 ist ברית von ארון abhängig, so daß trotz der Parallele zur Anspielung des R^{UG} in Gen 2,15 ("נוח [*Hif.I*] und Tempelbau") keine unmittelbare Vergleichsstelle für die Komposition von 5,29 auf 9,8ff. hin vorliegt.

[139] Vgl. zu Jes 14 S.284f. und zu Ps 132 S.270.305f.

[140] Kaiser, Jesaja, II, 22.

[141] Vgl. für die generelle Zuweisung an J: Noth, Exodus, 27.38; Scharbert, Exodus, 21.29; für die Zuweisung an J (Ex 3,7*) und nachendredaktionelle Ergänzungen (Ex 3,7*; 5,6.10.13): Levin, Jahwist, 330.

[142] Vgl. Kaiser, Jesaja, II, 24f.

4.1. Literatur- und theologiegeschichtliche der alttestamentlichen Parallen   311

eine Zusammenstellung *zionstheologischer und deuteronomistischer* Theologie,[143] wie sie in der Linie angelegt ist, die von Gen 2,15 über 5,29; 7,1b und 8,20f. zu 9,1-17 führt. So finden sich hier:
1.) die zu Gen 2,15 parallele zionstheologische Anspielung auf den Jerusalemer Tempel mittels der Wurzel נוח (V.8.14),
2.) die zu Gen 5,29 parallele Vorstellung einer Stellvertretung des einen exemplarisch Frommen für die vielen (V.10),[144]
3.) die Vorstellung des heilvollen Gedenkens Gottes (V.1),[145] das sich in der Reihe wiederfindet, die von Gen 5,29 zu 8,1 und 9,15 führt,
4.) das Motiv des Segens (V.15), auf das Gen 5,29 im Blick auf 9,1 hin komponiert ist, und
5.) der Herrschaftsgedanke (V.11f.17f.), auf den mit anderen Begriffen der Kompositionszusammenhang von Gen 5,29 und 9,2 (חת, מורא) verweist.[146]

Die Datierung von Ps 132 ist umstritten.[147] Die Begriffe in V.12 בני [דוד], ברית und עדות zeigen deuteronomistischen Einfluß.[148] Die Konzentration deuteronomistischer *und* zionstheologischer Theologumena auf dichtestem Raum spricht für eine späte nachexilische Komposition, die wie Jes 14,1-4a eine modifizierte Entfaltung des in Gen 2,15 → 5,29 → 7,1b → 9,1-17 angedeuteten theologischen Bezugssytems darstellt.

Eine mit Gen 7,1b vergleichbare Stellvertretungsvorstellung, die von der Erwählung des Gerechten durch Gottes Gnadenwahl spricht, begegnet zunächst im Blick auf die Erwählung Abrahams in dem allgemein als nachexilisch eingeordneten Vers Gen 18,19.[149] Wie in der Komposition des R^{UG} wird in

---

[143] Zur Annahme einer dreifachen literarischen Schichtung von Ps 132 vgl. Seybold, Psalmen, 497 (I [Grundschicht]: V.2-5.6-9.11.17-18; II [exilische Zusätze]: V.1.10-12; III [nachexilische Zusätze]: V.13-16).
[144] Vgl. בעבור דוד עבדך; in Gen 5,29 ist der Stellvertretungsgedanke implizit vorhanden, während im Blick auf Noah dann auch Sir 44,17 [H] ausdrücklich den Terminus בעבור gebraucht und 1QGenAp 10,13 die Wurzel כפר ("sühnen") verwendet ([...] לכול ארעא כולהא כפרת [...]); vgl. S.286.
[145] Zur Anrufung des heilvollen Gedenkens Jahwes זְכֹר vgl. auch Ps 25,6; 74,2; 89,48.
[146] Vgl. auch noch das deuteronomistische Theologumenon der "Bewahrung des Bundes" (V.12, שמר ברית), worauf möglicherweise Gen 2,15 (שמר) anspielt, s.o.S.271 Anm.49.
[147] Nicht weniger problematisch ist die kultische Lokalisierung des Psalms, vgl. dazu die Vorschläge zu einer Einordnung in ein *vorexilisches* Fest, sei es anläßlich einer "Tempelweihe" (bei Gunkel, Psalmen, 564ff.; Weiser, Psalmen, 538 ["in Verbindung mit dem Thronfest des Königs [als] ein Teil des im Herbst gefeierten Bundesfestes Jahwes"]), des Regierungsjubiläums des Königs (bei H. Schmidt, Psalmen, VIII) oder einer kultischen Demonstration der Erwählung des Zions zum Zentralheiligtum und der Begründung des davidischen Königtums (bei Kraus, Psalmen, 1053ff.); differenzierter urteilt diesbezüglich jetzt Seybold, Psalmen, 497.
[148] Vgl. Kraus, Psalmen, 1061; Gunkel, Psalmen, 568; Seybold, Psalmen, 498.
[149] Vgl. S.286 sowie dazu Gunkel, 202f.; Procksch, 122f.; Noth, Pentateuch, 259 Anm. 627; von Rad, 164; Zimmerli, II, 82f.; L. Schmidt, De Deo, 134ff.; Levin, Jahwist, 170.

18,19 auf das "jahwistische" Theologumenon von der paradigmatischen Segensbedeutung Abrahams (vgl. 12,3b; 18,18b) zurückgeblickt. Wie möglicherweise in dem endredaktionellen Zusatz 2,15 wird das Einhalten der Tora (שמר דרך יהוה) bereits in der vormosaischen Zeit verankert. Aufgrund dieser konzeptionellen Parallelität von 7,1b und 18,19 liegt es nahe, beide Texte derselben literatur- und theologiegeschichtlichen Epoche zuzuweisen. Da in Gen 18,19 allerdings der Gedanke der funktionalen Erwählung durch den Zusatz למען אשר und der Toragehorsam durch die Wendung דרך יהוה לעשות צדקה ומשפט explizit angesprochen sind, während der R^{UG} diese Vorstellungen implizit bzw. in versteckten Anspielungen bietet, ist es unwahrscheinlich, daß Gen 7,1b und 18,19 von einer Hand stammen, 18,19 also ein *sicheres* Indiz für eine literarische Tätigkeit des R^{UG} außerhalb von Gen 1-11 wäre. Dieselbe Schlußfolgerung ergibt sich für die Bestimmung des Verhältnisses der Stellvertretungsvorstellung des R^{UG} zu Gen 22,16f. und 26,5. Unabhängig davon, ob Gen (18,18f.26.29.31); 22,16-18 und 26,4f.24f. auf den Verfasser von 12,1-3 zurückgeführt werden[150] oder als späte, von 12,1-3 abhängige Zusätze angesehen werden,[151] unterscheiden sich diese Stellen von den Texten des R^{UG} (1.) durch die *ausdrückliche* Betonung der um des Gerechten willen (בעבור bzw. עקב אשר) erwirkten Vermittlung des Segens und (2.) durch die explizite Bindung der Stellvertretung an den Gehorsam des Gerechten gegenüber der Tora (vgl. besonders 22,18 und 26,5).

Durch die erneute Bezeichnung Noahs als צדיק und die über die Vorlage in 6,9 hinausgehende Einbettung der Anerkennung der Frömmigkeit Noahs in eine begründende Gottesrede (7,1b) steht der R^{UG} literaturgeschichtlich schließlich neben den Texten, die explizit das Verhältnis von göttlicher und menschlicher Gerechtigkeit thematisieren. Die nächsten Parallelen zu dem Nachweis der gerechten Vergeltung Gottes und zur Bedeutung der Stellvertretung durch den Gerechten bildet im Rahmen des Pentateuchs vor allem das Gespräch Abrahams mit Jahwe in Gen 18,23-33. Auf dem Hintergrund der Fluterzählung als einer Darstellung des Gerichts über alles "Fleisch" (6,13) läßt sich 7,1b als Antwort auf die Frage Abrahams (18,23) verstehen, ob Jahwe den Gerechten zusammen mit dem Frevler vertilgen wolle (האף תספה צדיק עם־רשע). Über die Parallele zu 18,23-33 rückt der R^{UG} theologiegeschichtlich erneut in die *Nähe der späten Weisheit*.[152]

Diese Verortung des R^{UG} läßt sich noch konkretisieren, wenn man an der aus 6,9 wiederholten Beschreibung Noahs als eines Gerechten in 7,1b und der

---

[150] Vgl. H.-C. Schmitt, Josephsgeschichte, 102f.; Van Seters, Prologue, 220.270.
[151] Vgl. L. Schmidt, Überlegungen, 233; Blum, Vätergeschichte, 363f.390ff.; Berge, Zeit, 312; Levin, Jahwist, 178.205f.
[152] Zu dieser Einordnung von Gen 18,23-33 vgl. bereits Wellhausen, Composition, 26f.; Gunkel, 203ff., sowie in neuerer Zeit Zimmerli, II, 84; Westermann, II, 347; L. Schmidt, De Deo, 146ff.; Levin, Jahwist, 151.168-170.179.

4.1. Literatur- und theologiegeschichtliche der alttestamentlichen Parallen   313

vom R^{UG} vollzogenen Gegenüberstellung der theologischen Konzepte des "jahwistischen" und des "priesterlichen" Flutprologs erkennt, daß für den R^{UG} die Gnade, die Noah erwiesen wird (6,8), mit Noahs Gerechtigkeit (6,9) zusammenhängt.[153] Die nächsten literarischen Parallelen zu einer solchen (alttestamentlich einzigartigen) Verknüpfung der Vorstellungen vom Gnadefinden vor Gott (מצא חן בעיני יהוה) und von der eigenen Gerechtigkeit (צדקה) bzw. des gerechten Lebens,[154] hier im Sinn eines den Geboten Jahwes entsprechenden Verhaltens, findet sich exemplarisch in einem Abschnitt aus der weisheitlichen Mahnrede in der jüngsten Sammlung der Prov in 3,1-4.[155] So folgt das Finden von "Gnade" (חן) und "Gelingen" (שׂכל) vor Gott (בעיני אלהים) (3,4) aus dem Bewahren der Weisung und der Gebote des Weisheitslehrers (3,1-3). Weitere Beispiele für das Zusammenspiel der Gerechtigkeit des Menschen und des Findens von Gnade vor Jahwe begegnen dann in den spätweisheitlichen Texten Sir 3,18 [G; H^C; Sy; Vg];[156] TestRub 4,8; TestSim 5,2 und TestLev 2 3B009, die nach den bisherigen literaturgeschichtlichen Beobachtungen zum Ort des R^{UG} keineswegs sehr weit abliegende Parallelen darstellen.[157]

---

[153] Zu den von der bisherigen Forschung vertretenen Modellen zur Bestimmung des inhaltlichen und literarischen Verhältnisses von 7,1b zu 6,8(-9) im Sinne einer faktischen, synergetischen oder prospektiven Gerechtigkeit Noahs siehe die Übersicht bei Clark, Righteousness, 261ff., und bei Harland, Human Life, 58ff.

[154] So mit Harland, Human Life, 66.

[155] Anders Clark, Righteousness, der zwar zutreffend auf die kontextuelle Besonderheit der Formel מצא חן hinwies (262f.), der den traditionsgeschichtlichen Hintergrund für Gen 7,1b aber kaum überzeugend in der frühisraelitischen Königsideologie sah (276ff.).

[156] Die Formel בעיני אלהים תמצא חן (G: καὶ ἔναντι κυρίου εὑρήσεις χάριν) begegnet in Sir 3,18 [H^A] als לפני אל תמצא רחמים (Sy: qdm'lh' tškh rḥm' [Plur.]); vgl. in Sir weiterhin 1,3[G^B] und 32,16[G^{S*}].

[157] Über die Möglichkeit hinaus, den R^{UG} anhand seines Zusatzes in 7,1b in den Horizont spätweisheitlicher Theologie zu stellen, ergibt sich aus der in diesem Halbvers vorliegenden Terminologie erneut eine im Verlauf der bisherigen literatur- und theologiegeschichtlichen Analyse schon mehrfach beobachtete Nähe zu spätdeuteronomistischen Texten im Pentateuch. So ist der Gebrauch von דור (Sing.) im Pentateuch durchgehend auf dtr. beeinflußte Abschnitte beschränkt (vgl. Gen 15,16; Ex 1,6; 3,15 [siehe dazu auch S.307 Anm.122]; 17,16 [siehe dazu H.-C. Schmitt, Amalekiter, 335ff.]; Num 32,13 [siehe dazu Noth, Numeri, 206] sowie Ex 3,15). Die Verknüpfung von דור (Sing.) mit dem Demonstrativpronomen findet sich neben der etwas anders nuancierten Verwendung in dem spätnachexilischen Zusatz in Ps 24,6 (vgl. Hossfeld, Psalmen, 157) nur noch in der spätdeuteronomistischen Jahwerede in Dtn 1,35 (vgl. Rose, 5. Mose, 476ff. [D-IV]). Vgl. schließlich auch die Verwendung von חיה (Pi.) im Infinitiv constructus, wie sie sich in Verknüpfung mit dem Thema "Gerechtigkeit" ("Gottesfurcht") // "Gnade" ("Leben") außer in dem Zusatz des R^{UG} in 7,3 nur noch in der spätdeuteronomistischen Ergänzung in Dtn 6,24 findet (siehe dazu Rose, 5. Mose, 447) und in dem aus nachexilischen weisheitlichen Kreisen stammenden Ps 33,19 (vgl. Zenger, Psalmen, 205f.). Auch die weiteren Belege für לחיות begegnen erst in exilisch-nachexilischen Texten (vgl. Jos 9,15; Ez 3,18; 13,19).

4.2. Zeitgeschichtliche Anspielungen in den Zusätzen des Endredaktors

Für eine Datierung des R^{UG} können neben der Auswertung der literatur- und theologiegeschichtlichen Parallelen die endredaktionellen Abschnitte in Gen 1-11 herangezogen werden, in denen eine Anspielung auf zeitgeschichtliche Ereignisse vorliegt. Allerdings ist bei der Erhebung des konkreten zeitgeschichtlichen Hintergrunds der geschichtstheologischen Zusätze des R^{UG} wie bei einer entsprechenden Analyse jedes anderen alttestamentlichen Textes der Grad der Hypothetik höher als bei der allgemeinen Bestimmung des theologischen Profils und der literatur- und theologiegeschichtlichen Parallelen. Gleichwohl können die endredaktionellen Abschnitte in 9,25-27 und in 11,1-9 (sowie in Gen 10) die in der literatur- und theologiegeschichtlichen Analyse nahegelegte Datierung des R^{UG} in die spätnachexilische Zeit bestätigen.[1]

4.2.1. Der zeitgeschichtliche Hintergrund von Gen 9,25-27

Entscheidend für die zeitliche Verortung des R^{UG} ist die Beantwortung der Frage, welche Größe der R^{UG} in der Figur des Japhet sieht. Formal liegt in den Segens- und Fluchworten in 9,25-26.27 ein *vaticinium ex eventu* vor.[2] Insofern die Erzählung von Noahs Weinberg kompositionell unmittelbar vor der Notiz über den Tod Noahs (9,28-29) steht, tragen die Sprüche V.25-27 Testamentscharakter. Innerhalb der Genesis finden die Noahworte ihre nächste Parallele in Isaaks Ankündigung der Herrschaft Jakobs (Israels) über Esau

---

[1] Daß der R^{UG} auch in 6,1-4 (über die festgestellten literarischen und theologiegeschichtlichen Bezüge hinaus) direkt auf die Mischehenproblematik zur Zeit Esras und Nehemias anspielt (so Rothstein, Bedeutung, 150-157, und Scharbert, Redaktionsgeschichte, 77ff.), ist angesichts der paradigmatischen Verortung von Gegenwartserfahrungen in die Urgeschichte grundsätzlich nicht ausgeschlossen. Die in diesem Zusammenhang von Rothstein und Scharbert vorgenommene direkte Identifikation der בני האלהים mit den Setiten (unter Hinweis auf die Bezeichnung der Frommen als "Söhne Gottes" in Mal 1,6; 2,10ff.; Sap 5,5; Sir 4,10 und auf das Motiv der Gottessohnschaft des Volkes Israel in Hos 2,1; Ps 73,15; Dtn 14,1; 32,5f.19) und die daraus resultierende urzeitliche Grenzziehung zwischen den בני האלהים, die dann für Israel stünden, und den בנות האדם, die die Heiden repräsentierten, ließe sich zwar mit der theologischen Linie des R^{UG} vereinbaren. Allerdings erklärt eine anthropologische und zeitgeschichtliche Deutung der בני האלהים nicht die Herkunft der נפלים und der גברים. Daß sich der Redaktor diese Frage nicht gestellt habe (so Rothstein, Bedeutung, 154), ist kaum wahrscheinlich. Gen 6,1-4 kann also bei der Erhebung möglicher zeitgeschichtlicher Anspielungen des R^{UG} übergangen werden.

[2] Anders zuletzt Seebass, in: ThLZ 118, 1030, der eine zeitgeschichtliche Deutung der Sprüche zugunsten einer "durch und durch urgeschichtlichen" ablehnt.

(Edom) in Gen 27,28f.39f.,³ während eine mit Gen 9,25.26b.27b vergleichbare Vorausschau auf die Unterwerfung Kanaans und auf die Verherrlichung Sems erst in TestSim 6 begegnet.

Der Name יֶפֶת ('Ιαφεθ) hängt vermutlich mit dem griechischen Wort 'Ιαπετός, dem titanenhaften Vater des Atlas, Menoitios, Prometheus und Epimetheus und Urgroßvater des *Hellenos*, zusammen.⁴ Nach den Angaben in Gen 10,2-5 wird Japhet als Stammvater der kleinasiatischen und der ägäischen Völker angesehen. Es liegt daher nahe, hinter Japhet eine Größe zu sehen, die nordwestlich vom Standpunkt des palästinischen Verfassers zu lokalisieren ist. Der Einwand, daß 9,27 nicht mittels des "priesterlichen" Abschnitts 10,2-5 erklärt werden dürfe, ist angesichts der literargeschichtlichen Rückführung des Verses auf den "nachpriesterlichen" R^UG hinfällig.⁵ Gemäß der Verwendung der Namen Sem, Ham und Kanaan in 9,20-27 als Synonyme für die Vorfahren Israels,⁶ Ägyptens⁷ und Kanaans kann auch Japhet als ein solches Synonym betrachtet werden. Berücksichtigt man (1.) das etymologisierende Wortspiel

---

3   Besonders zwischen 9,25b.26b.27b und 27,29.40aβb besteht eine sprachliche und sachliche Verwandtschaft. Wahrscheinlicher als eine quellenkritische Schichtung von 27,29 in einen "jahwistischen" und einen "elohistischen" Bestandteil (vgl. dazu mit unterschiedlicher Zuweisung der Versteile Holzinger, 180; Procksch, 33.156; Hölscher, Geschichtsschreibung, 21.137; L. Schmidt, Jakob, 168) ist angesichts der fehlenden Einbindung des Unterwerfungsmotivs in die Erzählung (Gen 27) die Annahme, daß der gesamte V.29 eine sekundäre redaktionelle Anlagerung darstellt, die sich geprägter Wendungen (vgl. Gen 12,3b; Num 24,9) bedient (vgl. Noth, Pentateuch, 30; Levin, Jahwist, 207-215). Im Gegensatz zu 9,27 weist 27,29.40 weder ein Wortspiel mit dem Namen der Figur, der der Segenswunsch gilt, auf noch eine Gottesbezeichnung. In dieser Hinsicht berührt sich 9,27 stärker mit den Stammessprüchen in 49,8.16.19 und Dtn 33,20, deren quellenmäßige Herkunft zwar ungewiß ist, die aber erst sehr spät in den Pentateuch eingefügt wurden (vgl. Levin, Jahwist, 311f., bzw. Rose, 5. Mose, 573ff.).
4   Vgl. Hesiod, Theogonie, 134.507-516; Homer, Ilias, 8,479; Caduff, Flutsagen, 120 Anm.7; Ranke-Graves, Mythologie, I, nr.39a, und Tafel 11. Siehe dazu bereits Buttmann, Mythologus, I, 221f.; sowie Duhm, Propheten, 20; Gundel, Iapetos, 721f.; König, 424; Neiman, Japhet, 123-125; Kraeling, Flood, 292 Anm.35; Hölscher, Erdkarten, 42; Oded, Table, 29; Ruppert, I, 454; Hess, Personal Names, 31f.; Blenkinsopp, Pentateuch, 85.
5   Vgl. S.102ff.
6   Indem Sem als der "Vater aller Söhne Ebers" (10,21) und der Kopf der Genealogie erscheint, die von Arpachschad zu Terach (11,10-26) und über diesen zu Abram (11,27-32) führt, steht er in 9,26-27 ebenso stellvertretend für Israel wie zuvor Set (4,25). Gleichfalls ist Sem über die Modifikation des Segens (V.26a) zu einer Doxologie durch die Ergänzung von יהוה אלהי eindeutig als Vorläufer Abrahams (vgl. Gen 24,27; 28,13), Jakobs (Ex 3,6) und der Väter (vgl. Ex 3,6.15; 4,5) sowie als Synonym für Israel gekennzeichnet (vgl. Ex 32,27; 34,23; Jos 7,13; I Reg 8,15; I Chr 29,10; Ps 41,14 u.ö.). Schließlich weist die Wendung אָהֳלֵי־NN (V.27) auf den Gebrauch des Namens Sem als Chiffre für Israel/Juda/Jerusalem hin (vgl. Num 24,5; Jer 30,18; Mal 2,12; Thr 2,4; Sach 12,7; Jes 16,5; 33,20; Ps 78,67); vgl. dazu auch Berges, Babel, 52.
7   Vgl. Ps 78,51; 105,23.27; 106,22.

4.2. Zeitgeschichtliche Anspielungen 317

in V.27, demzufolge Japhet eine große Gebietsausdehnung[8] und eine unmittelbare Niederlassung auf dem Boden Israels vorausgesagt wird,[9] und (2.) die bisher literatur- und theologiegeschichtlich nahegelegte Ansetzung der endredaktionellen Zusätze in die spätnachexilische Zeit, dann kommen auf der Ebene des R^{UG} für eine Identifikation Japhets mit einem der unter in 10,2-5 genannten Völker am ehesten die Kittäer (כתים), d.h. die Griechen, in Frage (vgl. Jer 2,10; I Makk 1,1; 8,5).[10]

Die Gleichsetzung Japhets mit den *Philistern der frühen Königszeit* und die Interpretation von V.25-27 als Rückblick auf die politischen Verhältnisse des davidisch-salomonischen Großreichs scheitert (1.) aus literargeschichtlichen Gründen an der Zuweisung von 10,14b(*v.l.*), demzufolge die Philister von Ham abgeleitet werden, an dieselbe Hand wie 9,27,[11] (2.) an der literatur- und theologiegeschichtlichen Einordnung des R^{UG} in die spätnachexilische Zeit und (3.) an der Etymologie des Namens יפת.[12]

Eine Identifikation mit den *Phöniziern* aufgrund der (philologisch allerdings problematischen) Ableitung von יֶפְתְּ von יפה "schön sein" und der Motivverbindung "Schönheit" - "Kultur der Phönizier" ist ebenfalls unwahrscheinlich, zumal ausweislich der Völkertafel des R^{UG} die Phönizier zu den Kanaanäern gehören (10,15 vgl. auch Jes 23,11).[13]

---

8 יַפְתְּ ist ein Kurzimperfekt *Hif.* von der Wurzel פתה II "weit machen", die sich im Aramäischen häufig zur Beschreibung geographischer Verhältnisse findet (vgl. dazu Jacob, 267; Wagner, Aramaismen, 242, sowie aram. פתי "sich erstrecken" in 0QNJ 2,2; פתי "Breite" in 1QGenAp 21,16; 0QNJ 2,3.4.10 u.ö; פתה "weiträumig" in 0QNJ 3,16; 4Q561 frgm. 3). In diesem Sinn übersetzen auch Sy (*npt'*), Tg^O (יפתי), Tg^N (verdeutlichend תחומא יפת), G (πλατύναι), VL (*latificet*) und Vg (*dilatet*). Lediglich Tg^J übersetzt mit וישפר, verbindet also MT mit der Wurzel יפא "schön" (vgl. auch bJoma 9b.10a, sowie Procksch, 71ff., und Rost, Noah, 49).

9 Subjekt von V.27aβ ist Japhet (so auch die Mehrzahl der Ausleger), nicht Gott, wie es Jub 7,12 (vgl. 8,18), Tg^O (וישרי שכינתיה) und Tg^N (וישרי יקר שכינתיה) verstehen.

10 Vgl. auch die Erwähnung von יון (10,2.4), den Ioniern, unter den Söhnen Japhets. In Jes 66,19; Joel 4,6; Sach 9,13; Dan 8,21; 10,20 und 11,2 bezeichnen die [בני] יון explizit die Griechen, in 4QpNah 1,2f. die Seleukiden (vgl. dazu Hölscher, Erdkarten, 55; Lipiński, Japhétites, 45). Zur Zusammenstellung von יפת und כתים siehe dann auch 1QM 1,6; 18,2. Daß Gen 9,27 auf die Griechen zu beziehen ist, erkannten bereits Fz. Delitzsch, 194 (allerdings noch im Sinn echter Zukunftsvoraussage) sowie zutreffend in zeitgeschichtlich-rückblickender Perspektive Duhm, Propheten, 20; Bertholet, Israeliten, 197-199; Van Seters, Prologue, 179; Maier, Judentum, 17; Blenkinsopp, Pentateuch, 87.89 (im Blick auf die bereits in der Perserzeit an der palästinischen Küste siedelnden Griechen). Vgl. auch die Beziehung von Gen 9,27 auf die Übernahme der griech. Sprache durch die Juden in bMeg 9b.

11 Vgl. S.108ff.

12 Vgl. für die Philisterdeutung Wellhausen, Composition, 15; Eißfeldt, Hexateuchsynopse, 256*; von Rad, 104; Steck, Urgeschichte, 538 Anm.36; Scharbert, 101; Ruppert, I, 414f. (allerdings mit Blick auf die philistäischen Stadtstaaten um 700 v. Chr.); Seebass, I, 249ff. Die alttestamentlich einzigartige Sicht der Philister als Proselyten der jüdischen Gemeinde in Sach 9,7 (vgl. dazu Rudolph, Sacharja, 174f.) stammt bezeichnenderweise aus dem zeitlichen Umfeld des R^{UG}.

13 Zur Phönizierdeutung siehe Budde, Urgeschichte, 315ff., und Holzinger, 91ff. Aufgrund der endredaktionellen Zuweisung von חת an כנען bzw. חם (vgl. 10,17 und da-

Ebensowenig existiert eine sprachliche Brücke zwischen יפת und den *Persern*, wenn auch für die gelegentlich vorgeschlagene Gleichsetzung von Japhet mit den Persern auf die Erwähnung der מדי ("Meder") unter den Söhnen Japhets in 10,2 und die propersische Sicht in den Kyrosworten in Jes 44,24-28 und 45,1 hingewiesen werden kann.[14]

Eine Berührung Zentralpalästinas mit den כתים ist ausweislich der Tell Arad Ostraka spätestens für das beginnende 6. Jh. v. Chr. nachweisbar.[15] Die Ankündigung der Gebietsausdehnung und der Einnahme der Wohnsitze Sems kann sich aber erst auf eine Zeit beziehen, in der die Griechen nicht nur als Händler oder Söldner in Palästina bekannt sind, sondern als selbständige politische Macht. שכן als Terminus für eine vorübergehende Niederlassung mit dem Akzent der "dynamischen Präsenz"[16] und der Gebrauch der Wendung שכן באהל in Ps 78,55 (vgl. auch I Chr 5,10) sprechen dafür, Gen 9,27aβ primär im Sinn einer Eroberung auszulegen.[17]

Für die zeitgeschichtliche Einordnung von V.27 bietet sich somit als *terminus a quo* der Zug Alexanders des Großen entlang der palästinischen Küste 332/1 v. Chr. an. Für einen direkten Bezug von V.27 auf die Alexanderzeit (und damit auch gegen die Ansetzung in der Perserzeit, s.o.) spricht dann vor allem die Parallele in Hab 1,6.[18] So wird in Hab 1,6 mit der zu פתה (II) synonymen Wurzel רחב der Alexanderzug "als ein Hinziehen in die Weite (מרחב) der Erde zur Einnahme fremder Wohnstätten" (משכנות) beschrie-

---

zu S.109) kann Japhet auf der Ebene von R^{UG} auch nicht für die Hethiter stehen, wie dies Meinhold, Urgeschichte, 120; Beer, Geschichte, 21, und Procksch, 75, vermuteten.

[14] Vgl. bereits bJoma 9b.10a sowie in neuerer Zeit Vermeylen, Commencement, 161. Zur Bezeichnung der Perser als Meder (מדי) vgl. Jes 13,17; Jer 51,11.28; Est 1,3.14.18.19; 10,2; Dan 5,28; 6,9.13.16; 8,20; 9,1; 11,1.

[15] Vgl. Arad 6,1,2 u.ö. (Renz u. Röllig, Handbuch, I, 353ff.) Zur Begegnung zwischen Israel und Griechenland in vorhellenistischer Zeit siehe Myers, Considerations, 178-185; Hengel, Judentum, 61-67.

[16] Görg, שכן, 1342f.

[17] So mit von Bohlen, 102; Duhm, Psalmen, 305; Bertholet, Israeliten, 198f.; Gunkel, 81; Ruppert, I, 414. Vgl. auch die mit פתה synonyme Verwendung von רחב in kriegerischem Kontext in Ex 34,24; Dtn 12,20; 19,8; 33,20; Hab 1,6. Dabei ist nicht ausgeschlossen, daß die Formulierung וישכן באהלי־שם, entsprechend den Tempelanspielungen des R^{UG} in 2,10-15 und 3,24, der Modifikation des Semspruchs zur einem Gotteslob (9,26a) und dem Wortgebrauch in Ps 15,1 (Ps 37,29; Prov 10,30; Jes 33,15f.), auch in einem religiösen Sinn auf eine Teilhabe Japhets an der Religion Sems zielt (so explizit Tg^J [ויתגיירון בנוי וישרון במדרשא דשם] und in seinem Gefolge Tuch, 150f.; Delitzsch, 196; König, 395; Heinisch, 186, sowie vorsichtig Ruppert, I, 432 [mit Hinweis auf Jes 19,24f; Ps 47,10]. Zur rabbinischen Tradition siehe Rottzoll, Kommentar, 186ff.).

[18] Zur Interpretation von Hab 1,6 vor dem Hintergrund des Alexanderzugs siehe Duhm, Zwölf Propheten, XXXIII.117; Procksch, Schriften, 158ff.; Sellin, Zwölfprophetenbuch, 332f.; Nowack, Propheten, 260-266; Torrey, Alexander, 283; S. Herrmann, Geschichte, 392.

ben.¹⁹ Aber auch die Bezeichnungen Alexanders als "König von Jawan" (מֶלֶךְ יָוָן) in Dan 8,21 und als ὃς ἐξῆλθεν ἐκ γῆς Χεττιιμ in I Makk 1,1 können als Parallele zu Gen 9,27 herangezogen werden, wenn Japhet als Chiffre für Jawan (10,2) und die Kittäern (10,4) erkannt und der R^UG in der spätnachexilischen Zeit anzusetzen ist, somit zwischen der Abfassung von Gen 9,27 einerseits und der von Dan 8,21 und I Makk 1,1 andererseits nicht der vermeintliche große zeitliche Graben besteht. Mit dem Alexanderzug lassen sich alle wesentlichen Aspekte des Japhetspruchs erklären. Die Ankündigung der Gebietsausdehnung (V.27aα) kann als Rückblick auf den Vormarsch der makedonischen Truppen durch Kleinasien entlang der palästinischen Küste nach Ägypten verstanden werden. Die Niederlassung Japhets in den Zelten Sems (V.27aβ) kann als Reflex auf die *Eroberung Samarias* und die Einsetzung eines makedonischen Statthalters sowie den Einzug in Jerusalem und die Bestätigung der Jerusalemer Tempelautonomie betrachtet werden.²⁰ Die Wiederholung des Sklavenspruchs über Kanaan aus V.25b.26b schließlich kann auf der Ebene von R^UG als "Weissagung" verstanden werden, die auf die Eroberung bzw. kampflose Einnahme der "kanaanäischen" (d.h. phönizischen) Städte Tyros und Sidon durch Alexander zurückblickt.²¹ Gerade vor dem Hintergrund der Eroberung der syrisch-palästinischen Kulturmetropole Tyros, die Nebukadnezar dreizehn Jahre vergeblich belagerte und deren Fall unter Alexander sich in der antiken Historiographie ebenso wie in der alttestament-

---

19 Zur Synonymität von פתה (II) und רחב (*Hif.*) "Raum schaffen" siehe Gen 26,22; Ex 34,24; Dtn 12,20; 19,8; 33,20; Jes 54,2; Am 1,13; Ps 4,2 und 18,20; zur Vorstellung vgl. auch Hi 12,23 und zur Austauschbarkeit von אהל und משכן vgl. Ex 35,11 und I Chr 15,5.
20 Wenn in dem Bericht des Josephus über das Zusammentreffen Alexanders mit dem Hohenpriester ein historischer Kern steckt, dann hätte auch die religiöse Auslegung von V.27aβ einen unmittelbaren Haftpunkt (vgl. Josephus, Ant. XI,325.329ff. Zur Frage der Historizität dieses Berichts siehe Maier, Zwischen den Testamenten, 144; ders., Grundzüge, 16; Seibert, Alexander, 103ff.).
21 Vgl. Gen 10,15: Kanaan als Vater Sidons, des Eponyms der phönizischen Nachbarstadt von Tyros. Blenkinsopp, Pentateuch, 87, weist in diesem Zusammenhang zu Recht darauf hin, daß in Esr 9,1 und Neh 9,24 "anachronistisch" die Gegner des spätnachexilischen Juda als כנענים bezeichnet werden (vgl. dazu auch TestSim 6). Zur Austauschbarkeit der Begriffe Phönizier/Sidonier und Kanaanäer in der spätalttestamentlichen Zeit siehe dann auch Jes 23,11; Bar 3,22 (vgl. dazu Steck, Baruchbuch, 146) sowie G zu Ex 6,15; 16,25; Jos 5,1.12; Hi 40,25(30); weiterhin G zu Dtn 3,9 (Φοίνικες für צידנים); G zu Jes 23,2 (Φοινίκη für צידון); DanSus 56 (G: σπέρμα ... Σιδῶνος - θ': Σπέρμα Χαναάν); PsEupol (SamAn) frgm. 1,4; 1,9; frgm. 2; Josephus, Ant., XII,258.260.262. Da im Zusammenhang der antipersischen Aufstände im 4. Jh. v. Chr. in Syrien-Palästina und der Unterwerfung Sidons und Ägyptens durch Artaxerxes III. Ochus 353/343 vermutlich auch Juda Zerstörungen erfuhr (vgl. Hengel, Judentum, 22; S. Herrmann, Geschichte, 400f.), ist auch aus dieser Perspektive der Bezug des Japhetspruchs auf die Perser (s.o.) unwahrscheinlich.

lichen Prophetie niedergeschlagen hat,[22] erhält der Japhetspruch sein volles Gewicht. Die Zerstörung der exemplarischen kanaanäischen Metropole und die Versklavung ihrer Bevölkerung gründet in einem urzeitlichen Vergehen ihres Stammvaters und ist eine Folge des Eingreifens Jahwes, des Gottes Israels, in die Geschichte der Völker. Zugleich wird über V.27a die Ausbreitung des Reiches Alexanders in einen urzeitlich verankerten Geschichtsplan Gottes eingeordnet. An dem Gegenüber von V.26 und V.27 und dem darin zum Ausdruck gebrachten Verhältnis von Sem (Israel) zu Japhet (den Griechen) läßt sich nochmals die theologische Dialektik des R^{UG} ablesen, wie sie sich bereits in 2,10-14; 4,26; 10,21 und 11,1-9 zeigte. Jahwes Handeln besitzt eine universale Dimension und hat zugleich seinen Brennpunkt in Israel, konzentriert am Zion. Der politischen Macht der Griechen geht der religiöse Rang Israels als Verehrer Jahwes voraus.[23]

4.2.2. Der zeitgeschichtliche Hintergrund von Gen 11,1-9

Bereits die von dem R^{UG} in 11,1-9 zugrundegelegte ätiologische Babel-Bau-Erzählung reflektiert aus antibabylonischer Perspektive ein zeitgeschichtliches Ereignis in Babylon.[24] Ob diese Grunderzählung von der Zerstörung der Stadt und ihres Turmes oder von dem Scheitern des Bauvorhabens nach einer Verwirrung bzw. Vermischung der Bauleute durch Jahwes Einschreiten berichtete, läßt sich allerdings nicht mehr sagen, da die von dem R^{UG} eingefügte Gottesrede in V.6-7 eine ursprüngliche Notiz über ein Strafhandeln Jahwes an den Erbauern von Babel verdrängt hat. So ließe sich die Grunderzählung entweder als eine ironische Reflexion über die Zerstörung Babylons verstehen (vgl. Jer 51,53; Jes 14,4b-21)[25] oder als eine "Satire" über ein gescheitertes bzw. brachliegendes Bauvorhaben in Babylon.[26]

---

[22] Vgl. dazu einerseits Arrian, II,15,6-24,6; Curtius, IV,2,1-3,26; Diodor, XVII,40,2-46,6; Plutarch, Alexander, 25,1; andererseits Hab 1,10; Jes 23,11-15 (vgl. dazu Kaiser, Jesaja, II, 130-140); Sach 9,1-8 (vgl. dazu Elliger, Propheten, 144-148; Deissler, Propheten, III, 295ff.); Ez 26-28* (vgl. dazu Torrey, Alexander, 284f.; Garscha, Studien, 165f.308ff.).

[23] Vgl. S.260f.

[24] Die Versuche, Gen 11,1-9 mit der Baugeschichte Babylons in Beziehung zu setzen, sollten daher gegen Uehlinger, Weltreich, 181ff., nicht grundsätzlich verworfen werden. Der von Uehlinger (a.a.O. 445ff.512f.) selbst unterbreitete Vorschlag, die Grunderzählung, zu der er die Motive "eine Rede", "Stadt und Zitadelle" und "Namen-machen" zählt (V.1a.3aα.4aβγδ.5-7.8b), mittels eines Vergleichs mit neuassyrischen Bauinschriften auf den gescheiterten Versuch Sargons II. zu beziehen, sich mit Dur-Šarrukin eine gigantische Hauptstadt zu errichten, scheitert an der literargeschichtlichen Zuweisung des Babelschauplatzes an die Grundschicht und des Sprachenmotivs an den R^{UG} (vgl. S.89ff.).

[25] Gegen den zuletzt wieder von Uehlinger, Weltreich, 236ff., erhobenen Einwand, מגדל bezeichne nie ein Sakralgebäude, sondern einen Stadt- bzw. Festungsturm, läßt sich der

4.2. Zeitgeschichtliche Anspielungen

Auf der Ebene des R^{UG} handelt es sich jedenfalls um eine Erzählung von einem *mißglückten Bauunternehmen*. Als zeitgeschichtlicher Anknüpfungspunkt bietet sich dann der gescheiterte Plan Alexanders d. Gr. an, den seit der Zerstörung durch Xerxes 482 v. Chr. dem Verfall anheimgegebenen Etemenanki mit 10.000 Soldaten wieder zu errichten und Babylon zur Hauptstadt des makedonischen Reiches auszubauen.[27] Ebenso kann die endredaktionelle Aufnahme des Motivs, sich über den Bau einer Stadt einen bleibenden Namen zu machen, als Reflex auf die Praxis Alexanders betrachtet werden, Städte zu gründen und nach sich selbst zu benennen.[28] Insofern der R^{UG} die Sprachverwirrung als eine Reaktion Jahwes gegen den Versuch der Menschen, ihre Einheit über die Gründung einer Megalopolis zu wahren, beschreibt, kann aus 11,1-9 auch eine Kritik gegen eine Einheitskultur und gegen eine von Menschen durchgesetzte Einheitssprache abgelesen werden. Ein möglicher zeitgeschichtlicher Hintergrund dieser Vorstellung ist dann weniger der Umgang der Achämeniden mit den verschiedenen Sprachen im Perserreich, die ausweislich dreisprachiger Inschriften und offizieller Dokumente die sprachliche Differenzierung der ihnen untergebenen Völker respektierten,[29] als vielmehr Alexan-

---

Begriff aufgrund der Anbindung an die Lokalisierung des Geschehens in ארץ שנער bzw. in בבל und der Apposition וראשו בשמים durchaus auf die Ziqqurat Etemenanki beziehen. Allerdings ist die Geschichte des Etemenanki mit dem Aufstieg und Niedergang der mesopotamischen Oberherrschaften so eng verbunden, daß eine Festlegung des Bezugspunktes der Grunderzählung von Gen 11,1-9 auf *eine historisch eindeutige Situation* schwierig ist (vgl. die Belege bei A. Jeremias, Das Alte Testament, 170ff.). In Frage kämen am ehesten die partiellen Zerstörungen Babylons durch die Assyrer unter Sanherib (689 v. Chr.; vgl. dazu die Bavian-Inschrift, zitiert bei A. Jeremias, a.a.O., 172; Borger, Babylonia, 798,36f.) oder unter den Perserkönigen Dareios I. und Xerxes 484/482 v. Chr. (vgl. Strabo, XVI,1,5; Arrian, III,16,4; VII,17,1).

[26] Die Grunderzählung könnte dann einen Zustand Babylons vor den Restaurationsarbeiten Asarhaddons (681-669 v. Chr.) oder Nebukadnezars II. (605-562 v. Chr.) darstellen; vgl. dazu einerseits Vorländer, Entstehungszeit, 350-352; Uehlinger, Weltreich, 550; Seebass, I, 282 ("vor 625 v. Chr."), andererseits von Soden, Etemenanki, 147; ders., Urgeschichte, 183, der hinter der (von J verfaßten) Erzählung eine mündlich überlieferte babylonische Spotterzählung über die unvollendete Ziqqurat Nebukadnezars I. (1123-1101 v.Chr.) zu erkennen glaubte.

[27] Vgl. Arrian, III,16,4; VII,17,2; Diodor XVII,112,3; Strabo, XVI,1,5; Josephus, Contra Ap. I,192 (als Exzerpt aus Hekataios von Abdera [um 300 v. Chr.]). Siehe dazu weiterhin schon Schnabel, Berossos, 8, der auf einen diesbezüglichen, von J. Oppert, Alexandre à Babylone, Comptes rendus de l'académie des inscriptions et belles lettres, Paris 1908, 413-416, mitgeteilten Keilschriftkontrakt Alexanders verwies, sowie A. Jeremias, Das Alte Testament, 173.

[28] Vgl. im Blick auf die Gründung Alexandrias in Ägypten Hab 2,12 (siehe dazu Procksch, Schriften, 165); Sir 40,19 und Arrian, III,1,5 sowie allgemein zu den Städtegründungen Seibert, Alexander, 112f.179ff.

[29] Vgl. Noth, Geschichte, 273-275; Frei, Zentralgewalt, 12-15; Uehlinger, Weltreich, 579f.

ders nationale und kulturelle Verschmelzungspolitik.[30] Die Ambivalenz, die aus der Beurteilung Alexanders und der Griechen in den Zusätzen des R^{UG} in 9,27 einerseits und 11,1-9 andererseits ersichtlich ist, entspricht *mutatis mutandis* einem von J. Maier herausgearbeiteten geschichtstheologischen Deutemuster des spätnachexilischen Judentums:

> "Wer eine Weltmacht stürzte, konnte eben in einer den Heilsgeschichtsprozeß fördernden Rolle gesehen werden [...], wer ein Weltreich etablierte, erschien hingegen eher in einem negativen Licht."[31]

Auch wenn die textliche Basis für eine direkte zeitgeschichtliche Einordnung des R^{UG} relativ schmal ist, stehen die endredaktionellen Ergänzungen in Gen 9,27 und 11,1-9 mit ihrem Bezug auf die Alexanderzeit im AT keineswegs isoliert. So findet sich neben den Anspielungen auf den Alexanderzug in Hab 1-2*; Sach 9,1-8 und Jes 23,11-15 auch in Num 24,24 ein Reflex auf die Auseinandersetzungen zwischen den Griechen (כתים) und den Persern, die hier wie in Esr 6,22 unter dem Synonym אשור erscheinen.[32] Gegenüber den späten prophetischen Belegen teilt Gen 9,27 mit dem Spruch in Num 24,24, der möglicherweise in den Kontext der Endredaktion des Pentateuchs gehört,[33] die Einbettung der Gegenwartserfahrung der makedonischen Eroberungen in eine ur- bzw. frühgeschichtliche Weissagung. Die Lebenswelt des Verfassers erhält dadurch den Charakter einer von Gott gesetzten Ordnung.

Die entscheidende Differenz zwischen den zeitgeschichtlichen Anspielungen in den Texten des R^{UG} und in den spätprophetischen Schriften gründet nicht in der Zugehörigkeit zu verschiedenen literaturgeschichtlichen Epochen.[34] Der Unterschied ist sachlich bedingt und zeigt sich an der jeweiligen Art und Weise, Gegenwartserfahrungen literarisch zu würdigen: nämlich einerseits durch ihre Verarbeitung im Rahmen einer sich prophetischer Gattungen bedienenden Dichtung mit einer futurischen Eschatologie, andererseits

---

[30] Zu den politischen, militärischen, rassischen und kulturellen Dimensionen der Verschmelzungspolitik Alexanders siehe Arrian, VII,4,4f.; VII,16,19; Plutarch, Alexander, 47,3 (Unterweisung persischer Knaben in griech. Sprache!); 70,2; Diodor, XVIII,4,4; Strabo, I,4,9; XVI,1,11, und dazu Kaerst, Alexandros, 1433f.; Stier, Alexander, 261ff., sowie kritisch zur Theorie, Alexander habe eine Politik der "Unity of Mankind" vertreten, Seibert, Alexander, 186ff. Als einen möglichen philosophischen Hintergrund der Welteinheitsidee Alexanders hingegen nennt Stier (Alexander, 264) kynisch-stoische Vorstellungen, wie sie sich explizit dann in Fragmenten Zenons von Kition (um 333-264 v. Chr.) finden. Zum Versuch Alexanders, eine einheitliche Reichswährung einzuführen, siehe Hengel, Judentum, 70.

[31] Maier, Grundzüge, 16, im Blick auf die Beurteilung Alexanders in Dan 8,5ff. und I Makk 1,1ff.

[32] Mit Num 24,24 überschneidet sich der R^{UG} auch im Gebrauch des Terminus עבר, der neben den "priesterlichen" Belegen in Gen 11,14-17 nur noch in Gen 10,21.24f. und I Chr 1,18f.25 erscheint (siehe dazu Koch, Hebräer, 37-83).

[33] Vgl. H.-C. Schmitt, Mantiker, 196ff. Eine noch jüngere Datierung vertraten z.B. Baentsch, Numeri, 620f. (Mitte des 2. Jh. v. Chr.), und Noth, Numeri, 169.

[34] Vgl. S.302.304f.

durch ihre Einbettung in die Darstellung der Urgeschichte der Menschheit bzw. die Frühgeschichte Israels mit einer gegenwartsbezogenen Heilsvorstellung. Beide Betrachtungsweisen, die poetische und futurisch-eschatologische Übertragung des Alexanderzugs in Hab 1-2* einerseits und die urgeschichtlich-präsentische Anspielung auf dieses Ereignis in Gen 9,25-27 und 11,1-9 andererseits, treffen sich in ihrer universalen Perspektive.

4.2.3. Versuch einer zeitgeschichtlichen Einordnung der endredaktionellen Zusätze in Gen 10

In die auf die Alexanderzeit bezogene Deutung der zeitgeschichtlichen Anspielungen des R^{UG} fügen sich dessen Ergänzung von 10,4b[*v.l.*] (כתים ורדנים) und von 10,21 (שׁם ... אחי יפת הגדול) gut ein.[35]

Für die Erhebung des zeitgeschichtlichen Hintergrunds der weiteren Zusätze des R^{UG} in c.10 kommen am ehesten die von der "priesterlichen" Grundlage (10,1-4a.5-7.20.22f.31f.) und von den deuteronomistischen Listen (10,16-18a) unabhängige Nimrodnotiz (10,8-12) und die Joktangenealogie (10,26-30) in Frage. Doch bleibt hier die Bestimmung zeitgeschichtlicher Beziehungspunkte angesichts des ungeklärten traditionsgeschichtlichen Hintergrunds der Nimrodfigur, der nur in Gen 10,26-29 (und davon abhängig in I Chr 1,20-23) vorkommenden auf den südarabischen Raum[36] verweisenden Namen אבימאל, אלמודד, שׁלף, חצרמות, ירח, הדורם, דקלה, עובל und יובב sowie der nur in 10,30 belegten Ortslagen ספר, משׁא und הר הקדם hypothetisch. Insofern sind die hier gebotenen Überlegungen nur ein erster Versuch.

Aus der Einfügung der Eber-Joktan-Tradition in 10,26-29 spricht das Bewußtsein einer Verwandtschaft zwischen Israel und seinen südöstlichen (arabischen) Nachbarn. Hinsichtlich der Zuordnung der Ahnen Israels zu arabischen Völkern steht 10,26-30 literarisch neben den Texten, die auf eine gemeinsame Abstammung Ismaels und Isaaks (Gen 16f.; 21; 25,12ff.) bzw. Esaus und Jakobs (Gen 25,23ff.; 27) hinweisen. Im Gegensatz zu Gen 16f. bzw. 25,23ff. ist in 10,25 der Urahne Israels aber der Erstgeborene. Zeitgeschichtlich führt die Joktanidenliste in eine Epoche, in der die Frage nach dem Verhältnis von Israel und seinen südöstlichen Anrainern eine besondere Bedeutung hatte. Da 10,26-29a erst von dem R^{UG} aufgenommen wurden,[37]

---

[35] Vgl. S.105ff., sowie zu Gen 10,4b jetzt auch Seebass, I, 257.
[36] Zu einer teilweisen Identifikation der genannten Stämme siehe Simons, Geographical Texts, 48f.; Winnett, Genealogies, 181ff.; Kornfeld, Listen, 150f.; Willi, Chronik, 39; W. W. Müller, Abimael, 20; ders., Almodad, 160f.; ders., Diklah, 193f.; ders., Hadoram, 16; ders., Havilah, 81f.; ders., Hazarmaweth, 85f.; ders., Jerah, 683; ders., Jobab, 871; ders., Obal, 4f.; ders., Sheleph, 1192f.; ders., Uzal, 775f.
[37] Vgl. S.106f.

ist es unwahrscheinlich, daß es sich um ein Kanzleidokument aus der (frühen) Königszeit handelt.[38] Unter der literargeschichtlichen Zuweisung von 10,26-30 an den "Spätjahwisten" (J2) vertrat Winnett eine Datierung der arabischen Genealogien der Genesis in das 6. Jh. v. Chr.[39] Das sich hinter dem Namen חצרמות verbergende Königreich Hadramaut bestand aber bis zum Ende des 3. Jh. n. Chr. (!).[40] Eine spätere Entstehung der Joktanidenliste ist daher nicht ausgeschlossen, zumal sich gerade in spätnachexilischer Zeit (ehemals nomadische) arabische Stämme an der Grenze Judas niederließen.[41]

Möglicherweise steht die Rezeption von V.26-29 durch den R^{UG} dann erst im Zusammenhang mit dem Vordringen der arabischen Nabatäer in die ehemals edomitischen Gebiete und somit in die unmittelbare Nachbarschaft Judas.[42] Dies würde erneut auf eine Datierung des R^{UG} in das ausgehende 4. Jh. v. Chr. führen.[43]

---

[38] Vgl. Procksch, 87f.; König, 429; Jacob, 295; Wolff, Kerygma, 349; Westermann, I, 704, dachten an eine Handelsliste vom Hof Salomos. Die bisher identifizierten südarabischen Namen in 10,26-30 sind allerdings inschriftlich frühestens ab dem 9./8. Jh. v. Chr. belegt (vgl. Seebass, I, 264, sowie die unter Anm.36 genannten Artikel von W. W. Müller).

[39] Vgl. Winnett, Genealogies, 171ff.195f.; ähnlich auch Vorländer, Entstehungszeit, 352.

[40] Vgl. W. W. Müller, Hazarmaweth, 85f..

[41] Vgl. Neh 4,1; 2,19; 6,1.6; 13,3 sowie die Rückprojektionen in II Chr 9,14; 17,11; 21,16 22,1; 26,7.

[42] Zur südarabischen Herkunft der Nabatäer siehe Glueck, Nabateans, 4, und Hammond, Nabateans, 10ff.. Zur Geschichte ihrer Einwanderung nach Ost- und Südpalästina siehe Knauf, Ismael, 108ff. Zum Bezug von 10,26-29 auf das Vordringen arabischer Stämme nach Palästina in exilisch-nachexilischer Zeit siehe auch Blenkinsopp, Pentateuch, 90, der selbst die Joktanidenliste mit den arabischen Kedar in Verbindung bringt.

[43] Vgl. die Berichte über die Teilnahme arabischer (nabatäischer?) Gruppen an der Verteidigung Gazas gegen Alexander 332 v. Chr. (bei Arrian, II,25,4; Curtius, IV,6,15) und über die Kämpfe der Nabatäer gegen Antigonos und Demetrius 312 v. Chr. (bei Diodor, XIX,94,1-100,4) sowie die Nachweise von bereits im ausgehenden 4. Jh. v. Chr. bestehenden nabatäischen Siedlungen im Negev bei Wenning, Nabatäer, 139ff.

4.3. Zusammenfassung und Ausblick

Eine Durchsicht der wichtigsten literatur- und theologiegeschichtlichen Parallelen zur Gottes- und Engelvorstellung, zum Menschen- und Sündenverständnis sowie zu den Heilsvorstellungen des R^{UG} zeigt, daß dieser sich in jeweils charakteristischer Weise mit den vier Hauptströmen der nachexilischen Theologie, der deuteronomistischen, der "priesterlichen", der weisheitlichen und der spätprophetischen Tradition, trifft. Die Berührung mit diesen vier Traditionskreisen und die Mischung ihrer Theologumena charakterisiert den R^{UG} in literatur- und theologiegeschichtlicher Hinsicht als eine typisch spätnachexilische Größe.[1]

Wesentliche Koordinaten für eine abschließende literatur- und theologiegeschichtliche Einordnung des R^{UG} sind nun:

1.) die Rezeption der weisheitlich bestimmten, aus (früh)nachexilischer Zeit stammenden *"jahwistischen" Urgeschichte*,[2] die der R^{UG} in ihren wesentlichen theologischen Positionen weiterführt und die er als narrative Hamartiologie mit der "priesterlichen" Urgeschichte, dem Prolog eines umfassenden, in exilisch-nachexilischer Zeit entstandenen Geschichtswerks,[3] verbunden hat;

2.) die Verwendung des ausschließlich in nachexilischen Texten gebrauchten *"Doppelnamens"* יהוה אלהים, über den der R^{UG} sich begrifflich und sachlich vor allem mit Ps 72,18; 84,12; I Chr 17,16f.; 28,20; 29,1; II Chr 1,9; 6,41(2x).42 und 26,18 berührt;[4]

3.) die aus Gen 2,1; 3,22.24; 6,1-4 und 11,6f. sprechende *Angelologie*,[5] die ihre nächsten inneralttestamentlichen Parallelen in Hi 1,6ff.; 2,1ff.; Ps 82,6; Dtn 32,8 (G, 4Q) und I Chr 21,16 besitzt, und der sich in dem literarischen

---

[1] Vgl. dazu exemplarisch Ps 78, eine spätnachexilische "Verschronik" (Duhm, Psalmen, 308), die eine Mischung weisheitlicher, prophetischer, priesterlicher und dtr. Traditionen bietet und mit der sich der R^{UG} motivisch mehrfach überschneidet: a) hinsichtlich zusammengesetzter Gottesnamen (vgl. יהוה אלהים in Gen 2,4b-3,24 mit אל עליון in Ps 78,35 und אלהים עליון in Ps, 78,56), b) in der Vorstellung von Engeln (vgl. Gen 6,1-4 [בני האלהים] mit Ps 78,25 [אבירים] und mit Ps 78,49 [(מלאכי(ם) רעים]), c) im Gebrauch des Wortpaares שכן/גרש in Bezug auf das heilige Land (vgl. Gen 3,24; [9,27] mit Ps 78,54f.), d) hinsichtlich der Motive von der Bosheit des menschlichen Herzens (vgl. Gen 8,21 mit Ps 78,37) und von der Hinfälligkeit des Menschen (vgl. Gen 6,3 mit Ps 78,39), e) in der Verwendung des dtr. Erwählungsbegriffs לקח (vgl. Gen 2,15 mit Ps 78,70), f) in der Orientierung am Zion (vgl. Gen 2,10-15 mit Ps 78,54.68).

[2] Vgl. S.192-205.

[3] Vgl. S.146-150.

[4] Vgl. S.232-237.287-291.

[5] Vgl. S.238-244.291-298.

4. Literatur- und theologiegeschichtliche Einordnung des Endredaktors

Mosaik von Gen 6,1-4 zeigende exzerpierende Rückgriff auf die hinter Hen 6-11(19)* stehende Vorlage;[6]

4.) die in der Linie der "jahwistischen" Urgeschichte in 2,9b; 3,22.24; 6,3; 11,6 entfaltete *Reflexion über die Sterblichkeit und Sünde des Menschen*, die ihre nächsten literaturgeschichtlichen Kontaktpunkte in Ps 39,5-7; 90,7ff.; 103,14ff.; 143,2; Hi 4,17-19; 14,1-6; 15,14-16; 25,4-6; 34,14f.; 42,2-6; Koh 7,20 und Sir 17,30-32 findet;[7]

5.) die aus 2,10-15; 3,24; 11,1-9 sprechenden *Tempelassoziationen*, die eine urzeitlich-gegenwartsbezogene Anwendung *der* mythischen Motive andeuten, die sich in eschatologisch-futurischer Ausrichtung in zionstheologischen Entwürfen spätprophetischer Texte (vgl. Ez 47,1-12; Joel 4,18; Sach 14,8; Jes 33,20f.) und in den Zionsliedern der Korachiten (vgl. Ps 46,5; 84,7f.; 87,7) niedergeschlagen haben;[8]

6.) die *geschichtstheologischen Anspielungen* auf die Eroberungszüge Alexanders d. Gr. entlang der palästinischen Küste und nach Babylon in 9,25-27 und 11,1-9.[9]

Mittels seiner eigenständigen Ergänzungen in Gen 2,9b-15; 3,22.24; 5,29b; 6,3; 7,1b und 11,6f. verbindet der R^{UG} "priesterliche", spätprophetische und (spät)deuteronomistische Vorstellungen auf der Basis eines weisheitlichen Hintergrundes zu einer auf Jerusalem konzentrierten Theologie. Der R^{UG} wird daher am ehesten im Umfeld spätnachexilischer Weisheitskreise des ausgehenden 4. Jh. v. Chr. zu suchen sein.

Die These, daß es bereits im 5. Jh. v. Chr. einen festen pentateuchischen Kanon gegeben habe,[10] ist ein literatur- und religionsgeschichtliches Postulat. Angesichts des Fortschreibungsprozesses mindestens der prophetischen und der weisheitlichen Literatur bis ins 2. Jh. v. Chr. und der theologischen Vielfalt im spätnachexilischen Israel bilden die Abfassung der Septuaginta (frühestens

---

[6] Vgl. S.293ff. Zur Datierung der literarischen Grundschicht von Hen 6-11 ins 4. Jh. v. Chr. vgl. Nickelsburg, Apocalyptic, 391.396ff.

[7] Vgl. S.245-256.298-303.

[8] Vgl. S.263-268.303-305.

[9] Vgl. S.315-323.

[10] Daß der *abgeschlossene* Pentateuch ausweislich Neh 8,1 spätestens ab 398 v. Chr. liturgische Verwendung gefunden habe (so zuletzt wieder Pola, Priesterschrift, 31-40.49) ist nicht nachweisbar. Ebensowenig können die Chronik (s.u. Anm.13), das im ausgehenden 2. Jh. v. Chr. entstandene Jubiläenbuch, die paläographisch in die Zeit um 125/100 v. Chr. anzusetzende Tempelrolle aus Qumran 11QT (vgl. Maier, Tempelrolle, 10) oder die Fragmente der jüdisch-hellenistischen Historiker (zu ihrer jeweiligen zeitlichen Ansetzung im 2./.1. Jh. v. Chr. siehe Walter, in: JSHRZ I, 91ff.) für eine *solche* Frühdatierung der Pentateuchredaktion in Anspruch genommen werden. Neh 9f. und Neh 13 zeigen eine Kenntnis des DtrG. und der P, nicht aber des *abgeschlossenen* Pentateuchs, der bereits Gen 1-11 in der von dem R^{UG} geschaffenen Form enthielt (vgl. dazu jetzt auch Houtman, Pentateuch, 349f.454).

4.3. Zusammenfassung und Ausblick

im 3. Jh. v. Chr.) und der ältesten Pentateuchhandschriften aus Qumran[11] sowie die eindeutige Rezeption der Texte des R^{UG} die einzigen methodisch sicheren Kriterien zu seiner zeitlichen Ansetzung.[12]

Daß *die eigenständigen Kompositionen* des R^{UG} innerhalb des kanonischen AT literarisch vorausgesetzt werden, ergibt sich eindeutig nur aus einzelnen Abschnitten der Chronik,[13] mit der sich der R^{UG} auch intentional vor allem im Blick auf die Tempelanspielungen und hinsichtlich einer gegenwartsbezogenen Heilsvorstellung gegenüber einem eschatologischen Zukunftsprogramm[14] stark berührt. Sollte das Urteil von H. W. Hertzberg zutreffen, daß Kohelet den "priesterlichen" und den "jahwistischen" Schöpfungsbericht in der "Gesamtdarstellung" vor sich hatte,[15] dann würde dessen Schrift einen *terminus ante quem* für den R^{UG} bieten. Allerdings finden sich keine eindeutigen Bezugnahmen des Predigers auf die endredaktionellen Zusätze in Gen 1-11.[16]

---

[11] Vgl. im einzelnen für die Texte des R^{UG}: a) Gen 2,1: 4QGen^k frgm. 4 (in: DJD XII, 76ff: mittelherodianischer Handschriftentyp); 4Q422 frgm. 1,6 (in: DJD XIII, 417ff.: hasmonäischer Handschriftentyp); b) Gen 2,14ff.: 4QGen^b frgm. 1,II (in: DJD XII, 31ff.: spätherodianischer Handschriftentyp); c) Gen 6,3: 4Q252 frgm. 1,I,2; d) Gen 7,10b: 4Q252 frgm. 1,I,3; e) Gen 8,7: 4Q254 frgm. 15,4; f) Gen 9,24-27*: 4Q252 frgm. 1,II,5-7 (vgl. 4Q254 frgm. 1,2-4). Siehe weiterhin zu Gen 3,24 (R^{UG}) 1QH 8,12 und zu Gen 7,9 (R^{UG}) CD 2,1.

[12] Die Kenntnisse um die Entstehung des SamPt, dessen heute vorliegende Textgestalt wohl erst aus dem 2./1. Jh. v. Chr. stammt (vgl. Pummer, Samaritaner, 14f.), sind noch viel zu ungewiß, als daß diese Version ein sicheres Kriterium zur Datierung der Pentateuchredaktion darstellen könnte (vgl. dazu auch Houtman, Pentateuch, 446ff.)

[13] Lediglich die von dem R^{UG} in Gen 10 eingesetzten Abschnitte V.4b.8-19.21.24-30 finden sich verkürzt in I Chr 1,7b (vgl. Gen 10,4b); I Chr 1,10 (vgl. Gen 10,8); I Chr 1,11-16 (vgl. Gen 10,13-18a); I Chr 1,18-23 (vgl. Gen 10,24-29). Dabei ist fraglich, ob I Chr 1 überhaupt zum literarischen Grundbestand der Chronik gehört (vgl. Rothstein, in: HSATK II, 565 [1,10-23 als Nachtrag zu der um 300 v. Chr. anzusetzenden Grundschicht]; Galling, Chronik, 19 [c.1 stammt insgesamt erst von dem "zweiten Chronisten" aus der Zeit um 200 v. Chr.]; Rudolph, Chronikbücher, 7 [1,4b-23 sind ein Nachtrag zu der im 4. Jh. v. Chr. entstandenen Grundschrift der Chr]; anders Noth, Studien, 117f.132, und zuletzt Oeming, Israel, 76, der I Chr 1 für ein literarisch einheitliches Exzerpt aus der Gen hält, "und zwar in der Gestalt, die JEP schon vereinigt hat"). Folgt man der auch von Noth, Studien, 154f., und Becker, 1 Chronik, 7, vorgeschlagenen Ansetzung auf die Zeit um 300/200 v. Chr. oder gar der zuletzt von Steins (bei Zenger, Einleitung, 172) vertretenen Datierung der Chronik ins frühe 2. Jh. v. Chr., (vgl. dazu bereits Bousset u. Greßmann, Religion, 10), dann steht der von uns vertretenen Ansetzung des R^{UG} ins ausgehende 4. Jh. v. Chr. und der Interpretation des R^{UG} als einem Vorläufer der Chronik (auch bei der Annahme literarischer Einheit von I Chr 1) nichts im Weg. Neh 9,6aα ist ebenfalls kein eindeutiger Beleg für eine literarische Voraussetzung von Gen 2,1 (R^{UG}), sondern lediglich eine sehr enge motiv- und traditionsgeschichtliche Parallele.

[14] Siehe dazu Steins (bei Zenger, Einleitung, 173f.).

[15] Vgl. Hertzberg, Prediger, 228.

[16] Daß sich in Koh 6,10 eine literarische Kenntnis von Gen 6,3 zeige (so Macdonald, Pre-Abrahamic Stories, 123), ist nicht nachweisbar. Hingegen wird die von Macdonald, a.a.O., 116 (vgl. S.37 Anm.38) angedeutete These, der Redaktor von Gen 1-11 sei *gei-*

4. Literatur- und theologiegeschichtliche Einordnung des Endredaktors

Hinsichtlich der Verbindung "priesterlicher", spätprophetischer und spätdeuteronomistischer Tradition auf der Basis spätweisheitlichen Denkens kann der R^{UG} dann aber als ein Wegbereiter von Ben Sira bezeichnet werden. So setzt Sirach nun ausweislich seines schöpfungstheologischen Kompendiums (c.17), der Identifikation der "Weisheit" mit dem "Gesetz" (c.24) und des Lobs der Väter (c.44-50) die Urgeschichte in der von dem R^{UG} geprägten Gestalt voraus und entfaltet ihre Theologumena.[17]

Die im Verlauf dieser Studie vorgenommene Beschreibung des kompositionellen Verfahrens des R^{UG}, die vorgestellte Interpretation seiner Theologie und die abschließend dargebotene Skizzierung seiner Position im Horizont der alttestamentlichen Literaturgeschichte versteht sich als ein Versuch, aus historisch-kritischer Perspektive die "uns vorliegende Endredaktion" von Gen 1-11 literarisch und theologisch gewürdigt zu haben.[18] Dabei wurde in den literatur- und theologiegeschichtlichen Passagen auch methodisch "Neuland" betreten.[19] Der Nachweis einer "nachpriesterlichen" Redaktion erforderte eine Neubestimmung des Verhältnisses von Gen 1-11 zu der spätprophetischen und weisheitlichen Tradition sowie zu den außerkanonischen nachexilischen jüdischen Schriften, die die bisherige Forschung zu einlinig in den Bereich der Wirkungsgeschichte von Gen 1-11 verschob.

Forschungsgeschichtlich läßt sich das hier entwickelte redaktionsgeschichtliche Modell der Einlage des ursprünglich selbständigen Erzählzyklus der "jahwistischen" Urgeschichte in ein durchlaufendes "priesterliches" Geschichtswerk durch einen literarisch produktiven Redaktor zumindest für Gen 1,1-11,26 einer kombinierten Urkunden- und Ergänzungshypothese auf einer P-Grundlage zuweisen.[20] Die Intention des R^{UG} war es nicht nur, seine Quellen zu bewahren und aus neutraler Perspektive miteinander zu harmonisieren,[21] sondern diese bewußt zu gestalten und zu einer neuen Komposition mit

---

stesgeschichtlich ein Vorläufer Kohelets, durch unsere literatur- und theologiegeschichtliche Einordnung des R^{UG} bestätigt.

[17] Vgl. Sir 17,1 mit Gen 2,7.19; 3,19.23; Sir 17,2.30f. mit Gen 3,22; 6,3; Sir 17,2-4 mit Gen 1,26; 9,2; Sir 17,7.11 mit Gen 3,22; Sir 17,12 mit Gen 9,16; (Sir 17,16 [G^A] mit Gen 6,5; 8,21); Sir 17,17 mit Gen 6,2; (10,1-11,9); Sir 17,32 mit Gen 6,1-4; Sir 18,1 mit Gen 3,22; Sir 24,25-27 mit Gen 2,10-14; Sir 44,17 mit Gen 5,29; 7,1b. Eindeutig in die frühe Wirkungsgeschichte von Gen 1-11 in seiner endredaktionellen Gestalt gehören dann im Gegensatz zu der in Hen 6-11(19)* erkennbaren Grundschicht nach Ben Sira auch die entsprechenden Verarbeitungen der endredaktionellen Urgeschichte in Jub 2-11; Sap 14; (1QGenAp); 4Q180-181 (in: DJD V, 77ff.); 4Q252-254 (bei Eisenman u. Wise, Jesus, 92); 4Q370 (bei Newsom, Admonition, 23ff.); 4Q422 (in: DJD XIII, 417ff.).

[18] Vgl. dazu die auf S.46f. zitierte Forderung von Crüsemann, Urgeschichte, 14 Anm.15.

[19] Siehe das auf S.53 vorangestellte Programm von Otto, Pentateuchkomposition, 191.

[20] Damit bestätigt unser Modell (bei aller Verschiedenheit in literarkritischen und traditionsgeschichtlichen Detailfragen) grundsätzlich die Ansätze von Böhmer, Thora (1862) und Schrader, Urgeschichte (1863), vgl. S.11f.; von Pfeiffer, Introduction (1941), vgl. S.37f. Anm.39, und von Dockx, Paradis (1981), vgl. S.19 Anm.20.

[21] So die Modelle einer "neutralen" Redaktion, s.o.S.33ff.

4.3. Zusammenfassung und Ausblick

einer eigenständigen Theologie zu verbinden. Diese ist weder als einseitig "priesterlich" gefärbt noch als entschieden "prophetisch" zu bezeichnen,[22] sondern besitzt ihren Schwerpunkt in spätweisheitlichem Denken. Als Kennzeichnung des Profils des R^{UG} bietet sich somit die Kategorie *"Redaktion und Komposition im Geist der späten Weisheit"* an.

Die Verbindung der "priesterlichen" Urgeschichte mit den "nichtpriesterlichen" Elementen zu der in Gen 1-11 vorliegenden Endgestalt wurde von der bisherigen Forschung, unabhängig von dem jeweils zugrundegelegten literargeschichtlichen Modell, zumeist auf die Endredaktion des Tetrateuchs (R^{JEP}) bzw. des Pentateuchs (R^{JEDP}/R^{JEPD}) zurückgeführt.[23] Die Einarbeitung der ursprünglich selbständigen "jahwistischen" Urgeschichte in das "priesterliche" Geschichtswerk und die damit gleichsam gegebene Modifikation der "priesterlichen" Abschnitte außerhalb der Urgeschichte legen die Vermutung nahe, daß der R^{UG} auch jenseits des Komplexes von Gen 1,1-11,26 literarisch tätig war. Dennoch ließ sich auf der Basis unserer Studie der R^{UG} (noch) nicht mit einer von der bisherigen Forschung herausgearbeiteten tetra- bzw. pentateuchübergreifenden "nachpriesterlichen" Redaktionsschicht identifizieren. Eindeutige Indizien, die eine eigenständige literarische Wirksamkeit des R^{UG} außerhalb der Urgeschichte beweisen, konnten im Rahmen unserer literatur- und theologiegeschichtlichen Analyse (noch) nicht entdeckt werden.[24] Erst eine unserer Analyse von Gen 1-11 entsprechende redaktionsgeschichtliche Untersuchung weiterer Abschnitte des Pentateuchs könnte hier den Ausgangspunkt für einen Vergleich der für die Endredaktion verantwortlichen Größen und für eine mögliche Gleichsetzung des R^{UG} mit einer "nachpriesterlichen" pentateuchweiten Redaktionsschicht bieten.

Angesichts der durch die literatur-, theologie- und zeitgeschichtlichen Parallelen gebotenen Verortung des R^{UG} in einem der späten Weisheit nahestehenden Umfeld des ausgehenden 4. Jh. v. Chr. ist eine Ansetzung seiner redaktionellen Tätigkeit *nach* der Hauptredaktion des Tetra- bzw. Pentateuchs nicht ausgeschlossen.[25] Für eine solche Einordnung des R^{UG} kann abschließend auf die vielfältigen Verbindungen mit dem "Abraham-Midrasch" in Gen 14 verwiesen werden, der bereits den Pentateuch voraussetzt.[26]

---

[22] Vgl. die im Forschungsbericht skizzierten Beschreibungen der Endredaktion in "priesterlichem" bzw. "prophetischem" Geist, s.o.S.17ff. bzw. S.8ff.27ff.

[23] Vgl. dazu S.47 Anm.8.

[24] Vgl. zu Gen 18,19 S.311f.; zu Gen 18,21; Ex 3,7 und Num 11,17 S.290; zu Gen 26,5. 24f. S.307.312; zu Ex 3,15 S.307; zu Num 13,32f. S.297; zu Num 16,22 und 27,16 S.299; zu Num 22,22 S.291; zu Num 24,24 S.291.322 und zu Dtn 32,8 S.295.301.

[25] Vgl. Pfeiffer, Source, 68; ders., Introduction, 286ff.

[26] Zur Rückführung von Gen 14 in der vorliegenden Gestalt auf einen "nachpriesterlichen" Redaktor siehe Wellhausen, Composition, 25 (R^{JEQ}); Kuenen, Einleitung, I/1, 310 (R^{JEP}); Gunkel, 279ff. (R^S); Smend sen., Hexateuch, 9 (R^S); Eißfeldt, Einleitung, 280f. (R^S); Fohrer, Einleitung, 203 (R^S); Smend, Entstehung, 46; Thompson, Historicity, 175.190.326; Van Seters, Abraham, 296ff.; Westermann, II, 227; Scharbert, 133 (R^{Pt}); Levin, Jahwist, 146 (R^S).

4. Literatur- und theologiegeschichtliche Einordnung des Endredaktors

So überschneiden sich die Texte des R^{UG} mit Gen 14 (1.) terminologisch,[27] (2.) stilistisch hinsichtlich antiquarischer Notizen,[28] doxologischer Elemente,[29] syntaktischer Eigenheiten[30] und des Rückgriffs auf altorientalische Stoffe sowie (3.) thematisch in zentralen Theologumena.

Entsprechend zur Gottesbezeichnung in Gen 2,4-3,24 verwendet der Verfasser von Gen 14,18-20.22* mit אל עליון einen aus zwei ursprünglich selbständigen Komponenten zusammengesetzten Gottesnamen, der wie der "Doppelname" יהוה אלהים ausschließlich in nachexilischen und zwischentestamentlichen Schriften verwendet wird.[31]

Parallel zu den Texten des R^{UG} in Gen 9,26f.; 10,8-12 und 11,1-9 weist Gen 14 ein "weltpolitisches" Interesse und die Thematisierung der Frage von staatlicher Macht und religiöser Hoheit auf: Abram, der Hebräer (vgl. 10,21) und Verehrer Jahwes, greift in die Weltgeschichte ein, verzichtet aber auf weltliche Macht (14,22f.), während er dem Repräsentanten der religiösen Macht den Zehnten gibt (14,20b).

Den stärksten theologischen Berührungspunkt zwischen Gen 14 und den Texten des R^{UG} bilden die verborgenen Anspielungen auf Jerusalem.[32] Der Lobpreis des El Eljon, der als Schöpfer des Himmels und der Erde bezeichnet, mit Jahwe identifiziert und so als der allein wahre Gott dargestellt wird, durch Melchisedek, das Urbild des idealen Priesters, entspricht der Notiz über die

---

[27] Vgl. שנער (im Pentateuch nur in Gen 10,10; 11,2; 14,1), das Städtequartett סדם, אדמה, עמרה und צבים (im Pentateuch nur in 10,19; 14,2.8; Dtn 29,22); die Formel כל־אלה (10,29; 14,3); die Wurzel מרד (im Pentateuch nur in Gen 10,8; 14,4; Num 14,9 [P]); den Terminus עברי/עבר (für eine Einzelperson) (10,21.24; 14,13); die Wurzel שכן (3,24; 9,27; 14,13); das Motiv der "Riesen" (רפאים bzw. נפלים in 14,5 bzw. 6,4); die Bildung von "sprechenden Namen" (14,2; 10,8 - siehe dazu Schatz, Genesis 14, 311).

[28] Vgl. 14,2.3.7.17 mit 2,11.13; 6,4; 10,(8-12*).14b.18b-19.29b-30; (11,1-9).

[29] Vgl. 9,26 ברוך יהוה mit 14,19 ברוך אל עליון (im Pentateuch ähnlich nur noch in Gen 24,27 und Ex 18,10).

[30] Vgl. die Verwendung eines Duals bzw. einer Kardinalzahl zu Datierungszwecken (11,10b; 14,4), den vom klassischen Hebräisch abweichenden Tempusgebrauch (Bsp. 6,4; 14,2), die nachgestellten Personalpronomen (Bsp. 6,4; 14,24), die Einleitung von Temporalsätzen mit אחרי־ (Bsp. 6,4; 14,17) sowie den Gebrauch seltener Begriffe (vgl. dazu Zimmerli, II, 33 Anm.8; Schatz, Genesis, 14, 248-262).

[31] Vgl. S.232ff.288ff. Im AT findet sich die kombinierte Gottesbezeichnung אל עליון dann nur noch in Ps 78,35. Auch die Belege für ein alleinstehendes עליון (vgl. Dtn 32,8; Ps 9,3; 77,11; 78,17; 82,6; 87,5; Jes 14,14; Thr 3,35.38 - s.o.S.237 Anm.29) gehören alle dem nachexilischen Schrifttum an (vgl. dazu noch immer Graf Baudissin, Kyrios, III, 115). Lediglich in Ps 82,6 könnte eine vorexilische Verwendung vorliegen (so zuletzt Niehr, Gott, 64), doch vgl. dazu Wanke, Jahwe, 450ff. Zur Beliebtheit von אל עליון in den zwischentestamentlichen Schriften vgl. Stegemann, ΚΥΡΙΟΣ, 276ff.; Hengel, Judentum, 544f.; Zobel, עֶלְיוֹן, 151.

[32] Zur Gleichsetzung von שלם (Gen 14,18) mit Jerusalem vgl. Ps 76,3; 1QGenAp 22,13; Josephus, Ant. I,180; Tg^O; Tg^N sowie die überwiegende Zahl der Ausleger.

4.3. Zusammenfassung und Ausblick 331

Anrufung Jahwes durch Enosch, das Urbild des neuen Menschen (4,26). Gen 14,18-22 ist kein Beispiel für die besondere Toleranz gegenüber einem außerisraelitischen Kult,[33] sondern die programmatische Einbettung Jerusalems und seines königlichen Priestertums in die Zeit der Väter.[34] Die Rückprojektion des Jerusalemer Hohenpriesters in der Gestalt des Melchisedek in die Zeit vor Mose und Aaron findet ihr Pendant in den Zionsanspielungen der Paradieserzählung (Gen 2,10-15; 3,24) und der urzeitlichen Begründung der Jahweanrufung in Form der Set-Enosch-Notiz (4,25f.).

Wenn Gen 14,18-20 eine auf den vorliegenden Kontext hin entworfene Kleinkomposition darstellt,[35] dann ist es nicht unwahrscheinlich, daß diese Szene von dem R^{UG} geschaffen wurde, der damit auf die Urgeschichte, aber auch die Vätergeschichte zurückblickt. Die aus Gen 14,18-20 sprechende Hochschätzung der Jerusalemer Priesterschaft ist jedenfalls kein Argument gegen die Zuweisung an den stark von der späten Weisheit geprägten R^{UG}, da sich eine enge Verschmelzung "priesterlicher" und weisheitlicher Traditionen in der spätnachexilischen Zeit nicht ausschließen.[36] Über die V.18-20 hätte der R^{UG} dann nicht nur Gen 14 selbst literarisch in die Vätergeschichte eingebunden. Er hätte vielmehr auch eine Brücke geschlagen zu der Komposition in Gen 1-11, die von der Schöpfung und dem gerechten Schöpfergott erzählt (vgl. 14,18b) und die in Durchbrechung des linearen urgeschichtlichen Erzählverlaufs punktuell, auf einer heilsgeschichtlichen Metaebene, auf den Ort (2,10-14), den Weg (4,26) und das Mittel zum Heil des Menschen (5,29) anspielt.

Das Kerygma des R^{UG}, die Vorstellung vom Heil in der Gestalt des Tempels als gegenwärtig erfahrbarem Ersatz für das verlorene Paradies, der urzeitlich verankerten Jahweverehrung als Gottesnähe und des durch Noah vermittelten Segens und ewigen "Bundes" als Surrogat für das ewige Leben, wird durch 14,18-20 nochmals unterstrichen. Jerusalem ist die Stätte, an der sich in der Gestalt Melchisedeks der ideale Priester findet und an der bereits Abram Jahwe, den höchsten Gott, als Schöpfer (14,18b) und Herrn der Geschichte (14,19b) verehrte.

---

[33] So aber von Rad, 131; Wenham, I, 322; Ringgren, Religionen, 203ff.
[34] Vgl. dazu bereits Nöldeke, Untersuchungen, 156ff.; Wellhausen, Composition, 311; Kuenen, Einleitung, I/1, 310; Holzinger, in. HSATK I, 32; Pfeiffer, Introduction, 167; Fohrer, Einleitung, 203; sowie Maier, Zwischen den Testamenten, 114ff.204, mit Blick auf die Bedeutung der Figur Melchisedeks im Judentum der hellenistischen Zeit. Das paradigmatische Verständnis Melchisedeks als Urtyp des idealen Priesters zeigt sich auch an der prosamaritanischen Verlegung der Szene aus Gen 14,18-20 an den Garizim in den Fragmenten des PsEup (SamAn) 1,5 (vgl. Walter, in: JSHRZ I, 143).
[35] Vgl. Blum, Vätergeschichte, 462f.; Levin, Jahwist, 146.
[36] Vgl. exemplarisch Sir 24,1ff.; 44,1-50,24 und dazu Maier, Zwischen den Testamenten, 115.

Anhang: Die literarische Schichtung in Gen 1,1-11,26

1. Die "priesterliche" Urgeschichte als Prolog eines "priesterlichen" Geschichtswerkes (P):

2,4a;
1,1-7a.8-31;
2,2-3;
5,1-29a.30-32;
6,9-19a.20-22;
7,6-7.11.13-14a.bα.15.17a*(ohne ארבעים יום).b.18-21.22*(ohne [...] נשמת באפיו).24;
8,1-2a.3-5.13a.14-19;
9,1-4.5*(ohne אחיו).6-17.18a.19.28-29;
10,1-4a.5-7.20.22-23.31-32;
11,10a.11-26;
davon sind "innerpriesterliche" Erweiterungen: 9,4-7.16-17.

2. Die "jahwistische" ("weisheitliche") Urgeschichte als ursprünglich selbständige Komposition:

a) "protojahwistische" Grundschicht:
"Anthropogonie und Kulturbegründung":
2,5a.bβ.6-7aα*.19aαβ.20aα*.β.21-22;
3,20.23a(ohne מגן־עדן).bα;
4,1a.bα.2aβ2([ו]את־הבל).b.3-5.8b.[...].17a.18-21.22a*.

b) "jahwistische" ("weisheitliche") Bearbeitung:
"Hamartiologie und Theodizee":
2,4b.5bα.7aβ.8-9a.16.17aα(ומעץ אשר בתוך־הגן).β.b.18.20b.23-25;
3,1-13.14aα*.β.b.15-18a.19.21.23aα*(מגן־עדן).bβ;
4,1bβ.2aα.β1.6-7.8a.9-16.22b([v.l.]נחן ואחי תובל־קין).23-24;
6,5-6.7aα.8;
7,1a.2.4-5.10a.12.23aα*.b;
8,2b.6.8.9aα.b.10-12.13b.20-21aα.b.22.

3. Die Komposition der biblischen Urgeschichte durch den Endredaktor (R^{UG}):

a) Vorlagen des R^{UG} unterschiedlicher Herkunft:
- "Engelehenexzerpt": 6,1-4;
- "Flutrezension": 8,7;
- "Noah und seine Söhne Sem und Kanaan": 9,20*.21.22*.23*.24-25.26*;
- diverse Listen: 10,8*.9*.10a.11-12a; 10,13-14a; 10,15*.16-18a; 10,26-29a;
- "Babelätiologie": 11,2*(nur שנער).4a.5a.b(?).8b(?).9aα.

b) eigenständige Ergänzungen des R^{UG}:
- 2,1;
- Umstellung von 2,4a;
- Bildung des Gottesnamens יהוה אלהים (Ergänzung von אלהים zu dem vorgegebenen Tetragramm in 2,4-3,24);
- 2,7b.9b-15.17aα(ומעץ הדעת טוב ורע).19aγ.b.20aα*(לכל־הבהמה ו־);
- 3,14aα*(מכל־הבהמה ו־).18b.22.24;
- 4,22b.25-26;
- 5,29b;
- 6,7aβ.γ.b;
- 7,1b.3.8-9.10b.16.22*(nur באפיו [...] נשמת).23aα*(הארץ ... מאדם).β;
- 8,21aβ;
- 9,5bα(nur אחיו).18b.20*.22aα*.23*.26a*.27;
- 10,4b.8*.9*.10b.12b.14*(אשר יצאו משם פלשתים).(15*).18b-19.21.24.25*.29b-30;
- 11,1.2*.3.4b.5b(?).6-7.8a.b(?).9aβ.b.10b.

4. Nicht zuzuordnende Zusätze bzw. Glossen:

- 1,7b;
- 4,4a*(nur ומחלבהן);
- 6,19b;
- 7,14bβ.17a*(nur ארבעים יום);
- 8,9aβ.

Literaturverzeichnis

Das Literaturverzeichnis ist in die Abschnitte (1.) Textausgaben (Quellen und Übersetzungen) und (2.) Sekundärliteratur (Aufsätze, Einleitungen, Hilfsmittel, Kommentare und Monographien) untergliedert. Wurden mehrere Arbeiten desselben Autors herangezogen, so erfolgt die Nennung in alphabetischer Folge des jeweils ersten Wortes aus dem Titel.

1. Textausgaben

a) Masoretischer Text

Biblia Hebraica, ed. R. Kittel, ed. altera emendatior stereotypica iterum recognita, Stuttgart 1913/25.

Biblia Hebraica, ed. R. Kittel, ed. tertiam denuo elaboratam ad finem perduxerunt A. Alt et O. Eißfeldt, Stuttgart 1937.

Biblia Hebraica Stuttgartensia, ed. K. Elliger et W. Rudolph, Stuttgart 1967/77.

Kennicott, B.: Vetus Testamentum Hebraicum cum variis lectionibus, I-II, Oxford 1776-80.

Rossi, J. B. de: Variae Lectiones Veteris Testamenti Librorum, Parma 1784/85, Suppl., Parma 1798 [Nachdr. Amsterdam 1969/70].

Walton, B.: S.S. Biblia Polyglotta Complectentia Textus Originales Hebraicos cum Pentat. Samarit.: Chaldaicos, Graecos, Versionem Antiquarum, I, London 1653 [Nachdr. Graz 1963].

b) Samaritanische Übersetzung

Gall, A. Freiherr von (Hg.): Der hebräische Pentateuch der Samaritaner, Gießen 1918.

Girón Blanc, L.-F.: Pentateuco Hebreo-Samaritano Génesis. Edición crítica sobre la base de manuscritos inéditos, TECC 15, Madrid 1976.

c) Griechische Übersetzung

Septuaginta. Id est Vetus Testamentum graece iuxta LXX interpretes ed. A. Rahlfs, Duo volumina in uno, Stuttgart 1935/79.

Septuaginta. Vetus Testamentum Graecum Auctoritate Academiae Scientiarum Gottingensis, Vol. I, Genesis, ed. J. W. Wevers, Göttingen 1974. Vol. III, Deuteronomium, ed. J. W. Wevers, Göttingen 1977.

d) Syrische Übersetzung

Vetus Testamentum Syriace Iuxta Simplicem Syrorum Versionem, ed. Institutum Peshittonianum Leidense, I/1, Praefatio. Liber Genesis - Liber Exodi, Leiden 1977.

e) Lateinische Übersetzungen

Biblia Sacra Iuxta Vulgatam Versionem, I-II, hg. v. R. Weber, zweite, verbess. Aufl. Stuttgart 1975.

Vetus Latina. Die Reste der altlateinischen Bibel nach Petrus Sabatier neu gesammelt u. hg. v. der Erzabtei Beuron, 2. Genesis, hg. v. B. Fischer, Freiburg 1951-54.

f) Aramäische Übersetzungen

Grossfeld, B.: The Targum Onqelos to Genesis. Translated, with a Critical Introduction, Apparatus, and Notes. The Aramaic Bible VI, Wilmington/Delaware 1988.

Le Déaut, R.: Targum du Pentateuque. Traduction des deux recensions Palestiniennes complètes avec introduction, paralleles, notes et index, I. Genèse, SC 245, Paris 1978.

Macho Diez, A.: Targum Palaestinense in Pentateuchum. Additur Targum Pseudojonatan eiusque hispana versio. I Genesis. Editio critica, BPM IV/1, Madrid 1988.

Maher, M.: Targum Pseudo-Jonathan: Genesis. Translated, with Introductions and Notes, The Aramaic Bible I B, Edinburgh 1992.

McNamara, M.: Targum Neofiti 1: Genesis. Translated, with Apparatus and Notes, The Aramaic Bible I A, Edinburgh 1992.

Sperber, A.: The Bible in Aramaic Based on Old Manuscripts and Printed Texts, I. The Pentateuch According to Targum Onkelos, Leiden 1959.

g) Neues Testament

Novum Testamentum Graece, post Eb. Nestle et Erw. Nestle, ed. K. Aland, 26. neu bearb. Aufl. [1979] 7. rev. Druck, Stuttgart 1983.

h) Deutsche Übersetzungen

Die Bibel nach der Übersetzung Martin Luthers, Bibeltext in der rev. Fassung, Stuttgart 1984.

Die gantze Heilige Schrifft Deudsch. Wittenberg 1545. Letzte zu Luthers Lebzeiten ersch. Ausg. hg. v. H. Volz u.a., München 1972.

Die Heilige Schrift des Alten Testaments, übers. v. E. Kautzsch, vierte, umgearb. Aufl., hg. v. A. Bertholet, I-II, Tübingen 1922/23.

Die Schrift, verdeutscht von M. Buber gemeinsam mit F. Rosenzweig, I. Die fünf Bücher der Weisung, 11. Aufl. der neubearb. Ausg. von 1954, Lizenzausgabe WBG, Darmstadt 1992.

i) Texte aus der altorientalischen Umwelt

Sammelausgaben:

Aistleitner, J.: Die mythologischen und kultischen Texte aus Ras Schamra, BOH VIII, Budapest 1959.

Beyerlin, W. (Hg.): Religionsgeschichtliches Lesebuch zum Alten Testament, ATD ErgR. Bd. 1; 2., durchg. Aufl., Göttingen 1985.

Borger, R.: Babylonisch-assyrische Lesestücke, I-II, AnOr 54, 2., neubearb. Aufl., Rom 1979.

Cowley, A. E.: Aramaic Papyri of the Fifth Century B.C. Ed., with Translation and Notes, Oxford 1923 [Nachdr. Osnabrück 1967].

Dietrich, M.; Loretz, O.; Sanmartín, J.: Die keilalphabetischen Texte aus Ugarit, einschließlich der keilalphabetischen Texte außerhalb Ugarits, Teil 1 Transkription, AOAT 24, Kevelaer u.a. 1976.

Donner, H.; Röllig, W.: Kanaanäische und aramäische Inschriften. Mit einem Beitrag v. O. Rössler, I-III, Wiesbaden 1962.1964 [^{3}1971-1976].

Eliade, M. (Hg.): Die Schöpfungsmythen. Ägypter, Sumerer, Hurriter, Hethiter, Kanaaniter und Israeliten. Mit einem Vorw. v. M. Eliade. Quellen des alten Orients I, Zürich u. Köln 1960 [Nachdr. Darmstadt 1990].

Gordon, C. H.: Ugaritic Textbook. Grammar, Texts in Transliteration, Cuneiform Selections, Glossary, Indices, AnOr 38, Rom 1965 [Nachdr. 1967].

Greßmann, H. (Hg.): Altorientalische Texte zum Alten Testament, 2. völlig umgestaltete u. stark verm. Aufl., Berlin 1926.

Jirku, A.: Altorientalischer Kommentar zum Alten Testament, Erlangen u. Leipzig 1923 [Nachdr. 1972].

Jirku, A.: Kanaanäische Mythen und Epen aus Ras Schamra-Ugarit, Gütersloh 1962.

Kaiser, O. (Hg.); u.a.: Texte aus der Umwelt des Alten Testaments, I-III, Gütersloh 1982-1997.

Lambert, W. G.: Babylonian Wisdom Literature, Oxford 1960 [Nachdr. 1975].

Livingston, A. (Hg.): State Archives of Assyria. III. Court Poetry and Literary Miscellanea, Neo-Assyrians Text Corpus Project of the Academy of Finnland, Helsinki 1989.

Pritchard, J. B. (Hg.): Ancient Near Eastern Texts Relating to the Old Testament. Second Ed. Corrected and Enlarged, Princeton u.a. 1955.

Pritchard, J. B. (Hg.): The Ancient Near Eastern. Supplementary Texts and Pictures Relating to the Old Testament, Princeton 1969.

Renz, J.; Röllig, W.: Handbuch der Althebräischen Epigraphik, I-II/1; III, Darmstadt 1995.

Schrader, E.: Die Keilinschriften und das Alte Testament. Dritte Aufl. mit Ausdehnung auf die Apokryphen, Pseudepigraphen und das Neue Testament, neu bearb. v. H. Zimmern und H. Winckler, Berlin 1903.

Einzelausgaben:
Atramchasis:
  Lambert, W. G.; Millard, A. R.: Atra-Ḫasīs: The Babylonian Story of the Flood with The Sumerian Flood Story by M. Civil, Oxford 1969.
Babylonischer Schöpfungstext VAT 17019 (BE 13383):
  Mayer, W. R.: Ein Mythos von der Erschaffung des Menschen und des Königs, in: Or 56 (1987), 55-68.
Berossos:
  a) Schnabel, P.: Berossos und die babylonisch-hellenistische Literatur, Leipzig u. Berlin 1923.
  b) Burstein, S. M.: The Babyloniaca of Berossus, SANE I/5. Second Printing with Minor Corrections, Malibu/California 1980.
Eridu-Genesis (= Sumerische Fluterzählung):
  Jacobsen, T.: The Eridu Genesis, in: JBL 100 (1981), 513-529.
Gilgamesch:
  a) Heidel, A.: The Gilgamesh Epic and Old Testament Parallels. Second Ed., Chicago 1949.
  b) Schmökel, H.: Das Gilgameschepos, eingeführt, rhythmisch übertragen und mit Anmerkungen versehen, Stuttgart u.a. 1966.
  c) Ungnad, A.; Greßmann, H.: Das Gilgamesch-Epos, FRLANT 14, Göttingen 1911.

j) Texte aus der klassischen Antike

Sammelausgaben:
Caduff, G. A.: Antike Flutsagen, Hyp. 82, Göttingen 1986.
Jacoby, F.: Die Fragmente der griechischen Historiker, Berlin 1923-1958.
Ranke-Graves, R.: Griechische Mythologie. Quellen und Deutung, I-II. Rowohlts Deutsche Enzyklopädie, Hamburg 1960.

Einzelausgaben:
Arrian, Alexanderzug:
  Brunt, P. A.: Arrian with an English Translation, I-II, LCC, Cambridge/Mass. u. London 1976.1983.
Curtius Rufus, Alexandergeschichte:
  Rolfe, R. C.: Quintus Curtius with an English Translation, I-II, LCC, Cambridge/Mass. u. London 1946 [Nachdr. 1971.1976].
Diodor, Universalgeschichte:
  Oldfather, C. H.; Sherman, C. L.; Welles, C. B.; Geer, R. M.; Walton, F. R.: Diodorus of Sicily with an English Translation, I-XII, LCC, Cambridge/Mass. u. London 1933-1967.
Herodot:
  Historien. Deutsche Gesamtausgabe übers. v. A. Horneffer, neu hg. u. erl. v. H. W. Haussig, mit einer Einl. v. W. F. Otto, Stuttgart ⁴1971.

Hesiod:
: a) Hesiodi Theogonia opera et dies scutum, ed. F. Solmsen. Fragmenta selecta, ed. R. Merkelbach et M. L. West, ed. tertia, Oxford 1990.
b) Sämtliche Gedichte. Theogonie, Erga, Frauenkataloge, übers. u. erl. v. W. Marg, Zürich u. Stuttgart 1970.

Homer:
: Murray, A. T.: Homer. The Iliad, I-II, LCC, Cambridge/Mass. u. London 1924.1925 [Nachdr. 1967.1971].

Philo von Byblos:
: Historia Phoenica, in: Eusebius Werke, VIII. Die Praeparatio Evangelica, hg. v. K. Mras, GCS 43,1, Berlin 1954, 42-54.

Platon:
: Werke in acht Bänden. Griech. u. deutsch, hg. v. G. Eigler, Sonderausgabe WBG, Darmstadt 1990.

Plutarch:
: a) Alexanderbiographie:
Perrin, B.: Plutarch's Lives with an English Translation, VII, LCC, Cambridge/Mass. u. London 1919 [Nachdr. 1967], 223-439.
b) De Alexandri Magni Fortuna aut Virtute, I-II:
Babbitt, F. C.: Plutarch's Moralia, IV (263D-351B), LCC, Cambridge/Mass. u. London 1936 [Nachdr.1962], 379-487.

Strabo, Erdbeschreibung:
: Jones, H. L.: The Geography of Strabo with an English Translation, I-VIII, LCC, Cambridge/Mass. u. London 1917-1932 [Nachdr. 1966-1970].

k) Jüdische Schriften der hellenistischen und römischen Zeit

Sammelausgaben:
Charlesworth, J. H.: Old Testament Pseudepigrapha, I-II, London 1983.1985.
Denis, A. M. (Hg.): Concordance Grecque des Pseudépigraphes d'Ancien Testament. Concordance, Corpus des Textes, Indices. Université Catholique de Louvain, Louvain-la-Neuve 1987.
Freedman, H.; Simon, M. (Hg.): The Midrash Rabbah. Translated into English with Notes, Glossary and Indices, I. Genesis, London u.a. 1977.
Goldschmidt, L.: תלמוד בבלי. Der Babylonische Talmud. Nach der ersten zensurfreien Ausg. unter Berücksichtigung der neueren Ausg. und handschriftlichen Materials neu übertragen, I-XII, 2. Aufl., Berlin 1965 [Nachdr. Königstein 1980].
Kautzsch, E. (Hg.): Die Apokryphen und Pseudepigraphen des Alten Testaments, I-II, Tübingen 1900 [4. unver. Nachdr. Darmstadt 1975].
Kümmel, W. G. (Hg.); u.a.: Jüdische Schriften aus hellenistisch-römischer Zeit, I-V, Gütersloh 1973ff.
Rießler, P.: Altjüdisches Schrifttum außerhalb der Bibel, Augsburg 1928.

Einzelausgaben:
Flavius Josephus:
a) Antiquitates, Bücher I-IV:
Thackeray, H. St. J.: Josephus with an English Translation, IV, LCC, Cambridge/Mass. u. London 1930.
b) Contra Apionem:
Thackeray, H. St. J.: Josephus with an English Translation, I, LCC, Cambridge/Mass. u. London 1926 [Nachdr. 1966], 162-411.
Henoch (äth.):
Black, M.: The Book of Enoch or I Enoch. A New English Edition with Commentary and Textual Notes, SVTP 7, Leiden 1985.
Philo von Alexandria:
a) De Gigantibus:
Colson, F. H.; Whitaker, G. H.: Philo with an English Translation, II [Cher; Det; Sacr; Det; Post; Gig], LCC, Cambridge/Mass. u. London 1929 [Nachdr. 1968].
b) Quaestiones in Genesin:
Marcus, R.: Philo with an English Translation, Suppl. I, Questions and Answers on Genesis. Transl. from the Ancient Armenian Version of the Original Greek, LCC, Cambridge/Mass. u. London 1953 [Nachdr. 1961].
Sibyllinische Orakel:
Geffcken, J.: Die Oracula Sibyllina, GCS 8, Leipzig 1902.
Sirach:
a) Smend, R. sen.: Die Weisheit des Jesus Sirach. Hebräisch und Deutsch, Berlin 1906.
b) Vattioni, F.: Ecclesiastico. Testo ebraico con apparato critico e versioni greca, latina e siriaca, Testi 1, Pubblicazioni del Seminario di Semitistica, Neapel 1968.

l) Texte aus Qumran

Sammelausgaben:
Allegro, J. M.: Qumrân Cave 4, I [4Q158-4Q186], DJD V, Oxford 1968.
Attridge, H.; Elgvin, T.; u.a.: Qumran Cave 4, VIII, Parabiblical Texts, Part 1, DJD XIII, Oxford 1994.
Baillet, M.; Milik, J. T.; Vaux, R. de: Les 'Petites Grottes' de Qumrân, Textes, DJD III*, Oxford 1962.
Baillet, M.: Qumrân Cave 4, III [4Q482-4Q520], DJD VII, Oxford 1982.
Barthélemy, D.; Milik, J. T.: Discoveries in the Judaen Desert. Qumran Cave 1, DJD I, Oxford 1955.
Beyer, K.: Die aramäischen Texte vom Toten Meer samt den Inschriften aus Palästina, dem Testament Levis aus der Kairoer Geniza, der Fastenrolle und den alten talmudischen Zitaten, I-II, Göttingen 1984.1994.

Eisenman, R.; Wise, M.: Jesus und die Urchristen. Die Qumran-Rollen entschlüsselt. Aus dem Engl. v. P. Davies u. B. Mänz-Davies, München 1993.

García Martínez, F.: The Dead Sea Scrolls Translated. The Qumran Texts in English, Leiden u.a. 1994.

Lohse, E.: Die Texte aus Qumran. Hebräisch und Deutsch, 2., durchg. u. erg. Aufl., Darmstadt 1971.

Maier, J.: Die Qumran-Essener: Die Texte vom Toten Meer, I-III, UTB 1862. 1863.1916, München 1995.1996.

Milik, J. T.: Qumrân Grotte 4, II. Tefillin, Mezuzot et Targums [4Q128-4Q157], DJD VI, Oxford 1977.

Sanders, J. A.: The Psalms Scroll of Qumrân Cave 11 [11QPs^a], DJD IV, Oxford 1965.

Skehan, P. W.; Ulrich, E.; Sanderson, J. E.: Qumran Cave 4, IV. Palaeo-Hebrew and Greek Biblical Manuscripts, DJD IX, Oxford 1992.

Sukenik, E. L.: אצור המגילות הגנוזות שבידי האוניברסיטה העברית. (The Dead Sea Scrolls of the Hebrew University), Jerusalem 1954.

Ulrich, E.; Cross, F. M.; u.a.: Qumran Cave 4, VII, Genesis to Numbers, DJD XII, Oxford 1994.

Einzelausgaben:
1QH ("Loblieder"):
   Delcor, M.: Les Hymnes de Qumran (Hodayot). Texte Hébreu, Introduction, Traduction, Commentaire, Paris 1962.
1QS ("Gemeinschaftsregel"):
   Burrows, M.: The Dead Sea Scrolls of St. Mark's Monastery, II, Plates and Transcription of the Manual of Discipline, New Haven 1951.
4Q201-212 ("aram. Henoch") und 4Q530-533 ("Gigantenbuch"):
   Milik, J. T.: The Books of Enoch. Aramaic Fragments of Qumrân Cave 4, Oxford 1976.
4Q370:
   Newsom, C. A.: 4Q370. An Admonition Based on the Flood, in: RQ 13 (1988), 23-43.
4Q380-381:
   Schuller, E. M.: Non-Canonical Psalms From Qumran. A Pseudepigraphic Collection, HSS 28, Atlanta/Georgia 1986.
4Q400-497:
   Newsom, C.: Songs of the Sabbath Sacrifice. A Critical Edition, HSS 27, Atlanta/Georgia 1985.

2. Sekundärliteratur

Aistleitner, J.: Wörterbuch der ugaritischen Sprache, hg. v. O. Eißfeldt, BVSAW.PH 106/3, 3., durchg. u. erg. Auflage, Berlin 1967.
Albani, M.: Astronomie und Schöpfungsglaube. Untersuchungen zum astronomischen Henochbuch, WMANT 68, Neukirchen-Vluyn 1994.
Albertz, R.: Religionsgeschichte Israels in alttestamentlicher Zeit, I-II, ATD ErgR. Bd. 8/1-2, Göttingen ²1996.1992.
Albright, W. F.: The Babylonian Matter in the Predeuteronomic Primeval History (JE) in Gen 1-11, in: JBL 58 (1939), 91-103.
Alonso Schökel, L.: Motivos Sapienciales y de alianza en Gn 2-3, in: Bib. 43 (1962), 295-316.
Anderson, B. W.: From Analysis to Synthesis: The Interpretation of Genesis 1-11, in: JBL 97 (1978), 23-39.
Astruc, J.: Conjectures sur les memoires originaux dont il paroit que Moyse s'est servi pour composer le Livre de la Genèse, Brüssel 1753.
Baentsch, B.: Exodus, Leviticus, Numeri, HK I/2, Göttingen 1903.
Bailey, L. R.: Noah. The Person and the Story in History and Tradition. Studies in Personalities of the Old Testament, Columbia/South Carolina 1989.
Bartelmus, R.: Heroentum in Israel und seiner Umwelt. Eine traditionsgeschichtliche Untersuchung zu Gen. 6,1-4 und verwandten Texten im Alten Testament und der altorientalischen Literatur, AThANT 65, Zürich 1979.
Barthélemy, D.; Rickenbacher, O.: Konkordanz zum Hebräischen Sirach, mit Syrisch-Hebräischem Index, Göttingen 1973.
Baudissin, W. W. Graf von: Einleitung in die Bücher des alten Testaments, Leipzig 1901.
Baudissin, W. W. Graf von: Kyrios als Gottesname im Judentum und seine Stelle in der Religionsgeschichte, hg. v. O. Eißfeldt, I-IV, Gießen 1929.
Bauer, H.; u. Leander, P.: Historische Grammatik der hebräischen Sprache des Alten Testamentes, Halle 1922 [Nachdr. Hildesheim 1965].
Bauer, W.: Griechisch-Deutsches Handwörterbuch zu den Schriften des Neuen Testaments und der frühchristlichen Literatur, 6., völlig neubearb. Aufl., hg. v. K. u. B. Aland, Berlin u.a. 1988.
Baumstark, A.: Art. Babylon, in: PRE II (1896), 2667-2700.
Becker, J.: 1 Chronik, NEB Lfg. 18; 2 Chronik, NEB Lfg. 20, Würzburg 1986.1988.
Beer, G.: Exodus. Mit einem Beitrag v. K. Galling, HAT I/3, Tübingen 1939.
Beer, G.: Zur Geschichte und Beurteilung des Schöpfungsberichtes Gen 1₁-2₄ₐ nebst einem Exkurs über Gen 49₈₋₁₂ und ₂₂₋₂₄, in: Beiträge zur alttestamentlichen Wissenschaft, FS K. Budde, hg. v. K. Marti, BZAW 34, Gießen 1920, 20-30.
Begrich, J.: Die Paradieserzählung. Eine literargeschichtliche Studie, in: ZAW 50 (1932), 93-116.

Bengston, H. (Hg.): Griechen und Perser. Die Mittelmeerwelt im Altertum I, Fischer Weltgeschichte 5, Frankfurt/M. 1965.
Berg, W.: Israels Land, der Garten Gottes. Der Garten als Bild des Heiles im Alten Testament, in: BZ 32 (1988), 35-51.
Berge, K.: Die Zeit des Jahwisten. Ein Beitrag zur Datierung jahwistischer Vätertexte, BZAW 186, Berlin u. New York 1990.
Berges, U.: Gen 11,1-9: Babel oder das Ende der Kommunikation, in: BN 74 (1994), 37-56.
Bergsträsser, G.: Hebräische Grammatik. Mit Benutzung der von E. Kautzsch bearb. 28. Aufl. von W. Gesenius' hebräischer Grammatik. Mit Beiträgen von M. Lidzbarski, I-II, Leipzig 1918.1929 [Nachdr. Darmstadt 1991].
Bertholet, A.: Die Stellung der Israeliten und der Juden zu den Fremden, Freiburg u. Leipzig 1896.
Bietenhard, H.: Die himmlische Welt im Urchristentum und Spätjudentum, WUNT 2, Tübingen 1951.
Bietenhard, H.: Art. ὄνομα κτλ., in: ThWNT V (1954), 242-283.
Bleek, F.: De libri Geneseos origine atque indole historica observationes quaedam contra Bohlenium, Bonn 1836.
Bleek, F.: Einige aphoristische Beiträge zu den Untersuchungen über den Pentateuch, in: Biblisch-exegetisches Repertorium 1 (1822), 1-79.
Bleek, F.: Einleitung in das Alte Testament, hg. v. J. Bleek u. A. Kamphausen, 4. Aufl. bearb. v. J. Wellhausen, Berlin 1878.
Blenkinsopp, J.: The Pentateuch. An Introduction to the First Five Books of the Bible, New York u.a. 1992.
Blum, E.: Die Komposition der Vätergeschichte, WMANT 57, Neukirchen-Vluyn 1984.
Blum, E.: Gibt es die Endgestalt des Pentateuch?, in: J. A. Emerton (Hg.), Congress Volume Leuven 1989, VT.S 43, Leiden 1991, 46-57.
Blum, E.: Studien zur Komposition des Pentateuch, BZAW 189, Berlin u. New York 1990.
Boecker, H. J.: Recht und Gesetz im Alten Testament und im Alten Orient, NStB 10, Neukirchen-Vluyn 1976.
Böhmer, E.: Das Erste Buch der Thora. Uebersetzung seiner drei Quellenschriften und der Redactionszusätze, mit kritischen, exegetischen, historischen Erörterungen, Halle 1862.
Bohlen, P. von: Die Genesis historisch-kritisch erläutert, Königsberg 1835.
Borger, R.: Art. Babylonia, Babel, in: KP I (1964), 796-799.
Bousset, W.; Greßmann, H.: Die Religion des Judentums im späthellenistischen Zeitalter, HNT 21, 3. verbess. Aufl., Tübingen 1926.
Brandenstein, W.: Bemerkungen zur Völkertafel der Genesis, in: Sprachgeschichte und Wortbedeutung, FS A. Debrunner, Bern 1954, 57-83.
Braulik, G.: Deuteronomium I-II, NEB Lfg. 15 u. 28; Würzburg 1986.1992.

Brockelmann, C.: Grundriss der vergleichenden Grammatik der semitischen Sprachen I/II, Berlin 1908/1913 [Nachdr. Darmstadt 1961].
Brockelmann, C.: Hebräische Syntax, Neukirchen 1956.
Brockelmann, C.: Lexicon Syriacum, ed. secunda aucta et emendata, Halle 1928.
Brongers, H. A.: Die Wendung $b^e\check{s}\bar{e}m$ jhwh im Alten Testament, in: ZAW 77 (1965), 1-20.
Budde, K.: Die biblische Paradiesesgeschichte, BZAW 60, Gießen 1932.
Budde, K.: Die Biblische Urgeschichte (Gen. 1- 12,5), Gießen 1883.
Budde, K.: Eine übersehene Textherstellung, in: ZAW 30 (1910), 277-280.
Budde, K.: Einheitlichkeit und Erhaltung von Gen 11$_{1-9}$, in: Vom Alten Testament, FS K. Marti, hg. v. K. Budde, BZAW 41, Gießen 1925, 45-51.
Budde, K.: Ellä toledoth, in: ZAW 34 (1914), 241-253.
Budde, K.: Geschichte der althebräischen Litteratur. Die Litteraturen des Ostens in Einzeldarstellungen VII/1, zweite Ausg., Leipzig 1909.
Budde,K.: Noch einmal "Ellä toledoth", in: ZAW 36 (1916), 1-7.
Budde, K.: Wortlaut und Werden der ersten Schöpfungsgeschichte, in: ZAW 35 (1915), 65-97.
Bultmann, R.: Theologie des Neuen Testaments. 9. Aufl., durchg. u. erg. v. O. Merk, UTB 630, Tübingen 1984.
Busink, Th. A.: Der Tempel von Jerusalem. Von Salomo bis Herodes. Eine archäologisch-historische Studie unter Berücksichtigung des westsemitischen Tempelbaus, I-II, Leiden 1970.1980.
Buttmann, P.: Mythologus oder gesammelte Abhandlungen über die Sagen des Alterthums, I-II, Berlin 1828.1829.
Campbell, A. F.; O'Brien, M. A.: Sources of the Pentateuch. Texts, Introductions, Annotations, Minneapolis 1993.
Cassuto, U.: A Commentary on the Book of Genesis, I-II. With an Appendix: A Fragment of Part III, übers. v. I. Abrahams, Jerusalem 1961.1964.
Catanzaro, C. de: A Literary Analysis of Genesis I-XI, Diss. phil. masch. University of Toronto 1957.
Cazelles, H.: Art. Pentateuque. IV. Le nouveau "status quaestionis", in: DBS 7 (1966), 736-858.
Charlesworth, J. H. (Hg.); u.a.: Graphic Concordance to the Dead Sea Scrolls, The Princeton Theological Seminary Dead Sea Scrolls Project V, Tübingen u. Louisville 1991.
Childs, B. S.: Introduction to the Old Testament as Scripture, Philadelphia 1979.
Clark, W. M.: The Flood Story and the Structure of the Pre-patriarchal History, in: ZAW 83 (1971), 184-211.
Clark, W. M.: The Righteousness of Noah, in: VT 21 (1971), 261-280.
Clericus, J.: Genesis sive Mosis Prophetae Liber primus. Ed. secunda auctior et emendatior, Amsterdam 1710.

Clifford, R. J.: The Cosmic Mountain in Canaan and the Old Testament, HSM 4, Cambridge/Mass. 1972.
Clines, D. J. A.: The Theme of the Pentateuch, JSOT.S 10, Sheffield 1978.
Coats, G. W.: Genesis, with an Introduction to Narrative Literature, FOTL I, Grand Rapids/Michigan 1983 [Nachdr. 1987].
Cothenet, E.: Art. Paradis, in: DBS VI (1960), 1177-1220.
Coxon, P. W.: Art. Noah, in: DDD (1995), 1190-1194.
Craigie, P. C.: Psalms 1-50, WBC 19, Waco/Texas 1983.
Cross, F. M.: The Priestly Work, in: ders., Canaanite Myth and Hebrew Epic. Essays in the History of the Religion of Israel, Cambridge/Mass. u. London 1973, 293-325.
Crüsemann, F.: Der Pentateuch als Tora. Prolegomena zur Interpretation seiner Endgestalt, in: EvTh 49 (1989), 250-267.
Crüsemann, F.: Die Eigenständigkeit der Urgeschichte. Ein Beitrag zur Diskussion um den "Jahwisten", in: Die Botschaft und die Boten, FS H. W. Wolff, hg. v. J. Jeremias u. L. Perlitt, Neukirchen-Vluyn 1981, 11-29.
Crüsemann, F.: Die Tora. Theologie und Sozialgeschichte des alttestamentlichen Gesetzes, München 1992.
Dahse, J.: Textkritische Materialien zur Hexateuchfrage. I. Die Gottesnamen der Genesis. Jakob und Israel. P in Genesis 12-50, Gießen 1912.
Dalman, G. H.: Aramäisch-Neuhebräisches Handwörterbuch zu Targum, Talmud und Midrasch. Mit Lexikon der Abbreviaturen von G. H. Händler und einem Verzeichnis der Mischna-Abschnitte, Frankfurt/M. 1901, 3. unver. Aufl., Göttingen 1938 [Nachdr. Hildesheim 1967].
Day, P. L.: An Adversary in Heaven, śāṭān in the Hebrew Bible, HSM 43, Atlanta/Georgia 1988.
Deissler, A.: Zwölf Propheten, I-III, NEB Lfg. 4; 8; 21, Würzburg 1981.1984. 1988.
Delitzsch, Franz: Die Genesis, Leipzig 1852.
Delitzsch, Franz: Neuer Commentar über die Genesis, Leipzig 1887.
Delitzsch, Franz: Die Psalmen, BC IV/1, vierte überarb. Aufl., Leipzig 1883.
Delitzsch, Friedrich: Die Lese- und Schreibfehler im Alten Testament nebst den dem Schrifttexte einverleibten Randnoten klassifiziert, Berlin u. Leipzig 1920.
Delitzsch, Friedrich: Wo lag das Paradies? Eine biblisch-assyriologische Studie, Leipzig 1881.
Dexinger, F.: Sturz der Göttersöhne oder Engel vor der Sintflut? Versuch eines Neuverständnisses von Genesis 6,2-4 unter Berücksichtigung der religionsvergleichenden und exegesegeschichtlichen Methode, WBTh XIII, Wien 1966.
Dexinger, F.: Jüdisch-christliche Nachgeschichte von Gen 6,1-4, in: Zur Aktualität des Alten Testaments, FS G. Sauer, hg. v. S. Kreuzer u. K. Lüthi, Frankfurt/M. 1992, 155-175.

Dexinger, F.; Pummer, R. (Hg.): Die Samaritaner, WdF 604, Darmstadt 1992.
Dietrich, A.: Geschichte Arabiens vor dem Islam, in: HO I/2/4.2, Leiden u. Köln 1966, 291-336.
Dietrich, W.: "Wo ist dein Bruder?" Zu Tradition und Interpretation von Genesis 4, in: Beiträge zur Alttestamentlichen Theologie, FS W. Zimmerli, hg. v. H. Donner, R. Hanhart u. R. Smend, Göttingen 1977, 94-111.
Dillmann, A.: Die Genesis, KEH 11, fünfte Aufl., Leipzig 1886.
Dillmann, A.: Die Genesis, KEH 11, sechste Aufl., Leipzig 1892.
Dillmann, A.: Lexicon Linguae Aethiopicae c. indice latino, Leipzig 1865.
Dockx, S.: Le Récit du Paradis. Gen. II-III, Paris 1981.
Dohmen, C.: Schöpfung und Tod: Die Entfaltung theologischer und anthropologischer Konzeptionen in Gen 2/3, SBS 17, Stuttgart 1988.
Donner, H.: Der Redaktor. Überlegungen zum vorkritischen Umgang mit der Heiligen Schrift (1980), in: ders., Aufsätze zum Alten Testament aus vier Jahrzehnten, BZAW 224, Berlin u. New York 1994, 259-285.
Donner, H.: Geschichte des Volkes Israel und seiner Nachbarn in Grundzügen, ATD ErgR. Bd. 4/1-2, Göttingen 1984.1986.
Duhm, B.: Anmerkungen zu den Zwölf Propheten, Gießen 1911.
Duhm, B.: Das Buch Jesaja, HK III/1, 4., neu duchgeseh. Aufl., Göttingen 1922 [Nachdr. mit einem biograph. Geleitwort v. W. Baumgartner [5]1968].
Duhm, B.: Die Zwölf Propheten in den Versmaßen der Urschrift übersetzt, Tübingen 1910.
Duhm, B.: Israels Propheten, Tübingen 1916.
Duhm, B.: Die Psalmen, KHC XIV, zweite, verm. u. verbess. Aufl., Tübingen 1922.
Dus, J.: Zwei Schichten der biblischen Paradiesgeschichte, in: ZAW 71 (1959), 97-113.
Ebach, J.: Weltentstehung und Kulturentwicklung bei Philo von Byblos. Ein Beitrag zur Überlieferung der biblischen Urgeschichte im Rahmen des altorientalischen und antiken Schöpfungsglaubens, BWANT 108, Stuttgart u.a. 1979.
Edzard, D. O.: Art. Nimrod, in: KP IV (1972), 133.
Eerdmans, B. D.: Alttestamentliche Studien. I. Die Komposition der Genesis, Gießen 1908.
Ehrlich, A. B.: Randglossen zur Hebräischen Bibel. Textkritisches, Sprachliches und Sachliches. I. Genesis und Exodus, Leipzig 1908 [Nachdr. Hildesheim 1968].
Eichhorn, J. G.: Einleitung in das Alte Testament. Vierte Original-Ausgabe, I-V, Göttingen 1823-1824.
Eichhorn, J. G.: Ueber Mosis Nachrichten von der Noachischen Fluth, in: RBML V (1779), 185-216.
Eichhorn, J. G.: Urgeschichte. Ein Versuch, in: RBML IV (1779), 129-256.
Eichrodt, W.: Der Prophet Hesekiel, I-II, ATD 22/1-2, Göttingen 1959.1966.

Eichrodt, W.: Die Quellen der Genesis von neuem untersucht, BZAW 31, Gießen 1916.
Eichrodt, W.: Theologie des Alten Testaments, I-III, 3. u. 4. Aufl., Lizenzausgabe Berlin (Ost) 1950.
Eising, H.: Art. גִּיחוֹן, in: ThWAT I (1973), 1088-1011.
Eißfeldt, O.: Die neueste Phase in der Entwicklung der Pentateuchkritik, in: ThR 18 (1950), 91-112.179-215.267-287.
Eißfeldt, O.: Einleitung in das Alte Testament unter Einschluß der Apokryphen und Pseudepigraphen sowie der apokryphen- und pseudepigraphenartigen Qumrānschriften, NTG, 3., neubearb. Aufl., Tübingen 1964.
Eißfeldt, O.: Hexateuch-Synopse. Die Erzählung der fünf Bücher Mose und des Buches Josua mit dem Anfange des Richterbuches, Leipzig 1922 [Nachdr. Darmstadt 1962].
Elliger, K.: Das Buch der zwölf kleinen Propheten. II: Die Propheten Nahum, Habakuk, Zephanja, Haggai, Sacharja, Maleachi, ATD 25, 4. Aufl., Göttingen 1959.
Elliger, K.: Leviticus, HAT I/4, Tübingen 1966.
Elliger, K.: Sinn und Ursprung der priesterlichen Geschichtserzählung (1952), in: ders., KS zum Alten Testament, hg. v. H. Gese u. O. Kaiser, TB 32, München 1966, 174-198.
Emerton, J. A.: An Examination of Some Attempts to Defend the Unity of the Flood Narrative in Genesis, Part I, in: VT 37 (1987), 401-420; Part II, in: VT 38 (1988), 1-21.
Erman, A.; Grapow, H.: Ägyptisches Handwörterbuch [1921], WBG, Darmstadt 1961.
Ernst, A.: "Wer Menschenblut vergießt ..." Zur Übersetzung von בָּאדָם in Gen 9,6, in: ZAW 102 (1990), 252-253.
Eslinger, A.: A Contextual Identification of the *bene ha'elohim* and *the benoth ha' adam* in Genesis 6,1-4, in: JSOT 13 (1979), 65-73.
Even-Shoshan, A.: A New Concordance of the Bible. Thesaurus of the Language of the Bible - Hebrew and Aramaic. Roots, Words, Proper Names, Phrases and Synonyms, Jerusalem 1989.
Ewald, H.: Die Komposition der Genesis kritisch untersucht, Braunschweig 1823.
Ewald, H.: Die Lehre der Bibel von Gott oder Theologie des Alten und Neuen Bundes, III, Die Glaubenslehre II., Leipzig 1874.
Ewald, H.: Erklärung der Biblischen urgeschichte, in: JBW I (1848/9), 76-95; II (1849/50), 132-166; III (1850/51), 108-115; VI (1853/54), 1-19; VII (1854/55),1-28; IX (1857/58), 1-26.
Ewald, H.: Geschichte des Volkes Israel, I, Einleitung in die Geschichte des Volkes Israel, dritte Ausg., Göttingen 1864.

Ewald, H.: Rez. "C. P. W. Gramberg, Kritische Geschichte der Religionsideen des alten Testaments", in: Jahrbücher für wissenschaftliche Kritik, Nr.46, (März 1831), 361-366.

Ewald, H.: Rez. "J. J. Stähelin, Kritische Untersuchungen über die Genesis, Berlin 1830", in: ThStKr IV (1831), 595-606.

Fechter, F.: Bewältigung der Katastrophe. Untersuchungen zu ausgewählten Fremdvölkersprüchen im Ezechielbuch, BZAW 208, Berlin u. New York 1992.

Fichtner, J.: Die etymologische Ätiologie in den Namengebungen der geschichtlichen Bücher des Alten Testaments, in: VT 6 (1956), 372-396.

Fischer, I.: Die Erzeltern Israels. Feministisch-theologische Studien zu Genesis 12-36, BZAW 222, Berlin und New York 1994.

Floß, J. P.: Sprachwissenschaftliche Textanalyse als Konkretion der hermeneutischen Regeln in der dogmatischen Konstitution "Dei verbum" am Beispiel Gen 2,4b-9*, in: BN 19 (1982), 59-120.

Fohrer, G.: Ezechiel. Mit einem Beitrag v. K. Galling, HAT I/13, Tübingen 1955.

Fraade, S. D.: Enosh and His Generation. Pre-Israelite Hero and History in Postbiblical Interpretation, SBL.MS 30, Chico/California 1984.

Fraine, J. de: Genesis uit de grondtekst vertaald en uitgelegd, BOT 1/1, Roermond 1963.

Freedman, D. N.; O'Connor, P.: Art. כְּרוּב, in: ThWAT IV (1984), 322-334.

Freedman, D. N. (Hg.); u.a.: The Anchor Bible Dictionary, I-VI, New York u.a. 1992.

Freedman, D. N.: Notes on Genesis, in: ZAW 64 (1952), 190-194.

Frei, P.: Zentralgewalt und Lokalautonomie im Achämenidenreich, in: P. Frei u. K. Koch, Reichsidee und Reichsorganisation im Perserreich, OBO 55, Freiburg/CH u. Göttingen 1984, 7-43.

Frey, H.: Das Buch der Anfänge. Kapitel 1-11 des ersten Buches Mose, BAT 1, Stuttgart 1935 [= ⁴1950].

Friedrich, G.: Art. κηρύσσω κτλ., in: ThWNT III (1938), 695-717.

Fritz, V.: "Solange die Erde steht" - Vom Sinn der jahwistischen Fluterzählung in Gen 6-8, in: ZAW 94 (1982), 599-614.

Fritz, V.: Jahwe und El in den vorpriesterschriftlichen Geschichtswerken, in: "Wer ist wie du, HERR, unter den Göttern?" Studien zur Theologie und Religionsgeschichte Israels, FS O. Kaiser, hg. v. I. Kottsieper, J. van Oorschot, D. Römheld u. H. M. Wahl, Göttingen 1994, 111-126.

Fritz, V.: Das Buch Josua, HAT I/7, Tübingen 1994.

Fuhs, H. F.: Ezechiel, I-II, NEB Lfg. 2 u. 22, Würzburg 1984.1988.

Fuß, W.: Die sogenannte Paradieserzählung. Aufbau, Herkunft und theologische Bedeutung, Gütersloh 1968.

Gabler, J. P.: Johann Gottfried Eichhorns Urgeschichte herausgegeben mit Einleitung und Anmerkungen, I-II/1, Altdorf u. Nürnberg 1790.1792.

Gabler, J. P.. Neuer Versuch über die Mosaische Schöpfungsgeschichte aus der höhern Kritik. Ein Nachtrag zum ersten Theil seiner Ausgabe der Eichhorn'schen Urgeschichte, Altdorf u. Nürnberg 1795.

Galling, K. (Hg.): Biblisches Reallexikon, HAT I/1, 2., neubearb. Aufl., Tübingen 1977.

Galling, K.: Die Bücher der Chronik, Esra, Nehemia, ATD 12, Göttingen 1954.

Gamer-Wallert, I.: Art. Baum, heiliger, in: LÄ I (1975), 655-659.

Garscha, J.: Studien zum Ezechielbuch. Eine redaktionskritische Untersuchung von 1-39, EHS.T 23, Bern u. Frankfurt/M. 1974.

Gelb, J.; Purves, P. M.; MacRae, A. A.: Nuzi Personal Names, UCOIP LVII, Chicago 1943 [Nachdr. 1963].

Gemser, B.: Sprüche Salomos, HAT I/16, Tübingen 1937.

Gerleman, G.: *Adam* und die alttestamentliche Anthropologie, in: Die Botschaft und die Boten, FS H. W. Wolff, hg. v. J. Jeremias u. L. Perlitt, Neukirchen-Vluyn 1981, 319-333.

Gerstenberger, E. S.: Psalms. Part I with an Introduction to Cultic Poetry, FOTL XIV, Grand Rapids/Michigan 1988.

Gerstenberger, E. S.: Das dritte Buch Mose (Leviticus), ATD 6, 6., völlig neubearb. Aufl., Göttingen 1993.

Gese, H.: Der bewachte Lebensbaum und die Heroen: Zwei mythologische Ergänzungen zur Urgeschichte der Quelle J, in: Wort und Geschichte, FS K. Elliger, hg. v. H. Gese u. H. P. Rüger, AOAT 18, Kevelaer u. Neukirchen-Vluyn 1973, 77-85.

Gesenius, W.: Hebräische Grammatik, völlig umgearb. v. E. Kautzsch, Leipzig ^{28}1909 [Nachdr. Hildesheim u.a. 1985].

Gesenius, W.: Hebräisches und Aramäisches Handwörterbuch über das Alte Testament, bearb. v. F. Buhl, unver. Nachdr. d. 17. Aufl. v. 1915, Berlin u.a. 1962.

Gesenius, W.: Hebräisches und Aramäisches Handwörterbuch über das Alte Testament, 18. Aufl. bearb. u. hg. v. R. Meyer u. H. Donner, 1. Lfg. א-ב, Berlin u.a. 1987; 2. Lfg. ד-ו, Berlin u.a. 1995.

Gesenius, W.: Thesaurus Linguae Hebraeae et Chaldaeae. Ed. altera secundum radices digesta priore germanica longe auctior et emendatior, I-III, Leipzig 1829-1842.

Giesebrecht, F.: Rez. "Genesis übersetzt und erklärt von Hermann Gunkel", in: DLZ 22/30 (1901), 1861-1866.

Gispen, W. H.: Genesis 2:10-14, in: Studia Biblica et Semitica, FS T. C. Vriezen, Wageningen 1966, 115-124.

Gispen, W. H.: Who Was Nimrod?, in: The Law and the Prophets, FS O. T. Allis, hg. v. J. H. Skilton u.a., New York 1974, 207-214.

Gleßmer, U.: Antike und moderne Auslegungen des Sintflutberichtes Gen 6-8 und der Qumran-Pesher 4Q252, in: Mitteilungen und Beiträge 6, Forschungsstelle Judentum Theologische Fakultät Leipzig 1993, 3-79.
Glueck, N.: The Story of the Nabateans. Deities and Dolphins, London 1965.
Görg, M.: Art. שָׁבָן, in: ThWAT VII (1993), 1337-1348.
Görg, M.: *Bdlḥ* ("Bdellium") - Zur Etymologie, in: BN 48 (1989), 12-16.
Görg, M.: Eine heterogene Überlieferung in Gen 2,6?, in: BN 31 (1986), 19-24.
Görg, M.: Kain und das "Land Nod", in: BN 71 (1994), 5-12.
Görg, M.: Keruben in Jerusalem, in: BN 4 (1977), 13-24.
Görg, M.: Noch einmal zu ʾēd (Gen 2,6), in: BN 50 (1989), 9-10.
Görg, M.: *Sbʾwt* - ein Gottestitel, in: BN 30 (1985), 15-18
Görg, M.: "Wo lag das Paradies?" Einige Beobachtungen zu einer alten Frage, in: BN 2 (1977), 23-32.
Görg, M.: Zur Identität des Pischon (Gen 2,11), in: BN 40 (1987), 11-13.
Goldziher, I.: Zur Geschichte der Etymologie des Namens *Nuḥ*, in: ZDMG 24 (1870), 207-211.
Golka, F. W.: Zur Erforschung der Ätiologien im Alten Testament, in: VT 20 (1970), 90-98.
Graf, K. H.: Die geschichtlichen Bücher des Alten Testaments. Zwei historisch-kritische Untersuchungen, Leipzig 1866.
Graf, K. H.: Die s.g. Grundschrift des Pentateuchs, in: AWEAT 1/4 (1869), 466-477.
Gramberg, C. P. W.: Libri Geneseos secundum fontes rite dignoscendos adumbratio nova, Leipzig 1828.
Grill, J.: Die Erzväter der Menschheit. Ein Beitrag zur Grundlegung einer hebräischen Altertumswissenschaft. Erste Abtheilung: Zur Methode der urgeschichtlichen Forschung. Die ersten Menschen, Leipzig 1875.
Gruppe, O.: War Genes. 6,1-4 ursprünglich mit der Sintflut verbunden?, in: ZAW 9 (1889), 135-155.
Gundel, H.: Art. Iapetos, in: PRE XVII (1914), 721-724.
Gunkel, H.: Genesis, HK I/1 Göttingen ^{4}1917 [= ^{3}1910; Nachdr. ^{9}1977].
Gunkel, H.: Die Psalmen, HK II/2, Göttingen ^{4}1929 [Nachdr. ^{5}1968].
Gunkel, H.: Schöpfung und Chaos in Urzeit und Endzeit. Eine religionsgeschichtliche Untersuchung über Gen 1 und Ap Joh 12. Mit Beiträgen v. H. Zimmern, Göttingen 1895.
Gunneweg, A. H. J.: Anmerkungen und Anfragen zur neueren Pentateuchforschung, in: ThR 48 (1983), 227-253; ThR 50 (1985), 107-131.
Haag, E.: Der Mensch am Anfang. Die alttestamentliche Paradiesvorstellung nach Gen 2-3, TThSt 24, Trier 1970.
Hanson, P. D.: Rebellion in Heaven, Azazel, and Euhemeristic Heroes in 1 Enoch 6-11, in: JBL 96 (1977), 195-233.

Hamilton, V. P.: The Book of Genesis Chapters 1-17, NICOT, Grand Rapids/ Michigan 1990.
Hammond, P. C.: The Nabateans. Their History, Culture and Archaeology. Studies in Mediterranean Archaeology 37, Gothenburg 1974.
Harland, P. J.: The Value of Human Life. A Study of the Story of the Flood (Genesis 6-9), VT.S 64, Leiden u.a. 1996.
Hasse, J. G.: Aussichten zu künftigen Aufklärungen über das Alte Testament in Briefen, Jena 1785.
Hatch, E.; Redpath, H. A.: A Concordance to the Septuagint and the Other Greek Versions of the Old Testament, I-II, Oxford 1897, Suppl., Oxford 1906 [Nachdr. Graz 1954; Grand Rapids/Michigan 1987].
Heinichen, F. A.: Lateinisch-Deutsches Taschenwörterbuch zu den klassischen und ausgewählten spät- und mittellateinischen Autoren, Leipzig ^{7}1974.
Heinisch, P.: Das Buch Genesis, HSAT I/1, Bonn 1930.
Hempel, J.: Die althebräische Literatur und ihr hellenistisch-jüdisches Nachleben, HWL, Wildpark-Potsdam 1930.
Hendel, R. S.: Of Demigods and the Deluge: Toward an Interpretation of Genesis 6:1-4, in: JBL 106 (1987), 13-26.
Hengel, M.: Judentum und Hellenismus. Studien zu ihrer Begegnung unter besonderer Berücksichtigung Palästinas bis zur Mitte des 2. Jh.s. v. Chr., WUNT 10, 3., durchg. Aufl., Tübingen 1988.
Hentschel, G.: 1 Samuel; 2 Samuel, NEB Lfg. 33 u. 34 Würzburg 1994.
Herrmann, J.: Zu Gen 9$_{18-27}$, in: ZAW 30 (1910), 127-131.
Herrmann, S.: Art. Lud, Luditer, in: BHH II (1964), 1108.
Herrmann, S.: Geschichte Israels in alttestamentlicher Zeit, München ^{2}1980.
Hertzberg, H. W.: Der Prediger, KAT XVII/4, Gütersloh 1963.
Hertzberg, H. W.: Die Botschaft vom Anfang. Eine Auslegung der ersten Kapitel der Bibel (1949), in: ders., Beiträge zur Traditionsgeschichte und Theologie des Alten Testaments, Göttingen 1962, 162-186.
Hertzberg, H. W.: Ist Exegese theologisch möglich? (1952), in: ders., Beiträge, 101-117.
Hess, R. S.: Art. Nephilim, in: AncB.D IV (1992), 1072-1073.
Hess, R. S.: Studies in the Personal Names of Genesis 1-11, AOAT 234, Kevelaer u. Neukirchen-Vluyn 1993.
Hezel, W. F.: Ueber die Quellen der Mosaischen Urgeschichte, Lemgo 1780.
Hidal, S.: The Land of Cush in the Old Testament, in: SEÅ 41-42 (1976/77), 97-106.
Hölscher, G.: Drei Erdkarten. Ein Beitrag zur Erdkenntnis des Hebräischen Altertums. SHAW.PH Jg. 1944/48, 3. Abh., Heidelberg 1949.
Hölscher, G.: Geschichte der israelitischen und jüdischen Religion, STö I/7, Gießen 1922.
Hölscher, G.: Geschichtsschreibung in Israel. Untersuchungen zum Jahvisten und Elohisten, SKHVL 50, Lund 1952.

Hoftijzer, J.; Jongeling, K.: Dictionary of the North-West Semitic Inscriptions, HO I/21, I-II, Leiden u.a. 1995.
Holzinger, H.: Einleitung in den Hexateuch, Freiburg u. Leipzig 1893.
Holzinger, H.: Genesis, KHC I, Freiburg u.a. 1898.
Holloway, S. W.: What Ship Goes There: The Flood Narratives in the Gilgamesh Epic and Genesis Considered in Light of Ancient Near Eastern Temple Ideology, in: ZAW 103 (1991), 328-355.
Horowitz, W.: The Isles of the Nations. Genesis X and Babylonian Geography, in: J. A. Emerton (Hg.), Studies in the Pentateuch, VT.S. 41, Leiden 1990, 35-43.
Horst, F.: Die Notiz vom Anfang des Jahwekultes in Genesis 4,26, in: Libertas Christiana, FS F. Delekat, hg. v. E. Wolf u. W. Matthias, BEvTh 26, München 1957, 68-74.
Horst, F.: Die Zwölf kleinen Propheten. Nahum bis Maleachi, HAT I/14, Tübingen 1938, 153-267.
Hossfeld, F.-L.: Der Pentateuch, in: E. Sitarz (Hg.), Höre, Israel! Jahwe ist einzig. Bausteine für eine Theologie des Alten Testaments, BiBa 5, Stuttgart u. Kevelaer 1987, 11-68.
Hossfeld, F.-L.; Zenger, E.: Die Psalmen, I, Psalm 1-50, NEB Lfg. 29, Würzburg 1993.
Houtman, C.: Der Pentateuch. Die Geschichte seiner Erforschung neben einer Auswertung, CBETh 9, Kampen 1994.
Huffmon, H. B.: Amorite Personal Names in the Mari Texts. A Structural and Lexical Study, Baltimore/Maryland 1965.
Hulst, A. R.: Art. שכן, in: THAT II (^{3}1984), 904-90.
Hupfeld, H.: Die Quellen der Genesis und die Art ihrer Zusammensetzung von neuem untersucht, Berlin 1853.
Hutter, M.: Adam als Gärtner und König (Gen 2,8.15), in: BZ 30 (1986), 258-262.
Ilgen, K. D.: Die Urkunden des Jerusalemischen Tempelarchivs (= Die Urkunden des ersten Buchs von Moses in ihrer Urgestalt), Halle 1798.
Jacob, B.: Das Erste Buch der Tora. Genesis, Berlin 1934 [Nachdr. New York o.J.].
Janowski, B.: Keruben und Zion. Thesen zur Entstehung der Zionstradition, in: Ernten, was man sät, FS K. Koch, hg. v. D. R. Daniels, U. Gleßmer u. M. Rösel, Neukirchen-Vluyn, 1991, 231-264.
Janowski, B.: Tempel und Schöpfung. Schöpfungstheologische Aspekte der priesterlichen Heiligtumskonzeption, in: JBTh 5 (1990), 37-69.
Jastrow, M.: A Dictionary of the Targumim, the Talmud Babli and Yerushalmi, and the Midrashic Literature, I-II, New York 1903 [Nachdr. 1950].
Jeremias, A.: Das Alte Testament im Lichte des Alten Orients, dritte (deutsche) völlig neu bearb. Aufl., Leipzig 1916.

Jeremias, J.: Das Königtum Gottes in den Psalmen. Israels Begegnung mit dem kanaanäischen Mythos in den Jahwe-König-Psalmen, FRLANT 141, Göttingen 1987.

Jeremias, J.: Die Reue Gottes. Aspekte alttestamentlicher Gottesvorstellung, BSt 65, Neukirchen-Vluyn 1975.

Jeremias, J.: Der Prophet Amos, ATD 24/2, Göttingen 1995.

Jeremias, J.: Der Prophet Hosea, ATD 24/1, Göttingen 1983.

Jeremias, J.: Schöpfung in Poesie und Prosa des Alten Testaments. Gen 1-3 im Vergleich mit anderen Schöpfungstexten des Alten Testaments, in: JBTh 5 (1990), 11-36.

Jeremias, J.: Theophanie. Die Geschichte einer alttestamentlichen Gattung, 2., überarb. u. erw. Aufl., WMANT 10, Neukirchen-Vluyn 1977.

Joüon, P.: Grammaire de l'Hébreu Biblique. Éd. photomécanique corrigée, Rom 1965.

Junker, H.: Der Strom, dessen Arme die Stadt Gottes erfreuen (Ps 46,5), in: Bib. 43 (1962), 197-201.

Kaerst, J.: Art. Alexandros III., der Große, in: PRE I (1894), 1412-1434.

Kaiser, O.; Lohse, E.: Tod und Leben, BiKon 1001, Stuttgart u.a. 1977.

Kaiser, O.: Art. Literaturgeschichte, Biblische I. Altes Testament, in: TRE XXI (1991), 306-337.

Kaiser, O.: Art. חֶרֶב, in: ThWAT III (1982), 164-176.

Kaiser, O.: Der Gott des Alten Testaments. Theologie des Alten Testaments. 1. Grundlegung, Göttingen 1993.

Kaiser, O.: Der Mensch, Gottes Ebenbild und Statthalter auf Erden, in: NZSTh 33 (1991), 99-111.

Kaiser, O.: Der Prophet Jesaja. Kapitel 1-12, ATD 17, 5., völlig neubearb. Aufl., Göttingen 1981.

Kaiser, O.: Der Prophet Jesaja. Kapitel 13-39, ATD 18, 3., durchg. Aufl., Göttingen 1983.

Kaiser, O.: Die mythische Bedeutung des Meeres in Ägypten, Ugarit und Israel, BZAW 78, zweite überarb. u. um einen Nachtr. verm. Aufl., Berlin 1962.

Kaiser, O.: Einleitung in das Alte Testament. Eine Einführung in ihre Ergebnisse und Probleme, 5., grundlegend neubearb. Aufl., Gütersloh 1984.

Kaiser, O.: Grundriß der Einleitung in die kanonischen und deuterokanonischen Schriften des Alten Testaments, I-III, Gütersloh 1992.1994.

Kant, I.: Mutmaßlicher Anfang der Menschengeschichte (1786), in: I. Kant - Werke in zehn Bänden hg. v. W. Weischedel, Sonderausgabe WBG, Bd. 9, Darmstadt 1983, 85-102.

Kautzsch, E.; Socin, A.: Die Genesis mit äusserer Unterscheidung der Quellenschriften übersetzt, zweite vielfach verbess. Aufl., Freiburg i. Br. 1891.

Kedar-Kopfstein, B.: Art. עֶרֶךְ, in: ThWAT V (1986), 1093-1103.

Keel, O.: Jahwe-Visionen und Siegelkunst. Eine neue Deutung der Majestätsschilderungen in Jes 6, Ez 1 und 10 und Sach 4, SBS 84/85, Stuttgart 1977.
Keel, O.: Vögel als Boten. Studien zu Ps 68,12-14; Gen 8,6-12; Koh 10,20 und dem Aussenden von Botenvögeln in Ägypten. Mit einem Beitrag von U. Winter zu Ps 56,1 und zur Ikonographie der Göttin mit der Taube, OBO 14, Freiburg/CH u. Göttingen.
Kelle, K. G.: Vorurtheilsfreie Würdigung der mosaischen Schriften, als Beweis, daß dem ersten B. Mos. eine einzige, wohlzusammenhängende, aber stark interpolirte Urschrift zum Grunde liege, Freyberg 1812.
Kelle, K. G.: Die heiligen Schriften in ihrer Urgestalt, deutsch und mit Anmerkungen. Zweyter Band: Mosaische Schriften. Erstes Buch: Moses Geschichte über die Vorzeit, Freyberg 1817.
Kessler, R.: Die Querverweise im Pentateuch. Überlieferungsgeschichtliche Untersuchung der expliziten Querverbindungen innerhalb des vorpriesterlichen Pentateuchs. Diss. masch. Heidelberg 1972.
Kikawada, I. M.: Art. Noah and the Ark, in: AncB.D IV (1992), 1123-1131.
Kittel, R.: Geschichte des Volkes Israel. Bd. I, HAG I/3,1, fünfte u. sechste, vielfach umgearb. Aufl., Stuttgart u. Gotha 1923.
Klemm, P.: Kain und die Kainiten, in: ZThK 78 (1981), 391-408.
Klostermann, A.: Der Pentateuch. Beiträge zu seinem Verständnis und zu seiner Entstehungsgeschichte, Leipzig 1893. Neue Folge, Leipzig 1907.
Knauf, E. A.: Ismael. Untersuchungen zur Geschichte Palästinas und Nordarabiens im 1. Jahrtausend v. Chr, ADPV, Wiesbaden 1985.
Knobel, A.: Die Genesis, KEH 11, zweite verbess. Aufl., Leipzig 1860.
Knobel, A.: Numeri, Deuteronomium und Josua. Nebst einer Kritik des Pentateuch und Josua, KEH 13, Leipzig 1861.
Koch, K.: "Der Güter Gefährlichstes, die Sprache, dem Menschen gegeben ..." Überlegungen zu Gen 2,7, in: BN 48 (1988), 50-60.
Koch, K.: Die Hebräer vom Auszug aus Ägypten bis zum Großreich Davids, in: VT 19 (1969), 37-81.
Koch, K.: P - kein Redaktor! Erinnerung an zwei Eckdaten der Quellenscheidung, in: VT 37 (1987), 446-467.
Köckert, M.: Vätergott und Väterverheißungen. Eine Auseinandersetzung mit Albrecht Alt und seinen Erben, FRLANT 142, Göttingen 1988.
Köhler, L.; Baumgartner, W.: Hebräisches und Aramäisches Lexikon zum Alten Testament. Dritte Aufl., neu bearb. v. W. Baumgartner, J. J. Stamm u. B. Hartmann, I-V, Leiden 1967-1995.
Köhler, L.: Theologie des Alten Testaments, NTG, zweite photomechan. gedruckte Aufl., Tübingen 1947.
König, E.: Die Genesis. Zweite und dritte, allseitig erg. Aufl., Gütersloh 1925.
König, E.: Die moderne Pentateuchkritik und ihre neueste Bekämpfung beurteilt, Leipzig 1914.

König, E.: Geschichte der Alttestamentlichen Religion kritisch dargestellt. Dritte und vierte vollständig neubearb. Aufl., Gütersloh 1924.

Kornfeld, W.: Die Listen arabischer Stämme (Gn 10 25 1C 1) im Lichte des altarabischen Namensmaterials, in: Studium Scripturae anima theologiae, FS S. Grzybek, hg. v. J. Chmiel u. T. Matras, Krakau 1990, 150-156.

Kottsieper, I.: Die Sprache der Aḥiqarsprüche, BZAW 194, Berlin u. New York 1990.

Kraeling, E. G.: The Earliest Hebrew Flood Story, in: JBL 66 (1947), 279-293.

Kraeling, E. G.: The Interpretation of the Name Noah in Gen 529, in: JBL 48 (1929), 138-143.

Kraeling, E. G.: The Significance and Origin of Gen. 6:1-4, in: JNES 6 (1947), 193-208.

Kraus, H.-J.: Psalmen, BK 15/1 (Ps 1-59); BK 15/2 (Ps 60-150), 5. grundlegend überarb. u. veränd. Aufl., Neukirchen-Vluyn 1978.

Kraus, H.-J.: Theologie der Psalmen, BK 15/3, Neukirchen-Vluyn 1979.

Kroh, P.: Lexikon der antiken Autoren, KTA 366, Stuttgart 1972.

Kübel, P.: Zur Entstehung der Paradieserzählung, in: BN 65 (1992), 74-85.

Kuenen, A.: Historisch-kritische Einleitung in die Bücher des alten Testaments hinsichtlich ihrer Entstehung und Sammlung. Autorisierte deutsche Ausg. v. T. Weber. I/1. Die Entstehung des Hexateuch, Leipzig 1887.

Kurtz, J. H.: Die Ehen der Söhne Gottes mit den Töchtern der Menschen. Eine theologische Untersuchung zur exegetischen, historischen, dogmatischen und praktischen Würdigung des biblischen Berichtes Gen. 6,1-4, Berlin u.a. 1857.

Kuschke, A.: Art. Tempel, in: BRL² (1977), 333-342.

Kutsch, E.: Die Paradieserzählung Gen 2-3 und ihr Verfasser (1977), in: ders., Kleine Schriften zum Alten Testament, hg. v. L. Schmidt u. K. Eberlein, BZAW 168, Berlin u. New York 1986, 274-289.

Kutsch, E.: Verheißung und Gesetz. Untersuchungen zum sogenannten "Bund" im Alten Testament, BZAW 131, Berlin u. New York 1973.

Lambert, W. G.: Art. Assyrien und Israel, in: TRE IV (1979), 265-277.

Lambert, W. G.: Art. Babylonien und Israel, in: TRE V (1980), 67-79.

Lescow, T.: Gen 4,1.25: Zwei archaische Geburtsberichte, in: ZAW 106 (1994), 485-486.

Levenson, J. D.: Theology of the Program of Restauration of Ezekiel 40-48, HSM 10, Missoula/Montana 1976.

Levin, C.: Der Jahwist, FRLANT 157, Göttingen 1993.

Levin, C.: Tatbericht und Wortbericht in der priesterschriftlichen Schöpfungserzählung, in: ZThK 91 (1994), 115-133.

Levy, J.: Chaldäisches Wörterbuch über die Targumim und einen grossen Theil des rabbinischen Schriftthums, 3. unv. Ausg., I-II, Leipzig 1867/68.

Levy, J.: Wörterbuch über die Talmudim und Midraschim. Nebst Beiträgen v. H. L. Fleischer u. d. Nachträgen u. Berichtigungen zur 2. Aufl. v. L. Goldschmidt, I-IV, Berlin u.a. 1924 [Nachdr. Darmstadt 1963].

Lewis, J. P.: A Study of the Interpretation of Noah and the Flood in Jewish and Christian Literature, Leiden 1968.

Lewis, J. P.: Noah and the Flood in Jewish, Christian, and Muslim Tradition, in: BA 47 (1984), 224-239.

Lewy, I.: The Beginnings of The Worship of Yahweh Conflicting Biblical Views, in: VT 6 (1956), 429-435.

L'Hour, J.: "Yahweh Elohim", in: RB 81 (1974), 524-556.

Liddell, H. G.; Scott, R. A.; Jones, H. S.: A Greek-English Lexicon. With a Suppl., ed. by E. A. Barber, Oxford 1968.

Lipiński, E.: Les Japhétites selon Gen 10,2-4 et 1 Chr 1,5-7, in: ZAH 3 (1990), 40-53.

Lipiński, E.: Nimrod et Aššur, in: RB 73 (1966), 77-93.

Löhr, M.: Untersuchungen zum Hexateuchproblem. I. Der Priesterkodex in der Genesis, BZAW 38, Gießen 1924.

Löwenclau, I. von: Genesis IV6-7 - Eine jahwistische Erweiterung?, in: J. A. Emerton (Hg.), Congress Volume Göttingen 1977, VT.S 29, Leiden 1978, 177-188.

Lohfink, N.: Die Erzählung vom Sündenfall, in: ders., Das Siegeslied am Schilfmeer. Christliche Auseinandersetzungen mit dem Alten Testament, Frankfurt/M. 1965, 81-101.

Lohfink, N.: Die Priesterschrift und die Geschichte, in: J. A. Emerton (Hg.), Congress Volume Göttingen 1977, VT.S 29, Leiden 1978, 189-225.

Lohse, E.: Art. Χερουβίν, in: ThWNT IX (1973), 427-428.

Long, B. O.: The Problem of Etiological Narrative in the Old Testament, BZAW 108, Berlin 1968.

Loretz, O.: Aspekte der kanaanäischen Gottes-So(||ö)hn(e)-Tradition, in: UF 7 (1985), 586-589.

Loretz, O.: Ugarit-Texte und Thronbesteigungspsalmen. Die Metamorphose des Regenspenders Baal-Jahwe (Ps 24,7-10; 29; 47; 93; 95-100 sowie Pss 77,17-20; 114), UBL 7, Münster 1988.

Loretz, O.: Ugarit und die Bibel. Kanaanäische Götter und Religion im Alten Testament, Darmstadt 1990.

Lund, E.: Ein Knotenpunkt in der Urgeschichte: Die Quellenfrage Genesis 9,18-19, in: ZAW 56 (1938), 34-43.

Luther, M.: Genesisvorlesung (Gen 1-17), in: WA 42, Weimar 1911.

Maag, V.: Alttestamentliche Anthropogonie in ihrem Verhältnis zur altorientalischen Mythologie (1955), in: ders., Kultur, Kulturkontakt und Religion. GSt. zur allgemeinen Religionsgeschichte, hg. v. H. H. Schmid u. O. H. Steck, Göttingen 1980, 60- 89.

Maag, V.: Hiob. Wandlung und Verarbeitung des Problems in Novelle, Dialogdichtung und Spätfassungen, FRLANT 128, Göttingen 1982.
Maag, V.: Sumerische und babylonische Mythen von der Erschaffung des Menschen (1954), in: ders., Kultur, 38-59.
Macdonald, D. B.: The Pre-Abrahamic Stories of Genesis as a Part of the Wisdom Literature, in: SSO 1 (1920), 115-125.
Machinist, P.: Art. Nimrod, in: AncB.D IV (1992), 1116-1118.
Maier, J.: Geschichte des Judentums im Altertum. Grundzüge. 2., durchges. u. bibliograph. erg. Aufl., Darmstadt 1989.
Maier, J.: Zwischen den Testamenten. Geschichte und Religion in der Zeit des zweiten Tempels, NEB ErgBd., Würzburg 1990.
Maraqten, M.: Die semitischen Personennamen in den alt- und reichsaramäischen Inschriften aus Vorderasien, TSO 5, Hildesheim u.a. 1988.
Marti, K.: Das Buch Jesaja, KHC X, Tübingen u.a. 1900.
Martin, J.: A Famine Element in the Flood Story, in: JBL 45 (1926), 129-133.
Masius, A.: Iosuae imperatoris historia illustrata atque explicata, Antwerpen 1574.
Maybaum, S.: Die Entwickelung des altisraelitischen Priesterthums. Ein Beitrag zur Kritik der mittleren Bücher des Pentateuchs, Breslau 1880.
Maybaum, S.: Zur Pentateuchkritik, in: ZVPs 14/2 (1883), 191-202.
McEvenue, S. E.: The Narrative Style of the Priestly Writer, AnBib 50, Rom 1971.
Mead, C. M.: Tatian's Diatessaron and the Analysis of the Pentateuch. A Reply, in: JBL 10 (1891), 44-54.
Meinhold, J.: Die Erzählungen vom Paradies und Sündenfall, in: Beiträge zur alttestamentlichen Wissenschaft, FS K. Budde, hg. v. K. Marti, BZAW 34, Gießen 1920, 122-131.
Meinhold, J.: Die biblische Urgeschichte, 1. Mose 1-12 gemeinverständlich dargestellt, Bonn 1904.
Metzger, M.: Der Weltenbaum in vorderorientalischer Bildtradition, in: "Unsere Welt - Gottes Schöpfung", FS E. Wölfel, hg. v. W. Härle u.a., MThSt 32, Marburg 1992, 1-34.
Metzger, M.: Die Paradieserzählung. Die Geschichte ihrer Auslegung von J. Clericus bis W. M. L. de Wette, Bonn 1959.
Metzger, M.: Jahwe, der Kerubenthroner, die von Keruben flankierte Palmette und Sphingenthrone aus dem Libanon, in: "Wer ist wie du, HERR, unter den Göttern?" Studien zur Theologie und Religionsgeschichte Israels, FS O. Kaiser, hg. v. I. Kottsieper, J. van Oorschot, D. Römheld u. H. M. Wahl, Göttingen 1994, 75-90.
Metzger, M.: Zeder, Weinstock und Weltenbaum, in: Ernten, was man sät, FS K. Koch, hg. v. D. R. Daniels, U. Gleßmer u. M. Rösel, Neukirchen-Vluyn, 1991, 197-229.

Meyer, R.: Die Bedeutung von Deuteronomium 32,8f.43 (4Q) für die Auslegung des Moseliedes, in: Verbannung und Heimkehr - Beiträge zur Geschichte und Theologie Israels im 6. und 5. Jahrhundert v. Chr., FS W. Rudolph, hg. v. A. Kuschke, Tübingen 1961, 197-209.
Michel, O.: Art. Μελχισεδέκ, in: ThWNT IV (1942), 573-575.
Milik, J. T.: Problèmes de la littérature hénochique à la lumière des fragments araméens de Qumrân, in: HThR 64 (1971), 333-378.
Miller, J. M.: The Descendents of Cain: Notes on Genesis 4, in: ZAW 86 (1974), 164-174.
Miller, P. D.: Genesis 1-11. Studies in Structure and Theme, JSOT.S 8, Sheffield 1978.
Moore, G. F.: Tatian's Diatessaron and the Analysis of the Pentateuch, in: JBL 9 (1890), 201-215.
Morgenstern, J.: A Note on Genesis 529, in: JBL 49 (1930), 306-309.
Morgenstern, J.: The Oldest Document of the Hexateuch, in: HUCA 4 (1927), 1-138.
Morgenstern, J.: The Mythological Background of Psalm 82, in: HUCA 14 (1939), 29-126.
Mowinckel, S.: Erwägungen zur Pentateuch Quellenfrage, Oslo 1964.
Mowinckel, S.: Tetrateuch - Pentateuch - Hexateuch. Die Berichte über die Landnahme in den drei altisraelitischen Geschichtswerken, BZAW 90, Berlin 1964.
Mowinckel, S.: The Babylonian Matter in the Predeuteronomic Primeval History (JE) in Gen 1-11, in: JBL 58 (1939), 87-91.
Mowinckel, S.: The Two Sources of the Predeuteronomic Primeval History (JE) in Gen 1-11, ANVAO II (1937,2), Oslo 1937.
Müller, H.-P.: Art. Arabien und Israel, in: TRE III (1978), 571-577.
Müller, H.-P.: Eine neue babylonische Menschenschöpfungserzählung im Licht keilschriftlicher und biblischer Parallelen - Zur Wirklichkeitsauffassung im Mythos (1989), in: ders., Mythos - Kerygma - Wahrheit. GAufs. zum Alten Testament in seiner Umwelt und zur Biblischen Theologie, BZAW 200, Berlin u. New York 1991, 43-67.
Müller, H.-P.: Erkenntnis und Verfehlung. Prototypen und Antitypen zu Gen 2-3 in der altorientalischen Literatur (1982), in: ders., Mensch - Umwelt - Eigenwelt. GAufs. zur Weisheit Israels, Stuttgart u.a. 1992, 68-87.
Müller, H.-P.: Mythische Elemente in der jahwistischen Schöpfungserzählung (1972), in: ders., Mythos, 3-42.
Müller, H.-P.: Weisheitliche Deutungen der Sterblichkeit: Gen 3,19 und Pred 3,21; 12,7 im Licht antiker Parallelen, in: ders., Mensch, 69-100.
Müller, W. W.: Art. Abimael, in: AncB.D I (1992), 20.
Müller, W. W.: Art. Almodad, in: AncB.D I (1992), 160f.
Müller, W. W.: Art. Diklah, in: AncB.D II (1992), 198f.
Müller, W. W.: Art. Hadoram, in: AncB.D III (1992), 16.

Müller, W. W.: Art. Havilah, in: AncB.D III (1992), 81f.
Müller, W. W.: Art. Hazarmaweth, in: AncB.D III (1992), 85f.
Müller, W. W.: Art. Jerah, in: AncB.D III (1992), 683.
Müller, W. W.: Art. Jobab, in: AncB.D III (1992), 871.
Müller, W. W.: Art. Obal, in: AncB.D V (1992), 4f.
Müller, W. W.: Art. Pishon, in: AncB.D V (1992), 374.
Müller, W. W.: Art. Sheleph, in: AncB.D V (1992), 1192f.
Müller, W. W.: Art. Uzal, in: AncB.D VI (1992), 775f.
Murtonen, A.: A Philological and Literary Treatise on the Old Testament Divine Names אל, אלוה, אלהים and יהוה, Helsinki 1952.
Mutius, H.-G. von: Genesis 4,26, Philo von Byblos und die jüdische Haggada, in: BN 13 (1980), 46-48.
Myers, J. M.: Some Considerations Bearing on the Date of Joel, in: ZAW 74 (1962), 177-195.
Nachtigal, J. K. C.: siehe unter Otmar.
Neiman, D.: The Two Genealogies of Japhet, in: Orient and Occident, FS C. H. Gordon, hg. v. H. A. Hoffner, AOAT 22, Kevelaer u. Neukirchen-Vluyn 1973, 119-126.
Nicholson, E. W.: Art. Pentateuch, Pentateuchforschung, in: EKL³ III (1992), 115-120.
Nicholson, E. W.: The Pentateuch in Recent Research: A Time for Caution, in: J. A. Emerton (Hg.), Congress Volume Leuven 1989, VT.S 43, Leiden 1991, 10-21.
Nickelsburg, G. W. E.: Apocalyptic and Myth in I Enoch 6-11, in: JBL 96 (1977), 383-405.
Niehr, H.: Der höchste Gott. Alttestamentlicher JHWH-Glaube im Kontext syrisch-kanaanäischer Religion des 1. Jahrtausends v. Chr., BZAW 190, Berlin u. New York 1990.
Nielsen, E.: Deuteronomium, HAT I/6, Tübingen 1995.
Nielsen, K.: Art. עֵץ II., in: ThWAT VI (1984), 286-297.
Nöldeke, T.: Untersuchungen zur Kritik des Alten Testaments, Kiel 1869.
Noth, M.: Das Buch Josua, HAT I/7, zweite, verbess. Aufl., Tübingen 1953.
Noth, M.: Das dritte Buch Mose. Leviticus, ATD 6, Göttingen 1962.
Noth, M.: Das zweite Buch Mose. Exodus, ATD 5, Göttingen 1959.
Noth, M.: Die israelitischen Personennamen im Rahmen der gemeinsemitischen Namengebung, BWANT 46, Stuttgart 1928 [Nachdr. Hildesheim 1966].
Noth, M.: "Die Heiligen des Höchsten" (1955), in: ders., GSt. zum AT, TB 6, dritte, um einen Nachtr. verm. Aufl., München 1966, 274-290.
Noth, M.: Noah, Daniel und Hiob in Ezechiel XIV, in: VT 1 (1951), 251-260.
Noth, M.: Geschichte Israels, 3., durchg. Aufl., Göttingen 1956 [=⁹1981].
Noth, M.: Überlieferungsgeschichte des Pentateuch, Stuttgart 1948 [Nachdr. Stuttgart u. Darmstadt ³1966].

Noth, M.: Überlieferungsgeschichtliche Studien. Die sammelnden und bearbeitenden Geschichtswerke im Alten Testament, Halle 1943 [Nachdr. Tübingen u. Darmstadt ³1967].

Nowack, W.: Die kleinen Propheten, HK III/4, dritte, neu bearb. Aufl., Göttingen 1922.

Oberforcher, R.: Die Flutprologe als Kompositionsschlüssel der biblischen Urgeschichte. Ein Beitrag zur Redaktionskritik, InnsbThSt 8, Innsbruck 1981.

Oded, B.: The Table of Nations (Genesis 10) A Socio-cultural Approach, in: ZAW 98 (1986), 14-31.

Oden, R. A.: Divine Aspirations in Atrahasis and in Genesis 1-11, in: ZAW 93 (1981), 197-216.

Oeming, M.: Das wahre Israel. Die "genealogische Vorhalle" 1 Chronik 1-9, BWANT 128, Stuttgart u.a. 1990.

Oeming, M.: Sünde als Verhängnis. Gen 6,1-4 im Rahmen der Urgeschichte des Jahwisten, in: TThZ 102 (1993), 34-50.

Ohler, A.: Mythologische Elemente im Alten Testament. Eine motivgeschichtliche Untersuchung, KBANT, Düsseldorf 1969.

Otmar (= J. K. C. Nachtigal): Fragmente über die allmählige Bildung der den Israeliten heiligen Schriften, besonders der sogenannten historischen, in: MRP II (1794), 433-523; IV (1795), 1-36.329-370.

Otmar (= J. K. C. Nachtigal): Neue Versuche über die ersten eilf Abschnitte der Genesis, und über die ältern Bücher, aus denen sie zusammengesetzt sind, in: MRP V (1796), 291-336.

Otto, E.: Die Paradieserzählung Genesis 2-3: Eine nachpriesterschriftliche Lehrerzählung in ihrem religionshistorischen Kontext, in: "Jedes Ding hat seine Zeit ...", Studien zur israelitischen und altorientalischen Weisheit, FS D. Michel, hg. v. A. A. Diesel u.a., BZAW 241, Berlin u. New York 1996, 167-192.

Otto, E.: Kritik der Pentateuchkomposition, in: ThR 60 (1995), 163-191.

Otto, E.: Neuere Einleitungen in den Pentateuch, in: ThR 61 (1996), 332-341.

Otto, E.: Stehen wir vor einem Umbruch in der Pentateuchkritik?, in: VF 22/1 (1977), 82-97.

Page, H. R.: The Myth of Cosmic Rebellion. A Study of its Reflexes in Ugaritic and Biblical Literature, VT.S 65, Leiden u.a. 1996.

Parrot, A.: Samaria, die Hauptstadt des Reiches Israel. Babylon und das Alte Testament. Aus dem Franz. übers. v. M.-R. Jung unter Mithilfe von E. Jenni, BiAr III, Zürich 1957.

Parrot, A.: Sintflut und Arche Noahs. Der Turm von Babel. Ninive und das alte Testament. Aus dem Franz. übers. v. E. Jenni, BiAr I, Zürich 1955.

Payne Smith, J. (Mrs. Margoliouth): A Compendious Syriac Dictionary Founded upon the Thesaurus Syriacus of R. Payne Smith, Oxford 1903 [Nachdr. 1985].

Payne Smith, R.: Thesaurus Syriacus, I-II, Oxford 1879-1901, Suppl. von J. Payne Smith (Mrs. Margoliouth), Oxford 1927.
Perlitt, L.: Riesen im Alten Testament. Ein literarisches Motiv im Wirkungsfeld des Deuteronomismus (1990), in: ders., Deuteronomium-Studien, FAT 8, Tübingen 1994, 205-246.
Peters, N.: Das Buch Jesus Sirach oder Ecclesiasticus, EHAT 25, Münster 1913.
Petersen, C.: Mythos im Alten Testament. Bestimmung des Mythosbegriffs und Untersuchung der mythischen Elemente in den Psalmen, BZAW 157, Berlin und New York 1982.
Petersen, D. L.: Genesis 6:1-4, Yahweh and the Organization of the Cosmos, in: JSOT 13 (1979), 47-64.
Pettinato, G.: Das altorientalische Menschenbild und die sumerischen und akkadischen Schöpfungsmythen, AHAW.PH 1, Heidelberg 1971.
Pfeiffer, R. H.: A Non-Israelitic Source of the Book of Genesis, in: ZAW 48 (1930), 66-73.
Pfeiffer, R. H.: Introduction to the Old Testament, London u. New York 1941.
Ploeg, J. van der: Fragment d'un manuscrit de Psaumes de Qumran (11QPs^b), in: RB 74 (1967), 408-413.
Pohlmann, K.-F.: Das Buch des Propheten Hesekiel (Ezechiel). Kapitel 1-19, ATD 22/1, Göttingen 1996.
Pola, T.: Die ursprüngliche Priesterschrift. Beobachtungen zur Literarkritik und Traditionsgeschichte von P^g, WMANT 70, Neukirchen-Vluyn 1995.
Preisendanz, K.: Art. Nimrod, in: PRE 33 (1936), 624-628.
Preuss, H. D.: Art. גוי, in: ThWAT V (1986), 297-307.
Preuss, H. D.: Theologie des Alten Testaments, I-II, Stuttgart u.a. 1991-1992.
Procksch, O.: Die Genesis, KAT 1, Leipzig u. Erlangen $^{2\text{-}3}$1924.
Procksch, O.: Die kleinen Prophetischen Schriften vor dem Exil, EzAT 3, Calw u. Stuttgart 1910.
Procksch, O.: Theologie des Alten Testaments (1949), Gütersloh 1950.
Pury, A. de; Römer, T.: Le Pentateuque en question: Position du problème et brève histoire de la recherche, in: dies. (Hg.), Le Pentateuque en question, MoBi, Genf 1989, 9-80.
Pustkuchen, F.: Die Urgeschichte der Menschheit in ihrem vollen Umfange. Erster oder historischer Theil, Lemgo 1821.
Pustkuchen, F.: Historisch-kritische Untersuchung der biblischen Urgeschichte. Nebst Untersuchungen über Alter, Verfasser und Einheit der übrigen Theile des Pentateuch, Halle 1823.
Quell, G.: Art. κύριος. C. Der at.liche Gottesname, in: ThWNT III (1938), 1056-1080.
Rad, G. von: Art. ἄγγελος B. מַלְאָךְ im AT, in: ThWNT I (1933), 75-79.

Rad, G. von: Das erste Buch Mose. Genesis, 9., überarb. Aufl., Göttingen 1972.
Rad, G. von: Das formgeschichtliche Problem des Hexateuch (1938), in: ders., GSt. zum AT, TB 8, München 1958, 9-86.
Rad, G. von: Theologie des Alten Testaments, I-II, KT N. F. 2-3, 9. Aufl., München 1987 [= ⁴1962.1965].
Rashi: Pentateuchkommentar. Vollständig ins Deutsche übertragen und mit einer Einleitung versehen von Rabbiner Dr. S. Bamberger, Basel ⁴1994.
Renckens, H.: Urgeschichte und Heilsgeschichte. Israels Schau in die Vergangenheit nach Gen. 1-3, Mainz 1959.
Rendsburg, G. A.: The Redaction of Genesis, Winona Lake/Ind. 1986.
Rendtorff, R.: Das überlieferungsgeschichtliche Problem des Pentateuch, BZAW 147, Berlin u. New York 1977.
Rendtorff, R.: Genesis 8,21 und die Urgeschichte des Jahwisten (1961), in: ders., GSt. zum AT, TB 57, München 1975, 188-197.
Rendtorff, R.: Hermeneutische Probleme der biblischen Urgeschichte (1963), in: ders., GSt., 198-208.
Rendtorff, R.: L'histoire biblique des origines (Gen 1-11) dans le contexte de la rédaction "sacerdotale" du Pentateuque, in: A. de Pury u. T. Römer (Hg.), Le Pentateuque en question, MoBi, Genf 1989, 83-94.
Reuss, E.: Die Geschichte der Heiligen Schriften Alten Testaments. Zweite verm. u. verbess. Ausg., Braunschweig 1890.
Richter, H.-F.: Zur Urgeschichte des Jahwisten, in: BN 34 (1986), 39-57.
Riesener, I.: Der Stamm עבד im Alten Testament. Eine Wortuntersuchung unter Berücksichtigung neuerer sprachwissenschaftlicher Methoden, BZAW 149, Berlin u. New York 1979.
Ringgren, H.: Die Religionen des Alten Orients, ATD ErgR. Sonderbd., Göttingen 1979.
Ringgren, H.: Sprüche, ATD 16/1, 3., neubearb. Aufl., Göttingen 1980.
Robinson, T. H.: Die zwölf kleinen Propheten. Hosea bis Micha. Aus dem Engl. übers. v. O. Eißfeldt, HAT I/14, Tübingen 1938, 1-152.
Rösel, M.: Die Übersetzung der Gottesnamen in der Genesis-Septuaginta, in: Ernten, was man sät, FS K. Koch, hg. v. D. R. Daniels, U. Gleßmer u. M. Rösel, Neukirchen-Vluyn 1992, 357-377.
Rösel, M.: Übersetzung als Vollendung der Auslegung. Studien zur Genesis-Septuaginta, BZAW 223, Berlin und New York 1994.
Rogerson, J.: Genesis 1-11, OTG, Sheffield 1991 [Nachdr. 1994].
Rose, M.: 5. Mose, Teilbd. 1: 5. Mose 12-25. Einführung und Gesetze; Teilbd. 2: 5. Mose 1-11 u. 26-34. Rahmenstücke zum Gesetzeskorpus, ZBK.AT 5/1-2, Zürich 1994.
Rose, M.: Deuteronomist und Jahwist. Untersuchungen zu den Berührungspunkten beider Literaturwerke, AThANT 67, Zürich 1981.

Rosenmüller, E. F. C.: Scholia in Vetus Testamentum, I/1, Genesin continens, ed. tertia, Leipzig 1821.
Rost, L.: Noah der Weinbauer. Bemerkungen zu Genesis 9,18ff. (1953), in: ders., Das kleine Credo und andere Studien zum AT, Heidelberg 1965, 44-53.
Rost, L.: Theologische Grundgedanken der Urgeschichte (1957), in: ders., Das kleine Credo, 36-44.
Rothstein, J. W.: Die Bedeutung von Gen 6₁₋₄ in der gegenwärtigen Genesis, in: Beiträge zur alttestamentlichen Wissenschaft, FS K. Budde, hg. v. K. Marti, BZAW 34, Gießen 1920, 150-157.
Rottzoll, D. U.: "... ihr werdet sein wie Gott, indem ihr 'Gut und Böse' kennt", in: ZAW 102 (1990), 385-391.
Rottzoll, D. U.: Rabbinischer Kommentar zum Buch Genesis. Darstellung der Rezeption des Buches Genesis in Mischna und Talmud unter Angabe targumischer und midraschischer Paralleltexte, SJ 14, Berlin 1993.
Rudolph, W.: Chronikbücher, HAT I/21, Tübingen 1955.
Rudolph, W.: Haggai, Sacharja 1-8, Sacharja 9-14, Maleachi, KAT XIII/4, Gütersloh 1976.
Rudolph, W.: Jeremia, HAT I/12, 3., verbess. Aufl., Tübingen 1968.
Rudolph, W.: Joel, Amos, Obadja, Jona. Mit einer Zeittafel v. A. Jepsen, KAT XIII/2, Gütersloh 1971.
Rüterswörden, U.: dominum terrae. Studien zur Genese einer alttestamentlichen Vorstellung, BZAW 215, Berlin u. New York 1993.
Ruppert, L.: Genesis. 1. Teilbd. Gen 1,1-11,26. Ein kritischer und theologischer Kommentar, Würzburg 1992.
Ruprecht, E.: Der traditionsgeschichtliche Hintergrund der einzelnen Elemente von Genesis XII₂₋₃, in: VT 29 (1979), 444-464.
Ruprecht, E.: Vorgegebene Tradition und theologische Gestaltung in Genesis XII₁₋₃, in: VT 29 (1979), 171-188.
Sandmel, S.: Genesis 4:26b, in: HUCA 32 (1961), 19-29.
Scharbert, J.: "Erwählung" im Alten Testament im Licht von Gen 12,1-3, in: Dynamik im Wort. Lehre von der Bibel, Leben aus der Bibel. FS aus Anlaß des 50jährigen Bestehens des Kath. Bibelwerks, hg. v. Kath. Bibelwerk e.V., Stuttgart 1983, 13-33.
Scharbert, J.: Genesis, I-II, NEB Lfg. 5 u. 16, Würzburg ³1990.1986.
Scharbert, J.: Quellen und Redaktion in Gen 2,4b-4,16, in: BZ 18 (1974), 45-64.
Scharbert, J.: Traditions- und Redaktionsgeschichte von Gn 6,1-4, in: BZ 11 (1967), 66-78.
Scharbert, J.: Noch einmal zur Vorgeschichte der Paradieserzählung (Gen 2,4b-3,24), in: BN 67 (1993), 43-53.
Schatz, W.: Genesis 14. Eine Untersuchung, EHS.T 2, Bern u. Frankfurt/M. 1972.

Schelling, J. F.: Ueber die Geburtsfolge der Söhne Noah, in: RBML XVII (1785), 1-25.
Schlißke, W.: Gottessöhne und Gottessohn im Alten Testament. Phasen der Entmythisierung im Alten Testament, BWANT 97, Stuttgart u.a. 1973.
Schmid, H. H.: Der sogenannte Jahwist. Beobachtungen und Fragen zur Pentateuchforschung, Zürich 1976.
Schmid, H. H.: Vers une théologie du Pentateuque, in: A. de Pury u. T. Römer (Hg.), Le Pentateuque en question, MoBi, Genf 1989, 361-386.
Schmidt, H.: Die Psalmen, HAT I/15, Tübingen 1934.
Schmidt, L.: Beobachtungen zu den Plagenerzählungen in Ex VII,14-XI,10, StB 4, Leiden 1990.
Schmidt, L.: "De Deo". Studien zur Literarkritik und Theologie des Buches Jona, des Gesprächs zwischen Abraham und Jahwe in Gen 18,22ff. und von Hi 1, BZAW 143, Berlin u. New York 1976.
Schmidt, L.: Israel ein Segen für die Völker? (Das Ziel des jahwistischen Werkes - eine Auseinandersetzung mit H. W. Wolff), in: ThViat 12 (1973/74), Berlin 1975, 135-151.
Schmidt, L.: Jakob erschleicht sich den väterlichen Segen. Literarkritik und Redaktion von Genesis 27,1-45, in: ZAW 100 (1988), 159-183.
Schmidt, L.: Studien zur Priesterschrift, BZAW 214, Berlin u. New York 1993.
Schmidt, L.: Überlegungen zum Jahwisten, in: EvTh 37 (1977), 230-247.
Schmidt, L.: Zur Entstehung des Pentateuch. Ein kritischer Literaturbericht, in: VF 40 (1995), 3-28.
Schmidt, W. H.: Art. אֱלֹהִים, in: THAT I (⁴1984), 153-164.
Schmidt, W. H.: Alttestamentlicher Glaube in seiner Geschichte, NStB 6, 8., vollständig überarb. u. erw. Aufl., Neukirchen-Vluyn 1996.
Schmidt, W. H.: Anthropologische Begriffe im Alten Testament, in: EvTh 24 (1967), 374-388.
Schmidt, W. H.: Die Schöpfungsgeschichte der Priesterschrift. Zur Überlieferungsgeschichte von Genesis 11-24a und 24b-324, WMANT 17, 2., überarb. u. erw. Aufl., Neukirchen-Vluyn 1967.
Schmidt, W. H.: Ein Theologe in salomonischer Zeit? Plädoyer für den Jahwisten, in: BZ 25 (1981), 82-102.
Schmidt, W. H.: Einführung in das Alte Testament, 1. Aufl., Berlin u. New York 1979.
Schmidt, W. H.: Einführung in das Alte Testament, 5. erw. Aufl., Berlin u. New York 1995.
Schmidt, W. H.: Elementare Erwägungen zur Quellenscheidung im Pentateuch, in: J. A. Emerton (Hg.), Congress Volume Leuven 1989, VT.S 43, Leiden 1991, 22-45.
Schmidt, W. H.: Plädoyer für die Quellenscheidung, in: BZ 32 (1988), 1-14.

Schmitt, H.-C.: Das spätdeuteronomistische Geschichtswerk Genesis i - 2 Regum xxv und seine theologische Intention, in: J. A. Emerton (Hg.), Congress Volume Cambridge 1995, VT.S 66, Leiden 1997, 261-279.

Schmitt, H.-C.: Der heidnische Mantiker als eschatologischer Jahweprophet. Zum Verständnis Bileams in der Endgestalt von Num 22-24, in: "Wer ist wie du, HERR, unter den Göttern?" Studien zur Theologie und Religionsgeschichte Israels, FS O. Kaiser, hg. v. I. Kottsieper, J. van Oorschot, D. Römheld u. H. M. Wahl, Göttingen 1994, 180-198.

Schmitt, H.-C.: Die Geschichte vom Sieg über die Amalekiter Ex 17,8-16 als theologische Lehrerzählung, in: ZAW 102 (1990), 335-344.

Schmitt, H.-C.: Die Hintergründe der "neuesten Pentateuchkritik" und der literarische Befund der Josephsgeschichte Gen 37-50, ZAW 97 (1985), 161-179.

Schmitt, H.-C.: Die nichtpriesterliche Josephsgeschichte. Ein Beitrag zur neuesten Pentateuchkritik, BZAW 154, Berlin u. New York 1980.

Schmitt, H.-C.: Die Suche nach der Identität des Jahweglaubens im nachexilischen Israel. Bemerkungen zur theologischen Intention der Endredaktion des Pentateuch (1993), in: Pluralismus und Identität, hg. v. J. Mehlhausen, Gütersloh 1995, 259-278.

Schmitt, H.-C.: "Priesterliches" und "prophetisches" Geschichtsverständnis in der Meerwundererzählung Ex 13,17-14,31. Beobachtungen zur Endredaktion des Pentateuch, in: Textgemäß. Aufsätze und Beiträge zur Hermeneutik des Alten Testaments, FS E. Würthwein, hg. v. A. H. J. Gunneweg u. O. Kaiser, Göttingen 1979, 139-155.

Schmitt, H.-C.: Redaktion des Pentateuch im Geiste der Prophetie. Beobachtungen zur Bedeutung der "Glaubens"-Thematik innerhalb der Theologie des Pentateuch, in: VT 32 (1982), 170-189.

Schmitt, H.-C.: Tradition der Prophetenbücher in den Schichten der Plagenerzählung Ex 7,1-11,10, in: Prophet und Prophetenbuch, FS O. Kaiser, hg. v. V. Fritz, K.-F. Pohlmann u. H.-C. Schmitt, BZAW 185, Berlin u. New York 1989, 196-216.

Schneider, W.: Grammatik des Biblischen Hebräisch. Ein Lehrbuch, München ^{6}1985.

Schottroff, L.: Die Schöpfungsgeschichte Gen 1,1-2,4a, in: L. u. W. Schottroff, Die Macht der Auferstehung. Sozialgeschichtliche Bibelauslegungen, KT 30, München 1988, 8-26.

Schottroff, W.: Der altisraelitische Fluchspruch, WMANT 30, Neukirchen-Vluyn 1969.

Schrader, E.: Lehrbuch der historisch-kritischen Einleitung in die kanonischen und apokryphischen Bücher des Alten Testaments, sowie die Bibelsammlung überhaupt v. W. M. L. de Wette. Neu bearb., 8. durchgehends verbess., stark verm. u. z.T. gänzlich umgestaltete Ausg., Berlin 1869.

Schrader, E.: Studien zur Kritik und Erklärung der biblischen Urgeschichte. Gen. Cap. I-XI, Zürich 1863.
Schreiner, J.: Baruch, NEB Lfg. 14, Würzburg 1986.
Schreiner, J.: Jeremia, I-II, NEB Lfg. 3 u. 9, Würzburg ³1993.²1986.
Schroer, S.: In Israel gab es Bilder. Nachrichten von darstellender Kunst im Alten Testament, OBO 74, Freiburg/CH u. Göttingen 1987.
Schürer, E.: The History of the Jewish People in the Age of Jesus Christ (175 B.C. - A.D. 135). A New English Version Revised and Edited by G. Vermes; F. Millar; M. Goodmann, I-III, Edinburgh, 1973-1986.
Schwyzer, E.: Griechische Grammatik auf der Grundlage von K. Brugmanns griechischer Grammatik, HAW 2/1, Bd.1, München ²1953; Bd.2 vervollständigt u. hg. v. A. Debrunner, München 1955.
Seebass, H.: Art. Jahwist, in: TRE 16 (1987), 441-451.
Seebass, H.: Genesis I. Urgeschichte (1,1-11,26), Neukirchen-Vluyn 1996.
Seebass, H.: Josua, in: BN 28 (1985), 53-65.
Seebass, H.: Rez. "Ruppert, L.: Genesis. 1.Teilbd. Gen 1,1-11,26. Ein kritischer und theologischer Kommentar, Würzburg 1992", in: ThLZ 118 (1993), 1029-1031.
Seebass, H.: Vor einer neuen Pentateuchkritik?, in: ThRv 88 (1992), 177-186.
Segert, S.: Altaramäische Grammatik mit Bibliographie, Chrestomathie und Glossar, Leipzig ⁴1990.
Seibert, J.: Alexander der Große, EdF 10, Darmstadt 1972 [= ⁴1994].
Sellin, E.: Das Zwölfprophetenbuch, KAT XII, Erlangen u. Leipzig 1922.
Seybold, K.: Der Turmbau zu Babel. Zur Entstehung von Genesis XI1-9, in: VT 26 (1976), 453-479.
Seybold, K.: Die Psalmen, HAT I/15, Tübingen 1996.
Seybold, K.: Nahum. Habakuk. Zephanja, ZBK.AT 24/2, Zürich 1991.
Siemens, M.: Hat J. G. Eichhorn die Conjectures von J. J. Astruc gekannt, als er 1779 seine Abhandlung über 'Mosis Nachrichten von der Noachischen Flut' veröffentlichte?, in: ZAW 28 (1908), 221-223.
Simian-Yofre, H.: Art. נחם, in: ThWAT V (1986), 366-384.
Simon, R.: Histoire Critique du Vieux Testament [1678]. Nouvelle Edition, Amsterdam 1685.
Simons, J.: The Geographical and Topographical Texts of the Old Testament. A Concise Commentary in XXXII Chapters, SFSMD II, Leiden 1959.
Sixt, J. A.: De origine historiae creationis quam Moses dedit, Altdorf 1782.
Ska, J. L.: El relato del diluvio. Un relato sacerdotal y algunos fragmentos redaccionales posteriores, in: EstB 52 (1994), 37-62.
Skehan, P. W.; Di Lella, A. A.: The Wisdom of Ben Sira, AncB 39, New York 1987.
Skinner, J.: A Critical and Exegetical Commentary on Genesis, ICC 1, Second Ed., Edinburgh 1930 [Nachdr. 1956].

Smend, R.: "Das Ende ist gekommen". Ein Amoswort in der Priesterschrift, in: Die Botschaft und die Boten, FS H. W. Wolff, hg. v. J. Jeremias u. L. Perlitt, Neukirchen-Vluyn 1981.
Smend, R.: Die Entstehung des Alten Testaments, ThW 1. Vierte durchg. u. um einen Literaturnachtrag erg. Aufl., Stuttgart u.a. 1989.
Smend, R.: Wilhelm Martin Leberecht de Wettes Arbeit am Alten und am Neuen Testament, Basel 1958.
Smend, R. sen.: Die Erzählung des Hexateuch auf ihre Quellen untersucht, Berlin 1912.
Soden, W. von: Akkadisches Handwörterbuch. Unter Benutzung des lexikalischen Nachlasses von B. Meissner, I-III, Wiesbaden 1965-1981.
Soden, W. von: Art. Nimrod, in: RGG³ IV (1960), 1496f.
Soden, W. von: Etemenanki vor Asarhaddon nach der Erzählung vom Turmbau zu Babel und dem Erra-Mythos (1971), in: ders., Bibel und Alter Orient. Altorientalistische Beiträge zum Alten Testament, BZAW 162, Berlin u. New York 1985, 134-147.
Soden, W. von: Verschlüsselte Kritik an Salomo in der Urgeschichte des Jahwisten? (1974), in: ders., Bibel und Alter Orient, 174-186.
Soggin, J. A.: Der Turmbau zu Babel, in: Prophetie und geschichtliche Wirklichkeit im Alten Israel, FS S. Herrmann, hg. v. R. Liwak u.a., Stuttgart 1991, 371-375.
Sokoloff, M.: A Dictionary of Jewish Palestine Aramaic of the Byzantine Period, Dictionaries of Talmud, Midrash and Targum II, Bar-Ilan University Ramat-Gan, Jerusalem 1990.
Speiser, E. A.: Genesis, AncB 1, Garden City/New York 1964.
Spina, F. A.: The "Ground" for Cain's Rejection (Gen 4): *ᵃdāmah* in the Context of Genesis 1-11, in: ZAW 104 (1992), 319-332.
Spronk, K.: Beatific Afterlife in Ancient Israel and in the Ancient Near East, AOAT 219, Kevelaer u. Neukirchen-Vluyn 1986.
Stähelin, J. J.: Kritische Untersuchungen über die Genesis, Basel 1830.
Stähelin, J. J.: Kritische Untersuchungen über den Pentateuch, die Bücher Josua, Richter, Samuels und der Könige, Berlin 1843.
Stärk, W.: Zur alttestamentlichen Literarkritik. Grundsätzliches und Methodisches, in: ZAW 42 (1924), 34-74.
Steck, O. H.: Aufbauprobleme in der Priesterschrift, in: Ernten, was man sät, FS K. Koch, hg. v. D. R. Daniels, U. Gleßmer u. M. Rösel, Neukirchen-Vluyn 1991, 287-308.
Steck, O. H.: Das apokryphe Baruchbuch. Studien zur Rezeption und Konzentration 'kanonischer' Überlieferung, FRLANT 160, Göttingen 1993.
Steck, O. H.: Der Schöpfungsbericht der Priesterschrift. Studien zur literarkritischen und überlieferungsgeschichtlichen Problematik von Genesis 1,1-2,4a, FRLANT 115, 2., erw. Aufl., Göttingen 1981.

Steck, O. H.: Die Paradieserzählung. Eine Auslegung von Genesis 2,4b-3,24, BSt 60, Neukirchen-Vluyn 1970.
Steck, O. H.: Genesis 12₁₋₃ und die Urgeschichte des Jahwisten, in: Probleme biblischer Theologie, FS G. von Rad, hg. v. H. W. Wolff, München 1971, 525-554.
Stegemann, H.: ΚΥΡΙΟΣ Ο ΘΕΟΣ und ΚΥΡΙΟΣ ΙΗΣΟΥΣ. Aufkommen und Ausbreitung des religiösen Gebrauchs von ΚΥΡΙΟΣ und seine Verwendung im Neuen Testament. HabSchr. masch. Bonn 1969.
Stegemann, H.: Religionsgeschichtliche Erwägungen zu den Gottesbezeichnungen in den Qumrantexten, in: M. Delcor (Hg.), Qumrân. Sa piété, sa théologie et son milieu, BEThL 46, Paris u. Leuven 1978, 195-217.
Steuernagel, C.: Das Deuteronomium und das Buch Josua, HK I/3, zweite, völlig umgearb. Aufl., Göttingen 1923.
Steuernagel, C.: Lehrbuch der Einleitung in das Alte Testament. Mit einem Anhang über die Apokryphen und Pseudepigraphen, Tübingen 1912.
Stichel, R.: Die Namen Noes, seines Bruders und seiner Frau. Ein Beitrag zum Nachleben jüdischer Überlieferungen in der außerkanonischen und gnostischen Literatur und in Denkmälern der Kunst, AAWG.PH 3,112, Göttingen 1979.
Stier, H. E.: Art. Alexander (III) der Große, in: RAC I (1950), 261-270.
Stiewe, K.: Die Entstehungszeit der Hesiodischen Frauenkataloge, in: Ph. 106 (1962), 291-299; 107 (1963), 1-29.
Stolz, F.: Das erste und zweite Samuelbuch, ZBK.AT 9, Zürich 1981.
Stordalen, T.: Genesis 2,4. Restudying a *locus classicus*, ZAW 104 (1992), 163-177.
Strange, J.: The Idea of Afterlife in Ancient Israel: Some Remarks on the Iconography in Solomon's Tempel, in: PEQ 117 (1985), 35-40.
Tallqvist, K. L.: Assyrian Personal Names. Acta Societatis Scientiarum Fennicae XLIII,1, Helsinki 1914 [Nachdr. Hildesheim 1966].
Tengström, S.: Die Hexateucherzählung. Eine literaturgeschichtliche Studie, CB.OT 7, Lund 1976.
Tengström, S.: Die Toledotformel und die literarische Struktur der priesterlichen Erweiterungsschicht im Pentateuch, CB.OT 17, Uppsala 1981.
Thompson, T. L.: The Historicity of the Patriarchal Narratives. The Quest for the Historical Abraham, BZAW 133, Berlin u. New York 1974.
Thompson, T. L.: The Origin Tradition of Ancient Israel. I. The Literary Formation of Genesis and Exodus 1-23, JSOT.S 55, Sheffield 1987.
Tigay, J. H.: Conflation as a Redactional Technique, in: ders. (Hg.), Empirical Models for Biblical Criticism, Philadelphia 1985, 53-95.
Tigay, J. H.: Art. Paradise, in: EJ 13 (1971), 77-82.
Toorn, K. van der; Becking, B.; Horst, P. W. van der (Hg.): Dictionary of Deities and Demons in the Bible (DDD), Leiden u.a. 1995.

Toorn, K. van der; Horst, P. W. van der: Nimrod Before and After the Bible, in: HThR 83 (1990), 1-29.
Torrey, C. C.: Alexander the Great in the Old Testament Prophecies, in: Vom Alten Testament, FS K. Marti, hg. v. K. Budde, BZAW 41, Gießen 1925, 281-286.
Tsumura, D. T.: The Earth and the Waters in Genesis 1 and 2. A Linguistic Investigation, JSOT.S 83, Sheffield 1989.
Tuch, F.: Commentar über die Genesis (1838). Zweite Aufl. besorgt v. A. Arnold nebst einem Nachwort v. A. Merx, Halle 1871.
TurSinai, N. H.: JHWH ELOHIM in der Paradieserzählung Genesis II4b-III24, in: VT XI (1961); 94-99.
Uehlinger, C.: Art. Nimrod, in: DDD (1995), 1181-1186.
Uehlinger, C.: Weltreich und "eine Rede": Eine neue Deutung der sog. Turmbauerzählung (Gen 11,1-9), OBO 101, Freiburg/CH u. Göttingen 1990.
Van Seters, J.: Abraham in History and Tradition, New Haven u. London 1975.
Van Seters, J.: The Creation of Man and The Creation of the King, in: ZAW 101 (1989), 334-342.
Van Seters, J.: Prologue to History. The Yahwist as Historian in Genesis, Zürich 1992.
Van Seters, J.: The Primeval Histories of Greece and Israel Compared, in: ZAW 100 (1988), 1-22.
Vater, J. S.: Commentar über den Pentateuch, I-III, Halle 1802-1805.
Vermeylen, J.: Au Commencement. Une lecture de Genèse 1-11, pro manu scripto. Centre d'Etudes Théologiques et Pastorale, Brüssel 1990.
Vermeylen, J.: La Création. Un parcours à travers la Bible, pro manu scripto, Centre d'Etudes Théologiques et Pastorale, Brüssel 1993.
Vermeylen, J.: La descendance de Cain et la descendance d'Abel (Gen 4,17-26 + 5,28b-29), in: ZAW 103 (1991), 174-193.
Vermeylen, J.: La formation du Pentateuque. Bref historique de la recherche et essai de solution cohérente, pro manu scripto. Centre d'Etudes Théologiques et Pastorale, Brüssel 1990.
Vermeylen, J.: Les premières étapes littéraires de la formation du Pentateuque, in: A. de Pury u. T. Römer (Hg.), Le Pentateuque en question, MoBi, Genf 1989, 149-197.
Vischer, W.: Das Christuszeugnis des Alten Testaments. I: Das Gesetz, Zürich ⁶1943. II/1: Die früheren Propheten, Zürich 1942.
Volz, P.: Die Biblischen Altertümer, Wiesbaden 1989 [Nachdr. v. 1914].
Volz, P.: Kurzer Anhang über den Priesterkodex, in: P. Volz u. W. Rudolph, Der Elohist als Erzähler. Ein Irrweg der Pentateuchkritik an der Genesis erläutert, BZAW 63, Gießen 1933, 135-142.
Vorländer, H.: Die Entstehungszeit des jehowistischen Geschichtswerkes, EHS.T 109, Bern u. Frankfurt/M. 1978.

Vriezen, T. C.; Woude, A. S. van der: De Literatuur van Oud-Israël, vierde geheel herziene en uitgebreide druk, Wassenaar 1973.
Vriezen, T. C.: Theologie des Alten Testaments in Grundzügen, Wageningen u. Neukirchen 1956.
Wagner, M.: Die lexikalischen und grammatikalischen Aramaismen im alttestamentlichen Hebräisch, BZAW 96, Berlin 1966.
Wahl, H.-M.: Der gerechte Schöpfer. Eine redaktions- und theologiegeschichtliche Untersuchung der Elihureden - Hiob 32-37, BZAW 207, Berlin u. New York 1993.
Wallace, H. N.: The Toledot of Adam, in: J. A. Emerton (Hg.), Studies in the Pentateuch, VT.S. 41, Leiden 1990, 17-33.
Wallace, H. N.: The Eden Narrative, HSM 32, Atlanta/Georgia 1985.
Wallis, G.: Die Stadt in den Überlieferungen der Genesis, in: ZAW 78 (1966), 133-148.
Wanke, G.: Die Zionstheologie der Korachiten in ihrem traditionsgeschichtlichen Zusammenhang, BZAW 97, Berlin 1966.
Wanke, G.: Jahwe, die Götter und die Geringen. Beobachtungen zu Psalm 82, in: "Wer ist wie du, HERR, unter den Göttern?" Studien zur Theologie und Religionsgeschichte Israels, FS O. Kaiser, hg. v. I. Kottsieper, J. van Oorschot, D. Römheld u. H. M. Wahl, Göttingen 1994, 445-453.
Wanke, G.: Jeremia. Teilbd. 1: Jeremia 1,1-25,14, ZBK.AT 20, Zürich 1995.
Waschke, E.-J.: Untersuchungen zum Menschenbild der Urgeschichte. Ein Beitrag zur alttestamentlichen Theologie, ThA 43, Berlin 1984.
Weimar, P.: Struktur und Komposition der priesterschriftlichen Geschichtsdarstellung, in: BN 23 (1984), 81-134; BN 24 (1984), 138-162.
Weimar, P.: Untersuchungen zur Redaktionsgeschichte des Pentateuch, BZAW 146, Berlin u. New York 1977.
Weiser, A.: Das Buch der zwölf kleinen Propheten. I: Die Propheten Hosea, Joel, Amos, Obadja, Jona, Micha, ATD 24, 4., verbess. Aufl., Göttingen 1963.
Weiser, A.: Die Psalmen, I-II, ATD 14-15, Göttingen ^{9}1979 [= ^{8}1973].
Weiser, A.: Einleitung in das Alte Testament, 5., verbess. u. verm. Aufl., Göttingen 1963.
Wellhausen, J.: Die Composition des Hexateuchs und der historischen Bücher des Alten Testaments, Berlin ^{3}1899 [Nachdr. ^{4}1963].
Wellhausen, J.: Die kleinen Propheten, Berlin ^{3}1898 [Nachdr. ^{4}1963].
Wellhausen, J.: Israelitische und Jüdische Geschichte, 7. Ausg., Berlin 1914.
Wellhausen, J.: Prolegomena zur Geschichte Israels, 6. Ausg., Berlin 1905.
Wenham, G. J.: Genesis 1-15, WBC 1, Waco/Texas 1987.
Wenham, G. J.: Sanctuary Symbolism in the Garden of Eden Story, in: PWCJS 9 (1985), Jerusalem 1986, 19-25.
Wenham, G. J.: The Coherence of the Flood Narrative, in: VT 28 (1978), 336-348.

Wenning, R.: Die Nabatäer. Denkmäler und Geschichte. Eine Bestandesaufnahme des archäologischen Befundes, NTOA 3, Freiburg/CH u. Göttingen 1987.
West, M. L.: The Hesiodic Catalogue of Woman. Its Nature, Structure, and Origins, Oxford 1985.
Westermann, C.: Das Buch Jesaja. Kapitel 40-66, ATD 19, Göttingen 1966.
Westermann, C.: Genesis, BK I/1-3, Neukirchen-Vluyn 1974.1981.1982.
Westermann, C.: Genesis 1-11, EdF 7, Darmstadt 1972 [= ⁵1993].
Westermann. C.: Genesis 12-50, EdF 48, Darmstadt 1975 [=³1992].
Wette, W. M. L. de: Beiträge zur Einleitung in das Alte Testament, I-II, Halle 1806.1807 [Nachdr. Hildesheim u. New York 1971].
Wette, W. M. L. de: Lehrbuch der historisch kritischen Einleitung in die kanonischen und apokryphischen Bücher des Alten Testaments, Berlin 1817.
Wette, W. M. L. de: Lehrbuch der historisch kritischen Einleitung in die kanonischen und apokryphischen Bücher des Alten Testaments, siebente verbess. Ausg., Berlin 1852.
Whitaker, R. E.: A Concordance of the Ugaritic Literature, Cambridge/Mass. 1972.
Whybray, R. N.: The Intellectual Tradition in the Old Testament, BZAW 135, Berlin u. New York 1974.
Whybray, R. N.: The Making of the Pentateuch. A Methodological Study, JSOT.S 53, Sheffield 1987.
Wildberger, H.: Jesaja, I-III, BK X/1-3, Neukirchen-Vluyn ²1980.²1989.1982.
Willi, T.: Chronik, BK 24/1, 1. Lfg., Neukirchen-Vluyn 1991.
Willi, T.: Die Funktion der Schlußsequenzen in der Komposition der jahwistischen Urgeschichte, in: Prophetie und geschichtliche Wirklichkeit im alten Israel, FS S. Herrmann, hg. v. R. Liwak u.a., Stuttgart 1991, 429-444.
Winnett, F. V.: Re-Examining the Foundations, in: JBL 84 (1965), 1-19.
Winnett, F. V.: The Arabian Genealogies in the Book of Genesis, in: Translating and Understanding the Old Testament, FS H. G. May, hg. v. H. T. Frank u. W. L. Reed, Nashville u. New York 1970, 171-196.
Winter, U.: Der "Lebensbaum" in der altorientalischen Bildsymbolik, in: H. Schweizer (Hg.), "... Bäume braucht man doch!" Das Symbol des Baumes zwischen Hoffnung und Zerstörung, Sigmaringen 1986, 57-88.
Witte, M.: Rez.: "P. J. Harland, The Value of Human Life. A Study of the Story of the Flood (Genesis 6-9), VT.S 64 (1996)", in: ThLZ 123 (1998), 41-42.
Witte, M.: Vom Leiden zur Lehre. Der dritte Redegang (Hiob 21-27) und die Redaktionsgeschichte des Hiobbuches, BZAW 230, Berlin u. New York 1994.
Wolde, E. J. van: A Semiotic Analysis of Genesis 2-3. A Semiotic Theory and Method of Analysis Applied to the Story of the Garden of Eden, SSN 25, Assen 1989.

Wolff, H. W.: Anthropologie des Alten Testaments, München 1973.
Wolff, H. W.: Das Kerygma des Jahwisten (1964), in: ders., GSt. zum Alten Testament, TB 22, München ²1973, 345-373.
Wolff, H. W.: Dodekapropheton 3. Obadja und Jona, BK XIV/3, Neukirchen-Vluyn 1977.
Würthwein, E.: Der Text des Alten Testaments. Eine Einführung in die Biblia Hebraica, Stuttgart ⁵1988.
Wyatt, N.: Interpreting the Creation and Fall story in Genesis 2-3, in: ZAW 93 (1981), 10-21.
Yahuda, A. S.: Die Sprache des Pentateuch in ihren Beziehungen zum Ägyptischen. Mit einer hieroglyphischen Beilage. I, Berlin u. Leipzig 1929.
Young, D.: Art. Noah (Heb. נֹחַ), in: EJ 12 (1971), 1191-1194.
Zenger, E.; u.a.: Einleitung in das Alte Testament. Studienbücher Theologie I/1, Stuttgart u.a. 1995.
Zenger, E.: Auf der Suche nach einem Weg aus der Pentateuchkrise, in: ThRv 78 (1982), 353-362.
Zenger, E.: Beobachtungen zu Komposition und Theologie der jahwistischen Urgeschichte, in: Dynamik im Wort. Lehre von der Bibel, Leben aus der Bibel, FS aus Anlaß des 50jährigen Bestehens des Kath. Bibelwerks, hg. v. Kath. Bibelwerk e.V., Stuttgart 1983, 35-54.
Zenger, E.: Gottes Bogen in den Wolken. Untersuchungen zu Komposition und Theologie der priesterschriftlichen Urgeschichte, SBS 112, Stuttgart ²1987.
Zenger, E.: Le thème de la "Sortie d'Égypte" et la naissance du Pentateuque, in: A. de Pury u. T. Römer (Hg.), Le Pentateuque en question, MoBi, Genf 1989, 301-331.
Ziegler, W. C. L.: Kritik über den Artikel von der Schöpfung nach unserer gewöhnlichen Dogmatik, in: MRP II (1794), 1-113.
Zimmerli, W.: 1.Mose 1-11. Die Urgeschichte, ZBK.AT 1/1, 3., durchg. Aufl., Zürich 1967. 1.Mose 12-25. Abraham, ZBK.AT 1/2, Zürich 1976.
Zimmerli, W.: Ezechiel, BK XIII,1-2, Neukirchen-Vluyn ²1979.
Zimmerli, W.: Grundriß der alttestamentlichen Theologie, ThW 3,1. Stuttgart u.a. ⁵1985.
Zwickel, W.: Die Tempelquelle Ezechiel 47. Eine traditionsgeschichtliche Untersuchung, in: EvTh 55 (1995), 140-154.
Zobel, H.-J.: Art. עֶלְיוֹן, in: ThWAT VI (1989), 131-151.

Register

(Kursivgesetzte Seitenangaben weisen darauf hin, daß sich der Beleg auf der entsprechenden Seite in den Anmerkungen findet.)

1. Stellenregister (in Auswahl)

1.1. Biblische Texte

Genesis

1-9	49.
1-5	48.
1,1-2,3	9.14.22.24f.29.57.75.119ff.
1	*4*.14.18.23.
1,1-3	29.
1,1	24.*110*.116.
1,4	72.
1,5	30.
1,7	*86*.
1,8	30.
1,10	30.
1,14-19	124.263.
1,14	122f.
1,20	30.
1,21	30.55.
1,22-23	121.
1,24	30.
1,25	87.
1,26-31	25.41.
1,26-29	86.
1,26-28	125f.
1,26-27	72.166.*241*.
1,26	*82*.123.218f.248f.
1,27	55.
1,28-29	131.
1,28	72.121.
1,29-30	121f.
1,29	30.87.
1,30	30.
1,31	24.122f.
2-4	24f.
2-3	14.18.
2,1	120.148.172.207.218f.238ff. 291.325f.*327*.
2,2-3	122f.125.142.*185*.263.
2,3	55f.
2,4-3,24	57ff.72.151ff.161.232ff.330.
2,4-7	29.
2,4	14.28f.48.50.53ff.60f.65.75.77f. 85.88.116.123.157.183.201.
2,5-6	56.
2,5	156.158.201.
2,6	26.84.157.
2,7-9	60.
2,7	30.56.69.72.75.79.81.86f. 201.203.
2,8	29.92.268.274.
2,9-15	117.
2,9	81.85.
2,10-15	*26*.83ff.326.331.
2,10-14	93.225f.236.263ff.303ff.
2,10	92.
2,14	*327*.
2,15-17	29.
2,15-16	60.
2,15	50.212.217.219.269ff.280. 284.305f.311f.
2,16-18	50.
2,16-17	64.79.155.159.170.237.
2,17	81f.85.117.
2,18-25	159ff.
2,18-19	60.
2,18	30.75.*82*.155.196.203.
2,19	30.50.75.86f.
2,20	87.155.
2,21-22	60.
2,21	201.
2,22	75.
2,23-24	69.155.
2,23	182f.
2,25	104.155.162.201.
3	10.29.41.161ff.
3,1-6	167.

Stellenregister

3,1-5	*57.*	4,12	202.
3,1	75.203.	4,14	202.276.
3,2	160.	4,15	8.50.
3,4	*79.*	4,16	*64.*65.*66.*92.168f.204.276.
3,5	80.*82.*86.241.248f.	4,17-24	63.72.
3,5-6	80.203.	4,17-22	69.188ff.
3,6	72.	4,17-18	62f.
3,7-24	237.	4,17	102.168f.226.
3,7	80.104.155.160.	4,18	*209.*
3,8-9	60.	4,20-22	49.102.
3,8	25.	4,22	154.176f.218.
3,9-19	50.170f.	4,23-24	*64.*154.168ff.174ff.182f.
3,9-10	168.	4,24	64.
3,13	60.168.	4,25-26	53.57.62ff.77f.85.88.*89.93.*
3,14-19	69.162f.181ff.214.		99.103ff.117.217.220.331.
3,14-17	49.	4,25	61.71.
3,14	87.168.	4,26	8.*64.*110.198.276ff.306ff.331.
3,15	*26.*	5	10.23.61f.71ff.*78.*123ff.257.
3,16-19	80.212f.	5,1-3	49.126f.252.
3,16	167.	5,1-2	*30.*55.75.
3,17-19	208.	5,1	48.50.54f.
3,17	168.196.	5,2	*54.*72.
3,18	87.	5,3-32	65.
3,19	81.157.203.	5,3	62f.
3,20-24	163f.	5,6	62f.
3,20	50.*61.156.*166.*181.*	5,9-25*	63.
3,21-22	80ff.	5,10-32	63.
3,21	50.60.*83.*104.155.164f.168.	5,12-32	*153.*
3,22-23	60.69.	5,21-22	*209.*
3,22	8.28.*51.*79ff.85.88.*93.*117.	5,22-24	79.126ff.209.
	189.200.218ff.238ff.243.245f.	5,22	25.
	271ff.291.298.325f.	5,24	71.126ff.
3,23	79.82.117.156f.165.168f.	5,29	14.49.128f.148.177.207ff.
3,24	8.28.65.81.85.92.189.		217.220f.228.269.277.
	218ff.236.238ff.242f.271ff.		280.309.311.331.
	276.291f.298.325.*327.*331.	5,32	48.*51.*103.115f.130f.252.
4	10.14.24.25f.41.59.257.	6-9	*4.*48.
4,1-24	152ff.166ff.226.	6,1-4	8.*30.51.*53.65ff.77f.82f.85.88.
4,1-16	61.*69.*144.		*93.*98.117.171ff.189.218ff.221f.
4,1-2	61.		226.238ff.242.252f.291ff.325f.
4,1	201.	6,1	110.
4,5	50.	6,2	71.102.
4,6-7	50.170.203.	6,3	79ff.89.111.200.246f.
4,6	175.		298ff.312.*327.*
4,7	202.	6,4	93.297.
4,8	50.64.*78.*	6,5-8,22	*30.*171ff.
4,9	168.	6,5-8	59.65.73f.76.*93.*
4,9-16	170f.	6,5	*31.*202.204.223.251.302f.
4,9-15	50.167f.	6,5-7	214.
4,10	203.	6,5-6	181.
4,11-16	208.	6,6	41.75f.196.202ff.211.
4,11	49.168.212f.	6,6-7	*31.*

Stellenregister

6,7	72.75f.202.	8,7	36.140.223.*327*.
6,8-9	140.223.312f.	8,8-12	36.
6,8	50.75f.*78*.176.202.	8,13-19	50.
6,9-9,29	222.	8,13-14	141.
6,9-22	23.76.131ff.	8,13	115f.138.
6,9-11	132.	8,15-19	38.
6,9	23ff.48.50.55.*74*.75.*78*.130.	8,15-17	50.141.
	134.209.312.	8,18	50.
6,10	103.	8,19	*141*.
6,11-13	24.30.75.	8,20-22	8.41.142.180.213f.263.
6,11	41.	8,20-21	59.309.
6,12-13	74.	8,20	197.
6,12	24f.50.132.	8,21-22	24.104.196.284f.
6,13-21	50.	8,21	31.180ff.202.204.217.223.
6,13	75.*133*.145.228.		251.302f.
6,17	67.	8,22	184.195.199.202ff.
6,18	24.72.145.	9	41.
6,19	36.	9,1-17	23f.104.142ff.215f.263.309.
6,22	50.77.*134*.	9,1-7	50.
7,1-5	134.	9,1	49.*185*.229.283f.
7,1-4	50.	9,2	24.*185*.
7,1	23.76.112.*130*.199.222f.	9,4-6	*26*.143f.
	228.280.284f.309.311f.	9,4-5	263.
7,2	36.	9,5-6	24.
7,3	76.134f.	9,5	143f.
7,4	75.177f.202.	9,6	25.*124.249*.
7,5	50.77.	9,8-17	283f.310.
7,6-24	14.	9,11	136.
7,6-7	134.	9,12	*228*.
7,6	17.114ff.135.252.	9,15-16	139.283f.
7,7-16	38.	9,18-27	117.
7,7	17.	9,18-26	14.
7,8-9	17.77.136.	9,18-19	113.146.*185*.
7,10	17.136.*327*.	9,18	103.
7,11	115f.136.	9,19	99ff.103.131.229.300f.
7,12	17.	9,20	*64*.72.110.215.
7,13	103.	9,20-27	49.99f.102ff.223f.
7,14	*137*.	9,20-26	185ff.192.
7,15	67.	9,24-27	*327*.
7,16	17.	9,25-27	8.49.109.229.315ff.326.
7,17-22	137f.	9,25	274.
7,17	36.	9,26-27	330.
7,21	36.	9,27	10.322f.
7,22	36.67.	9,28	114ff.
7,23	17.75.77.139.178f.202.286.	9,28-29	14.100f.113.146.
8,1	24.	10,1-11,26	224.
8,2	179.	10,1-11,9	51.
8,3	36.139.	10	14.18.38.*51*.97.101.113f.
8,4-5	139.		117.192.259.327.
8,4	92.	10,1	48.50.55.103.114ff.252.
8,5	36.	10,2-5	316f.
8,6-12	28.104.179f.	10,2	*317*.318f.

10,4	108f.*317*.319.323.	12,2	*50.*
10,5	90.280f.300f.	12,3	49.307.312.
10,6	264.274.	12,4-5	150.282.
10,7	*264.*	12,4	49.*50.*
10,8-12	10.49.69.72.99.109ff. 187ff.225.274.323.330.	12,5	49.
		12,6-9	197f.
10,8-9	254.	12,8	*50.64.*198.278f.306f.
10,8	*64.*72.	12,9	49f.
10,13-14	108.188f.	12,10	49.
10,14	317.	13,4	*64.*278f.
10,15	188f.317.*319.*	13,10	*199.*
10,16-18	109.301.323.	13,11	*92.198.*
10,18-19	109.301.	14	329ff.
10,18	*90.*301.	14,4	116.259.
10,20	280f.300f.	14,13	*105.*
10,21-31	107.	14,18-20	237.330.
10,21	99.105ff.225.261.*279.*323.	14,19	*166.*
10,24-30	188f.	14,22	*166.*237.288.330.
10,24-29	28.	15	*10.*
10,24	106.	17	*22.*
10,25	99.105ff.111.252.323.	17,1	*130.*
10,26-29	323f.	17,11	*228.*
10,29-30	107.109.	18,18	194.200.312.
10,30	92.	18,19	286.311f.
10,31	280f.300f.	18,21	290.
10,32	48.90.114ff.	18,23-33	312.
11	23.	19	51.
11,1-9	14.26.49.*51.*112.117.189ff. 226f.254f.261.274f.280ff. 301.320ff.326.330.	20,1-17	*9.*
		21,19	162.
		21,22	120.
11,2	*50.*276.	21,31	*89.*
11,4-6	253.	21,32	120.
11,4	*50.70.77.228.*	21,33	*64.*278f.
11,5	203.290.300.	22,1-19	*10.*
11,6-7	200.240.243.325f.	22,16-18	200.
11,6	*51.64.*72.*82.*87f.110.	22,16-17	312.
11,7	290f.	22,17-18	307.
11,8	*50.*	22,18	194.
11,9	69.72.*77.*	23	*22.*
11,10-26	14.51.*72.*147.	25,12	48.55.
11,10	48.50.55.114ff.252.	25,19	48.55.
11,12	*252.*	26,1-5	*10.*
11,14	*253.*	26,4	194.
11,16	*253.*	26,5	312.
11,26	48f.	26,25	*64.*278f.307.
11,27-32	282.	26,26	120.
11,27-31	148f.	27,28-29	316.
11,27	48.50.55.	27,39-40	316.
11,32	49f.	28,10-22	*10.*
12,1-9	227ff.	28,12	*228.*240.*243.*
12,1-3	*10.*50.149.192ff.282.312.	28,14	200.307.
12,1	*50.148.*	28,17	*228.*

Stellenregister

32,3	240.*243.*	11-16	*28.*
36,1	48.55.	11,17	290.*291.*
36,9	55.	13	244.
37,2	48.55.	13,32-33	73.244.297.
49,8	*316.*	16,2	*297.*
49,16	*316.*	16,22	67.299.
49,19	*316.*	18,7	270f.306.
		22,23	*239.*291.
Exodus		22,31	*239.*291.
1-14	*28.*	24,4	*162.*
3-4	10.	24,20	301.
3	292.	24,24	322.
3,7-8	290.	27,16	299.
3,14-15	*64.*278.		
3,15	*307.313.*	*Deuteronomium*	
3,16-17	279.	1,39	80.
4,26	308.	3,4-21*	302.
6,1	*83.*	3,20	283.
6,3	*64.*278.	4,20	*29.*
6,4-8	279.	4,25-27	*29.*
9,30	57.234.287.	4,27	*90.*301.
11,1	*83.*	4,41-43	308.
14,21	*138.*	11,25	*143.*216.309.
15,1	308.	12,7	216.309.
16,14	*84.*	12,9-11	*29.*
16,22-27	*101.*122.	12,10	216.283.309.
17,8-16	301.	12,20	216.
19-40	275.	12,28	216.
19,18	239.	14,14	140.
20,11	122.	19,19	*88.*
21,25	170.	25,19	283.
24,15-18	*122.*	28,64	*90.*301.
25-31	275.	29,19	*176.*
28	*241.*	30,2	*29.*
31,12-17	*101.*122.	30,3	*90.*301.
32,13	216.	30,15-18	*29.*
33,14	216.270.	30,15	*298.*
33,19	*64.276.*	31,2	*72.*
34,5	*64.276.*306f.	31,21	*302.*
39	*241.*	32	301.
39,32	*120.*	32,6	*166.*
		32,8	243.*244.*295.325.
Leviticus		32,40-41	240.
10,17	*168.*	32,40	*246.*
11,15	140.	32,41	*238.*
17-26	17.	33,20	*316.*
18,7	*102.*	34,7	*72.*247.
Numeri		*Josua*	
3,1	54f.	1,13	283.
3,7-8	270f.	1,15	283.
3,7	306.	5,13-15	291f.
8,26	270.	5,13	239.

8,30-35	308.		*II Regum*
15,49	66.	5,11	*64.*
21,44	283.306.	6,20	*162.*
22,2	29.	10,32	*71.*
22,4	283.306.	15,37	*71.*
22,5	271.306.	17,9	*91.*
22,22	236.288.		
23,1-16	309.		*I Chronik*
23,1	216.283.310.	1	*327.*
23,16	216.310.	1,10	*260.*
24,2	*71.*	1,29	55.
		5,24	*297.*
	Judicum	12,31	*297.*
6,32	*212.*	15,2	308.
9,51	*91.*	16,7-8	277.308.
11,29	*67.*	17,16-17	58.235.325.
14,6	*67.*	21,16	239.292.325.
14,19	*67.*	22,1	235.292.
15,14	*67.*	22,9-10	216.
		22,9	283f.
	Ruth	22,19	235.
4,18	55.	23,13	216.
		23,25	216.270.305f.
	I Samuel	28,2	270.
13,11	*101.*	28,9	28.
15,11	*204.*	28,20	58.235.303.325.
15,35	*204.*	29,1	58.235.303.325.
27,8	*71.*	29,18	28.303.
	II Samuel		*II Chronik*
7	216.	1,9	58.325.
7,1	283.	3,1-2	309.
7,9	195.	6,41-42	58.236.325.
7,11-13	305.	8,12	308.
7,11	270.283.	15,12-15	309.
7,22	58.235.287.	26,18	58.236.325.
7,25	58.235.287.	28,2	305.
13,28	215.	29,27	309.
18,18	*91.*	31,10	309.
19,36	80.	32,8	300.
		32,30	266.
	I Regum	33,14	266.
1,33	266.	34,3	309.
1,38	266.		*Esra*
1,45	266.	3,6	309.
3,9	80.	3,8	309.
5,18	270.283.305.	6,22	322.
6,29	*272.*	9,1	*319.*
6,32	*272.*		
6,35	*272.*		*Nehemia*
8,1	308.	8,1	326.
8,12	308.	9,6-7	*48.*
8,46	303.	9,6	120.*327.*
18,24	64.276.		

Stellenregister

9,24	*319.*	36,9-10	268.273.
13	*326.*	39,6	300.
13,25	*182.*	39,12	300.
		41,14	*104.*
Esther		46,5	267f.304.326.
8,8	43.	47,3	237.288.
		48,3	267f.
Hiob		49,16	127.
1-2	303.	50,1	236.288.
1,6-12	243.*256*.295.325.	55,10-12	281.
2,1-7	243.*256*.295.325.	56,5	300.
4,17-19	*300*.303.326.	59,6	234f.
4,18	*243.*	61,4-5	*94f.*
9,6	*56.*	62,10	300.
9,8	*56.*	65,3	300.
10,8	300.	69,19	235.
10,16	112.	69,29	*176.*
12,4	*130.*	72,17	*193.*
12,9	*57.*	72,18	*104.*234f.325.
12,10	67f.299.	72,20	120.
14,1-6	28.	73,24	127.
15,7-8	86.*161.*242.	76,3	*330.*
15,14-16	*300.*303.326.	78	*325.*
15,15	*243.*	78,35	237.*325.330.*
21,19	244.	78,37	*325.*
21,22	*243.*	78,39	*67f.325.*
22,22-23	*298.*	78,49	*325.*
25,4-6	*300.*303.326.	78,51	*316.*
27,3	67.299.	78,54-55	*325.*
33,4	67.	78,55	318.
34,14-15	67f.299.326.	78,56	*325.*
36,27	*84.*	78,68	*325.*
37,11-12	*238.*	78,70	*325.*
38,7	243.295.	80,5	234f.
38,11	255.	80,11	*119.*
38,28-30	*84.*	80,20	234f.
39,23	*238.*	82	*256.*
40,9	80.	82,6	243.295.325.*330.*
41,25	*143.*	82,7	244.
42,2-6	94.255.326.	84,7-8	267.304.326.
42,2	88.303.	84,9	234f.
42,7-17	303.	84,11	66.
		84,12	234f.325.
Psalmen		85,3	*168.*
2	*290f.*	87,7	267f.304.326.
7,18	237.	89,7	243.295.
8	18.*241.*	90,3-10	299.
8,2	*56.*	96-99	*296.*
9,6	*176.*	97,9	237.288.
18,10	290.	103,14-16	300.
29,1	243.295f.	103,20	*296.*
29,9	*243.*	104,4	239.
36,7	*119.*		

104,15	215.	19,18	281f.308.
104,29-30	67.299.	19,24	194.
105,1	64.	23,11-15	320.322.
106,48	104.	28,11	281.317.
110,6	67.	31,3	300.
116	307.	31,4	290.
116,4-19	277.	33,19	281.
116,4	64.	33,20-21	276.304.326.
116,13	64.	33,21	266.
116,17	64.	40,6-7	300.
132	310f.	40,22	56.
132,8	270.305f.	42,5	299.
132,13-14	216.270.305f.	44,24-28	318.
139,13	166.	45,1	318.
144,5	290.	45,12	56.120.
146,4	299.	48,13	56.
		54,9-10	208.
Proverbien		54,9	30.
3,1-4	313.	56,5	91.
3,4	202.	57,16	67.
3,19	56.	63,19-64,1	93.
3,20	84.	63,19	290.
8,26-27	56.85.	64,2	290.
11,30	298.	65,20	247.
18,10-12	94.	66,1	270.
29,16	298.		
31,6-7	215.	*Jeremia*	
		2,10	317.
Kohelet		2,18	265.
1-12	205.	3,15	80.
1,17	67.	3,24-25	251.
2,15	67.	4,14	202.
3,16-21	299.	10,11-12	56.
3,19	67.	15,10	182.
6,10	327.	16,7	215.
7,20	326.	17,5	300.
8,14	67.	17,9-10	28.
12,7	300.	18,10	204.
		18,12	202.
Jesaja		20,3-4	283.
2,2-4	267.	22,21	251.
6,8	82.	31,35-37	30.
7,14	283.	32,30	251.302.
7,16	80.	35,8	29.
8,3-4	283.	47,4	108.
8,6-7	266.	49,16	94.
9,5	283.	50-51	275.
13-14	275.	51,13	131.
14,1-4	284f.310.	51,15	56.
14,3	283.	51,53	94.320.
14,4-21	320.		
14,12-14	94.	*Threni*	
14,13	267.	4,18	131.

Stellenregister

Ezechiel

3,5-6	281.
4,4-6	168.
7,2	131.
7,6	131.
11,19	298.
14,14	30.130f.
17,22-23	267.
17,23	137.
26-28*	320.
28,1-19	241f.
28,11-19	161.293.
28,13	54.
28,15	54.
31,6	272.
32,26-27	244.
32,27	65.297f.
36,26-27	298.
37,1	269.
37,5-14	68.299.
37,8	67.
37,10	67.
40,16-37*	272.
40,2	267.269.
41,18-26*	272.
43,1-4	273.
47	266.267f.304f.326.

Daniel

1,17	81.
4,7-9	272.
4,31	246.
8,21	319.
9,25	81.

Hosea

1,4	283.
1,6	283.
1,9	283.
7,8	93.

Joel

3,5	64.277.307.
4,18	266.267f.276.304.326.

Amos

3,2	194.
8,2	131.
9,7	108.

Obadja

3	94.

Jona

4,6	58.232.234.290.

Micha

1,3	290.
4,1-4	267.
5,5	260.

Nahum

3,3	238.

Habakuk

1-2	322f.
1,6	318f.
1,10	320.
2,12	321.
3,16	209.

Zephanja

3,9	64.276f.281f.307.

Haggai

2,3	272.
2,9	272.

Sacharja

2,9	239.
5,11	275.
8,13	194.282.
8,23	194.282.
9,1-8	320.322.326.
9,7	317.
12,1	299.
13,9	64.
14,4	92.
14,8	266.267f.304.

Acta

3,25	194.

Galater

3,8	194.

1.2. Apokryphen / Pseudepigraphen neben dem AT (alphabetisch)

Aristeasbrief

86	272.
88	273.
89	305.
116	265f.

syr. Baruch-Apokalypse

17,1-4	247.
56,10-13	294.

äth. Henoch

1-36	293.
6-19*	293ff.326.328.

7,1-2	71.	7	258.
15-16	294.	8,15	265.
15,4	246.	8,19	305.
15,6	246.	8,22	265.
20,7	240.	10,19	92.
24,4	272.	19,24-25	280.
26,1-2	305.		
61,10	240.	*I Makkabäer*	
71,7	240.	1,1	317.
72-82	128.	1,21	272.
83,8	286.	1,41-42	254.
106,18	211.286.	3,14	255.
107,3	210.	8,5	317.
sl. Henoch		*II Makkabäer*	
33,10-11	280.	10,30	93.
35,1	286.	*III Makkabäer*	
71,32	280.	2,4	297.
Jesus Sirach		*Sapientia Salomonis*	
2,1	289.	1,13-15	247.
3,18	202.313.	2,23-24	247.
4,28	289.	10,9	283.
16,7	297.	14	328.
17	328.	14,6	286.297.
17,7	86.	*syr. Schatzhöhle*	
17,17	244.	24,10-11	282.
17,30-32	300.303.326.	*Sibyllinische Orakel*	
17,32	243.	III,97ff.	191.
24	331.	*Testament Abrahams*	
24,25	264.	A 13	67.
24,27	265.	A 17,15	240.
33,11	66.	*Testamente der XII Patriarchen*	
34,24-25	215.	TestRub 3	187.
40,1	164.	TestRub 4,8	313.
40,11	299.	TestSim 5,2	313
40,19	91.321.	TestSim 6	316.*319.*
43,22	84.	TestLev 2	313.
44,17	286.*311.*	TestJud 11	187.
44,21	194.	TestNaph 3,5	256.
44-50	303.328.*331.*	*Vita Adae et Evae*	
47,18	289.	28,3	239.
49,16	279f.		
50	305.	**1.3. Texte aus Qumran**	
50,26	66.	1Q23	296.
Jubiläen		1QGenAp 1-22	328.
2-11	328.	1QGenAp 2	211.
3,9	269.	1QGenAp 2,5	296.
4,12	64.280.	1QGenAp 10,13	311.
4,28	210.212.	1QGenAp 21,15	265.
5	294.		
5,10-11	297.		

1QGenAp 21,18	265.	
1QGenAp 22,13	330.	
1QH 3,22	296.	
1QH 8,5-7	272.	
1QH 8,11-12	240.	
1QH 8,12	239.327.	
1QH 15,21	68.300.	
1QM 10,14	93.281.	
1QM 13,4	103.	
1QS 4,22	296.	
1QS 10,6-7	196.	
1QS 11,7-8	296.	
1QS 11,9	300.	
4Q176	208.	
4Q180-181	328.	
4Q181 I,1.2	296.	
4Q185 I,8	240.	
4Q252	66.259.327.	
4Q254	327.	
4Q305	80.	
4Q370	136.178.328.	
4Q380-381	296.	
4Q400-406	296.	
4Q416	80.	
4Q417	80.	
4Q422	81.120.327f.	
4Q504	86.	
4QDtn^q	295.	
4QEn^a	293.294.	
4QEn^b	293.294.296.	
4QGen^b	81.	
4QGen^k	120.161.327.	
4QGiants^b	110.	
4QGiants^c	71.110.	
4QM I,24,1.4	296.	
5Q13 I,1.6	296.	
11QMelch II,1-2,8	296.	
11QMelch II,1-2,14	296.	
11QTgJob XXVIII,8	67.	
CD 2,5-6	240.	
CD 5,1	327.	

1.4. Rabbinische Texte

bEr 53a	259.
bJoma 9b.10a	317f.
bPes 94b	259.
BerR 16,5	271.
BerR 23,3	154.
BerR 23,6-7	64.
BerR 23,7	259.
BerR 25,2	208.216.220.

1.5. Jüdisch-hellenistische Texte

Josephus

Ant. I,40	265.
Ant. I,73	243.
Ant. I,109	92.
Ant. I,113-114	225.
Ant. I,142	259.
Ant. I,144	107.
Ant. I,180	330.
Ant. XI,325	319.
Ant. XI,329ff.	319.
Contra Ap I,192	321.

Philo

Det 121-123	211.
Gig 6ff.	243.
Gig 66	259.
Quaest in Gen I,87	211.
Quaest in Gen I,92	243.
Quaest in Gen II,82	112.259.

PsEupolemos

frgm. 1,5	331.

PsPhilo

Ant. I,20	211.

1.6. Altorientalische Texte

Achiqar

94	233.
128	233.

Adapa

A-D	86.
B Z.60	246.

Arad

6,1,2	318.

Atramchasis

I-III	49.205.
I,353	172.
I,354ff.	67f.
II,i,2	172.
II,i,3ff.	67f.
II,i,9ff.	214.
III,v,34	214.

Babylon. Beschwörung 'Zahnwurm'

Z.1-7	55.

Elephantine-Papyri

7,7	233.
14,5	233.
22,124-125	233.

27,3	233.	*Mutterschaf u. Ašnan*	
30,2	233.	Z.1ff.	55.201.
30,15	233.	*VAT 17019*	
44,3	233.	Z.1-43	241.
72,16	233.	Z.8	156f.
Enki u. Ninmaḫ		Z.14	156f.
Z.6ff.	55.		

1.7. Texte aus der klass. Antike

Enuma Elisch

		Arrian, Alexanderzug	
I,1ff.	55.201.	II,15,6-24,6	320.
VI,6	156.	II,25,4	324.
Eridu-Genesis		III,1,5	321.
I-VI	49.205.	III,16,4	321.
II,15f.	204.	VII,4,4f.	322.
V,7-11	180.	VII,16,19	322.
V,9-11	214.	VII,17,1	321.
VI,6-11	209.	VII,17,2	321.

Gilgamesch-Epos

		Berossos, Babyloniaka	
I,i,9	109.	frgm. 10B	191.
X,i,33ff.	109.	frgm. 13	191.
XI,7	209.	frgm. 34	191.214.
XI,149f.	140.	*Curtius, Alexandergeschichte*	
XI,155ff.	214.	IV,2,1-3,26	320.
XI,193ff.	209.	IV,6,15	324.
XI,268	246.	*Diodor, Universalgeschichte*	
XI,288	246.	XVII,40,2-46,6	320.
XI,303ff.	109.	XVII,112,3	321.
Gilgamesch, Enkidu u. die Unterwelt		XVIII,4,4	322.
Z.1ff.	55.	XIX,94,1-100,4	324.

KAI

		Hesiod	
26 III,19	293.	Katalog der Frauen	173.191.295.
96,2	238.	Theogonie	173.295.316.
182	196.	*Homer, Ilias*	
222 A 11	237.	8,479	316.

KAR 4

		Hygin, Fabeln	
Z.1ff.	55.	143	191.281.

KTU

		Philo von Byblos, Phoinikika	
1.2 III,1-24	293.	bei: Euseb, Praep. ev. I,10,14	237.
1.3 I,22	267.	*Plutarch, Alexanderbiographie*	
1.3 III,29	267.	25,1	320.
1.6 I,43-67	293.	47,3	322.
1.16 III,5-8	237.	70,2	322.
1.17 I,30ff.	102.		
1.23	293.	*Strabo, Erdbeschreibung*	
1.24	293.	I,4,9	322.
1.101,2	267.	XVI,1,5	321.
Lugal-e		XVI,1,11	322.
VIII	55.201.		

2. Register der zitierten Autoren (in Auswahl)

Albani, Matthias 128.136.209.
Albertz, Rainer 198.237.267.
Alonso Schökel, L. 200.271.305.
Anderson, Bernhard W. 16.23.45. 102.218.222.
Astruc, Jean 2f.142.
Baentsch, Bruno 322.
Bartelmus, Rüdiger 172f.293f.
Baudissin, Wolf Wilhelm Graf 47.192. 198f.232.288ff.330.
Beer, Georg 207.318.
Berg, Werner 266.
Berges, Ulrich 16.189.228.262. 274.280.300.
Bertholet, Alfred 260.317.
Bietenhard, Hans 240.301.
Black, Matthew 256.294.
Bleek, Friedrich 7.
Blenkinsopp, Joseph 25.28ff.54.74. 102.114ff.130.139.166. 177.182.200f.204.216. 222.263.302.305.317.324.
Blum, Erhard 16.23ff.31.42.47. 74.119.124.132f. 139.149f.199f.331.
Bohlen, Peter von 7.138.140.215.
Böhmer, Eduard 10f.15.85.172.187. 190.216.328.
Budde, Karl 17.21.54.59.69.86. 98f.101.104f.141.172.178f.186. 188.215.238.243.259.266.317.
Busink, Th. A. 238.240.
Buttmann, Philipp 62.154.177.316.
Campbell, Antony F. 15.
Cassuto, Umberto 1.60.220.
Catanzaro, Carmino de 22f.25.119. 204.
Childs, Brevard S. 3.39.
Clark, W. Malcolm 68.167.196. 203f.273.286.313.
Clericus, Johannes 2.
Clifford, Richard J. 241.264.266f.269.
Clines, David J. A. 1.227.262.
Coats, George W. 39.258.278.
Cothenet, E. 264.
Cowley, Sir Arthur Ernest 233.
Coxon, P. W. 216.244.

Cross, Frank Moore 16.23.25.
Crüsemann, Frank 25.42f.46f.145. 197.328.
Dahse, Johannes 59.232.
Deissler, Alfons 260.320.
Delitzsch, Franz 8.34.59.69.140.159. 164.172.215.232.234. 236.238.243.317.
Delitzsch, Friedrich 84.204.
Dexinger, Ferdinand 172f.243.293.
Dietrich, Walter 152.167.170.
Dillmann, August 10.37.47.113. 154.166.187.259.278.
Dockx, Stanislas 19.53.91.130.139. 151.207.216.328.
Dohmen, Christoph 55f.60.151.155ff. 185.236.268.
Donner, Herbert 3.16.35ff.
Duhm, Bernhard 216.234.236.239. 260.285.317f.325.
Ebach, Jürgen 102.243.259.293.
Eerdmans, Bernardus Dirks 22.25.216.
Ehrlich, Arnold B. 164.259.264.
Eichhorn, Johann Gottfried 3f.60. 138.140.142.164.
Eichrodt, Walter 143.238.242.
Eising, Hermann 266.
Eißfeldt, Otto 3.15.19.34f.107.163. 172.186.232.299.329.
Elliger, Karl 320.
Emerton, J. A. 74.
Ernst, Alexander 144.
Ewald, Heinrich 6f.9f.47.105.113.153. 167.187.216.262.
Fechter, Friedrich 241f.293.
Fischer, Irmtraud 150.194.
Floß, Johannes P. 156f.
Fohrer, Georg 38.163.172.186. 242.262.329.331.
Fraine, Josef de 35.
Fraade, Steven D. 64.279.
Frei, Peter 25.321.
Fritz, Volkmar 305f.309.
Fuhs, Hans F. 130.241f.
Fuß, Werner 59.
Galling, Kurt 260.269.303.327.
Garscha, Jörg 292f.320.

Gerleman, Gillis 79.
Gerstenberger, Erhard S. 102.234.
Gese, Hartmut 69.151.155.174.
238ff.247.273.
Giesebrecht, Friedrich 90.
Gleßmer, Uwe 136.
Gispen, Willem Hendrik 266.
Glueck, Nelson 324.
Görg, Manfred 84f.120.157.169.
207.238f.264ff.273.305.
Goldziher, Ignaz 207f.
Graf, Karl Heinrich 13f.21f.
Gramberg, Carl Peter Wilhelm 6.114.
138.140.
Greßmann, Hugo 233.294.303.327.
Gruppe, O. 173.191.297.
Gunkel, Hermann 15.54.59.91.99.168.
172.232.234.239.242.
304.307.308.329.
Hamilton, Victor P. 1.
Hammond, Philip C. 324.
Harland, Peter J. 40f.84.119.143ff.
178.182.218.223.
251.286.313.
Hasse, Johann Georg 2.
Heinisch, Paul 116.
Hempel, Johannes 198f.
Hendel, Ronald S. 51.172f.247.
256.293.
Hengel, Martin 318f.322.330.
Herrmann, Johannes 103.
Herrmann, Siegfried 318f.
Hertzberg, Hans Wilhelm 16.38.
204.327.
Hess, Richard S. 63.259.
Hidal, Sten 266.
Hölscher, Gustav 35.59.64.149.
239.266.
Holloway, Stephen W. 266f.272.275.
305.
Holzinger, Heinrich 3.15.143.243.331.
Horowitz, Wayne 109.
Horst, Friedrich 64.
Hossfeld, Frank-Lothar 150.172.190.
193ff.236.246.267f.273.
Houtman, Cornelis 3.8.16.28.46f.98.
326f.
Hupfeld, Hermann 3.10ff.27.37.
Ilgen, Karl David 4.54f.60.128.
193f.216.
Jacob, Benno 1.60.232.254.324.
Jacobsen, Thorkild 205.

Janowski, Bernd 268.275.
Jeremias, Alfred 264.321.
Jeremias, Jörg 141.143.157.166.182.
184.203f.234.251.
Junker, Herbert 267.275.
Kaerst, Julius 322.
Kaiser, Otto 3.19.31.47.54.103.181.
199.264.266.285.294.
300.302.310.320.
Kant, Immanuel 73.
Kautzsch, Emil 18.
Keel, Otmar 140f.238.264.
Keil, Karl Friedrich 11ff.
Kelle, Karl Gottfried 5.7.42.84.143.
Kessler, Rainer 155.
Kikawada, Isaak 220.
Kittel, Rudolf 27.
Klemm, Peter 174.
Klostermann, August 21.
Knauf, Ernst Axel 324.
Knobel, August 8.27.54.114.138.
140.243.
Koch, Klaus 16.19.36.45.47.150.157.
282.322.
Köckert, Manfred 193.197f.237.
Köhler, Ludwig 278.
König, Eduard 3.34.228.243.324.
Kornfeld, Walter 323.
Kottsieper, Ingo 233.
Kraeling, Emil G. 70.173.191.214f.
243.253f.
Kuenen, Abraham 13ff.17f.149.306.
329.331.
Kurtz, Johann Heinrich 243.
Kuschke, Arnulf 273.
Kutsch, Ernst 55.145.
Lescow, Theodor 61f.152.166.
Levin, Christoph 37.66.91.112.130.
151f.155f.159ff.167.170.172.
176.181.185.187.191.193ff.
295.299.307.312.316.329.331.
Levenson, Jon Douglas 266.
Lewis, Jack P. 208ff.
L'Hour, Jean 232.236.288.
Lipiński, Édouard 260.
Löhr, Max 1f.22.
Löwenclau, Ilse von 152.168.175.
203.249.
Lohfink, Norbert 29.143.269.271.305.
Lohse, Eduard 238.240.
Loretz, Oswald 243.267.296.
Lund, Eimar 102.115.

Maag, Victor	159.244.	Pohlmann, Karl-Friedrich	131.304.
Machinist, Peter	260.275.	Pola, Thomas	19.131ff.*139*.142.150.
Maier, Johann	294.317.322.331.		267.269.275.326.
Martin, John	214.	Procksch, Otto	15.25.34.59.142.167.
Masius, Johannes	2.		170.193ff.207.216.
Maybaum, Siegmund	21f.		238.243.278.318.324.
Macdonald, D. B.	37.*160.169.327*.	Pummer, Reinhard	327.
McEvenue, Sean E.	143.	Pury, Adalbert de	1.3.45.
Mead, C. M.	34.	Pustkuchen, Friedrich	198.202.204.
Meinhold, Johannes	18.243.318.		216.
Merx, Adalbert	3.15.27.	Quell, Gottfried	288.
Metzger, Martin	246.264.*272ff*.	Rad, Gerhard von	15.25.38.40.170.
Meyer, Rudolf	243.295.301.		185.192f.238.243.
Michaelis, Johann David	3.		278.302.331.
Milik, Jozef T.	128.211.293f.296.	Rendsburg, Gary A.	1.
Miller, J. Maxwell	62.278.	Rendtorff, Rolf	16.23f.74.119.124.
Miller, Patrick D.	1.23.227.		144.150.182.185.198.
Moore, George F.	3.33f.	Reuss, Eduard	60.216.
Morgenstern, Julian	204.	Richter, Hans-Friedemann	151.
Mowinckel, Sigmund	35.*59.163.239*.	Ringgren, Helmer	331.
Müller, Hans-Peter	55.*81.141.157.*	Römer, Thomas	1.3.
	160.203f.267.	Rösel, Martin	61.71.83.116.120.
Müller, Walter W.	106.265.*323f.*		132.154.167.251.
Murtonen, A.	236.288.		254.281.288f.
Myers, Jacob M.	318.	Rogerson, John	173f.204.241.
Nachtigal, J. C. K.	siehe unter Otmar.	Rose, Martin	247.291f.301f.305.
Nicholson, Ernest W.	150.		308.313.316.
Nickelsburg, George W.E.	294f.326.	Rosenzweig, Franz	40.
Niehr, Herbert	237.330.	Rost, Leonhard	19.
Nielsen, Eduard	306.	Rothstein, Wilhem	15.242.260.
Nöldeke, Theodor	10.*102.114.138.*		315.327.
	331.	Rudolph, Wilhelm	260.327.
Noth, Martin	25.35.36.*172.209.*	Ruppert, Lothar	41f.*91.98f.116.130.*
	299.306f.309.321f.327.		*150f.159.161.163.168.*
Nowack, Wilhelm	260.318.		*172.176.183.189f.*
Oberforcher, Robert	39.45.47.*247.*		*204.247.298.*
O'Brien, Mark	15.	Ruprecht, Eberhard	*193ff.*
Oden, Robert A.	68.*172.204.*	Scharbert, Josef	40.*72.122.151.168.*
Oeming, Manfred	25.66.69.*247.256.*		*173.193ff.294.315.329.*
	267f.327.	Schatz, Werner	237.330.
Ohler, Annemarie	238.	Schließke, Werner	243.293.
Otmar	8.54.84.	Schmid, Hans Heinrich	16.45.
Otto, Eckart	1.28.29ff.*53.74.87.151.*	Schmidt, Hans	236.239.
	*166.177.*200f.*204.266.*	Schmidt, Ludwig	1.15.37.58.150.
	269.271.305.328.		*193ff.299.312.*
Page, Rowland Hugh	65f.*242.244.293.*	Schmidt, Werner H.	16.36.*156f.159f.*
Parrot, André	228.	Schmitt, Hans-Christoph	16.25.27f.
Perlitt, Lothar	65.293.		31.47.*199f.203.*
Petersen, D. L.	66.243.247.		*291f.299.322.*
Pettinato, Giovanni	55.	Schnabel, Paul	191.321.
Pfeiffer, Robert H.	37.*113.186.216.*	Schottroff, Willy	103f.*193ff.*
	328f.331.		

Schrader, Eberhard 10ff.27.47.114.
138.167.173.179.
187.190.328.
Schroer, Silvia 238.272f.
Seebass, Horst 16.36.55.141.143.145.
150.166f.171.189.240f.
255.315.321.323f.
Sellin, Ernst 275.318.
Seibert, Jakob 321f.327.
Seybold, Klaus 91.190.233f.236.
296.311.
Simons, Joh. 323.
Sixt, Jo. Andr. 4.
Ska, Jean Louis 16.28.30.31.74.138f.
143.175.177.179f.
200.204.216.263.
Skinner, John 34.59.
Smend, Rudolf jr. 4.45.131.329.
Smend, Rudolf sen. 15.18.163.329.
Socin, Albert 18.
Soden Wolfram von 92.321.
Soggin, Jan Alberto 228.232.
Speiser, Ephraim Avigdor 19.182.
Spina, Frank Anthony 65.158.167.
169.283f.
Stähelin, Johann Jakob 6.8.10.27.114.
Stärk, Willy 102.115.185.193ff.
Steck, Odil Hannes 16.55.69.123.150.
161.182.185.193ff.
214.241f.266.
Stegemann, Hartmut 59.232.288ff.
330.
Steins, Georg 327.
Steuernagel, Carl 18f.
Stichel Rainer 208ff.280.286.
Stier, Hans Erich 322.
Stordalen, Terje 29.54.
Strange, John 272.
Tengström, Sven 23.128.
Thompson, Thomas L. 1.46.329.
Tigay, Jeffrey H. 36.45.
Torrey, Charles C. 318.320.
Tsumura, David Toshio 84.119.
Tuch, Friedrich 7f.13.27.101.215.
Uehlinger, Christoph 19.36.66.90ff.
172.185.190.199f.
254.260.280f.320f.
Uhlig, Siegbert 210f.286.
Van Seters, John 16.23.74.103.119.
149f.160.167.173.
177.191.193.195.204.
241.275.293.317.329.

Vater, Johann Severin 2.62.
Vermeylen, Jacques 16.23.25f.74.91.
102.119.143.145.150ff.
155.157.161.167.176.
181f.190.260.264.266.
269ff.275.318.
Volz, Paul 22.
Vorländer, Hermann 16.35.321.324.
Vriezen, Theodorus Christian 23.198f.
Wallace, Howard N. 40f.55.84.157.221.
242.246.266.277.
Wallis, Gerhard 260.
Wanke, Gunther 243.256.267.304.330.
Waschke, Ernst-Joachim 39ff.53.246.
286.
Weimar, Peter 16.19f.41.91.143.149.
152.161.167.172.
176.181f.189f.247.
Weiser, Arthur 239.
Wellhausen Julius 3.15.17f.98.149.
164.172.186.216.304.
306.312.317.329.331.
Wenham, Gordon J. 1.54.74.114f.149.
220.232.251.259.
270f.273.331.
Wenning, Robert 324.
Westermann, Claus 15.16.38f.41.59.
152.155.160.168.170.
173.191.213f.238.254f.
266.286.312.324.329.
Wette, Wilhem Martin Leberecht de
4f.12.138.140.216.
Whybray, Roger N. 1.46.201.242.303.
Willi, Thomas 260.323.
Winnett, Frederick Victor 16.23.199.
204.323.
Winter, Urs 272.
Wolff, Hans Walter 16.185.193ff.300.
324.
Wyatt, Nicolas 155f.201.204.
Würthwein, Ernst 232.
Yahuda, Abraham Shaöom 246.
Zenger, Erich 16.42.141.143.145.
150.182.185f.190.
193ff.199.204.275.290.
Ziegler, Werner Carl Ludewig 53.
Zimmerli, Walter 3.35.149.207.241f.
292f.312.330.
Zobel, Hans-Jürgen 237.330.
Zwickel, Wolfgang 265ff.305.